G000037258

LA CITÉ GRECQUE

« *L'Évolution de l'Humanité* »

GUSTAVE GLOTZ

La cité grecque

LE DÉVELOPPEMENT
DES INSTITUTIONS

Édition du 15 mars 1988
précédée d'une préface
de Claude Mossé

ÉDITIONS ALBIN MICHEL

On peut dire qu'après La Cité antique, *chef-d'œuvre de Fustel de Coulanges,* La Cité grecque, *de Gustave* GLOTZ, *membre de l'Institut, professeur à l'Université de Paris, est l'un des plus importants ouvrages qui aient été écrits sur la société antique. Pour qui veut en approfondir l'étude, si la lecture du premier reste indispensable, la connaissance du second est aussi nécessaire. Après avoir franchi ces étapes, le lecteur aura appris beaucoup, tant sur les problèmes que pose la société grecque que sur la manière dont se développe l'Histoire. Il pourra alors aborder les travaux plus récents, généralement plus spécialisés, qu'il trouvera dans les suppléments bibliographiques.*

C'est le progrès même de l'Histoire qui fait évoluer les problèmes posés et qui en fait apparaître de nouveaux : « Fustel de Coulanges expliquait merveilleusement : il expliquait trop bien, trop simplement, avec une parfaite logique. Le respect de Glotz pour le chef-d'œuvre du maître n'empêche pas sa critique de s'exercer » (H. Berr). C'est que dans les soixante années qui séparent les deux livres l'information s'est enrichie et les conceptions, les points de vue ont considérablement changé. Glotz observe, dans ses premières pages, qu'on ne peut plus souscrire à toutes les conclusions de La Cité antique. *Les sociétés humaines « ne sont pas des figures de géométrie, mais des êtres vivants »; « le vrai est toujours complexe, quand il s'agit d'hommes... qui pensent, qui luttent, qui obéissent à des besoins divers ».*

Le sujet de cet ouvrage garde une éternelle actualité, puisqu'il s'agit du « gouvernement des hommes », comme dira Marc Bloch. H. Berr a souligné cet universel intérêt par le titre donné à ses pages liminaires : « La Grèce, école politique de l'Humanité. » Dans ce domaine comme en tant d'autres, en effet, la Grèce a apporté des éléments définitifs. Le style aisé de l'auteur en met ici la genèse à la portée de chacun, au cours d'une lecture qui devient vite passionnante. « En lisant le livre de Glotz, si riche de savoir, de réflexion, de citations heureuses, de frappantes évocations, comme à la lecture de La Cité *antique, on éprouvera un sensible plaisir esthétique. Plaisir varié : car dans ces pages, qui ont le charme de la vie et de la couleur, on tombe, à chaque instant, sur des formules vigoureuses qui donnent à l'esprit une autre sorte de contentement »* (H. Berr).

A la suite de la Bibliographie de G. Glotz on trouvera une liste des publications des années 1927 à 1952 et un appendice par Paul CLOCHÉ, *professeur honoraire de l'Université de Besançon. Enfin, Madeleine* MORET *a bien voulu, sous la direction d'un professeur à la Sorbonne, donner une liste des travaux parus de 1953 à 1966.*

Paul CHALUS,

secrétaire général
du Centre international de synthèse.

Note. - Cet ouvrage est le tome XIV de la Bibliothèque de synthèse historique « L'Évolution de l'Humanité », fondée par Henri BERR et dirigée, depuis sa mort, par le Centre international de synthèse dont il fut également le créateur.

Préface

C'est en 1928 que Gustave Glotz fait paraître *La Cité grecque* dans la prestigieuse collection dirigée par Henri Berr, où il avait déjà publié cinq ans auparavant *La Civilisation égéenne*. Cette collection au titre évocateur — « L'évolution de l'Humanité » — témoignait du souci de son directeur de privilégier une histoire totale, où seraient pris en compte aussi bien les faits sociaux que les faits religieux, la psychologie des individus que les structures économiques. Glotz est alors au sommet de sa carrière universitaire. Normalien, agrégé d'histoire, il a longtemps enseigné dans le secondaire avant d'être nommé professeur à l'université de Nancy, puis en 1907 à la Sorbonne. Cette même année 1907, il devient directeur de la *Revue des Études grecques*. En 1920, il est élu à l'Académie des inscriptions et belles-lettres, qu'il préside l'année même de la publication de *La Cité grecque*. Dès la parution de ses thèses, soutenues en 1904, il affirmait son souci de se placer dans la postérité de Fustel de Coulanges, tout en tenant à marquer ce qui l'en séparait. Sa thèse principale, *La Solidarité de la famille dans le droit criminel en Grèce*, démontrait en effet que, loin d'être issue de la famille comme le voulait Fustel, c'est au contraire en brisant les solidarités des groupes de parenté que s'était afirmée la cité grecque. En cela, Glotz témoignait de la sympathie qu'il avait pour les idées de l'école de Durkheim. De Fustel cependant, il retenait l'idée que « l'Histoire doit arriver à connaître les institutions, les croyances, les mœurs, la vie entière d'une société, sa manière de penser, les intérêts qui l'agitent, les idées qui la dirigent », mais aussi que le but de l'historien est, tout en tenant compte de la complexité des « faits », de « généraliser ». Comme Fustel aussi, il ne reculait pas devant le comparatisme, pour éclairer certaines pratiques qu'il avait étudiées dans sa thèse secondaire, *L'Ordalie dans la Grèce primitive. Étude de droit et de mythologie*. Et il n'est pas douteux qu'en écrivant *La Cité grecque* dans le même temps qu'il mettait en œuvre, avec la collaboration de Robert Cohen, son *Histoire générale de la Grèce* (le premier tome était paru en 1925, le second allait sortir en 1929), il entendait, mais pour la seule cité grecque, donner sa propre version de la cité antique. Henri Berr, dans son Introduction, se plaisait à souligner la parenté, mais aussi les différences des deux livres : « Il faudra toujours lire *La Cité antique* parce qu'elle contient une large part de vérité et que c'est une admirable construction aux lignes sévères et pures. Mais, pour avoir exagéré la liaison des institutions et des croyances, Fustel exagère la ressemblance des Grecs et des Romains, comme aussi la différence — qu'il estime " radicale " et " essentielle " — des peuples anciens et des sociétés modernes. » Ces derniers mots ne doivent pas être pris à la légère, car ils sont révélateurs d'une autre filiation de Glotz, celle qui le rattache à ces historiens du XIXᵉ siècle qui ont élaboré l'image d'une « Athènes bourgeoise », pour reprendre l'expression de N. Loraux et P. Vidal-Naquet (« La formation de l'Athènes bourgeoise : essai d'historiogra-

phie », *Classical Influence in Western Thought, A.D.
1650-1870*, Cambridge, 1978). On sait la place tenue
par le culte de l'Antiquité pendant la période révolutionnaire. Les hommes de 89 et plus encore ceux de 93
érigèrent en modèles les grands hommes de l'Antiquité,
auxquels ils s'identifiaient. Mais Rome et Sparte, plus
qu'Athènes, les inspirèrent. Après la tourmente révolutionnaire, les Thermidoriens opposèrent à la terreur
« spartiate » la douceur « athénienne ». C'est alors que
commence à se former cette image d'une « Athènes
bourgeoise », l'histoire récente de la France éclairant
celle de la Grèce. La formulation la plus achevée de
l'histoire athénienne ainsi interprétée se trouve dans
l'*Histoire grecque* de Victor Duruy, dont la première
édition date de 1851. Duruy représentait alors, face à
l'orthodoxie universitaire conservatrice, le libéralisme
bourgeois qui voyait dans la démocratie athénienne, du
moins la démocratie modérée du temps de Périclès, un
modèle. Or, comme le remarquent N. Loraux et P. Vidal-Naquet, « rien ne ressemble plus à une page de
Duruy qu'une page de Glotz ». La formule est peut-être
un peu excessive, mais à l'exemple que donnent les
auteurs (« L'œuvre d'entraide et de préservation sociale
de Périclès » faisant écho aux « Mesures de Périclès
pour assurer le bien-être du peuple » de Duruy), on
peut ajouter aussi celui-ci : Duruy regrettant, dans la
Préface de son *Histoire grecque* « l'insurmontable instinct d'isolement municipal né du morcellement du sol
et qui s'oppose à la formation d'un grand État hellénique », à quoi répond, dès les premières pages de *La Cité
grecque*, la remarque que le morcellement physique de la
Grèce a déterminé son morcellement politique, et la
conclusion : « Malheureusement pour la Grèce, elle
(l'idée d'unité politique) devait se heurter longtemps
encore à des obstacles insurmontables. »

Il importe d'avoir présent à l'esprit ce double héritage, lorsqu'on aborde la lecture de *La Cité grecque*. Car
il s'agit pour Glotz, comme déjà pour Fustel, de tenter
une synthèse à partir des commencements, et si Glotz
tient à se démarquer de son illustre prédécesseur, en ce
que pour lui la cité s'est constituée aux dépens de
l'organisation familiale et non à partir d'elle, il ne donne
pas moins du *genos* une description qui, à bien des
égards, rappelle celle de la famille fustelienne. De
même que les membres de celle-ci, réunis autour du
foyer domestique, vénèrent les ancêtres en partageant le
repas sacrificiel, de même les membres du *genos*
« sucent » le même lait, respirent la même fumée,
mangent le pain de la même huche. « Le *genos*, écrit-il,
possède donc avec la maison consacrée par le foyer toute
la terre alentour consacrée par le tombeau de l'ancêtre,
tout ce qu'il faut de champs, de pâturages, de vignes et
d'oliviers pour nourrir tant de bouches. » Mais, parce
qu'il s'agit du *genos* et non de la famille nucléaire, les
conséquences qu'en tire Glotz quant à la propriété et
aux règles de succession sont aux antipodes de celles de
l'auteur de *La Cité antique :* « Collective, la propriété
est par là même inaliénable, indivisible ; sans règles de
succession, elle se transmet éternellement de tous les
morts à tous les vivants. Et, pour mériter son droit de
jouissance, chacun, grand ou petit, homme ou femme,
doit travailler pour tous. »

Cette vision du *genos*, clan familial, est aujourd'hui
fortement contestée. Elle ne repose en fait que sur des
interprétations tardives et sur des comparaisons avec
certaines sociétés étudiées par les anthropologues. La
belle construction, rassemblant *genè* en phratries et
phratries en tribus réunies sous l'autorité d'un unique
basileus, relève de l'imaginaire et ne correspond en rien
à ce que révèle la lecture des poèmes homériques, moins

encore bien évidemment à ce que nous savons de la civilisation mycénienne depuis le déchiffrement des tablettes en linéaire B. L'analyse de Glotz a sur ce point terriblement vieilli, et les travaux de Finley ont bien mis en lumière tout ce qui sépare les royautés mycéniennes du « monde d'Ulysse ». De même, on hésite aujourd'hui à attribuer aux « invasions doriennes » la destruction des palais mycéniens et ce retour en arrière de plusieurs siècles qui aurait permis au « régime des *genè* et des tribus » de reprendre le dessus. Certes, les travaux des archéologues incitent à nuancer les interprétations trop systématiques des événements qui se déroulèrent dans le monde grec à partir de la fin du XIIIᵉ siècle, et les fameux « siècles obscurs » se révèlent de plus en plus contrastés. La « naissance » de la cité grecque est toujours l'objet de débats entre spécialistes. De ce point de vue, l'analyse de Glotz, prudente sur bien des points, rallierait encore l'opinion de beaucoup, tant ici la part des hypothèses demeure grande, faute d'informations précises.

De même, si l'on peut contester certains aspects de la description que fait Glotz de la « cité homérique », c'est là affaire d'interprétation, puisqu'aussi bien il part des mêmes textes que nous interrogeons encore aujourd'hui. On ne peut toutefois manquer d'être frappé par le fait que soit absent de cette description ce qui constitue cependant la base sociale et économique du monde homérique, à savoir l'*oikos*. Là encore, le postulat de départ, c'est-à-dire cette structure gentilice pyramidale décrite dès les premières pages du livre, oblige l'auteur à faire entrer de force les rares indications fournies par les poèmes dans ce schéma : ainsi, s'il y a bien dans le monde homérique des gens privés de protection, ce n'est pas parce qu'ils sont extérieurs au système gentilice, mais *aoikoi*, privés d'*oikos*. Un exem-

ple de ce parti pris est particulièrement éloquent. Après
avoir reconnu que tous les chefs portent le titre
héréditaire de roi, y compris le propriétaire représenté
sur le bouclier d'Achille, que tous sont fils et nourrissons de Zeus, portent le sceptre et siègent au conseil,
Glotz ajoute : « Comme ils représentent des groupes
subordonnés les uns aux autres (c'est-à-dire *genè*,
phratries et tribus), ils forment tout naturellement une
hiérarchie de suzerains et de vassaux, une sorte de
féodalité », ce que contredit le texte même des poèmes,
le seul Agamemnon étant, parce que chef de l'expédition, plus roi que les autres rois.

On retrouve ce même parti pris dans le chapitre
consacré à la cité aristocratique. Le point de départ de
l'analyse de Glotz est évidemment le récit aristotélicien
des débuts de l'histoire d'Athènes, à savoir la réduction
du pouvoir royal par sa fragmentation entre trois puis
neuf archontes. Pour Glotz, c'est évidemment l'occasion d'appliquer sa grille de lecture élaborée dans ses
recherches sur le droit criminel : la chute de la royauté
aurait dans un premier temps renforcé les solidarités
familiales, puisqu'elle s'était faite au profit des chefs de
genè ; mais les transformations économiques, en sapant
les bases de la puissance de cette aristocratie de propriétaires, allaient permettre le développement, à ses
dépens, de l'autorité de l'État. Il faut remarquer
toutefois que, si Glotz n'hésite pas à dire que la
colonisation amena « par un immense développement
du commerce et de l'industrie la substitution du régime
monétaire à l'économie naturelle », il demeure cependant plus prudent que bien des modernes quant à
l'émergence de nouvelles classes sociales qui seraient les
bénéficiaires de ce développement, mettant bien en
évidence que ce sont d'abord les aristocrates qui
profitaient du réveil des échanges en Méditerranée. Et,

malgré son désir de synthèse, il tient compte de l'extrême complexité des situations locales, quand il dépeint les diverses formes d'oligarchies qu'a connues le monde grec.

Mais la destruction du système gentilice et les progrès de l'État aux dépens du droit familial sont évidemment illustrés par la naissance de la démocratie à Athènes. A partir de ce moment, s'affirme dans le livre la seconde tradition dont se réclame Glotz, celle qui place Athènes au centre de l'histoire grecque. En effet, Athènes est la cité grecque par excellence, et si Glotz s'autorise parfois quelques échappées vers d'autres cités, c'est autour des institutions athéniennes, de leur élaboration au cours du VIe siècle, de leur apogée au Ve siècle, de leur déclin au IVe siècle qu'est construite la démonstration. Inutile d'insister longuement sur les raisons qui justifient une telle centralité d'Athènes : son rôle éminent à partir des guerres médiques, tant sur le plan politique que culturel et, conséquence de ce rôle, l'importance de la documentation la concernant, le fait, encore plus troublant, que le reste du monde grec nous est essentiellement connu à travers le regard des Athéniens du Ve et du IVe siècle — ou sinon d'Athéniens, du moins d'hommes comme Hérodote ou Aristote qui ont eux aussi placé Athènes au cœur de leur réflexion.

Ce n'est donc pas tant cette centralité d'Athènes qui aujourd'hui date le livre de Glotz, car elle demeure dans les travaux des plus contemporains parmi les historiens de la Grèce, mais bien plutôt la manière d'aborder l'histoire d'Athènes qui consiste à l'ériger en modèle, non pas au sens où les sociologues emploient ce terme, mais comme une sorte de mythe à travers lequel se lit le destin de toute démocratie.

Nous retrouvons bien entendu ici l'Athènes « bourgeoise » élaborée au XIXe siècle, quand s'affirmaient les

structures capitalistes de la société. La naissance de la
démocratie est mise en relation avec « le règne de la
monnaie » et « un capitalisme de plus en plus hardi ».
Ce capitalisme donne naissance à une « bourgeoisie
moyenne » et bientôt « la lutte des classes » se déchaîne
qui, ici, aboutit à la tyrannie, là, à des solutions
d'arbitrage ou de compromis au bénéfice de la « classe
moyenne ». Glotz s'inspire ici de l'analyse d'Aristote,
lequel, on le sait, tenait le gouvernement des *mesoi* pour
le meilleur. Mais un seul exemple montrera le danger de
telles formulations. A propos des dissensions qui
avaient ruiné Milet, Glotz, reprenant un passage du
livre V d'Hérodote, évoque l'arbitrage des Pariens :
« Ceux-ci, après enquête, remirent le gouvernement
aux propriétaires qui avaient maintenu leurs terres en
bon état de culture pendant la tourmente, *c'est-à-dire à
la classe moyenne qui s'était tenue à l'écart de la guerre
civile.* » On voit bien que là où l'historien ancien se
contentait d'énoncer un fait susceptible de lui fournir
une morale, Glotz fait intervenir un élément d'explication qui n'était pas dans le texte grec, mais qui entre
dans son schéma d'interprétation de la crise des VIIe-
VIe siècles. Ainsi la tyrannie n'existe-t-elle que dans les
cités où le « le régime industriel et commercial » tendait
à prévaloir sur l'économie rurale, et les grands travaux
que la tradition attribuait à certains tyrans comme
Polycrate de Samos ou Pisistrate d'Athènes témoignent
de l'intérêt de ces derniers pour « l'haussmannisation
de leur capitale ». Il va de soi que tout cela s'appuie sur
une solide érudition, et que nombre d'aspects de cette
analyse de la tyrannie demeurent valables. On voit aussi
pourtant combien le souci de lire l'histoire grecque à la
lumière des derniers siècles de l'histoire de France
contribue à en fausser les perspectives.

Mais venons-en à Athènes. Elle occupe toute la

seconde partie du livre, consacrée à la cité démocratique. D'entrée de jeu, Athènes se trouve chargée de la
« mission glorieuse » d'être « l'école de la démocratie ».
Là plus qu'ailleurs s'affirme le triomphe de l'État aux
dépens des *genè*, avec les lois de Dracon, de Solon et de
Clisthène. Ce dernier détruit définitivement les cadres
gentilices, cependant que les guerres médiques assurent
le triomphe de la démocratie, l'union patriotique ayant
« mêlé les classes », triomphe que parachèvent les
réformes d'Éphialte et l'institution par Périclès de la
misthophorie. Dès lors est en place le régime modèle,
dont Glotz va définir les principes et le fonctionnement
à travers une analyse des institutions. Mais auparavant,
il ne peut esquiver le problème qui n'avait cessé depuis
la période révolutionnaire d'être l'un des arguments
opposés à ceux qui érigeaient en modèle les cités
antiques, à savoir celui de l'esclavage. C'est Volney qui
remarquait non sans ironie, à propos de cet engouement
pour l'Antiquité : « Ils nous ont vanté la liberté de
Rome et de la Grèce, et ils ont oublié qu'à Sparte une
aristocratie de trente mille nobles tenait sous un joug
affreux six cent mille serfs ; que pour empêcher la trop
grande population de ce genre de nègres, les jeunes
Lacédémoniens allaient de nuit à la chasse des hilotes,
comme des bêtes fauves ; qu'à Athènes, ce sanctuaire de
toutes les libertés, il y avait quatre têtes esclaves contre
une tête libre ; qu'il n'y avait pas une maison où le
régime despotique de nos colons d'Amérique ne fût
exercé par ces prétendus démocrates... » A de tels
arguments, les défenseurs de la démocratie athénienne
répondaient en mettant en avant la « douceur » dont les
Athéniens faisaient preuve à l'encontre de leurs
esclaves. Glotz ne se fait pas faute d'adhérer à une telle
position dans le tome II de son *Histoire grecque* où un
long chapitre est consacré aux esclaves. Mais dans *La*

Cité grecque, il se borne à rappeler que « les citoyens en Attique étaient une minorité. A côté d'eux vivaient un nombre au moins égal d'esclaves et un nombre à peine moitié moindre de métèques ». A propos des métèques, Glotz a une phrase douloureusement révélatrice : « Nés dans le pays de familles assimilées depuis longtemps, les métèques profitaient de toutes les occasions, et particulièrement de la facilité des mariages mixtes, pour se pousser dans la classe des citoyens. » Si Glotz avait vécu quelques années de plus, il aurait appris que pour être « né dans le pays » d'une « famille assimilée depuis longtemps », il n'en aurait pas moins été en butte aux persécutions raciales. Mais on mesure par là combien il lui était difficile de s'abstraire du parallèle implicite entre la démocratie athénienne et la France de la IIIᵉ République. Dans les rues du quartier Latin, les juifs étaient traités de « métèques » par les camelots du roi, et lorsque les historiens abordaient le problème des métèques athéniens, inconsciemment ils soulignaient la place qu'ils tenaient dans la banque, le commerce et… les professions libérales. Aujourd'hui, d'autres en feraient volontiers des travailleurs immigrés…

Si certaines formules de Glotz sur les principes de la démocratie font sourire, ainsi à propos de « l'œuvre remarquable d'entraide et de préservation sociale » de Périclès, dont on a déjà vu qu'elle venait tout droit de l'*Histoire grecque* de Duruy, ou encore du gouvernement du même Périclès, qualifié de « dictature morale du génie », la description des institutions de la démocratie athénienne en revanche demeure toujours valable, même si sur certains points il y aurait lieu de nuancer ou de préciser. Mais on ne peut manquer d'être frappé par le constant mélange de notations justes, par exemple sur l'éducation politique du *démos* athénien, et de considérations moralisantes, comme dans cette phrase opposant la démocratie péricléenne à celle du Vᵉ siècle finissant : « Athènes a du moins approché la perfection au temps de Périclès, avant de lâcher la bride aux instincts des individus et de laisser la moralité publique se ravaler au niveau de la moralité privée. » Mais, curieusement, alors qu'on s'attendrait à une attaque en règle contre les « démagogues » de la fin du Vᵉ siècle, ceux-ci sont au contraire présentés comme « défendant les intérêts de la République », puisque, représentants d'une classe de « commerçants » et d' « industriels », et que « voulant maintenir la suprématie économique de leur ville, ils cherchaient à lui garder son empire maritime ». Or, s'il est bien vrai que la politique impérialiste de Cléon s'inscrit dans la tradition inaugurée par Périclès, ce n'est pas parce que ses intérêts de tanneur étaient en jeu, mais tout simplement parce qu'il n'y avait pas d'autre politique possible pour maintenir l'équilibre d'Athènes, assurer aux marins leur solde et à l'ensemble du *démos* les avantages qu'il tirait de l'Empire, avantages dont un contemporain comme l'auteur anonyme de *La République des Athéniens* avait clairement conscience. Ce même mélange de notations fines et de considérations moralisantes se retrouve dans l'analyse de la justice athénienne, où l'on sent chez le démocrate qu'était Glotz le souci de défendre le principe même d'une justice populaire (« tout compensé, le préjugé démocratique n'entraînait pas de dénis de justice plus révoltants que ne le faisaient ou ne le font les préjugés politiques et sociaux sous n'importe quel régime »), cette justice athénienne qui « assurait les bienfaits de la liberté et de la fraternité aux citoyens » et « dans une certaine mesure » aux esclaves. L'on retrouve ici la « douceur » de la démocratie athénienne envers la classe servile.

Avant d'aborder la troisième partie, celle qui est

intitulée « La cité au déclin », Glotz consacre quelques
pages à ce qu'il appelle « l'élargissement de la cité au
Vᵉ siècle », où, à travers l'analyse de certaines formes de
fédérations de cités, nous retrouvons le même regret
que chez Duruy devant l'incapacité des Grecs à parvenir à l'unité nationale, incapacité que les luttes du
IVᵉ siècle allaient encore aggraver. Il ne fait ici qu'ef-
fleurer une question sur laquelle il reviendra dans la
conclusion. La troisième partie du livre est peut-être
celle qui appelle aujourd'hui les plus grandes réserves.
Et ceci essentiellement pour deux raisons : la première
tient à ce que, fidèle à son schéma général d'interprétation, Glotz, qui a expliqué par l'émergence de l'individu
le triomphe de la cité sur la famille patriarcale, rend
maintenant ce même individualisme, dégénérant en
égoïsme, responsable de la ruine de la « petite famille »
et de la cité ; la seconde à ce que, rendant compte des
traits nouveaux qui caractérisent le IVᵉ siècle, il les
affecte d'un signe seulement négatif, sans y voir l'annonce de réalités nouvelles.

Expliquer le déclin de la cité par des considérations
morales relève de cette attitude déjà précédemment
mise en lumière. Ainsi Glotz amorce-t-il son analyse en
mettant au premier plan la crise du mariage et le règne
des courtisanes. Citant le passage bien connu du
discours *Contre Néera*, attribué à Démosthène, où le
plaideur définit le rôle respectif de l'épouse, de la
concubine et de la courtisane, il en tire la conclusion
que le mariage est devenu dans la cité simple convention. « Pour les faiseurs de systèmes, il peut être
remplacé par la communauté des femmes ; pour les gens
du vulgaire, il n'est plus qu'une des alternatives qui se
posent à chacun dans la recherche du bien-être et du
plaisir personnel. » Mais c'est oublier que tout ce que
nous savons sur le mariage grec — ou plutôt athénien —

provient de sources du IVᵉ siècle, que dans ce même discours l'orateur insiste au contraire sur le rôle « politique » des femmes « citoyennes ». Quant aux courtisanes, elles étaient certainement aussi nombreuses au Vᵉ qu'au IVᵉ siècle. Glotz est bien forcé d'en convenir. Mais il ajoute, sans vraiment donner de preuve, que « maintenant on peut tout se permettre sans invoquer d'excuse ni causer de scandale ». Ou plutôt la seule preuve qu'il avance c'est la présence, il est vrai importante, des courtisanes dans la comédie. Mais est-ce là la preuve d'une « crise du mariage » ? Toutes les comédies de Ménandre s'achèvent par un mariage tout à fait conforme aux normes civiques, et la présence des courtisanes n'est pas plus significative que l'importance des intrigues amoureuses ou des reconnaissances miraculeuses. Il est bien vrai que le théâtre du IVᵉ siècle est désormais vidé de tout contenu politique et se distingue par là des comédies d'Aristophane. Mais cela tient plus aux nouvelles conditions de la vie politique qu'à une quelconque dégradation des mœurs. Quant à la communauté des femmes, elle a pu nourrir les fantasmes des philosophes du IVᵉ siècle, mais on ne voit pas qu'elle ait rencontré le moindre écho dans l'opinion. De même, ce que Glotz appelle la crise de la natalité. Car on peut douter qu'il y ait quelque rapport entre les réflexions d'un Platon ou d'un Aristote sur la nécessité de réglementer les unions sexuelles, pour maintenir constant le nombre des citoyens de leurs cités idéales, cette constance étant liée à l'obligation de rendre stable la répartition des terres, et par ailleurs la description que donne Polybe du déclin de la population dans la Grèce de son temps. La misère autant que l'égoïsme peuvent être la raison de pratiques abortives ou de l'exposition des enfants nouveau-nés. Et surtout, il ne semble pas que ce soit là phénomène propre au

IVᵉ siècle. Quant au déclin de Sparte, que les Anciens
liaient à l'oliganthropie, au manque d'hommes, il était
la conséquence d'un ensemble de phénomènes
complexes qu'il est impossible de réduire à une crise des
valeurs morales et à cet « individualisme sans frein »,
destructeur de la famille et de la nation dont parle
Glotz. De cet individualisme, Glotz donne un exemple
sur lequel il n'est pas sans intérêt de s'arrêter. Parlant
de l'évolution de l'art et singulièrement de la sculpture,
il écrit : « Au lieu des bas-reliefs qui représentaient sur
les frontons et sur les frises des sanctuaires des mythes
religieux, les exploits des héros et les cérémonies des
fêtes nationales, on voit maintenant sur les places
publiques, dans les palestres et les gymnases, dans les
parcs consacrés aux muses, dans les hôtels et les palais,
les têtes et les bustes des négociants enrichis et des
hétaïres, des stratèges et des hipparques, des poètes et
des philosophes, des cosmètes et des bienfaiteurs, enfin
des rois. » Or, c'est là présenter comme un seul et
unique trait nouveau des aspects tout à fait distincts des
réalités nouvelles. C'est vrai qu'au IVᵉ siècle, on élève à
certains stratèges, sinon aux hipparques, des statues
honorifiques : Conon, Iphicrate, Timothée, Chabrias
reçoivent du *démos* cette marque d'honneur jusque-là
réservée aux héros bienfaiteurs de la cité, et c'est là le
signe certain d'une évolution des mentalités que déplore
un homme comme Démosthène, attaché à la tradition
civique. C'est vrai aussi que, dans un souci de glorifica-
tion du patrimoine culturel d'Athènes, Lycurgue, pendant les années où il gouverne une cité désormais privée
par la victoire macédonienne de toute réelle indépendance, fait élever des statues des trois grands poètes
tragiques du siècle passé dont il exige par ailleurs que
soit fixé de manière définitive le texte de leurs œuvres.
C'est vrai enfin que le luxe privé se développe chez des

riches qui songent plus à leurs intérêts personnels qu'à ceux de la cité. Mais si ces phénomènes sont contemporains, s'ils traduisent assurément des préoccupations nouvelles, ils ne sont aucunement réductibles à une même crise des valeurs morales. Le premier de ces phénomènes traduit une sorte de démission du *démos* entre les mains d'hommes dont il attend les bienfaits qui lui permettront de surmonter les difficultés matérielles liées à la perte de l'Empire. Le second s'inscrit dans des préoccupations qui annoncent l'immense travail de rassemblement des œuvres classiques à l'époque hellénistique. Quant au dernier, il traduit incontestablement un fait nouveau : l'importance grandissante de l'argent et le souci non moins grandissant d'en jouir chez ceux qui le possèdent. Quand Glotz écrit : « La puissance de l'argent s'étend », on est prêt à souscrire à cette formule, mais quand il ajoute « et corrompt les consciences », on a envie de sourire. Car il s'agit de tout autre chose que de corruption des consciences. Il s'agit en fait de l'émergence de ce qu'il faut bien appeler l'économique dans l'univers de la cité. Car la richesse a été de tout temps appréciée et recherchée, ce n'est pas là un phénomène nouveau. Mais ce qui est nouveau, c'est la conscience qu'il existe des moyens de se la procurer autrement que par la guerre, le pillage ou l'exploitation des vaincus. Un texte comme les *Revenus* de Xénophon est à cet égard significatif, même si le but avoué est de faire de tous les Athéniens des rentiers. Mais faut-il lier cette conscience nouvelle des réalités financières et même économiques au « développement du capitalisme » qui aurait pour conséquence « l'extension du paupérisme à une grande partie de la population » ? Ce qu'Aristote appelle la chrématistique, le souci d'accumuler du profit, n'est pas le « capitalisme », et s'il est vrai que les masses s'appauvrissent au IVe siècle, ce ne

saurait en aucune manière être la conséquence de ce
prétendu développement capitaliste : il ne faut pas en
effet oublier que ce que partout réclament ces pauvres
c'est le partage des terres et l'abolition des dettes. La
crise est partout ailleurs qu'à Athènes essentiellement
agraire et ne diffère que par son ampleur des crises
analogues connues en d'autres temps par le monde grec.
Quant à Athènes, qui ignore en fait la crise sociale tant
que dure la démocratie, c'est la perte de l'Empire et des
avantages qu'en tirait le *démos* qui rend plus sensible
l'opposition entre riches et pauvres. Mais cette opposition ne prend jamais le caractère tragique que Glotz
prétend lui donner. « De ce prolétariat, écrit-il, sortent sans cesse des gémissements prêts à se changer en
cris de révolte. » Et d'illustrer son affirmation par des
chiffres concernant Athènes, chiffres vagues mais sans
doute relativement fondés, et des références à Isocrate
qui, elles, ne concernent pas Athènes, mais le monde
grec en général. Car rien, à travers ce que nous
devinons de la vie politique athénienne au IVe siècle, ne
laisse entrevoir un tel climat de luttes et de haines.
Maître de la cité, bénéficiaire des *misthoi* et des
distributions du *theorikon,* le *démos* athénien ne donne
aucun signe de violence révolutionnaire. C'est seulement lorsque la défaite et la destruction du régime
démocratique auront privé une partie de ce *démos* des
avantages de la citoyenneté qu'Athènes connaîtra de
graves troubles qu'on devine à travers le récit que fait
Plutarque des derniers moments de Phocion ou de
l'époque où Athènes est aux mains de Démétrios
Poliorcète.

Cela dit, les remarques de Glotz sur le déclin de la
solidarité civique et sa relation avec les intérêts diver-
gents des riches et des pauvres sont tout à fait justifiées.
Mais — et les textes d'Aristote qu'il cite en sont la

preuve — c'est sur le plan politique que le problème se pose à Athènes, tant il est vrai que le politique informe toute la vie de la cité. Et c'est pourquoi aussi ce n'est pas l'absence d'une « classe moyenne », d'un « tiers parti » qui empêche l'équilibre de se rétablir. Les *mesoi*, la classe moyenne, n'existent que dans les spéculations philosophiques d'Aristote. Dans la réalité, et singulièrement à Athènes, il y a la masse des pauvres, c'est-à-dire de ceux qui sont obligés de travailler pour vivre, et la minorité des riches. Les premiers sont les maîtres de l'État et entendent en retirer les avantages qu'ils estiment liés à leur qualité de citoyens. Les seconds sont de plus en plus appelés à subir le poids des charges destinées à maintenir l'équilibre social, sans la contre-partie des avantages honorifiques et de l'exclusivité des fonctions politiques dont ils jouissaient précédemment. D'où un antagonisme latent, qui se réveille chaque fois que se posent à la cité des choix décisifs. Mais peut-on vraiment parler ici de « lutte des classes » ? Peut-on vraiment dire que « entraînés par la logique des principes et des passions, une partie des démocrates en vint à souhaiter l'égalité complète, le nivellement brutal » ? En fait, s'il est vrai qu'on assiste au IVe siècle à un débat sur l'égalité, il est tout à fait remarquable que, du côté des démocrates, il ne s'agisse jamais d'autre chose que de l'égalité politique, de l'égalité par la loi et devant la loi, c'est-à-dire l'*isonomie*. Ce sont les philosophes, généralement hostiles à la démocratie, qui posent le problème en termes « économiques » et élaborent des utopies égalitaires et communistes. La charge d'Aristophane contre ces utopies dans *L'Assemblée des femmes* visait plus les philosophes, ses ennemis, que les gens du peuple, et Praxagora n'est certes pas une moderne révolutionnaire. Bien au contraire, c'est parce que les femmes sont les gardiennes de la tradition qu'elle

entend leur confier le gouvernement de la cité, même si
demeure vraie la dénonciation par le poète de la misère
du plus grand nombre au lendemain d'une guerre qui
fut surtout désastreuse pour les paysans de l'Attique.
Glotz est d'ailleurs bien obligé de reconnaître
qu'Athènes « a une place à part dans la lutte des
classes ». Et il est bien vrai qu'elle ignore au IVe siècle
les luttes souvent violentes qui ailleurs, singulièrement
dans le Péloponnèse, opposent démocrates et oligarques, pauvres et riches. Mais alors, c'est par la « corruption » de ses institutions que se traduisent pour elle,
selon Glotz, déclin du patriotisme et déchaînement de
l'individualisme. On retrouve une nouvelle fois cette
image d'une démocratie athénienne idéale sous Périclès
et corrompue sous ses successeurs, qui était déjà celle
de Duruy. D'un côté en effet, la démocratie athénienne, paradigme de la démocratie moderne, est le
régime qui a fait la grandeur d'Athènes au Ve siècle, et
l'on n'a que termes élogieux pour la décrire. De l'autre,
elle devient au IVe siècle un régime corrompu où le
peuple exerce au sein des assemblées et des tribunaux
une tyrannie sans frein, cependant que la multitude
« ne songe plus qu'à la satisfaction de ses intérêts
égoïstes ». L'ennui dans tout cela, c'est que l'harmo-
nieux fonctionnement de la démocratie du Ve siècle,
c'est à partir de textes du IVe siècle que nous le
reconstituons, ces mêmes textes qui par ailleurs dénon-
cent aussi les incohérences ou les erreurs de cette même
démocratie, dans le feu des luttes politiques. Nous
n'avons malheureusement, pour le Ve siècle, rien qui se
puisse comparer aux discours d'un Démosthène ou
d'un Eschine. Mais les luttes politiques et de personnes
y étaient-elles pour autant moins aiguës qu'au IVe siècle ? Rien ne permet de le penser. En revanche, et Glotz
bon connaisseur des textes juridiques le montre bien,

certains développements des institutions au IVᵉ siècle traduisent à la fois la consolidation de ce qu'il faut bien appeler une structure étatique, cet État encore informel au siècle précédent, en même temps que, pour les raisons évoquées plus haut, la politique tend à devenir de plus en plus le fait de professionnels. Ce n'est pas un hasard si les principaux dirigeants de la cité au IVᵉ siècle ne sont plus de grands stratèges, mais des administrateurs financiers comme Callistratos, Eubule, Lycurgue, et même dans un certain sens Démosthène, cependant qu'une partie de l'activité législative relève de ce collège des nomothètes, juristes chargés d'harmoniser des lois souvent contradictoires. Il est sans doute excessif d'écrire : « Désormais le peuple législateur, ce n'est plus l'Ecclesia, c'est le tribunal des nomothètes », mais c'est vrai que là aussi la complexité du travail juridique implique des capacités professionnelles. Il n'y a pas là preuve du déclin de la démocratie, mais plutôt adaptation d'une certaine forme de démocratie, celle du « face à face », aux réalités nouvelles, c'est-à-dire aux exigences d'un savoir technique, en matière financière, militaire ou juridique. Assurément, cela implique de la part du *démos* un certain renoncement, sinon à la décision politique elle-même, du moins aux débats qu'elle suscite. Ce n'est pas un hasard si c'est alors que, dans le langage politique, il devient de plus en plus fréquent d'opposer les *idiôtai*, les hommes privés, aux *politeuomenoi*, aux professionnels de la politique. Il n'est pas douteux qu'à la longue un tel renoncement représentait une menace pour le principe même de la démocratie. C'est la puissance militaire macédonienne qui détruira la démocratie athénienne, mais en moins de deux décennies, la démocratie formelle théoriquement restaurée ne mettra plus en présence que des politiciens attachés à tel ou tel des successeurs d'Alexandre, devant un *démos* amputé d'une partie de ses membres et de plus en plus passif.

Cette défaite militaire, faut-il aussi, comme le pense Glotz, l'imputer à cet « abaissement de la moralité civique », qui amenait les riches à ne plus s'acquitter de la triérarchie, les pauvres à échapper aux obligations militaires ? Il est vrai que les témoignages abondent qui prouvent la réalité des efforts des uns et des autres pour échapper aux charges qui leur incombaient. Mais, ici aussi, on voit bien que ce n'est pas seulement affaire de moralité. La triérarchie constituait une charge de plus en plus lourde pour mener une politique qui s'avérait souvent décevante. Les efforts d'un homme comme Périandre, qui faisait partie des amis d'Eubule, pour faire retomber le poids de la triérarchie sur un nombre plus grand de citoyens par l'application du système des symmories mis en place une vingtaine d'années plus tôt pour la levée de l'*eisphora,* relevaient sans doute de ce que Glotz aurait appelé « l'esprit de parti », en l'occurrence le parti des riches, mais aussi peut-être du souci de rendre plus efficace le financement de la flotte, en transformant la triérarchie en impôt. De même, la répugnance des citoyens à servir dans l'armée ne relève pas seulement de l'égoïsme, mais s'explique aussi par les transformations dans les méthodes de combat, les campagnes plus longues et plus lointaines, pour lesquelles les stratèges préféraient recourir à des armées de métier, à des soldats mercenaires que le souci de rentrer à temps pour la récolte ne concernait pas.

On le voit, si l'analyse de Glotz tient compte dans cette dernière partie de bien des aspects nouveaux de la vie de la démocratie athénienne, son interprétation moralisante risque de fausser la signification historique de ces nouveautés, de même qu'elle fausse l'appréciation sur la ligue de Corinthe dont il est peut-être hasardeux de dire qu'elle réalisa l'unité grecque dans la défaite. Car si la défaite est évidente, l'unité est plus que douteuse, si l'on songe aux luttes qui déchirèrent la Grèce au IIIe et au IIe siècle, avant que cette fameuse unité ne soit enfin réalisée par Rome. Mais là encore on voit bien pourquoi Glotz s'interroge pour savoir si « la fin de la cité grecque » fut un bien ou un mal. C'est que l'historiographie allemande depuis la fin du XIXe siècle identifiait la Macédoine de Philippe à la Prusse. L'historiographie française de ce fait était pour Démosthène contre Philippe. Mais Glotz qui écrit *La Cité grecque* en 1928, c'est-à-dire en un moment où toute une partie de l'opinion républicaine et libérale œuvrait pour la réconciliation franco-allemande, s'efforce de donner une réponse plus mesurée, de prendre en compte les aspects positifs de la conquête macédonienne — en particulier « l'extension immense d'une civilisation supérieure » — pour finir cependant par conclure à une « véritable régression » des valeurs qui étaient celles de la cité à son apogée. « Athènes, écrit-il, avait tracé un programme de réformes politiques et sociales qui pouvait mener toute la Grèce à une œuvre de libération grandiose. Déjà même la légitimité de l'esclavage inspirait des doutes. L'évolution s'esquissait et le but était visible. La phalange macédonienne arrêta tout. »

Ainsi, la cité grecque demeure modèle indépassable, et la victoire macédonienne est définitivement rangée du côté du mal. Dans sa préface au premier volume de l'*Histoire grecque*, publié trois ans avant *La Cité grecque*, Glotz écrivait ces lignes révélatrices : « Après la terrible secousse qui a ébranlé le monde et dont les effets commencent seulement à se faire sentir, l'humanité a besoin de voir plus clair dans toute son existence, car il est impossible d'apprécier avec justesse la valeur de la civilisation contemporaine et de prévoir les voies où elle

s'engage sans en connaître les plus lointaines origines. »
Glotz affirmait ainsi clairement le but qu'il assignait à
l'Histoire. Il ne dissimulait pas ses sentiments derrière
une prétendue « objectivité des faits ». C'est par là
peut-être que *La Cité grecque* mérite encore d'être lue.
Car elle témoigne, chez un homme dont l'érudition était
très vaste, d'un choix délibéré : le désir de faire de
« l'Histoire intégrale » pour comprendre et pour questionner le passé. Les plus grands historiens ne sont pas
ceux qui se contentent d'aligner des « faits », mais ceux
qui cherchent à les interpréter, à les questionner, à leur
donner un sens. Toute interprétation certes est subjec-
tive, et les questions que l'historien pose au passé sont
celles-là mêmes, que lui pose son époque. Glotz appartenait à la bourgeoisie républicaine libérale et dreyfu-
sarde. Dans la France de la fin des années vingt, le
problème de la démocratie était à l'ordre du jour. Déjà
apparaissaient la menace totalitaire et les doctrines qui
se gaussaient de la démocratie et de ses faiblesses. Poser
Athènes en modèle était pour un universitaire un
moyen de s'affirmer attaché à cette démocratie mena-
cée. Mais le danger était d'oublier la distance qui
séparait l'Athènes des Ve et IVe siècles de la France des
premières décennies du XXe siècle. *La Cité grecque* n'en
demeure pas moins un témoignage de cette idéologie
universitaire libérale et républicaine et, à ce titre, elle
mérite d'être lue même si aujourd'hui d'autres expériences nous invitent à questionner autrement la démocratie athénienne.

                                              Claude MOSSÉ.

Indications bibliographiques

Aucun livre n'a à ce jour vraiment remplacé *La Cité grecque* de Glotz. L'ouvrage qui s'en rapproche le plus est celui de Victor Ehrenberg, *Der Griechische Staat* (traduction française : *L'État grec*, Paris, Maspero, 1976). Le livre de Henri Van Effenterre, *La Cité grecque. Des origines à la défaite de Marathon* (Paris, Hachette, 1985), paradoxal, comme le souligne son sous-titre, et néanmoins suggestif, s'arrête au moment où commence l'hégémonie d'Athènes, dont la centralité est rejetée. La démocratie athénienne et son fonctionnement sont au contraire au cœur du livre de Moses Finley *Democracy Ancient and Modern* (traduction française : *Démocratie antique et démocratie moderne*, Paris, Maspero, 1976). Voir aussi son livre *Politics in the Ancient World* (traduction française : *L'Invention de la politique*, Paris, Flammarion, 1985). Sur la cité grecque au Ve siècle, on renverra aussi aux pages suggestives d'Edouard Will, *Le Monde grec et l'Orient*, t. I : *Le Ve Siècle* (Paris, P.U.F., 1972). Sur la « crise » du IVe siècle, mon livre *La Fin de la démocratie athénienne* (Paris, P.U.F., 1962) reste encore marqué par l'influence de la lecture de Glotz, même si à l'explication par une crise de la moralité j'avais substitué une explication (qui se voulait « marxiste ») par une crise économique. J'aurais tendance aujourd'hui à être beaucoup plus nuancées, et surtout à mettre davantage en valeur les traits nouveaux qui caractérisent la cité au IVe siècle, sans y voir nécessairement les signes d'une « crise » de quelque nature qu'elle soit.

Introduction

Formation de la cité

I. LES THÉORIES

Le trait le plus saillant de la Grèce antique, la raison profonde de toutes ses grandeurs et de toutes ses faiblesses, c'est qu'elle a été partagée en une infinité de cités qui formaient autant d'États. Toutes les conceptions que suppose une pareille division étaient si profondément ancrées dans la conscience hellénique, qu'au IVᵉ siècle les esprits les plus réfléchis considéraient l'existence de la *polis* comme un fait de nature. On ne pouvait se représenter un autre groupement pour les hommes vraiment dignes de ce nom. Aristote lui-même en arrive à prendre l'effet pour la cause et à définir, non pas l'Hellène, mais l'homme, « un animal politique ». Il y a pour lui deux sortes d'êtres humains : ceux qui croupissent dans des peuplades amorphes et sauvages ou forment d'immenses troupeaux dans des monarchies aux proportions monstrueuses, et ceux qui sont harmonieusement associés en cités ; les uns sont nés pour l'esclavage, afin de permettre aux autres de se donner une organisation supérieure.

En fait, les conditions géographiques de la Grèce ont fortement contribué à lui donner son aspect historique. Déchiquetée par la continuelle rencontre de la mer et de la montagne, elle présente de toutes parts d'étroites dépressions encadrées de hauteurs et qui n'ont de débouchés faciles que par la côte. Elle forme ainsi d'innombrables cantons, dont chacun est le réceptacle naturel d'une petite société. Le morcellement physique détermine ou tout au moins facilite le morcellement politique. Autant de compartiments, autant de nationalités distinctes. Qu'on imagine, dans un vallon fermé, des pâturages au bord des ruisseaux, des bois sur les pentes, des champs, des vignobles et des olivettes suffisant à nourrir quelques dizaines de mille habitants, rarement plus de cent mille, et puis une butte pouvant servir de refuge en cas d'attaque et un port pour les relations extérieures ; on se fera une idée de ce qu'est pour un Grec un État autonome et souverain.

On ne peut pas dire, pour autant, que la création de la cité ait pour cause unique une fatalité inéluctable, l'influence toute-puissante de la terre sur l'homme. La preuve en est qu'Aristote n'y a même pas songé, lorsqu'il fait de l'homme un être « politique ». Au reste, en Asie Mineure et en Italie, les conditions géographiques se trouvaient bien différentes de celles qui s'imposaient dans la Grèce propre : les montagnes y étaient moins chaotiques et plus basses, les plaines plus étendues, les communications plus faciles ; et cependant les Grecs y reproduisirent avec une inlassable fidélité le type de constitution qu'ils avaient façonné à la mesure de pays plus découpés et plus exigus. Il faut donc admettre qu'aux influences du milieu se sont combinées, dans la formation de la cité, les circonstances historiques.

C'est à elles seules qu'ont pensé, dans l'antiquité Aristote, dans les temps modernes Fustel de Coulanges.

D'après l'auteur de la *Politique* (1)*, les Grecs ont passé par trois stades. La première communauté, qui persite dans tous les temps par cela même qu'elle est naturelle, a pour base l'association du mari et de la femme, du maître et de l'esclave, et comprend tous ceux qui mangent à la même table et respirent la même fumée d'autel : la famille, l'*oikia*. De la famille est sortie par essaim, comme une colonie, le village, la *kômè* : ceux qui l'habitent, enfants et petits-enfants de la famille, obéissent à un roi, lequel exerce dans la famille agrandie tous les pouvoirs qui reviennent au plus

---

* Les notes sont reportées en fin de volume.

âgé dans la famille primitive. Enfin, par l'association de plusieurs villages, se forme l'État complet, la communauté parfaite, la *polis*. Née du besoin de vivre, subsistant par le besoin de vivre bien, la *polis* n'existe et ne dure que si elle se suffit à elle-même. La cité est donc un fait de nature, tout comme les associations antérieures dont elle est la fin dernière. Et voilà bien pourquoi l'homme, qui ne peut commencer à se développer que dans la famille, ne peut arriver à son épanouissement complet que dans la *polis* et, par suite, est naturellement « un être politique ».

Par un emploi restreint de la méthode comparative, l'auteur de *La Cité antique* est arrivé, de nos jours, à des conclusions différentes sur certains points, mais analogues dans l'ensemble. Il cherche l'explication des institutions dans les croyances primitives, dans le culte des morts et le feu sacré, en un mot, dans la religion domestique. C'est elle qui a été le principe constitutif de la famille entendue au sens large, du *génos* grec comme de la *gens* romaine. L'obligation d'honorer l'ancêtre commun entraîne celle d'assurer la continuité de la famille ; elle donne leur caractère essentiel aux règles qui président au mariage, au droit de propriété, au droit de succession ; elle confère une autorité absolue au père de famille, à l'aîné des descendants les plus directs de l'aïeul divin ; elle sert de fondement à toute la morale. — Des nécessités d'ordre économique et militaire contraignirent successivement les familles à se grouper en phratries, puis les phratries en tribus, enfin les tribus en cité. La religion dut suivre le développement de la société humaine ; mais les dieux sortis de la famille ne diffèrent des dieux familiaux que par l'extension de leur culte. Il y eut un foyer public. Il y eut une religion de la cité, qui imprégna toutes les institutions. Le roi fut, avant tout, un grand-prêtre, et les magistratures qui recueillirent la succession de la royauté furent par essence des sacerdoces : l'autorité politique a pour source une fonction sacrée. Qu'est-ce que la loi ? un commandement d'en haut. Qu'est-ce que le patriotisme ? une piété municipale. Qu'est-ce que l'exil ? une excommunication. La puissance divine fait l'omnipotence de l'État, et toute revendication de la liberté indi-

viduelle ne peut être conçue que comme une révolte contre
les dieux. Dans des cités ainsi constituées, les chefs des
géné formaient une classe privilégiée ; ils étaient capables
de tenir tête aux rois et dominaient de haut les hommes du
peuple qui s'étaient agrégés à eux comme clients et surtout
la tourbe des plébéiens, descendants d'étrangers. — Une
puissance aussi exclusive devait déterminer une série de
révolutions. La première fut celle qui enleva aux rois l'autorité politique et les réduisit à l'autorité religieuse. Mais les
chefs de l'aristocratie étaient aussi de véritables monarques,
chacun dans son génos. Une deuxième révolution changea
la constitution de la famille, supprima le droit d'aînesse,
fit disparaître la clientèle. Une troisième introduisit la plèbe
elle-même dans la cité, modifia les principes du droit privé,
fit prévaloir dans le gouvernement l'intérêt public. Un
moment, toutefois, le privilège de la fortune pensa se substi-
tuer à celui de la naissance ; il fallut une quatrième révolution pour établir les règles du gouvernement démocratique.
La cité ne pouvait pas se développer davantage ; les luttes
entre riches et pauvres allaient la vouer à la destruction.
La critique des philosophes commença de montrer combien
ce régime était étroit ; la conquête romaine enleva tout
caractère politique au régime municipal ; enfin, le christia-
nisme assura dans les esprits le triomphe d'une conception
universelle et transforma pour toujours les conditions mêmes
de tout gouvernement.

On ne peut qu'admirer la construction grandiose de Fustel
de Coulanges. A l'ampleur de la pensée correspondent la
précision des détails et la pureté de la forme. Pourtant, il
est impossible aujourd'hui de souscrire à toutes ses conclusions. Nous nous garderons bien ici de lui reprocher sa
timidité dans l'emploi de la méthode comparative, non
seulement parce que nous n'avons pas nous-mêmes à y
recourir, mais parce qu'en fait, à l'époque où parut *La Cité
antique*, nul, depuis Montesquieu, n'avait manié cette méthode
avec une pareille maîtrise. C'est sur d'autres points qu'il
convient de se tenir en garde contre la séduction qu'exerce
le chef-d'œuvre. A mesure qu'il passe de la famille à la
phratrie, à la tribu et à la cité, l'historien, quoiqu'il s'en

défende, ne fait que transporter dans des groupes de plus
en plus nombreux les croyances et les coutumes qu'il avait
observées dans le groupe primitif : elles restent identiques
dans un domaine plus étendu. D'une logique imperturbable,
il va du même au même et place la famille au centre d'une
série de cercles concentriques. Mais ce n'est pas ainsi qu'évo-
luent les sociétés humaines : ce ne sont pas des figures de
géométrie, mais des êtres vivants, qui ne durent et ne
gardent leur identité qu'à condition de se modifier profondément. En réalité, la cité grecque, tout en conservant l'institution familiale, n'a pu grandir qu'à ses dépens. Elle a dû
faire appel dans le groupe primordial aux énergies individuelles qu'il comprimait. La cité a dû longtemps lutter contre
le génos, et chacune de ses victoires a été obtenue par la suppression d'une servitude patriarcale. Nous apercevons ainsi
la grande erreur de Fustel de Coulanges. Conformément à
la théorie qui dominait dans l'école libérale du xixe siècle,
il a établi une antinomie absolue entre l'omnipotence de la
cité et la liberté individuelle, quand c'est, au contraire, d'un
pas égal et s'appuyant l'une sur l'autre qu'ont progressé la
puissance publique et l'individualisme.

Ce ne sont donc pas deux forces que nous verrons en
présence, la famille et la cité, mais trois, la famille, la cité et
l'individu. Chacune à son tour a eu la prépondérance. Toute
l'histoire des institutions grecques se ramène ainsi à trois
périodes :

dans la première, la cité se compose de familles qui gardent
jalousement leur droit primordial et soumettent tous leurs
membres à leur intérêt collectif ;

dans la seconde, la cité se subordonne les familles en
appelant à son aide les individus libérés ;

dans la troisième, les excès de l'individualisme ruinent
la cité, au point de rendre nécessaire la constitution d'États
plus étendus.

II. LES FAITS

On a vu la façon purement logique dont, depuis Aristote
jusqu'à Fustel de Coulanges, a été conçue l'origine de la

cité. Malheureusement, le problème n'est pas si simple.
L'histoire ne suit pas une voie rectiligne. Le vrai est toujours complexe, lorsqu'il s'agit d'hommes qui vivent, qui
peinent, qui luttent, qui obéissent à des besoins divers. Et,
si l'événement qu'on veut expliquer a eu lieu en des temps
qui n'ont pas laissé de documents directs, au milieu de migrations qui ont mêlé dans toutes les parties du monde égéen les
races et les civilisations, on doit s'attendre à de perpétuelles
contaminations d'idées et de coutumes, à une irrégularité
décevante dans la courbe de l'évolution, à des progrès par
soubresauts suivis de formidables régressions.

Les premiers Grecs qui arrivèrent en Grèce, ceux qu'on
appelle les Achéens et dont une partie reçut plus tard les
noms d'Ioniens et d'Éoliens, étaient des pasteurs à demi
nomades de la péninsule balkanique. Habitués à errer avec
leurs troupeaux dans les herbages de la plaine et les forêts
de la montagne, ils n'avaient jamais constitué d'État. Leur
patrie, c'était le clan patriarcal qu'ils appelaient précisément
patria ou plus souvent *génos* et dont tous les membres descendaient du même aïeul et adoraient le même dieu. Ces clans,
réunis en nombre plus ou moins grand, formaient des associations plus étendues, des fraternités au sens plus large ou
phratries, des compagnonnages de guerre où l'on se donnait
le nom de *phratores* ou *phratères*, d'*étai* ou *hétairoi*. Quand
les phratries faisaient de grandes expéditions, elles se groupaient en un petit nombre, toujours le même, de tribus ou
phylai : chacune de ces tribus avait son dieu et son cri de
guerre, chacune levait son corps d'armée, la *phylopis*, et
obéissait à son roi, le *phylobasileus* ; mais toutes ensemble
reconnaissaient l'autorité d'un roi suprême, le *basileus* en
chef.

En ce temps-là, le génos seul avait une organisation solide
et durable. On peut se la figurer d'après les souvenirs transmis par de très vieux chants aux épopées relativement récentes d'Homère, d'après les récits légendaires qu'on se répétait
de génération en génération jusqu'au temps où ils ont été
fixés par l'écriture, d'après les survivances conservées dans
les cérémonies du culte, et puis aussi d'après les rares précisions fournies par les champs de fouilles et les innombrables

analogies que présente l'étude comparée des sociétés humaines.

Quand le génos devint sédentaire sur le sol grec, autour du foyer commun continuèrent de se réunir tous ceux qui perpétuaient le sang de l'ancêtre. Sous le même toit, ils ont sucé le même lait (ὁμογάλακτες), respirent la même fumée (ὁμόκαπνοι), mangent le pain de la même huche (ὁμοσίπυοι). Inutile même de préciser les liens de parenté : tous les gennètes sont frères (κασίγνητοι). On se rappela longtemps ces grandes habitations qui contenaient plusieurs centaines de personnes apparentées : Homère représente encore cinquante frères et douze sœurs vivant ensemble dans la demeure de Priam avec leurs femmes et leurs maris, sans compter les enfants (²).

Le groupe ainsi formé jouit d'une indépendance complète et n'admet aucune limite à sa souveraineté. Il ne connaît d'autres obligations que celles qui lui sont imposées par sa religion propre ; il ne conçoit d'autres vertus que celles qui contribuent à son honneur et à sa prospérité. Tout ce qui fait partie du groupe, personnes, animaux et choses, est uni par les liens d'une solidarité absolue : c'est ce qu'on appelle la *philotès*, mot qu'il faut bien traduire, faute d'un équivalent, par « amitié », mais qui désigne un rapport plus juridique que sentimental. Seule, la *philotès* provoque et détermine l'*aidôs*, la conscience du devoir. Le devoir, toujours réciproque, n'existe donc qu'entre parents à quelque degré que ce soit (³).

Ce petit monde ne peut préserver l'indépendance qui fait sa fierté, maintenir la solidarité qui fait sa force, que s'il se suffit à lui-même : pour parler avec les Grecs, l'autonomie a pour condition matérielle l'*autarkie*. Le génos possède donc, avec la maison consacrée par le foyer, toute la terre d'alentour consacrée par le tombeau de l'ancêtre, tout ce qu'il faut de champs, de pâturages, de vigne et d'oliviers pour nourrir tant de bouches. Ce domaine, avec le cheptel et les quelques esclaves qu'il contient, appartient en commun au groupe tout entier. Collective, la propriété est par cela même inaliénable, indivisible ; sans règles de succession, elle se transmet éternellement de tous les morts à tous les vivants (⁴). Et, pour mériter son droit de jouissance, chacun, grand ou petit, homme ou femme, doit travailler pour tous (⁵).

Le chef du *génos* est tout désigné : celui-là est roi qui remonte le plus directement, de mâle en mâle, à l'ancêtre divin et porte ainsi dans ses veines le sang le plus pur. Il est le prêtre du dieu qu'il incarne, préside à toutes les cérémonies qui réunissent les gennètes autour du foyer, offre les sacrifices et les libations qui assurent leur prospérité. Il n'a pas seulement une puissance absolue sur sa femme, qu'il peut exposer, vendre ou tuer sans avoir à s'en justifier ; il a une autorité sans limites sur tous les membres de son groupe. Pour faire régner la paix intérieure, il proclame, il interprète, il fait exécuter la volonté divine. Il a reçu avec le sceptre la connaissance des *thémistes*, des arrêts infaillibles qu'une sagesse plus qu'humaine lui révèle par des songes et des oracles ou lui suggère au fond de sa conscience. Transmises de père en fils depuis l'origine des temps, s'augmentant d'apports nouveaux d'une génération à l'autre, les thémistes forment le code mystérieux et sacré de la justice familiale, de la *thémis*. Celui qui en dispose souverainement traite comme il l'entend quiconque s'est exposé par un attentat contre le groupe à la vindicte divine. Il peut s'en remettre à l'ordalie ou jugement de Dieu du soin d'exterminer le crime ou de sauver l'innocence ; il peut mettre le coupable au ban du *génos* par la peine terrible de l'*atimie*. Il est le maître de corriger, d'intimider et, par là, de pourvoir à la défense sociale.

Cependant, quoi qu'ils en aient, les *génè* sont en relations continuelles. Ce fut longtemps entre familles voisines un état de guerre presque permanent. On opérait des razzias en territoire ennemi. Un chef mettait sa gloire à enlever beaucoup de bétail et de femmes. Le sang coulait et demandait du sang. Les représailles s'enchaînaient sans terme. Même quand ils furent réunis en phratries et en tribus, les *génè* ne renoncèrent pas à la vendetta ; ils furent seulement obligés de l'assujettir aux règles communes qui constituèrent alors un droit plus large que la thémis, la *dikè*. Tous les membres du *génos* offensé pouvaient toujours se venger sur les membres du *génos* offenseur. Mais il fut admis que le meurtrier libérait les siens de toute responsabilité par la fuite : cette sorte d'abandon noxal calmait les passions et contribuait à rétablir l'ordre. On trouva moyen d'étendre aux membres de clans différents ou même hostiles les sentiments et les obligations qui n'existaient jusque-là qu'entre membres du même clan. La réconciliation pouvait se faire par application de l'*aidôs* aux adversaires, par *aidésis*. A la faveur d'une adoption ou d'un mariage, le meurtrier lui-même prenait parfois la place du mort dans le groupe qu'il avait diminué. Le plus souvent, le coupable se rachetait en acquittant le prix du sang, la *poinè*. Un traité d' « amitié », une *philotès*, s'ensuivait : dans des cérémonies solennelles, les familles hier encore ennemies offraient un sacrifice à leurs dieux associés, s'asseyaient à la même table et mêlaient leur sang dans la coupe d'alliance ([6]). C'est ainsi qu'au-dessus du droit familial, la coutume créait peu à peu le droit interfamilial d'où devait sortir peu à peu le droit public.

La règle qui subordonnait les génè à un intérêt général n'était pas dépourvue de toute sanction. Outrepasser les droits limités par la coutume, c'était s'exposer à la vindicte divine (ὄπις θεῶν) ([7]). Mais la conception religieuse ne fait jamais que sublimer une conception plus humaine. La crainte des dieux était, au fond, la crainte d'une force sociale qui acquérait de jour en jour plus de puissance. On avait peur du *dèmos*. Ce nom s'appliquait à l'ensemble de tous les génè groupés sous le même sceptre, qu'il s'agît du pays ou des habitants. La *dèmou phatis* ou *phèmis*, l'opinion publique, exerçait une influence à laquelle aucun génos ne pouvait se soustraire. Elle exerçait par la *némésis* une pression capable de prévenir un crime ou de contraindre le criminel à l'expier ([8]). Elle n'avait pas, il est vrai, d'organe attitré ; elle n'était représentée ni par un personnage ni par un corps officiel. On ne peut cependant pas dire qu'elle fût purement morale ; car, dans les cas extrêmes, quand les passions étaient surexcitées, l'indignation éclatait en violence et emportait tout obstacle. En droit, le génos restait souverain ; en fait, il devait souvent céder à une volonté anonyme et collective qui pouvait mettre une arme redoutable aux mains du roi.

Voilà où en étaient, semble-t-il, les Achéens quand ils vinrent s'établir au milieu des peuples fixés sur les bords de la mer Égée. Ils n'étaient qu'une minorité guerrière qui dut plus ou moins accommoder ses idées et ses institutions aux habitudes de la majorité qu'elle domina. Les Préhellènes, de tout temps sédentaires, avaient eux aussi, selon toute apparence, connu le régime du clan gentilice : les ruines d'habitations spacieuses exhumées à Vasiliki, à Chamaizi et à Tirynthe, ainsi que les énormes tombes à tholos de la Messara, fourniraient un commentaire rétrospectif aux passages de l'épopée où l'on voit demeurer avec Priam les soixante-deux petites familles dont il est le chef, avec Nestor ou Aiolos les ménages de leurs six fils et de leurs filles, avec Alkinoos ses six enfants, dont deux mariés (⁹). Mais, dans les parties les plus avantagées du monde égéen, ce stade était dépassé depuis longtemps : on y trouvait de grandes agglomérations de familles réduites, le régime urbain et le gouvernement monarchique. La Crète, notamment, renfermait des palais où des maîtres fastueux commandaient à des peuples nombreux et riches, des villes ouvertes aux voies bordées de maisons petites et contiguës. Dans les Cyclades, on voyait des fortifications, comme celles de Chalandriani à Syra et de Haghios Andréas à Siphnos, qui n'ont pu être construites que sur l'ordre de chefs puissants, pour défendre des populations assez denses. Sur le continent, la grande voie qui mène de la Thessalie aux extrémités du Péloponèse était parsemée de centres agricoles. Beaucoup étaient prospères ; Orchomène commençait à s'enrichir en gagnant des terres sur le lac Copaïs, travail qui nécessitait une main-d'œuvre considérable, et s'entourait de toute une escorte de bourgades nouvelles. En général, les hameaux et les villages se postaient près d'une butte qui servait de refuge en cas de guerre et où le chef réunissait auprès de lui les anciens pour prendre des résolutions communes. Ces éminences devaient être fortifiées pour la plupart : les unes étaient entourées de simples palissades en bois, qui ont péri ; les autres, de murailles en pierre.

Les guerriers achéens occupèrent les plaines les plus riches et les positions les plus fortes. Dans l'enceinte des

citadelles s'élevèrent les palais des rois. Quand il y avait
assez de place, on y joignait des maisons pour les principaux
officiers et dignitaires. A Athènes, tout près de la « forte
demeure » où siégeait Érechthée, se trouvait un petit groupe
d'habitations plus modestes. A Mycènes, le périmètre
fortifié fut même étendu, vers le milieu du xv⁰ siècle, de
manière à englober le cercle de la métropole royale. Au pied
de ces collines, étaient entassées les cabanes où vivaient les
paysans et les serfs, avec les artisans et les marchands qui
pourvoyaient à leurs besoins. Il y avait là quelquefois une
agglomération assez considérable, des villages qui se rejoi-
gnaient en une véritable ville. Quand la situation était
favorable, le seigneur perché sur son nid d'aigle prélevait
force péages sur les étrangers de passage, et par la croisée des
chemins la population affluait.

C'est la ville haute qu'on appelle d'abord *polis* (πόλις ou
πτολίεθρον), tandis que la ville basse est l'*asty* (ἄστυ).
Dans une bonne partie des poèmes homériques les deux
mots ont encore leur sens distinct ([10]). L'*asty*, c'est le lieu
habité où mènent les routes et dont on loue seulement la
superficie ([11]). La *polis* mérite avant tout l'épithète d' « élevée », c'est l'*acropolis*, et les termes abondent pour dire
qu'elle est escarpée, bien construite, cerclée de tours,
munie de hautes portes ([12]) ; de plus, comme elle renferme
le sanctuaire de la divinité poliade et le palais du roi, elle
seule est sainte, riche, splendide, pleine d'or ([13]). Lorsque
Hécube veut apporter à la déesse Athèna son offrande et ses
supplications, elle assemble les Troyennes dans l'*asty* et
monte avec elles à la polis ([14]). Cette distinction subsista
longtemps dans une bonne partie de la Grèce : en 426, les
Hyéens, peuplade de la Locride occidentale, résistèrent aux
Spartiates tant qu'ils restèrent maîtres d'une misérable
bicoque nommée Polis ([15]) ; les documents officiels appelaient encore ainsi l'Acropole d'Athènes au commencement
du iv⁰ siècle et la forteresse achéenne d'Ialysos au iii⁰ ([16]).

Cependant, déjà dans les chants les plus récents de
l'*Iliade* et dans presque toute l'*Odyssée*, la différence entre
polis et *asty* a disparu. A mesure que la ville basse devenait
plus vaste par le développement de l'agriculture et du com-

merce, elle prenait une importance qui contrebalançait
celle de la ville haute. C'est la Mycènes « aux larges voies »
qui remplissait les coffres de la Mycènes « riche en or »,
et le maître de là-haut devait s'occuper avec une sollicitude
grandissante de ce qui se passait en bas : il y a plus qu'un
symbole dans ce fait, que les rois de la première dynastie
étaient ensevelis dans des tombes à fosse sur la colline fortifiée, et ceux de la seconde dans des tombes à coupole en dehors
de l'enceinte. Les gens et les choses de la ville haute et de la
ville basse se mêlaient. Quand les seigneurs de Tirynthe
élargissaient leur forteresse en construisant, plus bas que
l'*Oberburg*, les murs de la *Mittelburg*, puis, plus bas encore,
ceux de la *Niederburg*, ils rattachaient successivement
à la *polis* des quartiers de l'*asty* primitif. De même, dans
l'épopée, ce n'est plus la ville haute d'Ilion, c'est l'*asty*, qui
a désormais une enceinte munie de tours (¹⁷). Comment les
deux mots ne seraient-ils pas peu à peu devenus synonymes ?
C'est ce qu'on voit, en effet, dans un très grand nombre
de cas. L'un et l'autre indifféremment, ils désignent Ilion,
Ithaque, Cnosse, Lacédémone et Schérié (¹⁸). Il semble
cependant que l'agglomération principale, opposée à la
campagne environnante, soit plus spécialement appelée
asty, du nom que les campagnards avaient toujours donné
à la localité où se trouvait le marché (¹⁹). D'autre part, la
ville haute n'a pas seulement absorbé la ville basse « aux
larges voies » (²⁰). Le nom fluide de *polis* s'est communiqué
à toutes les bourgades rurales qui vivaient à son ombre.
Par une progression fatale, il s'est enfin étendu à tout le
pays qui obéissait à l'autorité du même chef (²¹). Le mot qui
avait désigné d'abord une acropole finit par désigner une
cité.

  Pour en arriver là, il n'a point été nécessaire de briser les
cadres sociaux qui existaient déjà. La « polis » a pu devenir
un organisme vraiment « politique » sans supprimer les
génè, les phratries et les tribus. Elle n'a même pu le devenir
qu'en englobant ces groupes. Ils occupaient un territoire
plus ou moins vaste qu'on appelait d'un mot qui avait
passé tout naturellement à l'ensemble des gens qui l'habitaient, *dèmos* (²²). La cité donna au dèmos l'unité qui lui

manquait ; mais elle avait affaire à des sociétés gentilices rentrant les unes dans les autres, et non pas à des individus. Le roi ne pouvait donner d'ordres et les faire exécuter qu'avec l'assentiment et par l'intermédiaire des chefs de tribu, qui eux-mêmes ne pouvaient rien sans les chefs de famille. Tout au plus doit-on soupçonner que la *dèmou phatis* tendait obscurément à restreindre la solidarité familiale au profit d'une solidarité plus large.

Ces progrès auraient pu mener la Grèce, dès la fin du deuxième millénaire avant Jésus-Christ, à la conception de la cité qui prévalut seulement quelques siècles plus tard. Mais alors se précipitèrent sur la Grèce des Grecs encore à demi barbares, qui n'avaient pas, eux, subi l'influence de la civilisation égéenne : à partir du XIIe siècle arrivèrent par flots successifs tous ces peuples du Nord-Ouest dont une partie sera connue un jour sous le nom de Doriens. Ce fut un bouleversement général. Les vieilles monarchies croulèrent ; la splendeur de Mycènes s'évanouit à jamais. Sans doute certains cantons obscurs de la Grèce propre, l'Attique couverte par le Parnès, l'Arcadie protégée par les âpres rebords de ses plateaux, échappèrent à la tourmente et purent même servir d'asile à quelques bandes de fugitifs ; mais c'étaient des petits pays de population rurale, partagés en d'infimes bourgades dont aucune n'était encore de taille à s'imposer aux autres. Ailleurs, les envahisseurs s'emparèrent des terres, réduisirent les vaincus au servage et firent prédominer les plus vieilles coutumes de la race. On revenait de plusieurs siècles en arrière. Le régime des géné et des tribus reprenait le dessus, avec un caractère fortement guerrier, et l'évolution qui tendait à le subordonner à l'État, à la cité, était arrêtée net. Tout était à recommencer.

La polis, c'était de nouveau le lieu fortifié ou le camp d'où le conquérant surveillait les serfs courbés sur la glèbe. Dans la creuse Lacédémone, ce fut, sous le nom de Sparte, la réunion de quatre villages. En Argos, ce furent les deux acropoles de Larissa et de l'Aspis, avec une ville basse où les trois tribus des Doriens admirent à côté d'elles une tribu non dorienne. En Crète, ce furent toutes les éminences qui se dressaient au-dessus des vallées fertiles.

Il y eut du moins une vaste région où les Achéens, parmi lesquels on allait distinguer les Éoliens et les Ioniens, purent transporter les institutions relativement développées qui leur étaient devenues propres. Ils connaissaient depuis longtemps l'Asie Mineure : ils avaient d'abord occupé la Pamphylie, Cypre, Rhodes, Lesbos et la Troade ; ils s'étaient, depuis, fixés encore sur certains points, de préférence des îles, d'où ils pouvaient facilement faire des randonnées à l'intérieur pour piller ou pour trafiquer. Ils arrivaient maintenant par bandes plus ou moins nombreuses, sans espoir de jamais retourner dans leurs anciennes patries. Ils s'établirent tout le long de la côte au milieu d'une population dense. Ayant à se défendre contre des peuplades qui formaient quelquefois de véritables États, ils durent se concentrer sur des positions stratégiques, dans des villes fortifiées ou naturellement fortes. Sur les bords de l'Hermos s'éleva le Nouveau Fort, Néon Teichos ; le port de Colophon reçut le nom de Fort du Sud, Notion Teichos ; le territoire de Téos fut couvert de vingt-sept castels qui servaient de refuges aux cultivateurs et qui devinrent les centres de l'administration (les *pyrgoi* ou tours). La topographie confirme les renseignements fournis par la toponymie. Érythrées eut pour emplacement primitif une colline ; à Milet, la vieille ville naquit sur une acropole située à cent mètres environ de la mer [23]. « Les grands défendent les villes », selon l'expression homérique (ἄριστοι... πτολίεθρα ῥύονται) [24], et même les paysans y ont leur maison, s'ils sont libres et d'origine grecque ; le plat pays est laissé aux indigènes, à ceux que les gens de Milet et de Priène appellent les Gergithes. Il se forme donc là une aristocratie de citadins helléniques, qui s'oppose à un prolétariat rural d'une autre race et qui comporte elle-même des distinctions de classe bien tranchées. D'où la nécessité précoce d'institutions plus complexes qu'ailleurs.

Ce qui rendait cette nécessité plus pressante encore, c'était l'extraordinaire mélange des bandes immigrées. De la Crète à la Thessalie, tous les pays avaient fourni leur contingent. En une ou plusieurs fois s'étaient déversés sur chaque ville d'Orient des flots de population hybride.

Il fallait faire une place à ces éléments hétérogènes dans les cadres de la constitution. Les Doriens avaient bien apporté avec eux le système des trois tribus, de même que les compagnons des Nèléides étaient répartis dans les quatre tribus ioniennes ; mais que faire des groupes qui n'appartenaient point naturellement à ces tribus ?

Précisons la question. Les tribus avaient toujours leur caractère gentilice. Les grandes familles, les *patrai*, conservaient une forte organisation et donnaient leur nom à la localité où était situé leur domaine : au-dessous des familles royales, Nèléides, Androclides, Penthilides, Basilides, on continuait de remarquer à Milet les Thélides, les Skirides, les Hécaïtades ; à Chios, les Dèmotionides, les Thraikides ; à Camiros, les Hippotades, les Graiades, les Thoiades ; à Cos, les bourgades des Antimachides et des Archiades ; à Calymna, celle des Scaliodes ; à Rhodes, celle des Boulides, etc. (²⁵). Autour des *patrai* les plus importantes s'en groupaient d'autres, de manière à former des phratries. La phratrie portait souvent le nom de la *patra* dirigeante, si bien qu'il est parfois impossible de les distinguer : il devait en être ainsi depuis longtemps à Chios pour ces Clytides qu'on voit, au ivᵉ siècle, bâtir une chapelle afin d'y transporter les objets du culte commun conservés jusqu'alors dans des maisons particulières. Aussi le dieu des phratries est-il indifféremment un Zeus Patrios, comme chez les Clytides, ou un Zeus Phratrios, comme chez les Euryanactides de Cos (²⁶). L'importance sociale de ces cultes est attestée par ce fait que, partout où il y a des Ioniens, aussi bien à Milet, à Priène et à Samos qu'à Délos et à Athènes, se célèbre la grande fête des patriai et des phratries, les Apatouria. Quant à leur importance politique, elle est suffisamment démontrée par les passages où Homère ne conçoit pas la constitution d'une armée, et par conséquent d'un peuple, sans la division en phratries. Toute cette organisation gentilice, remontant aux origines mêmes des cités, est mise en lumière, bien des siècles plus tard, par un véritable graphique tracé sur une inscription de Camiros : en haut est placé, comme un titre général, le nom des Althaiménides, descendants du héros fondateur ; au-dessous sont rangés des groupes, les phratries, qui comprennent chacune un certain nombre de *patrai* désignées comme telles ([27]).

Quelle pouvait donc être la situation des Grecs qui demeuraient sur le même territoire que les membres des groupes gentilices sans en faire partie ? Pour ne pas rester isolés, ils formaient, individus ou petites familles, des groupes factices, analogues aux *patrai* et aux phratries, quoique bien différents par leur origine. C'est ce qu'on appelait des *thiases*. Le mot est préhellénique ; et c'est chez les descendants des plus vieux Achéens qu'il se conserva ; c'est par les Attiques, par les colons qui s'étaient éparpillés avant la période des migrations en masse qu'il fut propagé dans le monde grec. Ces associations perpétuèrent obscurément bien des croyances très anciennes, maints éléments de civilisation qui devaient à la longue reparaître au grand jour : on ne saura jamais quel fut au juste leur rôle dans la diffusion des cultes dionysiaques ou orphiques et dans la renaissance de l'industrie et de l'art ; mais il dut être grand. En tout cas, elles parvinrent à s'agréger aux phratries. Le fait est certain pour l'Attique ([28]) ; il peut être admis également pour l'Asie Mineure. Il explique qu'au IIIe siècle encore une phratrie de Chios comprenne, outre des patrai au nom gentilice (Dèmogénidai, etc.), des petites sociétés désignées par le nom de leur chef (les gens de Tèlargos, etc.) ([29]). Bien mieux, à côté des tribus gentilices se constituaient des tribus secondaires où étaient groupés les individus et les familles des minorités nationales. Elles n'eurent sans doute à l'origine que des droits inférieurs, mais réussirent tôt ou tard à se faire admettre avec les autres tribus sur le pied d'égalité. C'est ainsi qu'à Milet s'adjoignirent aux quatre tribus ioniennes deux tribus peut-être préioniennes, les Boreis et les Oinopes. Et cette même ville offre le plus remarquable exemple qu'on connaisse d'une société non gentilice pénétrant dans l'organisme politique. Il y avait là une confrérie religieuse de *molpoi* qui remontait vraisemblablement aux temps mycéniens. A l'époque historique, elle avait à sa tête un *aisymnète* entouré de cinq assistants (προσέταιροι), c'est-à-dire d'un comité où était représentée chacune des six tribus. On voit comment la nécessité de faire vivre en paix une population hybride élargit, dans les siècles qui suivirent les grandes migrations, la notion de communauté.

C'est en Asie Mineure, comme on vient de le voir, que cette cause de progrès agit le plus tôt et le plus efficacement : dans un pays qui fut longtemps pour la race hellénique un foyer de colonisation, des Grecs de provenance infiniment diverse devaient se dégager plus facilement qu'ailleurs de traditions à bien des égards surannées. Là aussi, un autre phénomène contribua de bonne heure au même résultat. Les conditions économiques n'y étaient pas les mêmes que dans la Grèce propre. Un régime exclusif de propriété foncière est essentiellement propre au maintien des mœurs et des institutions patriarcales. Dans les établissements grecs d'Asie, il y eut de tout temps d'autres ressources que l'exploitation d'une terre plantureuse. Tout le long de la côte se trouvaient des ports excellents pourvus de bonnes aiguades, voisins de grandes et belles îles, souvent situés sur des isthmes qui favorisaient la défense et le commerce ou sur des embouchures de fleuves qui menaient loin à l'intérieur de la péninsule ([30]). Que de commodités pour les relations avec tous les pays de vieille civilisation, ceux de l'Égée comme ceux de l'Orient ! La navigation et le commerce profitèrent sans retard de tous ces avantages. Le régime urbain se développa : des marchés actifs donnèrent naissance à de grandes villes. A Milet, par exemple, la vieille ville descendit de l'Acropole pour s'étendre dans la direction du port aux Lions. Ainsi, la richesse mobilière fit concurrence à la richesse foncière et créa une classe nouvelle à côté de l'aristocratie terrienne et gentilice. Encore une cause d'altération pour les conceptions trop étroites des vieux temps.

La transformation qu'on voit s'opérer dans la pénombre sur le littoral de l'Asie s'opéra dans la Grèce entière par un travail identique, quoique plus lent et généralement plus obscur encore. Partout des bourgades au nom patronymique : par exemple, Akaïdai et Kéondai à Histiaia en Eubée. Partout des phratries groupant un certain nombre de familles autour d'un génos illustre : par exemple, à Delphes, les

Labyades autour d'un génos sacerdotal voué jadis au culte
crétois de la double hache. Parfois même les trois tribus
doriennes admettent à côté d'elles une tribu non dorienne,
témoin les Hyrnatiens d'Argos. C'est sur l'Attique, comme
de juste, que nous avons le plus de renseignements. Les
génè d'Eupatrides y sont nombreux. Beaucoup d'entre eux
tiraient leur nom d'une fonction sacrée, comme les Eumolpides et les Kèrykes d'Éleusis, les Géphyréens d'Aphidna,
les Bouzyges, les Alétrides, les Heudanémoi, les Phréôry-
khoi, les Aigeirotomoi. Beaucoup d'entre eux étaient assez
puissants pour commander à tout un dèmos et lui imposer
leur nom, comme les Scambônides, les Philaïdes, les Paio-
nides, les Boutades, etc. Selon la coutume ancienne, les
phratries célébraient les Apatouria en l'honneur de Zeus
Phratrios et d'Athèna Phratria, et les tribus étaient au nombre
de quatre. Mais ce qui est particulier à l'Attique, c'est qu'on
y peut suivre la fusion progressive de toutes petites communautés en une communauté plus grande que la plupart des
cités grecques. Dans ce pays rural, chaque agglomération
eut d'abord « son prytanée et ses archontes » ([31]). Après des
luttes dont le souvenir s'est conservé dans la légende, se
créèrent des associations religieuses et politiques de types
variés. La plus illustre est un groupe de bourgs qui adoraient
Athèna, les Athènai qui prirent pour chefs les Érechthéides
et pour centre une acropole destinée à être l'Acropole par
excellence. Mais il y en eut bien d'autres : l'Amphictionie
de l'Épacrie, celle de la Mésogée ; ici, une Tricômia, là une
Tétracômia ou une Tétrapolis. Ce dernier exemple nous
prouve que des localités aussi humbles que Marathon,
Tricorynthos, Oinoè et Probalinthos furent des *poleis*,
comme les sept villages qu'Homère mentionne dans la
banlieue de Pylos ([32]) ou comme la centaine de bourgades
où habitaient ceux dont les Spartiates firent des Périèques ([33]).
Il nous prouve aussi que ces « cités » formèrent une « cité »
quatre fois plus grande avant de s'absorber par synœcisme
dans une « cité » qui réunissait en un seul *dèmos* les *dèmoi*
de l'Attique tout entière et qui se donna pour capitale
l'Acropole des Érechthéides.

III. ÉLÉMENTS ET CARACTÈRES DE LA CITÉ

Si la naissance de la cité reste enveloppée de ténèbres où l'on n'avance qu'à la lueur fuyante de faits épars, avec le fil conducteur de fragiles conjectures, du moins voit-on un peu plus clairement les éléments constitutifs de la cité une fois existante.

Il lui faut, avant tout, se défendre. A ses origines mêmes, se trouve une butte sur laquelle se réfugient les gens de la campagne menacés par une troupe ennemie ou une bande de pirates. Elle a presque toujours une ou plusieurs acropoles. De plus, le développement de la ville basse rendit généralement nécessaire la construction d'une enceinte étendue : déjà l'épopée nous a montré autour de l'*asty* des murs flanqués de tours et percés de portes. On voit en quel sens Aristote pourra dire que le système défensif de l'acropole convient à la monarchie et au régime oligarchique, tandis que la démocratie préfère les forteresses en plaine [34]. Sans doute, les villes ouvertes ne manquent pas, et fort avant dans la période historique. Quand les Doriens de Laconie descendirent des hauteurs où ils s'étaient postés tout d'abord, ils établirent un camp sur les bords de l'Eurotas et, confiants en leurs poitrines, n'élevèrent point de remparts autour des quatre villages qui composaient Sparte [35]. Bien des localités en Asie Mineure n'avaient pas de murs à opposer aux armées lydiennes et durent se mettre à l'ouvrage d'urgence sous le coup de la menace perse [36]. Camiros n'était pas fortifiée à la fin du Ve siècle, ni Élis au commencement du IVe [37]. Pourtant, quand une ville avait pris de l'extension, surtout quand elle était riche et prétendait à un rôle politique, elle se munissait d'une bonne enceinte. Milet en Ionie, Assos en Éolide, Cnide en Doride étaient des places fortes [38]. Les Pisistratides firent bâtir autour de l'Acropole et de son Pélargicon aux murs « pélasgiques » une muraille d'un périmètre considérable pour l'époque [39]. Ce n'est pas sans raison que Thucydide, jetant un coup d'œil rapide sur le passé lointain de la Grèce, fait succéder à la période des bourgades ouvertes celle des villes fortifiées [40].

Le besoin de défense mutuelle que manifestent l'acropole

ou les remparts, s'exprime, comme tout ce qui est social
dans l'antiquité, sous une forme religieuse. Chaque cité
a sa divinité, comme chaque famille. De même que les
parents se réunissent devant l'autel du foyer domestique,
les citoyens célèbrent le culte poliade au « foyer commun »
(κοινὴ ἑστία). C'est là que sont offerts les sacrifices qui
doivent appeler sur le peuple la protection céleste ; c'est
là qu'ont lieu les repas officiels où la chair des victimes est
partagée entre les citoyens ou les chefs de la cité, hauts magistrats ou membres du Conseil, et les citoyens ou les étrangers
dignes d'un pareil honneur. Longtemps le foyer commun
eut pour siège le palais du roi, grand prêtre de la cité :
les festins où Alkinoos, entouré des gérontes, traite magni-
fiquement Ulysse ne diffèrent point de ceux où sont conviés
plus tard les ambassadeurs reçus comme hôtes publics
(τὰ ξένια) (41).

Quand la royauté fut déchue, le foyer commun, divinisé
sous le vocable de la déesse Hestia (42), fut inséparable de
l'édifice où se tenaient le premier ou les premiers de la cité,
le prytane ou le comité des prytanes : il devint le centre du
Prytanée, Hestia en fut la gardienne (43). D'après les ruines
d'Olympie, il faut se figurer, à l'entrée, un petit sanctuaire,
au milieu duquel était placé un autel avec une fosse remplie
de cendres, et dans le fond, des salles à manger et une cuisine
garnie de tous les ustensiles nécessaires (44). Pas de cité sans
prytanée : « le prytanée est le symbole de la cité », *penetrale
urbis*, dit énergiquement Tite-Live (45). Au temps où l'Attique était divisée en un grand nombre de petites cités, chacune avait le sien (46) ; quand elle n'en forma plus qu'une,
elle eut un prytanée unique, la demeure d'où l'archonte
avait exproprié le roi et où le roi revenait cependant avec
les rois des tribus rendre des sentences d'un archaïsme prononcé (47). Chaque fois que se fondait une colonie, les émi-
grants empruntaient au foyer de la métropole le feu qui
devait être entretenu dans le nouveau prytanée (48). Le
local consacré par le foyer où brûle un feu perpétuel peut
d'ailleurs porter un autre nom ; le nom n'y fait rien. A
Cnide, où le magistrat suprême, l'agent du peuple, était le
damiourgos, c'est au *damiourgeion* que se donnaient les repas

publics. Chez les Achéens de Phthiôtide, le prytanée s'appelle la « maison du peuple », *leiton* : le mot fait penser aux *leitourgiai* ou liturgies, ces prestations, surtout rituelles à l'origine, qui incombaient aux citoyens les plus riches et dont la plus caractéristique était l'*hestiasis*, le paiement et la préparation d'un banquet sacré (⁴⁹).

Non loin du prytanée, s'élève le *Bouleutèrion*, où siège le Conseil. Quel que soit le régime politique de la cité, le Conseil est un organe dont elle ne peut se passer. Quand les grands qui se tenaient jadis aux côtés du roi comme *gérontes* ou *boulèphoroi* sont devenus les maîtres du gouvernement, ils ont beau se faire représenter au foyer commun par les prytanes, il leur faut encore un local approprié à leurs délibérations. Et de même, partout où la démocratie a remplacé l'aristocratie, le peuple, qui ne saurait siéger en permanence, a besoin d'un corps restreint pour préparer les décrets, se mettre en rapport avec les magistrats, recevoir les ambassadeurs étrangers, envoyer des délégués dans la maison commune. Que le Conseil s'appelle, comme c'est le cas le plus fréquent, *Boulè* ou, comme dans certaines cités, *Gérousia*, que ses commissaires au prytanée portent le nom généralement admis de prytanes ou le nom spécial aux Mégariens d'*aisymnètes*, il n'y a pas d'exemple d'une cité qui en soit dépourvue. Le Bouleutèrion séparé du prytanée, cela remonte très haut. Celui d'Olympie, plusieurs fois reconstruit, était conforme au plan en abside qui date des temps préhistoriques (⁵⁰) ; serait-ce vers un édifice de ce modèle que se dirige Alkinoos, au moment où Nausicaa le rencontre sur le pas de sa porte se rendant au Conseil des Phéaciens (⁵¹) ? En Attique, chaque bourgade avait sa Boulè avant le synœcisme; le synœcisme les fit disparaître toutes, sauf celle d'Athènes. Quand Thalès proposa aux Ioniens de s'unir, il leur en indiqua le moyen : laisser à chacune des cités le droit de s'administrer comme des dèmes et établir dans une capitale fédérale un seul Bouleutérion. Il ne réussit pas ; mais l'idée était juste. Elle fut appliquée, plus d'un siècle après, à Rhodes. Les trois cités de Lindos, Camiros et Ialysos s'étaient constituées de très bonne heure en annexant les dèmes de l'île ; lorsqu'en 408/7 elles décidèrent de se constituer en un seul État,

elles furent elles-mêmes réduites à la condition de dèmes, et,
si elles conservèrent le droit de rendre des décrets dans des
assemblées désormais municipales, elles n'eurent plus qu'une
Boulè commune (⁵²).

Selon le régime constitutionnel des cités, l'ensemble du
peuple n'exerce point de droits politiques, ou, au contraire,
les a tous ; mais il est toujours indispensable qu'il puisse se
réunir. Pour cette réunion, qui s'appelle *agora*, il faut une
place publique, qui porte le même nom. C'est, avant tout,
le marché. « Dans presque toutes les cités, dit Aristote, il
y a nécessité de vendre ou d'acheter pour la satisfaction de
mutuels besoins, et c'est pour elles le moyen le plus expé-
ditif de se suffire, objet qui semble avoir déterminé les
hommes à s'unir en communauté (⁵³). » La place destinée
aux affaires doit donc être « d'un accès facile aux transports
venant de la mer ou de l'intérieur du pays », et les commodités qu'elle offre pour les approvisionnements attirent généralement le prytanée dans le voisinage du marché : c'est
encore Aristote qui le dit (⁵⁴), et les fouilles de Priène, par
exemple, confirment cette assertion. Mais la place n'est pas
faite seulement pour les transactions commerciales ; aux
marchands et aux clients se mêlent les curieux, les oisifs.
A toute heure de jour, c'est le rendez-vous où l'on se pro-
mène en plein air, où l'on apprend les nouvelles, où l'on
cause politique, où se forment les courants d'opinion. L'agora
est donc toute désignée pour servir aux assemblés plénières,
à celles qui sont convoquées par le roi ou les chefs de l'aristocratie pour prendre connaissance des résolutions arrêtées
en haut lieu aussi bien qu'à celles qui délibèrent en toute
souveraineté. Même dans cette cité militaire que forme un
camp, il faut une agora : il y en avait une pendant la guerre
de Troie, où les chefs des Achéens, comme les préteurs de
Rome, adressaient leurs proclamations aux guerriers et
rendaient la justice (⁵⁵).

Il va de soi que, dans les centaines de cités qui se partageaient la Grèce, cette institution était, comme toutes les
autres, susceptible de variantes. L'agora, au sens topogra-
phique, peut se dédoubler. Dans les cités oligarchiques de
Thessalie, la place du Marché est abandonnée au trafic,

« souillée de denrées », et la place de la Liberté, située au
bas de l'éminence où s'élève le prytanée, est réservée aux
exercices gymnastiques des citoyens privilégiés (⁵⁶). Dans
les cités démocratiques, surtout dans celles qui ont pris une
grande extension, l'ancienne agora est parfois trop petite
et se trouve trop souvent encombrée pour se prêter au nombre croissant des assemblées populaires : les Athéniens du
vᵉ siècle vont délibérer sur la colline de la Pnyx aménagée
à cet effet et ne se réunissent plus à l'agora que dans des
cas extraordinaires. D'autre part, l'assemblée ne garde le
nom d'agora que dans des cités de second ordre, par exemple
à Delphes, Naupacte, Gortyne, Arkésinè, Cos (⁵⁷), mais
surtout dans les subdivisions de la cité, les tribus et les
dèmes, ou encore dans les associations religieuses, les phratries, les thiases et les orgéons (⁵⁸). *Ecclèsia*, tel est le terme
qui désigne ordinairement l'Assemblée du peuple, excepté
chez les Doriens qui préfèrent souvent celui d'*Halia* (le
tribunal de l'Hèliée chez les Athéniens) et particulièrement
chez les Spartiates qui emploient celui d'*Apella* (⁵⁹). Mais
ces différences n'empêchent pas les Grecs de considérer
l'agora comme une condition primordiale de la vie en cité.
Pour Homère, les Cyclopes sont des sauvages parce qu'ils
n'ont pas « d'assemblée pour délibérer » (ἀγοραὶ βουληφόροι).
Pour Hérodote, ce qui distingue le plus les Grecs des Perses,
c'est que les uns ont des agoras, et que les autres, dans leurs
villages féodaux, n'ont pas même de marchés (⁶⁰).

La capitale, dont la prédominance s'atteste par l'Acropole,
le Prytanée, le Bouleutèrion et l'agora, a une banlieue plus
ou moins étendue, dont elle a besoin pour vivre. Là se
trouve la plupart du temps le port ; car l'Acropole, qui a
fixé pour toujours l'emplacement de la ville, est généralement
à quelque distance de la côte, dans une position choisie par
des populations qui redoutaient la piraterie (⁶¹). C'est par
ce port que la cité, dont le territoire est presque toujours
enclos de montagnes, correspond avec le monde extérieur
et ajoute à ses ressources propres les richesses qui lui manquent. En tout cas, de l'agglomération principale, de l'*asty*,
dépendent un nombre plus ou moins considérable de
hameaux, de villages, de bourgades, qu'on appelle *cômai*,

dèmes ou même quelquefois, comme en Laconie, *poleis*. Dans les petites cités, ces localités éparses sont d'autant plus rares que les paysans libres y ont fréquemment conservé l'habitude de demeurer dans la ville et d'aller travailler aux champs du matin au soir. Dans les grandes cités, elles sont nombreuses, au contraire, et quelques-unes peuvent acquérir une certaine importance. Il y avait bien une centaine de *poleis* habitées par les périèques de Laconie, et plus encore de dèmes en Attique. Ces éléments constitutifs de la cité jouissaient toujours d'une indépendance très large en matière administrative ; mais elles n'avaient de pouvoirs politiques que comme fractions de la grande communauté. Nulle part peut-être cette dépendance de la partie par rapport au tout n'est plus remarquable que dans certains cantons qui, étant restés fidèles à l'économie purement rurale, ne renfermaient que des cômai sans une seule ville. L'Élide, par exemple, n'eut pas de capitale avant 471 ; mais, depuis longtemps, le magistrat suprême et les petits rois de chaque localité étaient subordonnés aux hellanodiques et aux dèmiurges qui représentaient le pouvoir central.

Enfin, le trait le plus saillant de la cité grecque, c'est la répartition des citoyens en tribus et en phratries. Nous n'insisterons pas ici sur ces groupements, parce que nous avons assez longuement montré que la formation de la cité ne s'explique pas sans eux. Bornons-nous à remarquer que le caractère gentilice et nobiliaire qu'ils doivent à leur origine a été plus ou moins altéré par le progrès du régime démocratique. Les phratries ont dû souvent admettre en compagnie des génè les thiases, composés de gens généralement moins bien nés. Les vieilles tribus ont dû souvent tolérer à côté d'elles des tribus de nationalités différentes, avant même que des idées nouvelles fissent prévaloir la conception de tribus territoriales.

La cité ainsi constituée est un tout petit État. Essayons de préciser les idées (⁶²). Sparte et Athènes sont des exceptions par l'étendue de leur territoire. Or, Sparte, quand elle eut agrandi la Laconie de la Messénie, fut la première puissance de la Grèce, parce qu'elle commanda un pays de 8 400 kilomètres carrés, les deux cinquièmes du Péloponèse (⁶³) (un peu plus que le département de la Marne, beaucoup moins que celui de la Gironde) ; encore faut-il remarquer que la terre réservée aux citoyens, la πολιτικὴ χώρα, comprenait seulement le tiers de cette superficie, le reste appartenant à une centaine de *poleis* périèques. Athènes, cette cité qui tient une si grande place dans l'histoire de la civilisation, ne posséda, au temps de sa plus grande extension, c'est-à-dire avec l'île de Salamine et le district d'Orôpos, qu'un domaine de 2 650 kilomètres carrés (moins que le département du Rhône). Il faut passer en Occident pour trouver dans les colonies conquérantes des chiffres du même ordre : après l'annexion de Géla, d'Acrai, de Casménai et de Camarina, le territoire de Syracuse atteignit 4 700 kilomètres carrés, dépassant celui d'Acragas, qui en mesurait 4 300. Partout ailleurs, la superficie des cités grecques n'équivaut guère qu'à celle de nos arrondissements, voire de nos cantons ; il arrive même souvent qu'elle soit notablement inférieure. Dans le Péloponèse, Argos, maîtresse de Cléônai, dispose en tout de 1 400 kilomètres carrés ; Corinthe, de 880 ; Sicyône, de 360 ; Phlionte, de 180. Au Vᵉ siècle, la confédération des Béotiens s'étend sur 2 580 kilomètres carrés, dont un millier pour Thèbes et le reste partagé entre douze cités, à raison de 130 kilomètres carrés en moyenne. Dans les 1 615 kilomètres carrés de la Phocide se logent vingt-deux souverainetés. En Asie Mineure, où l'espace ne manque pas cependant, les cités ioniennes ont entre 200 et 1 500 kilomètres carrés ; les cités éoliennes, une centaine seulement. Voyez les îles. Les petites et la plupart des moyennes forment chacune une seule cité : telles sont, par exemple, Délos (5 kilomètres carrés et demi, 22 avec Rhénée), Thèra (81 kilomètres carrés), Égine (85), Mélos (150), Naxos (448), Samos (468), Chios (826). Mais Céos, qui n'a pourtant que 173 kilomètres carrés, est partagée jusqu'au IVᵉ siècle entre quatre cités, dont trois battent monnaie. Quant aux grandes îles, j'entends celles qui mesurent plus de 1 000 kilomètres carrés, une seule a pu réaliser l'unité politique : c'est Rhodes, dont les trois cités, couvrant ensemble 1 460 kilomètres carrés, se fondirent seulement vers la fin du Vᵉ siècle. Lesbos, avec 1 740 kilomètres carrés, renferme encore cinq cités au temps

d'Hérodote, qui constate qu'elle en renfermait davantage
auparavant ([64]). Avec 3 770 kilomètres carrés, l'Eubée est
divisée vers la même époque en huit parties. Les 8 600 kilomètres carrés de la Crète sont répartis aux temps homériques
en quatre-vingt-dix cités ; il en subsiste plus de cinquante
dans la période historique.

Faut-il croire que la densité de la population compensât
l'exiguïté du territoire ? On pourrait là-dessus se laisser
induire en erreur par de fallacieux indices et des faits mal
interprétés. La continuelle émigration qui dispersa les
Grecs sur toutes les rives de la Méditerranée est un phénomène qui fait réfléchir. Platon en voit la cause dans « l'étroi-
tesse du sol » et l'impossibilité de nourrir un trop grand
nombre d'habitants ([65]). Précisément à l'époque de la grande
colonisation, l'auteur des *Chants Cypriens* trouve à la loi
fatale qui décime l'humanité par la guerre une explication
que n'auraient pas reniée certains théoriciens des temps
modernes : « Des myriades d'hommes erraient sur le vaste
sein de la terre ; Zeus eut pitié et, dans sa profonde sagesse,
résolut de soulager de ce poids la terre nourricière ; il lança
parmi eux la grande discorde de la guerre, afin que la mort
y fît des vides ([66]). » Mais, en réalité, l'excès de peuplement
dans les cités grecques est relatif ; il tient à une cause permanente, l'étendue des terres stériles, et à des causes historiques, l'accaparement de la propriété par les aristocrates et
le morcellement successoral. Du reste, chez ce peuple qui
a « la pauvreté pour sœur de lait » ([67]), la colonisation n'est
pas seule à empêcher la population de s'accroître dans de
fortes proportions. Partout et toujours, les Grecs redoutent
les familles trop nombreuses. Pour prévenir pareil malheur,
on a recours à la restriction de la natalité : déjà Hésiode en
est à recommander « l'enfant unique » (μουνογενὴς πάις) ([68]).
On se livre à toutes les pratiques d'un malthusianisme
effréné, avortement, infanticide, exposition des nouveau-nés,
amour contre nature : toutes sont autorisées par la coutume,
tolérées par la loi, hautement approuvées par les philosophes ([69]). La cité grecque est donc modeste par le nombre
des habitants, comme par l'étendue du territoire.

Pour Hippodamos de Milet, cet architecte sociologue qui

bâtissait sur le sol et en l'air des villes soigneusement tirées au cordeau, la cité idéale devait avoir dix mille citoyens [70]. Platon veut que le nombre des citoyens soit assez grand pour mettre la cité en état de se défendre contre ses voisins ou de leur porter secours en cas de besoin, mais assez restreint pour qu'ils puissent se connaître entre eux et choisir les magistrats à bon escient : ce nombre nécessaire et suffisant, il le fixe, suivant un procédé pythagoricien, à $1 \times 2 \times 3 \times 4 \times 5 \times 6 \times 7 = 5\,040$ [71]. Aristote examine longuement la question. Il voit dans le nombre des citoyens et l'étendue du territoire les matières premières dont l'homme d'État et le législateur ont besoin pour leurs travaux : il faut qu'elles aient les qualités nécessaires et qu'elles soient à point pour que la cité puisse remplir la tâche qui lui est assignée. Aussi ne doit-on pas confondre la grande cité avec la cité populeuse. Les esclaves et les étrangers, domiciliés ou non, ne sont qu'un déchet impur ; il n'y a que les citoyens qui comptent. L'expérience prouve qu'il est difficile et peut-être impossible de bien organiser un État trop populeux : comment y appliquer de bonnes lois et y faire régner l'ordre ? C'est qu'il y a une mesure de grandeur pour la cité comme pour toute autre chose. Que la cité ne soit pas conforme à cette mesure, par défaut ou par excès, et elle n'atteint pas sa fin propre. Une société de cent mille membres n'est pas plus une cité qu'une société de dix membres [72].

Les doctrinaires ne faisaient que réduire en système les faits qu'ils avaient sous les yeux. Très peu de cités dépassent le nombre préconisé par Hippodamos. On peut calculer que l'Athènes de Périclès comptait environ 40 000 citoyens. Trois autres cités en avaient 20 000 ou un peu plus au Ve siècle : Syracuse, Acragas et Argos. Il est vrai qu'au siècle suivant Syracuse atteignit le chiffre de 50 000 ou 60 000 par la concentration forcée des populations vaincues, par la colonisation à l'intérieur : elle fut alors, de beaucoup, la plus grande ville de Grèce [73]. Passons aux cités habitées par 10 000 citoyens, à celles qui réalisent le type de la grande ville, la πόλις μυρίανδρος ; elles ne sont pas très nombreuses. On peut placer dans cette catégorie : en Asie

Mineure, la Milet d'Hippodamos, plus petite en ce temps qu'elle n'était au VIᵉ siècle, Éphèse et Halicarnasse ; en Grèce propre, Thèbes, Corinthe et son ancienne colonie Corcyre, et les villes de création récente, Rhodes, Mégala-polis et Messène ; en Chalcidique, Olynthe ; sur le Bos-phore, Byzance, après l'incorporation de Chalcédoine ; en Libye, Cyrène ; en Grande Grèce, Tarente et Crotone ; en Sicile, Géla. Ce qui prouve bien que la population de ces villes correspond à l'idéal des Grecs au Vᵉ siècle, et non pas seulement à celui d'Hippodamos, c'est que les Athéniens, lorsqu'ils fondèrent Ennéahodoi, tout comme Hiéron, lorsqu'il remplaça Catane par Etna, envoyèrent dans leur nouvel établissement la myriade fatidique de colons [74]. Faites le compte : sur les centaines et les centaines de cités grecques, c'est à peine s'il y en a une vingtaine qui aient atteint ou dépassé cet idéal.

Continuons. Les villes où le corps des citoyens varie entre 10 000 et 5 000 et qui passent encore pour importantes [75] — comme Mytilène, Chios et Samos, Érétrie et Chalcis, Mégare, Sicyône, Phlionte et Élis — ne sont elles-mêmes pas en nombre considérable. Des villes bien connues, par exemple Mantinée et Tégée, n'arrivent pas à ce niveau ; Égine, longtemps si riche et si importante par son commerce, n'a guère pour ses 110 kilomètres carrés que de 2 000 à 2 500 citoyens. Les Spartiates ont commencé, d'après la tradition, par former une masse d'environ 9 000 ou 10 000 hommes ; ils sont encore 8 000 au temps des guerres médi-ques ; mais les vices d'une constitution vieillie amènent rapidement la disette d'hommes, l'ὀλιγανθρωπία : ils ne sont plus que 2 000 en 371, à la bataille de Leuctres ; en 242, le roi Agis n'en compte plus que 700. Sans doute, il faut faire largement sa part en Grèce au principe oligar-chique, qui réserve avec parcimonie la dignité de citoyen à une minorité ; il faut, même dans les cités démocratiques, quand il s'agit d'évaluer la population, ne pas oublier la masse des métèques et des esclaves exclus de l'agora. N'im-porte : au point de vue quantitatif, la cité grecque est une toute petite chose.

Mais c'est une chose admirablement riche en qualités

morales et qui exercera une influence décisive sur la civilisation de l'avenir. Qu'on jette un coup d'œil général sur le
domaine de l'hellénisme. On aperçoit un pullulement de
sociétés qui vivent toutes d'une vie intense. Aristote en a
décrit cent cinquante-huit ([76]) ; mais il y en a dix fois plus.
Partout, à quelques kilomètres de distance, une butte sert
de borne à une frontière. Un compartiment infime, accosté
contre une montagne, traversé par un ruisseau, échancré
par quelques baies, est un État. Il suffit de monter sur l'acropole qui en est le réduit, pour l'embrasser tout entier du
regard. Cette ville, ces champs, ces pâtis, ces boqueteaux,
ces calanques, c'est cela la patrie, la patrie fondée par les
ancêtres et que chaque génération doit laisser plus belle et
plus prospère. Quelques esprits éminents ont bien pu se
rendre compte à la réflexion qu'il est un peuple grec qui
diffère des autres peuples par la langue, par la poésie, par
l'art, par le culte des grandes divinités ; mais ceux-là mêmes
sont restés longtemps sans aspirer à l'unité panhellénique,
parce qu'à leurs yeux la grande supériorité des Grecs tenait
précisément à leur conception de la *polis*. Le monde barbare
est composé de monarchies monstrueuses, masses inorga-
niques ; seul, le monde grec répond à la définition de
l'homme, qui est, dans la plénitude du terme, un être *politique*.

Autonome, la cité a pour condition essentielle la liberté.
La liberté collective, si l'on peut ainsi parler ; car la liberté
individuelle peut bien exister par surcroît, elle n'est pas
indispensable. Hérodote nous donne, à cet égard, un renseignement étrange au premier abord et d'autant plus lumi-
neux. Quand il veut opposer la liberté hellénique à la servitude perse, il fait parler deux Spartiates, deux de ces Grecs
dont l'existence entière est assujettie aux règlements les
plus minutieux. La scène se passe à Suse. Sperthias et
Boulis viennent offrir leur tête au roi des rois, afin d'apaiser
le courroux des hérauts de Darios mis à mort à Sparte.
Un satrape leur demande pourquoi ils refusent d'être les
amis d'un roi qui sait honorer les braves. Et voici leur
réponse : « Hydarnès, le conseil que tu nous donnes n'est
point pesé dans des balances justes ; il est d'un homme qui
a expérimenté un genre de vie et n'a point l'expérience

d'un autre : tu sais ce qu'est la servitude, tu n'as jamais
goûté de la liberté ; tu ignores si elle est douce ou non.
Si tu la connaissais, tu nous exhorterais à combattre pour
elle, non pas de loin avec des javelines, mais la hache à la
main ([77]). »

Cette passion de l'indépendance fait de la cité, si petite
qu'elle soit, un État souverain. Prenez deux villes voisines :
tout les sépare. Les bornes sacrées qui indiquent les limites
des territoires tracent des lignes de démarcation presque
infranchissables entre les religions et les lois, les calendriers,
les monnaies et les poids et mesures, les intérêts et les affec-
tions. Qu'est-ce que la patrie dans les grands siècles de la
Grèce antique ? Le mot même l'indique. Il désigne tout ce
qui rattache les uns aux autres les hommes qui ont un
ancêtre commun, un même père. La *patria* a été d'abord le
génos, comme on le voit toujours en Asie Mineure ; par
un grandissement continu, en Élide par exemple, elle est
devenue le groupe plus étendu qu'on appelle plus généralement phratrie, et a fini par être partout la communauté
où s'absorbent toutes les sociétés d'extension moindre, la
cité. Aussi le patriotisme des Grecs nous apparaît-il aujour-
d'hui comme un patriotisme de clocher ; mais c'est un
sentiment d'autant plus intense et plus profond qu'il se
concentre sur un objet plus restreint. Du jour où l'éphèbe
majeur prête le serment civique, il doit à la cité toutes ses
pensées et son sang. Ce n'est pas à une abstraction qu'il se
consacre corps et âme, mais à quelque chose de concret
qu'il voit tous les jours de ses yeux. La terre sacrée de la
patrie, c'est l'enclos de la famille, les tombes des aïeux, les
champs dont on connaît tous les propriétaires, la montagne
où l'on va couper du bois, mener le troupeau ou récolter
le miel, les temples où l'on assiste aux sacrifices, l'acropole
où l'on monte en procession ; c'est tout ce qu'on aime, et
dont on est fier, et que chaque génération veut laisser plus
enviable qu'elle ne l'a reçu. Une ville, une seule, et quelquefois infime, et c'est pour cela qu'Hector court au-devant
de la mort, que le Spartiate considère comme le couronne-
ment de la « vertu » de « tomber au premier rang », que les
combattants de Salamine s'élancent à l'abordage aux sons

du péan, et que Socrate boit la ciguë par respect de la loi.

Dès qu'il sort de ce microcosme qu'est la cité, le Grec est en pays étranger, très souvent en pays ennemi. Une pareille conception a des conséquences terribles. Déjà les haines de génos à génos, de dème à dème se sont à grand-peine apaisées sous l'autorité de la puissance publique. Il en est toujours resté des traces. En Attique, par exemple, il ne devait pas y avoir de mariage entre les gens de Pallène et ceux de Hagmonte, et les luttes de partis se confondirent longtemps avec des querelles de famille aggravées de vendettas. La topographie suffisait quelquefois à maintenir à l'intérieur d'une ville d'étranges inimitiés : Aristote constate encore de son temps la mésentente qui existait entre l'îlot de Clazomène et le quartier de Chytrôn ([78]). A plus forte raison les rivalités sont-elles perpétuelles, et sanglantes, entre cités voisines. L'histoire de la Grèce antique n'est qu'un tissu de guerres mesquines et cruelles, où toutes les fureurs dont est susceptible le patriotisme se déchaînaient pour la conquête de quelques guérets ou de quelques broussailles.

Maintes tentatives ont été faites pour remédier au morcellement, introduire les cités dans des cadres plus larges. Mais elles exigeaient la renonciation à une part de souveraineté ; elles se sont toujours butées contre une insurmontable répugnance.

Les Amphictionies de Calauria, de Delphes, du Panionion auraient pu facilement, semble-t-il, se transformer d'associations religieuses qu'elles étaient en confédérations politiques ; elles n'y réussirent point et ne furent que des foyers d'intrigues, où les cités participantes se disputaient la suprématie. Le système fédératif ne demandait cependant d'autre sacrifice qu'une entente mutuelle sur les questions de politique extérieure. Si jamais il a paru d'une impérieuse nécessité, ç'a été en Asie Mineure au VIIe et au VIe siècle, quand planait sur toutes les villes le danger de la domination lydienne ou perse. Loin de s'y résigner, on se battait entre Grecs sous l'œil des barbares, Chios contre Érythrées, Samos contre Priène et Milet ; et déjà les armées de Darios s'apprê-

taient à faire régner la paix par la servitude, qu'un projet
d'union, qui ménageait pourtant toutes les susceptibilités,
échoua piteusement devant l'indifférence générale ([79]). La
confédération béotienne avait beau laisser à chaque cité
ses institutions propres et le droit de battre monnaie ; de
continuels conflits éclataient entre Thèbes, qui entendait
être la maîtresse, et les autres villes, qui ne voulaient pas
obéir. En Arcadie, où la vie pastorale éparpillait la population plus que partout ailleurs ([80]), deux fois on essaya de
réagir contre la force centrifuge, au VIIe siècle avec le roi
d'Orchomène Aristocratès, au IVe avec Lycomèdès de
Mantinée ; deux fois l'expérience échoua.

Quant au système d'hégémonie qu'Athènes et Sparte
cherchèrent à imposer, il va de soi qu'il rencontra une
résistance déterminée. Pouvait-il du moins s'appuyer sur
des sympathies politiques, sur la solidarité des partis de
ville à ville ? Non, même pas. Pendant la guerre du Péloponèse, on vit tour à tour les démocrates et les oligarques
d'Athènes soutenir partout le régime qui leur était cher ;
rien n'y faisait : quand une ville sujette se révoltait, toutes
les factions marchaient d'accord. Cléon était dans le vrai,
lorsqu'il disait ne connaître qu'un moyen de maintenir
l'empire : la terreur, qu'un régime efficace : la tyrannie ([81]) ;
et Alcibiade voyait juste, lorsqu'il pensait que toute cité,
plutôt que d'être asservie sous le régime préféré, aimait
mieux être libre sous n'importe lequel ([82]).

Ce particularisme étroit et jaloux exposait la race tout
entière à des menaces qu'elle ne fut pas toujours de force à
conjurer. Le danger de la conquête barbare, que la Grèce
d'Asie ne put pas éviter, manqua d'engloutir aussi la Grèce
d'Europe. Elle y échappa, non sans que le salut fût longtemps
compromis par les tiraillements et les heurts des égoïsmes
locaux. Mais, lorsque enfin les cités, épuisées par des luttes
sans résultat et presque sans objet, sentirent le besoin d'une
unité réparatrice, aucune ne fut capable de réaliser le vœu
général, et il y fallut les interventions violentes de la Macédoine et de Rome.

Du moins l'autonomie fut-elle fertile en bienfaits. Chaque
cité avait sa physionomie, sa personnalité, sa vie propre.

Par ses institutions et son droit, par son culte et ses fêtes, par ses monuments et ses héros, par toutes ses façons de comprendre et d'appliquer les principes économiques et politiques, moraux et intellectuels d'une civilisation commune, chaque cité contribuait à donner à cette civilisation une infinie variété d'expression. Une émulation féconde multipliait les expériences, encourageait l'originalité dans l'imitation et, pour réaliser toutes les puissances latentes de communautés si petites, faisait appel à toutes les énergies individuelles.

PREMIÈRE PARTIE

La cité aristocratique

Chapitre premier

La cité homérique

I. LES CADRES DE LA CITÉ

Dans les temps homériques, comme on l'a vu, les petits pays dont se compose la Grèce forment chacun une cité. Le mot de *dèmos* en désigne soit le territoire, soit la population et ne sert que rarement à opposer la multitude à la classe dominante (⁸³).

Ce qui compte dans la cité, c'est le chef-lieu, la *polis* ou l'*asty*, et, comme l'un ou l'autre de ces termes s'applique au pays entier, les citoyens sont dits tantôt *astoi* (⁸⁴), tantôt *politai* (⁸⁵). La cité homérique a donc généralement pour centre une place forte où résident les principaux chefs et qui offre un refuge au gros de la population en cas d'alarme.

Mais le reste du pays renferme des bourgades plus ou moins importantes. Elles portent, elles aussi, le nom d'*asty* ou de *polis*. On est surpris de constater qu'il n'y a point dans l'épopée de mot pour désigner les villages et les hameaux, quand on sait pourtant que la Grèce renferma toujours des régions dépourvues de toute autre agglomération, c'est-à-dire habitées par *cômai* (κατὰ κώμας) (⁸⁶). On dirait que le poète hésite devant un terme vulgaire et ne veut chanter que les héros venus de lieux illustres ; peut-être même ne connaît-il bien que l'Asie Mineure, où les propriétaires sont réunis dans des centres considérables et font cultiver leurs champs par des tenanciers ou des serfs dis-

persés dans la banlieue. Quoi qu'il en ait, il laisse pourtant
entrevoir dans la cité, à l'ombre de la ville principale, une
masse confuse de petits bourgs. Ce nom d'asty, qui est
donné aux villes les plus célèbres, s'applique également
aux nombreuses localités (ἄστεα πολλά) de telle région
purement rurale ([87]). La Crète est l'île aux quatre-vingt-dix
ou aux cent villes ; mais, de « bien peuplées », le poète en
nomme seulement sept ([88]). Même les villes « bien peuplées »,
que sont-elles le plus souvent à cette époque ? Agamemnon
promet d'en donner sept en dot à sa fille ; mais elles sont
toutes situées « près de la sablonneuse Pylos », au milieu
des pâturages et des vignobles ([89]). Ménélas songe à faire
évacuer une ville de Laconie pour y établir Ulysse avec ses
gens ([90]) ; là encore il ne peut s'agir d'un centre bien important. Bref, la capitale, où brillent au premier plan les chefs
des grandes familles, est entourée de bourgs, de villages ou
de hameaux en grand nombre, où vivent plus ou moins
obscurément les familles moindres.

A l'époque où elle est arrivée à son plein développement,
la cité homérique comprend trois classes sociales : les nobles,
les dèmiurges et les thètes.

Les nobles appartiennent aux familles qui descendent
des dieux : ils sont les fils, les nourrissons de Zeus. Chacun
d'eux conserve avec soin la généalogie qui fait son orgueil ;
toute occasion lui est bonne pour étaler d'un ton glorieux
la liste des ascendants qui le font remonter à l'ancêtre divin.
Mais déjà la richesse compte autant que la pureté du sang.
Quand il a fini d'énumérer ses aïeux, le héros homérique
cherche à éblouir son interlocuteur par l'inventaire de ses
biens. Il possède de belles terres à blé, des coteaux couverts
de vignobles, des herbages où les bœufs et les chevaux
paissent par milliers, de vastes pâtis où pullule le petit
bétail. Dans son trésor s'alignent les pithoi de vin fin et
d'huile parfumée, les lingots de bronze et de fer, les coffres
remplis de vêtements brodés, de coupes précieuses et
d'armes damasquinées. Il se plaît à faire montre de sa force,
soit qu'il exécute des razzias ou des représailles par terre
ou par mer, tuant les hommes, enlevant les femmes et les
bestiaux, soit qu'il lance son char sur le front d'une armée

en bataille, saute à terre, et, tout couvert de bronze, debout derrière un bouclier planté comme une tour, l'épée au côté, le javelot au poing, l'injure à la bouche, attend qu'un adversaire digne de lui ose l'affronter. Entre-temps, il aime à étaler son opulence et à jouir de son prestige : il se rend au palais du roi pour les séances du Conseil et les festins ; il se tient sur l'agora, prêt à donner son avis sur les différends entre citoyens ; il est au premier rang les jours de fête où les sacrifices, les libations et les banquets sont suivis de chants, de danses et de jeux. En vérité, la vie est belle pour les grands, pareille à celle des immortels dont ils sont issus.

Elle est dure, au contraire, pour ceux qui ne font point partie de leurs génè. Il ne s'agit point des esclaves : ce ne seront jamais que des instruments animés, dont le maître fait ce qu'il veut et dont la cité n'a pas à s'occuper ; ils sont, d'ailleurs, peu nombreux encore. Nous ne parlons ici que des hommes libres. Quelques-uns d'entre eux sont parvenus à défricher un lopin de terre à la sueur de leur front. Les plus heureux sont ceux qui, à force de défoncer le sol, de le fumer et de l'irriguer, arrivent à faire fructifier un verger pareil à celui du vieux Laërte. D'autres, établis dans un coin de la montagne, peuvent bien se constituer une famille ; mais, réduits à manger plus souvent des bettes que du pain blanc ou de la bouillie d'orge, ils ont garde de mettre au monde plus d'un fils. Il en est qui possèdent à peine de quoi entretenir l'unique serviteur qui leur vient en aide [91]. Et ceux qui n'ont pas de terre du tout ? Il y en a, dans le nombre, qui arrivent à se faire une situation sortable. Le génos ne peut pas toujours se suffire. Il existe donc, surtout dans les grands centres, des gens de métier qui travaillent pour le public, des *dèmiurges*. La profession qu'ils exercent est presque toujours héréditaire, parce que, de père en fils, ils n'ont pas d'autre moyen d'existence et qu'une division du travail très rudimentaire ne leur laisse pas grand choix. Les uns entrent dans ce qu'on pourrait appeler les carrières libérales : ils sont les devins, les hérauts, les médecins et les chanteurs. Les autres travaillent comme artisans ; ils se distinguent d'après la matière première qu'ils

emploient, à savoir les charpentiers qui joignent le travail
de la pierre à celui du bois, les corroyeurs, les forgerons et
les potiers. La plupart d'entre eux sont établis dans les
villes, où les métiers manuels se concentrent autour du
marché. Certains de ces dèmiurges acquièrent une belle
réputation ; les plus experts passent pour inspirés des dieux.
Ils sont quelquefois attirés en pays étranger par une riche
commande et peuvent parvenir à une certaine fortune.
Mais ils se sentent toujours les inférieurs des propriétaires
fonciers : même le devin Calchas, qui fréquente chez les
rois, reconnaît qu'il est un homme de peu.

Reste la multitude des gens qui ne possèdent pas de
terre et qui n'ont pas de métier qualifié. Ceux-là vivent
comme ils peuvent. Les paresseux vont mendier de porte
en porte ou se postent au seuil d'une bonne maison où l'on
banquette souvent. Les travailleurs acceptent la condition
de *thètes*, de mercenaires. Ils se louent à gages. Quand c'est
à long terme, ils sont logés, nourris et habillés tant bien que
mal. Quand c'est pour une tâche déterminée, ils obtiennent
un salaire en nature, prélevé le plus souvent sur le produit
même de leur travail. Mais ils ont beau être des hommes
libres, ils ne jouissent d'aucune sécurité. Par cela même qu'ils
ne font point partie d'un génos, ils n'ont pas de place dans
les cadres de la cité : quand on est sans foyer (ἀνέστιος),
on est sans phratrie (ἀφρήτωρ), privé de la protection qu'assure à un homme la *thémis* (ἀθέμιστος), dépourvu de toute
valeur sociale et, par conséquent, de tout droit (ἀτίμητος) [92].
Le thète est lié par un contrat qui ne lie point l'employeur :
son travail achevé, il peut se voir refuser le salaire promis ;
il arrive qu'il soit jeté dehors, roué de coups, menacé d'être
vendu comme esclave. Quiconque n'est pas soutenu par
un génos n'a aucun recours contre l'injustice.

La cité homérique, en effet, n'est pas l'assemblage confus
de tous les individus qui habitent dans le même pays ;
elle est un ensemble de génè, de phratries formées par des
génè, de tribus formées par des phratries. Elle comprend,
non pas indistinctement tous ceux qui ont un domicile dans
les limites territoriales de la cité, mais seulement ceux qui
font partie des sociétés fermées qui la composent. Elle

n'a rien à voir avec des hommes isolés. Elle a pour cadres des sociétés qui rentrent les unes dans les autres et qui existaient avant elle. Pour compter parmi les citoyens, il faut d'abord appartenir à un groupe de « frères » (κασίγνητοι), c'est-à-dire de parents, à quelque degré que ce soit, qui se soutiennent dans toutes les circonstances de la vie ; il faut ensuite s'appuyer sur un groupe de « compagnons » (ἔται) unis en vertu d'une parenté fictive par les obligations réciproques d'une solidarité plus large (⁹³). La grande communauté n'a de vie que par les petites communautés d'origine gentilice qui lui ont donné naissance.

Dans une cité de ce genre, il n'y a d'administration possible que par l'intermédiaire des tribus, des phratries, et finalement, des génè.

Pour recruter l'armée, on demande à chaque père de famille de fournir, sous peine d'amende sauf rachat, un homme qu'il choisit comme bon lui semble : un Myrmidon tire au sort entre ses sept fils pour savoir lequel partira (⁹⁴). Pour constituer les unités de cette armée, on réunit les « compagnons » classe par classe, et dans ces compagnies les ἔται se donnent entre eux le nom de ἑταῖροι (⁹⁵). Pour ranger les troupes en bataille, on les groupe par phratries et par tribus. C'est une règle que Nestor rappelle à Agamemnon : « Dispose les hommes par tribus et par phratries, pour que la phratrie prête main-forte aux phratries et la tribu aux tribus (⁹⁶). » Aussi le mot *phylopis*, qui signifiait à l'origine cri de guerre lancé par la tribu, est-il couramment employé pour désigner le tumulte de la mêlée ou même la foule des combattants (⁹⁷).

Même principe pour l'organisation de la marine. Quand on parcourt dans l'*Iliade* le *Catalogue des vaisseaux*, on a constamment l'impression que les navires et les guerriers qui les montent sont en rapport numérique, soit avec les villes placées sous le commandement des chefs, soit avec les subdivisions des cités. Rhodes, habitée par les Doriens τριχάϊκες (⁹⁸), comprend trois grandes villes, dont chacune est partagée en trois tribus : elle est représentée par neuf navires (⁹⁹). Il en vient quatre-vingt-dix de Pylos. Comme pour expliquer ce nombre, le poète nomme neuf localités ;

mais elles sont d'importance trop inégale pour devoir le
même contingent. La véritable explication se trouve dans
un passage de l'*Odyssée* qui représente les Pyliens assemblés
sur neuf gradins. Chacune de ces neuf sections contribue
au sacrifice public en offrant le même nombre de victimes ;
chacune contribue donc aussi à la levée de la flotte en armant
le même nombre de bâtiments [100]. Dans les cas où l'on
n'a besoin que d'un seul navire, le système ne change pas ;
la charge des groupes consiste alors à fournir des hommes
pour l'équipage. Quand Alkinoos fait mettre à la mer la
nef qui doit rapatrier Ulysse, il annonce que les rameurs
seront recrutés « dans le peuple » (κατὰ δῆμον), au nombre
de cinquante-deux. Pourquoi ce nombre ? C'est qu'à Schérie il y a treize rois, treize chefs : chacun d'eux doit quatre
hommes [101].

Les autres prestations sont toutes réparties de la même
façon. On a vu qu'à Pylos les frais des fêtes incombent
également aux neuf sections du peuple. Pour se procurer
les présents dont il veut gratifier Ulysse, Alkinoos demande
à chaque roi d'apporter un manteau, un chiton et un talent
d'or fin, puis encore un grand trépied et un bassin ; mais
il ajoute que chacun d'eux récupérera cette avance sur tout
le peuple (toujours κατὰ δῆμον) [102]. Ainsi, toutes les administrations publiques, qu'il s'agisse de l'armée, de la marine
ou de ce qu'il faut bien appeler les finances, respectent les
groupements naturels sans lesquels la cité n'existerait pas.

Tous les chefs, ceux des génè, des phratries et des tribus
comme celui de la cité, portent le titre héréditaire de roi
(βασιλεύς). C'est un roi aussi, ce propriétaire qui assiste
à la récolte, debout sur un sillon, le sceptre en main, et
fait préparer par ses hérauts le repas des moissonneurs [103].
Du plus grand au plus petit, ces rois sont fils et nourrissons
de Zeus (Διογενέες, Διοτρεφέες) [104] : une naissance
divine leur confère le droit au sceptre [105], insigne sacré
des prêtres, des hérauts et des devins. Ils sont les seigneurs
(ἄνακτες), les anciens (γέροντες), les guides et conseillers (ἡγήτορες ἠδὲ μέδοντες). Comme ils représentent
des groupes subordonnés les uns aux autres, ils forment
tout naturellement une hiérarchie de suzerains et de vas-

saux, une sorte de féodalité. La royauté est donc susceptible de degrés : ils sont tous rois, mais l'un plus que
l'autre (βασιλεύτερος) ([106]), et un seul par-dessus tous
(βασιλεύτατος) ([107]). On voit assez clairement à Schérie
comment est organisé un pareil régime. Le roi Alkinoos
y apparaît entouré de ses douze pairs. Il a beau dire d'un
ton modeste : « Douze rois éminents commandent le peu-
ple, et je suis le treizième » ([108]) ; en réalité, il est le premier,
le seul qui donne des ordres, parce qu'il est celui qui porte
le titre de « Puissance sacrée » (ἱερὸν μένος Ἀλκινόοιο)
et qui se fait écouter comme un dieu ([109]). Mais, s'il associe
à son autorité les chefs les plus puissants, les rois des tribus, il a encore besoin, pour assurer l'exécution des mesures
concertées avec eux, de convoquer « des gérontes plus
nombreux », les simples chefs des génè ([110]).

II. LE ROI

Le roi de la cité, le roi des rois, est donc celui dont l'origine céleste est le mieux établie. Tout le monde connaît
sa généalogie. Agamemnon et Ménélas descendent de
Zeus par Tantale, Pélops et Atrée ; Achille, par Aiacos et
Pélée ; Ulysse, par Arkeisios et Laërte ; Idoménée, par
Minos. D'autres ont pour ancêtre Apollon, comme Ajax,
ou Poseidôn, comme Nestor et Alkinoos. Un roi incarne
toute la puissance d'un dieu. Dans certains États, on admet
que cette force surnaturelle s'épuise à la longue ; elle a besoin d'être renouvelée : tous les neuf ans, en Crète, Minos
devait entrer dans la grotte de Zeus pour lui rendre compte
de sa gestion et se faire investir pour une nouvelle période ([111]) ; tous les neuf ans, à Sparte, les éphores vont, par
une nuit claire et sans lune, s'asseoir en silence, les yeux fixés
sur le ciel, et, s'ils voient une étoile filante, c'est signe que
les rois ont commis quelque faute envers les dieux et qu'il
faut les déclarer déchus ([112]). Mais, le plus souvent, le roi
exerce un pouvoir viager et le transmet à l'aîné de ses fils ([113]).
Même à une époque où la royauté périclite, les prétendants
d'Ithaque ne contestent pas le droit héréditaire de Télémaque ([114]) ; ils cherchent seulement à se débarrasser de

lui et ne voient qu'un moyen pour prendre sa place : se
rattacher à la dynastie éteinte en épousant la femme du
dernier roi. A défaut de fils, c'est la fille du roi qui doit
perpétuer la lignée. Elle est l'*épiclère*, celle qui n'hérite
pas, mais qui procrée l'héritier. Pour que le sang reste
pur, elle s'unit au plus proche parent mâle de son père.
Alkinoos, par exemple, devient roi de Schérie en épousant sa
nièce Arètè, fille de son frère et prédécesseur Rhèxènôr ([115]).
C'est seulement dans les pays d'Asie qu'un roi peut choisir
pour gendre et successeur un prince étranger ; encore faut-il
que le héros se soit désigné par des exploits merveilleux
comme rejeton d'un dieu ([116]).

Si tous les rois sont porte-sceptre (σκηπτοῦχοι), le roi de
la cité l'est éminemment ; car son insigne est celui-là même
que tenait le grand dieu, ancêtre de la dynastie. Le sceptre à
clous d'or qui brille aux mains d'Agamemnon a une histoire
qui le rend auguste : fabriqué par Hèphaistos, il a été transmis par Zeus à Hermès et par Hermès aux Pélopides ([117]). Il
est la volonté visible d'un dieu, ce bâton qui soumet le peuple au roi : il désigne aux yeux de tous l'homme à qui Zeus,
en sa sagesse, a donné une τιμή, une dignité surhumaine,
avec la grandeur d'âme qu'elle exige ([118]).

Le roi des rois a donc reçu de Zeus le droit de représenter
la cité en toute circonstance. A vrai dire, la cité c'est lui,
comme le dira un jour Eschyle : σύ τοι πόλις, σύ δὲ τὸ
δήμιον. Il a « la souveraineté et la force », « le droit d'agir
et de parler » ([119]).

Il est, avant tout, le chef religieux, le grand prêtre. Qui
pourrait, mieux que lui, communier au nom de tous avec les
divinités, obtenir leurs faveurs et conjurer leur colère ? De
sa propre main, il accomplit les sacrifices, coupe les poils sur
la tête des victimes pour les distribuer à l'assistance ou les
jeter au feu, répand l'eau lustrale et l'orge sacrée ; il récite
la prière et préside aux apprêts des repas rituels ([120]). Son
palais est le prytanée ; son foyer est le foyer public autour
duquel les chefs de la communauté viennent assister aux
offrandes qui préludent aux délibérations en commun ou à
la réception des hôtes illustres ([121]). Médiateur des hommes
auprès des dieux, le roi est aussi le représentant des dieux

parmi les hommes. Avec le sceptre, il a reçu la connaissance des *thémistes*, ces inspirations surnaturelles qui permettent d'aplanir toutes les difficultés et, spécialement, de rétablir la paix intérieure par des paroles de justice. Selon qu'il remplit bien ou mal sa mission, soit qu'il sache ou qu'il ignore ce qui se doit (τὰ αἴσιμα), le royal magicien fait le bonheur ou le malheur de son peuple.

« Lorsqu'un roi irréprochable et craignant les dieux maintient la bonne justice, la terre noire est fertile en blés et en orges, les arbres sont chargés de fruits; les brebis mettent bas constamment, la mer abonde en poissons; tout prospère quand la conduite est bonne, et le peuple est heureux (122). »

En temps de guerre, bien plus encore qu'en temps de paix, le roi est le grand chef. Alors surtout il porte le titre dont était déjà revêtu, d'après un document hittite, un Atride du XIIIe siècle, le titre de *koiranos* (123). C'est qu'alors surtout le « partage du commandement (πολυκοιρανίη) n'est pas une bonne chose : il faut un seul *koiranos*, un seul roi, celui qu'a désigné le fils de Cronos » (124). Si pourtant il est trop vieux pour faire campagne, il délègue ses pouvoirs à son futur successeur (125). A l'armée, le roi suprême peut bien réunir dans sa tente, en conseil de guerre, les rois qui lui sont subordonnés, comme il les réunissait naguère dans son palais ; mais, une fois qu'ils ont parlé, c'est lui qui décide. Il fixe le dispositif de combat, assigne sa place à chaque unité, choisit les chefs de corps (126). Pour faire exécuter ses ordres, il exerce sa *thémis* dans l'agora du camp; il a droit de vie et de mort sur tous : le guerrier désobéissant ou lâche « n'est pas sûr d'échapper aux chiens et aux vautours » (127). Nul autre que le roi ne peut traiter avec l'ennemi et, d'une façon générale, avec l'étranger : il reçoit les hérauts et les ambassadeurs envoyés dans son camp ou dans sa ville, écoute leurs propositions, leur fait connaître sa réponse, et, si un accord est conclu, offre le sacrifice et prête le serment qui le consacre (128).

Il est juste que le chef à qui incombe la lourde tâche de veiller sur la cité jouisse de privilèges spéciaux. Il porte des vêtements de pourpre ; il occupe la place d'honneur dans

les cérémonies, ouvre la marche dans les cortèges. A lui
les coupes toujours pleines et la plus belle part dans la
viande des victimes, à moins qu'il veuille en faire honneur
à l'un de ses convives [129]. Mais il a besoin de prérogatives
plus substantielles. N'est-ce pas lui qui fait les frais des
sacrifices, des libations offertes aux dieux, des repas où sont
invités les grands et les étrangers de marque ? Comme un dieu,
il possède un domaine découpé dans les terres communales,
un *téménos*, moitié en champs de blé, moitié en vignes [130] ;
il n'a, d'ailleurs, que la jouissance de ce domaine, qui n'est
pas englobé dans ses biens patrimoniaux [131]. Comme un
dieu, il perçoit des dons et des droits dits *thémistes*, sous
forme d'animaux domestiques, sans préjudice de la contribution qu'il fait lever par ses gérontes en cas de dépenses
extraordinaires pour la réception d'un hôte public : on voit
par exemple, un homme de Sicyône fournir à Agamemnon
un cheval de course, pour se faire exempter du service
militaire [132]. Il prélève même des droits de douane sur les
marchandises importées : c'est en ce sens qu'il faut comprendre le passage de l'*Iliade* où l'on voit un Lemnien arrivé
avec une cargaison de vin en offrir mille mesures à Agamemnon et à Ménélas avant de mettre le reste en vente [133].
Enfin, dans le partage du butin, le roi fait comme tout
chef de pirates : il prélève d'abord le γέρας, sa part de chef,
qui lui est acquise même quand il ne donne pas en personne
et qui peut s'élever à la moitié ; il reçoit ensuite la μοῖρα, sa
part de combattant [134]. Télémaque a vraiment raison
quand il déclare avec une naïveté charmante : « Il ne fait
pas mauvais d'être roi [135]. »

Ce roi féodal n'exerce pourtant qu'une souveraineté
patriarcale, pareille à celle dont il a hérité sur son domaine
propre. L'idéal, pour lui, est de se conduire en « bon père » [136].
Les régisseurs de ses terres ne sont pas de hauts magistrats,
mais des domestiques. Ulysse a pour *comes stabuli*, si l'on
peut dire, un ancien esclave, Eumée : le « divin porcher »
est, révérence parler, un chef (ὄρχαμος ἀνδρῶν), tout comme
son maître Ulysse. Il a sous son commandement, pour garder
un cheptel de sept à huit mille têtes, tout un personnel
soigneusement hiérarchisé de bouviers, de bergers, de por-

chers, de chevriers et de simples valets ([137]). Mais le roi, en
son palais, n'a pas seulement une nombreuse domesticité
de naissance libre ou servile ; il a encore une « maison »
recrutée dans les familles nobles du pays, les *thérapontes*,
c'est-à-dire les servants ou écuyers. Ils portent un titre
officiel et demeurent au palais même ou dans le voisinage ([138]).
Leurs fonctions sont d'importance inégale. Aussi les thérapontes sont-ils subordonnés les uns aux autres : derrière
des personnages connus par leur nom et le nom de leur père,
il en est d'anonymes, employés à des tâches subalternes.
Voyez, dans l'*Iliade*, l'entourage d'Achille : Phoinix est chargé
de lui enseigner l'art de la guerre et le beau langage ; Patrocle
est son second, il donne des ordres au chef des écuries Automédon, et il a lui-même des thérapontes attachés à sa personne. Voyez, dans l'*Odyssée*, la cour de Ménélas : son
premier écuyer, Étéôneus, est à la tête de tout un
service ([139]).

Au premier rang des thérapontes se placent ceux qui
assistent le roi dans ses fonctions religieuses et participent
de son caractère sacré, les hérauts. Messagers de Zeus et
des hommes, ils sont « divins », chers aux dieux, honorés
entre tous par les chefs les plus puissants. Le sceptre qu'ils
portent atteste la sagesse qu'ils ont reçue d'en haut ([140]).
Leur rôle est considérable, parce qu'ils sont les ministres
du roi dans toutes les circonstances de la vie publique. Ils
l'aident à offrir les sacrifices et les libations et font le service
des repas qui en sont la suite, versant de l'eau sur les mains
des convives, distribuant à chacun sa juste part ([141]). Lorsqu'ils ont à remplir une mission, nul, quel que soit son rang,
n'ose leur désobéir ([142]). Ils convoquent le Conseil ([143]).
Chargés des proclamations au peuple ([144]), ils convoquent
aussi l'Assemblée, y maintiennent l'ordre et le silence, y
remettent leur sceptre aux orateurs pour les rendre inviolables ([145]). Ils assistent les anciens qui vident un différend dans
l'agora : ils calment les passions surexcitées et passent leur
sceptre aux juges parlant à tour de rôle ([146]). A l'armée, ils
portent les messages importants et donnent le signal du
combat ([147]). Leur puissance sacro-sainte s'impose même
aux étrangers, même aux ennemis. Chaque fois qu'Ulysse

envoie des explorateurs en pays inconnu, il leur adjoint un
héraut. Dans la guerre de Troie, les hérauts des belligérants
vont sans crainte d'un camp à l'autre comme ambassadeurs
ou comme parlementaires, et leur intervention est nécessaire
pour consacrer les traités. En pleine mêlée, il leur suffit
d'étendre leur sceptre entre deux combattants pour arrêter
le duel ([148]). — Ce qu'étaient les hérauts à l'époque homérique, ils le sont toujours demeurés. Comment se fait-il
donc que, leur situation morale restant intacte, leur situation
sociale ait décliné ? C'est que leur fonction resta spécialement, exclusivement religieuse. Quand le grand prêtre dont
ils étaient les acolytes cessa d'être le véritable maître de
l'État, ils ne furent plus occupés qu'à mener les victimes à
l'autel, à mélanger le vin et l'eau dans les cratères, à nettoyer
les tables de banquets, à laver les mains aux convives, à leur
servir la viande et le pain ([149]). Ils eurent beau passer au
service de la cité, devenir des dèmiurges ([150]), lors même
qu'une famille de hérauts se constituait en caste héréditaire,
comme les Talthybiades de Sparte et les Kèrykes d'Éleusis,
elle fut incapable de transformer une dignité quasi sacerdotale en une magistrature politique.

Il n'en fut pas de même des autres thérapontes. Sans
doute, sous un régime de monarchie patriarcale, leur charge
a un caractère domestique. C'est là ce qui frappe les regards.
Au palais, le thérapôn en chef fait surtout office d'échanson,
d'écuyer tranchant et de maréchal des écuries. Patrocle
verse à boire, fait la cuisine après le sacrifice, découpe les
viandes et les sert aux convives, sans oublier d'en offrir les
prémices aux dieux ([151]). En campagne, les servants du roi
rivalisent de bravoure pour lui faire honneur ([152]). Les plus
humbles aident leur maître à revêtir son armure, emmènent
les hommes qu'il a faits prisonniers, dépouillent les ennemis
tombés sous ses coups, et s'il est blessé, le pansent et le
gardent ([153]). Les fils des grandes familles prennent soin de
ses chevaux et de son char. Le plus distingué de tous lui
sert de cocher : il le mène sur le front et se tient à l'écart
pendant la bataille, prêt à le ramener au camp ([154]). Tel est
le rôle dont s'enorgueillit le célèbre Automédon ([155]). Mais
on voit qu'à l'occasion la charge du premier thérapôn est

susceptible de se relever singulièrement. Patrocle, ce serviteur d'Achille, n'en est pas moins son intime ami qui l'aide
à recevoir ses hôtes, son homme de confiance qu'il désigne
comme tuteur de son fils en cas de malheur ([156]). Qu'un
roi, pour cause de vieillesse ou pour tout autre motif, ne
veuille pas se mettre en personne à la tête de ses troupes,
il donne son armure à l'un de ses thérapontes et lui remet
par là le commandement en chef ([157]). Comme dans toutes
les monarchies patriarcales, des fonctions domestiques aux
fonctions publiques il n'y a qu'un pas.

III. LE CONSEIL

Si puissant qu'apparaisse à certains moments le roi, nous
savons cependant qu'il ne peut rien sans les chefs des groupes
qui composent la cité. Ils forment le Conseil, la *Boulè*, dont
il est toujours entouré. Par rapport au roi suprême, les autres
rois sont les « conseillers », βουληφόροι. Comme ils tiennent
leur titre de la puissance viagère qu'ils exercent chacun dans
son génos, dans sa phratrie, dans sa tribu, on leur donne aussi
le nom d' « anciens » ou « anciens du peuple », γέροντες ou
δημογέροντες : ce qui signifie qu'ils sont des hommes âgés
pour la plupart, mais non pas tous nécessairement. La séance
du Conseil ou *thôcos* s'appelle aussi, d'un nom plus général,
agora ; car ce mot, avant d'être appliqué à la place où se
tenaient les assemblées du peuple, désignait n'importe quelle
réunion. Aussi les conseillers sont-ils essentiellement les
« hommes de l'agora », les ἀγορηταί ([158]).
Le Conseil se réunit sur l'initiative et par les soins du roi.
Selon les affaires à traiter, la convocation s'adresse aux chefs
de rang supérieur ou à tous les chefs. En levant une séance
en Conseil étroit, où il n'avait avec lui que ses douze pairs,
Alkinoos décide qu'on reprendra la délibération le lendemain avec « les gérontes en plus grand nombre » ([159]). Les
réunions ont ordinairement lieu dans le palais du roi ou sur
son navire ([160]) ; il arrive cependant une fois dans l'*Iliade*
qu'on délibère près du navire de Nestor, et l'on voit dans
l'*Odyssée* un cas exceptionnel où Alkinoos, au lieu de convo-

quer les rois phéaciens chez lui, est lui-même convoqué par
eux hors de sa demeure ([161]).

Ce qui montre bien que le palais du roi est à l'origine
l'édifice appelé plus tard Prytanée ou Bouleutèrion, c'est
que toute séance de la Boulè y commence par un repas et
que les grands y peuvent venir « toute l'année » (ἐπηετανόν)
pour boire et manger ([162]). Une invitation à dîner équivaut
à une convocation du Conseil ([163]). Les conseillers ont le
titre quasi officiel de « convives » (ἄνδρες δαιτυμόνες), et
« le vin des gérontes » (γερούσιος οἶνος) fait partie de leur
prérogative (γέρας γερόντων) ([164]). Quand ils ne siègent
pas, leurs coupes et leurs tables encombrent le vestibule
du palais ([165]) ; quand ils entrent en séance, tout ce matériel
est transporté dans la grande salle, dans le mégaron. Là se
trouve le foyer, foyer du roi et tout ensemble foyer de la
cité, devant lequel s'accomplissent les libations qui préludent
au repas. Le long des murs sont rangés les trônes où les rois
prennent place pour manger et pour délibérer ensuite ([166]).
Au centre, à la place d'honneur, se tient le roi. C'est lui qui
fait les frais de ces perpétuels banquets : n'a-t-il pas les
récoltes de son téménos et les dons et thémistes dont il
bénéficie ? Il ne fait que remplir un service d'État. Boire
« le vin des gérontes », c'est, au fond, boire aux frais du peuple
(δήμια πίνειν) ([167]). On comprend un peu qu'en l'absence
d'Ulysse les petits chefs d'Ithaque considèrent sa maison
comme la leur.

Le repas achevé, le roi ouvre la délibération en exposant le
motif de la réunion ou en donnant la parole au chef qui a
un rapport à présenter ([168]). Mais cette formalité est superflue
quand l'ordre du jour est connu d'avance. En ce cas, les
gérontes n'attendent pas d'être consultés. La bienséance
exige que le plus âgé parle le premier : c'est le privilège de
Nestor dans le conseil des Achéens, et d'Échénèos dans
celui des Phéaciens ; Diomède s'excuse de se mettre en avant,
quoique étant le plus jeune, et croit utile d'expliquer son
intervention par sa naissance et sa richesse ([169]). L'orateur,
quel qu'il soit, le président comme les autres, se lève pour
prendre la parole ([170]). Les assistants donnent à l'occasion
des marques d'approbation ([171]). Ils ne votent pas. Le roi

décide seul, dans la plénitude de sa souveraineté. Nestor
sait fort bien qu'il ne peut qu'offrir ses conseils ; il s'en
explique lui-même :

> « Illustre Agamemnon, roi des hommes, tu seras le premier et le
> dernier objet de ce discours; car tu es roi de peuples nombreux, et
> Zeus t'a octroyé le sceptre et les thémistes, pour que tu disposes d'eux.
> Tu dois, plus qu'un autre, opiner et écouter, afin de mettre à exécution
> l'avis de celui à qui son esprit inspirera de parler pour le bien commun;
> à toi de décider ce qui doit prévaloir [172]. »

Si les gérontes n'ont que voix consultative au Conseil, il
semble du moins que leurs attributions s'étendent à toutes
les affaires d'importance. Ils suivent le roi à l'Assemblée [173]
et y occupent des places réservées [174]. Ils peuvent user
d'initiative, pour faire offrir un téménos au prince [175]. Ils
ont un rôle à jouer dans tout ce qui concerne les relations
extérieures. Le roi ne manque pas de les convoquer pour
recevoir un hôte de distinction et les met au courant de ses
intentions quand il veut lui offrir des présents et le faire
rapatrier sur un navire de l'État ; il les charge d'assurer,
chacun dans son groupe, l'exécution des mesures arrêtées :
recrutement de l'équipage, recouvrement des frais, etc. [176].
Il se concerte avec eux pour l'envoi d'une mission diplomatique à l'étranger [177]. En campagne, ils forment tout
naturellement le conseil de guerre et interviennent effectivement dans la conduite des opérations [178]. Ils contribuent
à parfaire un traité par leur serment, le γερούσιος ὅρκος [179].

Outre les attributions qu'ils exercent sous l'hégémonie du
roi, les gérontes en ont une qu'ils peuvent exercer en dehors
de sa présence. Habitués à juger souverainement dans leur
génos, ils se désignent comme les arbitres naturels des
conflits qui surgissent entre les membres des génè différents.
Ils ont reçu, comme le roi lui-même, le secret des thémistes
en même temps que le sceptre. De ces thémistes ils peuvent,
eux, les *boulèphores*, faire usage en toute occasion, puisque
aussi bien les thémistes sont, à l'égal des oracles, les *boulai*
de Zeus [180]. C'est par eux que peu à peu les principes de
la thémis familiale pénètrent dans les coutumes de la dikè
interfamiliale. Non qu'il y ait une juridiction obligatoire :

chacun reste libre de défendre sa personne et ses biens avec
l'aide de ses parents ; nulle autorité ne peut porter atteinte
au droit primordial de vengeance et de transaction privées,
pas même pour porter secours à l'orphelin (181). Mais les
parties qui sont aux prises peuvent, d'un commun accord,
s'adresser aux gérontes. Ils sont là pour calmer les passions
et rétablir la paix par un de ces adages qu'ils ont appris de
leurs pères et qui expriment la sagesse divine dans le langage des hommes. Les voici à l'œuvre dans une scène prise
sur le vif (182). A l'agora, la foule se rassemble : une querelle
vient d'éclater. Deux hommes se disputent à propos d'un
meurtre : l'un déclare avoir payé le prix du sang, l'autre
nie l'avoir reçu. Ils conviennent de s'en rapporter à l'arbitre.
Chacun a ses partisans, qui l'encouragent de leurs cris.
Les hérauts les maintiennent à distance. Les gérontes sont
assis sur les bancs de pierre polie, dans le cercle sacré. L'un
après l'autre, ils se lèvent, prennent en main le sceptre que
leur tend un des hérauts et proposent une sentence, jusqu'à
ce qu'il s'en trouve une qui apparaisse « la plus droite » et
qui vaille à son auteur les deux talents d'or déposés par les
parties comme frais de justice.

Longtemps les arbitrages de ce genre furent assez rares :
le roi trouvait donc le temps de présider le tribunal, et c'est
lui dont les thémistes attiraient sur la cité les bénédictions
du ciel. Mais les progrès de l'État aux dépens du génos et
le développement économique de la Grèce entière multi-
plièrent les litiges soumis aux gérontes. Il fallait dès lors
siéger du matin au soir (183). Le roi, même s'il l'avait voulu,
n'aurait pu suffire à la tâche. Les gérontes, ou du moins
ceux d'entre eux à qui elle agréait le plus, recevaient maintenant le nom de « juges » (δικασπόλοι). Ils touchaient les
consignations des plaideurs, assistaient aux festins de
réconciliation (184). La justice devenait un métier. Les rois
devenaient les « mangeurs de présents » qui feront le désespoir d'Hésiode. Ils accommodaient leurs sentences à leurs
intérêts. Et c'est ainsi qu'au tableau des bienfaits répandus
par l'équité du roi s'oppose la peinture des calamités
déchaînées par l'injustice des gérontes :

« Quand le courroux de Zeus sévit contre les hommes qui abusent de leur pouvoir à l'agora en prononçant des thémistes torses et qui bannissent la dikè sans souci de la vindicte divine, alors tous les fleuves débordent, les torrents déchirent partout les pentes, précipitent leurs flots à grand bruit des monts à la mer et détruisent les travaux des laboureurs (¹⁸⁵). »

IV. L'ASSEMBLÉE

Après avoir consulté les gérontes, le roi a besoin d'annoncer au peuple les résolutions qu'il a prises et de connaître ses dispositions. Outre l'opinion du Conseil, il y a celle du dèmos, du petit peuple, opposé aux grands : θῶκος δήμοιο τε φῆμις (¹⁸⁶). L'agora, c'est essentiellement l'assemblée plénière, celle où se réunissent tous les λαοί, tous les citoyens à la ville, tous les guerriers au camp, en un mot, « la masse (πληθύς) de ceux qui n'ont point pris part au Conseil » (¹⁸⁷). Elle complète les institutions qui paraissent nécessaires à l'existence même de la cité et sans lesquelles les hommes ne sont que des sauvages vivant comme les Cyclopes (¹⁸⁸).

C'est le roi qui convoque l'Assemblée, comme le Conseil. Pour qu'Achille prenne pareille initiative dans l'armée des Achéens, au lieu d'Agamemnon, il faut des circonstances tout à fait exceptionnelles (¹⁸⁹). Mais la règle est formelle, incontestée. Elle explique la situation anarchique d'Ithaque dans l'*Odyssée* : pendant les vingt années qu'a duré l'absence d'Ulysse, il n'y a eu dans l'île « ni *agora* ni *thôcos* », et, quand Télémaque, devenu majeur, use de la prérogative paternelle, les partisans de la stricte légalité ne savent que penser (¹⁹⁰). Il arrive fréquemment que le roi convoque à la fois l'Assemblée et le Conseil, afin de pouvoir informer sans retard la foule des décisions arrêtées en petit comité. Dans ce cas, l'appel du menu peuple se fait par le moyen usuel, par la voix des hérauts, et le roi se réserve d'aller lui-même quérir « les premiers » (¹⁹¹).

La convocation a lieu de bon matin, « aux premières lueurs de l'aurore aux doigts de rose » (¹⁹²). C'est contre la règle (οὐ κατὰ κόσμον) qu'Agamemnon et Ménélas convoquent une fois l'assemblée des guerriers au coucher du soleil, et ils

en sont punis par la déplorable attitude d'hommes à moitié
avinés et prompts au tumulte (¹⁹³). En campagne, on se réunit n'importe où, par exemple sur une plage spacieuse (¹⁹⁴).
Dans les villes, le siège de l'agora est tout installé. A Troie,
il se trouve sur l'Acropole, non loin du palais et des sanctuaires d'Apollon et d'Athènè ; dans les cités maritimes
comme Pylos et Schérie, il est près du port, devant un sanctuaire de Poseidôn (¹⁹⁵). Il a la forme circulaire qu'auront la
Skias de Sparte et la Tholos d'Athènes ; à Pylos, c'est un
amphithéâtre à neuf gradins, dont chacun peut recevoir cinq
cents auditeurs (¹⁹⁶). Au milieu, dans le « cercle sacré », sont
les places d'honneur, des bancs de pierre polie réservés au
roi et aux gérontes (¹⁹⁷). Tout le monde est donc assis, et
l'habitude est si bien prise que, dans les assemblées de guerriers, on s'assoit par terre et qu'il faut une panique pour
qu'on reste debout (¹⁹⁸).

Il pourrait sembler, d'après les affaires portées à l'Assemblée, qu'elle ait des attributions considérables. Il est question devant elle de tout ce qui intéresse le peuple, de tout ce
qui est δήμιον (¹⁹⁹). On y délibère sur les moyens de remédier aux calamités publiques, telles que la peste ou la discorde des chefs (²⁰⁰) ; on y parle des récompenses à décerner
pour services rendus à la chose publique ; on y présente les
étrangers de passage qu'il s'agit de rapatrier ; on y annonce
les nouvelles venues de l'armée en campagne ; on y propose
d'ouvrir des négociations de paix (²⁰¹). Dans l'agora de
l'armée, on discute sur la mise en liberté des prisonniers et
des captives, on se demande s'il faut continuer la guerre ou
battre en retraite, on examine les propositions apportées par
l'ennemi (²⁰²). Voilà des programmes qui feraient facilement
croire à la puissance politique du peuple ; nous allons voir
que son rôle se borne le plus souvent à une assistance presque
muette et inerte.

Le roi se rend généralement à l'agora en sortant du Conseil, escorté des gérontes. Il ouvre la séance en exposant la
question à traiter, à moins qu'il ne laisse ce soin au chef qui
a pris exceptionnellement l'initiative de la réunion (²⁰³).
Celui qui veut parler se lève et se fait remettre un sceptre
par un héraut (²⁰⁴) : par là il devient personne sacrée.

Mais il ne faudrait pas s'imaginer que le premier venu s'y risque. A l'ordinaire, tout se passe entre gérontes, et ce sont presque toujours les mêmes qui, après avoir exprimé leur opinion dans le Conseil, la font connaître ensuite à l'agora : βουληφόρος et ἀγορητής, les deux mots se complètent [205]. Par conséquent, ce sont les plus âgés d'entre les nobles qui sont les orateurs habituels de l'Assemblée. On attache un grand prix à leurs discours : une réputation d'éloquence et de sagesse vaut le renom de bravoure [206] ; l'épopée ne tarit pas d'éloges sur la voix harmonieuse de Nestor et vante les vieillards de Troie « pareils à des cigales » [207]. Les orateurs s'adressent quelquefois pour la forme à tous les assistants, Danaens, Troyens ou Ithaciens ; mais, en réalité, le roi parle seulement pour les chefs [208], et les chefs pour le roi [209]. La discussion n'est qu'un colloque entre deux ou trois grands personnages. Il est vrai que les chefs ont leur franc parler. Si Nestor use de la manière insinuante, Diomède le prend de haut et ne répugne pas à la violence : c'est « le droit de l'agora » (ἣ θέμις ἐστίν ἀγορῇ) [210]. Et l'homme du peuple (δήμου ἀνήρ), que vient-il faire ici ? Quand on est « peuple » (δήμου ἐών), « on ne compte pas » [211]. Tout au plus, dans un cas extraordinaire, un vieillard se permet-il d'exprimer l'inquiétude et la curiosité générales. Mais qu'un Thersite, un homme de rien, dont on ne connaît pas le père, ose se lever et, sans se munir du sceptre protecteur, se répande en invectives contre les rois, cela est contre la règle (οὐ κατὰ κόσμον). Toute l'assistance se moque de l'insolent, puis s'indigne, et, quand Ulysse le rabroue et finit par le frapper à coups de bâton, elle éclate en applaudissements [212].

Ce n'est pas à dire que l'opinion du peuple soit négligeable. Elle trouve toujours moyen de s'exprimer, fût-ce par de simples marques d'approbation ou des murmures, voire même par le silence. Il est évident qu'il y a toujours imprudence à prendre une décision contraire au sentiment de ceux qui auront à l'exécuter. Vague dans l'*Iliade*, cette puissance de la collectivité commence à se préciser dans l'*Odyssée*. Mais, en fait, c'est à peine si d'autres que les membres du Conseil prennent la parole à l'agora, et, en droit, la décision appartient au roi seul. Voyons, en effet, comment les choses se passent dans les grandes séances décrites par l'épopée.

Au début même de l'*Iliade* un prêtre étranger, Chrysès, vient demander qu'on lui rende à rançon sa fille, faite prisonnière. Il implore « tous les Achéens et surtout les deux Atrides ». Tous les Achéens sont d'avis d'accepter, et cependant Agamemnon refuse, la menace à la bouche. Comme Apollon venge son serviteur en déchaînant la peste, Achille, poussé par la déesse Héra, prend sur lui de convoquer le peuple à l'agora. Là se produit une altercation d'une violence inouïe. Achille se laisse emporter aux pires insultes et va jusqu'à tirer l'épée du fourreau. Agamemnon riposte avec fureur et ne retrouve sa majesté que pour une déclaration sans réplique : « Cet homme veut se mettre au-dessus de tous les autres ; il veut commander à tous, régner sur tous, donner des ordres à tous ; mais je sais quelqu'un qui n'entend pas lui obéir. » Après cette lutte, qu'a vainement essayé d'apaiser Nestor, l'Assemblée se dissout. Pas un instant ne s'est décelée la présence de comparses à côté des protagonistes.

Quand Agamemnon croit le jour venu pour la bataille décisive, il veut éprouver le moral de l'armée. Il la convoque en Assemblée. Escorté du Conseil qu'il a mis au courant de ses intentions, il propose de se rembarquer. Aussitôt cette masse docile s'ébranle et court vers les vaisseaux. Mais Ulysse se jette au-devant de la ruée, le sceptre d'Agamemnon à la main : aux chefs il explique qu'ils se sont mépris sur la pensée du roi ; les gens du commun, il les ramène à l'agora par des réprimandes et des coups. On se rassied. Seul, Thersite se met à vociférer qu'on en a plus qu'assez de se battre pour fournir à un roi des femmes et des trésors. On rit de lui, on se fâche, et la correction infligée à l'insolent fait la joie de la foule. Quand Ulysse soutient qu'il faut continuer les hostilités, on l'acclame. Quand Agamemnon adopte le plan de guerre proposé par Nestor, on l'acclame. Et l'on se sépare sans que les guerriers aient eu à se prononcer autrement. Pas de consultation formelle, pas de vote : le roi a prononcé, il suffit ([213]).

Il arrive un jour que les incidents d'une séance modifient le sentiment du roi, mais sans qu'il en coûte rien à son autorité. Agamemnon propose à l'assemblée des guerriers, sérieusement cette fois, d'abandonner la Troade et de repartir pour la Grèce. Silence glacial. Diomède refuse, invoque le droit de l'agora, prononce le mot de lâcheté. Acclamations. La situation est angoissante : Nestor se lève et, pour couvrir le roi, demande que l'affaire soit réglée au Conseil. Les anciens se réunissent. Nestor se garde bien d'opposer un droit quelconque à la prérogative royale : c'est par elle que toute délibération commence et finit. Il suggère seulement au roi de se réconcilier avec Achille qu'il a offensé. Agamemnon y consent : il peut avouer ses fautes, sa souveraineté demeure sauve ; Achille recevra des présents, mais devra se soumettre à qui est « plus roi » que lui (²¹⁴).

Voici, enfin, comment l'Assemblée des Troyens et celle des Achéens peuvent participer à des négociations. Dans une agora de tumulte et de terreur, Antènor propose aux Troyens de faire la paix. La proposition, amendée par Pâris, est agréée par le roi Priam qui, de son chef, y ajoute une demande d'armistice pour la crémation des morts. Muni d'instructions formelles, le héraut Idaios se rend au camp des Achéens. Il est reçu dans l'agora, mais ne s'adresse qu'au roi et aux grands. Sa communication est accueillie par un silence significatif. Diomède demande en quelques mots le rejet des conditions offertes. « Tu as entendu, dit Agamemnon, la réponse des Achéens ; je la fais mienne, qu'il en soit ainsi. » Il accorde cependant, sans en référer à personne, la courte suspension des hostilités et en prête serment. Idaios n'a plus qu'à s'en retourner pour faire connaître à l'agora de Troie la réponse impatiemment attendue (²¹⁵).

Dans l'*Odyssée*, l'Assemblée n'a pas changé d'aspect, au moins quand les circonstances sont normales. Le roi Alkinoos est bien le roi « que le peuple écoute comme un dieu », parce que de lui dépend « l'action et la parole » (²¹⁶). Après s'être entendu avec les douze autres rois sur le rapatriement d'Ulysse, il convoque l'Assemblée : il lui présente le noble étranger et lui annonce qu'on va équiper un navire ; puis il se retire avec sa noble escorte. Le peuple regarde, écoute et ne dit rien (²¹⁷). Même dans une situation aussi extraordinaire que celle d'Ithaque pendant l'absence d'Ulysse, le peuple n'a conquis aucun droit nouveau. Au contraire : pas de roi, pas d'Assemblée. Lorsque enfin Télémaque majeur convoque l'agora, tout ce qu'il désire, c'est d'exciter la pitié du peuple pour la tourner en colère contre les prétendants, c'est d'obtenir par des voies de fait l'expulsion des intrus qui lui mangent son bien. Deux citoyens le soutiennent ; trois prétendants lui répondent brutalement. Que fait l'Assemblée ? Émue de compassion, elle garde un morne silence, et, quand le dernier des orateurs ordonne qu'on se disperse, qu'on retourne chacun à ses affaires, elle se dissout, sans avoir tenté quoi que ce soit pour faire connaître sa volonté ([218]).

Cependant les temps sont troubles. Comment la force du nombre ne se manifesterait-elle pas ? L'acclamation par quoi la foule exprimait ses préférences pouvait faire sentir à quelles extrémités était capable de se porter la passion du peuple ; elle pouvait annoncer le recours aux armes en cas de résistance. Qu'on se rappelle la séance où Diomède s'élève contre Agamemnon. Les têtes sont montées. Nestor voit clairement où l'on va : à la guerre civile (πόλεμος ἐπιδήμιος) ([219]). C'est à quoi tend le discours de Télémaque, le jour où il veut lancer les Ithaciens contre ses ennemis personnels. Il n'est pas d'autre solution possible, s'il n'y a pas de volonté souveraine pour imposer une décision. Le vote, c'est le remède préventif de la guerre civile ; tant qu'il n'existe pas, il ne reste, à défaut du pouvoir absolu, que l'alternative de la guerre civile et de l'inertie anarchique. Deux exemples nous montrent ainsi, dans l'*Odyssée*, une séance d'Assemblée se terminant par la rupture de la communauté. Après la prise de Troie, Agamemnon et Ménélas, en désaccord sur la question du retour, convoquent l'agora ; ils échangent des paroles amères, et les Achéens se lèvent dans un effroyable tumulte : les uns restent, avec Agamemnon ; les autres partent, avec Ménélas ([220]). De même, après le meurtre des prétendants, les gens d'Ithaque se réunissent en assemblée. Les adversaires d'Ulysse demandent vengeance et s'écrient : « Marchons ! » (ἴομεν). Ses partisans répondent : « Ne marchons pas ! » (μὴ ἴομεν). Aucune voie de droit ne s'ouvre pour apaiser pareil antagonisme. Deux partis se forment ; on court aux armes ; le sang coule. Pour mettre un terme à cette lutte intestine (πόλεμος ὁμοίϊος), il faut une réconciliation générale avec les formalités usuelles de l'alliance ([221]).

Non plus qu'en matière politique, le peuple n'a de véritables droits en matière judiciaire. Comment en aurait-il, puisque les gérontes eux-mêmes ne peuvent qu'arbitrer les différends qui leur sont soumis par le consentement mutuel des parties ? Mais là encore le peuple peut exercer une pression morale ou agir par voies de fait. La *dèmou phèmis* force le meurtrier, quelles que soient sa puissance et la faiblesse de la famille lésée, à prendre sans retard le chemin de l'exil ([222]). Quand Télémaque expose les méfaits des prétendants devant l'agora et se déclare incapable de se défendre, il appelle à son secours l'indignation populaire. Il ne réussit pas, il est vrai ; mais ses adversaires meurent de peur qu'une autre fois il ne soit plus heureux et qu'une foule furieuse ne les maltraite et les chasse ([223]). En cas d'attentat contre la cité, le peuple ne se préoccupe pas des questions de compétence ; il recourt à la loi de Lynch. « Si les Troyens n'étaient pas si lâches, dit Hector à Pâris, il y a longtemps qu'ils t'auraient lapidé ([224]). » Après un acte de haute trahison, Eupeithès est traqué par les Ithaciens, qui veulent « le tuer, lui arracher le cœur et manger ses biens » ([225]). C'est ce même Eupeithès qui, lorsque Ulysse lui a tué son fils, essaie à son tour d'ameuter la multitude contre le meurtrier ([226]). En somme, à une époque où il n'existe rien qui ressemble à la séparation des pouvoirs, dans les affaires que nous appellerons judiciaires comme dans les autres, le peuple n'a comme moyen d'action que l'expression vaine ou l'explosion révolutionnaire du sentiment collectif.

V. PERSPECTIVES D'AVENIR

Ainsi donc, les traditions séculaires dont le souvenir s'est conservé dans les poèmes homériques nous présentent le spectacle de sociétés qui, malgré les apparences, sont perpétuellement en voie d'évolution. La cité se compose de tous les groupes qui se sont formés avant elle et agrégés les uns aux autres ; elle est un agglomérat de géné. Si puissant que soit le roi de la cité, il est entouré de rois qui tirent, comme lui, leur force de leur génos. Nul ne lui contestera jamais l'autorité sacerdotale dont il est revêtu. Mais ses pouvoirs politiques sont à la merci d'événements fortuits et de conceptions nouvelles.

On entrevoit, dans certaines parties de l'*Iliade* et surtout dans l'*Odyssée*, comment pourra déchoir la monarchie patriarcale. Pélée vieilli a tout à craindre, et son fils, loin de lui, se demande avec angoisse s'il n'a pas à subir le dédain et l'outrage, si même il n'est pas privé de sa dignité [227]. Les querelles entre frères, par exemple celle d'Agamemnon et de Ménélas après la chute de Troie, sont pour les familles royales des épreuves terribles. Plus dangereuses encore sont les minorités. Achille compte bien sur Patrocle, au cas où il mourrait, pour mettre son fils en possession de ses biens ; mais Ulysse aussi a confié son fils au dévouement du vieux Mentor, et l'on sait ce qu'il en est advenu. Les prétendants ne nient pas le droit dynastique ; mais chacun d'eux compte s'en targuer un jour comme mari de la reine, et, en attendant, voici Eurymachos que les gens d'Ithaque commencent à considérer « comme un dieu », et Antinoos à qui l'on donne à l'occasion le titre de « Puissance sacrée » [228]. Les étrangers en sont à se demander si quelque oracle n'a pas détourné le peuple de l'héritier légitime [229]. Quand Ulysse revient enfin et massacre les usurpateurs, tout un parti se lève pour les venger, et le roi n'en triomphe, il ne redevient « roi pour toujours » [230] que par un pacte bilatéral analogue à celui qui liera les rois et le peuple à Sparte et chez les Molosses.

C'est aux membres du Conseil, rois de tribus et chefs de géné, qu'iront les attributions échappées à la royauté. Quand Alkinoos traite de pairs les douze rois placés à ses côtés, il parle en souverain condescendant et courtois ; cependant, son langage exprime déjà la vérité de l'avenir. Il ne fallut apparemment pas beaucoup d'objurgations comme celles dont Diomède accable Agamemnon en pleine Assemblée, pour faire comprendre que la puissance publique n'était plus inséparable du titre royal. Même la force énorme que donnait au roi le commandement militaire est mise en danger : un petit chef de Crète refuse de se ranger sous les ordres d'Idoménée, fait campagne à côté de l'armée régulière avec une bande de partisans et assassine le fils du roi qui voulait

le priver de sa part de butin ([231]). Or, parmi les nobles personnages qui se faisaient jadis honneur de servir le maître
comme thérapontes, on en voyait déjà, dans des circonstances exceptionnelles, que le maître désignait soit comme
tuteur et gérant éventuel, soit comme général. Des nomina-
tions de ce genre pourront être arrachées à la faiblesse du
roi ou se faire sans lui. Le temps viendra où, l'aristocratie
réduisant la royauté à l'état de simple magistrature, l'ancien
majordome, devenu maître du palais, prendra la direction
de l'État comme archonte ou comme polémarque ([232]). La
maison du roi se changera en administration publique, et de
simples « découpeurs de viandes » (δαιτροὶ κρειῶν) ([233])
seront élevés à la gestion du trésor avec le titre de « dépe-
ceurs des membres » (κωλακρέται) ([234]).

Si l'on voit nettement naître et grandir le régime aristocratique dans la monarchie de l'épopée, on y discerne même,
mais à l'état purement embryonnaire, un élément de démocratie. L'agora a beau être réduite en général à un rôle passif,
il est des cas, dans les parties les plus récentes de l'épopée
homérique, où la voix du peuple, la δήμου φῆμις, devient
une puissance. Elle se fait assez menaçante une fois pour
forcer un chef à partir pour la guerre. « Il n'y avait pas moyen
de résister », dit le personnage en question ([235]). Mais le
peuple ne pouvait qu'exercer une contrainte purement
morale ou recourir aux armes ; de moyen terme juridique,
il n'en existait pas. La règle de la subordination de la minorité à la majorité, la procédure légale du vote, n'était toujours
pas inventée. L'acclamation même n'avait pas, en la forme,
de valeur obligatoire, comme l'aura la *boa* chez les Spartiates.
Il faudra bien des guerres civiles, des calamités sans nombre,
pour amener les Grecs à fixer les droits de l'agora. Les temps
ne sont pas révolus. Quand deux familles se querellent, elles
n'ont d'autre recours que la vendetta, et la guerre privée n'a
de terme que par un traité de paix formel : on n'en est même
pas encore à se dire qu'il vaut mieux décider les familles à
dénombrer leurs forces par le moyen de la cojuration et
adjuger la victoire, sans effusion de sang, à celle qui présente
le plus de combattants. Quand deux partis sont aux prises à
l'agora, et qu'il n'y a pas de roi capable de prendre une déci-

sion, et qu'aucun compromis n'est possible, alors éclate forcément la guerre civile. Le jour n'est pas venu où, pour juger quelle est la plus nombreuse des armées en présence, ou bien l'on fait pousser successivement à chacune le cri de guerre, ou bien l'on demande que chaque citoyen jure en levant la main de quel côté il se battrait s'il fallait se battre. C'est seulement par le vote que prévaudra l'opinion du peuple, que la *dèmou phèmis* deviendra le *dèmou cratos*.

Chapitre II

Origines et formes de l'oligarchie

I. ORIGINES DE L'OLIGARCHIE

Le roi, qui incarnait en sa personne la puissance de la cité, avait pour ennemis naturels les petits rois des tribus et des phratries, qui disposaient de toute la force contenue dans les géné. L'issue de la lutte n'était pas douteuse. On voit déjà dans l'*Odyssée* une royauté bien différente de ce qu'elle avait été aux beaux temps de l'*Iliade*. Alkinoos, roi des Phéaciens, entouré de douze autres rois, se dit humblement le treizième ; mettons qu'il est le premier, *primus inter pares* ; en tout cas, il ne fait rien sans consulter les autres. Il suffit qu'Ulysse soit éloigné d'Ithaque et que son fils soit mineur, pour que tous les chefs du voisinage aspirent à prendre sa place en épousant sa femme. Vers la fin du VIIIᵉ siècle, c'en est fait, la monarchie homérique n'est plus.

Il n'y aura d'exceptions que pour les Battides de Cyrène et les Kinyrades de Cypre, à qui l'on peut ajouter, si l'on veut, les Aleuades de Larissa et les Scopades de Crannon. Mais les uns se trouvaient, loin au-delà des mers, dans le voisinage de l'Égypte ou au contact des Phéniciens, et les autres n'arboraient pas le titre de roi malgré leur puissance et l'exemple de la dynastie macédonienne. La conception hellénique (²³⁶) est bien mise en lumière par ce fait : à Panticapée, au fond du Pont-Euxin, les chefs choisis dans la famille des Archaïanactides, puis dans celle des Spartokides, étaient rois des Scythes et archontes des Grecs (²³⁷).

S'il subsiste ailleurs des rois dont la dignité reste viagère et héréditaire, ce ne sont plus que des magistrats aux pouvoirs plus ou moins limités. A Sparte, les Agides et les Eurypontides, généraux et grands prêtres, sont tenus en bride par les véritables maîtres, les éphores. L'exemple est loin d'être unique chez les Doriens : le roi d'Argos garda sa fonction militaire jusqu'au milieu du Ve siècle [238] ; à Corinthe, la dynastie des Bacchiades réussit jusqu'à sa chute définitive (657) à nommer dans son sein un roi au titre honorifique et viager, ainsi que le prytane, chef annuel du gouvernement [239]. Même en Ionie, les Basilides, descendants d'Androclos, ne cessèrent de fournir à Éphèse un roi ; mais ce roi, quoique toujours revêtu de la pourpre et portant le sceptre, n'était plus qu'un personnage sacerdotal [240]. D'autres Basilides, à Chios, à Érythrées, à Skepsis et probablement à Clazomènes [241], perdirent la dignité royale, mais continuèrent de rester à la tête de l'aristocratie dominante. Il en fut de même des Néléides à Milet et des Penthilides à Mitylène [242].

Le plus souvent, la royauté, réduite à l'état de magistrature, cessa d'être viagère et fut enlevée à la famille qui en avait été primitivement investie ; elle devint annuelle et accessible à toutes les familles de la classe dominante. En même temps, elle fut confinée dans les seules fonctions dont les idées religieuses interdisaient de la priver, les fonctions sacrées. L'exemple le plus célèbre est celui d'Athènes, où le roi ne fut plus qu'un des neuf archontes, celui qui était chargé des relations avec les dieux, et où il n'eut même plus l'honneur de donner son nom à l'année. Ce *rex sacrificulus* se retrouve dans un grand nombre d'îles et de villes ioniennes : à Siphnos, à Naxos, à Ios, à Chios, à Milet d'où sa charge fut transportée dans la colonie milésienne d'Olbia [243]. A Mégare, le roi est également un simple magistrat aux attributions religieuses ; mais, dans la cité dorienne, il est éponyme, comme il l'est dans les petites villes de son territoire et dans ses colonies [244]. Par le hasard de circonstances inconnues, le roi de Samothrace jouit de l'éponymat et exerce des fonctions politiques [245].

Cette persistance d'un titre qui se vide de réalités est un

des traits qui caractérisent le mieux le scrupule éprouvé par
les anciens à toucher aux institutions du passé. Il n'est pas
jusqu'aux roitelets locaux qu'on ne maintînt comme magistrats. En certains endroits, on reconnaît, jusqu'à la fin, des
« rois » pareils à ceux qui rendaient la justice dans les villages
de Béotie au temps d'Hésiode. Athènes conserva ses *phyloba-
sileis*, ses « rois de tribus », et ils venaient au Prytanée se
joindre au roi de la cité pour mettre le peuple à l'abri de la
vengeance divine en jugeant les accusations de meurtre
intentées aux objets inanimés et aux animaux (²⁴⁶). En Élide,
les *basileis* des « patries » ou phratries formaient un tribunal
présidé par le plus haut magistrat de la localité (²⁴⁷). Mais
c'est surtout en Asie Mineure qu'on voit fonctionner des
« rois » de ce genre. De concert avec le prytane, ils statuaient,
à Mytilène, sur les questions de propriété foncière (²⁴⁸), à
Nèsos, sur les accusations d'injure aux magistrats et de
désertion (²⁴⁹). A Kymè, ils siégeaient sous la présidence de
l'aisymnète, et leur gestion était soumise au contrôle du
Conseil (²⁵⁰). A Chios, après une révolution démocratique
qui eut lieu aux environs de 600, « les rois » sont nommés
dans une loi conjointement avec un dèmarque ; mais, dans
une cité où il y avait à la fois un roi déchu au rang de *rex
sacrorum* et un prytane, on peut croire que le dèmarque a été
substitué sur le moment par le parti vainqueur à l'un ou à
l'autre de ces magistrats oligarchiques (²⁵¹).

L'affaiblissement et la ruine de la royauté primitive tour-
nèrent au profit de ceux qui, consciemment ou non, y
avaient travaillé de tout temps. Les chefs des génè puissants
devinrent les maîtres de la cité, ils le restèrent pendant des
siècles. La période archaïque est tout entière soumise à un
régime, mi-patriarcal, mi-féodal, où l'intérêt commun est un
compromis instable entre quelques personnages habitués à
commander chacun chez soi (²⁵²).

Ils avaient pour eux la noblesse du sang ; ils ramenaient
leur origine à quelque dieu. Le prix qu'ils attachaient à la
naissance est attesté par la persistance même des génè depuis
longtemps ramifiés en familles restreintes et par le soin que
les grands mettaient à conserver leur généalogie et l'histoire
traditionnelle de leur maison (leurs πάτρια). On était aussi

fier de se dire Alcméonide à Athènes ou Eumolpide à Éleusis
qu'on l'était en Asie Mineure de se rattacher aux lignées
royales. Vers l'an 500, Hécatée de Milet faisait glorieusement
étalage de son arbre généalogique et remontait jusqu'à la
seizième génération, c'est-à-dire, à raison de trois générations par siècle, à la seconde moitié du XIe siècle, à la fondation de sa ville. Un peu plus tard à peine, une inscription
funéraire d'un noble Chiote se contente d'énumérer qua-
torze de ses aïeux, ce qui reporte encore les origines de sa
famille au commencement du Xe siècle. C'est d'un passé
aussi lointain que se prévalaient les Philaïdes d'Athènes : un
des leurs, Hippocleidès, archonte en 556/5, se donnait pour
le douzième descendant du héros Ajax. Les rois de Sparte ne
remontaient pas plus haut, puisque l'Agide Polydôros et
l'Eurypontide Théopompos, qui régnaient vers 720, appartenaient, disait-on, l'un à la septième, l'autre à la cinquième
génération de leur dynastie [253].

Les vicissitudes mêmes de la fortune n'étaient pas capables d'enlever à la noblesse son prestige naturel et le droit au
respect [254]. En fait, pareille déchéance était rare : il suffisait
d'appartenir à un génos illustre pour avoir sa part de revenus
ou de terres dans un domaine considérable et pour jouir des
richesses acquises à la pointe de la lance par de nombreuses
générations. Il se forma dans toutes les parties de la Grèce
une classe de gentilshommes. On les désignait par des
termes généraux, comme « les bons » (ἀγαθοί), « les meilleurs » (ἄριστοι, βέλτιστοι), « les beaux et bons » (καλοὶ
κἀγαθοί), « les gens de race » (εὐγενεῖς, γενναῖοι), « les
gens de qualité » (ἐσθλοί, χρηστοί), « les honnêtes gens »
(γνώριμοι, ἐπιεικεῖς). Quelquefois on précisait : ils étaient
« les hommes bien nés », les Eupatrides ; ils étaient « les
seigneurs de la terre », les Géômores ; ils étaient « les chevaliers », les Hippeis.

C'est à ce dernier titre qu'ils tenaient le plus. Propriétaire et guerrier, le noble s'adonnait à l'élevage du cheval qui
lui assurait la supériorité dans les combats. Tandis que la
vile piétaille n'était armée que du javelot court ou même de la
fronde, il abordait l'ennemi avec la lourde armure en bronze,
toute la tête enveloppée du casque à visière, le reste du corps

protégé par la cuirasse à lames métalliques et par les jambières, le bouclier dans la main gauche, la longue lance dans la main droite, l'épée à deux tranchants au côté. Il combattait à pied ; mais, jusqu'au milieu du VIIᵉ siècle, il se faisait porter sur le champ de bataille en char par un cocher (le παραβάτης avec l'ἡνίοχος) ; depuis, il renonçait au char et montait à cheval, suivi d'un valet également à cheval (l'ἱπποβάτης avec l'ἱπποτρόφος) (²⁵⁵). De toute façon, le cheval de guerre, qu'il fût attelé ou monté, était la marque distinctive de la noblesse. A plusieurs reprises, Aristote montre le lien qui existait primitivement entre l'oligarchie et la cavalerie :

> « Le premier gouvernement qui succéda chez les Grecs à la royauté était formé de guerriers; à l'origine, il l'était des cavaliers, car les cavaliers faisaient la force des armées et assuraient le succès. En effet, l'infanterie sans ordre serré n'est d'aucun secours, et, comme l'expérience tactique faisait défaut dans l'ancien temps, il n'y avait d'autre force que la cavalerie... Or, l'*hippotrophie* n'est guère le fait que des riches. Aussi, en ces temps-là, les cités dont la puissance militaire consistait en cavalerie étaient-elles toujours des cités oligarchiques... Et dans les pays propres à la manœuvre du cheval, s'organise tout naturellement une oligarchie puissante, puisque la cavalerie y est le principal élément de la défense nationale et que l'hippotrophie n'est possible qu'aux possesseurs de grandes fortunes (²⁵⁶). »

Il y avait donc dans un très grand nombre de cités grecques une classe dominante de chevaliers. C'est là ce qu'étaient les *Hippobotes*, les éleveurs de chevaux, à Chalcis, aussi bien que les *Hippeis*, les cavaliers, à Érétrie, en Thessalie, à Colophon, à Magnésie de Méandre, dans d'autres villes d'Asie, et il en fut de même en Attique avant l'époque où s'élevèrent au-dessus des autres Eupatrides les propriétaires qui récoltaient plus de cinq cents mesures (²⁵⁷).

Mais, au VIIᵉ siècle, se produisit une révolution économique qui eut une forte répercussion sur la condition politique et sociale de toute la Grèce. La découverte et la colonisation d'un nouveau monde amenèrent, par un immense développement du commerce et de l'industrie, la substitution du régime monétaire à l'économie naturelle. Les grands propriétaires, habitués à prélever la part du lion sur le butin

fait dans les razzias et les courses de pirates, étaient en état
d'en faire autant sur d'autres gains. Ils possédaient champs
et forêts, vignobles et olivettes, mines et carrières ; ils cons-
truisirent des vaisseaux et rapportèrent de l'étranger de quoi
remplir leurs trésors. Ils n'avaient même pas à se déplacer
pour s'établir en ville : ils y demeuraient de tout temps,
parce que l'agora était le centre du gouvernement aussi bien
que des affaires. C'est ainsi qu'en maintes cités l'aristocratie
changea de caractère. Les chevaliers de Chalcis qui faisaient
cultiver les guérets de la plaine lélantine étaient les mêmes
qui exploitaient de belles mines de cuivre, possédaient des
ateliers de métallurgie, fondaient des colonies en Thrace et
en Occident, faisaient la loi dans la corporation florissante des
armateurs (les *aeinautai*) ([258]). Les éleveurs qui accaparaient
les terrains de pâture dans toute la Mégaride transformaient
la laine de leurs moutons en *exomides* qu'ils vendaient aux
gens du peuple ou allaient chercher le froment et le poisson
du Pont-Euxin dans les comptoirs de la Propontide ([259]).
Un Lesbien de haute lignée, Charaxos, le frère de la poétesse
Sapphô, transportait des cargaisons de vins en Égypte et en
dépensait le produit avec la plus belle courtisane de Naucratis ([260]). L'Athénien Solon, dont la famille se rattachait à
la dynastie royale des Médontides, réparait par de fructueux
voyages un patrimoine délabré ([261]). Ce n'était plus seulement la richesse foncière qui faisait la puissance des nobles,
c'était l'argent.

Les nobles, toutefois n'étaient pas seuls à mettre la main
sur la masse de biens mobiliers, de métal précieux, qui cir-
culait maintenant d'un bout à l'autre de la Méditerranée.
Dans toutes les cités, les dèmiurges, artisans et commerçants,
purent en prendre leur part et formèrent au-dessus des
thètes une classe intermédiaire : ils ne possédaient pas de
terres ni de chevaux ; mais ils avaient les moyens de s'armer
en hoplites, et ils étaient quelquefois de force, le nombre
aidant, à mettre les cavaliers en péril. Quelques-uns d'entre
eux surent même déployer assez d'habileté, d'intelligence et
d'énergie pour l'emporter sur les autres et se faire remarquer
par l'éclat d'une subite opulence. La vieille noblesse dédaigna ces nouveaux riches, et le poète Théognis a la dent dure

quand ils le mettent en veine de mordre. N'importe, bien
des grands seigneurs dont les ressources n'étaient plus en
rapport avec leur situation n'étaient pas fâchés de les avoir
pour beaux-pères ou pour gendres : alliance de l'orgueil
besogneux avec la vanité cossue. Il se forma ainsi une aristocratie hybride, où la race et la terre gardaient leur prestige,
mais où l'échelle des valeurs sociales était constituée par
la richesse, quelle qu'en fût l'origine. « L'argent fait
l'homme », « l'argent mêle le sang », disent en gémissant les
louangeurs du temps passé (²⁶²) ; mais ils ont beau protester,
rien n'y fait. Le luxe est un titre politique. Pour avoir droit
aux magistratures, il faut être prêt à célébrer de magnifiques
sacrifices dans la cérémonie d'installation, à offrir au peuple
des banquets et des fêtes, à orner la ville de temples et de
statues ; et voilà pourquoi il est bon d'exhiber sur l'agora des
chitons blancs comme neige et des manteaux de pourpre,
d'orner sa chevelure de bijoux, ou d'honorer les morts de sa
famille en immolant sur leur tombe des hécatombes entières
et en leur versant des libations par d'énormes jarres per-
cées (²⁶³). « Ah! ce n'est pas sans raison, dit Théognis, que
les hommes t'honorent, ô Ploutos » (²⁶⁴) ; et de fait, le régime
aristocratique tourne à la ploutocratie. Les gens de la classe
supérieure joignent désormais à tous les noms que leur avait
valus la noblesse de sang les noms *nouveaux de riches*
(πλούσιοι, εὔποροι, τὰς οὐσίας ou τὰ χρήματα ἔχοντες)
ou *de gras* (παχεῖς) (²⁶⁵).

Dans les innombrables cités où s'installa ce régime, il
avait pour caractère constant de mettre le pouvoir aux mains
d'un petit nombre, les *oligoi*. C'est bien pourquoi les Grecs
l'appellent généralement *oligarchie*, et non pas *aristocratie*,
nom réservé plus spécialement au gouvernement des « meilleurs », c'est-à-dire de l'ancienne noblesse ou, d'après le
vocabulaire des futurs philosophes, de l'élite morale et
intellectuelle (²⁶⁶). Mais la composition de la classe dominante variait à l'infini, d'après ses origines. Il y eut des
pays qui ne prirent aucune part à l'expansion coloniale et
commerciale, qui se replièrent sur eux-mêmes et restèrent
fidèles aux mœurs rurales ; les grands propriétaires continuèrent d'y prédominer. Tel fut le cas pour la Thessa-

lie et l'Elide. On peut citer, au contraire, une île où l'exiguïté
du sol et une irrémédiable stérilité avaient longtemps empêché la constitution d'une aristocratie terrienne et qu'une
belle position sur mer poussa tout à coup au premier rang :
c'est Égine, qui ne connut jamais qu'une oligarchie de
marchands. La plupart du temps s'opéra une cote mal taillée
entre la propriété foncière et la fortune mobilière, et la
richesse, servant de commune mesure, apparaît alors comme
le trait le plus saillant de l'oligarchie. On vient de voir des
exemples de ce régime à Chalcis, à Mégare, à Lesbos, à
Athènes. Le plus remarquable peut-être est celui qui se présente à Milet. D'une part, les maîtres du sol, ceux qui trouvaient « la corne d'Amalthée » dans leur champ et qui le
faisaient travailler par leurs serfs, les Gergithes ([267]) ; de
l'autre, les industriels qui commandaient à la tourbe des
travailleurs manuels, à la *Kheiromakha*, et les *aeinautai* qui
dirigeaient la colonisation et le haut négoce ([268]) : tous
ensemble, ils formaient la *Ploutis* qui disposait de la puissance publique et avait à sa tête la dynastie des Néléides ([269]).

II. FORMES DE L'OLIGARCHIE

Nous en savons assez sur les origines du régime oligarchique pour ne pas être surpris de le trouver sous les formes
les plus diverses. Entre la démocratie et l'oligarchie la
différence essentielle consistait en ceci : dans l'une, tous
les nationaux étaient citoyens de plein droit ; dans l'autre,
les citoyens de plein droit se distinguaient des citoyens de
nature (φύσει πολῖται). L'oligarchie suppose toujours la
division des nationaux en deux classes, dont l'une seule
participe au gouvernement. Mais, selon les cités, la classe
supérieure pouvait être plus ou moins nombreuse et
s'étendre soit à la majorité des nationaux, soit à une minorité plus ou moins restreinte. Le privilège dont elle jouissait
pouvait comprendre plus ou moins de droits. Il pouvait
tenir soit à la naissance, soit à la propriété foncière estimée
d'après le revenu, soit à la fortune tant mobilière qu'immo-
bilière, évaluée soit en capital, soit en rente ; dans les deux
derniers cas, il pouvait être déterminé soit par un cens, soit

par un nombre limité des participants. D'une cité à l'autre, tous ces éléments se combinaient différemment.

Dans cette variété déconcertante, Aristote ([270]) distingue quatre formes principales. Sa classification, purement logique et par cela même artificielle, n'en est pas moins commode. Nous la conserverons donc, mais en la corrigeant. Aristote examine l'oligarchie après le régime démocratique, il part donc de la forme la plus modérée pour arriver à la forme extrême ; nous intervertirons l'ordre adopté par le philosophe afin de suivre, comme il convient à l'histoire, l'évolution naturelle des institutions. Aristote, en théoricien, reste dans l'abstraction ; nous aurons à vivifier la doctrine par des exemples concrets.

L'oligarchie extrême (la quatrième forme d'oligarchie d'après Aristote) est celle où le magistrat suprême détient un pouvoir héréditaire et possède de telles richesses, commande à tant de partisans et de sujets, que la souveraineté, au lieu d'appartenir à la loi, est aux mains d'un homme. Ce régime rappelle la monarchie patriarcale de la cité organisée par géné ; c'est l'oligarchie « dynastique ».

Toute l'histoire de la Thessalie ancienne est celle de quelques dynasties ([271]). Dans la plaine la plus étendue de la Grèce entière, le peuple vainqueur avait partagé les terres entre les familles groupées en tribus et assujetti la partie de la population vaincue qui n'avait pas trouvé asile dans les montagnes de la périphérie. Les maîtres possédaient de vastes *klèroi*. Ils faisaient cultiver la terre arable par des troupeaux de serfs ou *pénestes*, qui leur devaient une redevance annuelle ; ils se livraient eux-mêmes à l'élevage. Intrépides cavaliers, ils aimaient la chasse et les combats de taureaux. Quand ils partaient en guerre, ils se faisaient suivre d'une troupe de vassaux à cheval et d'une multitude de pénestes armés à la légère. Dans le règlement établi par un des grands chefs, chaque klèros devait fournir un contingent de quarante cavaliers et de quatre-vingts peltastes ([272]). Beaucoup de ces grands propriétaires étaient en état de faire bien mieux : au IVe siècle, un particulier amenait aux Athéniens deux ou trois cents cavaliers avec leurs pénestes, et un tyran se chargeait à lui seul de ravitailler l'armée

athénienne en viande à un prix dérisoire (²⁷³). Tous les
droits politiques avaient été accaparés par ces grands propriétaires, les « bons » (²⁷⁴). Il s'était bien formé au-dessous
d'eux une classe de paysans libres et, dans certains centres,
une classe de commerçants et d'artisans ; mais il y en avait
peu qui fussent à l'aise, puisque l'armée ne comptait pas
plus de deux hoplites pour un cavalier (²⁷⁵). Aussi la classe
moyenne ne tenait-elle aucune place dans l'État. Même dans
les grandes villes, les noms des tribus indiquaient qu'elles
furent longtemps composées d'éleveurs et de nobles, et
les inscriptions portaient des listes de familles (²⁷⁶). L'agora,
dans ces villes, était fermée en tout temps aux simples
paysans et aux gens de métier (²⁷⁷). La Thessalie était donc
soumise tout entière à une noblesse terrienne. Mais le
commun des seigneurs obéissait à quelques grands suzerains,
et c'est là ce qu'étaient les dynastes. Les Aleuades furent
les maîtres de Larissa : ils méritèrent d'être chantés par
Pindare et pensèrent devenir les satrapes de la Grèce au
nom du roi Xerxès. A Crannon, les Scopades étaient célèbres
par leurs trésors. Pharsale appartint jusqu'au milieu du
vᵉ siècle à la maison d'Échécratidès et ensuite à celle
d'Aparos (²⁷⁸). Tous ces princes avaient des cours brillantes,
où ils attiraient des poètes comme Simonide et Anacréon.
Chacun d'eux ne demandait pas mieux que d'unifier la
Thessalie à condition de la commander tout entière.

L'oligarchie dynastique pouvait tout aussi bien convenir à
une grande ville de commerçants et d'armateurs qu'à un
pays de culture et d'élevage. On en a la preuve à Corinthe.
Là, un territoire exigu et stérile empêchait la constitution
d'une noblesse foncière ; mais une admirable position sur
deux mers permettait à des armateurs énergiques et intelligents de prendre la première place dans le commerce
méditerranéen et d'acquérir une immense richesse. C'est
ce que firent les Bacchiades. Ce fut vraiment une dynastie,
qui conserva toujours sa pureté en n'admettant aucune
alliance avec les autres familles. Elle avait probablement
été investie jadis de la royauté, et elle conserva pour son
chef la dignité royale, tout en se réservant la prérogative
de désigner l'un des siens à la première fonction, celle de

prytane (^{279}). Sa politique fut essentiellement mercantile :
elle aménagea un port sur le golfe Saronique et un second
sur le golfe de Corinthe, établit entre l'un et l'autre un
chemin de bois pour le roulage des navires, créa des comptoirs sur toute la côte nord-occidentale de la Grèce, occupa
les colonies de Corcyre et de Syracuse. Au fond, les
Bacchiades transformaient leurs affaires particulières en
entreprises publiques et s'enrichissaient en enrichissant
leur ville. Tant qu'ils réussirent, ils furent les maîtres
absolus.

Il suffit que les chefs des familles nobles ne se soient
point subordonnés à l'un d'entre eux, pour qu'on ait une
oligarchie dynastique à têtes déjà plus nombreuses, quoique
peu nombreuses encore. Le cercle des choix, pour toutes
les charges de l'État, est restreint à quelques familles ;
tous les emplois sont transmissibles de père en fils. La
différence essentielle de ce régime avec le précédent consiste,
aux yeux d'Aristote, en ce que, les pouvoirs n'étant plus
concentrés entre les mêmes mains, la loi intervient nécessairement pour garantir l'hérédité des privilèges. Mais rien
ne prouve qu'il en ait toujours été ainsi, du moins à l'origine.
Dans les cités rurales, ce genre d'oligarchie paraît avoir eu
un caractère purement traditionnel : on y retrouve les vestiges du temps où il existait des rois « plus rois » les uns que
les autres, avec cette réserve qu'aucun d'eux, cette fois, ne
peut se dire « le plus roi » de tous. C'est seulement dans les
villes de date relativement récente, les colonies, et surtout
dans celles où la fortune commerciale accapara le gouvernement, qu'on imagine une constitution de ce genre fixée
par un texte législatif. Mais on voit quelles rivalités ont pu
se produire dans l'oligarchie à dynasties multiples. D'une
part, les « rois » d'ordre inférieur ont dû demander à participer aux prérogatives de ceux qui étaient « plus rois » ;
d'autre part, les familles les plus riches, par exemple celles
des armateurs dans les ports, ont dû essayer d'accaparer plus
complètement les pouvoirs qu'ils partageaient avec d'autres
moins riches.

Premier exemple : un pays de campagnards. L'Élide, dont
la population était dispersée dans des hameaux et qui n'eut

pas une seule ville jusqu'au Vᵉ siècle, était obstinément
attachée aux vieilles institutions et aux mœurs de « la vie
sacrée » : Polybe raconte qu'à son époque on y rencontrait
des familles où personne n'était allé à Élis depuis deux ou
trois générations (²⁸⁰). Il y avait là un grand nombre de
phratries ou « patries » dont chacune avait son chef et ses
rois, une aristocratie locale composée de génê dont chacun
dominait dans son hameau. Le gouvernement central était
aux mains des quatre-vingt-dix gérontes, qui représentaient
sans doute les trois tribus d'Héraclides. Ces gérontes, nommés à vie, étaient toujours choisis dans les mêmes familles
par un système « dynastique » (αἵρεσις δυναστευτική) ;
ils choisissaient à leur tour dans ces familles l'Hellanodike et la dèmiurgie qui exerçaient un contrôle sur les
« patries ». Aristote, qui nous fait connaître ce régime, nous
apprend aussi comment il succomba. « Lorsqu'une oligarchie est unie, dit-il, elle ne court guère le risque de se
détruire elle-même : peu nombreux, ses membres
commandent à la masse, parce qu'ils savent se conduire
eux-mêmes. Mais une oligarchie est perdue lorsqu'une
autre oligarchie surgit dans son sein. C'est ce qui se produit
quand, une maison détenant le gouvernement entier, tous
les membres de cette minorité n'ont point part aux grandes
magistratures. A preuve ce qui arriva jadis en Élide. » (²⁸¹)
Ce qui arriva, c'est qu'une oligarchie à deux degrés fit place
à une oligarchie où tous les privilégiés avaient des droits
égaux : tous eurent chance d'entrer à la Gérousia et d'être
érigés à la dignité d'Hellanodike, dédoublée désormais et
tirée au sort (²⁸²). Combien furent-ils alors les membres
actifs de l'oligarchie éléenne ? Puisqu'ils nommèrent deux
magistrats suprêmes au lieu d'un, on se figure assez volontiers qu'ils furent deux fois aussi nombreux que les gérontes
de l'ancien régime. Il se trouve précisément, pour confirmer
cette hypothèse, qu'à Épidaure l'oligarchie était constituée
par les « Cent Quatre-Vingts », les maîtres des « pieds
poudreux » (*conipodes*), qui nommaient les membres du
Conseil ainsi que les magistrats, et dont le nombre était
également en rapport avec les trois tribus doriennes (²⁸³).

Second exemple : un grand port de commerce. Massalia

était gouvernée au temps de Strabon ([284]) par un Synédrion de six cents membres nommés à vie : on les appelait les timouques. Des Six Cents était tiré le comité des Quinze, chargé d'expédier les affaires courantes ; trois des Quinze exerçaient le pouvoir exécutif ; un des Trois était le chef officiel de la cité. On ne pouvait être timouque si l'on n'avait pas d'enfant légitime et si l'on n'appartenait pas à une famille ayant droit de cité depuis trois générations. Si restreint que fût le régime des Six Cents, il succédait à un régime bien plus étroit encore. Le nom des timouques remonte, en effet, aux origines mêmes de la ville, puisqu'il est spécial à l'Ionie, patrie de ses fondateurs ([285]). Il ne pouvait désigner d'abord, comme l'attestent l'étymologie du mot et l'exemple des cités ioniennes, qu'un tout petit nombre de personnages investis des fonctions publiques. En ce temps-là, le corps des citoyens était formé de quelques familles privilégiées, et la charge de timouque était réservée uniquement aux chefs de ces familles. Cette oligarchie extrême ne put se maintenir indéfiniment. Elle devint plus « politique », affirme Aristote (πολιτικωτέρα). Qu'est-ce à dire ? « Ceux qui étaient exclus des charges s'agitèrent jusqu'à ce qu'ils eussent obtenu l'adjonction au père d'abord du fils aîné et plus tard des puînés ([286]). » Une pareille réforme faisait prévaloir sur l'unité du génos les intérêts particuliers des branches collatérales ; elle dut avoir pour résultat de permettre aux familles les plus riches d'être plus largement représentées au gouvernement. L'oligarchie devenait plus « politique », c'est-à-dire plus civique, plus républicaine, en ce sens qu'elle faisait désormais la part moins grande à la noblesse du sang qu'à la fortune : l'importance des génè diminuait au profit des individus. Puisque l'hérédité par ordre de primogéniture était absolue, il fallait s'arranger de manière à faire passer dans le corps des citoyens actifs, dans le *politeuma*, les meilleurs de ceux qui en étaient exclus, l'élite du *plêthos* : on procéda désormais à une révision périodique du livre d'or ([287]). Mais il fut décidé, soit à ce moment, soit par une réforme ultérieure, que le nombre des privilégiés serait de six cents. Le titre de timouque leur appartenait à tous ; mais il changeait de signification, puisqu'il ne conférait

plus aux membres ordinaires du Synédrion que le droit
virtuel d'être promu au Comité des Quinze. Bien d'autres
cités, au nombre desquelles Aristote place Hèraclée, Istros
et Cnide, subirent les mêmes vicissitudes que Massalia [288].
On y voyait donc l'oligarchie s'élargir, peut-être même passer
de l'une à l'autre des catégories distinguées par Aristote.
Mais ces réformes étaient moins profondes qu'il n'y paraît.
Dans ces ports prospères où la population s'accroissait
rapidement, augmenter le nombre des citoyens actifs ce
n'était pas forcément modifier le rapport de ce nombre à
celui des citoyens passifs. Quand bien même la liste des
privilégiés s'allongeait un peu, le principe de la constitution
ne changeait pas, et l'on en était quitte pour reconstituer
dans l'oligarchie une nouvelle oligarchie. Quand les timouques de Massalia furent six cents, les Quinze prirent la
place des anciens timouques, et Cicéron verra dans la
condition du peuple massaliote « une image assez frappante
de la servitude » qui lui rappellera le régime d'Athènes sous
la tyrannie des Trente [289].

Lorsque l'oligarchie cesse d'être « dynastique » pour être
réellement « politique », elle donne encore le pouvoir à une
minorité de citoyens, mais à une assez forte minorité. « Elle
suppose, dit Aristote, des possesseurs moins nombreux que
dans la première hypothèse (la dernière pour nous), avec des
fortunes plus considérables. Comme l'ambition s'accroît
avec la puissance, ils s'arrogent le droit de nommer à tous les
emplois du gouvernement ; mais, comme ils ne sont pas
encore assez puissants pour gouverner sans lois, c'est par
la loi qu'ils se font reconnaître ce droit [290]. » Ce régime
est le plus souvent institué par une loi qui fixe invariablement
le nombre des citoyens actifs.

C'est ainsi qu'un assez grand nombre de cités sont régies
par les Mille. On en connaît deux en Asie Mineure : Kymè,
où les Mille enlevèrent le pouvoir aux cavaliers, ce qui
signifie probablement que l'aristocratie d'argent remplaça
l'aristocratie de naissance [291] ; Colophon, où les Mille se
montraient à l'agora drapés dans des manteaux de pourpre
qui valaient leur poids d'argent, ornés de diadèmes d'or et
imprégnés de parfums [292]. Dans la Locride orientale, la

capitale, Opunte, était gouvernée par l'assemblée des
Mille ; la plupart de ces citoyens, astreints à nourrir un
cheval de guerre, appartenaient sans doute aux « cent
maisons », aux familles qui faisaient remonter leurs titres
de noblesse au temps d'Ajax. Opunte transmit ses institutions, vers le commencement du VIIᵉ siècle, à sa colonie
de Locres Épizéphyrienne : là aussi les Mille rendaient les
lois, et les principales familles se rattachaient aux femmes
des « cent maisons » qui avaient suivi les premiers colons [293].
Deux villes voisines de Locres Épizéphyrienne, Crotone [294]
et Rhègion [295], eurent également leur assemblée des Mille,
qui continua de siéger plus tard à côté de l'assemblée populaire sous le nom de *Synclètos* ou *Esclètos*. Il en fut de même,
tout au fond de la Sicile, à Acragas [296].

Mais ce nombre de mille n'avait rien de fatidique. Dans
des cités relativement petites, le peuple légal pouvait compter
moins de membres, sans que le régime fût pour autant plus
oligarchique ; dans de très grandes cités, il pouvait être
beaucoup plus nombreux, sans qu'on se rapprochât davantage de la démocratie. Ainsi, à Massalia et à Hèraclée du
Pont, il fallut élargir l'oligarchie par une réforme relativement libérale pour y recevoir six cents membres, tandis
que le Synédrion des six cents qui fit la loi à Syracuse pendant une vingtaine d'années avait un caractère fortement
oligarchique dans une ville aussi populeuse [297]. L'histoire
constitutionnelle d'Athènes, à la fin du Vᵉ siècle, est fertile
en expériences passionnées où les partis se disputaient sans
trêve sur le rapport à établir entre le nombre des nationaux
et celui des citoyens actifs. En 411/0, tandis que l'oligarchie
extrême des Quatre Cents se rendait odieuse à un peuple
d'environ trente mille citoyens, que pouvaient désirer les
doctrinaires à la recherche d'un juste milieu ? Théramènes
fit passer une loi qui remettait tout le gouvernement « aux
Athéniens les plus capables de servir l'État de leur personne
et de leurs biens, au nombre de cinq mille au minimum ».
La constitution des Cinq Mille, où le minimum était en fait
un maximum, enlevait donc leurs droits politiques aux
cinq sixièmes des citoyens. Elle put fonctionner pendant
quelques mois, en 410, après la chute des Quatre Cents [298].

En 404, l'opposition de Théramènes força les Trente à la parodier et à faire dresser une liste de trois mille citoyens qui devaient participer au gouvernement et être garantis contre l'arbitraire des tyrans [299]. Enfin, en 321, Antipatros décida que, pour être citoyen, il fallait posséder un capital de 2 000 drachmes équivalent à un revenu de 200 à 240 drachmes : ce cens excluait douze mille nationaux sur vingt et un mille [300].

De pareilles constitutions pouvaient, au demeurant, dissimuler un régime bien plus strictement oligarchique. Le corps des citoyens avait souvent pour tout privilège le droit d'assister à une Assemblée impuissante, et toute la réalité du pouvoir appartenait à un Conseil étroit. C'est ce que montre l'histoire des oligarchies athéniennes : la nomination théorique des Cinq Mille et des Trois Mille ne limitait en rien la toute-puissance des Quatre Cents et des Trente. Il est vrai que nous sommes là en présence de tentatives révolutionnaires. Mais, ailleurs, l'oligarchie à plusieurs degrés est un fait fréquent et normal. L'exemple le plus célèbre est celui de Sparte, avec son oligarchie à forme de pyramide : au-dessus des hilotes, qui ne sont pas libres, et des Périèques, qui ne sont pas citoyens, sont placés les Spartiates ; au-dessus des Inférieurs, admis à la grande assemblée ou Apella, les Égaux, pourvus d'un lot patrimonial et payant leur écot aux repas communs, forment seuls la petite assemblée où ils se rendent en nombre toujours décroissant ; au-dessus de tous, le Conseil des trente gérontes, dirigé lui-même par les cinq éphores, exerce en fait la souveraineté. De même, à l'époque où Athènes avait pour maîtres les Quatre Cents, Thasos était aux mains des Trois Cent Soixante [301]. A l'exemple de Sparte, Crotone, d'après la constitution de Pythagore, avait son Assemblée et sa Gérousia, outre sa Synclètos des Mille *.

La dernière forme d'oligarchie (la première pour Aristote) est caractérisée par un cens assez élevé pour interdire les magistratures aux plus pauvres, et cependant assez bas pour ouvrir largement l'accès des classes privilégiées et y recevoir,

* Voir p. 94.

par exemple, quiconque est capable de servir comme hoplite. Tout en n'ayant pas de quoi vivre sans travailler, les citoyens ont une aisance suffisante pour ne pas vivre aux dépens de l'État. En tout cas, leur nombre est trop grand pour que leur souveraineté puisse se concentrer dans une personne, et elle trouve ainsi nécessairement son expression dans la loi.

Tel est le régime des pays où il existe beaucoup de petites fortunes. — Chez des paysans, comme les Maliens, le droit de cité complet appartenait aux anciens hoplites, c'est-à-dire à ceux qui possédaient une armure complète et qui avaient fait leur temps de service ([302]). — Les villes qui formaient la confédération béotienne, dans la seconde moitié du Ve siècle et le premier tiers du IVe, réservaient les pouvoirs politiques à une assemblée de censitaires, tous propriétaires fonciers : à Thèbes, la loi maintenait un nombre fixe de lots inaliénables et interdisait l'accès des magistratures à quiconque avait exercé un petit métier depuis moins de dix ans ; à Thespies, étaient déchus ceux qui apprenaient un métier mécanique ou même ceux qui travaillaient la terre de leurs mains ([303]). Il est vrai que le cens ne devait pas être fort élevé : à Orchomène il paraît avoir été de 45 médimnes ou 23 hectolitres de grains ([304]), ce que rapportait à une époque de rendements bas et d'assolement biennal une terre d'environ cinq hectares. D'après les contingents d'hoplites et de cavaliers fournis par chaque ville à la confédération, on peut évaluer le nombre des citoyens actifs à 3 000 pour Thèbes, à plus de 1 500 pour Orchomène, à 1 500 pour Thespies et pour Tanagra, à 750 pour Eutrèsis et pour Thisbé, à un peu moins pour Platées, à 500 pour Haliarte, Lébadée, Coronée, Acraiphiai, Côpai et Chéronée ([305]). — Dans les cités crétoises, le peuple légal se composait de citoyens admis dans les *hétairies*, où, après avoir fait leur service comme membres d'une *agéla*, ils vivaient en commun et prenaient leurs repas ensemble aux frais du trésor ([306]). Ils formaient une masse assez considérable. Dans une ville d'importance secondaire, à Drèros, une classe d'*agélaoi* comprenait, au IIIe siècle, 180 jeunes gens ([307]), chiffre qui correspond à un corps d'environ 7 000 citoyens. Mais les tribus, qui les comprenaient tous, faisaient une place spéciale au *startos* composé des familles privilégiées où se recrutaient les *cosmes* chargés du pouvoir exécutif ([308]).

Ce sont des constitutions de ce genre que préconisait la propagande spartiate à la fin du Ve siècle. Un de ses agents, un sophiste parlant au nom d'un parti thessalien, proposait ce modèle à ses concitoyens en termes bénins : « On me dira : « Mais les Lacédémoniens établissent partout l'oligarchie. » Oui, une oligarchie que nous avons longtemps appelée de nos vœux... si tant est que le nom d'oligarchie convienne à de pareils gouvernements en comparaison de ceux qui le méritent dans notre pays (pays de gouvernements dynastiques). Y a-t-il, dans leur ligue, une cité, si petite qu'elle soit, où le tiers des citoyens ne participe aux affaires ? Celui qui n'a pas les moyens de se procurer une armure et de faire de la politique, ce n'est pas Lacédémone, c'est la fortune qui l'exclut de la vie publique. Il n'est exclu que juste le temps de présenter le cens légitime ([309]). »

L'oligarchie mitigée confine à la démocratie mitigée, et il est impossible de dire avec précision où finit l'une et où commence l'autre. Les cadres de la constitution oligarchique qui régissait Athènes depuis le milieu du VIIe siècle n'eurent pas besoin d'être fortement modifiés par la réforme de Solon pour se prêter à un régime qui prépara les voies à la démocratie absolue. Cette constitution censitaire ou *timocratique* divisait le peuple en quatre classes entre lesquelles charges et honneurs étaient répartis, en proportion du revenu foncier *. Quand Clisthènes eut aboli ce régime et proclamé l'égalité à peu près complète de tous les Athéniens, les adversaires de la démocratie ne cessèrent jamais de regretter « la constitution des ancêtres ». Nous le savons par l'analyse d'un libelle où l'un d'eux attribuait ses propres vues à une prétendue constitution de Dracon. Il proposait de concéder les droits politiques, y compris l'accès du Conseil et des fonctions subalternes, aux citoyens en état de s'armer comme hoplites, mais d'élire les archontes et les trésoriers parmi ceux qui possédaient un capital de dix mines (mille drachmes), les stratèges et les hipparques parmi ceux qui déclaraient un

---

* Voir plus loin, p. 132

capital de cent mines et avaient des enfants légitimes âgés de plus de dix ans (³¹⁰). En réalité, chaque fois que les adversaires de la démocratie athénienne arrivèrent à réaliser leurs idées, ils instituèrent une oligarchie violente, comme celle des Quatre Cents et celle des Trente, ou pour le moins donnèrent le pouvoir à une minorité, comme firent Théramènes et Antipatros. Il y eut cependant des hommes politiques qui crurent possible de réagir contre la démocratie sans tomber dans l'oligarchie. En 403, un nommé Phormisios proposa de réserver les droits politiques aux Athéniens propriétaires, c'est-à-dire à environ quinze mille citoyens sur plus de vingt mille nationaux (³¹¹) : on eût ainsi créé une oligarchie extrêmement mitigée, mais c'eût encore été la ruine du principe démocratique.

A toutes ces catégories d'oligarchies s'en ajoute une dernière, la démocratie sophistiquée. Aristote donne d'intéressants détails sur les artifices qui permettaient d'ôter au peuple dans la pratique les droits qu'on lui reconnaissait en théorie et d'en faire de simples trompe-l'œil. Ces subterfuges s'appliquent à cinq objets : l'Assemblée, les magistratures, les tribunaux, la possession des armes et le gymnase.

« Pour l'Assemblée, on permet à tous d'y assister; mais on impose une amende aux absents, amende que les riches ont à payer seuls ou beaucoup plus forte. Pour les magistratures, on interdit à ceux qui ont le cens de se récuser, on le permet aux pauvres. Pour les tribunaux, on met à l'amende les riches qui s'abstiennent de siéger, et aux pauvres on accorde l'impunité, ou bien l'amende est forte pour les uns et insignifiante pour les autres, comme dans les lois de Charondas. Quelquefois il suffit de sa faire inscrire sur les registres civiques pour avoir entrée à l'Assemblée et au tribunal; mais quiconque, une fois inscrit, s'absente à l'une ou à l'autre est passible de fortes amendes : on veut que l'amende détourne les gens de se faire inscrire et, par suite, de paraître au tribunal et à l'Assemblée. Même système de législation pour la possession des armes et les exercices gymnastiques. On permet aux pauvres de n'être point armés, on punit les riches qui ne le sont pas. Point d'amende pour les uns, amende pour les autres, s'ils ne fréquentent pas le gymnase, de manière que ceux-ci y aillent par crainte de l'amende et que ceux-là s'en abstiennent n'ayant rien à redouter (³¹²). »

Chapitre III

Les institutions oligarchiques

L'oligarchie a les mêmes organes que la démocratie. A considérer les choses d'une façon superficielle, il n'y a de différence entre les deux régimes que pour le nombre de ceux qui en ont les bénéfices. Dans l'un et dans l'autre, les citoyens de plein droit peuvent assister à l'Assemblée, siéger au Conseil, être choisis comme magistrats. Mais, dès qu'on y regarde d'un peu près, on voit que la question du nombre est ici de telle importance, qu'elle donne à des institutions d'apparence identique un caractère au fond tout différent.

I. L'ASSEMBLÉE ET LE CONSEIL

En principe, la souveraineté appartient à l'ensemble des citoyens actifs. Ils l'exercent à l'Assemblée appelée Ecclèsia ou Halia. Ils repoussent de leurs réunions tout le reste du dèmos, la foule non qualifiée, le *plèthos*. Dans les villes thessaliennes, l'agora était appelée « place de la Liberté » ; mais en quel sens faut-il l'entendre ? Les magistrats devaient veiller à maintenir la place publique « pure de toutes marchandises » ; elle était interdite « à l'artisan, au paysan et à tout individu de cette espèce » [313].

Dans les oligarchies où les riches sont relativement nombreux, la logique même du régime veut que les moins riches abandonnent la direction des affaires aux plus riches, c'est-à-dire au Conseil, ou à une Assemblée réduite, ou aux magistrats. Il y avait plusieurs moyens d'obtenir ce résultat.

Tantôt on ne laisse discuter à l'Assemblée que les propositions préparées en haut lieu, ce qui est une façon de lui
donner voix délibérative, tout en lui retirant la faculté de
porter atteinte à la constitution ; tantôt on lui concède le droit
de sanctionner, mais non pas d'infirmer les projets arrêtés
en dehors d'elle ; tantôt même on ne lui octroie que voix
consultative, en abandonnant la décision aux magistrats
([314]). Dans les villes de Crète, les citoyens des hétairies
peuvent bien venir à l'agora au nombre de plusieurs milliers ;
ils n'ont qu'à ratifier pour la forme, à mains levées ou
au scrutin secret, les propositions que leur apportent
le Conseil et les cosmes ([315]) ; quant au reste, ils sont les
témoins instrumentaires et muets de certains actes officiels,
tels que l'adoption ou la réception des ambassadeurs étrangers ([316]).

On trouvait bien plus commode de ne pas convoquer tous
les citoyens à la fois. Dans les cités béotiennes du Ve siècle, le
peuple censitaire était divisé en quatre sections dont chacune
à tour de rôle faisait fonction de Conseil et introduisait les
projets devant l'assemblée plénière pour la décision suprême
qui ne pouvait faire de doute ([317]). De cette façon, sur les
3 000 citoyens de Thèbes, nombre approximatif, il n'y en
avait que 750 environ qui prissent à la fois une part effective
aux affaires. Ce système fut imité par les doctrinaires athéniens
qui forgèrent la constitution des Cinq Mille. Les Cinq Mille
devaient également être répartis en quatre sections : dans
chaque section, les hommes âgés de plus de trente ans
formaient un Conseil, et chacun de ces Conseils devait siéger
à son tour pendant un an. Le Conseil en exercice était donc
composé d'environ 800 à 900 membres. Dans les circonstances graves, le Conseil pouvait être doublé : chaque conseiller devait, en ce cas, se choisir un adjoint parmi les citoyens
répondant aux mêmes conditions d'âge. Les séances devaient avoir lieu, en temps normal, tous les cinq jours. Le
bureau était constitué par cinq proèdres tirés au sort, et
chaque jour un d'entre eux était désigné par le sort comme
président ou épistate. Tout conseiller qui n'était pas présent à l'ouverture de la séance devait payer une drachme
d'amende, à moins d'avoir obtenu un congé régulier ([318]).

Cette organisation resta lettre morte, tant que les meneurs de l'oligarchie extrême, les Quatre Cents, disposèrent de pouvoirs révolutionnaires : ils s'étaient fait autoriser à convoquer les Cinq Mille quand ils le jugeraient à propos ; ils ne le firent pas une fois ([319]). Mais elle exista réellement pendant les quelques mois où le régime de Théramènes retarda le rétablissement de la démocratie : un acte officiel nous fait connaître une commission de proèdres avec son président ([320]).

Au lieu de découper ainsi l'Assemblée en plusieurs tronçons, l'oligarchie préférait quelquefois interposer entre elle et le Conseil une Assemblée réduite et plus sûre. C'est ce qu'elle fit à Sparte ([321]). En principe, tous les Spartiates âgés de trente ans, inscrits dans les tribus et les ôbai, formés par l'éducation publique et admis aux repas communs, avaient le droit de siéger à l'*Apella*. Ils étaient neuf mille à l'origine, nous dit-on. Ils se réunissaient dans une plaine située sur les bords de l'Eurotas, entre le pont Babyca et le Knakion, et délibéraient en plein air, les rois et les gérontes sur des sièges spéciaux, les autres entassés sur des bancs ou assis par terre. Il y avait une assemblée ordinaire au moins une fois par mois, au moment de la pleine lune ; mais les assemblées extraordinaires étaient fréquentes. Jusqu'au milieu du VIIIe siècle, l'Apella exerça des pouvoirs étendus. Elle avait le droit d'amendement, mais sans le droit d'initiative, déclarait la guerre, surveillait les opérations, concluait les traités d'alliance et de paix, nommait les gérontes et les magistrats, réglait les questions de succession au trône. Elle votait par acclamation, et, en cas de doute, par discession. L'Apella avait donc alors « la souveraineté et la force ».

Mais le nombre des Égaux ou *Homoioi* diminua rapidement. L'obligation de posséder un lot de « terre civique » et de pourvoir aux frais des repas communs précipitait beaucoup d'entre eux dans la classe des Inférieurs ou *Hypomeiones*. En même temps, la richesse croissante d'un petit nombre élevait au-dessus des Égaux une aristocratie dirigeante (les καλοὶ κἀγαθοί). Cette haute noblesse met la royauté en tutelle et réduit l'Assemblée à l'impuissance. Dès lors, l'Apella se réunit dans un édifice couvert, qui suffit bien à

contenir une poignée des citoyens présents. Elle continue
d'élire les magistrats, mais d'après un système enfantin qui
annule son droit dans la pratique. Comme corps délibératif,
elle n'est plus consultée que pour la forme ; on lui demande
son avis, sans être astreint à s'y conformer. « Si le peuple rend
un vote de travers, dit la loi, les gérontes et les rois s'en
écarteront. » Avant d'entrer en campagne ou de jurer un
traité, les chefs de la cité tiennent à connaître l'opinion de la
majorité ; ils n'en font pas moins ce qu'ils veulent. Quand ils
ont pris une décision en matière de politique intérieure, ils
l'annoncent comme un ordre donné à ceux qui doivent
obéir.

Cependant les vingt-huit gérontes et les cinq éphores ne
sont pas toute la noblesse. Dans les circonstances graves, ils
s'adjoignent en comité secret les principaux magistrats et les
personnages les plus riches ou les plus considérés. C'est ce
Conseil plus large que la Gérousia, cette Assemblée plus
étroite que l'Apella, qu'on appelle la « petite Assemblée »
(μικρὰ ἐκκλησία). Il n'en est question qu'une fois dans
l'histoire telle que nous l'ont racontée les anciens. Mais on
sait que l'oligarchie de Sparte s'entourait de mystère [322], et
une institution dont pour un peu nous ne soupçonnerions
même pas l'existence peut être regardée comme une des
maîtresses pièces du gouvernement spartiate.

C'est une « petite Assemblée » à la manière spartiate, une
Assemblée triée sur le volet, qu'il convient sans doute de
voir dans un corps spécial qu'on trouve mentionné assez
souvent, l'*Esclètos* ou la *Synclètos*. L'institution fonctionnait
sous un de ces noms : à Rhègion et à Acragas, à côté de
l'Halia et de la Bola [323] ; à Crotone, à côté de l'Ecclèsia et
de la Gérousia [324]. Il y avait même des cités où l'on en était
arrivé à ne plus convoquer du tout l'Assemblée, pour s'en
tenir à la Synclètos [325].

Dans les oligarchies où les citoyens étaient en petit nombre, l'Assemblée pouvait plus facilement conserver la réalité
de ses droits. Les Mille de Colophon étaient tous très riches ;
tous venaient à l'agora, ne fût-ce que pour y étaler leur luxe.
Les Mille d'Opunte votaient des lois en assemblée plénière.
Les Mille de Crotone étaient consultés sur la question de

paix ou de guerre, aussi bien que la Synclètos *. A Massalia, les six cents timouques à vie réunis en Synédrion formaient la base solide d'une pyramide à degrés. D'ailleurs, dans ces oligarchies réduites, il est bien difficile de distinguer l'Assemblée du Conseil. A Massalia, par exemple, le Synédrion peut aussi bien passer pour une Assemblée générale que pour une Boulè, et les Quinze pour une Boulè que pour un comité exécutif. On nous dit qu'à Épidaure les Cent Quatre-Vingts choisissaient parmi eux des bouleutes appelés *artynoi* ; mais le nom de ces « ordonnateurs » certifie qu'ils ne devaient pas différer grandement des *artynai* qui formaient dans la cité voisine d'Argos un collège de hauts magistrats, nettement distinct de la Boulè ([326]) : la seule différence est que dans la petite ville on n'éprouvait pas le besoin d'extraire de l'Assemblée un Conseil, tandis que dans la grande il y avait certainement déjà au temps de l'oligarchie, comme plus tard sous le régime démocratique, une Bola et une Haliaia ([327]).

De tout ce qu'on peut savoir sur l'Assemblée dans les cités oligarchiques se dégage cette conclusion : le principe oligarchique, par cela même qu'en refusant tous droits aux pauvres il amenait les plus riches à s'élever au-dessus des moins riches, avait pour conséquence ordinaire de concentrer la puissance politique dans le Conseil.

Là où le Conseil avait un caractère « dynastique », il portait communément le nom de Gérousia, et il le méritait ; car non seulement on n'y entrait qu'à un âge avancé, mais on y gardait sa place à titre viager. A Sparte, où l'on ne pouvait faire partie de l'Apella qu'à trente ans, on ne pouvait être élu géronte qu'une fois dégagé de toute obligation militaire, à soixante ans, et on le restait jusqu'à la fin de ses jours. Malgré cet âge avancé, les élections étaient rares ; car la Gérousia spartiate ne comptait que vingt-huit membres outre les deux rois, ou, si l'on veut, trente membres dont deux héréditaires. Plutarque parle de ces élections sur un ton lyrique. « C'était bien, dit-il, le combat le plus glorieux qu'il y eût parmi les hommes, et le plus digne de susciter la

lutte. Il s'agissait de choisir parmi les bons et les sages le
plus sage et le meilleur ; le prix de la victoire était un prix de
vertu décerné à vie, avec une autorité quasi souveraine dans
l'État. » ([328]) Mais la réalité n'est pas aussi belle. C'est dans
le cercle le plus étroit des privilégiés qu'étaient pris les candidats, ainsi que les arbitres chargés de déclarer lequel avait
soulevé les acclamations les plus nourries ([329]) : on imagine à
quelles collusions prêtait une élection de ce genre. Les résultats du système sont indiqués par Aristote, qui n'est pas suspect de sévérité pour une institution aristocratique.

> « Composée d'hommes mûrs et dont l'éducation semble assurer la
> vertu, on croirait volontiers que la Gérousia offre toute garantie à
> la cité. Cependant une souveraineté viagère pour les décisions impor-
> tantes est une institution bien contestable; car l'intelligence, comme le
> corps, a sa vieillesse, et l'éducation reçue par les gérontes n'est pas telle
> que le législateur lui-même ne se soit pas défié de leur vertu. On a vu des
> hommes investis de cette magistrature être accessibles à la corruption
> et sacrifier à la faveur l'intérêt public. Aussi eût-il mieux valu ne pas les
> rendre irresponsables ([330]). »

En Élide, les quatre-vingt-dix gérontes, représentants des
trois tribus, n'étaient pas recrutés de la même manière que
les vingt-huit de Sparte : il ne pouvait pas y avoir pour eux de
limite d'âge inférieure, puisqu'ils représentaient chacun son
génos et que le fils succédait au père ([331]) ; mais, comme ils
restaient en charge jusqu'à leur mort, c'étaient également des
vieillards dans l'ensemble. On voit par là quelle devait être
la composition du Conseil dans d'autres villes où il porte le
même nom de Gérousia, par exemple à Éphèse et à Crotone ([332]).

Mais le Conseil n'avait même pas besoin d'une qualification spéciale pour avoir le caractère oligarchique : il pouvait
être appelé Boulè, comme dans le régime démocratique, et se
composer de membres nommés à vie. En ce cas, la Boulè
oligarchique comprenait généralement les hauts magistrats
sortis de charge. Dans la vieille Athènes, elle était formée des
anciens archontes. Ce Conseil aristocratique ne sera jamais
supprimé par la démocratie, il ne cessera pas de siéger sur la
colline de l'Aréopage pour juger les affaires de meurtre ;
mais, avant d'être réduit à cette attribution par la Boulè

proprement dite, il joignait à la juridiction suprême un pouvoir absolu en toutes matières concernant l'observation des lois, le maintien de l'ordre, la responsabilité des magistrats et les relations avec l'étranger. C'est probablement un corps analogue qu'il faut reconnaître, à Chios, dans la Boulè qu'une révolution doubla, vers 600, d'une Boulè populaire. En Crète, pas de doute : dans chaque ville, les cosmes entraient à la Boulè après leur année de charge jusqu'à la fin de leurs jours, et à ces bouleutes Aristote n'hésite pas à donner le nom de gérontes ([333]). A Cnide, la Boulè ne se recrutait pas de la même façon qu'en Crète et à Athènes, puisqu'elle comprenait un nombre fixe de membres ; mais ces membres, les soixante *amnèmones*, siégeaient également à titre viager et réglaient toutes les affaires importantes sous la présidence de l'*aphester* ([334]).

Certaines oligarchies trouvaient qu'une Boulè trop nombreuse était un danger ; elles remplaçaient le grand Conseil par un Conseil étroit, une commission de *probouloi*. Aristote voit dans ces « commissaires préparateurs » une institution essentiellement contraire au principe démocratique. « Il est de toute nécessité, dit-il, qu'il existe un corps chargé de préparer les délibérations du peuple, afin d'épargner son temps. Mais, si les membres en sont peu nombreux, il y a oligarchie. Or, les probouloi sont en petit nombre, donc de caractère oligarchique. Partout où les deux pouvoirs coexistent, celui des probouloi l'emporte sur celui des bouleutes ; car le bouleute est de principe démocratique, et le proboulos de principe oligarchique ([335]). »

Cette opinion d'Aristote se fonde sur maints exemples. Le gouvernement de marchands qui s'établit à Corinthe après la chute des Cypsélides s'appuyait sur une *Gérousia* de quatre-vingts membres, recrutés dans les huit tribus. Chaque tribu nommait neuf conseillers ordinaires et un proboulos. L'octade des *probouloi* formait un Conseil supérieur, qui soumettait les affaires toutes préparées à la Gérousia ([336]). Cette institution fut transmise par Corinthe à l'une au moins de ses colonies : à Corcyre, les probouloi agissaient de concert avec la commission exécutive de la Boulè, les *prodikoi*, et leur président, le *prostatas*, présidait l'Assemblée du peuple ([337]).

On s'explique fort bien que, dans d'autres cités, le nom de probouloi ait pu tantôt s'attacher aux conseillers ou à une partie d'entre eux, tantôt, et bien plus souvent, désigner un collège de hauts magistrats dirigeant du dehors les travaux du Conseil. A Delphes, les trente bouleutes étaient répartis en deux sections semestrielles, et les premiers de chaque section étaient nommés avec l'archonte dans les actes officiels ([338]) : il n'est pas étonnant que ces bouleutes aient été appelés probouloi sur le tard ([339]). Mais ailleurs, à Histiaia ([340]), les probouloi sont chargés du pouvoir exécutif. A Érétrie, ils apparaissent vraiment comme les chefs de l'État. Ils ont la garde du sceau et des archives, reçoivent les serments des citoyens, font proclamer les récompenses publiques, dirigent les finances et la politique étrangère. En même temps, ils sont présidents de la Boulè : à ce titre, ils rédigent les textes mis en délibération ; les autres fonctionnaires ne peuvent proposer de décrets que par leur intermédiaire ([341]). En un mot, comme le dit une inscription, leur charge est celle de présidents (ἀρχὴ τῶν προκαθημένων) ([342]). Lorsqu'en 411, après le désastre de Sicile, le parti oligarchique d'Athènes releva la tête, il commença par copier cette institution ; il dépouilla la Boulè de ses pouvoirs, pour confier à une commission de dix probouloi le soin de parer au danger public par des mesures extraordinaires ; puis il adjoignit vingt nouveaux commissaires aux dix premiers et les chargea de proposer tous décrets qu'ils jugeraient utiles au salut de l'État et de rédiger une nouvelle constitution ([343]).

II. LES MAGISTRATS

Pour comprendre la situation des magistrats dans la cité oligarchique, il faut faire un retour sur le passé, tel qu'on l'aperçoit dans l'épopée. Il fut un temps où le roi exerçait son autorité par l'intermédiaire de ceux qui l'assistaient en son Conseil, des gérontes ou des boulèphoroi. Quand il cessa d'être le maître, le pouvoir exécutif resta tout naturellement entre les mains de ceux qui continuaient de composer la Gérousia ou la Boulè. Le Conseil devint la magistrature suprême, l'ἀρχή par excellence. Il le resta toujours. Ce fait initial apparaît même dans les cités où l'oligarchie était depuis longtemps remplacée par la démocratie, à tel point qu'Aristote, dans sa description de la constitution athénienne, groupe toutes les autres magistratures autour de la Boulè, la première de toutes. Mais il est plus manifeste encore dans le régime oligarchique, qui se rattache plus directement par ses origines aux institutions homériques. Les rapports étroits et permanents des magistratures avec le Conseil expliquent bien des anomalies apparentes.

On vient de voir que, selon les cités, les probouloi font figure de commissaires préparant le travail de la Boulè ou préposés à toute l'administration. La division du travail politique reste tout aussi indécise en ce qui concerne les artynoi ou artynai d'Épidaure et d'Argos. Plusieurs institutions sont, à cet égard, particulièrement intéressantes : à savoir celles des dèmiurges, des timouques, des aisymnètes et des prytanes.

Le nom même des *dèmiurges* atteste leur haute antiquité. Ils datent d'une époque où l'organisation de la cité commençait à se dégager du régime familial ; car ils sont, comme les artisans, « ceux qui travaillent pour le public ». Aussi la dèmiurgie est-elle une des institutions les plus obscures, les plus imprécises qu'on trouve en Grèce. Elle a pourtant été très répandue, surtout dans le Péloponèse (Arcadie, Élide, Achaïe, Argolide) et dans les établissements d'outre-mer fondés par les Doriens et par les Achéens (Amorgos, Astypalaia, Nisyros, Cnide, Chersonèsos dans le Pont-Euxin, Pétilia dans la Grande Grèce). Il y a bien quelques cités où elle se présente assez nettement comme un Conseil très ancien, par exemple en Élide [344], et sous cette forme elle fonctionne parfois à côté d'une Boulè plus récente, par exemple à Argos [345]. Dans d'autres cités, elle s'est franchement transformée en une magistrature suprême, qui a presque toujours le privilège de l'éponymat [346]. Mais, le plus souvent, il est impossible de distinguer ses attributions, et il semble bien que ce ne soit pas seulement faute d'une documentation suffisante qu'il y ait réellement là une chose vague, hybride, peu évoluée.

Les *timouques* n'ont existé que dans les villes d'Ionie et

dans leurs colonies. Leur nom semble indiquer qu'ils sont
les magistrats suprêmes (³⁴⁷). Ils ont dû l'être, en effet, à une
époque reculée. A partir du vᵉ siècle, ils ont à côté d'eux
d'autres magistrats ; mais ils gardent toujours des attributions religieuses, et, comme ils ont la haute main sur le
prytanée, ils sont toujours, comme les prytanes, en relations
assidues avec le Conseil. A Téos, ils lancent au nom de la
cité les imprécations qui consacrent les lois, président aux
cérémonies du culte et, de concert avec les stratèges, proposent des décrets. A Priène, ils proposent des décrets au
Conseil et ont pour siège le foyer commun appelé le *timou-
chion*. A Naucratis, ils infligent des amendes aux sacrifi-
cateurs qui ne font pas leur devoir au prytanée (³⁴⁸).

L'histoire des *aisymnètes* est bien plus curieuse encore.
Leur titre les désigne comme les conservateurs des conve-
nances, des bonnes coutumes. Il nous fait remonter au temps
où les Ioniens ne s'étaient pas encore détachés de la Grèce
propre et où Patrai en Achaïe prenait pour dieu un Dionysos
Aisymnètès (³⁴⁹). En Asie Mineure, ces chefs du protocole
que sont les aisymnètes n'agissent pas comme membres
du Conseil. Déjà dans les poèmes homériques, ce sont des
personnages de lignée princière choisis pour organiser dans
les fêtes les danses et les jeux (³⁵⁰). On n'est donc pas surpris
de voir à Milet (³⁵¹) la vieille et noble confrérie des *molpoi*
se donner annuellement un aisymnète qui préside aux
cérémonies publiques couronne en tête et qui se désigne
ainsi à la cité même comme stéphanèphore éponyme.
L'aisymnètat est donc facilement devenu la magistrature
suprême dans les villes ioniennes : à Naxos, deux aisymnètes
sont éponymes ; à Téos, un aisymnète unique exerce un droit
de juridiction qui va jusqu'à la peine de mort (³⁵²). Le titre
fut peut-être emprunté à l'Ionie par l'Éolide ; car Aristote
le signalait dans son ouvrage sur la constitution de Kymè.
En tout cas, les Éoliens donnèrent au terme qui désignait
le maître des coutumes un sens plus plein : ils l'appliquèrent
aux personnages munis de pouvoirs extraordinaires à
charge de rétablir la paix entre les partis et de promulguer
un code de lois. L'aisymnètat devint donc une sorte de
dictature à l'intérieur, conférée à temps ou à vie, une

« tyrannie élective », comme dit Aristote (353). De là vient que Pittacos, qui en fut investi à Mitylène, était traité de tyran ou de roi par ses adversaires hantés de souvenirs homériques (354). Tandis qu'en Asie Mineure le titre d'aisymnète était ainsi porté par des magistrats ordinaires ou extraordinaires, il restait attaché, dans un canton de la Grèce propre, à l'institution de la Boulè. Les Mégariens donnaient le nom d'aisimnatas, dans leur dialecte dorien, aux membres de la commission permanente de leur Boulè, et une chapelle placée près de leur Bouleutèrion s'appelait l'Aisimnion (355). Les colonies de Mégare imitèrent la métropole sur ce point. Il y avait des aisimnates à Sélinonte dès le VIe siècle (356). Il y en avait à Salymbria, à Chalcédoine, à Callatis et à Chersonèsos (357), et, dans ces villes, ils se donnaient un président qui présidait en même temps la Boulè, comme faisait l'épistate des prytanes à Athènes.

Quant aux *prytanes*, ce sont eux qui nous montrent le mieux comment les gérontes qui entouraient le roi homérique se sont emparés du pouvoir et comment ils l'ont exercé, soit qu'ils l'aient assumé en corps, soit qu'ils l'aient confié à un seul. Chaque cité avait son prytanée, où l'on offrait des sacrifices solennels sur l'autel commun et où la chair des victimes était partagée entre les hôtes publics. Jadis c'était le palais : « le roi » y convoquait « les rois » pour prendre leurs avis et leur faire verser le vin d'honneur. Maintenant les « premiers » étaient, tous ensemble, y compris le roi, les maîtres de l'édifice sacré qui leur devait son nom. Ils formaient le Conseil. Le plus souvent, le Conseil se divisa en sections qui exerçaient la prytanie à tour de rôle, et il en sera encore ainsi même dans les cités où les institutions oligarchiques seront ruinées par la démocratie. Mais il arriva aussi, et fréquemment, que toute la puissance de l'aristocratie fut concentrée dans les mains d'un seul prytane, qui n'était pas seulement le président du Conseil, mais vraiment le chef de la république, investi du pouvoir exécutif. Le premier de ces cas est ordinaire dans la Grèce propre : les prytanes y forment généralement une commission de la Boulè, même quand cette commission a des attributions spéciales, comme à Delphes, où elle est

exclusivement chargée des finances ([358]). Le second cas est
habituel en Asie Mineure : Aristote mentionne le prytane
comme magistrat suprême à Milet ; les inscriptions nous
le font connaître comme éponyme à Halicarnasse, à Chios,
à Téos, à Gambreion et surtout dans les villes de Lesbos,
Mytilène, Méthymna, Érésos et Antissa ([359]). Par Corinthe,
qui fait exception dans la Grèce propre, l'Occident a connu
l'institution du prytane unique ; il a l'éponymat à Corcyre
et à Rhègion ([360]).

Il semble, d'après l'exemple de l'aisymnète et du prytane,
qu'à l'origine on n'ait pas eu besoin de magistrats en
nombre. L'aristocratie plaçait tout simplement son chef à
côté du roi, et le roi, réduit lui-même à l'état de magistrat,
voyait la plus grande partie de sa puissance passer rapidement
à son rival. Les Eupatrides d'Athènes donnaient à ce délégué
annuel le nom d'*archôn* (archonte) : en le chargeant de maintenir le vieux droit des génè, on faisait de lui le premier
personnage de l'État, celui qui donnait son nom à l'année,
celui qui remplaça le roi au prytanée ([361]). Chez les Locriens
Opuntes, l'*archos* disposait souverainement de toute l'admi-
nistration ($\delta\iota o\acute{\iota}\kappa\eta\sigma\iota\varsigma$) et présidait notamment les assises
judiciaires ([362]). Là où le prytane est unique, c'est lui qui
joue ce rôle éminent. A Milet, nous dit Aristote, sa puissance était telle, qu'elle tournait avec la plus grande facilité
à la tyrannie ([363]). A Corinthe, c'est en se réservant la charge
annuelle de prytane et en lui conférant toute la réalité du
pouvoir royal que les Bacchiades furent les maîtres absolus
pendant quatre-vingt-dix ans ([364]). Le nom du magistrat
suprême variait, d'ailleurs, à tel point qu'une loi des Éléens,
ne pouvant énumérer tous les titres qu'il porte dans les
différentes localités du pays, l'appelle d'un terme général
et vague « celui qui a la fonction la plus haute » ([365]).

A mesure que grandissaient les cités, les progrès de la
division du travail politique et administratif tendaient à
augmenter le nombre des magistrats. Quoique à un moindre
degré que dans les démocraties, cette loi se manifesta pourtant dans les cités oligarchiques. Un exemple suffit. Les
Eupatrides de la vieille Athènes installèrent à côté du roi
et de l'archonte un polémarque, investi des fonctions

militaires, et plus tard six thesmothètes chargés de la justice.

L'organisation de la justice était précisément le besoin le plus impérieux dans les siècles où la Grèce était soumise au régime oligarchique.

Jadis, les rois entourés de leurs conseillers étaient librement consultés sur les questions litigieuses de par le consentement des parties. Quand cette justice arbitrale se transforma en une juridiction obligatoire, le droit de juger fut tout naturellement partagé entre les magistrats héritiers des rois et le Conseil constitué en corps indépendant. En Béotie, Hésiode et son frère faisaient régler la question d'hérédité qui les divisait par les rois de Thespies [366]. A Athènes, l'archonte-roi, assisté peut-être des rois de tribus, présidait le Conseil qui réglait tous les procès concernant l'ordre public et qui statuait en matière criminelle sur l'Aréopage [367]. A Corinthe, c'était la Gérousia qui s'arrogeait la juridiction pénale et politique [368]. A Sparte, les rois n'avaient plus de compétence qu'en droit religieux, tandis que la Gérousia se réservait les causes de droit criminel et réglait de concert avec les éphores toutes les affaires qui intéressaient de près ou de loin la sûreté de l'État [369]. A Locres, les procès de droit civil étaient jugés par les archontes ; mais les cas douteux étaient soumis au cosmopolis, et, si l'une des parties n'acceptait pas son arrêt, elle le déférait à l'assemblée plénière des Mille, qui faisait pendre le succombant, particulier ou magistrat [370].

Cependant, dès l'époque homérique, le roi, qui ne pouvait attendre du matin au soir sur l'agora qu'on vînt lui demander d'arbitrer des différends, déléguait à cet effet des *dicaspoloi* [371]. Il y eut ainsi, dans certaines cités, à côté du Conseil ou du magistrat investi de la juridiction suprême, des juges spéciaux pour les procès de moindre importance. Tels sont les *dicastai* qu'on voit siéger à Gortyne au-dessous des cosmes : ils n'ont que la juridiction de droit commun, et chacun d'eux a une compétence spéciale qu'il exerce avec l'assistance d'un secrétaire-archiviste ou mnèmôn. Les *dicastères* qui fonctionnaient chez les Locriens Opuntes sous la surveillance de l'*archos* ne devaient pas être différents. C'est dans la même catégorie qu'il faut ranger aussi les éphètes institués par Dracon : ces éphètes, au nombre de cinquante et un, formaient un jury qui remplaçait le Conseil de l'Aréopage dans le jugement de l'homicide non prémédité ([372]).

Mais nous ne pouvons nous attarder à dresser une liste des magistratures. Bornons-nous à indiquer les caractères des plus importantes.

Dans les oligarchies dynastiques, elles étaient héréditaires et viagères ; elles n'entraînaient, par conséquent, aucune responsabilité : grave défaut, que signale la perspicacité d'Aristote ([373]). Il en est ainsi, naturellement, dans les États où la puissance souveraine appartenait à une seule famille, comme les principautés de Thessalie, et même dans ceux où elle était partagée entre quelques familles, comme Massalia, Cnide, Istros, Hèraclée ([374]). Dans les oligarchies plus mitigées, les magistratures étaient annuelles. Encore, en ce cas, le principe de la durée viagère pouvait-il se retrouver dans la formation du Conseil : les archontes d'Athènes et les cosmes de Crète ne rentraient pas dans la vie privée à leur sortie de charge, puisqu'ils formaient à eux seuls la Boulè. Et le caractère oligarchique de ce principe était si apparent, que la démocratie athénienne ne consentit à le laisser subsister à l'Aréopage qu'en le palliant par le tirage au sort ([375]).

Si le droit électoral était un privilège plus ou moins étendu ([376]), les conditions d'éligibilité étaient bien plus variables encore. Elles étaient quelquefois déterminées par la naissance et donnaient à des oligarchies modérées par ailleurs un caractère dynastique. En Crète, les citoyens des hétairies, répartis en tribus, devaient choisir les cosmes dans certaines familles (ἐκ τινῶν γενῶν) qui formaient l'élite de chaque tribu, le *startos* ([377]). Certaines colonies, comme Thèra et Apollônia, prenaient leurs magistrats exclusivement parmi les descendants des premiers colons ([378]). Le plus souvent, c'était le cens qui déterminait l'éligibilité. Pour Platon comme pour Aristote, cette nomination timocratique est un trait distinctif de l'oligarchie ([379]). Toutefois

Aristote fait une réserve : d'après lui, si les choix portent sur l'universalité des censitaires, l'institution est plutôt aristocratique au sens élevé qu'il donne à ce mot, et elle n'est réellement oligarchique que si elle réduit les choix à un cercle restreint (380). Il observe même qu'elle a sa raison d'être dans les régimes mitoyens entre l'oligarchie et la démocratie. Lui qui reconnaît quelquefois le régime oligarchique à ce seul signe, le système censitaire (381), il admet pourtant qu'une démocratie peut soumettre l'exercice des fonctions publiques à la condition d'un cens modique (382). De fait, dans l'histoire d'Athènes, le monopole des hautes magistratures, adjugé aux plus riches par les Eupatrides, a été maintenu avec le régime des classes censitaires par Solon et Clisthènes (383), et c'est pourquoi les noms des deux grands réformateurs, considérés en général comme les fondateurs de la démocratie, ont pu néanmoins être revendiqués à l'occasion par les partis réactionnaires (384). Exceptionnellement, les magistrats sont choisis parmi les chefs de l'armée. Chez les Maliens, ils doivent avoir exercé un commandement en temps de campagne (385). De toutes façons, la nomination des magistrats tend à constituer une oligarchie dans l'oligarchie (386).

Une des règles qu'observe constamment le régime consiste à fixer un minimum d'âge pour l'exercice des fonctions publiques. — Sans doute les cités démocratiques prennent des précautions de ce genre : la constitution d'Athènes, par exemple, qui permet à tous les citoyens d'entrer à l'Ecclèsia dès qu'ils sont majeurs et ont accompli leur service militaire, ne leur ouvre la Boulè et l'Héliée qu'à trente ans et ne les admet à rendre la justice arbitrale comme diaitètes qu'à soixante. Aussi l'oligarchie d'Athènes n'a-t-elle pas été beaucoup plus loin dans cette voie : en 411/0, on ne fit que maintenir la limite de trente ans pour le Conseil (387) ; si certains théoriciens proposèrent de l'appliquer à tous les magistrats (388), cette idée ne prévalut pas, et l'on se contenta d'exiger l'âge de quarante ans des commissaires chargés de rédiger la nouvelle constitution ou de dresser la liste des citoyens (389). — Mais les cités purement oligarchiques vont plus loin. Elles ne se contentent

pas d'installer les membres du Conseil à titre viager. Elles
recrutent la Gérousia parmi les vieillards, comme à Sparte,
où les conseillers doivent avoir soixante ans révolus, ou
bien elles composent la Boulè des magistrats sortis de charge.
Elles barrent résolument aux jeunes l'accès des magistratures importantes. Dans les villes de Sicile, les démocrates
eux-mêmes reconnaissent qu'il n'y a rien à faire contre les
lois qui s'opposent aux ambitions prématurées ([390]). A
Chalcis, il faut avoir quarante ans pour prétendre à n'importe
quelle charge et même à une ambassade ([391]). Le gymna-
siarque de Coressos ne doit pas avoir moins de trente ans ;
les nomographes de Téos et certains commissaires d'Anda-
nia ([392]), pas moins de quarante. Un décret de Corcyre prescrit à la Boulè de choisir le titulaire de telle fonction parmi
les plus riches entre trente et soixante-dix ans ([393]). En un
mot, les oligarchies grecques, même quand elles ne donnent
pas aux membres du Conseil le nom de gérontes, ont une
inclination naturelle pour la gérontocratie.

Par leur origine et leur organisation, les magistratures
indiquent bien la place éminente qu'elles tenaient dans les
cités oligarchiques. Ce mélange des pouvoirs qui empêche
si souvent de distinguer la part du Conseil et celle du magistrat suprême tournait d'ordinaire au profit de l'homme, au
détriment du corps anonyme. Ceux qui se désignaient par
leur nomination comme une élite dans une élite étaient par
l'étendue de leurs attributions les maîtres de la république.
Il n'est pas étonnant que les magistrats aient été, en général,
plus respectés dans les oligarchies que dans les gouvernements démocratiques. Leur personne et leur honneur étaient
fortement protégés par la loi ([394]). A Sparte, type idéal de la
cité aristocratique, les détenteurs de l'autorité publique
obtenaient de tous une obéissance absolue. Tandis que,
dans les autres États, les citoyens, surtout les grands, ne
voulaient point paraître redouter les magistrats et jugeaient
pareille crainte indigne d'un homme libre, les premiers
d'entre les Spartiates se faisaient gloire de s'humilier devant
quiconque incarnait la loi ([395]). Voilà pourquoi les philosophes considéraient l'oligarchie comme un régime tendu,
autoritaire, en un mot, « despotique », c'est-à-dire comme un

régime où le magistrat exerçait un pouvoir analogue à celui du maître sur ses serviteurs [396].

Tel est le régime que connut la Grèce tout entière et qui persista dans les pays restés fidèles à la vie rustique. C'est tout naturellement dans un *Hymne à la Terre Mère de Tous* que se trouve la description idéalisée de la cité aristocratique :

« Heureux celui que tu honores en ton cœur bienveillant ! Il a tout chez lui en abondance. Son champ fertile est chargé de moissons, ses pâturages sont riches en bestiaux ; sa maison est remplie de biens. La cité aux belles femmes a des maîtres qui commandent au nom de justes lois et qu'accompagnent l'opulence et la félicité. Leurs fils se complaisent aux joies de la jeunesse, et les vierges, leurs filles, se livrant à l'allégresse des chœurs fleuris, gambadent sur les tendres fleurs des prés. Voilà quelle est la vie de ceux que tu honores, ô vénérable déesse [397]. »

Un pareil gouvernement ne peut vivre que par le bon ordre [398]. Le despotisme anarchique ne dure pas. Or, Aristote constate que l'oligarchie est, avec la tyrannie, le moins stable des gouvernements [399]. C'est qu'en effet l'inégalité crée forcément le mécontentement, et un mécontentement durable arrive toujours à supprimer ce qui le cause. L'oligarchie se maintenait facilement là où persistaient les conditions qui l'avaient fait naître, la richesse constituée uniquement par les biens fonciers et la concentration d'une nombreuse clientèle autour d'un grand propriétaire. Elle cessait généralement d'avoir sa raison d'être là où le développement d'un régime commercial et monétaire constituait dans le dèmos une classe puissante de marchands et d'artisans. L'enjeu de la lutte fut souvent la magistrature suprême. Quand l'oligarchie était déterminée à ne rien céder, elle en arrivait à imposer aux membres de la Boulè, par d'atroces serments, l'obligation de haïr le peuple, et elle réservait le pouvoir à ceux qui avaient prouvé la sincérité de leur haine par des actes [400]. D'autres fois, l'oligarchie se sentait forcée de composer avec le dèmos ; elle se décidait alors à de singuliers compromis. Après la réforme de Solon, les Eupatrides ayant à lutter contre la classe des petits paysans (les *géôrgoi*) et contre la classe urbaine des gens de métier (les *dèmiourgoi*), l'archontat fut partagé : il fut stipulé par un accord éphémère que cinq archontes seraient pris parmi les Eupatrides, trois parmi les géôrgoi et deux parmi les dèmiourgoi ([401]). A Tarente, l'oligarchie maintint la paix intérieure par le même moyen : elle dédoubla toutes les charges, les confiant chacune à deux titulaires, l'un élu, pour que l'emploi fût bien rempli, l'autre désigné par le sort, pour que le peuple eût sa part ([402]). Plus souvent encore, pour maintenir la plèbe dans la soumission, les oligarques lui donnaient, comme un os à ronger, les fonctions subalternes. D'après la constitution forgée en 411 par les Quatre Cents, tous les magistrats de quelque importance devaient être élus par le Conseil parmi ses membres, et les petits fonctionnaires être pris en dehors du Conseil par voie de tirage au sort ([403]).

Mais c'est la fatalité du régime oligarchique de créer toujours plus d'inégalité, même parmi les privilégiés. Le monopole des magistratures donnait à certaines familles ou à une coterie une puissance telle, que la majorité exclue des fonctions cessait de se résigner dès qu'elle se rendait compte de sa force. Aristote insiste sur ce fait, que maintes fois le régime oligarchique a succombé aux attaques dirigées contre lui, non par la masse du peuple, mais par une faction opposée à une autre ([404]). Il nous présente, par exemple, un tableau effrayant de la Crète oligarchique :

« Pour remédier aux vices de leur constitution, les Crétois ont imaginé un moyen absurde et d'une violence contraire à tout principe de gouvernement. Les cosmes sont souvent déposés par une coalition soit de leurs collègues, soit de simples citoyens ; ils ont, d'ailleurs, la faculté de se démettre en cours d'année... Mais le pire de tout, c'est la suppression totale de la magistrature, quand les familles puissantes s'entendent pour se soustraire à la justice. Il est clair qu'il y a là, non pas un gouvernement, mais une fiction de gouvernement, ou plutôt un régime de pure violence. Continuellement les factieux appellent aux armes le peuple et leurs amis, se donnent un chef et se font la guerre les uns aux autres. En quoi un pareil désordre diffère-t-il de l'anéantissement de l'État à brève échéance, de la dissolution du lien politique ([405]) ? »

Et ces conséquences du régime oligarchique étaient assez générales pour qu'Hérodote, essayant de le caractériser, ne parle que de haines, de violences, de désordres et de massacres ([406]).

Chapitre IV

La naissance de la démocratie et la tyrannie

I. ORIGINES DE LA DÉMOCRATIE

Tandis que les grands génè accaparaient la puissance croissante de la cité, que devenaient tous ceux qui étaient relégués par leur naissance dans une condition inférieure ? Les artisans « travaillant pour le public » et les thètes à peine distincts des esclaves ne pouvaient guère espérer d'améliorer jamais leur situation. Quant aux paysans, ils la voyaient empirer de jour en jour. Les lopins de terre qu'ils cultivaient à la sueur de leur front étaient comme perdus au milieu des grands domaines. La terre noble, protégée contre toute aliénation par le retrait lignager, s'étendait continuellement par des défrichements aux dépens des pâtures communales, par des achats de parcelles, par des réalisations de créances gagées à réméré. Ainsi se forma dans certaines cités, au-dessus même des chevaliers, une élite de grands propriétaires, par exemple en Attique la classe des pentacosiomédimnes. Au contraire, les vilains avaient beau s'assujettir à la dure loi du travail, « assignée aux hommes par les dieux » (407), ils avaient peine à vivre. Les plus avisés ne voulaient qu'un fils, pour éviter le morcellement du bien et ne pas faire souche de misérables (408). Ceux-là parvenaient, si les circonstances étaient favorables, à constituer une classe de cultivateurs moyens, possédant leur attelage de bœufs pour le labour et capables, en cas de guerre, de s'armer à leurs frais. Mais le plus grand nombre vivaient de privations. Dans les mauvaises

années, ils étaient contraints d'emprunter au seigneur du
voisinage les quelques médimnes de grains dont ils avaient
besoin pour subsister et faire les semailles ; ils devaient les
rendre avec usure. Engagés dans cette voie, ils n'en sortaient
plus. Le débiteur insolvable tombait au pouvoir des créanciers, lui, sa femme et ses enfants. Et ce qu'il y avait de plus
désespérant dans la situation des classes inférieures, c'est
que tout homme qui ne faisait point partie du génos privi-
légié était livré sans défense à la justice de maîtres cupides
et irresponsables. Pour des « mangeurs de présents », il n'y
avait pas de meilleure source de revenus que l'iniquité (409).
Témoin et victime de sentences « torses », Hésiode ne peut
qu'en appeler à Zeus protecteur de Dikè (410) et conseiller
aux malheureux tombés entre les griffes des oppresseurs la
résignation du rossignol pris aux serres de l'épervier (411).

Un pareil état de choses aurait pu durer indéfiniment, si
le régime économique de la Grèce ne s'était pas complètement transformé à partir du VIIIe siècle. Jusqu'alors les cités
n'avaient, pour ainsi dire, d'autres ressources que celles de
l'agriculture et de l'élevage ; à peine y ajoutaient-elles le
bénéfice tiré du troc et de la piraterie. Mais voilà que les
Grecs essaiment sur toutes les côtes de la Méditerranée, à
la recherche de terres nouvelles et de nouveaux clients ;
entre colonies et métropoles circulent sans répit les produits
naturels, les matières premières et les objets fabriqués ; le
commerce et l'industrie prennent une activité inconnue ;
près des ports fréquentés, les ateliers se multiplient et les
marchés s'organisent. Il s'agit bien, dès lors, d'échanger de
chétives pacotilles contre quelques têtes de bétail ou des
ustensiles de métal ! C'est le règne de la monnaie qui commence. Avec les brillantes piécettes d'électron, d'or et d'argent, se répandent le crédit et le goût de la spéculation. Un
capitalisme de plus en plus hardi domine le monde grec.
Arrière, la vie mesquine des vieux temps ! Place à la *chrématistique* (412) !

La révolution économique eut nécessairement de graves
répercussions dans l'ordre politique et social. Certains cantons, il est vrai, restèrent à l'écart du mouvement : la plus
grande partie du Péloponèse, la Béotie et la Phocide, la Thes-

salie, l'Acarnanie, l'Étolie et l'Épire conservèrent, avec les mœurs agricoles et pastorales, des institutions plus ou moins fidèles aux principes gentilices et aristocratiques. Mais, partout ailleurs, le régime urbain prit un développement remarquable. Bon nombre de cités qui s'adonnaient à la navigation maritime devinrent de grandes villes. En Asie Mineure, pour une Kymè qui se contenta d'être une bourgade rurale aux lois archaïques, il y eut des ports par dizaines, avec Milet en tête, qui jouirent d'une prospérité inouïe. En Eubée, sur la côte de l'Euripe, Érétrie et Chalcis prirent une part considérable à la colonisation et joignirent aux produits de la plaine lèlantine ceux des mines voisines. Sur le golfe Saronique, relié au golfe de Corinthe par un isthme de quelques kilomètres, toutes les positions importantes, Corinthe et Mégare, Égine et plus tard Athènes, arrivèrent à la puissance politique par le commerce et l'industrie.

Cette richesse mobilière qui allait toujours croissant, à qui profitait-elle ? Ce fut d'abord, pour une bonne part, à ceux qui détenaient déjà la richesse foncière. Les nobles mirent en exploitation les mines et les carrières de leurs vastes domaines, convertirent en monnaie leurs récoltes et les lingots amassés dans leurs trésors, rassemblèrent des thètes et des esclaves dans les ateliers dont ils firent les fonds et, renonçant aux prouesses de la piraterie, se lancèrent dans des entreprises plus sûres et plus fructueuses. Toutefois les nobles n'étaient pas seuls à faire fortune. A côté d'eux, il y avait maintenant dans les cités un groupe de bourgeois enrichis, les uns cadets ou bâtards de grande famille, les autres issus de roture. Ils avaient de quoi acheter des terres chaque fois que l'occasion se présentait ; ils pouvaient, eux aussi, élever des chevaux, si l'envie leur en prenait ; ils étalaient volontiers leur opulence de fraîche date. Tout d'abord l'aristocratie de naissance dédaigna les nouveaux riches, comme jadis le chef de pirates méprisait le capitaine de navire marchand. Elle ne tarda pas à se les annexer dès qu'elle vit jour à de profitables mésalliances : n'est-il pas vrai que « l'argent fait l'homme » ? ([413]). C'est la ploutocratie désormais qui mène les cités. A Colophon, par exemple, les chevaliers n'étaient qu'une catégorie des Mille. Sous un régime où le

pouvoir se proportionnait à la fortune, le luxe était plus
qu'une satisfaction offerte au goût des jouissances ou à la
vanité, un indice social, un véritable critère des valeurs
politiques ([414]).

Si le régime de l'économie commerciale, industrielle et
monétaire altéra la composition de la classe dominante, souvent il renforça les autres classes ou en créa de nouvelles.
C'est lui qui opposa désormais le *dèmos* aux nobles et aux
riches. A l'époque homérique, les artisans n'avaient aucun
rapport avec les cultivateurs. Quand les ressources de chacun
s'évaluèrent en monnaie, un rapprochement naturel se fit
entre tous ceux qui devaient à leur travail une modeste
aisance. Il se forma ainsi une bourgeoisie moyenne. Elle
était composée de citoyens qui avaient de quoi se procurer
une armure complète en un temps où les progrès de l'industrie facilitaient l'acquisition d'armes à meilleur marché. Le
nombre des fantassins combattant en phalange serrée augmenta dans de fortes proportions ([415]). La puissance guerrière des cités s'accrut d'autant ; mais les cavaliers furent
déchus de leur supériorité militaire. Là où ils n'abandon-
nèrent pas le pouvoir à l'oligarchie plus large des hoplites,
comme ils le firent à Sparte, ils virent se dresser contre leur
égoïsme les revendications de ceux qui avaient rendu assez
de services pour demander des droits politiques et l'accès
aux magistratures. Mais la classe moyenne — les μέσοι,
comme les appelle Aristote ([416]) — n'était pas très nombreuse. Elle se vidait constamment, en haut par des mariages
avec la noblesse, en bas par les souffrances infligées à l'agriculture et au travail manuel.

D'une façon générale, l'économie nouvelle augmentait
rapidement les classes inférieures et aggravait leur situation. A mesure que les riches devenaient plus riches, les
pauvres s'appauvrissaient encore. La vie fut dure pour les
générations de paysans qui eurent à prendre l'habitude
d'acheter et de vendre en valeur monétaire. Il leur fallait
payer très cher les objets fabriqués dont ils se pourvoyaient
en ville, tandis que les denrées naturelles étaient à bas prix,
par suite des facilités offertes à la concurrence étrangère par
l'extension de la navigation maritime. Plus souvent que par

le passé, ils étaient réduits à contracter des dettes, et, maintenant que toutes les transactions s'opéraient en numéraire, les créanciers, plus durs, exigeaient l'intérêt commercial, qui était très élevé. L'usure rongeait les petits. Une fois insolvables, ils pouvaient être vendus comme esclaves à l'étranger avec toute leur famille, et devaient se considérer comme heureux s'ils étaient admis à cultiver leur propre champ comme colons partiaires à des conditions léonines. On a peine à s'imaginer la détresse de ces *hectèmores* qui n'avaient droit qu'au sixième de leur récolte, dans une Attique où le médimne de céréales (52 litres) et le métrète de vin (39 litres) ne valait pas plus d'une drachme d'argent (0 fr. 97) [417]. Si, aux plus beaux temps, le paysan grec, absorbé par le travail, isolé sur sa terre, se tenait à l'écart de la politique [418], ce n'est certes pas à l'époque archaïque, quand il était guetté ou dégradé par la misère, qu'il pouvait fréquenter l'agora de la ville et s'occuper des affaires publiques. Et pourtant il y avait dans les classes inférieures des éléments susceptibles de s'intéresser à la politique : c'était la plèbe de la ville, petits artisans et revendeurs, ouvriers et manœuvres, pêcheurs et matelots, les plus humbles parmi les gens de métier que l'épopée appelle dèmiurges et toute la masse des mercenaires qu'elle appelle thètes. Ce prolétariat vivait au jour le jour de salaires qu'avilissait l'emploi de plus en plus fréquent de la machine humaine, de l'esclave. Les enfants du pays s'y trouvaient mêlés aux étrangers de toute provenance ; mais, par cela même qu'ils étaient concentrés dans les mêmes faubourgs, dans le même port, ils devaient à la longue avoir le sentiment de leur solidarité, trouver le moyen de s'unir.

L'armée de la révolte était prête. Elle avait besoin de chefs. Une élite, la bourgeoisie, capable par sa bravoure, ses habitudes de travail, son intelligence, de prendre les droits politiques qu'on lui refusait, se mit à la tête de la force qui s'offrait à elle. Dès lors, la cité fut nettement coupée en deux. Le temps était passé où les mécontents se contentaient de gémir en invoquant le ciel : les mystiques faisaient place aux violents. La lutte des classes commença.

Elle fut effroyable et dura longtemps. Depuis le VIIᵉ siècle jusqu'à la conquête romaine, toute l'histoire grecque est remplie de révolutions et de contre-révolutions, de massacres, de bannissements et de confiscations. La haine de parti ne s'est jamais exprimée avec plus de férocité que dans ces petites cités où les luttes intestines étaient de véritables vendettas. Au milieu de tempêtes où toujours « la vague qui vient s'élève plus haut que celles qui précèdent » ([419]), on entend des cris de joie ou de fureur sauvage qui donnent le frisson. C'est le poète Alcée de Mytilène qui exulte à la nouvelle que le chef du parti populaire vient d'être assassiné ([420]). C'est Théognis de Mégare enragé contre les vilains qui « naguère, étrangers à tout droit et à toute loi, usaient sur leurs flancs des peaux de chèvre et pâturaient hors des murs comme des cerfs », déchargeant sa bile sur « les marchands qui commandent », ne songeant qu'à « écraser du talon une populace sans cervelle », enfin éclatant en cette exclamation de cannibale : « Ah! puissé-je boire leur sang! » ([421]). Pour savoir à quel paroxysme d'horreur peuvent atteindre les passions humaines, il faut lire le tableau que trace Thucydide des guerres civiles exaspérées par la guerre étrangère ([422]). Il y a peut-être pourtant quelque chose de plus affreux encore : c'est le serment de haine et de férocité que prêtaient froidement devant l'autel, à leur entrée au Conseil, les oligarques de certaines cités ([423]).

La première revendication que fit entendre la démocratie, quand elle se fut organisée en parti, eut pour objet la publication des lois. Tous les adversaires de l'aristocratie y avaient le même intérêt. On en avait assez de ces sentences « torses » que les Eupatrides donnaient pour l'expression de la volonté divine et qui n'étaient trop souvent que l'exploitation cynique d'un monopole odieux et suranné. Plusieurs générations avaient vainement attendu que le juge statuant sous la foi du serment se souvînt d'Horcos vengeur du parjure et que les plaintes apportées par Diké devant le trône de Zeus eussent leur effet sur terre ([424]). On voulait connaître la loi. L'usage de l'écriture, qui avait presque disparu pendant plusieurs siècles, recommençait à se répandre : on demanda des lois écrites.

Ce progrès fut d'abord réalisé dans les colonies de la Grande Grèce et de Sicile. Dans ces pays neufs, le travail de codification était plus urgent encore et aussi plus facile que dans la vieille Grèce ; car les coutumes y étaient en nombre trop restreint pour fournir des solutions à tous les litiges et n'avaient pas la consécration d'une antiquité immémoriale. Zaleucos donna un code à Locres vers 663/2 ; une trentaine d'années plus tard, Charondas, en donna un à Catane. L'œuvre de ces législateurs eut un grand succès, celle de Charondas surtout : elle fut copiée dans les autres villes chalcidiennes d'Occident et inspira sans doute Androdamas de Rhègion lorsqu'il légiféra pour la Chalcidique de Thrace [425] ; puis elle passa dans l'île de Cos et de là en Asie Mineure, à Téos, à Lébédos et jusqu'en Cappadoce [426]. Il n'est pas invraisemblable que l'influence des colonies siciliennes se soit exercée sur Corinthe et sur Thèbes, lorsque la première de ces villes reçut une législation de Phidon, et la seconde, du Bacchiade Philolaos [427]. Au reste, la vieille Grèce ne tarda pas à se fournir de lois écrites ou de codes par ses propres moyens. La Crète semble avoir fait dès le VIIe siècle de vigoureux efforts pour mettre ainsi un terme aux guerres privées : de cette époque datent nombre de lois insérées dans le célèbre code de Gortyne et une loi sur les coups et blessures édictée par l'obscure cité d'Eltynia [428]. De leur côté, les Éléens consacrèrent dans le sanctuaire d'Olympie une tablette de bronze où était gravé un document juridique de premier ordre, une *rhètra* qui portait un coup décisif au principe de la responsabilité collective [429]. On voit à quel ensemble se rattachent les législations les plus connues de toutes, celles dont Athènes fut dotée par Dracon en 621/0 et par Solon en 594/3.

La publication des lois eut de grandes conséquences. Sans doute un grand nombre d'entre elles, arrachées à une oligarchie désireuse de sauver le plus possible de ses prérogatives, gardaient encore une empreinte fortement aristocratique. Inaliénabilité du patrimoine familial et fixation d'un nombre immuable de lots ; formalités solennelles en cas de vente foncière ; interdiction des transactions par intermédiaires, des contrats par écrit et des opérations à crédit : autant de prescriptions opposées par les plus anciens législateurs aux intérêts de la classe commerçante et à la

circulation de la richesse. Mais le seul fait que les lois étaient
mises à la connaissance de tous et sanctionnées par la cité
marquait une époque dans l'histoire du droit. Les chefs
des grands géné perdaient à tout jamais le privilège de
procurer et d'interpréter à leur guise les formules qui
devaient régler la vie sociale et politique. Plus de *thémistes*
sortant d'une tradition ténébreuse et déformées par des
mémoires infidèles ou des consciences vénales ; mais le
nomos promulgué au grand jour, faisant avec exactitude la
répartition des droits et des devoirs et, quoique revêtu lui
aussi d'un caractère sacré, variable selon les exigences de
l'intérêt commun. D'un coup le régime gentilice croulait,
ruiné par la base. L'État se mettait en rapport direct avec
les individus. La solidarité de la famille, sous la forme tant
active que passive, n'avait plus de raison d'être. Dans tous
les cas où l'État lui-même ne reconnaissait pas, au moins
implicitement, le droit de vengeance ou de transaction
privées, il imposait sa juridiction à la partie lésée et, pour
la faire accepter, réprimait toutes les violences avec une
sévérité qui ne devait cependant jamais aller au-delà du
talion. Quand il accordait au demandeur une satisfaction
pécuniaire, il en prenait sa part pour les frais de justice,
faisant ainsi sortir de la composition l'amende. Mais, par
l'interdiction de la vendetta, le génos, dépouillé d'un droit
collectif, était libéré d'une responsabilité collective : la
juridiction de l'État ne pouvait imputer à chacun que ses
actes propres. C'est la proclamation de la responsabilité
individuelle par ces mots : « Paix et salut à la généa de
l'accusé » qui donne à la *rhètra* élééenne du VIIe siècle tant
de grandeur morale et d'importance historique.

II. LA TYRANNIE

Presque toujours, c'est en pleine guerre civile, au milieu
des passions déchaînées, que travaillait le législateur. Il ne
s'agissait pas pour lui de faire à tête reposée une œuvre de
cabinet, mais d'arrêter l'effusion de sang par une conciliation. Il était désigné par un compromis pour intervenir
comme arbitre entre les factions frémissantes. Investi de

pouvoirs extraordinaires, il devenait pour tout le temps nécessaire le chef suprême de la cité. On ne sait trop quel titre il recevait en général ; on voit seulement qu'en Asie Mineure le nom d'aisymnète, qui désignait souvent le premier magistrat, passa tout naturellement à celui qui devait en effet, comme le disait ce nom, connaître les bonnes coutumes et régler le droit. Que Solon d'Athènes ait été nommé thesmothète ou tout simplement archonte, il n'en fut pas moins un véritable aisymnète au sens large, comme son contemporain Pittacos de Mytilène le fut au sens étroit. Une pareille mission était temporaire : elle était donnée tantôt pour une durée indéterminée, jusqu'à l'achèvement de la tâche assignée, tantôt pour une durée fixe, un an, cinq ans, dix ans même. En tout cas, elle mettait la puissance publique aux mains d'un seul homme : pour Aristote, c'était une « tyrannie élective » ; pour Denys d'Halicarnasse, qui avait sous les yeux l'histoire de Rome, c'était une « dictature », une dictature à l'intérieur, s'entend [430]. Une fois l'État sauvé par une révolution pacifique, le sauveur n'avait plus qu'à rentrer dans la vie privée.

Il était souvent difficile de trouver dans la cité bouleversée par les querelles de partis un homme capable d'inspirer confiance et de donner satisfaction à tout le monde : Pittacos eut pendant dix ans à lutter contre l'hostilité de la faction oligarchique ; Solon fut en butte aux attaques des pauvres comme des riches. En maintes occasions, on eut l'idée de s'adresser à des arbitres étrangers, des sortes de podestats, pour mettre fin aux discordes et faire la réforme législative. Vers le milieu du VIe siècle, l'Athénien Aristarchos et le Mantinéen Dèmonax, appelés comme conciliateurs, l'un par Éphèse, l'autre par Cyrène, fabriquèrent pour ces villes des constitutions démocratiques [431]. Un peu plus tard, Milet, épuisée par les luttes que se livraient depuis deux générations la Ploutis et la Kheiromakha, décida de s'en rapporter à des Pariens, et ceux-ci, après enquête, remirent le gouvernement aux propriétaires qui avaient maintenu leurs terres en bon état de culture pendant la tourmente, c'est-à-dire à la classe moyenne qui s'était tenue à l'écart de la guerre civile [432].

Mais l'oligarchie des nobles et des riches n'avait pas toujours la sagesse de se résigner à des concessions. Alors, pour briser toute résistance, pour obtenir coûte que coûte une amélioration matérielle de son sort et tout au moins une apparence de droits politiques, le peuple avait recours au moyen suprême : il se fiait à un tyran.

Qu'est-ce que ce régime de la tyrannie ? Tout y est extraordinaire, anormal. A vrai dire, le nom de tyran n'était rien moins que flétrissant à son apparition dans le monde grec. Venu probablement de Lydie au temps de Gygès, il avait d'abord le sens de maître, de roi, et, comme son équivalent *basileus*, convenait à certains dieux. Cependant, à cause de son origine même, parce qu'il désignait les despotes orientaux, il fut appliqué dans un sens péjoratif par d'irréconciliables adversaires à ceux qui tenaient le pouvoir absolu, non plus d'un accord légitime entre les partis, mais d'une insurrection. Eux-mêmes, ils ne prirent jamais le titre de tyran. Ils auraient pu prendre celui de roi, qui n'avait pas laissé de mauvais souvenir et qui leur aurait donné une sorte de consécration ; mais précisément la plupart des cités avaient leur roi, qui n'était plus qu'un magistrat religieux de rang secondaire. Il n'y eut donc pas, pour les désigner, de titre officiel et général, et c'est bien pourquoi on est obligé depuis l'antiquité de leur donner celui dont leurs ennemis les stigmatisaient. Toutes les diffamations, toutes les calomnies dont les accabla la haine des oligarques eurent crédit auprès de la démocratie, quand elle n'eut plus besoin d'eux et s'aperçut qu'un gouvernement de bon plaisir était contraire à ses principes. Dès lors, tous les Grecs à l'envi jetèrent la pierre au régime exécré. C'est le pire de tous, cette déformation de la royauté, cette usurpation par ruse et violence, cette élévation d'un homme au-dessus des lois. S'étant placé hors du droit, le tyran n'y peut plus rentrer, et la vie de ce maître tout-puissant, qui s'est proscrit lui-même, est à qui la prendra [433].

Avant d'être ainsi devenu un sinistre personnage de légende, le tyran a joué un rôle historique. Il a été le « démagogue » qui mène les pauvres contre les riches, ou les roturiers contre les nobles, le chef que la multitude suit aveuglément et à qui elle laisse tout faire pourvu qu'il travaille pour elle. Aussi bien n'y a-t-il pas eu de tyrannie dans toutes les parties de la Grèce. Si l'on met à part la Sicile, où elle mettait fin aux querelles intestines pour diriger la défense nationale, elle n'a existé que dans les cités où le régime industriel et commercial tendait à prévaloir sur l'économie rurale, mais où il fallait une main de fer pour organiser la foule et la lancer à l'assaut d'une classe privilégiée. Avec sa perspicacité ordinaire, Thucydide considère l'accroissement de la richesse comme la cause déterminante de la tyrannie ([434]). Rien de plus exact. La lutte des classes a pu parfois être exaspérée par des haines de race, par exemple à Milet, où les Gergithes apportaient de vieilles rancunes au parti de la Kheiromakha ([435]), et surtout à Sicyône, où les Orthagorides entraînèrent la populace prédorienne à la revanche; mais c'est bien à mesure que les villes prospèrent qu'on y voit infailliblement se propager la tyrannie ([436]). Depuis les côtes de l'Asie Mineure voisines de l'opulente Lydie jusqu'aux rives de l'Euripe, du golfe Saronique et du golfe de Corinthe, la liste des tyrans coïncide, pour ainsi dire, avec la carte des grands ports. Si Égine fait exception, c'est que les marchands n'eurent jamais à faire face à une aristocratie foncière dans cette petite île au sol ingrat. Si Athènes vit échouer le coup de main tenté par Cylon en 631 et ne fut acquise à la tyrannie qu'en 560, c'est que, dans l'intervalle, la législation de Solon avait poussé une cité jusque-là purement agricole dans une voie toute nouvelle. Il pourrait sembler paradoxal d'affecter plus de précision que Thucydide et d'établir un rapport entre la tyrannie et l'exportation des poteries; on s'explique cependant fort bien que la céramique, indice du commerce international, nous montre Milet maîtresse des marchés au temps de Thrasyboulos, puis Corinthe sous Cypsélos et Périandre, enfin Athènes sous les Pisistratides.

De même que jadis les premiers coups avaient été portés au régime du génos par les cadets ou les bâtards des grandes familles, de même les tyrans qui se firent les champions des classes inférieures furent le plus souvent des transfuges du camp adverse. Ils arrivaient généralement à s'emparer du pouvoir par l'exercice d'une haute magistrature ou par un commandement militaire, en faisant agir au bon moment une bande de partisans armés. Thrasyboulos était prytane ; Cypsélos, basileus ; Orthagoras, polémarque ; la plupart des tyrans siciliens, stratèges. Quelquefois ils s'assuraient l'appui de l'étranger : Cylon tenta un coup de main avec des Mégariens ; Pisistrate revint d'exil avec des mercenaires recrutés un peu partout, entre autres ceux que lui amena Lygdamis ; Lygdamis, à son tour, demanda des secours à Pisistrate pour rentrer en vainqueur à Naxos ; sous la domination perse, les tyrans d'Asie Mineure furent désignés par le roi des rois, leur maître à tous. Dans tous les cas, le tyran s'établissait sur l'acropole en s'entourant d'une bonne garde du corps, procédait au désarmement général, bannissait les oligarques les plus dangereux et, pour tenir les autres, leur prenait des otages.

Il était parfaitement inutile dès lors de changer la constitution, d'autant plus qu'il eût été bien embarrassant de traduire en formules légales l'état de fait. Aussi les tyrans ont-ils rarement suspendu les lois politiques et n'ont-ils jamais aboli les lois civiles : il leur suffisait d'en accommoder la pratique à leur intérêt personnel et de les compléter, s'il y avait lieu, par des dispositions favorables aux basses classes. Ils exerçaient la magistrature qui convenait le mieux à leurs desseins, bien sûrs de réduire leurs collègues au silence de la servilité. Souvent ils dédaignaient pour eux-mêmes les charges publiques et se contentaient d'en investir annuellement leurs amis et surtout leurs parents, en commençant par leurs fils. La tyrannie devenait ainsi un gouvernement de famille, un régime dynastique, et, de viagère, tendait à être héréditaire. Elle avait beau sauver les apparences et respecter les formes constitutionnelles, laisser le jugement des procès privés aux tribunaux ordinaires, s'adresser de loin en loin à l'Assemblée pour lui faire voter sous la surveillance de porte-gourdins des propositions d'ailleurs populaires ; tout cela, même quand le maître était humain et méritait une place parmi les sept sages de la Grèce, ne dissimulait ni les origines révolutionnaires ni le caractère despotique du régime.

Abaisser l'aristocratie et relever les humbles : tel est le principe général qui guide les tyrans. On connaît le conseil donné par Thrasyboulos à Périandre, « couper tous les épis qui dépassent les autres » ([437]) : c'était préconiser les exécutions, les sentences d'exil, les confiscations, l'espionnage. On pouvait recourir à des moyens plus doux et d'effet plus durable. Pour briser les cadres de la noblesse, il n'était rien de tel que de remplacer les tribus gentilices par des tribus territoriales où tous les citoyens avaient une place égale : le tyran de Sicyône Clisthènes en eut l'idée et donna un exemple qui fut précieusement recueilli par son petit-fils et homonyme, le réformateur démocratique d'Athènes ([438]).

Il fallait aussi diminuer le prestige qu'assuraient à la noblesse la possession des sacerdoces héréditaires et la célébration des cultes traditionnels. Les tyrans eurent une politique religieuse. « Ils font bien, dit Aristote, d'afficher une exemplaire piété, parce qu'on redoute moins l'injustice de la part d'un maître qu'on croit plein de la crainte des dieux et parce qu'on est moins porté à conspirer contre qui a les dieux pour alliés ([439]). » Ils demandaient au droit divin la légitimité que leur refusait le droit humain : c'est leur pouvoir, leur vie même que défendaient les Cypsélides, les Orthagorides et les tyrans de Sicile, quand ils comblaient d'offrandes les sanctuaires de Delphes et d'Olympie, quand ils consultaient les oracles avant toute entreprise, quand ils élevaient des sanctuaires, immolaient des hécatombes, instituaient des fêtes, dirigeaient des processions. Pourtant, ils faisaient un choix entre les cultes. Leur dévotion allait d'abord aux divinités panhelléniques et poliades. Mais ils se gardèrent bien de considérer comme nationales celles qui avaient pris dans les gènè, les tribus et les cités même un caractère aristocratique. Au contraire, les dieux populaires et les héros agrestes reçurent des honneurs spéciaux, surtout quand ils étaient en rapport avec la localité d'où était issue la famille du tyran et avaient ainsi un aspect dynastique en même temps que démocratique. Clisthènes expulsa ignominieusement de Sicyône l'Adraste cher à la noblesse dorienne ; Pisistrate installa Artémis Brauronia sur l'Acropole et se plut à répandre la légende du Diacrien Thésée. D'une façon

générale, la grande vogue de Dionysos, dieu de la vigne et
de la joie, date des tyrans.

Mais le devoir essentiel des « démagogues » est d'améliorer
la condition matérielle des petites gens. Ce fut pour les
tyrans une préoccupation constante. La question agraire
exigeait une solution rapide. On y pourvut sans doute avec
les biens des bannis. Toujours est-il que les paysans de
l'Attique, qui avaient demandé en vain un remaniement de
la propriété à Solon, ne demandèrent plus rien après le
gouvernement de Pisistrate. En Mégaride, Théagénès avait
conquis le pouvoir en se jetant sur les troupeaux des grands
éleveurs à la tête d'une bande affamée (440) ; il ne put faire
autrement que de réduire le droit de vaine pâture pour
distribuer des terres à ses partisans. Il se fit ainsi, grâce aux
tyrans, un grand travail de défrichement, qui donna une
extension nouvelle aux vignobles et aux oliveraies. Une fois
satisfaits, les nouveaux propriétaires doivent rester attachés
au sol ; il ne faut pas qu'ils viennent grossir la plèbe urbaine,
ni même qu'ils s'habituent à fréquenter l'agora (441). Pour
les retenir chez eux, Pisistrate leur envoie des juges itinérants, Ortygès rend la justice aux portes d'Érythrées et n'y
laisse pénétrer aucun habitant des dèmes, Périandre fait
siéger des conseils locaux jusqu'aux extrémités du territoire
corinthien (442).

Restait à résoudre le problème le plus compliqué :
comment protéger et faire tenir en repos les classes labo-
rieuses des villes ? Là encore les tyrans virent clair. Dans un
centre industriel comme Corinthe, l'esclavage pesait lourdement sur les salaires ; Périandre interdit d'introduire de
nouveaux esclaves (443). Assurant au travail une juste rémunération et l'estime publique (444), il se crut en droit, comme
son contemporain Solon, de renouveler les vieilles prescriptions des génè contre les parasites qui vivaient sur le
fonds commun sans prendre leur part de la besogne
commune : il porta une loi contre l'oisiveté (445).

Les tyrans, au moins tous ceux qui ont marqué dans l'histoire, ont fait mieux : ils ont été de grands bâtisseurs. C'était
pour eux un principe. Aristote en donne une explication
assez bizarre : d'après lui, ils voulaient appauvrir leurs sujets,

afin qu'occupés à la tâche quotidienne, ils n'eussent pas le temps de conspirer ([446]). Non, s'ils tenaient à occuper les gens de métier, c'était au contraire pour les enrichir et leur ôter par là, non pas le temps, mais le désir de faire de l'opposition. Ils avaient d'autres idées encore : par les travaux d'utilité publique (adduction d'eau et digues), ils facilitaient l'existence aux citadins et favorisaient le commerce maritime ; par les travaux d'embellissement, ils gagnaient les dieux à leur cause et inspiraient à leur peuple une fierté civique qui lui faisait oublier la liberté perdue. Le nom de Périandre s'attacha pour toujours à la source Pirène. Rien ne contribua davantage à la popularité de Pisistrate que la fontaine aux neuf bouches (l'Ennéacrounos) et le temple aux cent pieds (l'Hécatompédon). Les travaux de Polycrate sont devenus proverbiaux en Grèce : Hérodote, qui les connaissait *de visu*, en parle avec admiration ([447]). Ainsi, en voulant protéger de toutes manières l'industrie, le commerce et la navigation, les tyrans étaient intéressés à l'*haussmannisation* de leur capitale.

Pour en augmenter la splendeur et ajouter à leur prestige personnel, ces souverains entendaient ne pas demeurer, sur leur acropole, au milieu de leurs gardes, dans un isolement farouche. Ils menaient la vie de cour. Autour d'eux se pressait une domesticité nombreuse ; ils avaient leur médecin, leur orfèvre, quelquefois leurs mignons. Ils donnaient au peuple des fêtes magnifiques qui ne consistaient pas seulement en sacrifices, repas et beuveries, mais dont l'éclat se rehaussait de concours lyriques et de représentations théâtrales. Leurs libéralités attiraient de toutes parts les architectes, les sculpteurs, les poètes. Comme les princes de la Renaissance italienne, les tyrans grecs s'enlevaient les uns aux autres par des surenchères tous les hommes de talent et tâchaient d'opposer à un monument en renom un monument encore plus beau.

Ces rivalités ne dépassaient pourtant pas les limites de la courtoisie. D'une façon générale, — exception faite pour les stratèges siciliens, qui avaient à justifier leur toute-puissance par des victoires sur les Sicules et les Carthaginois, — les tyrans aimaient la paix : ils savaient bien que l'exaltation des

esprits en temps de guerre est une force irrésistible, que la
moindre défaite leur coûterait le pouvoir et la vie. Entre eux,
ils se sentaient solidaires : n'avaient-ils pas à se pourvoir
contre un danger commun, l'hostilité de l'aristocratie ?
Périandre prend conseil de Thrasyboulos et offre ses bons
offices à Pittacos ; Lygdamis aide Pisistrate, à charge de
revanche, et, tranquille dans son île, se fait le geôlier des otages
que confie à sa garde son protégé devenu son protecteur.
Unis par intérêt, les tyrans s'unissent par mariage ; ils
étendent de ville à ville la politique de famille qu'ils prati-
quaient chacun chez soi. Proclès d'Épidaure donne sa fille à
Périandre ; Théagénès prend pour gendre Cylon ; en Sicile,
les alliances de ce genre ne se comptent pas. Si le régime de
la tyrannie avait pu durer, qui sait ? peut-être aurait-il
rompu avec l'étroite autonomie des cités et mené la Grèce,
sinon à l'unité, du moins à une sorte de fédéralisme. Déjà
Pisistrate avait tenté non sans succès de faire reconnaître la
primauté d'Athènes aux Ioniens des îles, et Polycrate se
croyait sans doute capable de représenter la race hellénique
en face de l'empire perse.

Mais ce régime ne dura nulle part. Après avoir rendu les
services que les classes populaires en attendaient, lorsqu'il
eut puissamment contribué à la prospérité matérielle et au
développement de la démocratie, il disparut avec une étonnante rapidité. Le génie même n'y pouvait rien. Le seul
exemple d'une dynastie qui se soit maintenue pendant un
siècle est celui des Orthagorides à Sicyône. Ailleurs, le fils
du fondateur réussissait encore à conserver le pouvoir,
l'hérédité n'allait pas au-delà. Consulté par Cypsélos,
l'oracle de Delphes lui aurait, dit-on, garanti le bonheur
« pour lui et ses enfants, mais non pas pour les enfants de
ses enfants » ([448]) : prophétique ou rédigé après l'événement, l'oracle est d'une portée générale.

D'où vient qu'un régime si fort ait été si éphémère ? Le
caractère personnel des tyrans, les uns cruels, les autres faibles, la difficulté d'assurer la transmission d'un pouvoir
usurpé dans une famille déchirée par les jalousies, ce ne sont
là que contingences qui n'expliquent pas un fait universel.
Faut-il donc tout uniment alléguer les vices du régime, tels

que les ont dépeints les philosophes et les historiens de l'antiquité, et croire à une réaction fatale contre d'abominables excès ? De fait, certains tyrans ont pu trouver leur intérêt et leur plaisir à déprimer l'esprit public, à exciter la défiance entre les citoyens, à étouffer l'initiative individuelle, la pensée libre et le talent, à n'admettre autour d'eux que bassesse et médiocrité, espionnage et flatterie. Il n'en est pas moins vrai que le système dirigé contre l'aristocratie a persisté partout tant qu'il a eu l'appui du peuple. Mais cet appui ne pouvait être que provisoire. Le peuple ne voyait dans la tyrannie qu'un expédient. Il s'en servait comme d'un bélier propre à démolir la citadelle des oligarques. Le résultat obtenu, il rejetait vite une arme qui lui blessait les mains. « Il n'y a pas d'homme libre, dit Aristote, qui supporte volontairement un pareil pouvoir (449). » On le supportait par nécessité ; ou s'en débarrassait avec joie. Au tyran porté au pinacle par la foule et prêt à travailler pour elle succédait un épigone éloigné d'elle par son éducation, plus dur et généralement moins capable. A mesure qu'elle devenait inutile, la tyrannie se faisait oppressive. Une contradiction interne la condamnait à mourir dès l'instant où elle avait donné la vie à la démocratie.

DEUXIÈME PARTIE

La cité démocratique

Chapitre premier

La démocratie athénienne

I. HISTOIRE DE LA DÉMOCRATIE ATHÉNIENNE

L'évolution politique de la Grèce avait été nette jusqu'à la fin du VIᵉ siècle. La cité était devenue forte en délivrant l'individu des servitudes patriarcales ; l'individu était devenu libre par la protection de la cité. Mais à partir du moment où ces résultats furent acquis, il y eut des villes où la puissance publique fut accaparée par les grandes familles qui parvenaient à maintenir leurs prérogatives héréditaires ; il y en eut d'autres où elle appartint à l'ensemble des individus libérés. En face des cités aristocratiques ou oligarchiques, se dressaient les cités où la voix du peuple avait été capable d'imposer la souveraineté du peuple. De quel côté allait être l'avenir de la Grèce ?

S'il s'agissait uniquement de puissance matérielle, la question ne serait pas douteuse. Sparte dispose de forces énormes depuis qu'elle est à la tête de la ligue péloponésienne, si bien qu'elle est désignée d'une voix unanime pour commander l'armée et la flotte grecques dans la lutte contre les Mèdes. Mais il s'agit de bien autre chose que d'organisation militaire. Le génie hellénique pourra-t-il se donner carrière avec des institutions pareilles à celles de Sparte ? Eût-il été capable de produire tous ses fruits si, partout, comme sur les bords de l'Eurotas, l'État avait eu pour unique préoccupation la formation physique et morale d'excellents hoplites et le maintien d'une constitution qui assurât ce résultat ? Non,

Sparte, repliée sur elle-même, tournée tout entière vers un passé qu'elle entend perpétuer, reste un parfait exemple de ce que pouvait être une cité aristocratique vers l'an 550 ; mais au Vᵉ siècle, elle n'est déjà plus qu'un cas unique qu'on peut négliger quand on cherche à se représenter la transformation générale de la cité (⁴⁵⁰). Pour que la Grèce puisse remplir sa destinée, il faudra qu'elle agisse vigoureusement dans le sens de son évolution naturelle, que les énergies individuelles se déploient librement pour le bien public. Il faudra que, parmi les cités qui se sont engagées le plus résolument dans les voies nouvelles de la démocratie, une cité soit prête à marcher en avant des autres et capable de les entraîner. A cette condition, elle remplira une mission glorieuse, elle sera l'école de la démocratie. Ce fut la vocation d'Athènes.

Tout son passé la préparait à l'œuvre démocratique qu'elle devait accomplir.

Les Athéniens se vantaient d'être autochtones, ce qui signifie qu'il n'y avait chez eux ni race dominante ni race asservie : rien de pareil aux hilotes travaillant pour les Spartiates. Quand cette population homogène et libre forma un État, ce fut par un synœcisme qui faisait de tous les Attiques des Athéniens au même titre, d'Athènes la capitale d'un peuple unifié : rien qui ressemblât à la fédération béotienne, avec les prétentions de Thèbes à l'hégémonie. Ainsi, dès les temps les plus reculés, l'unité ethnique et territoriale réalisait pour toujours la condition morale et matérielle de l'égalité politique (⁴⁵¹). Dans cette cité, comme dans les autres, la royauté déclina au profit de l'aristocratie (⁴⁵²). Du moins, les *génè* étaient égaux entre eux : rien de comparable aux Agides et aux Eurypontides qui gardèrent à Sparte la prérogative royale. A l'intérieur même des génè prévalait l'égalité, puisque leurs décisions devaient être prises à l'unanimité (⁴⁵³). Au-dessous des nobles, la masse, composée de cultivateurs, de pâtres, d'artisans, de pêcheurs et de marins, considérait que chacun devait être récompensé selon ses œuvres et s'habituait dans les thiases et les orgéons à délibérer sur les affaires communes.

Comme partout, les classes populaires entrèrent en lutte

avec une oligarchie oppressive. Paysans promis par leurs dettes à la servitude, marchands indignés que la fortune même ne leur permît pas d'espérer de droits politiques, tous s'entendirent pour exiger la publication des lois dont les Eupatrides détenaient le secret ; ils obtinrent la nomination de thesmothètes chargés de cette tâche (454). Mais le travail projeté n'aboutissait pas. Les haines s'exaspéraient, la vendetta ensanglantait le pays. Un jeune noble, Cylon, tenta de s'installer comme tyran sur l'Acropole ; il ne réussit qu'à soulever les passions à un tel point, que ses adversaires ne reculèrent pas devant le sacrilège pour massacrer ses partisans (455).

Alors surgit Dracon. Un homme sut accomplir en quelques mois l'œuvre où depuis de longues années peinait vainement tout un collège. Il laissa un nom sinistre et redouté, parce qu'il arma l'État de la puissance judiciaire ; il passa pour un législateur sanguinaire, parce qu'il s'efforça de mettre fin à l'effusion du sang. Les guerres civiles étaient un enchaînement de guerres privées où les génê se lançaient les uns contre les autres avec toutes leurs forces. Pour pousser la partie lésée à s'adresser aux tribunaux, Dracon détermine les conditions du recours à la vengeance ou à la composition. Pour désagréger les groupes familiaux, il distingue dans chacun d'eux des cercles de parentèles plus ou moins proches, et même, dans certains cas, il exige des parents appelés à prendre une décision qu'elle soit prise à l'unanimité ; il fait appel dans le génos à l'individualisme (456).

Progrès immense, bien insuffisant toutefois. L'aristocratie terrienne gardait tous ses privilèges ; elle arrondissait ses domaines aux dépens des petits paysans ; elle asservissait la multitude des débiteurs insolvables, pour les vendre à l'étranger ou les attacher à la glèbe en ne leur laissant que le sixième de la récolte (*hectèmores*) (457). La situation était dramatique. Deux partis étaient aux prises, qui poussaient également leurs prétentions à l'extrême, l'un se fondant sur la légalité traditionnelle, l'autre évoquant une équité révolutionnaire. L'Attique allait-elle devenir un pays de grands propriétaires et de serfs, comme la Laconie ou la Thessalie ? ou bien, sans souci des droits acquis, allait-on abolir les dettes et procéder à un nouveau partage des terres ?

Athènes trouva encore une fois l'homme capable de résoudre le problème qui l'angoissait. Solon, se dressant entre les adversaires « ainsi qu'une borne », insensible aux attaques venant des deux parts, fit ce qu'on pourrait appeler une révolution mitigée. D'un coup, il supprima les barrières qui tenaient les Eupatrides à l'écart des autres classes et abritaient les prérogatives traditionnelles des géné. Pour affranchir la terre, il prit une mesure générale et immédiate, l'« exonération » des hectèmores (*seisachtheia*), en même temps qu'il supprimait tous les restes de la propriété collective et mobilisait le sol par une série de lois sur la constitution de dot, le droit de succession et la liberté de tester. Pour affranchir l'individu, il limita la puissance paternelle, mais surtout il interdit la servitude pour dettes sous toutes les formes, y compris la servitude pénale, et proclama ainsi l'*habeas corpus* du citoyen athénien. Comprenant bien que l'agriculture ne suffisait pas à nourrir une population nombreuse dans un pays naturellement pauvre, il s'efforça de donner une vigoureuse impulsion au commerce et à l'industrie en attirant du dehors les gens de métier, en protégeant les métèques, en faisant une réforme monétaire qui ouvrait des voies nouvelles à la marine marchande.

A cette transformation économique et sociale correspond une réforme politique. Il n'existe plus, au regard de l'État, que des citoyens libres. Aucune distinction de naissance ; mais la fortune entre en ligne de compte. D'après un système qui tendait à s'établir depuis quelque temps, les citoyens sont répartis en quatre classes censitaires ou *timocratiques* : 1º les pentacosiomédimnes, qui récoltent sur leurs terres au moins cinq cents médimnes de solide (260 hectolitres) ou cinq cents métrètes de liquide (195 hectolitres) ; 2º les cavaliers, qui en récoltent au moins trois cents (156 ou 117 hectolitres) ; 3º les zeugites, qui en récoltent au moins deux cents (104 ou 78 hectolitres) ; 4º les thètes, qui ne possèdent pas de terres ou ne produisent pas le minimum de deux cents mesures. Les obligations et les droits de ces classes sont fixés proportionnellement à leur cens. Les thètes, par le seul fait qu'ils sont citoyens, peuvent siéger à l'Assemblée et dans les tribunaux ; mais ils ne doivent de service militaire que comme rameurs et n'ont pas accès aux magistratures. Les zeugites doivent s'armer en hoplites et peuvent prétendre à quelques fonctions subalternes. Les citoyens des deux premières classes doivent venir à l'armée avec leur cheval et sont astreints aux prestations appelées liturgies, mais ont droit aux principales magistratures. Aux pentacosiomédimnes sont réservées les liturgies les plus dispendieuses et les plus hautes magistratures, l'archontat et la trésorerie. L'auteur de cette constitution la caractérisait bien quand il se rendait ce témoignage : « J'ai donné au peuple autant de puissance qu'il lui suffit d'en avoir, sans rien ôter à sa dignité et sans rien y ajouter. » Prudente et provisoire par le côté politique, mais hardie et définitive par le côté social, la réforme de Solon marque l'avènement de la démocratie (594/3) [458].

Cependant Athènes ne resta pas longtemps en repos. Il fallut permettre aux artisans et aux commerçants d'entrer dans les trois premières classes : on admit (probablement en 581) l'équivalence du médimne ou du métrète et de la drachme, c'est-à-dire des revenus fonciers et des revenus mobiliers [459]. Cette mesure fut insuffisante. L'organisation familiale n'avait disparu qu'en droit ; en fait, la puissance des géné continuait à se faire sentir. D'autre part, les partis extrêmes n'avaient pas désarmé, puisque aucun des deux n'avait obtenu satisfaction complète, et le tiers parti, qui s'en tenait à la constitution de Solon, avait peine à la défendre. Trois factions se combattirent, qui représentaient chacune une classe sociale, se recrutaient chacune dans une des régions du pays, avaient chacune à leur tête une grande famille ; les Eupatrides de la plaine étaient dirigés par les Philaïdes ; les marchands et les pêcheurs de la côte, par les Alcméonides ; les petits paysans de la montagne, par les Pisistratides. Pisistrate l'emporta (560).

Il s'empara de la tyrannie que le menu peuple avait vainement offerte à Solon. Il régla pour toujours la question agraire, en partageant les terres en friche et les domaines confisqués sur les nobles : ainsi se forma une race vigoureuse de petits paysans qui s'enracina fortement au sol et prit l'habitude des affaires communales. Il favorisa le commerce maritime par une politique extérieure à larges vues qui entraînait les marins vers les Cyclades, vers la Thrace d'où venait l'or, vers l'Hellespont d'où venait le blé. En même temps, il élevait l'idéal de cette démocratie rurale et urbaine par les fêtes qu'il faisait célébrer en l'honneur de Dionysos, par des représentations théâtrales, par la construction de somptueux édifices. Enfin, comme il laissa subsister la constitution, il fit faire au peuple son éducation politique dans les séances de l'Assemblée et des tribunaux ([460]).

Quand la tyrannie eut rendu les services qu'en attendait le peuple, elle disparut : c'est son sort ordinaire dans les villes grecques. Les oligarques purent croire un instant que la chute des Pisistratides tournerait à leur avantage. L'Alcméonide Clisthènes les détrompa.

Avec une admirable netteté de vues, il acheva l'œuvre ébauchée par Solon et donna sa forme définitive à la constitution démocratique d'Athènes (508/7). Il voulait empêcher le retour de la tyrannie, détruire la forte organisation que la noblesse s'était donnée dans les phratries et les quatre tribus ioniennes, empêcher les classes sociales de se grouper par régions. Après la proscription du dernier tyran et de ses enfants, les autres membres de la famille, restés en Attique, se tinrent cois en sentant suspendue au-dessus de leur tête la menace de l'expulsion par ostracisme. Les cadres gentilices n'eurent plus de place dans l'État. Des circonscriptions furent créées où tous les concitoyens se virent classés selon leur domicile. Le pays entier fut divisé en dèmes, petites communes qui avaient chacune leur assemblée, leurs magistrats, leur administration. Chaque citoyen était inscrit sur le registre d'un de ces dèmes, et le dèmotique adjoint à son nom prouvait sa qualité de citoyen. Tous les dèmes, dont le nombre dépassait notablement la centaine, devaient être répartis en dix tribus (*phylai*), qui, par cela même, n'étaient plus gentilices, mais topographiques. Il était donc impossible aux anciennes tribus de se retrouver dans les nouvelles ; mais on pouvait craindre de voir les rivalités régionales se perpétuer par l'alliance des tribus voisines. Pour parer à ce danger, Clisthènes imagina un moyen suprêmement ingénieux. Il s'avisa qu'il serait utile, au surplus, d'établir des circonscriptions intermédiaires entre les dèmes et les tribus. Il divisa donc chacune des trois parties du pays, la ville ou Asty, la côte ou Paralie et l'intérieur ou Mésogée, en dix sections et assigna par tirage au sort à chaque tribu une section dans chacune des trois parties. De cette façon, chaque tribu se composait de trois séries de dèmes, de trois trittyes. Quoique topographiques, les tribus n'étaient donc pas des territoires d'un seul tenant ; elles ne représentaient pas d'intérêts qui pussent les opposer les unes aux autres. Le système décimal des tribus fut appliqué à toute l'organisation politique et administrative de la cité. La Boulè se compose de cinq cents membres, à raison de cinquante par tribu, pris dans les dèmes au prorata de la population, et chaque tribu de la Boulè à tour de rôle en forme la commission permanente pendant un dixième de l'année. Les archontes n'étant que neuf, on leur adjoint un secrétaire, pour que les dix tribus soient représentées dans le collège. L'armée comprend dix régiments appelés *phylai*, commandés chacun par un phylarque. Dans toutes les circonstances, le peuple apparaît ainsi en dix groupes. Simple, purement logique et par cela même contraire à toutes les traditions, le système décimal fit partie intégrante du régime démocratique, non pas seulement à Athènes, mais souvent, par la suite, dans les cités grecques qui se débarrassaient du régime oligarchique ([461]).

Cette constitution, cet imposant édifice où la raison politique prend un aspect de géométrie, répondait si bien à un esprit public façonné par des siècles d'expérience, qu'elle ne sera plus contestée par aucun parti. Les démocrates pourront l'amender sur certains points ; ils n'y changeront rien d'essentiel. Les oligarques pourront faire des révolutions ; ils prétendront rétablir dans son intégrité « la constitution des ancêtres » et entendront par là celle qui avait détruit à jamais le régime oligarchique. L'Athènes du Ve siècle a vécu d'après les lois civiles de Solon et les lois politiques de Clisthènes.

Moins de vingt ans après la grande réforme, commença pour la démocratie athénienne la rude épreuve des guerres médiques. Elle en sortit fortifiée. L'union patriotique et, à un certain moment, l'émigration en masse avaient mêlé les classes. Autant que les hoplites de Marathon et de Platées, les auteurs de la victoire étaient les rameurs de Salamine, de Mycale et de l'Eurymédon. La cité était redevable de son salut aux thètes aussi bien qu'aux zeugites et aux grands propriétaires. Comment le sentiment démocratique ne se serait-il pas exalté ? Tout aussitôt, Athènes fut mise par les cités maritimes à la tête d'une grande confédération, et ce fut pour longtemps la flotte qui fit sa puissance. La construction d'un port et d'une ville au Pirée, la prospérité du commerce et de l'industrie, le développement de la richesse mobilière, l'abondance de l'argent : en un mot, tout ce qui fait la grandeur économique et politique d'Athènes, devenue la capitale du monde méditerranéen, eut pour résultat de diminuer la valeur réelle du cens et de promouvoir sans effort les citoyens d'une classe à une autre. C'était un élargissement continuel de la démocratie, un déplacement progressif du centre de gravité vers la foule des producteurs et des marins.

Déjà vers 500, la constitution de Clisthènes avait subi d'importantes retouches : le Conseil des Cinq Cents avait reçu son organisation définitive, et la création de dix stratèges élus avait porté un coup sérieux au collège des archontes ([462]). Aussi, en 487/6, ce collège avait-il pu être profondément modifié : on avait décidé de tirer au sort les archontes, un par tribu, parmi cinq cents candidats désignés par les électeurs des dèmes et pris, non plus seulement dans la classe des pentacosiomédimnes, mais encore dans celle des chevaliers ([463]). On modifiait ainsi le recrutement de l'Aréopage, composé des archontes sortis de charge : sans altérer le caractère aristocratique du vieux Conseil, on abaissait sa valeur. Plus inégal d'année en année à la tâche que lui assignait la tradition, il allait bientôt apparaître comme une institution d'un autre âge. Il ne l'était pas seulement par l'inamovibilité de membres tirés des classes riches et nobles, mais aussi par les pouvoirs dont il avait hérité. Ses attributions, d'ordre à la fois judiciaire et politique, étaient mal définies ; mais, comme elles comprenaient la surveillance des lois, elles pouvaient à l'occasion devenir exorbitantes. Au surplus, par les services qu'il avait rendus dans les plus mauvais moments de l'invasion perse, il avait grandi en autorité et s'était érigé en arbitre de la vie publique ([464]). Le peuple devait fatalement attaquer cette forteresse de l'aristocratie.

En 462, le parti démocratique avait pour chef Éphialtès. C'est de lui que l'Aréopage, d'abord épuré par des poursuites judiciaires, reçut le coup de grâce. Il fut privé des fonctions « surajoutées » et vagues qui lui donnaient la garde de la constitution et lui permettaient d'exercer un contrôle sur le gouvernement : il perdit la juridiction des crimes qui intéressaient la cité, des infractions commises contre l'ordre public par les particuliers ou les fonctionnaires. Il ne conserva que des attributions de caractère religieux, qui restaient d'ailleurs très étendues, puisqu'elles comprenaient, avec la surveillance des domaines sacrés, la juridiction du meurtre prémédité ([465]). Les pouvoirs retirés à l'Aréopage passèrent à l'Assemblée du peuple, à la Boulè et aux tribunaux de l'Héliée. Cette réforme est jugée sévèrement par Plutarque : il applique à Éphialtès le mot de Platon sur les hommes qui « versent au peuple la liberté toute pure à pleins bords ». Il n'a pas vu que la séparation des pouvoirs cumulés par l'Aréopage était nécessitée par le progrès des institutions politiques dans une grande cité et qu'accomplie par la démocratie, elle ne pouvait l'être qu'à son profit.

Éphialtès paya de sa vie son dévouement au peuple. Mais il avait près de lui un lieutenant capable d'achever son œuvre. Périclès, le petit-neveu de Clisthènes, joignait à une intelligence géniale une éloquence, une autorité, une habileté dans le maniement des hommes qui lui permirent de servir le peuple en le dominant.

La réforme d'Éphialtès créait un grave danger. Jusqu'alors les lois fondamentales étaient assurées d'une forte protection ; l'Aréopage était, avec la Boulè, une des ancres sur lesquelles s'affourchait le navire de l'État ([466]). Si l'on n'y prenait pas garde, les lois allaient ne plus rien avoir de fixe et se trouver incapables de tenir contre les vents variables de l'opinion publique. Ce danger, Périclès le vit clairement et trouva le moyen de le conjurer. L'action criminelle en illégalité, la *graphè paranomôn*, éleva la loi au-dessus des caprices populaires et des luttes civiles, en autorisant tout citoyen à venir à son secours comme accusateur et en donnant des sanctions capitales comme garantie à sa souveraineté [467].

Il fallait aussi, pour que la démocratie ne fût pas un vain mot, permettre aux gens du peuple, occupés à gagner leur vie, de consacrer leur temps au service de la république. Cinq cents citoyens devaient siéger à la Boulè une année entière. Les hèliastes, dont la compétence se bornait primitivement à statuer en appel sur les arrêts rendus par les magistrats, devaient maintenant juger en premier et dernier ressort les affaires de plus en plus nombreuses où étaient impliqués les citoyens d'Athènes et des villes confédérées : ils formaient un corps de six mille membres, dont la moitié en moyenne était en activité tous les jours ouvrables. Il y avait un millier de fonctionnaires dans le pays (ἔνδημοι) ou à l'extérieur (ὑπερόριοι), cinq cents gardiens des arsenaux, etc. Ainsi les affaires publiques ne demandaient pas seulement le concours intermittent de tous les citoyens à l'Assemblée ; elles exigeaient encore d'un tiers d'entre eux un effort continu. Or, la moitié des citoyens, une vingtaine de mille, ne possédait pas les deux cents drachmes de revenus sans lesquelles on était un simple thète et qui suffisaient à peine pour vivre. Comment les obliger à renoncer au salaire d'une année ou même de nombreuses journées ? D'autre part, si l'on écartait du Conseil, des tribunaux et des fonctions les gens qui ne possédaient rien, comment pouvait-on empêcher le régime, de quelque nom qu'on le décorât, d'être en fait une oligarchie ? Là encore Périclès prit le parti qui convenait. Il fit accorder par l'État des soldes, des *misthoi*, aux citoyens qui renonçaient pour le servir à l'exercice de leur profession. La misthophorie devint un élément essentiel de la démocratie. Mais, au Ve siècle, par cela même qu'elle servait seulement à rémunérer des services permanents ou exceptionnels, les citoyens n'obtenaient pas encore de solde pour le simple usage de leur droit civique, pour l'assistance aux séances de l'Assemblée ; l'indemnité n'était donnée qu'aux membres du Conseil, aux hèliastes et à la plupart des fonctionnaires, surtout des fonctionnaires tirés au sort.

Les archontes étaient de ceux-là. Depuis 487/6, les cheva›

liers figuraient avec les pentacosiomédimnes sur la liste des
cinq cents candidats proposés par les dèmes pour le tirage au
sort. Vingt ans après, six ans après la réforme d'Éphialtès, on
fit un pas de plus. Athènes venait de soumettre ses hoplites à
de rudes épreuves en Béotie. Elle les récompensa en accordant à la classe des zeugites l'accès à l'archontat (⁴⁶³). C'était
d'ailleurs une récompense surtout honorifique ; car la réforme d'Éphialtès avait diminué l'importance de l'archontat,
vu que le corps formé par les anciens archontes n'avait plus
d'attributions politiques et que les pouvoirs accrus de la
Boulè réduisaient d'autant l'indépendance administrative
des magistrats. N'importe, le prestige du vieux collège
demeurait très grand. Mais, du moment qu'il était pourvu
d'un traitement et se recrutait par tirage au sort, il n'y avait
plus aucune raison valable pour le réserver aux trois classes
supérieures. Les thètes y furent admis à leur tour. Pour que
cette admission ne fût pas une dérision, il fallut supprimer
l'élection préalable dans les dèmes, qui laissait le champ
ouvert aux manœuvres des propriétaires : un premier tirage
au sort désigna les candidats des dix tribus, avant celui qui
désignait les titulaires. Mais alors pourquoi une liste de proposition aussi chargée, complication favorable aux tripotages
des dèmes ? Il fut décidé que la liste ne contiendrait plus que
cent noms, dix par tribu. On arriva ainsi au système classique du tirage au sort « par la fève » (⁴⁶⁹).

Pour consacrer les droits conquis par le peuple au vᵉ siècle,
il parut bon de les protéger contre les usurpations. Elles ne
manquaient pas. Il ne faut pas oublier, en effet, que la démocratie, même la démocratie extrême, — si nous la jugeons de
notre point de vue moderne et si nous considérons, non pas
les principes, mais les personnes qui en bénéficiaient — n'est
jamais dans les cités grecques qu'une sorte d'aristocratie. Les
citoyens, en Attique, étaient une minorité. A côté d'eux
vivaient un nombre au moins égal d'esclaves et un nombre à
peine moitié moindre de métèques. Nés dans le pays de
familles assimilées depuis longtemps, les métèques profitaient de toutes les occasions, et particulièrement de la facilité des mariages mixtes, pour se pousser dans la classe des
citoyens. Il y avait trop d'avantages matériels attachés au

droit de cité pour que le peuple consentît à laisser ainsi s'accroître le nombre des participants. En 451/0, Périclès lui-même fit passer une loi aux termes de laquelle on n'était Athénien qu'à condition d'être né de père et de mère athéniens. Cette loi s'incorpora pour toujours à la constitution.

II. PRINCIPES DE LA DÉMOCRATIE ATHÉNIENNE

Au milieu du ve siècle, le régime démocratique d'Athènes a pris sa forme définitive. Il est ce qu'il restera jusqu'à la fin de l'indépendance grecque. Mais la valeur d'une constitution dépend de l'esprit dans lequel elle est pratiquée. A l'époque de Périclès, la vie politique d'Athènes atteste un équilibre parfait entre les droits de l'individu et la puissance publique.

La liberté individuelle est absolue. Depuis que Solon a interdit de garantir une dette sur la personne du débiteur, ce principe a pris une extension sans limites. Aucun citoyen, sous aucun prétexte, ne peut ni être réduit en esclavage ni assujetti à aucune forme de servitude, même conditionnelle et temporaire. La contrainte par corps n'existe pas plus au profit de l'État qu'au profit des particuliers. Il en est à peu près de même de la responsabilité individuelle. L'interdiction édictée par Solon vaut *a fortiori* pour la famille du débiteur et, par conséquent, pour celle du condamné. Il est vrai qu'au commencement du ve siècle certains crimes énormes, tels que la trahison, pouvaient encore entraîner des sanctions collectives. Mais l'État renonce progressivement à cette sinistre prérogative, et, avant la fin du siècle, ni la peine de mort ni la proscription ne retombent plus sur les enfants du coupable. Ainsi, l'Attique devient la terre classique de la liberté. On n'y voit point d'esclaves parmi les citoyens [470]. Les étrangers mêmes y respirent un air vivifiant : elle attire les exilés de la Grèce entière, depuis Hérodote d'Halicarnasse jusqu'à Gorgias de Léontinoi ; et Démocrite d'Abdère, qui est venu s'y établir, disait qu'il vaut mieux vivre pauvre dans une démocratie que jouir d'une apparente félicité à la cour d'un roi.

Fiers d'être des citoyens libres, les Athéniens le sont peut-être plus encore d'être des citoyens égaux. C'est même l'égalité qui est pour eux la condition de la liberté ; c'est bien parce qu'ils sont tous frères nés d'une mère commune qu'ils ne peuvent être ni esclaves ni maîtres les uns des autres. Les seuls mots qui servent dans leur langue à distinguer le régime républicain des autres régimes sont ceux d'*isonomia*, égalité devant la loi (⁴⁷¹), et d'*isègoria*, droit égal de parler (⁴⁷²). Tant s'en faut qu'il y ait des titres de noblesse, qu'on ignore même les noms de famille et que tout Athénien indistinctement accole à son nom personnel le nom de son dème. C'est tout au plus si les gens bien nés se donnent le luxe de rappeler le nom de leur père ; mais jamais ils ne mentionnent celui de leur génos, et le plus illustre des Alcméonides est désigné sous le nom de Périclès, fils de Xanthippos, du dème de Cholargos. S'il est vrai, comme on le voit par cet exemple, que les grandes maisons conservent encore assez de prestige pour fournir un chef même au parti démocratique, l'État ne connaît pas de familles, mais uniquement des individus qui se valent tous. Ils ont tous les mêmes droits. Ils peuvent entrer à l'Assemblée pour parler, s'ils le veulent, et pour voter ; car le système représentatif n'existe pas et eût semblé une restriction oligarchique de l'isègoria. Ils peuvent siéger à l'Héliée comme juges, quand ils ont l'âge requis. Ils peuvent se porter candidats au Conseil et aux autres fonctions publiques dans les conditions légales : ils sont tour à tour obligés d'obéir et admis à commander. Ils prennent part aux fêtes publiques, aux processions, aux sacrifices, aux jeux, aux représentations théâtrales, sans autre distinction que la préséance (*proédria*) accordée aux magistrats. L'égalité, voilà ce que les Athéniens prisent par-dessus tout dans leur constitution. « C'est le mérite, disent-ils, bien plus que la classe, qui fraye la voie des honneurs publics. Nul, s'il est capable de servir la cité, n'en est empêché par la pauvreté ou par l'obscurité de sa condition (⁴⁷³). »

On pourrait s'imaginer qu'en maintenant le système solonien des classes censitaires, les Athéniens se donnaient un démenti. Il n'en était rien. Solon avait proportionné à la fortune les droits et les obligations. Les droits étant devenus égaux, seule subsiste l'inégalité des charges, qui restent en rapport direct avec le cens. Les thètes servent sur la flotte comme rameurs et, en cas de besoin, dans l'armée comme fantassins légers ; ils ne doivent rien au fisc, ne possédant pas comme revenu le minimum imposable. Les zeugites servent comme hoplites et paient l'impôt extraordinaire de guerre, l'*eisphora*. Les chevaliers servent dans la cavalerie et s'acquittent à tour de rôle des liturgies ordinaires. Les pentacosiomédimnes servent également comme cavaliers, mais sont, de plus, astreints à l'onéreuse prestation de la triérarchie, c'est-à-dire au commandement d'un navire dont le gréement est à leurs frais.

Liberté, égalité, ces droits des citoyens ne pouvaient s'exercer que s'ils imposaient certaines obligations à la cité. L'État devait mettre sa puissance au service des individus. C'est bien pour garantir plus complètement à chacun sa liberté qu'il fait disparaître l'un après l'autre les derniers vestiges de la responsabilité collective. C'est bien pour assurer le règne de l'égalité, pour permettre aux plus humbles citoyens de prendre une part légitime à la vie politique, qu'il accorde une indemnité à ceux qui se mettent à son service. Mais ses obligations sont bien plus étendues. Si la naissance et la fortune ne confèrent plus de privilèges dans la vie publique, il y a toujours des riches et des pauvres. Il faut que des mesures de protection soient prises pour que les pauvres puissent user de leurs droits civiques. L'égalité politique disparaîtrait, si l'inégalité sociale était par trop criante ; la liberté ne serait qu'un principe abstrait sans un minimum de propriété ou la facilité permanente d'y accéder. L'État a donc le devoir, puisqu'il en a le pouvoir, de remédier à un mal dangereux pour toute communauté, mortel pour une démocratie. Il doit sauvegarder les droits et les intérêts d'une catégorie, à condition toutefois de ne pas méconnaître et de ne pas fouler aux pieds les droits et les intérêts d'une autre catégorie. Avec un chef comme Périclès, Athènes est parvenu à faire une œuvre remarquable d'entraide et de préservation sociales. Pas de partage des terres, pas d'abolition des dettes. Dans un pays où les biens fonciers ne sont qu'une part de la richesse publique, où les biens mobiliers sont largement répandus par le commerce et l'exploitation d'un grand em-

pire, il suffit, pour subvenir aux besoins les plus urgents, de
mesures partielles, mais bien comprises ([474]).

La misthophorie en est une. Il y en a bien d'autres. Le
système des clérouquies permet d'établir au loin des milliers
de thètes, tous pourvus d'un lot assez grand pour fournir un
revenu de zeugites. Afin de donner du travail aux artisans
restés dans la capitale, l'État se fait entrepreneur : il lui faut
d'abord une flotte, des arsenaux, une Halle aux blés et des
murs de défense réunissant la ville au port puis des monuments
qui fassent de l'Acropole la plus belle qui soit au monde.
Pour ceux qui ne peuvent pas travailler, l'assistance publique
est fortement organisée. Les orphelins de guerre sont élevés
aux frais du Trésor comme pupilles de la nation et reçoivent
à leur majorité une armure complète d'hoplite. Des pensions
sont accordées aux mutilés de guerre et, plus tard, des
secours aux invalides du travail. En temps ordinaire, la
cité se préoccupe d'assurer à tous le pain à bon marché ([475]).
Plusieurs collèges de magistrats et toute une législation spéciale y pourvoient. Les sitophylakes veillent à ce que les grains
se vendent au juste prix, à ce que les meuniers vendent la
farine et les boulangers le pain à proportion de ce prix et que
le pain ait le poids fixé ([476]). Pour prévenir l'accaparement,
défense est faite aux marchands de grains d'acheter plus de
cinquante charges à la fois ([477]) ; pour faciliter l'approvisionnement et obtenir la régularité du commerce, il est prescrit
à tout importateur de diriger sur Athènes les deux tiers des
grains apportés au Pirée ([478]), à tout prêteur à la grosse de
transporter en Attique des denrées de première nécessité et
en première ligne du blé ([479]) ; il est interdit à tout armateur
habitant l'Attique de transporter du blé ailleurs qu'au Pirée
([480]). Ajoutez les bonnes aubaines dont bénéficie le peuple
entier. Quand un prince étranger envoie en cadeau un navire
chargé de grains, quand une expédition victorieuse permet
de rafler la récolte en pays ennemi, il y a une part pour tous
les citoyens qui se présentent ([481]). Périodiquement, les
hécatombes offertes aux dieux valent à chaque assistant un
bon quartier de viande. Dans les années de guerre, au moins
de 410 à 406, une allocation quotidienne de deux oboles, la
diôbélie, vient en aide aux indigents ([482]).

Après avoir pourvu aux besoins matériels de la foule,
l'État lui procure aussi des satisfactions intellectuelles et
morales. Les nombreuses chorégies qu'il impose aux riches
ont pour objet la préparation des concours lyriques et dramatiques où accourt un peuple amoureux du beau, et ce
n'est pas un des plus mauvais moyens de se rendre populaire que de montrer sa générosité en présentant un chœur
luxueux et bien instruit. Un temps viendra même où les
prestations des particuliers ne suffiront plus, où les excédents
du budget fourniront aux indigents de quoi payer le droit
d'entrée au théâtre et même de quoi se régaler les jours de
fête ([483]).

Si la cité reconnaissait ainsi qu'elle avait des devoirs envers
les individus, c'est qu'elle n'était, après tout, que l'ensemble
des citoyens. Le gouvernement direct du peuple tournait
forcément à l'avantage de la majorité. Mais, tant que vécut
Périclès, les Athéniens ne confondaient pas la masse des
intérêts particuliers avec l'intérêt commun. Les obligations
de la cité envers les citoyens étaient primées par celles des
citoyens envers la cité. On les acceptait alors avec empres-
sement.

Ce n'était pas un contrat tacite et vague qui liait l'Athénien. L'année de sa majorité, avant d'être inscrit sur le
registre qui lui garantissait le droit de cité, il prêtait solennellement le serment civique ([484]). Partout en Grèce, au
dire de Xénophon, la loi exigeait un serment analogue ([485]).
Les jeunes Athéniens le prêtaient dans le temple d'Agrau-
los ([486]). De la formule usitée au Ve siècle, nous connaissons
un seul engagement, celui « de ne reconnaître de bornes à
l'Attique qu'au delà des blés et des orges, des vignes et
des oliviers » ([487]). Mais nous sommes mieux renseignés
pour le IVe siècle, qui a dû se conformer dans l'ensemble à la tradition. La scène ne manque pas de grandeur ([488]).

Les éphèbes reçoivent leur armure en présence des
Cinq Cents et, la main étendue au-dessus de l'autel, pro-
noncent ces mots :

« Je ne déshonorerai pas ces armes sacrées; je n'abandonnerai pas mon compagnon dans la bataille; je combattrai pour mes dieux et pour mon foyer, seul ou avec d'autres. Je ne laisserai pas la patrie diminuée, mais je la laisserai plus grande et plus forte que je ne l'aurai reçue. J'obéirai aux ordres que la sagesse des magistrats saura me donner. Je serai soumis aux lois en vigueur et à celles que le peuple fera d'un commun accord; si quelqu'un veut renverser ces lois ou leur désobéir, je ne le souffrirai pas, mais je combattrai pour elles, ou seul ou avec tous. Je respecterai les cultes de mes pères [489]. »

Voilà les obligations que doivent contracter les citoyens avant d'avoir des droits ; voilà les engagements qui renouvellent d'année en année par-devant les dieux la toute-puissance de la cité.

Cette toute-puissance, c'est le corps entier des citoyens qui l'exerce dans une démocratie. La théorie constitutionnelle de la démocratie athénienne est bien simple; elle se résume d'un mot : le peuple est souverain (κύριος). Qu'il siège à l'Assemblée ou dans les tribunaux, il est souverain absolu de tout ce qui concerne la cité (κυριότατος τῶν ἐν πόλει ἁπάντων) [490]. Cependant un principe politique, en tout temps et en tout lieu, se prête à des interprétations diverses et ne prend de sens précis que par la pratique. Les contemporains d'Hérodote employaient la même formule que ceux d'Aristote et de Démosthène; ils ne la comprenaient et ne l'appliquaient pas de la même façon. Au ivᵉ siècle, on ira jusqu'au bout du principe : « le peuple a le droit de faire ce qui lui plaît » (ἐξὸν αὐτῷ ποιεῖν ὅ τι ἂν βούληται) [491] ; il est souverain même des lois (κύριος καὶ τῶν νόμων) [492]. Au vᵉ siècle, il est roi [493], il n'est pas encore tyran [494]. Il admet qu'il y ait une limite au bon plaisir de la majorité. Des Athéniens de ce temps on peut dire, comme des Spartiates, et de leur vie publique comme de leur vie privée : « Libres, ils n'ont pas une liberté absolue ; car au-dessus d'eux est un maître, la loi [495]. »

La *graphè paranomôn* s'oppose aux entraînements de l'Ecclésia aussi bien qu'aux excès des démagogues. Même après la mort de Périclès, elle garde son efficacité. Un jour, dans des circonstances tragiques, le peuple refusa d'en tenir compte ; mais il ne tarda pas à s'apercevoir de son erreur. C'était en 406, dans l'affreux procès des généraux vain-

queurs aux îles Arginuses. Au milieu des passions déchaînées, un citoyen courageux essaya de suspendre la procédure
réglée par un décret du Conseil et du peuple, en soulevant
l'exception d'illégalité. La foule s'écria qu'il était « mons-
trueux d'ôter au peuple le pouvoir de faire ce qu'il veut »
(δεινὸν εἶναι εἰ μή τις ἐάσει τὸν δῆμον πράττειν ὃ ἂν
βούληται) ([496]). En vain quelques membres du bureau,
dont Socrate, protestent contre la mise aux voix ; ils cèdent
aux menaces, Socrate excepté ([497]) ; la résolution est adoptée,
les accusés sont condamnés à mort et menés au supplice.
Mais, peu de temps après, les Athéniens se repentirent : ils
mirent en accusation, par un décret de probolè, ceux qui
avaient trompé le peuple, et le principal coupable devait
mourir de faim, universellement détesté ([498]). L'exception
montre bien ici combien la règle est impérieuse : au Ve siècle,
la souveraineté populaire entend ne pas être un pouvoir
arbitraire, une tyrannie. La démocratie doit avoir pour
fondement le respect de la loi.

Qu'est-ce donc que la loi pour les Grecs en général et
particulièrement pour les Athéniens du Ve siècle ?

Si opposées que fussent les conceptions politiques des
oligarques et des démocrates, ils se faisaient de la loi à peu
près la même idée. Cependant, quand on essaie de se représenter ce que fut cette idée à l'époque classique, on est
frappé d'y trouver une singulière contradiction. La loi
apparaît sous un double aspect : c'est une chose sainte et
immuable ; c'est une œuvre humaine — laïque, dirions-
nous — et par conséquent sujette au changement. On peut,
par l'analyse, distinguer ces deux conceptions ([499]), et alors
elles semblent inconciliables ; en réalité, elles se confondaient tant bien que mal dans la pratique journalière.

D'une part, la vieille *thémis* du génos s'était introduite
dans la dikè de la cité en transformant les *thémistes* les plus
augustes en ce qu'on appelait des *thesmoi*. Tel est le mot qui
désigne le plus anciennement les règles essentielles du droit
public. Ces règles sont d'une nature essentiellement religieuse. Elles ne séparent pas encore le temporel du spirituel.
Prescriptions rituelles autant que dispositions législatives,

elles ne diffèrent en rien lorsqu'elles traitent de la propriété, du mariage, de la succession, des crimes et délits, des relations politiques, ou lorsqu'elles fixent les rites des sacrifices, les honneurs dus aux morts, les formules des prières ou des serments. D'où viennent-elles ? Personne ne le sait, ou plutôt on ignore la date de leur origine, mais on ne doute pas qu'elles n'aient été *établies* ($\theta\epsilon\sigma\mu\acute{o}\varsigma = \tau\acute{i}\theta\eta\mu\iota$) pour l'éternité par les dieux. Les dieux adorés dans les familles et dans la cité, mais surtout la grande divinité poliade, les ont jadis insufflées aux hommes ; et les plus vénérables d'entre elles, celles qui sont nées du sol en même temps que le premier épi de blé, ont pour auteur Dèmèter Thesmophoros. Elles sont répétées de siècle en siècle par la tradition orale, léguées par le père au fils dans les géné, communiquées par les géné aux prêtres ou aux magistrats de la cité, transmises dans la cité elle-même d'âge en âge par les hommes-archives, les *mnèmones*, les *hiéromnèmones*, les *aisymnètai*. Ce sont des textes très brefs, rythmés pour mieux se fixer dans la mémoire, et qu'on psalmodie sur un ton invariable [500]. Ils n'ont pas besoin de considérants, puisque ce sont des commandements d'en haut ; ils ne donnent pas leurs raisons, puisqu'ils s'imposent en vertu d'une autorité transcendante. Quand le temps les rend obscurs ou qu'ils sont par trop incomplets, on a recours pour les interpréter à des exégètes dont la fonction est sacerdotale. Tout au plus, éprouve-t-on à la fin le besoin de les codifier, travail confié à des thesmothètes. Mais leur caractère sacré interdit d'y jamais toucher. Il en restera un principe absolu : même lorsque les lois seront émancipées de la tutelle divine, on en fera de nouvelles, on n'abrogera pas les anciennes. Il arrive, ainsi, que les plaideurs allèguent dans un procès des textes inconciliables. Ces vieilles croyances au pouvoir surnaturel des *thesmoi* restent particulièrement attachées aux sanctions du droit criminel. Il y a des formules chargées d'imprécations, les $\grave{\alpha}\rho\alpha\acute{i}$. Les pénalités qu'elles fulminent, surtout la mise au ban de la société, l'*atimie*, ont une telle puissance qu'elles se précipitent d'elles-mêmes sur quiconque les a provoquées : il n'est même pas besoin d'un jugement pour tomber sous le coup de leurs maléfices [501].

D'autre part, il existe une loi qui ne doit rien à la révé-
lation, le *nomos*. Ici tout est humain. La loi dont il s'agit a
pour caractère essentiel d'être écrite. Elle n'est plus le bien
particulier de quelques privilégiés qui l'ont héritée des
dieux ; elle est dépouillée de tout mystère ; elle est connue
de tous, elle appartient à tous. Celui qui l'a faite y attache
son nom : tout le monde sait qu'elle est de Solon, de Clisthènes, ou tout simplement d'un tel, citoyen quelconque.
Et elle n'aurait pas pu s'incorporer à la législation, si le
peuple ne l'avait pas votée ; elle n'aurait pas pu recevoir
l'assentiment du plus grand nombre, si elle n'avait pas été
conçue dans l'intérêt commun. Il faut donc qu'elle fasse à
chacun sa part de droit et d'obéissance. Le *nomos*, c'est
l'organisation de la justice distributive (*némésis*), et voilà
pourquoi Aristote déclare qu'il n'y a pas d'ordre en dehors
de la loi (ἡ γὰρ τάξις νόμος) [502]. Le *nomos*, c'est le moyen
terme, la commune mesure qui procure la plus grande
somme d'équité, la règle impassible qui contient les passions
individuelles ou collectives, le maître qui s'oppose aux excès
de la liberté [503]. La loi souveraine est celle qui fait régner
avec elle la raison, le *nous*, le *logos* [504]. Ainsi, même idéa-
lisées, les lois ne peuvent que prendre à l'homme ce qu'il
a de meilleur. Mais, dans la réalité, elles sont bonnes ou
mauvaises, selon la constitution, selon la cité [505], et elles
restent nécessairement incomplètes, toujours imparfaites
par quelque endroit [506]. Elles n'ont point de valeur absolue.
Déjà Solon aurait, dit-on, répondu à quelqu'un qui lui
demandait s'il croyait avoir donné aux Athéniens les lois
les plus excellentes : « Non, mais celles qui leur conviennent
le mieux. » N'étant pas infaillibles, les lois humaines ne
sont pas éternelles ; elles ne durent qu'autant qu'elles sont
acceptées par la conscience du peuple : si le droit coutumier
se transforme silencieusement par l'évolution insensible
des mœurs, la loi écrite se prête au changement chaque fois
que le besoin s'en fait sentir. Au fond, la loi est chose relative
et conventionnelle : ce n'est pas à tort que le mot de *nomos*
sert aussi à désigner un mode musical et toute monnaie qui
a cours.

Lorsque les Grecs parlaient des lois, ils ne faisaient pas,

comme nous faisons aujourd'hui, une place à part aux lois
constitutionnelles. Aucune cité n'avait de constitution
rédigée dans un document ; ce qui en tenait lieu, c'était un
ensemble de coutumes et de dispositions insérées dans des
lois diverses, par quoi se manifestait « l'âme de la cité » [507].
Il est vrai qu'Aristote parle constamment de constitution ;
mais il faut entendre par là le régime d'une cité, tel qu'il
résulte de l'organisation donnée aux magistratures en général
et spécialement à la magistrature souveraine, la répartition
des pouvoirs, l'attribution de la souveraineté, la détermi-
nation du but que s'assigne la communauté politique [508].
Cela suffit, d'ailleurs, pour qu'on puisse, à l'exemple du
philosophe, distinguer la constitution des lois proprement
dites, à condition d'admettre, comme lui, que l'une est le
reflet de ce qu'il y a d'essentiel dans les autres.

Mais les lois, non plus, ne forment chez les Grecs un tout
systématique, un code au sens moderne. Elles ont été confec-
tionnées au jour le jour, au moins depuis l'époque où pour
la première fois quelque grand législateur, un Zaleucos, un
Charondas, un Dracon, un Pittacos, fut chargé de rédiger
les coutumes existantes ou des dispositions nouvelles. Il faut
bien pourtant classer tous ces textes, d'une façon ou d'une
autre. Ce classement nécessaire a toujours été fait, même
par les grands législateurs, non pas d'après une conception
logique, mais en vue de l'utilité pratique. On n'a songé qu'à
fournir à chaque magistrature les documents qui lui sont
nécessaires. S'il y a quelque chose qui ressemble de loin,
de très loin, à nos codes, ce sont des espèces de guides ou de
cahiers des charges dont sont munis les fonctionnaires de
l'État. Aristote le dit avec toute la précision désirable :
« Les lois, indépendamment des principes constitutionnels
qu'elles manifestent, sont les règles des magistrats dans
l'exercice du pouvoir et dans la répression des attentats à
ces lois [509]. » Les exemples ne manquent pas. Les Athéniens
nommaient bien un certain nombre de lois isolées d'après
leur contenu : loi sur la trièrarchie (τριηραρχικὸς νόμος)[510],
loi sur l'eisangélie (εἰσαγγελτικὸς νόμος) [511], loi sur les
mines (μεταλλικὸς νόμος) [512], lois fiscales (τελωνικοὶ
νόμοι) [513], lois commerciales (ἐμπορικοὶ νόμοι) [514]. Mais

en général, quand les lois sont groupées, elles portent
comme étiquette officielle le nom des magistrats ou des
tribunaux chargés de les appliquer ([515]). Dans la séance
annuelle où le peuple est consulté sur la question de savoir
si les lois en vigueur doivent être maintenues ou réformées,
il vote successivement sur les lois afférentes au Conseil
(βουλευτιϰοί ν.), sur les lois communes aux différentes
magistratures (ϰοινοί ν.), sur les lois qui intéressent les
neuf archontes, enfin sur celles qui ont trait aux autres
magistratures ([516]). Il y avait une loi de l'Aréopage ([517]), une
loi des arbitres publics ou diaitètes ([518]), une loi du roi ([519]),
une loi des trésoriers ([520]) ; il y avait une loi de l'archonte,
qui renfermait des dispositions aussi disparates que les
attributions de ce magistrat ([521]). Même usage ailleurs,
depuis Corcyre ([522]), qui a une loi de l'agonothète, jusqu'à
Magnésie, qui a une loi du polémarque ([523]), et Milet, qui
a une loi des agoranomes et des paidonomes ([524]). Il en fut
ainsi dans le royaume de Pergame, où l'on a retrouvé une
loi des astynomes dont devaient s'inspirer les règlements
édilitaires de l'empire romain ([525]), et dans l'Égypte des
Antonins, où un papyrus nous a fait connaître le *gnomon*
de l'idiologue ([526]).

C'est pourtant à ces lois de provenance disparate, à ces
prescriptions dispersées dans des règlements de pure pratique, que les Grecs appliquaient l'idée de grandeur morale,
de majesté surhumaine que leur avaient laissée les thémistes
des siècles passés. Elles réglaient toute la vie de la communauté et des particuliers ; elles étaient le lien moral, le principe vital d'un peuple. De là vient que ce fouillis inspirait
un respect religieux. Héraclite, le premier physicien de
l'Ionie qui ait employé sa dialectique à l'étude des questions
morales, attribue à la loi une origine divine avant de faire
cette déclaration d'un civisme plus qu'ionien : « Le peuple
doit combattre pour la loi comme pour le mur de la
ville ([527]). » Tout ce que les Grecs ont jamais pensé de la
loi, les plus vieilles croyances et les conceptions les plus
récentes, jusqu'à la distinction entre la nature et les lois
établie par les sophistes et cette fois retournée contre eux,
tout cela se retrouve mêlé, non sans contradiction, mais

avec une grande élévation de ton, dans un passage qu'on a pu attribuer à Démosthène :

> « Toute la vie des hommes, qu'ils habitent une grande cité ou une petite, est régie par la nature et par les lois. Tandis que la nature est sans règle et variable selon les individus, les lois sont une chose commune, réglée, identique pour tous... Elles veulent le juste, le beau, l'utile. C'est là ce qu'elles cherchent; une fois trouvé, c'est là ce qui est érigé en disposition générale, égale pour tous et uniforme; c'est là ce qui s'appelle la loi. Tous lui doivent obéissance pour cette raison, entre autres, que toute loi est une invention et un don des dieux, en même temps qu'une prescription d'hommes sages, le contrat commun d'une cité auquel tous dans la cité doivent conformer leur vie [528]. »

Mais la plus haute idée qu'un Grec se soit faite des lois laïques quasiment divinisées, nous la trouvons exposée par Socrate dans la fameuse prosopopée du *Criton*. Dépouillée de la parure sublime que lui donne une forme dramatique, le morceau est encore d'un très grand intérêt, puisqu'il nous fait savoir à quel genre de respect un esprit élevé se croyait tenu même pour des lois qu'il jugeait mauvaises. Celui qui viole la loi détruit toute la cité autant qu'il est en son pouvoir. L'État ne peut subsister lorsque les jugements rendus y sont sans force, lorsque les particuliers peuvent en supprimer l'effet. Il les faut accepter, même injustes. Car c'est en vertu d'un pacte inviolable que le citoyen doit obéissance aux lois. Il est redevable aux lois et à l'État de sa naissance et de son éducation. Mis au monde, nourri, élevé par les lois, il est leur esclave ; il n'a pas sur elles le même droit qu'elles ont sur lui. Non plus qu'à ses parents et à son maître, il ne doit rendre aux lois et à la patrie ni injure pour injure ni coup pour coup. La patrie est plus qu'une mère : d'elle il faut tout supporter. Le devoir est d'exécuter ses ordres, sauf à la faire changer d'idée par les moyens légitimes. Libre à chacun, après qu'il a été mis en possession de ses droits civiques, d'y renoncer et de quitter le pays avec tous ses biens ; mais celui qui reste prend à bon escient l'engagement d'obéir aux lois [529].

En résumé, la démocratie athénienne du ve siècle apparaît comme l'exercice de la souveraineté par des citoyens libres et égaux sous l'égide de la loi. La loi, qui protège les citoyens les uns contre les autres, défend aussi les droits des individus contre la puissance de l'État et les intérêts de l'État contre les excès de l'individualisme. Avant les dernières années du Vᵉ siècle, on ne voit pas que la liberté ait dégénéré en anarchie ou en indiscipline. Quant au sentiment de l'égalité, il n'était pas poussé jusqu'à la négation des supériorités intellectuelles. Nous sommes dans une cité où Anaxagore, ami de Périclès, répand cette idée que l'esprit (le νοῦς), « chose infinie et maîtresse absolue », imprime le mouvement à un point donné, pour « l'étendre plus avant et encore plus avant » ([530]). Cette conception prend un sens politique : pour que la Grèce commande aux barbares, comme elle le doit, il faut qu'en Grèce une cité soit à la tête des autres et que dans cette cité un homme soit à la tête du peuple. Pour remplir sa destinée, la démocratie athénienne se soumet à la dictature morale du génie.

Chapitre II

Les idées sur la démocratie

Les Athéniens se rendaient parfaitement compte que l'établissement de la démocratie dans une ville aussi populeuse que la leur était une grande nouveauté. Ils avaient la fierté de leur constitution. Des trois régimes que distinguaient les Grecs, un seul paraissait convenir à la dignité humaine : celui qui opposait le principe d'égalité au principe oligarchique et maintenait contre la tyrannie le droit à la liberté. Liberté, égalité, c'était proprement la devise des Athéniens ; ils y ajoutèrent la fraternité, sous le nom de *philanthropie*. Ce n'est pas sans un sentiment d'orgueil qu'ils comparaient leur cité à toutes les autres, et spécialement à cette Sparte vers laquelle se tournaient avec envie tous les adversaires des idées chères à leur cœur. Sans doute les hommes d'État et les poètes athéniens exagéraient la louange quand ils parlaient de leur constitution ; mais ce lyrisme même a une valeur historique : de pareilles effusions nous font connaître l'âme d'un peuple ; il est des enthousiasmes qui révèlent un idéal.

L'idéal d'Athènes, nul ne l'a exposé avec une éloquence plus magnifique et plus forte que Thucydide. L'historien se garde bien de parler en son nom, il ne serait pas sincère, n'ayant aucune tendresse pour la politique de son pays. C'est à l'ami d'Anaxagore, à l'esprit animateur de la démocratie athénienne, à l' « Olympien » qui domina pendant trente ans de toute sa hauteur les petitesses journalières de l'agora, c'est à Périclès qu'il attribue cet admirable commentaire dont chaque mot est comme une médaille d'or pur à l'effigie d'Athéna Poliade.

Appelé à prononcer l'oraison funèbre (l'*épitaphios*) des guerriers morts pour la patrie, l'orateur déclare que, sans s'attarder à l'éloge de tous ceux qui, dans le passé ou le présent, ont fait la grandeur d'Athènes, il va examiner les institutions et les mœurs qui sont la cause essentielle de sa puissance et de sa prospérité ([531]).

« La constitution qui nous régit, affirme-t-il d'abord, n'a rien à envier aux autres peuples ; elle leur sert de modèle et ne les imite point. Son nom est démocratie, parce qu'elle vise l'intérêt, non d'une minorité, mais du plus grand nombre. » Elle a pour premier principe l'égalité. Dans la vie privée, la loi ne fait aucune différence entre les citoyens. Dans la vie publique, la considération ne s'attache ni à la naissance ni à la fortune, mais uniquement au mérite, et ce ne sont pas les distinctions sociales, c'est la compétence et le talent qui frayent la voie des honneurs. Une égalité ainsi comprise, qui laisse le champ ouvert à la valeur personnelle, ne nuit en rien à la liberté. Chacun est libre de ses actes, sans avoir à craindre ni curiosité soupçonneuse, ni regards improbateurs. Mais la liberté des individus a pour bornes les droits de l'État, les obligations de la discipline civique. L'ordre public exige la soumission aux autorités établies, l'obéissance aux lois, surtout aux lois de fraternité qui assurent la protection des faibles et aux lois non écrites qui émanent de la conscience universelle.

Une pareille constitution répand sur tous d'innombrables bienfaits. L'existence a plus de charme à Athènes que partout ailleurs : les fêtes périodiques y délassent l'esprit, et le commerce maritime y fait affluer les produits du monde entier. Ce qui n'empêche pas l'apprentissage de la guerre. Mais tout se fait au grand jour, sans mystère et sans contrainte. Pas de loi qui ferme la cité aux étrangers ; pas de laborieux exercices qui fassent de la bravoure une vertu d'éducation. Le courage naturel suffit aux Athéniens pour se montrer dans les heures d'épreuves à la hauteur d'ennemis dont la vie est un travail sans fin. Et voici d'autres titres de gloire. Ils aiment le beau avec simplicité ; ils cultivent la

science sans rien perdre de leur énergie. Pour eux, la richesse
n'est pas objet de vantardise, mais instrument de travail, et
la pauvreté n'est une honte que si l'on ne fait rien pour en
sortir. Comment de pareils hommes ne seraient-ils pas
capables de soigner à la fois leurs intérêts et ceux de la cité ?
A Athènes, les gens de métier s'entendent à la politique, et
quiconque se tient à l'écart des affaires publiques est considéré comme un être inutile. Réunis en corps, les citoyens
savent juger sainement du parti à prendre, parce qu'ils ne
croient pas que la parole soit nuisible à l'action et qu'ils
veulent, au contraire, que la lumière jaillisse de la discussion.
Tandis qu'ailleurs la hardiesse est un effet de l'ignorance, et
le raisonnement une cause d'irrésolution, Athènes s'entraîne
par la réflexion à l'audace. Un dernier trait qui la distingue
des autres nations, c'est sa générosité. Elle oblige sans calcul,
sans arrière-pensée, et c'est par sa persistance à rendre service qu'elle prévient le relâchement de la reconnaissance.
« En résumé, conclut Périclès, Athènes est l'école de la
Grèce » (τῆς Ἑλλάδος παίδευσιν).

Encore que ces conceptions soient trop belles et trop systématiques pour donner l'image fidèle et complète de la réalité,
elles ne font pourtant que projeter sur elle une lumière flat-
teuse, sans la déformer. Ce qui frappe le plus dans ces chapitres de Thucydide, ce ne sont pas les considérations sur
l'égalité démocratique ; elles sont de règle et rappellent les
lieux communs sur l'*isonomie* où s'étaient déjà complu
Hérodote et Euripide ([532]). Non, ce qui mérite de retenir
l'attention ce sont les développements sur les rapports entre
l'État et l'individu. Il y a là des maximes dont on dirait
qu'elles ont inspiré la Déclaration des Droits de l'homme.
La liberté politique n'est que la conséquence de la liberté
dont jouissent tous les citoyens dans leur vie privée. Où donc
est cette oppression que leur aurait fait subir, d'après un
préjugé trop répandu, l'omnipotence de la cité ? Habitués à
vivre comme il leur plaît, ils interviennent de plain-pied,
s'ils le veulent, dans la délibération qui éclaire les résolutions
communes. Ainsi l'entendait déjà Euripide, lorsqu'il faisait
dire à Thésée, le héros de la démocratie : « La liberté tient
en ces mots : « Qui veut donner un bon avis à la cité, qu'il

s'avance et parle. » Chacun peut, à son gré, se mettre en
lumière par un conseil ou se taire. Y a-t-il plus belle égalité
pour des citoyens ([533]) ? » En somme, par tous ses principes,
la démocratie athénienne du Ve siècle tend à maintenir un
juste équilibre entre la puissance légale de l'État et le droit
naturel de l'individu.

Mais à ce brillant tableau s'en oppose un autre aux cou-
leurs affreusement sombres. Les auteurs mêmes qui font la
part de l'éloge présentent aussi des critiques sévères. Dans
Hérodote, quand Otanès a parlé en faveur de la démocratie,
Mégabyze lui donne la réplique en termes virulents : « La
foule n'a point de sens pratique ; rien de plus inintelligent, de
plus excessif... Le tyran, du moins, sait ce qu'il fait ; le
peuple ne le sait pas. Et comment le saurait-il, lui qui n'a ni
instruction ni discernement naturel du beau et du bien ? Il se
précipite dans les entreprises et les pousse sans réflexion,
comme un torrent d'hiver ([534]). » Dans la tragédie d'Euripide, l'étranger à qui répond Thésée flétrit « les orateurs qui
exaltent la multitude et l'entraînent en tous sens dans leur
intérêt propre, pleins de charme aujourd'hui et faisant ses
délices, nuisibles demain, puis dissimulant leurs fautes à
force de calomnies pour esquiver le châtiment ». Même sans
la démagogie, la démocratie lui paraît injustifiable ; car
« comment le peuple incapable d'un raisonnement droit
pourrait-il conduire la cité dans le droit chemin ? » ([535]).
Quant à Thucydide, il donne pour pendant au portrait de
Périclès celui de Cléon et fait dire à Alcibiade : « Les hommes
raisonnables savent bien ce que vaut la démocratie... ; rien
de nouveau à dire sur une extravagance reconnue ([536]). »
Ce ne sont pourtant pas des historiens et des poètes déci-
dés à voir le pour et le contre qui ont porté à la démocratie
athénienne les coups les plus rudes ; c'est un homme politique, un adversaire déclaré, l'auteur anonyme d'une *République des Athéniens* longtemps classée parmi les œuvres de
Xénophon. Écrit probablement en 424, ce libelle est d'un
aristocrate hautain, d'un doctrinaire à sang froid faisant une
conférence dans une hétairie. Il suit son raisonnement avec
une logique imperturbable, assez pour faire une analyse

pénétrante de la constitution qu'il **exècre** sans laisser obscur-
cir son jugement par la haine, si haineux toutefois et si fana-
tique qu'il ne s'en prend pas aux démocrates, ennemis avec
lesquels il n'y a pas à raisonner, mais cherche seulement à
dissiper les illusions des oligarques modérés. Quelle folie, de
s'imaginer que la démocratie peut s'améliorer ! Elle est détes-
table, parce qu'elle suit sa nature et reste conforme à son
principe, parce qu'elle ne peut pas être autrement. L'égalité
démocratique, la prépondérance du nombre a pour conséquence inéluctable l'impuissance des bons et la domination
des méchants. Il n'y a pas de réforme qui puisse empêcher la
multitude d'être ignorante, indisciplinée, malhonnête,
« parce que la pauvreté pousse les hommes aux actes bas par
le défaut d'éducation et d'instruction qu'entraîne le manque
d'argent » (537). Le gouvernement démocratique fait prévaloir les pires éléments de la cité : voilà le fait primordial et
nécessaire.

« Il ne faudrait pas, dira-t-on, permettre à tous indistinctement de
parler et de prendre part au Conseil, mais seulement à ceux qui ont le
plus de bon sens et de talent. Mais c'est une vue admirablement juste,
de laisser parler la racaille. Si les honnêtes gens étaient seuls à parler et
à prendre part au Conseil, ce serait un bien pour ceux qui leur ressem-
blent, mais non pour les gens du peuple. Au contraire, quand le premier
venu peut se lever pour prendre la parole, il se trouve toujours un misérable pour découvrir ce qui est avantageux pour lui et ses pareils. Mais,
répliquera-t-on, comment un individu de cette sorte sera-t-il juge de
son intérêt et de celui du peuple? En tout cas, ils comprennent très bien,
les gens de ce monde, que l'ignorance et la malhonnêteté d'un homme
qui est de leur bord leur sont plus profitables que la vertu et la sagesse
de l'honnête homme qui n'a pour eux qu'antipathie. Ah! ce n'est pas
l'idéal de la cité que réalisent de pareils errements; mais il n'y a pas
mieux pour maintenir la démocratie. Le peuple n'a point à cœur que la
cité ait de bonnes lois, s'il lui faut s'y asservir : il veut être libre et
commander; après cela, que les lois soient mauvaises, c'est le dernier
de ses soucis (538). »

La tirade est cynique. Quand le pamphlétaire soutient que
la multitude fait le mal, non par entraînement ou erreur,
mais par obéissance fatale à la loi du régime et tout simplement parce que le mal c'est son bien à elle, il n'entend nullement faire sourire par une ironie incisive, il prétend convain-

cre par une observation aiguë. Il se croit impartial. Et il l'est,
en effet, chaque fois qu'il n'a pas à craindre que la vérité
nuise à son argumentation. Bien qu'il vilipende les empiéte-
ments de la justice athénienne, il reconnaît que le grand
nombre des juges attachés à chaque tribunal fait obstacle aux
intrigues et à la vénalité, il convient qu'avec un autre système on obtiendrait des sentences moins équitables. Il
regrette, d'ailleurs, — est-il plus bel éloge qu'un pareil
regret? — que la démocratie athénienne commette si peu
d'injustices et n'augmente pas davantage l'armée des mécontents ([539]).

Une théorie à ce point systématique convenait par ses
traits essentiels à des philosophes qui ne concevaient de
suprématie légitime que celle de l'intelligence.

Le rationalisme de Socrate trouvait ample matière à critique dans la démocratie de son temps. Il n'avait pas l'ombre
de respect pour une assemblée « composée de foulons, de
cordonniers, de maçons, d'ouvriers sur métaux, de laboureurs, de revendeurs, de colporteurs, de brocanteurs » ([540]).
Non qu'il méprisât les travaux manuels, lui, fils d'artisan, qui
n'aimait rien tant que d'éveiller les esprits dans les boutiques et au marché ; mais il était convaincu qu'il n'est de
mérite et de vertu que dans le savoir et s'effrayait de voir la
cité gouvernée par l'ignorance. Le tirage au sort des magistratures lui paraissait purement et simplement une aber-
ration ([541]).

On comprend donc assez bien que Socrate ait été accusé
par un Anytos de mépriser les lois établies. Cependant il se
défendait d'avoir jamais songé à renverser les institutions nationales par la force. Et de fait, quoi qu'il en eût, il témoignait
d'une certaine faiblesse pour la démocratie athénienne ; il
avouait avec une candeur charmante qu'il n'était nullement
tenté de quitter sa patrie pour mettre sa conduite d'accord
avec sa doctrine. Il avait beau vanter sans cesse les constitutions de Lacédémone et de la Crète, il n'éprouvait pas la
moindre envie d'aller les voir de près. Conséquent avec lui-
même, il reconnaissait que persister à faire partie d'une
communauté lorsqu'on est libre d'en sortir, c'est prendre
l'engagement tacite de respecter ses lois ; et, d'ailleurs,

« comment une ville plairait-elle à qui n'aimerait pas ses lois ? » (⁵⁴²). Il n'entendait pas non plus se conduire comme un émigré à l'intérieur. Non seulement il admirait en Périclès l'idéal de l'orateur (⁵⁴³), mais il désirait que chaque citoyen contribuât à maintenir très haut le renom d'Athènes à l'étranger (⁵⁴⁴). Il croyait de son devoir de prendre part à la vie politique : il se fit nommer bouleute et donna, comme prytane, un bel exemple de courage civique, en opposant la majesté des lois à une assemblée en délire (⁵⁴⁵). Le vrai Socrate paraît bien avoir été celui que Xénophon représente dans les *Mémorables* : il n'admet pas que Charmide versé dans les affaires s'abstienne de servir son pays ; il blâme la lâcheté du citoyen qui veut bien conseiller à l'occasion les magistrats et fait le beau parleur dans les clubs aristocratiques, mais qui se sent intimidé devant les masses populaires (⁵⁴⁶). Ce n'est pas lui, c'est un disciple infidèle à sa pensée, qui a déclaré que le cas d'Athènes est désespéré, que toute intervention aurait pour seul résultat de vouer à la mort quiconque la tenterait, que la place d'un homme résolu à combattre l'injustice sans se sacrifier inutilement est dans la vie privée, non dans la vie publique (⁵⁴⁷).

Platon, en effet, prononce contre la démocratie en général une condamnation sans réserve (⁵⁴⁸). Il prend le contre-pied de la théorie formulée par le Périclès de Thucydide. La liberté, un bien ? C'est elle précisément qui est cause de tout le mal. La constitution d'Athènes, un modèle ? Ce sont les législations de Sparte et de la Crète qui se rapprochent le plus du but à poursuivre. Il faut faire régner l'ordre dans la cité, comme dans les âmes ; il faut supprimer les diversités personnelles, proscrire le particulier, obtenir que tous pensent de même sur toutes choses. On n'y parviendra que le jour où la caste des philosophes, soutenue par les guerriers et libérée de tout égoïsme par la communauté des biens, des femmes et des enfants, dominera la foule ignorante des travailleurs. La démocratie est juste à l'opposé de cet idéal. Elle est le régime de l'individualisme, où chacun fait ce qu'il veut. Elle est donc sujette à une variété déconcertante, à une instabilité perpétuelle. La liberté qu'elle institue et qui fait paraître la vie si douce et si radieuse n'est que l'absence de toute règle, un chaos où les lueurs mêmes du talent et du génie ne sont que fantasmagorie et impuissance. L'égalité dont elle se targue, mettant sur le même rang des hommes inégaux, est une inégalité criante. En reconnaissant à tous les désirs la même légitimité, à toutes les aspirations les mêmes droits, elle crée le dérèglement et l'immoralité, fait passer la modération pour une faiblesse et le scrupule pour une naïveté. Quand une cité en est là, sa constitution n'est qu'un manteau bariolé. Il est même faux de parler d'*une* constitution ; car elle change sans cesse au gré des passions, et il y en a autant qu'on en demande sur le marché. En résumé, la démocratie aboutit fatalement à l'*ochlocratie*, et la domination de cette bête monstrueuse qu'est la multitude (θρέμμα μέγα καὶ ἰσχυρόν) n'est qu'un réveil de la nature titanique (παλαιὰ γιγαντικὴ φύσις) ([549]).

Aristote arrive, par une analyse pénétrante, à un jugement presque aussi sévère ([550]). Il part de ce fait que les trois gouvernements purs, la royauté, l'aristocratie et le régime républicain ou *politeia*, sont également susceptibles de corruption. Tandis que la royauté dégénère en tyrannie, et l'aristocratie en oligarchie, la constitution républicaine dégénère en démagogie ([551]). Suivons ce processus.

Et d'abord, comment reconnaître la démocratie ? C'est une erreur commune, de la faire reposer exclusivement sur le droit souverain de la majorité. Dans l'oligarchie aussi, la majorité est souveraine. Il y a démocratie là où la souveraineté appartient à tous les hommes libres sans distinction de fortune. Par conséquent, il n'y a pas démocratie là où une minorité d'hommes libres commande à une majorité d'hommes privés de la liberté ; il n'y en a pas davantage là où la souveraineté n'appartient qu'aux riches, même s'ils sont en majorité. Bref, « il n'y a de démocratie véritable que là où les hommes libres, mais pauvres, forment la majorité et sont souverains » ([552]).

La démocratie ainsi définie présente une grande multiplicité de formes. Cela tient à diverses raisons. Celle qui frappe les yeux d'abord, c'est la multiplicité des éléments humains dont se compose une cité. Toutes les combinaisons de classes se rencontrent dans les démocraties, avec les cultivateurs, les artisans, les commerçants, les gens de mer et les manœuvres, tous citoyens (⁵⁵³). D'autre part, si le principe démocratique exige que la souveraineté appartienne au peuple, il y a plusieurs manières d'organiser l'assistance des citoyens à l'Assemblée. De même, étant donné que la souveraineté implique le droit de décider en matière de paix ou de guerre, d'alliance et de rupture d'alliance, de législation, de haute justice et de reddition des comptes, il y a plusieurs manières de partager ces attributions entre le peuple et ses délégués, les magistrats (⁵⁵⁴). Il y a donc lieu ici, comme en histoire naturelle, de déterminer les organes typiques de chaque espèce, pour y pouvoir ramener les variétés.

La première espèce de démocratie, la plus ancienne et la meilleure, se caractérise par l'égalité fondée sur la loi : les pauvres et les riches sont souverains au même degré. C'est la démocratie par excellence, parce qu'elle donne à tous part égale au droit de cité. Elle se trouve dans les pays agricoles et pastoraux où les fortunes sont modestes et où tout le monde travaille pour gagner sa vie. Là, faute de loisir, on ne se réunit en Assemblée que dans les cas indispensables, pour élire les magistrats ou simplement choisir les électeurs, et pour recevoir les comptes ; quant au reste, on laisse le soin de gouverner aux rares citoyens qui ont des moyens suffisants pour s'occuper de politique (⁵⁵⁵). Aristote trouve dans ce régime un bon type de la constitution qui lui est chère, celle qui est favorable à la classe moyenne.

Deux autres espèces de démocratie admettent encore la souveraineté de la loi, mais diffèrent par l'éligibilité aux magistratures et par le rôle que s'arroge l'Assemblée. — La deuxième espèce, assez répandue, fait dépendre l'accès aux fonctions d'un cens modique, ou la participation à l'Assemblée, de conditions sévères. Comme ce système permet de faire de bons choix sans susciter de jalousie, il laisse généralement une grande latitude aux magistrats, si bien que le peuple se contente de les élire et de leur demander des comptes. Aristote approuve encore cette combinaison, parce qu'elle donne le pouvoir à l'élite et l'oblige à gouverner avec équité en la rendant responsable devant une autre classe (⁵⁵⁶). — Dans la troisième espèce, tous les citoyens accèdent aux

magistratures sans distinction aucune ; mais la composition
et les droits de l'Assemblée sont fort variables. Ici, les citoyens
sont appelés à l'Assemblée par sections à tour de rôle. Là, ils
entrent à tour de rôle par sections dans les collèges de magistrats, collèges qui se réunissent en assemblée restreinte pour
délibérer sur les affaires courantes, et alors ils ne sont convoqués en assemblée plénière que pour sanctionner les lois,
régler les questions constitutionnelles et entendre les
rapports des magistrats. Ailleurs, ils se réunissent pour
les élections, la législation, la reddition des comptes, la
paix et la guerre, le reste étant réservé aux magistrats
compétents ([557]).

Vient enfin — la dernière dans l'ordre de mérite comme
dans l'ordre chronologique — la démocratie où la multitude ne reconnaît plus la souveraineté à la loi, mais se l'ad-
juge tout entière à elle-même et l'exerce au moyen de décrets ([558]). Un pareil régime ne peut exister que dans les
grandes villes ; car il fait prédominer une classe qui ne
compte pas dans les États agricoles et pastoraux, la classe des
travailleurs manuels et des marchands. Cette masse dont
l'existence est dégradée, dont les travaux n'ont rien de
commun avec la vertu, tourbillonne sans cesse dans les
marchés et dans les rues ; elle est toute prête à courir à
l'Assemblée, tandis que les paysans dispersés n'éprouvent
pas autant le besoin de se réunir ([559]). Un monarque à
mille têtes qui refuse de s'assujettir à la loi et s'érige en
despote, voilà le régime. Cette démocratie est donc bien en
son genre ce que la tyrannie est à la royauté. Au lieu de
donner la préséance aux meilleurs citoyens, elle les opprime
et met en honneur les flatteurs. Une engeance, qui n'apparaît
jamais tant que la loi est souveraine, surgit infailliblement
là où elle ne l'est plus, à savoir les démagogues. Ils ont
deux moyens d'action. D'une part, ils fabriquent les décrets
abusifs qui rapportent tout au peuple ; car leur pouvoir ne
peut que gagner à étendre la souveraineté populaire dont ils
sont les maîtres. De l'autre, ils annihilent les magistrats par
les perpétuelles accusations qu'ils leur intentent devant la
justice populaire ([560]). Le dernier degré de la démocratie est
celui où le peuple est consulté directement sur toutes les

affaires et où aucun magistrat ne peut prendre de décision sans en référer à l'Assemblée (561).

Quand une démocratie en est à ce point qu'elle régit tout par décret, alors il n'y a plus de *politeia*, de régime vraiment constitutionnel. Il faut, en effet, pour qu'un pareil régime existe, que la loi ait le pouvoir suprême, qu'elle fixe les décisions d'ordre général et que les magistrats statuent sur les affaires particulières d'après les principes posés par elle. Au fond, l'État où tout se fait à coups de décrets n'est pas vraiment une démocratie (562).

Aux cités qu'il malmène avec tant de rigueur Aristote offre du moins une consolation. Comme la pire constitution est la corruption de la meilleure, la démocratie, dont l'idéal ne vaut pas celui de l'aristocratie ni, à plus forte raison, celui de la royauté, a la bonne place dans l'ordre de dégradation : elle est le plus supportable des régimes corrompus. On peut dire en ce sens qu'elle est le pire des bons gouvernements et le meilleur des mauvais (563).

Que nous trouvions des jugements aussi différents sur la démocratie athénienne, il serait d'une grande naïveté d'en être surpris. A une époque où vivaient côte à côte des cités démocratiques et des cités oligarchiques, dans chacune le parti au pouvoir trouvait devant lui une opposition violente qui s'inspirait en tout de principes contraires. Thucydide nous fait connaître l'idéal pour lequel les Athéniens s'engagèrent dans la guerre du Péloponèse ; le Pseudo-Xénophon nous expose les idées qui hantaient les esprits des hétairies avant de déterminer la révolution des Quatre Cents. Encore sont-ils l'un et l'autre d'un temps où l'individualisme, émancipé par la puissance publique, n'ose rien entreprendre contre elle et où les luttes civiles ont un caractère plus politique encore qu'économique et social. Mais viennent des générations d'Athéniens qui n'entendront plus parler d'oligarchie et pourront pousser le principe démocratique jusqu'à ses conséquences extrêmes, qui seront dominées par des intérêts égoïstes et purement matériels ; on comprend ce qu'ont dû penser alors de la démocratie les philosophes. Retirés de la vie publique, ils n'en discernaient que les vilains côtés, et ils étaient d'autant plus portés à exagérer le mal que la philosophie politique se rattachait par toutes ses traditions aux banquets des hétairies aristocratiques.

La cité telle que la voyaient Platon et Aristote, nous la retrouverons, mais plus loin. C'est vers celle qui fait la juste fierté de Périclès que nous allons d'abord tourner nos regards.

Chapitre III

L'Assemblée du peuple

I. COMPOSITION ET FONCTIONNEMENT DE L'ASSEMBLÉE

Pour entrer à l'Ecclèsia, il fallait remplir deux conditions :
1° Il fallait être Athénien, c'est-à-dire citoyen. Jusqu'au
milieu du Vᵉ siècle, ce titre appartenait à quiconque était né
de père athénien. Mais, en 451/0, la loi de Périclès décida
qu'il fallait, pour être Athénien, l'être du côté maternel
comme du côté paternel (⁵⁶⁴) : les enfants de mère étrangère
(μητρόξενοι) furent désormais en droit public des « bâtards »
(νόθοι). Le droit de cité pouvait s'acquérir, mais aussi se
perdre, dans des cas particuliers : il était concédé par décret
du peuple pour services exceptionnels ; il était retiré par
l'*atimie* ou dégradation civique, soit à titre provisoire, soit à
titre définitif.
2° Il fallait être majeur. La majorité était acquise, à dix-
huit ans, par l'inscription sur les registres du dème ; mais,
comme on devait généralement commencer par faire deux
ans de service militaire, on ne se présentait guère à l'Assemblée avant vingt ans.
Le contrôle s'effectuait facilement : on n'avait qu'à se
reporter au πίναξ ἐκκλησιαστικός, qui était la copie des
registres affichés dans les dèmes. Mais ces registres eux-
mêmes n'étaient pas toujours sincères. Les métèques parvenaient à s'y faire inscrire et, par suite, à se glisser dans l'Assemblée. On avait beau fulminer contre eux la terrible action
en extranéité (γραφὴ ξενίας) qui entraînait la condamnation

à la servitude ; les « mal inscrits » (οἱ παρέγγραπτοι) étaien
assez nombreux pour qu'on eût besoin de loin en loin d
procéder à une revision générale des listes (διαψηφισμός). I
était rare que l'Assemblée fût composée, pour parler comm
Aristophane, de « pure farine », sans mélange de « son ».

D'autre part, ce n'était jamais qu'une fraction du peupl
qui se présentait ([565]). On peut évaluer à environ 42 000 l
nombre des citoyens en 431. La Pnyx n'aurait pu conteni
pareille foule, et pourtant elle suffisait largement. En temp
de guerre, la plupart des adultes étaient éloignés d'Athène
par le service d'hoplite, de cavalier ou de rameur. En temp
de paix, les campagnards, habitués à vivre dispersés et n
s'intéressant qu'à leur champ ([566]), reculaient d'ailleur
devant un voyage quelquefois long et coûteux ; les bûche
rons d'Acharnes restaient dans les bois du Parnès, et le
petits commerçants des bourgades lointaines ne délaissaien
pas leur échoppe, excepté dans les grandes occasions ; le
gens de la côte ne renonçaient pas volontiers à une ou deu
journées de pêche. Quant aux riches, ils n'aimaient pas à s
déranger. Les chevaliers hésitaient à quitter leur villa d
Colônos pour se mêler à la multitude. Ceux même qui demeu
raient en ville n'étaient pas toujours disposés à subir l'ennu
d'une longue séance : l'Athénien, quand il n'a rien à faire
muse avec délices à l'ombre des platanes plantés par Cimor
sur l'agora, ou bien au marché, dans les boutiques, devan
les tribunaux. Les archers scythes étaient parfois forcés d
battre le rappel, de faire la presse. Bref, on voyait raremen
à la Pnyx plus de deux ou trois mille citoyens, dont le plu
grand nombre de beaucoup étaient des citadins. Certaine
résolutions devaient être prises soi-disant par « le peuple a
complet » (ὁ δῆμος πληθύων) ; en réalité, dans ces cas-là, l
quorum était de 6 000 voix.

Toutefois, l'abstention n'était pas encore une plaie a
ve siècle. Même les adversaires de Périclès n'abandonnèren
pas si vite la partie, et on les vit former des groupes com
pacts à la Pnyx pour soutenir leur chef, Thucydide fils d
Mélèsias. Même les paysans, quand l'affaire mise à l'ordr
du jour en valait la peine, passaient leur chiton de fête e
leurs chaussures laconiennes, pour se mettre en route l

nuit par petites troupes, le bâton à la main, le manteau flottant sur le dos ou plié sur le bras, et descendaient à Athènes en chantant de vieux refrains (⁵⁶⁷). Mais le gros de l'Ecclèsia était fourni par les faubourgs de Mélitè, du Céramique et du Pirée. Aristote déclarera qu'il n'est guère composé que d'artisans, de boutiquiers, de mercenaires, et dira pour expliquer le fait : « Roulant dans les marchés et les rues de la ville, tout ce monde est tout prêt à se réunir en assemblée (⁵⁶⁸). » Déjà Socrate ne voyait à la Pnyx que des gens de métier (⁵⁶⁹). Toujours est-il qu'on n'eut pas besoin avant le ive siècle de pousser les Athéniens à s'occuper des affaires publiques en instituant le jeton de présence « ecclèsiastique » (μισθὸς ἐκκλησιαστικός) (⁵⁷⁰). Chacun allait volontiers à l'Assemblée « apportant dans une petite outre de quoi boire avec une croûte de pain, deux oignons et trois olives » (⁵⁷¹).

L'Ecclèsia ne se réunissait d'abord qu'une fois par prytanie, c'est-à-dire dix fois par an. Mais les progrès du régime démocratique avaient pour effet de multiplier les questions soumises au peuple. Il y eut à la longue jusqu'à trois autres séances régulières par prytanie (⁵⁷²). La séance jadis unique reçut le nom de « principale », κυρία ἐκκλησία. Les trois séances supplémentaires devinrent à leur tour « légales », νόμιμοι ἐκκλησίαι. L'ordre dans lequel se suivirent les séances et les jours qui leur étaient affectés variaient d'une prytanie à l'autre (⁵⁷³), d'autant qu'on avait quelquefois grand-peine à leur trouver des places dans les intervalles des jours fériés et des jours néfastes (⁵⁷⁴). Il n'y avait dans l'année entière que deux séances à date fixe : la première de toutes, qui se tenait le 11 Hécatombaion, de manière à laisser au Conseil récemment installé le temps de se mettre au courant des affaires ; puis celle qui se tenait après les Grandes Dionysies, le 21 Élaphèbolion.

Si les séances ordinaires ne se tenaient pas à des dates constantes, elles avaient chacune leur ordre du jour, leur « programme » déterminé (⁵⁷⁵). Comme l'Assemblée principale de la prytanie avait longtemps été unique, il y avait de tout dans son programme : elle procédait à l'*épicheirotonia* ou vote de confiance sur la gestion des magistrats, délibérait sur l'approvisionnement et la défense du pays, recevait les

eisangélies ou accusations de haute trahison, faisait lire les
états des biens confisqués et des instances engagées à propos
de successions ouvertes ; de plus, à la sixième prytanie, elle
décidait s'il y avait lieu d'appliquer la loi sur l'ostracisme et
d'accorder un appui moral aux accusations intentées pour
sycophantie ou pour rupture d'engagements pris envers le
peuple (576). Les trois autres séances ordinaires avaient un
programme plus net. L'une était réservée aux suppliques
apportées par les citoyens qui, après avoir déposé un rameau
d'olivier sur l'autel, demandaient une sorte de bill d'indemnité pour une motion contraire à une loi existante ou à un
jugement rendu, une motion tendant à une réintégration
dans des droits perdus ou à une rémission de peine (577). Les
deux dernières étaient consacrées au reste des affaires : dans
chacune d'elles, on réglait trois affaires d'ordre religieux,
trois d'ordre international présentées par des hérauts ou des
ambassadeurs, et trois d'ordre profane, c'est-à-dire surtout
administratif (578). Au demeurant, ces programmes n'étaient
pas obligatoirement limitatifs, et l'ordre qu'ils établissaient
n'avait rien de rigoureux (579). Pourvu qu'une question
eût été portée à l'ordre du jour dans le délai légal, elle
pouvait être mise en délibération. Ce délai était de quatre
jours, et l'affichage du programme tenait lieu de convocation (580).

Cependant, comme nous dirions aujourd'hui, l'Assemblée
restait toujours maîtresse de son ordre du jour. Un événement imprévu pouvait exiger une mesure urgente ; une délibération pouvait ne pas aboutir en une séance. En ce cas, on n'attendait pas la prochaine assemblée régulière ; on convoquait
une assemblée extraordinaire (σύγκλητος), sans être tenu de
publier le programme et d'observer le délai légal ; on siégeait même en permanence, avec interdiction de sortir de la
question posée (581). Enfin, sous le coup d'un malheur public,
quand on était pressé par la nécessité, les prytanes convo-
quaient une « assemblée d'épouvante et de tumulte » en y
appelant les citoyens de la ville aux sons de la trompette et
ceux de la campagne par un feu allumé sur l'agora (582).
Grâce à un règlement élaboré par le temps et aux dérogations dont il était susceptible, l'Assemblée du peuple s'assu-

rait les avantages d'une organisation méthodique du travail, sans les inconvénients d'une contrainte rigide.

La séance commençait de bon matin, dès la pointe du jour ([583]). Le signal était donné par un drapeau déployé sur la Pnyx. Aussitôt, la police barrait les rues qui menaient à l'agora, rendez-vous des flâneurs, et rabattait les citoyens dans la bonne direction.

Comme dans toutes les cités de la Grèce, le siège de l'Ecclèsia avait d'abord été l'agora, la place publique où se trouvait le « cercle sacré » à l'époque homérique et qui conserva dans certaines villes le nom d' « agora sacrée » ([584]). Mais, au Ve siècle, la grande place du marché ne servait plus qu'aux rares séances qui devaient réunir le « peuple au complet ». La colline de la Pnyx était plus commode pour les assemblées ordinaires. On y accédait par une forte rampe. Un peu avant d'atteindre le sommet, on arrivait à une terrasse d'où l'on découvrait une vue magnifique sur la mer, sur l'agora, sur l'Aréopage et sur les Propylées de l'Acropole. Là était aménagé un hémicycle allongé : il avait une profondeur de 70 mètres sur 120 mètres de diamètre et inclinait légèrement de la périphérie, formée par un puissant mur de soutènement, vers le centre. Avec sa superficie de 6 000 mètres carrés, il aurait pu contenir vingt-cinq mille personnes debout ; sur les banquettes qu'on y installa ([585]) trouvaient encore place dix-huit mille auditeurs. La tribune était une plate-forme taillée dans le roc et entourée d'une balustrade ; elle mesurait 9 mètres de front, et trois degrés la surélevaient de 1 m 10. Au fond de la tribune se dresse un cube rocheux de 3 mètres ; c'était l'autel de Zeus Agoraios. En arrière et plus haut, se trouve la loge du bureau, où l'on montait par des escaliers placés à droite et à gauche de la tribune. Face au bureau, sur la crête du mur, était disposé depuis 433 un cadran solaire, œuvre de l'astronome Méton. Ce qui se passait et se disait dans cette enceinte à ciel ouvert ne pouvait être ni vu ni entendu du dehors ; car le mur de soutènement était continué le long de la partie rectiligne par un mur de clôture qui avait le double avantage de faire obstacle aux curiosités indiscrètes et de renvoyer le son vers l'auditoire ([586]).

Le président de l'Ecclèsia était, au Ve siècle, l'épistate des prytanes désigné chaque jour par le sort. Il n'y avait d'exception que pour les assemblées électorales et pour les assemblées plénières de l'agora, qui étaient présidées par les neuf archontes. Le président était assisté d'un héraut, qui faisait en son nom les communications à l'Assemblée, et d'un secrétaire, le « secrétaire de la cité » (γραμματεὺς τῆς πόλεως), qui donnait lecture des pièces officielles. Au pied de la tribune, au premier rang des gradins, étaient assis les prytanes, chargés de maintenir l'ordre et qui disposaient à cet effet d'archers commandés par six lexiarques.

Avant toute délibération, on accomplissait une cérémonie religieuse (587). Des purificateurs, les περιστίαρχοι, immolent des porcs sur l'autel et, avec le sang des victimes, tracent le cercle sacré autour des assistants. Puis le secrétaire lit et le héraut proclame l'imprécation contre quiconque chercherait à tromper le peuple. A tout moment, d'ailleurs, l'Assemblée reste sous le regard du dieu : la séance est levée de droit en cas d'orage, de tremblement de terre, d'éclipse, dès que les exégètes ont reconnu dans le phénomène un signe de Zeus (διοσημία) (588).

Ces formalités remplies, le président ordonne au héraut de lire le rapport de la Boulè sur le projet mis à l'ordre du jour, le *probouleuma*. La loi fait défense au président d'introduire (εἰσφέρειν) et de mettre en délibération (χρηματίζειν) aucune proposition qui n'ait été rapportée par la Boulè (ἀπροβούλευτον)(589). L'Assemblée s'oblige, par conséquent, à renvoyer au Conseil toute proposition émanée de l'initiative privée et s'interdit de la voter en première lecture. Mais le Conseil n'a pas le droit de veto : le probouleuma ne conclut jamais en termes explicites au rejet de la proposition, puisqu'elle a déjà été prise en considération par le peuple ; c'est un rapport à conclusion favorable ou sans conclusion, et l'opinion défavorable du Conseil est sous-entendue dans la formule « ce qui agréera au peuple sera pour le mieux » (ὅ τι ἂν αὐτῷ δοκεῖ ἄριστον εἶναι).

Après la lecture du probouleuma, dans le cas ordinaire où ce rapport est favorable, le président procède à la *procheirotonia*, c'est-à-dire fait voter à mains levées sur l'alternative qui se pose : acceptation pure et simple du probouleuma ou passage à la discussion (⁵⁹⁰). Comme ce vote préalable porte séparément sur chaque article du rapport, la discussion, si elle est décidée, peut être entière ou partielle.

« Qui demande la parole ? » C'est par ces mots que le héraut engage la délibération (⁵⁹¹). Jadis il criait, paraît-il : « Qui demande la parole parmi les Athéniens âgés de plus de cinquante ans ? » et passait progressivement à un chiffre plus bas. Ce privilège de l'âge était disparu. Toutefois, un jeune homme ne se serait pas permis de se mettre en avant le premier. Il y avait, d'autre part, des citoyens dont la présence à l'Ecclèsia était tolérée, mais qui n'étaient pas admis à prendre la parole : c'étaient ceux qui se trouvaient sous le coup d'une poursuite pouvant entraîner la peine infamante de l'atimie ; car, avant même le prononcé du jugement, ils étaient atteints automatiquement par le pouvoir magique de l'*ara*, de l'imprécation attachée à la loi, et ils avaient à se faire absoudre par les tribunaux avant de reprendre une part active à la vie publique. Si l'un d'eux osait violer l'interdit, tout citoyen pouvait demander au président de lui retirer la parole, à condition de s'engager à lui intenter une action subsidiaire, une sommation à fin de docimasie (δοκιμασίας ἐπαγγελία): cette procédure faisait courir à l'accusé le risque de l'atimie complète et définitive, mais exposait l'accusateur à l'amende infligée comme *pœna temere litigandi*, si bien qu'elle éloignait de la tribune les indignes, tout en protégeant la liberté de parole contre les sycophantes. En somme, à part un cas tout à fait exceptionnel, il était licite à tout Athénien de soutenir son opinion devant l'Ecclèsia : une égale liberté de parole (ἰσηγορία) paraissait la condition essentielle du régime démocratique (⁵⁹²). Mais, comme on s'en doute bien, un très petit nombre usait de cette faculté. C'étaient d'ordinaire les chefs de parti et leurs lieutenants qui soutenaient le poids de la discussion.

Le citoyen appelé à la tribune pose sur sa tête une couronne de myrte. Il devient inviolable et sacré. Quels sont ses droits ?

Tout Athénien a le droit d'initiative. Cette initiative, qui entraîne une certaine responsabilité, est rappelée dans la formule du décret par le nom de celui qui l'a proposée (un tel a dit, εἶπεν). Que l'auteur d'une motion soit un magistrat agissant dans la sphère de ses attributions ou un citoyen intervenant à titre privé, il peut argumenter sur le fond en première lecture et obtenir que les termes du renvoi à la Boulè dictent à peu près le *probouleuma*, ce qui permet souvent l'adoption du décret définitif par *procheirotonia*, sans discussion. S'il y a discussion, l'auteur de la motion est presque forcément amené à la tribune. — Tout Athénien a également le droit d'amendement. On ne vote pas nécessairement par oui ou par non sur le probouleuma. La rédaction du décret distingue toujours avec soin la partie empruntée au probouleuma ou à la motion et celle qui revient à l'auteur de l'amendement, nommément désigné [593]. Au lieu d'une simple addition au probouleuma, on peut même opposer au projet primitif un contre-projet, ce qui arrive le plus souvent quand le probouleuma ne conclut pas, c'est-à-dire est défavorable au projet.

La liberté des orateurs est donc absolue ; car c'est elle qui constitue la souveraineté de l'Ecclèsia. Elle est entière avant l'intervention de la Boulè et reste entière après. Mais il ne faut pas qu'un droit essentiel du citoyen dégénère et nuise à la cité. Le règlement de l'Assemblée y pourvoit. Toute motion, tout amendement ou contre-projet doit être formulé par écrit. Le texte est remis au secrétaire, qui en contrôle la rédaction et collabore, s'il y a lieu, aux modifications de forme nécessaires avant de le transmettre au président. Les abus du droit d'initiative sont sévèrement réprimés : toute proposition illégale doit être rejetée d'autorité par le bureau des prytanes et peut mener l'auteur devant les tribunaux ; sans préjudice de sanctions très graves, une triple condamnation de ce chef entraîne une dégradation spéciale, l'incapacité de présenter désormais aucune motion. D'autre part, le président est suffisamment armé pour empêcher toute obstruction ou tout écart au cours de la discussion : il peut ramener l'orateur à la question, et il n'y a pas d'exemple que son autorité ait été contestée.

La discussion close, les prytanes mettent la question aux voix (ἐπιψηφίζειν). Ce faisant, ils engagent leur responsabilité ; car ils doivent refuser de procéder au vote aussi bien

qu'à la discussion d'une motion illégale. Mais l'opposition
d'un seul ne prévaut pas contre l'avis de ses collègues, et,
s'il y persiste, il risque d'être poursuivi par la voie sommaire
de l'*endeixis* et d'être condamné pour le moins à une amende :
on comprend qu'il ait fallu à Socrate beaucoup de courage
civique pour tenir tête en pareille occurrence aux passions
déchaînées. Le vote se fait à mains levées (χειροτονία). S'il
y a doute, le héraut fait recommencer l'épreuve et la contre-
épreuve, jusqu'à ce que le bureau déclare le résultat manifeste et certain. Le scrutin secret est réservé aux assemblées
où il s'agit de mesures graves à prendre à l'encontre de
particuliers, aux assemblées plénières où l'on vote sur l'ostracisme ou sur la levée d'interdictions légales (άδεια), aux
assemblées ordinaires qui jugent des actes de haute trahison.
Le président proclame le résultat du vote. Si l'ordre du jour
est épuisé, il fait déclarer la séance levée ; si la discussion
n'est pas achevée, il prononce le renvoi à une séance ultérieure.

Même le vote une fois acquis, il arrive que les prytanes
soumettent une affaire à une seconde discussion dans des
cas exceptionnels où ils estiment, d'après des indices sérieux,
qu'il y a eu vote de surprise : ils convoquent alors une
nouvelle assemblée ou consentent à réintroduire la question
principale à propos d'une question connexe. Thucydide
nous fait assister deux fois à un drame de ce genre. En 428,
l'Assemblée vient de décider que les Mityléniens révoltés
seront tous mis à mort ; mais, pendant la nuit, les Athéniens
s'effraient de ce vote sanguinaire, et dès le lendemain une
seconde délibération se termine par un arrêt moins cruel [594].
En 415, l'expédition de Sicile vient d'être votée ; cinq jours
après, dans une séance où il s'agit des préparatifs à faire,
Nicias revient sur la question réglée ; il se tourne vers le
bureau : « Et toi, prytane, s'écrie-t-il, si tu crois de ton
devoir de veiller au salut de l'État, si tu veux faire acte de
patriotisme, remets l'affaire aux voix et fais procéder à une
seconde délibération. Si tu appréhendes de revenir sur la
chose votée, songe que cette dérogation à la loi ne saurait
être répréhensible quand elle a lieu devant tant de témoins. »
Et il obtient satisfaction : une seconde délibération
s'engage [595].

II. POUVOIRS DE L'ASSEMBLÉE

1. L'Assemblée ordinaire

Après avoir vu la composition et le fonctionnement de l'Ecclèsia, nous avons à examiner de plus près ses attributions. En principe, elles sont faciles à définir : sous un régime de démocratie absolue, le peuple souverain peut tout. Il reste toutefois à se demander ce que les Athéniens entendaient en théorie par la souveraineté et s'ils admettaient en pratique qu'elle subît certaines restrictions.

D'après la définition qu'en donne Aristote au IVe siècle, mais qui vaut pour le siècle précédent, la souveraineté, la κυρία, comprend : le droit de paix et de guerre avec le droit de conclure et de dénoncer les alliances, le droit de faire les lois, le droit de prononcer la peine de mort, l'exil et la confiscation, le droit de recevoir les comptes ([596]). A l'Ecclèsia appartiennent donc : 1º les relations extérieures ; 2º le pouvoir législatif ; 3º la partie la plus importante et spécialement la partie politique du pouvoir judiciaire, étant sous-entendu que les affaires qu'elle ne retient pas pour elle ressortissent à des tribunaux directement émanés du peuple ; 4º le contrôle du pouvoir exécutif, en réalité la nomination et la surveillance de tous les magistrats.

En matière de politique étrangère, les pouvoirs de l'Assemblée sont très étendus. Non seulement elle décide de la paix et de la guerre ainsi que des alliances ; mais elle s'occupe des moindres négociations. Elle nomme les ambassadeurs, leur donne ses instructions et se fait adresser leurs rapports. Elle reçoit les hérauts et les ambassadeurs envoyés par les autres cités : en temps normal, elle leur donne audience dans deux séances par prytanie, et les accords préparés avec eux à la Boulè ne sont que des probouleumata qu'elle convertit en décrets, avec ou sans modifications. Quand elle a ratifié les traités, elle désigne encore les personnages qui doivent les confirmer par serment ou recevoir le serment de l'autre partie.

Le droit de régler la politique extérieure serait illusoire, s'il n'emportait celui d'en régler les moyens : toutes les questions militaires et navales relèvent de l'Ecclèsia. En temps de paix, comme on l'a vu, elle se fait lire dans la séance principale de chaque prytanie un rapport sur tout ce qui concerne la défense, y compris l'état de la flotte, et nous savons qu'on ne mettait pas un vieux bateau hors de service sans un décret du peuple. En temps de guerre, elle fixe les contingents à mobiliser, la proportion des citoyens et des métèques qui serviront comme hoplites, celle des citoyens, des métèques, des esclaves et des mercenaires qui serviront comme rameurs. Elle désigne les stratèges pour les expéditions qu'elle ordonne, reçoit les rapports, dirige les opérations et commande les retraites par décrets. Cette autorité qu'elle exerce sur les chefs militaires, elle la renforce encore des pouvoirs énormes que lui confère la souveraineté judiciaire : on la voit condamner à l'exil ou à la peine de mort des généraux vaincus et même une fois des généraux vainqueurs.

Que les négociations les plus délicates, que la direction des armées et des flottes aient ainsi dépendu de quarante mille individus jouissant de droits égaux, cela paraîtrait une monstruosité, une folie, si l'on ne distinguait pas sous les apparences la réalité des choses. Un fait est certain : Athènes a suivi au Ve siècle une politique extérieure qui certes ne manque pas de grandeur ; elle a créé le plus bel empire maritime qu'ait connu l'antiquité. Ce fait, comment l'expliquer ? Il faut bien admettre que les quarante mille individus qui formaient le peuple athénien savaient subordonner leurs petits intérêts et leurs passions personnelles à l'intérêt commun et à la passion supérieure du patriotisme. Ils savaient accepter les directions nécessaires. Au fond, le principal rôle en matière de politique étrangère et de défense nationale appartenait à la Boulè : une Assemblée qui, livrée à elle-même, eût inévitablement été légère et versatile, avait ainsi un élément de pondération. Cinq cents Athéniens passaient une année entière à étudier les affaires qui devaient être soumises au reste du peuple : c'étaient eux qui recevaient d'abord les ambassadeurs et négociaient avec eux, qui les présentaient ensuite à l'Assemblée et faisaient confirmer

par elle des résolutions arrêtées d'avance ; c'étaient eux qui
avaient la haute main sur l'administration militaire. Il faut
bien se dire qu'avec toute sa faconde populacière, Cléon
n'eut prise sur les esprits qu'après être entré à la Boulè. Et
c'est sans doute par cet intermédiaire indispensable que
Périclès put imposer au peuple l'ascendant du génie pendant
plus de trente ans.

Pour déterminer avec précision le pouvoir législatif de
l'Ecclèsia, il faudrait être au clair sur le sens exact du mot
nomos (loi) et du mot *psèphisma* (décret) [597]. Ce n'est pas
à une époque comme la nôtre, où les plus savants juristes
de tous les pays éprouvent une difficulté singulière à définir
ces deux termes — et où la démocratie française a même
introduit dans la phraséologie politique le terme hybride
de « décret-loi » — qu'on est en droit de jeter la pierre à la
démocratie athénienne pour avoir laissé dans le vague la
différence qui existe entre deux conceptions cependant
essentielles [598].

En tout cas, le droit public d'Athènes proclamait en
principe qu'aucun décret, ni du Conseil ni du peuple, ne
prévaut contre la loi [599] (ψήφισμα μηδὲν, μήτε βουλῆς
μήτε δήμου, νόμου κυριώτερον εἶναι). Mais, d'autre part,
Aristote déclare que « la souveraineté du peuple s'étend
même aux lois » (κύριος ὁ δῆμος καὶ τῶν νόμων ἔστι), et,
pour lui, il en était ainsi dès le Vᵉ siècle, puisque « les Athéniens gouvernaient alors sans accorder aux lois la même
attention qu'auparavant » [600]. La contradiction est formelle.
Elle ne comporte qu'une explication. En principe, par
scrupule religieux, l'Ecclèsia ne s'arrogeait pas le droit
d'abolir formellement les lois existantes et de faire des
lois nouvelles ; mais elle savait tourner ce principe et trouver
les formes nécessaires pour légiférer par décret. Ce que
les Athéniens du Vᵉ siècle entendaient par « lois », c'étaient
toutes les lois et surtout les lois constitutionnelles de Dracon,
de Solon et de Clisthènes : ils n'en abolirent aucune, ce qui
ne les empêcha pas de réformer l'archontat par deux fois,
d'enlever à l'Aréopage la plus grande partie de ses attributions, d'apporter des restrictions au droit de cité. Pour
Aristote, qui voit la réalité sous la convention, il y a là un

excès regrettable. Pour l'historien, qui doit en croire Aristote
sur la question de fait, mais qui connaît les exigences permanentes et le processus des évolutions humaines, il y a là un
phénomène naturel qu'on ne peut se permettre de juger
qu'en connaissance de cause. Et sans doute le philosophe
déclare que « la souveraineté des lois est la condition même
du régime constitutionnel » et que « l'État où tout se fait
à coups de décrets n'est même pas proprement une démocratie, puisqu'un décret ne comporte point de dispositions
générales » ([601]). Reste à savoir si le peuple athénien, quand
il faisait des lois sous forme de décrets, en usait d'autre
sorte et y prenait plus de précautions que lorsqu'il adoptait
des mesures de circonstance par des décrets ordinaires.

Il n'y a pas de doute sur ce point. Nous connaissons, en
effet, toute une série de décrets qui, par leur caractère
général, sont de véritables ordonnances à valeur législative
ou même constitutionnelle et qui n'ont pas été proposés à
l'Ecclèsia par la procédure normale du probouleuma. Ce
sont des décrets où il s'agit de fixer la condition d'une
ville fédérée, de donner son statut à une colonie, de régler
la grave question des prémices dues aux déesses d'Éleusis ([602]). Dans tous ces cas, on a recours à des formalités
spéciales et solennelles, celles-là mêmes qu'on emploie pour
rénover par une transcription authentique les principales
lois de Dracon ([603]). On nomme une commission de *syngrapheis* analogue à ce conseil de *nomothètes*, ce comité de
législation, qui fonctionne exceptionnellement après la chute
des Quatre Cents et celle des Trente, pour reparaître
sous une forme régulière pendant une grande partie du
IVe siècle. C'est le projet élaboré par les syngrapheis que
la Boulè apporte avec ses observations à l'Assemblée et
que l'Assemblée adopte définitivement. Autre précaution :
pour peu qu'il faille toucher aux « lois existantes » dans le
« décret » nouveau, l'auteur de cette proposition sacrilège
et révolutionnaire doit détourner de sa tête la malédiction
et la pénalité qu'il encourt, venir en suppliant demander
grâce à l'avance, et l'immunité qu'il sollicite ne peut lui
être accordée que dans une assemblée plénière, au scrutin
secret, par six mille voix au moins. En vérité, on n'a pas le

droit de dire que l'Assemblée athénienne usait de son pouvoir législatif à la légère.

Le peuple est aussi le souverain justicier. Mais il délègue
le pouvoir judiciaire à des sections de citoyens siégeant
dans les tribunaux ; le corps entier, à l'Ecclèsia, se réserve
seulement la faculté d'intervenir dans les affaires où les
intérêts de l'État sont en jeu, pour donner aux tribunaux
les indications qu'il croit utiles par des votes préjudiciels.

Comme il n'existe pas à Athènes de ministère public qui
puisse représenter la souveraineté populaire, il arrive qu'un
simple citoyen, avant de poursuivre l'auteur d'un délit ou
d'un crime qui lèse la cité, demande au peuple de lui
accorder un appui moral, à défaut d'un mandat formel. Tel
est l'effet de la plainte préjudicielle ou *probolè*. C'est par
cette procédure qu'on engageait les poursuites quand on
voulait s'en prendre à ceux qui avaient violé la sainteté de
certaines fêtes, aux sycophantes ([604]) et, plus généralement,
à quiconque avait trompé le peuple ([605]). Au Ve siècle, elle
a été employée par les amis des généraux vainqueurs aux
Arginuses contre leurs accusateurs ; au IVe, par Démosthène contre Midias. Bien que l'Ecclèsia n'eût pas à prononcer de condamnation dans ce cas, elle ne se privait pas
d'entrer dans le fond de l'affaire : elle donnait la parole aux
deux parties et votait par oui en faveur de l'accusation
(*katacheirotonia*) ou par non en faveur de la défense (*apo-
cheirotonia*). De toute façon, si l'accusateur l'emportait,
il n'était pas obligé de suivre l'affaire et pouvait s'en tenir
à cette satisfaction morale. Au cas contraire, les thesmothètes introduisaient la *probolè* et la *katacheirotonia* devant
le tribunal ([606]).

L'*eisangélie* avait une bien autre gravité. Intentée à
l'auteur d'un crime flagrant contre la sûreté de l'État, elle
le livrait, pieds et poings liés, à l'arbitraire des juges. Au
Ve siècle, aucun texte ne définissait les actes qui tombaient
sous le coup d'une pareille accusation. Il est vrai qu'au commencement du IVe siècle une loi (le νόμος εἰσαγγελτικός)
établit la jurisprudence en matière de « tort grave fait au
peuple » (ἀδικία πρὸς τὸν δῆμον) ; mais elle déterminait
les applications de l'eisangélie dans le passé (trahison, haute

trahison, conspiration, etc.) sans les limiter dans l'avenir, si bien qu'on en vint par extension jusqu'à l'employer contre les attentats à la moralité publique, par exemple contre l'adultère. Quand une accusation de ce genre était déposée dans une des séances principales, l'Ecclèsia votait sur la question préalable de l'acceptation ou du rejet. Dans l'affirmative, le Conseil était chargé de dire par un *probouleuma* si l'affaire devait être jugée par l'Ecclèsia ou par un tribunal d'hèliastes sous la présidence des thesmothètes. Si le peuple en masse se réservait le jugement, ses pouvoirs étaient illimités en ce qui concernait la peine ; s'il s'en déchargeait, il spécifiait dans le décret introductif d'instance la loi dont les sanctions seraient applicables en cas de condamnation. Comme on le voit, c'était une arme redoutable que l'eisangélie. Encore faut-il remarquer que l'Ecclèsia ne jugeait guère elle-même que les espèces de caractère franchement politique et que, dans la pratique, l'indétermination du crime avait au moins pour contrepoids l'indétermination de la peine.

La souveraineté du peuple en matière de pouvoir exécutif ne peut s'exercer, naturellement, que par l'intermédiaire des magistrats. Nous aurons à examiner de plus près leur rôle dans l'État ; il nous suffit pour le moment d'indiquer leur situation par rapport à l'Ecclèsia. Ceux des magistrats qui ne sont pas tirés du peuple par le sort sont désignés par l'élection. Les comices électoraux ne sont que des assemblées spéciales (ἀρχαιρεσίαι) qui siègent, comme les autres, sur la Pnyx et dont les opérations sont également introduites par un décret du Conseil. Une fois entrés en charge, les magistrats sont soumis à une surveillance continuelle. A chaque prytanie, neuf fois par an, ils ont à se faire renouveler leurs pouvoirs par un vote de confiance, l'*épicheirotonia*, et, s'ils ne l'obtiennent pas, ils sont de ce fait envoyés devant les tribunaux. Le contrôle le plus sévère est celui qui s'exerce sur les chefs militaires et politiques, les stratèges ; mais la méfiance s'étend à tous les ordres de fonctionnaires et particulièrement à ceux qui ont maniement de fonds. Toute l'administration financière dépend du peuple : il vote les sommes nécessaires pour la guerre, pour

les ambassades, etc., jusqu'aux dix drachmes qu'il faut pour
la gravure du décret qu'il vient de rendre ; il ne laisse pas
passer une prytanie sans se faire présenter l'état des biens
confisqués. Enfin, à leur sortie de charge, les magistrats
ont encore à rendre compte devant deux commissions de
leur gestion financière et de leur gestion administrative.

2. *L'Assemblée plénière*

En règle générale, les décrets de l'Assemblée sont valables
sans quorum déterminé, quels que soient le nombre des présents et le chiffre de la majorité : les citoyens de l'Ecclèsia
agissent au nom de tous les citoyens. Mais, comme on l'a
déjà vu, il est des cas où la décision doit être prise, en principe, à l'unanimité, c'est-à-dire, en fait, par une partie du
peuple assez considérable pour représenter sincèrement le
peuple entier. Il y a là deux conceptions différentes qui ont
chacune leur tradition. Le système du consentement unanime, du *liberum veto*, dérive de la *thémis*, du vieux droit
familial qui voulait que, dans les délibérations importantes
du génos, l'opposition d'un seul fît échec à l'avis de tous les
autres (πάντας ἢ τὸν κωλύοντα κρατεῖν) (^{607}). Le système
majoritaire vient de la *dikè*, du droit interfamilial fondé sur
la conciliation de forces opposées, et s'y rattache par l'intermédiaire du combat judiciaire et de la cojuration, c'est-à-
dire de la coutume qui reconnaît la victoire à la partie la
plus nombreuse (νικεῖν δ'ὁτερα κ'οἱ πλέες ὁμόσοντι) (^{608}).
A Athènes, c'est l'Assemblée plénière (le δῆμος πληθύων),
convoquée à l'agora et répartie par tribus, qui est censée
représenter la cité unanime ; et ce qu'on pourrait appeler
le minimum d'unanimité, c'est un vote exprimé par six
mille suffrages (^{609}).

Au Vᵉ siècle, l'Assemblée plénière d'Athènes se réunit
dans deux cas : 1º pour désigner celui des Athéniens qui
doit être expulsé par application de la loi sur l'*ostracisme* ;
2º pour conférer l'*adeia*, l'impunité ou la grâce, soit à
l'auteur éventuel d'une proposition « illégale », mais nécessaire, soit à des personnes frappées d'atimie. Ces deux cas
semblent au premier abord n'avoir aucun rapport l'un avec

l'autre. Ils en ont cependant un, qui devient manifeste lorsqu'on voit l'Assemblée plénière fonctionner au IVe siècle dans un troisième cas, la collation du droit de cité. Par l'ostracisme comme par l'adeia, la communauté viole, au nom d'un intérêt supérieur, les règles de droit commun qui garantissent aux individus les droits civiques. En principe, les Athéniens n'admettent pas de loi individuelle de νόμος ἐπ' ἀνδρί ; ils pensent comme les Romains : *Ne privilegia sunto*. Mais, quand la raison d'État l'exige, ils admettent le décret individuel, ψήφισμα ἐπ' ἀνδρί. Ce sont des décrets de ce genre qu'ils rendent en usant de formes particulièrement solennelles, lorsqu'ils éloignent de l'Attique un homme qui n'est pas tombé sous le coup du code pénal, ou lorsqu'ils accordent un bill d'indemnité, une grâce, une amnistie [610].

C'est donc ici le lieu d'examiner une des institutions les plus fameuses d'Athènes, l'ostracisme [611].

Tous les historiens de l'antiquité se sont accordés pour en attribuer la création au fondateur même de la démocratie athénienne, à Clisthènes. Cependant ce n'est que vingt ans après, en 488/7, qu'Aristote place la première application de la loi sur l'ostracisme ; et alors, nous dit-il, elle fut appliquée coup sur coup trois ans de suite [612]. Aussi a-t-on voulu en dénier la paternité à Clisthènes. Il n'est pas impossible, en effet, qu'Aristote ait connu les plus anciens des ostracismes uniquement par le décret d'amnistie qui les rappela en 481/0, et comme le bannissement par ostracisme prenait fin de plein droit au bout de dix ans, le décret d'amnistie ne nommait que les citoyens ostracisés après 491/0. Il n'en est pas moins bien téméraire de rejeter le témoignage unanime des anciens, et bien inutile. Le long sommeil de la loi clisthénienne s'explique aisément. L'ostracisme n'a pas été au début ce qu'il est devenu par la suite. Quand Clisthènes l'a institué, on sortait d'une période où les guerres civiles mettaient constamment en jeu la responsabilité collective des géné : plusieurs fois dans le cours d'un siècle, les Alcméonides avaient été bannis en masse, et le chef des oligarques, Isagoras, venait en 508 d'expulser sept cents familles. Nul mieux que l'Alcméonide Clisthènes ne pouvait sentir l'odieux d'une pareille coutume, et les Athéniens ne deman-

daient qu'à user, comme dit Aristote, « de l'indulgence habituelle au dèmos ». Pour protéger le régime contre les Pisistratides, on se contenta de proscrire les tyrans et leurs fils ;
quant aux membres de la famille « qui ne s'étaient pas compromis dans les troubles », on les laissa habiter dans le pays,
en les prévenant que, s'ils bougeaient, on les ferait partir
pour dix ans. Ils se tinrent cois longtemps. Mais, pendant
la première guerre médique, ils furent suspectés d'entretenir des intelligences avec Hippias, traître à son ancienne
patrie, et même les Alcméonides ou du moins quelques-uns
d'entre eux donnèrent prise aux soupçons. Après la victoire
de Marathon, on résolut de châtier les amis des tyrans :
l'arme suspendue sur leurs têtes s'abattit à coups redoublés.
En 487, l'ostracisme fut décrété contre un parent des Pisistratides, Hipparchos fils de Charmos, devenu le chef de la
famille ; en 486, l'année où les pentacosiomédimnes durent
partager l'archontat avec les chevaliers, contre l'Alcméonide
Mégaclès fils d'Hippocratès ; en 485, probablement contre
Alcibiade l'Ancien.

Mais, par le seul fait qu'il n'atteignait plus seulement la
famille visée à l'origine, il pouvait rendre à la cité le service
de mettre fin aux luttes intestines. Dans les circonstances
graves, surtout en face du danger perse, il ne fallait pas qu'il
y eût un dissentiment continuel sur la question de la défense
nationale. Que faire quand deux partis de force à peu près
égale entravaient le fonctionnement de l'État ? La vieille
loi de Solon qui frappait d'atimie les citoyens coupables
d'abstention politique en cas de troubles était notoirement
insuffisante et, d'ailleurs, tombée en désuétude. L'intérêt
supérieur de la république commandait donc de protéger
l'œuvre de la majorité contre des attaques inopportunes en
éloignant du territoire le chef de la minorité. C'est ainsi que,
dans les années qui précédèrent la seconde guerre médique,
à mesure que Thémistocle faisait prévaloir ses idées sur la
nécessité d'une grande flotte, ses adversaires prenaient le
chemin de l'exil : Xanthippos fut ostracisé en 484, et Aristide en 483. Si l'on songe à la politique extérieure, il y a peut-
être moins de contradiction qu'il ne semble entre ces décrets
d'ostracisme lancés à coups répétés et l'amnistie qui les

annula en 481 pour grouper tous les citoyens dans une union sacrée.

La disparition définitive des tyrans et la défaite des Mèdes ne laissaient plus à l'ostracisme d'emploi qu'en politique intérieure. Dans une nouvelle période, il servit aux factions à se décapiter réciproquement. Thémistocle fut expulsé en 472 par les partisans de Cimon, et Cimon en 461 par les partisans d'Éphialtès. Périclès vit frapper d'ostracisme son ami Damon, avant d'en faire frapper en 443 son principal adversaire, Thucydide, fils de Mélèsias. Dès lors, l'arme forgée par Clisthènes et employée hors de propos s'est émoussée. A un moment qu'on ne saurait préciser, le peuple avait décidé de procéder à un vote d'ostracisme ; mais les voix se dispersèrent tellement que le quorum ne fut pas atteint, et cette tentative avortée serait restée pour toujours dans l'oubli, si l'on n'avait trouvé en 1910 dans un tas de déblais les tessons marqués de noms divers qui furent jetés au rebut ([613]). Pourtant, en 417, on essaya encore de décider entre Nicias et Alcibiade par un vote d'ostracisme ; mais, au dernier moment, leurs partisans à tous les deux prirent peur et s'unirent pour voter contre un misérable politicien détesté de tous, Hyperbolos. Ce fut la fin de l'ostracisme.

C'est dans l'assemblée principale de la sixième prytanie, immédiatement après le milieu de l'année, que les prytanes, conformément à l'ordre du jour, mais sans probouleuma, soumettaient au peuple la question de savoir s'il voulait procéder à l'ostracisme ou non. Le vote avait lieu séance tenante, sans discussion ([614]). Au cas d'affirmative, on fixait le jour où aurait lieu en assemblée plénière l'opération même de l'*ostracophorie*. Il fallait se hâter, parce qu'elle n'avait de sens qu'avant les élections, et les élections se faisaient tous les ans de la septième à la neuvième prytanie.

Pour la séance décisive, l'agora était divisée en dix sections, avec une urne pour chaque tribu. Le bureau était constitué par les neuf archontes, entourés de la Boulè au complet. Le vote se faisait à l'aide de tessons sur lesquels chacun inscrivait le nom de celui qu'il considérait comme l'ennemi public : vieille coutume qui servait bien avant Clisthènes pour la proscription ([615]). Le quorum était de six mille. Mais fallait-il six mille suffrages exprimés, comme le dit Plutarque, ou six mille suffrages réunis sur le même nom, comme le veut Philochore ? Que l'on considère l'esprit même de l'institution, le principe du consentement unanime ; il est invraisemblable que les Athéniens crussent légitime de retirer ses droits à un citoyen sans réunir autant de voix contre lui qu'il en fallait au IVe siècle pour accorder le droit de cité à un étranger. Sur le tas de quarante-trois ostraca qui nous a révélé une ostracophorie ignorée de l'histoire, se lisent cinq noms différents, sans parler de cinq noms illisibles. Le jour où eut lieu ce vote, s'il avait suffi de six mille citoyens présents, un citoyen aurait pu être ostracisé par 1201 ou peut-être même par 601 voix. C'est inadmissible. — Le résultat du scrutin était proclamé sur la Pnyx. L'ostracisé devait quitter le pays dans les dix jours pour dix ans. Il conservait tous ses droits civils. A l'origine, il pouvait s'établir où il voulait hors du territoire attique ; mais, en 480, il lui fut interdit de séjourner en deçà du cap Géraistos (au Sud de l'Eubée) et du cap Skyllaion (à l'Est de l'Argolide). Il recouvrait tous ses droits politiques à l'expiration du délai fixé, si toutefois une amnistie n'abrégeait pas ce délai, comme ce fut le cas pour les cinq ostracisés de 487-483, pour Cimon et peut-être pour Thucydide.

La nécessité d'une assemblée plénière pour l'octroi de l'adeia s'explique par des croyances religieuses. Dans l'idée des Grecs, la sanction des lois et des jugements était une imprécation qui jaillissait spontanément contre quiconque y touchait et qui le vouait à l'atimie [616]. Cependant il pouvait y aller du salut de l'État d'obtenir le témoignage d'un incapable, étranger ou esclave, de décider un criminel à dénoncer ses complices. Une loi très sévère frappait d'atimie le débiteur public et faisait défense aux citoyens de présenter, aux prytanes de mettre aux voix toute motion tendant à lui faire remise de sa dette, à lui accorder un délai de paiement au-delà du terme extrême de la neuvième prytanie, à le réhabiliter avant qu'il eût obtenu quitus [617]. Que faire, s'il était de l'intérêt public de lever l'interdit ? Les trésors des temples étaient protégés par les lois contre l'impiété ; comment en disposer en cas de force majeure ?

C'est précisément en matière financière que se posaient le plus souvent des cas de conscience, et l'on voit que les Athéniens, si scrupuleux qu'ils fussent encore au ve siècle, arrivaient à les résoudre. En voici un exemple historique. En 431, on avait décrété que le trésor d'Athèna serait employé aux besoins de la guerre, sauf une somme de mille talents qui resterait en réserve sur l'Acropole : il y avait peine de mort pour quiconque ferait ou soumettrait à l'Assemblée la proposition de toucher à cette réserve, à moins qu'une flotte ennemie ne mît la ville en danger de mort. En 413, après le désastre de Sicile et la défection de l'Ionie, le peuple, saisi d'épouvante et à court de ressources, leva les peines prescrites (⁶¹⁸). L'homme assez hardi et assez patriote pour songer à une proposition qui pouvait le mener à sa perte devait se faire délier d'abord des interdictions légales. Il lui fallait un sauf-conduit, une *adeia*, qu'il ne pouvait obtenir que par un décret individuel rendu en assemblée plénière. Cette procédure extraordinaire aux formalités imposantes et compliquées a été d'un usage constant au ve siècle dans l'administration des finances, par cela même qu'il n'y avait pas de trésor public distinct des trésors sacrés (⁶¹⁹).

III. RÔLE HISTORIQUE DE L'ASSEMBLÉE

Après avoir suivi le peuple aux séances exceptionnelles de l'agora, il nous faut revenir avec lui à la Pnyx, si nous voulons nous faire une idée générale du rôle joué par l'Ecclèsia.

On en peut dire beaucoup de mal, et l'on ne s'en est pas fait faute dans l'antiquité non plus que de nos jours. Il est certain que le talent de parole avait, dans l'Assemblée athénienne, comme dans maints Parlements de notre temps, une tout autre influence que la justesse de pensée. La faconde se plaça bien au-dessus de la sagesse sur l'échelle des valeurs. Un contemporain déclarait que l'Ecclèsia était plus semblable à un auditoire de sophistes qu'à une réunion de citoyens délibérant sur les intérêts de l'État (⁶²⁰). Parfois, il est vrai, ces gobe-mouches se méfient ; mais dans quels cas ? Quand c'est un Antiphon, un partisan de l'oligarchie, qui paraît à la tribune. Aux appâts de celui-là, non, on ne se laissera

pas prendre ([621]). Et voyez quel est précisément le personnage qui, d'après Thucydide, met le peuple en garde contre
les harangueurs : c'est Cléon, le plus redoutable, le plus
violent de tous, et son excellent conseil n'est qu'une habileté
de plus, la ruse du démagogue qui a de bonnes raisons
de croire que les États sont mieux gouvernés par les médiocrités que par les intelligences d'élite et qui dissimule son
jeu en parlant contre les beaux parleurs ([622]). Pour ce peuple
qui assiste avec volupté à tout concours aussi bien intellectuel que physique, la Pnyx est encore un stade ou un
théâtre. Tandis que les séances d'affaires se déroulent dans
la solitude, la foule accourt aux joutes oratoires les grands
jours de lutte politique. On a beau être installé dans une
position favorable à la réflexion, assis sur des bancs, en plein
air et non pas dans l'atmosphère enfiévrée d'une salle ; on
se groupe entre amis, on s'excite les uns les autres, et les
orateurs ont vite fait d'enflammer les passions. Après une
journée d'émotions intenses, quand les nerfs sont exaspérés,
voici que le crépuscule avertit qu'il faut en finir. A ces
moments, on vote hâtivement à mains levées des mesures
qu'on regrette au bout de quelques mois ou dont on a
horreur au bout de quelques heures : on abandonne Périclès
à la meute de ses adversaires, pour le rappeler bientôt au
pouvoir ; on condamne à mort des généraux vainqueurs et,
une fois qu'ils sont exécutés, on s'en prend à leurs accusateurs ; on décide d'exterminer les Mityléniens rebelles et
l'on exige le lendemain une nouvelle séance pour leur faire
grâce. Et puis, à force de borner l'horizon politique à l'hémicycle de la Pnyx, on en vient à « se poser en spectateurs
des paroles et en auditeurs des actions » ([623]) ; on perd de
vue le monde extérieur ; on s'imagine que le vote d'un décret
a un effet automatique ; on prend une résolution pour un
acte ; on compte ferme sur des armées qui n'existent que
sur le papier (ἐπιστολιμαῖοι) ([624]). Enfin, ce peuple qui
se sait ou se croit tout-puissant en conçoit un orgueil royal.
Plein d'admiration pour lui-même, il s'étonne, il s'indigne
quand ses volontés ne s'accomplissent point et accuse de
désobéissance, soupçonne de trahison ceux qu'il avait
chargés de les exécuter.

Voilà bien des vices qu'il faut de vrai reconnaître à l'Assemblée athénienne. Mais, si graves que soient les inconvénients de l'institution, ils sont compensés par des avantages inestimables, qui sont inhérents au régime et d'autant plus précieux qu'ils sont moins apparents. Malgré tout, c'est à l'Ecclèsia que le peuple faisait son éducation. Dans ces démocraties antiques qui ne connaissaient pas le régime représentatif, la politique n'était pas pour le commun des citoyens la simple obligation de déposer un bulletin de vote dans une urne à de longs intervalles ; elle était pour eux une occupation régulière, un devoir de tous les instants. Ils exerçaient une fonction générale, indéfinie et, par conséquent, illimitée, qu'Aristote appelle précisément ἀόριστος ἀρχή (⁶²⁵). Chacun apprenait son métier de citoyen par la pratique. Parfois on acquérait le don de parole en écoutant parler ; maintes vocations s'éveillaient ainsi, à en croire une saillie d'Aristophane et l'exemple d'un Démade (⁶²⁶). En suivant les débats de la Pnyx, on pouvait se mettre au courant des affaires grandes ou petites, peser les opinions diverses, et les faits sont là pour prouver que les Athéniens avaient assez d'esprit critique pour ne pas se laisser prendre si souvent aux seuls prestiges de l'éloquence. Le ton général des harangues qui nous sont parvenues révèle un auditoire d'un goût très pur et habitué à de nobles pensées. Qu'on dise tout le mal qu'on voudra des entraînements dont était susceptible la multitude athénienne, c'est tout de même pour elle que furent élaborées toutes ces maximes sur la patrie, sur la loi, sur la liberté, l'égalité et la philanthropie qui ne perdent rien de leur grandeur et de leur beauté pour être devenues sous le nom de lieux communs le patrimoine moral de l'humanité. S'il est exact, comme le dit Aristote, que la cité parfaite est celle dont tous les membres remplissent scrupuleusement le devoir civique, bien qu'ils ne soient évidemment pas tous des hommes de bien (⁶²⁷), Athènes a du moins approché de la perfection au temps de Périclès, avant de lâcher la bride aux instincts des individus et de laisser la moralité publique se ravaler au niveau de la moralité privée.

Pour apprécier sainement le rôle de l'Assemblée, il convient donc de bien distinguer entre le Vᵉ et le IVᵉ siècle. Cette distinction apparaît dans une vive clarté quand on examine la série de ceux qui furent en ces temps-là les conducteurs du peuple athénien. La masse amorphe avait, en effet, son âme. Il y avait presque continuellement un chef de parti à qui la confiance de la majorité permettait d'exercer une sorte de magistrature spéciale non inscrite dans la constitution, une hégémonie par la persuasion. Sans titre officiel, ce personnage était comme le premier ministre de la démocratie, le « prostate » du dèmos ([628]). Entouré de lieutenants, il défendait sa politique contre le chef du parti adverse et restait maître du gouvernement tant qu'il réussissait à obtenir pour ses propositions l'assentiment de l'Ecclèsia. Aux temps où le peuple se passionnait surtout pour les grandes questions d'intérêt général, national, il choisissait de préférence son fondé de pouvoir parmi les stratèges chargés de veiller aux relations extérieures ; il le prenait le plus souvent dans les familles illustres, celles qui comptaient de nombreux aïeux et possédaient de beaux domaines. Cimon fils de Miltiade et l'Alcméonide Périclès, tous les deux grands propriétaires, sont de remarquables exemples de ces stratèges qui, comme prostates, dirigeaient les affaires au Vᵉ siècle. Leurs successeurs furent des commerçants et des industriels, non pas le charcutier dont s'amuse la verve d'Aristophane, mais Lysiclès le marchand de moutons, Cléon le tanneur, Cléophon le luthier, Hyperbolos le fabricant de lampes : ceux-là représentaient pendant la guerre du Péloponèse une classe dont les intérêts particuliers se confondaient du moins encore avec ceux de la république, puisqu'en voulant maintenir la suprématie économique de leur ville, ils cherchaient à lui garder son empire maritime ([629]). En somme, l'Assemblée populaire d'Athènes n'a pas plus mal choisi ses guides que tant d'assemblées modernes émanées du peuple par élection.

Elle savait prendre les précautions nécessaires contre ses propres entraînements. On a déjà remarqué, en la voyant à l'œuvre, quelques-unes des formalités protectrices dont elle entourait ses débats. Elles s'interdisait d'adopter une proposition quelconque sans la soumettre aux délibérations du Conseil et ne votait de décrets qu'en seconde lecture. Toute mesure individuelle qui dérogeait aux principes de droit commun, qu'elle fût prise en faveur ou au détriment d'une personne, n'était valable qu'à condition de réunir un quorum énorme. Mais notre attention doit se porter spécialement sur les institutions destinées à protéger les lois contre l'abus des décrets.

Au ve siècle, le besoin ne se fit pas encore sentir de mesures régulières et permanentes à l'effet d'organiser la modification des lois existantes ou l'adoption de lois nouvelles. Dans certains cas extraordinaires, par exemple pour fixer la condition des villes confédérées, pour régler la grave question des prémices dues aux déesses d'Éleusis ou pour remettre en vigueur les lois de Dracon, on nommait un comité de *syngrapheis*, véritables experts dont les conclusions étaient converties par le Conseil en probouleumata et par l'Ecclèsia en décrets [630]. Chaque fois qu'après une révolution oligarchique était restaurée la démocratie, elle chargeait une commission de *nomothètes* de faire, conjointement avec la Boulè, le départ entre les lois qu'il convenait d'abolir et celles qui devaient être conservées : c'est ainsi que des nomothètes fonctionnèrent après la chute des Quatre Cents, de 410 à 404 [631], puis après la chute des Trente de 403 à 399 [632]. Mais les nomothètes du ve siècle, aussi bien que les syngrapheis, diffèrent grandement des nomothètes qui, pendant une bonne partie du ive siècle, auront pour rôle de restreindre la puissance de l'Assemblée en matière législative. Ils ne sont jamais encore que des auxiliaires chargés par le peuple lui-même d'une tâche temporaire et spéciale.

C'est à une autre institution, une institution judiciaire, qu'une sagesse précoce demandait de contenir pratiquement l'omnipotence de l'Ecclèsia dans de justes limites. Tel est le service que devait rendre l'action publique pour motion illégale, la *graphè paranomôn* [633]. De fait, cette action était, par ses origines, par sa procédure et par ses sanctions, une des armes les plus redoutables dont disposât le droit criminel d'Athènes.

Jadis les lois données par les dieux étaient protégées par la

puissance sacrée de l'imprécation. Quand il exista des lois
écrites, elles eurent pour gardien le tribunal le plus auguste
de tous, celui qui avait des attributions essentiellement religieuses, l'Aréopage ([634]). Vint la forme d'Éphialtès : elle
dépouilla les Aréopagites de toutes les fonctions qui leur
conféraient la garde de la constitution ([635]). C'est alors que la
démocratie, ne trouvant plus de frein extérieur, s'en imposa
un elle-même. Le premier emploi qu'elle fit de sa souveraineté fut de lui fixer une borne infranchissable.

Tout citoyen pouvait se porter au secours des lois en pour-
suivant l'auteur d'une motion illégale et même le président
qui n'avait pas refusé de la mettre aux voix. L'accusateur
devait déposer sa plainte par écrit, en indiquant la loi qu'il
tenait pour violée ([636]). Il pouvait annoncer son intention
sous la foi du serment (ὑπωμοσία), dans l'Assemblée du
peuple, avant ou après le vote des dispositions qu'il jugeait
illégales ([637]). Cette déclaration officielle avait pour effet de
suspendre la validité du décret jusqu'après jugement
rendu ([638]). Le tribunal, composé de mille jurés au moins et
quelquefois de six mille ([639]), siégeait sous la présidence des
thesmothètes ([640]). Toute motion pouvait être attaquée pour
vice de forme : il suffisait qu'on n'eût pas observé point par
point les règles sévères de la procédure. Un décret était
illégal, s'il avait été soumis à l'Assemblée sans avoir été
préalablement examiné et rapporté par le Conseil ou sans
avoir été mis à l'ordre du jour par les prytanes ([641]). Une loi
était illégale, si elle n'avait pas été proposée à la suite d'un
vote émis dans la première assemblée de l'année, puis affi-
chée en temps et lieu. Plus grave était, comme bien l'on
pense, l'illégalité qui tenait, non plus à la forme, mais au
fond. S'il s'agissait d'un décret, il n'était pas interdit à
l'accusateur d'arguer du mal qui en résultait, afin de prévenir les esprits contre l'accusé ([642]) ; mais il devait établir
expressément que le décret était en contradiction avec les
lois existantes ([643]). S'il s'agissait d'une loi, il était permis
à chacun de demander réparation pour le préjudice causé à la
république, en recourant à une action spéciale (μὴ ἐπιτήδειον
νόμον θεῖναι) ([644]) ; mais, avec la *graphè paranomôn*, on ne
pouvait s'en prendre qu'à une loi nouvelle en contradic-

tion avec une loi qui n'avait pas été abolie ([645]). Ainsi tous
ceux dont le nom était inscrit sur un décret rendu par
l'Ecclèsia ou sur une loi adoptée par les nomothètes avaient
une grave responsabilité. La sanction de l'illégalité dépen-
dait du tribunal ([646]) : c'était généralement une amende plus
ou moins forte ([647]) ; mais quelquefois aussi c'était la peine
de mort ([648]). Après trois condamnations pour illégalité,
on perdait le droit de faire aucune proposition à l'Assemblée ([649]). Pour l'auteur d'une motion illégale, la prescription
était acquise au bout d'un an ; mais pour la motion elle-
même il n'y avait pas de prescription, elle pouvait toujours
être annulée par une sentence du tribunal ([650]).

Athènes, comme on voit, savait empêcher les citoyens
d'abuser de leur droit d'initiative et, par conséquent,
restreignait dans la pratique le pouvoir législatif de la démocratie. Avant de faire une proposition, un orateur devait
se dire qu'un an durant il en répondrait sur sa tête. Par là,
l'Assemblée s'interdisait de faire prévaloir ses passions et
ses caprices sur les traditions et les intérêts permanents
de la cité ([651]). Le peuple souverain se plaçait de lui-même
sous la souveraineté de la loi. En s'imposant cette discipline, il obtenait de précieux avantages. Il avait un moyen
imprescriptible de réparer ses fautes et permettait aux
hommes d'État vaincus d'en appeler du dèmos au dèmos
mieux informé. Il faisait disparaître des lois, dans la mesure
du possible, les contradictions et les obscurités, si bien que,
par un éclaircissement progressif des textes, il arrivait à se
passer de jurisconsultes. Enfin, en s'assujettissant à la *graphè paranomón*, la démocratie athénienne devait trouver
sa plus belle récompense : elle rendait vaine toute tentative de ruiner la constitution par les voies constitutionnelles et ne laissait d'autre alternative au parti oligarchique
que la révolution ([652]). Ni les Quatre Cents ni les Trente
ne pouvaient s'accommoder d'une pareille institution ;
mais le triomphe de la démocratie lui donna une consécration suprême.

Chapitre IV

Le Conseil

I. LES BOULEUTES

Le dèmos est souverain, ses attributions sont univer-
selles et ses pouvoirs illimités. Mais, selon la maxime de
Lincoln qu'un fin connaisseur de l'antiquité a justement
appliquée à la démocratie athénienne, on peut faire qu'une
partie du peuple gouverne constamment et que tout le
peuple gouverne une partie du temps, mais on n'obtiendra
jamais que tout le peuple gouverne tout le temps (653).
Pour que le dèmos pût fixer ses résolutions, il avait besoin
que son travail fût préparé, que les décrets prissent une forme régulière avant de lui être soumis, qu'il pût voter sur
des textes précis et mûrement pesés. D'autre part, il ne
pouvait ni siéger en permanence pour assurer dans le détail
l'exécution de ses volontés et veiller sur les administrations
publiques, ni mener tout entier des négociations avec les
représentants des puissances étrangères. Il devait donc
confier une délégation de sa souveraineté à un corps investi
d'un pouvoir délibératif (βουλεύειν) et placé à la tête du
pouvoir exécutif (ἄρχειν). C'est ce corps que les Athéniens
appelaient le Conseil, la Boulè, et qu'ils considéraient comme la première magistrature, la première ἀρχή, de la république. S'il y a donc quelque chose qui, dans la constitution
athénienne, rappelle le système représentatif des Parlements modernes, ce n'est pas dans l'Ecclèsia qu'il faut
l'aller chercher, mais dans la Boulè.

Quand Clisthènes remplaça le vieux Conseil des Quatre Cents par celui des Cinq Cents (ἡ βουλὴ οἱ πεντακόσιοι), il lui donna une organisation qui, légèrement retouchée en 501, dura pendant des siècles ([654]). Elle était si bien entrée dans les mœurs vers 465, qu'Athènes l'imposa aux Érythréens en ce temps, et le décret rendu à cette occasion ([655]) est même le plus ancien document qui nous la fasse connaître avec quelque détail. Les cinq cents sièges de conseillers sont répartis entre les dèmes, proportionnellement à leur importance et à raison de cinquante par tribu ([656]) : sur les listes officielles, les bouleutes sont toujours classés par tribus et par dèmes. On peut donc vraiment dire de la Boulè qu'elle est le grand Conseil des communes, et c'est pourquoi les dèmes, même lorsqu'on leur enleva le droit d'intervenir dans le tirage au sort des magistrats, ne perdirent cependant pas le droit d'envoyer leurs représentants au Conseil. Les bouleutes sont tirés au sort « par la fève » (οἱ ἀπὸ τοῦ κυάμου βουλευταί) ([657]) parmi les dèmotes âgés de plus de trente ans ([658]) qui se portent candidats. A chacun d'eux on adjoint par le même tirage au sort un suppléant (ἐπιλαχών), pour le cas où le siège deviendrait vacant pour quelque cause que ce soit ([659]). On ne doit pas s'imaginer qu'il y eût une ruée de candidats vers les places de conseillers. Il fallait consacrer une année entière aux affaires publiques. Sans doute on était payé ; mais la rémunération ne devait pas être bien forte au Ve siècle et, au temps d'Aristote, elle n'était que de cinq oboles par jour pour les bouleutes ordinaires et d'une drachme pour les prytanes ([660]) (la moitié d'une journée d'ouvrier). De plus, les ambitieux dont la vie n'était pas irréprochable n'osaient pas se présenter, parce qu'ils redoutaient l'interrogatoire de la docimasie faite par le Conseil en charge et le procès qui pouvait s'ensuivre ([661]). Aussi n'est-on pas étonné de voir que les gens de petite famille ou sans ressources sont bien loin de former la majorité dans la Boulè ([662]). Même les gens aisés ou riches ne devaient guère regretter que la loi défendît d'être bouleute plus de deux fois ([663]), et cette dérogation à la règle ordinaire, qui interdisait toute itération de fonctions civiles, paraît indiquer qu'on aurait éprouvé quelque difficulté à trouver tous les ans cinq cents bouleutes nouveaux. Étant donné ce qu'il en fallait en trente ou quarante ans, on s'apercevait que tout Athénien honnête et de situation moyenne pouvait, s'il le désirait, faire partie du Conseil au moins un an dans sa vie.

Avant d'entrer en charge, les bouleutes devaient prêter serment. En 501/o fut fixée la formule de serment qui était encore en vigueur au temps d'Aristote ([664]). D'après les fragments qu'on en a conservés, elle faisait allusion à chaque attribution, à chaque obligation de la charge. Le futur bouleute jurait d'exercer sa fonction conformément aux lois et au mieux des intérêts du peuple, de garder le secret sur les affaires d'État, de respecter la liberté individuelle en permettant aux citoyens d'échapper à la contrainte par corps par le cautionnement, sauf dans certains cas limitativement déterminés, de procéder à la docimasie des bouleutes et des archontes de l'année suivante. A cette formule s'ajoutèrent, par mesures de circonstance et pour plus ou moins longtemps, certains engagements spéciaux. Le décret de Dèmophantos, qui, après la chute des Quatre Cents, mit hors la loi tout auteur d'un attentat contre la démocratie, imposa un serment conforme à tous les citoyens et, en première ligne, aux bouleutes. En même temps, les bouleutes juraient d'observer un nouveau règlement, d'occuper dans le Bouleutèrion la place assignée à chacun par le sort. Après la restauration de 403, ils jurèrent de respecter l'amnistie en n'acceptant ni dénonciation, ni prise de corps, sinon pour rupture de ban ([665]).

L'entrée en charge eut lieu, pendant un siècle, au commencement de l'année officielle : c'était l'année de 360 jours, celle que Clisthènes avait conformée à son système décimal et qui, malgré les années intercalaires, ne coïncidait pas avec l'année civile ([666]). C'est ainsi qu'en 411/o le Conseil devait entrer en fonctions le 14 du dernier mois ([667]). Mais, en 408/7, on mit fin à cette anomalie, en supprimant le calendrier spécial. Le jour de l'entrée en charge, les conseillers offraient un sacrifice inaugural (εἰσιτήρια) et ceignaient la couronne de myrte, insigne de leur caractère inviolable ([668]). Dès lors, ils avaient droit à l'indemnité ; mais, comme ils

n'étaient pas toujours assidus ([669]), ils recevaient seulement
des jetons de présence (σύμβολα) qu'ils avaient à échanger
ensuite contre de l'argent ([670]). Outre ces émoluments, ils
avaient certaines prérogatives : ils étaient exempts de service militaire l'année durant et avaient des places d'honneur
au théâtre ([671]).

Ces privilèges sont la compensation d'obligations et de
responsabilités spéciales. Le corps exerce sur ses membres
un pouvoir disciplinaire. Si l'un d'eux a commis un acte
punissable, il peut être exclu pour indignité. On emploie
pour ce genre de vote des feuilles d'olivier, d'où le nom de
cette exclusion sommaire, *ecphyllophoria*. Le membre ainsi
frappé peut en appeler de la Boulè à la Boulè mieux infor-
mée : alors s'engage un procès en forme. En cas de condamnation, la Boulè peut prononcer une amende dans la limite
de sa compétence. Si elle juge que la sanction dont elle
dispose ne suffit pas, elle doit renvoyer l'accusé devant les
tribunaux populaires ([672]). A sa sortie de charge, le Conseil
tout entier doit rendre ses comptes au peuple. Mais, bien
qu'il soit considéré comme une magistrature ordinaire,
la reddition des comptes se fait pour lui d'après une procédure spéciale que voici. Chaque année, l'Assemblée donne
au Conseil sortant un témoignage officiel de satisfaction ou
de mécontentement : elle lui décerne une couronne d'or, à
dédier dans un sanctuaire, ou la lui refuse. Jusqu'en 343/2
la question est mise à l'ordre du jour par les intéressés eux-
mêmes ; après cette date, elle l'est par leurs successeurs.
Dans la discussion qui s'engage à propos de la couronne,
toute la gestion du Conseil est mise en cause. Il y a un cas
où la loi interdit formellement d'honorer les conseillers
sortants, celui où ils n'ont pas fait construire le nombre
réglementaire de navires de guerre. Le refus de la récompense n'entraîne pour le Conseil en corps qu'une flétris-
sure morale ; mais toutes les responsabilités personnelles
que fait apparaître la discussion sont soumises à l'examen
d'un tribunal ([673]).

Le Conseil est convoqué par les prytanes, qui font afficher
le « programme » et le lieu de la séance. En cas d'urgence,
la convocation est faite par proclamation de héraut ou à son

de trompe. En cas de danger public, le Conseil se tient réuni en permanence : on le voit passer une nuit entière sur l'Acropole, à l'exception des prytanes qui restent dans la Tholos. En temps normal, il siège tous les jours, excepté les jours fériés ou néfastes. Les séances ordinaires ont lieu dans le Bouleutèrion, installé au Sud de l'agora. Mais il y en a d'extraordinaires, qui se tiennent dans l'Éleusinion de la ville après la célébration des mystères, dans l'arsenal du Pirée pour les délibérations sur les constructions et les armements navals, sur la grande digue pour le départ de la flotte, ou encore sur l'Acropole ([674]).

En règle générale, les séances sont publiques. Les auditeurs ne sont séparés des conseillers que par une barrière. En cas de séance secrète ([675]), les prytanes envoient les archers placés sous leurs ordres repousser la barrière et tenir la foule à distance. Les particuliers n'ont accès au Conseil que s'ils sont introduits par les prytanes, pour raison d'intérêt public et quelquefois, disent les méchantes langues, moyennant cadeau ([676]). Par exception, quand on procéda en 403/2 à la revision générale des lois, tous les citoyens furent autorisés par décret du peuple à y venir donner leur avis ([677]). Pour les magistrats, la règle est la même ; mais il va de soi qu'ils ont de grandes facilités pour se faire introduire dans le Conseil et, en tout cas, pour lui présenter leurs rapports. Les stratèges, notamment, sont en relations constantes avec lui : ils sont mandés au Bouleutèrion, et y ont leurs entrées de plein droit ([678]).

A l'intérieur du Bouleutèrion, se trouve une place sacrée où se dressent, autour de l'autel dédié à Hestia Boulaia, les images de Zeus Boulaios, d'Hèra Boulaia et d'Athèna Boulaia. C'est là que les conseillers préludent à la séance en se conciliant toutes les divinités « de bon conseil » par une offrande et une prière et en faisant lancer par le héraut une imprécation contre tout auteur de propositions trompeuses ([679]). Puis, ils vont s'asseoir sur des bancs placés en face de la tribune. Depuis qu'on sait, par l'expérience du coup d'État oligarchique de 411, combien le groupement par partis est défavorable à la liberté de parole, les places sont assignées aux bouleutes par tribus, et chacun jure de

n'en pas occuper d'autre que la sienne ([660]). Les prytanes
forment le bureau du Conseil, et leur épistate est le président de séance. A l'ordre du jour figurent, outre les questions qui doivent être rapportées à la prochaine réunion
de l'Ecclésia, celles qu'y ont rattachées des résolutions antérieures du Conseil lui-même ou des décrets du peuple.
Au reste, le Conseil reste toujours maître de son ordre du
jour. Le bureau est armé d'un règlement assez sévère.
Toute parole ou tout acte contraire au règlement peut être
puni, la séance une fois levée, d'une amende de cinquante
drachmes. S'il s'agit d'un délit méritant une peine plus
grave, le bureau fait une proposition en ce sens et remet
l'affaire à la séance suivante, où une décision est prise au
scrutin secret ([631]). Rappelons que l'exclusion définitive
peut être prononcée contre le délinquant.

II. LES PRYTANES

Le moment est venu d'examiner de plus près le comité
directeur de la Boulè, ces prytanes que nous avons vus à
l'œuvre en plusieurs circonstances. Pas plus que l'Ecclésia,
la Boulè des Cinq Cents ne pouvait siéger sans interruption
durant une année entière. Il lui fallait, pour l'expédition des
affaires courantes et la préparation de ses travaux, une commission qui fît la permanence, un comité directeur. Mais le
principe démocratique ne pouvait pas admettre qu'une
année durant le Conseil, ce raccourci de l'Ecclésia, eût les
mêmes chefs. Or, il était composé de dix sections corres-
pondant chacune à une tribu. Quoi de plus simple, de plus
conforme aux idées constitutionnelles de Clisthènes, que
de faire exercer la prytanie par chaque tribu à son tour ?
A chacune, un dixième de l'année. L'ordre dans lequel les
tribus devaient être ainsi à l'honneur était déterminé par le
sort ; mais on ne sait pas s'il était fixé pour toute l'année
au moment où le Conseil entrait en charge ou successivement
au début des neuf premières prytanies ([632]). Avec le calendrier officiel, la division de l'année en dix prytanies allait
de soi : 360 jours les années ordinaires, 390 jours les années
intercalaires, cela faisait exactement 36 ou 39 jours pour

chaque tribu. Mais, lorsqu'en 408/7 on adopta pour la vie publique l'année civile de 354 ou de 384 jours, le partage égal devint impossible. D'après Aristote, on aurait décidé que les quatre premières prytanies seraient de 36 (ou 39) jours et les six dernières de 35 (ou 38) ; mais cette règle n'est appliquée que dans quelques-uns de nos documents [683], tandis que les autres présentent une grande variété dans la répartition des jours en surnombre [684].

Les prytanes logeaient dans un édifice spécial, voisin du Bouleutèrion, la Skias, qu'on appelait aussi, à cause de sa forme en rotonde, la Tholos. Ils y prenaient leurs repas. Comme c'était pour eux un supplément de frais, ils touchaient une obole par jour de plus que les autres bouleutes (une drachme en tout), et leur épistate encore dix oboles en sus [685]. Sur l'autel élevé dans la Skias, ils offraient des sacrifices pour le salut du peuple [686]. Mais il ne faut pas établir de rapport entre le titre des prytanes et le nom du Prytanée, l'édifice où se trouvait le « foyer commun » et où la cité invitait ceux qu'elle voulait honorer. On ne doit pas non plus s'imaginer que la résidence à la Skias fût rigoureusement exigée des cinquante prytanes : la tribu comprenait trois trittyes, et c'est par tiers à tour de rôle que les prytanes montaient la garde [687].

Tous les jours était tiré au sort l'épistate des prytanes. Il exerçait sa haute fonction d'un coucher de soleil à l'autre et ne pouvait y être appelé qu'une fois. Sur les cinquante prytanes, trente-cinq au moins, et quelquefois trente-neuf obtenaient donc la présidence. C'est dire que l'Athénien moyen, puisqu'il avait bien des chances d'entrer au Conseil, s'il le voulait, en avait presque autant d'être président de la République un jour dans sa vie. Car il ne s'agissait de rien moins. L'épistate des prytanes, président de la Boulè et de l'Ecclèsia, avait en sa possession, pendant une nuit et un jour, les clefs des temples où étaient le trésor et les archives ainsi que le sceau de l'État. Il garda ces privilèges même lorsqu'en 378/7 il céda la présidence des assemblées délibérantes à l'épistate des neuf proèdres tirés au sort parmi les bouleutes des tribus non prytanes.

On verra bientôt, par les attributions de la Boulè, ce que

pouvaient être celles de sa commission permanente. C'est par l'intermédiaire des prytanes que la Boulè se met en rapports avec l'Ecclèsia, les magistrats et les simples citoyens, avec les ambassadeurs et les hérauts étrangers. Ils convoquent en cas d'urgence le Conseil, l'Assemblée, les stratèges [688]. Ils introduisent au Conseil les personnages que le peuple ou qu'eux-mêmes jugent à propos d'y faire entendre. Devant eux se présentent, en général, tous ceux qui apportent des lettres ou des communications d'intérêt public [689]. S'ils ont des forces de police à leur disposition, ce n'est pas seulement pour maintenir le bon ordre au Conseil et à l'Assemblée, mais aussi pour opérer les arrestations nécessitées par des flagrants délits préjudiciables à la cité [690]. Sur l'injonction de l'Assemblée, ils sont chargés, comme fondés de pouvoir de la Boulè, de déférer des stratèges aux tribunaux, de veiller à la restitution de sommes empruntées par l'État [691].

A raison de toutes ces fonctions, la tribu qui exerce la prytanie n'est pas seulement impliquée dans la responsabilité commune de la Boulè ; elle est encore responsable de ses actes propres, et chaque prytane de ses actes personnels. Aussi, à partir du IVe siècle, la Boulè et le peuple prennent-ils l'habitude de décerner aux tribus prytanes une récompense à part, non pas à toutes indistinctement, comme on fera plus tard, mais à celle qui a « remporté la victoire » en méritant le mieux de la cité [692]. En revanche, la direction des débats à l'Assemblée expose le bureau à de graves reproches et même à des accusations formelles [693]. Les décrets mentionnent toujours le nom de l'épistate, pour qu'il puisse être recherché même après le vote acquis. Pourtant les prytanes ne sont pas liés solidairement. Socrate prouva dans des circonstances terribles que chacun d'eux pouvait se dégager de compromissions qu'il jugeait indignes de lui, et Démosthène nous dit que le fait d'offrir des libations ou des sacrifices en commun n'empêche pas les bons de se distinguer des méchants [694].

Pour mieux exercer ses multiples attributions, la Boulè nommait à mains levées ou par tirage au sort des commissions spéciales, les unes pour la durée de l'année, les autres pour le temps nécessaire à l'accomplissement de leur mission.

De ce nombre étaient les « rassembleurs » ou *syllogeis* du peuple. Élus pour un an, ils étaient au nombre de trente, trois par tribu, un par trittys. Sous la présidence de la tribu prytane, ils s'adjoignaient aux six lexiarques pour contrôler les entrées à l'Assemblée. Leur rôle grandit au IVe siècle, quand ils eurent à remettre aux citoyens arrivés à temps le jeton de présence qui permettait de toucher le triobole. Ils représentaient aussi la Boulè, on ne sait trop pourquoi, aux Olympies d'Athènes et dans certains sacrifices à Athèna. En tout cas, ils trouvaient occasion de mériter des distinctions honorifiques par leur « esprit de justice » [695]. — Pour la surveillance de l'administration maritime, une de ses principales attributions, la Boulè nommait dans son sein deux commissions. L'une (celle des dix τριηροποιοί) contrôlait, avec l'assistance « d'architectes » ou ingénieurs élus par le peuple, les constructions en cours et faisait payer les entrepreneurs sur un fonds spécial par son trésorier [696]. L'autre (les ἐπιμελόμενοι τοῦ νεωρίου) se mettait en rapports avec les directeurs des arsenaux maritimes (les νεωροί) qui prenaient soin des navires en service et avaient sous leurs ordres cinq cents gardiens [697]. — Dix commissaires des comptes, les logistes, étaient tirés au sort, à chaque prytanie, pour vérifier les écritures de tous les fonctionnaires comptables. Cette vérification partielle et provisoire préparait la reddition des comptes totale et définitive qui avait lieu après la clôture de l'exercice devant des magistrats spéciaux, mais à laquelle participaient dix commissaires, les « redresseurs » ou euthynes, chacun avec deux assesseurs, tous les trente tirés au sort par la Boulè [698]. — Dans les inscriptions du Ve et surtout du IVe siècle, apparaissent encore de nombreuses commissions de triéropes chargés de présider à diverses cérémonies : aux fêtes d'Hèphaistos, aux sacrifices accomplis à Éleusis pour la consécration des prémices ou la célébration des mystères, à une fête de Dionysos où des victimes sont immolées pour le salut du Conseil et du peuple. Ce genre de commissions est pris généralement sur l'ensemble de la Boulè, une fois pourtant sur la section exerçant la prytanie [699].

Les prytanes et les commissaires avaient besoin, comme

les bouleutes en général, d'un secrétaire-archiviste qui fût au courant des formules protocolaires pour la rédaction des décrets et en qui on pût avoir confiance pour la publication, le classement et la garde des documents officiels. Jusque vers 367 ce fut « le secrétaire de la Boulè » (ὁ γραμματεὺς τῆς βουλῆς). Il était élu par la Boulè parmi les bouleutes qui n'exerçaient pas la prytanie et, par conséquent, pour une prytanie. Le vote populaire portait à cette fonction les personnages les plus illustres et les plus intègres (⁷⁰⁰). Cependant, si le nom du secrétaire figure dans le préambule et dans l'intitulé des décrets avec les noms de la tribu prytane et de l'épistate, ce n'est pas pour faire honneur à ce dignitaire, mais pour dater, pour authentiquer les actes, pour en donner la référence d'après leur place dans les archives. De même, on indiquait l'année d'une Boulè par le nom du secrétaire de sa première prytanie (⁷⁰¹). C'est dans le sanctuaire de la Mère des dieux, le Mètrôon, qu'étaient rangés les tablettes et les papyrus au milieu desquels trônait le secrétaire de la Boulè. Là se trouvaient avec les originaux des décrets et des lois, une masse de comptes et de dossiers judiciaires et même, depuis l'administration de Lycurgue, les exemplaires officiels des grands tragiques (⁷⁰²). Le secrétaire n'avait pourtant pas la clef du Mètrôon, qui passait de jour en jour entre les mains des épistates, et il était bien obligé, n'ayant pas le temps d'acquérir l'expérience nécessaire, de s'en rapporter au véritable maître de céans, l'esclave public attaché aux archives.

Entre 368/7 et 363/2 le secrétariat fut complètement réformé. Il devint une véritable magistrature, annuelle et tirée au sort parmi tous les citoyens. Par un paradoxe étrange, le nouveau secrétaire reçut le titre qui convenait à l'ancien, il fut appelé « secrétaire de prytanie » (γραμματεὺς κατὰ πρυτανείαν) (⁷⁰³). Quoique prolongé dans sa charge, il n'avait plus le même prestige qu'au temps où il était choisi parmi les bouleutes. Pour éviter la compétition entre tribus, il fut pris à tour de rôle dans chacune, tout d'abord suivant un ordre fixé par tirage au sort, et à partir de 356/5 suivant l'ordre officiel (⁷⁰⁴). Maître des écritures publiques, chargé de garder les décrets rendus et de prendre copie de tous les autres documents, le secrétaire de prytanie assistait nécessairement aux séances du Conseil, bien qu'il n'en fît point partie. Il avait pour auxiliaire et subordonné le « secrétaire des décrets » ou « des lois » (γραμματεὺς ἐπὶ τὰ ψηφίσματα, ἐπὶ τοὺς νόμους), qui était, lui aussi, tiré au sort et qui avait également ses entrées au Conseil, puisqu'il devait prendre copie des décrets et des lois ([705]).

Outre ces secrétaires archivistes, il existait un secrétaire greffier, « le secrétaire du peuple » ou « de la cité » (γραμματεὺς τοῦ δήμου, τῆς πόλεως), qui avait pour unique attribution de donner lecture des actes à l'Assemblée et au Conseil. Comme il lui fallait posséder une belle voix, c'était un fonctionnaire élu ([706]). Pour les proclamations à faire dans l'Assemblée, les prytanes avaient encore sous leurs ordres un héraut appointé par le Conseil (κῆρυξ τῆς βουλῆς) et qui restait en fonctions sans limite de temps ([707]).

III. LES POUVOIRS DU CONSEIL

A la fois commission préparatoire, commission exécutive et magistrature suprême, la Boulè avait trois moyens d'exercer ses divers pouvoirs : elle apportait à l'Assemblée les *probouleumata* qui servaient de base aux décrets du peuple ; elle rendait elle-même des décrets indépendants, pour faire exécuter dans le détail les décisions prises ; elle collaborait plus ou moins directement, en conseil ou en acte, avec les autres magistratures.

On a vu que l'Assemblée du peuple s'imposait l'obligation absolue de ne délibérer que sur des projets apportés par la Boulè avec ou sans conclusions fermes *. Un décret du peuple suppose toujours un probouleuma de la Boulè. Il arrive parfois que le probouleuma soit mentionné par le décret en termes explicites ([708]) ; mais le plus souvent il y est simplement fait allusion par la formule « il a plu à la Boulè et au peuple » (ἔδοξεν τῆι βουλῆι καὶ τῶι δήμωι). Même la discussion d'un projet élaboré par une commission spéciale de *syngrapheis*, même la nomination de nomothètes

---

* Voir pp. 170 et 188.

chargés de reviser une loi, même les séances annuelles
d'élections commencent par la lecture d'un probouleuma.
Chaque Boulè est responsable de toutes les propositions
qu'elle a faites à l'Assemblée et uniquement de celles-là ;
par suite, tout probouleuma que la Boulè n'a pas eu le temps
d'introduire devant le peuple disparaît avec elle.

Les affaires courantes exigeaient des décisions immédiates
dans un grand nombre de cas qui ne méritaient pas d'être
soumis à l'Assemblée (⁷⁰⁹). La Boulè rédigeait donc des
« décrets » (ψηφίσματα) exécutoires sans autre formalité (⁷¹⁰).
Elle y était autorisée implicitement par l'obligation qui lui
incombait de faire appliquer les lois ou les décrets du peuple.
Dans des circonstances extraordinaires, elle était formellement munie de pleins pouvoirs (κυρία, αὐτοκράτωρ) à l'effet
de compléter les dispositions de tel ou tel décret (⁷¹¹). De
toute façon, elle devait rester dans les limites de ses attributions et prendre garde à ne pas transgresser les lois ou
décrets dont l'application lui était confiée ; sinon, elle tombait sous le coup de l'action en illégalité (⁷¹²).

Enfin, la Boulè tient du peuple une espèce de procuration
générale qui lui donne autorité sur les magistrats. C'est à
propos d'elle, comme étant ses subordonnés, qu'Aristote
énumère un grand nombre de fonctionnaires. Du plus
grand au plus petit, elle les surveille tous, administre de
concert avec eux, reçoit leurs rapports, leur donne ses
instructions. Rien ne se passe en dehors d'elle, de ce qui
intéresse la cité (⁷¹³).

Servant d'intermédiaire entre Athènes et les États étrangers, la Boulè donne audience aux ambassadeurs avant de
les introduire à l'Ecclèsia, et négocie avec eux avant de soumettre au peuple le résultat de ces pourparlers sous forme
de probouleumata (⁷¹⁴). D'autre part, elle donne les directions nécessaires aux ministres athéniens envoyés en mission,
et quelquefois, par ordre de l'Assemblée, elle les choisit (⁷¹⁵) ;
elle est saisie de leur correspondance. C'est elle qui commu-
nique les décrets du peuple aux États intéressés et qui jure
au nom de la cité les traités de paix ou d'alliance (⁷¹⁶). Elle
est expressément désignée pour recevoir avec tous les égards
qui leur sont dus les hôtes du peuple, non seulement les

ambassadeurs, mais les proxènes et les évergètes. On conçoit donc que la Boulè ait à jouer un rôle particulièrement actif lorsque Athènes est à la tête d'une confédération. Au vᵉ siècle, elle intervient dans la fixation des tributs et prépare, sur la proposition des commissaires de rédaction ou *syngrapheis*, les projets qui concernent les villes, les districts, tout le domaine fédéral (⁷¹⁷). Au ivᵉ siècle, elle est la charnière qui joint l'Ecclèsia athénienne et le Synédrion fédéral. Un fait suffit pour faire apprécier l'importance du pouvoir exercé par la Boulè sur les relations extérieures : c'est presque toujours pour traiter des questions de ce genre qu'elle siège en séance secrète.

Continuellement en rapport avec les stratèges pour les affaires de politique étrangère, la Boulè l'est plus encore par ses attributions militaires. Elle veille sans cesse à la défense de la cité. Elle a certainement au vᵉ siècle un droit de regard sur le catalogue des hoplites, puisqu'au ivᵉ elle surveille le fonctionnement de l'institution éphèbique, contrôle la liste des éphèbes et reçoit le rapport du cosmète (⁷¹⁸). Elle s'occupe spécialement de la cavalerie. Tous les ans, la liste des cavaliers est complétée soit par les hipparques, soit, au temps d'Aristote, par des recruteurs spéciaux ou *catalogeis*, qui la remettent aux hipparques ; le travail des uns et des autres est soumis à l'approbation des bouleutes. Ils votent sur chaque nom et font rayer ceux qui déclarent sous la foi du serment n'être pas physiquement ou pécuniairement en état de servir à cheval. La Boulè fait également l'inspection des chevaux : si elle juge qu'un cheval est mal nourri, elle retire au cavalier l'indemnité de nourriture ; elle réforme les chevaux vicieux, en les faisant marquer d'une roue à la mâchoire (⁷¹⁹).

Mais, dans une cité qui comptait bien plus sur sa flotte que sur son armée, la Boulè tenait pour une de ses principales fonctions la surveillance de l'administration maritime (⁷²⁰). Matériel et personnel, elle a soin de tout. Responsable des constructions et des réparations navales, elle se fait représenter dans les chantiers du Pirée par la commission des triéropes et peut promulguer des règlements administratifs. C'est surtout quand elle s'est bien acquittée de cette obli-

gation que le peuple lui décerne un décret honorifique, et
cette récompense ne peut lui être octroyée si elle n'a pas
fait construire le nombre fixé de navires. La confection et
l'entretien des cales et des agrès sont également l'objet de
ses soins, et il faut son autorisation pour vendre des pièces
mises au rebut. Pour le recrutement des équipages, les
bouleutes de chaque tribu agissent de concert avec les
démarques. Les administrateurs des chantiers et arsenaux
et les trièrarques ressortissent à la juridiction de la Boulè :
elle peut les punir dans les limites de sa compétence ou les
traduire en justice, et elle est autorisée à doubler les pénalités des trièrarques condamnés par les tribunaux à remplacer
un navire ou des agrès, lorsqu'ils ne se sont pas acquittés
en temps voulu. Chaque fois qu'appareille une escadre, les
bouleutes sont là sur les môles, avec les stratèges et, plus
tard, avec les *apostoleis* élus exprès. L'Ecclèsia les charge
d'appliquer en cette circonstance la rigueur des lois aux
trièrarques fautifs, et il arrive même qu'elle demande aux
prytanes d'intenter une action capitale à des stratèges qui
ont manqué à leur devoir ([721]).

A ne considérer que l'organisation administrative, la
Boulè avait des attributions plus étendues encore en matière
de finances. Là on peut dire que jusqu'au temps de Lycurgue
c'eût été l'anarchie pure, avec une multitude de magistratures préposées aux recettes, aux dépenses et à la trésorerie,
s'il n'y avait pas eu un peu d'ordre et un semblant d'unité
établis par la Boulè.

C'est elle qui s'inquiète de procurer les ressources nécessaires au budget, surtout en temps de guerre ([722]). En sa
présence se font, par le ministère des pôlètes, toutes les
adjudications de l'État qui sont appelées « ventes » et, de
même, les ventes réelles. Tel est le cas pour les fermes
d'impôts, dont les dossiers sont remis à la Boulè classés avec
soin ; pour les soumissions aux concessions minières, dont
elle désigne les acquéreurs définitivement par un vote à
mains levées ; pour la vente de biens dévolus à l'État en
vertu de condamnations judiciaires ou revendiqués et recon-
nus par jugement comme propriétés publiques ; pour les
locations des terrains sacrés, dont les actes inscrits sur tablettes

lui sont apportés, non par les pôlètes, mais par le roi, grand prêtre de la cité. Tous ces bordereaux, dressés par échéances, sont confiés par la Boulè à un esclave public. Aux jours d'échéance, les *apodectes* ou receveurs généraux se les font remettre et, dans la salle même du Bouleutèrion, ils effacent les sommes payées ou inscrivent la carence du débiteur en portant l'arriéré au double. La loi donne, dans ce cas, à la Boulè le droit d'opérer des recouvrements ou de mettre les défaillants en prison ([723]). Chargés des rentrées, les bouleutes reçoivent même les dons volontaires et veillent au versement et à la vente des céréales dues comme prémices aux déesses éleusiniennes ([724]). Au temps de la première confédération maritime, ils fixent le tribut des villes alliées de concert avec les *tactai*, et c'est en leur présence que les apodectes le reçoivent à la fête des Dionysies et le transmettent aux hellènotames.

Toute l'année, la Boulè a les yeux fixés sur l'emploi qui est fait des fonds publics. Elle est tenue par la loi de vérifier les titres des indigents infirmes qui demandent l'allocation quotidienne de deux oboles ; elle est invitée par un décret spécial à réduire les frais d'une construction au minimum ([725]). Ce qui la préoccupe avant tout, c'est la stricte observation de la loi budgétaire. A leur entrée en charge, les apodectes reçoivent toute l'encaisse et la répartissent entre les divers magistrats ; dès le lendemain, ils apportent dans la salle du Conseil la répartition inscrite sur une tablette ; ils en donnent lecture, article par article, et demandent au Conseil si quelqu'un a connaissance qu'un magistrat ou un particulier ait commis une irrégularité dans la répartition ; en ce cas, ils requièrent un vote immédiat sur la question de culpabilité ([726]). En cours d'exercice, la Boulè empêche les virements et les dépassements de crédit ; elle s'entend, au IVe siècle, avec les nomothètes, sur le fait des dépenses non prévues au budget ([727]). Il n'est donc pas étonnant qu'elle fasse vérifier à chaque prytanie par une commission les livres de tous les magistrats comptables, que l'inventaire des trésors sacrés et leur transmission se fassent sous son contrôle ([728]).

On vient de voir que la Boulè comprend dans sa compé-

tence financière les dépenses des travaux publics. Mais,
en pareille matière, ses pouvoirs sont bien plus étendus.
Elle s'occupe de tout ce qui concerne la construction et
l'entretien des bâtiments publics. S'il s'agit d'un édifice
considérable, il faut d'abord des décrets du Conseil et du
peuple pour faire dresser les devis par un architecte et
établir le cahier des charges ; pour les travaux de moindre
importance, pour une adduction d'eau, pour l'érection d'un
autel ou d'une statue, le peuple s'en remet au Conseil ([729]).
Toutes les adjudications sont faites par les soins des pôlètes en présence du Conseil ([730]), et le Conseil surveille
tous les travaux en cours d'exécution par l'intermédiaire
d'épistates spéciaux. En cas d'infraction commise par l'architecte ou par l'entrepreneur, il adresse un rapport à
l'Écclèsia et, s'il conclut à une condamnation, il remet
l'affaire à un tribunal ([731]). Certains comptes de travaux
publics font bien ressortir l'activité du Conseil. Ceux du
Parthénon sont datés par les numéros des Conseils qui se
sont succédé depuis l'ouverture du chantier : nous avons,
par exemple, les comptes de la « quatorzième Boulè ». Un
décret rendu dans les formes ordinaires doit décider si le
temple d'Athèna Nikè aura une porte de bronze ou d'or
et d'ivoire ; un autre, proposé par la Boulè d'accord avec
les épistates et l'architecte, doit fixer le salaire de l'artiste ([732]).

Enfin, la Boulè surveille l'administration du culte. Elle
prend soin des sanctuaires, comme des autres édifices, et
assiste à la transmission annuelle de l'argent, des statues,
des ornements, de tout le matériel sacré aux trésoriers
d'Athèna et des autres dieux. Les grandes fêtes lui donnent
fort à faire. Pour les Panathénées, elle eut longtemps à
choisir le modèle de la tapisserie qui devait orner le péplos
de la déesse ; accusée de partialité dans ses jugements, elle
fut privée de cette attribution au profit d'un tribunal désigné
par le sort. Elle continua toutefois de veiller à la fabrica-
tion des Victoires en or offertes à la déesse et de s'occuper
des prix décernés dans les concours panathénaïques ([733]).
Elle assure le bon ordre aux Dionysies ([734]) ; elle choisit
dans son sein les théôres délégués aux Pythies et diverses
commissions d'hiéropes ([735]). Dans une inscription du

ve siècle, on la voit qui députe des hérauts aux villes alliées et aux autres villes de la Grèce pour leur demander d'envoyer les prémices des céréales à Éleusis, reçoit un rapport sur les prémices de l'huile et punit, sur la requête du roi, les délits commis sur le terrain sacré du Pélargicon. Une autre inscription, du IVe siècle, nous montre la Boulè occupée au bornage et à la surveillance de l'Orgas éleusinienne et déléguant un des siens pour consulter l'oracle de Delphes sur ce domaine interdit ([736]).

En vertu de la délégation générale qu'elle tenait du peuple souverain et qui lui conférait une magistrature suprême, la Boulè avait des attributions de police et de justice.

On a déjà remarqué que dans maintes circonstances elle exerce un droit de censure, de *docimasie*. Réunissons ici les cas où elle l'exerce. L'inscription des Athéniens majeurs sur les registres civiques n'est définitive qu'après approbation de la Boulè, et, s'il est avéré qu'un nom a été inscrit indûment, elle le fait rayer et condamne à l'amende les dèmotes responsables de la fraude. Elle contrôle, de même, l'inscription annuelle sur les listes de cavaliers et d'éclaireurs à cheval, et procède à l'examen des bêtes aussi bien que des hommes. Même contrôle exercé sur la liste des infirmes demandant l'assistance publique. La Boulè examine, de plus, en fin d'exercice les bouleutes et les archontes désignés pour l'année suivante. Elle eut d'abord un droit absolu d'exclusion ; mais, par la suite, les exclus purent en appeler au tribunal ([737]).

Quand la Boulè reçut de Clisthènes, puis d'Éphialtès les fonctions politiques exercées jusqu'alors par l'Aréopage, elle hérita, en même temps que du droit de contrôle sur l'exécution des lois, de la juridiction attachée à ce contrôle. Comme elle surveillait la gestion des fonctionnaires, spécialement des fonctionnaires financiers, elle avait qualité pour les citer devant elle et les juger, s'ils s'étaient rendus coupables de manquement aux devoirs de leur charge ou d'infraction aux lois.

La juridiction pénale de la Boulè était tout d'abord armée de sanctions illimitées ; elle comprenait alors le droit souverain d'infliger l'amende, l'emprisonnement et même la mort. Mais elle fut réduite à une amende de police, l'*épibolè*. Encore la Boulè ne pouvait-elle pas condamner sans appel à plus de cinq cents drachmes ; au-delà de cette somme, toutes les condamnations prononcées par elle étaient portées par les thesmothètes devant le tribunal populaire, dont la décision seule était souveraine (738). Un moment vint même où l'on put en appeler de l'amende infligée par la Boulè dans les limites de sa compétence (739). Aristote nous raconte dans quelles circonstances se fit le premier et le principal de ces changements. Un jour, dit-il, un certain Lysimachos, livré par la Boulè au bourreau, était déjà sur le lieu d'exécution, lorsqu'il fut arraché au supplice par Eumèlidès d'Alôpékè, déclarant qu'on ne pouvait mettre à mort aucun citoyen sans un jugement du peuple ; amené devant l'Hèliée, il fut absous. On ignore, malheureusement, à quelle date se place cet incident dramatique. Il semble bien, toutefois, que la juridiction suprême dont la Boulè avait été investie par Clisthènes lui fut enlevée avant les guerres médiques, peut-être en cette année 501/0 qui vit instituer le serment des bouleutes : la Boulè aurait ainsi perdu en même temps la souveraineté judiciaire, qui revint à l'Hèliée, et la souveraineté diplomatique, dont s'empara l'Écclèsia. En tout cas, dès le Ve siècle, fut proclamé le principe : « Pas de peine de mort sans décision du peuple réuni en assemblée » (ἄνευ τοῦ δήμου πληθύοντος μὴ εἶναι θάνατον) (740). Violée par les oligarques de 411 et 404 et même par la démocratie restaurée en 403, cette règle fut remise en vigueur avant 368 (741), et cette fois pour toujours.

Du moins la Boulè usait-elle fréquemment de son droit de coercition dans les limites où l'enfermait la loi. Elle punit, sur requête du roi, quiconque viole la sainteté du Pélargicon ; elle punit, de sa propre initiative, les trièrarques qui ne sont pas à leur poste, les architectes qui commettent des fautes dans la réfection des murs, les vendeurs et acheteurs qui font usage de poids et mesures illicites ou les métronomes qui laissent faire (742). Quoique privée du droit de rendre des jugements capitaux, la Boulè put longtemps encore lancer d'autorité des mandats d'arrêt dans des cas graves de forfaiture ou de haute trahison : elle le fit par exemple, en 406, contre les généraux qui n'avaient pas accompli leur devoir et, l'année suivante, contre le démagogue Cléophon. Mais, en employant cette procédure, elle s'exposait à des critiques virulentes et à de dangereuses attaques. Là aussi ses pouvoirs furent réduits. En 403, le serment des bouleutes impliquait encore le droit de procéder à la prise de corps ; un demi-siècle après, le même serment garantit la liberté des citoyens, à l'exception des traîtres, des conspirateurs et des fermiers coupables de malversations, sous condition de fournir trois cautions bourgeoises ([743]).

Au lieu d'agir de concert avec un magistrat ou de se saisir elle-même, la Boulè peut être mise en mouvement par un particulier. Elle reçoit des plaintes contre des magistrats qui n'observent pas les lois ([744]). Devant elle on procède quelquefois par les voies sommaires de l'*apagôgè* et de l'*endeixis* : ce sont des poursuites exercées sans citation formelle, au moyen d'une prise de corps exécutée par l'accusateur ou par un recors, contre ceux qui sont surpris en flagrant délit ou notoirement coupables de certains attentats contre l'ordre public, par exemple contre quiconque entre dans un lieu public ou participe à un acte public en rupture d'atimie ([745]). D'autres fois, on recourt à la juridiction des Cinq Cents par une dénonciation écrite, une *phasis* : c'est le moyen ordinairement employé pour sauvegarder les intérêts du fisc et du domaine, pour réprimer les infractions aux lois douanières et commerciales ([746]). Enfin, la Boulè joue un rôle considérable dans la procédure destinée à punir par les voies rapides les crimes contre l'État, l'*eisangélie*.

Jadis, c'était l'Aréopage qui jugeait par eisangélie les attentats contre la constitution ; une loi de Solon lui reconnaissait ce droit ([747]). Mais, déjà au temps des guerres médiques, l'Assemblée du peuple s'était réservé la juridiction en matière d'actes intéressant le salut de la cité, tels que la trahison ou le fait de tromper le peuple ([748]). Après la réforme d'Éphialtès, tous les crimes tombant sous le coup de l'eisangélie, crimes contre la sûreté de l'État ou crimes extraordinaires non prévus par la loi, peuvent être déférés au Conseil ou à l'Assemblée. Quand l'eisangélie est apportée au Conseil ([749]), celui-ci commence par régler la question de culpabilité. Dans l'affirmative, il y a lieu à une nouvelle délibération afin de décider si la pénalité laissée à la discrétion du Conseil est suffisante (et quel en sera le montant dans les limites légales de l'épibolè) ou si l'affaire doit être transmise par les thesmothètes à l'Assemblée ou au tribunal populaire pour une pénalité plus forte. Quand l'eisangélie est apportée directement à l'Assemblée, celle-ci n'engage également la procédure qu'après avoir voté l'acceptation ou le rejet. En cas d'acceptation, elle charge le Conseil de rédiger un projet de décret sur la question de savoir si elle jugera l'affaire elle-même ou la fera juger par un tribunal.

Depuis que Clisthènes avait fait du dème la cellule constitutive du corps politique, le Conseil qui représentait les dèmes était devenu l'organe central de la démocratie athénienne. Éphialtès lui donna un surcroît d'autorité en lui faisant prendre la place occupée par l'Aréopage dans la « constitution des ancêtres ». C'est à partir de cette réforme décisive que le protocole des décrets remplaça les mots « il a plu au peuple » par la formule « il a plu à la Boulè et au peuple ». Aristote reconnaît donc que la Boulè a d'abord tenu une place éminente dans la démocratie. Mais il ajoute qu'elle a été dépouillée de sa puissance dès que les citoyens ont été payés pour assister à l'Assemblée ; « car, dit-il, le peuple à qui l'on prodigue les *misthos* attire tout à lui » ([750]). Il y aurait ainsi dans l'histoire du Conseil deux périodes absolument différentes.

Les historiens de nos jours ont quelquefois protesté contre une pareille distinction ([751]). De fait, les Athéniens du IVe siècle disaient encore que leur cité était fondée sur trois institutions essentielles, l'Assemblée et l'Hèliée, où le peuple agissait directement, et la Boulè, où il envoyait ses mandataires ([752]). En tout temps, les hommes politiques trouvaient dans la Boulè un excellent poste pour donner l'impulsion au gouvernement et à l'administration. Ils y trouvaient toujours, comme à l'Assemblée, une masse d'auditeurs muets (les ἰδιῶται) et quelques orateurs (les λέγοντες) ([753]) ; il suffisait à un chef de parti d'obtenir la majorité dans le Conseil des Cinq Cents pour être à peu près sûr d'entraîner le peuple et d'imposer ses idées à tous les magistrats. C'est comme bouleute que Cléon commença en 428/7 son étonnante fortune de démagogue et que Démosthène espéra prendre une part plus active aux négociations de 346 ([754]).

Est-ce à dire toutefois qu'Aristote soit dupe de ses préjugés et qu'il n'y ait vraiment pas de différence sérieuse entre la Boulè du Ve siècle et celle du IVe siècle ? Si l'on regarde les choses d'un peu près, on n'a pas cette impression. Assurément, le Conseil tiré au sort et pourvu du misthos resta, jusqu'aux révolutions qui marquèrent la fin de la guerre du Péloponèse, la cheville ouvrière du régime athénien. Quand Thucydide veut désigner la démocratie par opposition à l'oligarchie, il emploie cette expression : « le dèmos et la Boulè choisie par la fève » ([755]). Effectivement, le premier soin des oligarques, lorsqu'ils triomphent en 411, est de renvoyer la Boulè des Cinq Cents pour la remplacer par une Boulè de Quatre Cents triée sur le volet et non salariée. Si le Conseil des Cinq Cents est rétabli par le parti de Théramènes, la démocratie n'est considérée comme victorieuse que du jour où il est de nouveau désigné par le tirage de la fève ([756]). Au IVe siècle, on ne voit pas la Boulè jouer un rôle aussi important dans les affaires intérieures. Sans doute le peuple ne peut faire autrement que de s'en rapporter à elle pour les relations extérieures, et sous ce rapport il faut donner raison aux historiens qui invoquent les séances secrètes de la Boulè pour ne point admettre que ses pouvoirs aient déchu de Périclès à Démosthène. Mais, pour tout le reste, on la voit désormais étroitement subordonnée à l'Assemblée du peuple, et c'est pourquoi Aristote, qui considère seulement la vie interne des cités, n'a pas tort non plus de déclarer que payer l'Assemblée c'est affaiblir la Boulè.

Chapitre V

Les magistrats

I. LA DÉMOCRATIE ET LES MAGISTRATS

Même avec l'aide de son Conseil permanent, le peuple ne pouvait faire exécuter ses volontés qu'en confiant une part de sa souveraineté à certains magistrats. On était ainsi amené à distinguer parmi les emplois publics les magistratures proprement dites, d'ordre gouvernemental ou politique (ἀρχαί), et les fonctions purement administratives (ἐπιμελεῖαι), sans compter les fonctions subalternes (ὑπηρεσίαι) qui pouvaient être données à des métèques et à des esclaves aussi bien qu'à des citoyens.

La délégation de souveraineté conférait aux hauts magistrats, dans les limites de leurs attributions, les pouvoirs suivants (⁷⁵⁷) : 1⁰ le droit d'agir spontanément en conformité avec les lois qui les habilitaient ou de consulter l'Assemblée ou le Conseil en vue de décisions nouvelles (βουλεύσασθαι) ; 2⁰ le droit essentiel de commander et de prendre des mesures obligatoires (ἐπιτάξαι), qui impliquait le droit de punir le délinquant (ἐπιβολὰς ἐπιβάλλειν) en lui infligeant une amende dont le maximum variait, selon les magistratures, de cinquante à cinq cents drachmes, ou bien de le déférer aux tribunaux pour une punition plus forte (⁷⁵⁸) ; 3⁰ la compétence judiciaire dans des causes déterminées (χρῖναι), compétence qui ne comportait plus le droit de statuer, mais seulement celui de recevoir les plaintes, de faire l'instruction et de présider le tribunal (ἡγεμονία).

Par cela seul que la puissance des magistrats était une
émanation de la souveraineté populaire, le principe démocratique exigeait que tout citoyen pût la détenir. Mais il ne
faut pas appliquer à ce précepte le sens banal qu'on serait
tenté de lui donner aujourd'hui. Il ne signifiait pas seulement que chacun a le droit d'arriver aux plus hautes des
fonctions publiques ; il proclamait que, dans la mesure du
possible, chacun doit y arriver. « Le premier caractère de
la liberté, dit Aristote, est l'alternance de l'obéissance et du
commandement (τὸ ἐν μέρει ἄρχεσθσι καὶ ἄρχειν) (759).
C'est aussi la première condition de l'égalité, dit l'auteur du
Ménexène ; car, « entre frères nés d'une mère commune, il
n'est ni esclaves ni maîtres » (760). De là résulte que, dans la
démocratie, « nul n'est tenu d'obéir que s'il peut commander
à son tour : ainsi se combinent la liberté et l'égalité » (761).
Donc aucun citoyen n'est exclu des honneurs, quelles que
soient sa naissance et sa fortune : voilà le fait. La seule supériorité qu'on puisse admettre est celle du mérite et des
lumières, de façon que la république soit gouvernée par une
aristocratie sous le consentement du peuple : voilà l'idéal (762).

Pour accélérer le mouvement alternatif qui devait porter
les citoyens aux charges publiques et les faire rentrer dans
le rang, les magistratures étaient de courte durée. La plupart étaient annuelles. En règle générale, il était interdit
d'exercer plusieurs années de suite la même fonction et d'en
cumuler plusieurs la même année (763). Ces deux règles
souffraient cependant des exceptions. On pouvait siéger
deux ans au Conseil ; pour les fonctions militaires, surtout
celles de stratège, on pouvait se faire renouveler ses pouvoirs d'année en année indéfiniment (764). Mais ce qui montre
bien qu'une pareille itération doit se justifier par des raisons
exceptionnelles, c'est qu'en fait on ne pouvait guère en deux
ans exercer deux magistratures même différentes : il fallait,
en effet, pour être candidat à la seconde, avoir rendu compte
de la première, ce qui n'était possible qu'à condition de
briguer en second lieu une des rares charges où l'on entrait,
non pas au début de l'année civile, le 1er d'Hécatombaion,
mais aux Panathénées, le 20 du même mois. D'autre part,
une fonction extraordinaire pouvait être adjointe à une magis-

trature ordinaire, et les anciens archontes, quoique siégeant à l'Aréopage, pouvaient obtenir une charge différente. C'est ainsi que Périclès, quinze fois de suite stratège, fut entre-temps choisi comme épistate des travaux publics, et qu'Aristide et Thémistocle furent élus stratèges après avoir été archontes.

La même raison qui soumettait les magistratures à la règle constitutionnelle de l'annualité faisait établir pour elles la règle de la collégialité. Les collèges étaient tous indépendants les uns des autres. Quand une liaison était nécessaire, elle était assurée par le Conseil. Il n'y avait d'exception que pour les collèges à fonctions militaires : là il fallait bien une hiérarchie, et, en effet, les stratèges, généraux en chef, donnaient des ordres aux taxiarques, colonels d'infanterie, et, par l'intermédiaire des hipparques, aux phylarques, colonels de cavalerie (765). Quant aux magistratures civiles, elles étaient toutes égales entre elles en droit public. Mais, en pratique, tout le monde distinguait nettement les grandes charges (αἱ μέγισται ἀρχαί) (766) des petits emplois (ἀρχίδια) (767). Et pour cause. Les magistratures qui entraînent les plus graves responsabilités, celles dont les titulaires règlent les principales affaires d'État et exercent le commandement de l'armée, ne sont pas rétribuées. Les citoyens des classes inférieures n'y tiennent point. Ils trouvent, au contraire, tout avantage à maintenir les conditions de cens qui rendent effective la responsabilité pécuniaire de ces magistratures. Les fonctions qu'ils recherchent sont celles qui rapportent (768).

Les traitements étaient, au demeurant, très modestes. Pour le Ve siècle, nous n'avons que de rares indications ; mais elles sont significatives. D'après les comptes de l'Érechtheion (409/8), la journée de travail vaut une drachme pour les ouvriers et les artisans. L'architecte chargé de diriger les travaux et le sous-greffier qui tient les écritures n'ont qu'un avantage, celui d'être payés à l'année ou plutôt à la prytanie, sans chômage ; mais l'architecte n'a droit qu'à la drachme quotidienne, et le sous-greffier ne touche même que cinq oboles (769). Quatre-vingts ans plus tard, quand le salaire du travail qualifié est doublé, on voit dans les comptes

d'Éleusis l'architecte payé deux drachmes par jour; mais le
contrôleur des écritures ne touche plus qu'une obole [770].
A la même époque, tandis que le jeton de présence à l'Assemblée vaut une drachme ou une drachme et demie, les
archontes reçoivent chacun quatre oboles par jour pour leur
indemnité de nourriture, comme les éphèbes, mais à charge
de nourrir leur héraut et leur joueur de flûte; un seul des
neuf, détaché à Salamine, reçoit une drachme, comme les
sophronistes des éphèbes [771]. Les athlothètes sont payés
en nature, ils prennent leurs repas au prytanée, mais seulement pendant les seize jours où tout leur temps est pris
par la préparation des jeux panathénaïques. Les amphictions
envoyés à Délos touchent une drachme par jour sur les
fonds déliens; les magistrats envoyés dans les clérouquies
de Samos, de Skyros, de Lemnos ou d'Imbros reçoivent
en argent une simple indemnité de nourriture [772]. S'il y
avait des exceptions à la défense d'exercer deux fonctions
la même année, il n'y en avait pas pour les fonctions rétribuées (μὴ διχόθεν μισθοφορεῖν) [773].

Dans l'idée des Athéniens, le principe d'égalité ne devait
pas s'appliquer seulement aux individus, mais aussi aux
circonscriptions du territoire. C'est pour cela, que depuis
Clisthènes, le nombre des magistrats était, dans presque
tous les collèges, en rapport avec le système décimal des
tribus. Élus ou tirés au sort, ils sont généralement dix. Sinon,
on s'ingénie pour parfaire le nombre sacramentel. On adoucit la disgrâce de la tribu non représentée dans le collège des
archontes en lui donnant un secrétaire. Les épistates d'Éleusis ne sont que sept? On leur adjoint un secrétaire et deux
trésoriers des déesses [774]. Quand il fallait dépasser la
dizaine, on poussait volontiers à la trentaine, de manière
à donner satisfaction aux trois trittyes de chaque tribu :
c'est ainsi qu'il y eut trente juges de tribus [775] avant que
les Trente tyrans eussent rendu ce nombre odieux. Quand
il fallait un très grand nombre de candidats pour le tirage
au sort, on répartissait le total attribué à chaque tribu entre
les dèmes qui la composaient. Ce système fut assez longtemps
appliqué à la nomination des archontes. Mais, comme il se
prêtait trop facilement à la corruption dans les petits dèmes,

on dut y renoncer, excepté pour le tirage au sort des cinq cents bouleutes et des cinq cents gardes des arsenaux ([776]). Quand, au contraire, c'était trop de dix magistrats, on se contentait quelquefois de cinq, à raison d'un pour deux tribus. Exemples : les agents voyers (ὁδοποιοί) et les introducteurs des affaires à juger dans le mois (εἰσαγωγεῖς) ([777]). Pour le choix des magistrats extraordinaires, on ne pouvait pas toujours s'en tenir à la règle clisthénienne : les ambassadeurs envoyés à l'étranger étaient pris en nombre variable sur l'ensemble des citoyens (ἐξ Ἀθηναίων ἀπάντων). Cependant, dès que c'était possible, les démocrates athéniens se conformaient à la coutume. Il vaut la peine de remarquer que les oligarques révolutionnaires de 413-411 et de 404 l'observèrent eux-mêmes, quand ils firent préparer par dix, puis par trente probouloi le régime des Quatre Cents et quand ils organisèrent la tyrannie des Trente. Enfin, on réussit à faire cadrer avec les dix tribus certaines magistratures à une tête : ainsi, le secrétaire du Conseil fut fourni d'année en année par chacune des tribus à son tour.

II. NOMINATION DES MAGISTRATS

La nomination des magistrats se faisait par tirage au sort ou par élection.

A partir du v⁰ siècle, le tirage au sort devient le procédé démocratique par excellence, et il désigne tous les magistrats qu'il n'était pas absolument nécessaire de choisir d'après leurs idées politiques ou leurs talents. Mais il ne faut pas s'imaginer que le tirage au sort ait été inventé par des démocrates et qu'il ait toujours eu le sens égalitaire qu'il a pris en effet. Pour être fixé à ce sujet, le mieux est d'examiner le mode de nomination employé pour les archontes au cours des siècles.

La plupart des auteurs ont voulu voir dans le tirage au sort des archontes une mesure relativement tardive et en ont attribué l'idée soit à Clisthènes, soit à Aristide, soit même à Éphialtès et Périclès. Mais Fustel de Coulanges, fidèle à sa conception générale, faisant toujours remonter

les institutions à des origines religieuses, a soutenu que le
tirage au sort, véritable jugement de Dieu, a servi à désigner
les archontes dès le début ([778]). C'est Fustel de Coulanges
qui est dans le vrai. Aristote, en effet, assure dans la *Politique* que Solon conserva tel qu'il le trouvait établi le choix
des magistrats et que ce choix était d'essence aristocratique
([779]). Or, dans la *Constitution d'Athènes*, il nous apprend
que Solon décida que le tirage au sort des magistrats serait
fait sur des listes de candidats préalablement choisis
(πρόχριτοι) par les tribus, alors au nombre de quatre, et
que, pour les neuf archontes, chaque tribu proposerait
dix candidats pris dans la première des classes censitaires,
celle des pentacosiomédimnes ([780]). Aristote ne se contredit
pas ; il nous avertit seulement qu'en conservant l'ancien
mode de nomination, Solon l'adaptat à la nouvelle constitution : les quarante candidats dont les noms devaient être
mis dans l'urne ne seraient plus choisis seulement par les
chefs des grandes familles et d'après la naissance, mais
par tous les citoyens et d'après la fortune.

Le réformateur se flattait sans doute encore de rendre le
tirage au sort plus sincère ; car le Conseil des anciens archontes, l'Aréopage, à qui était confié le recrutement des
magistrats ([781]), trouvait trop facilement moyen de sophis-
tiquer le tirage au sort et en faisait une véritable cooptation.
Mais en cela Solon se trompa. Brigues et fraudes continuèrent.
Pendant tout le VIᵉ siècle, la charge de premier archonte
est le point de mire des ambitieux. Tantôt on y voit arriver
de grands personnages, comme l'ami de Solon Dropidès
et le chef de la noblesse, le Philaïde Hippocleidès ; tantôt
les séditions ou l'usurpation l'empêchent d'être pourvue
régulièrement de titulaires, d'où des années d' « anarchie » ([782]).
Plus tard, Pisistrate et ses fils, comme s'il se fût agi d'une
simple élection, s'arrangèrent de façon à la faire occuper
par leurs proches amis, tels que Pisistrate le Jeune, Miltiade et Habron. Et après l'expulsion des tyrans, elle appartint au chef du parti oligarchique, Isagoras. Vient la réforme
de Clisthènes. Elle change le vieux système sur deux points.
Pour ne pas rompre avec le système décimal, appliqué à
toute l'organisation politique, on adjoint aux neuf archontes,

en sous-ordre, le secrétaire des thesmothètes, et les dix membres du collège sont tirés au sort, un par tribu à tour de rôle ([783]). On fait désigner quatre candidats pour chacune des dix nouvelles tribus au lieu des dix candidats demandés à chacune des quatre tribus anciennes. Mais, comme par le passé, ce sont toujours des citoyens éminents, des hommes d'État qui sont nommés, Alcméon, Hipparchos, Thémistocle, Aristide. Comment une magistrature tirée au sort a-t-elle pu provoquer tant de luttes et revenir régulièrement aux plus puissants ou aux plus dignes ? Aristote donne l'explication de ce fait : « Ce n'est pas sans risques, dit-il, qu'on tire au sort les magistrats sur une liste de candidats élus : il suffit que quelques citoyens, même en petit nombre, se concertent pour qu'ils disposent constamment des élections » ([784]). Il est bien possible, par exemple, que la tribu eût la faculté d'épuiser son droit de présentation sur un seul nom et de rendre ainsi le tirage au sort fictif. Toujours est-il que jusqu'après la première guerre médique le tirage au sort des archontes équivalait la plupart du temps à une élection, mais — ne l'oublions pas — à une élection qui constituait un privilège aux Athéniens de la première classe.

En 487/6, s'accomplit dans la nomination des archontes une grande réforme. C'était le moment où le peuple décrétait coup sur coup l'ostracisme contre les personnages suspects de pactiser avec les tyrans exilés et avec les Perses. Il fallait empêcher leurs partisans de continuer les manœuvres électorales qui leur avaient si souvent livré l'archontat, faire du tirage au sort une réalité. Une pareille réforme n'était pas dangereuse depuis que les rênes du gouvernement étaient aux mains de stratèges élus. Le choix des candidats à l'archontat put donc se faire sur une base plus large. De la tribu, le droit de présentation passa dans les dèmes. Pour que tous les dèmes eussent leurs candidats et en nombre proportionnel à leur population, on leur accorda, pour l'archontat comme pour la Boulè, cinquante candidats par tribu : au total cinq cents. Mais la première classe, qui en fournissait aisément quarante, n'en pouvait présenter douze fois et demie autant ; on tenait, d'ailleurs, à récompenser au moins une des autres classes qui avaient

combattu à Marathon : le privilège de concourir au tirage au
sort de l'archontat fut étendu aux chevaliers ([785]). Peut-être
même arriva-t-il, après la double invasion des Perses qui
avait appauvri les propriétaires, après les victoires de Salamine et de Platées remportées par l'union patriotique de
toutes les classes, qu'un décret proposé en 478 par Aristide
permît de prendre les cinq cents candidats dans le peuple
entier sans distinction de cens ; mais ce fut, en tout cas,
une mesure exceptionnelle : on négligea un jour la loi,
sans la modifier ([786]). Même la réforme d'Éphialtès la laissa
subsister telle quelle.

C'est seulement en 457/6 qu'eut lieu un nouvel abaissement du cens exigé. Athènes, en guerre avec les Béotiens et
les Spartiates, avait dû demander un formidable effort aux
zeugites, non pas seulement dans l'infanterie, selon la règle
établie, mais encore dans la cavalerie. Comme compensation, elle leur ouvrit l'accès de l'archontat ([787]). Dès lors,
une seule classe, celle des thètes, en restait exclue. Il fut
impossible de maintenir longtemps une pareille exception.
On n'eut même pas besoin d'une loi pour l'abolir. On se
contenta de fermer les yeux sur les déclarations de cens faites
au moment de la docimasie. Aristote le constate, non sans
ironie : « Quand on demande à celui qui se présente au tirage
au sort pour une charge quelle est sa classe, nul ne s'avise-
rait de répondre : celle des thètes ([788]). »

Du moment que tout citoyen pouvait aspirer à l'archontat, il parut conforme au principe démocratique de supprimer l'élection pour la désignation des noms proposés par
les dèmes et de la remplacer dans les dèmes par un premier
tirage au sort ([789]). C'est ce double tirage au sort, déjà usité
auparavant pour le recrutement du Conseil, qui est, par
excellence, la nomination « par la fève ». Il fut certainement
pratiqué dès le Ve siècle et probablement peu après la
réforme qui enlevait leur privilège aux deux premières
classes ([790]). Le principal motif de cette réforme fut le désir
de mettre fin aux manœuvres électorales que favorisait le
scrutin de liste dans de petites circonscriptions comme les
dèmes. Mais on y continua de tripoter les urnes pour le
tirage au sort comme pour l'élection. Que faire ? On décida

vers la fin du v⁰ siècle, peut-être en 403, de faire tirer au sort les candidats, non plus par les dèmes, mais par l'ensemble de la tribu (⁷⁹¹). Dès lors, il n'y avait plus de raisons pour conserver le nombre énorme de cinq cents candidats. La tribu n'ayant plus à pourvoir tous ses dèmes, il suffisait qu'elle en présentât dix. Le principe était sauf, puisqu'on ne limitait pas le nombre des citoyens admis au tirage, et les deux opérations étaient bien simplifiées. Ainsi fut fixé définitivement un mode de nomination que les fraudes et le besoin de les contrecarrer avaient tant fait varier depuis deux siècles.

Le tirage au sort des magistrats paraît aujourd'hui une telle absurdité, que nous avons peine à concevoir qu'un peuple intelligent ait pu imaginer et maintenir un pareil système. Nous pensons là-dessus comme les oligarques ou les philosophes de l'antiquité. « C'est folie, comme Xénophon le fait dire à Socrate, que les magistrats de la cité soient désignés par la fève, tandis que nul ne voudrait tirer au sort ni un pilote, ni un maçon, ni un joueur de flûte, ni tout autre homme de métier, dont les fautes sont bien moins préjudiciables que celles qu'on commet au gouvernement (⁷⁹²). »

Mais mieux vaut comprendre que critiquer. Le tirage au sort a été inventé en des temps lointains où les hommes ne connaissaient pas de meilleur moyen pour faire désigner leurs chefs par leurs dieux. Il a été conservé par des générations plus récentes à qui le jugement de Dieu offrait l'avantage d'apaiser les sanglantes rivalités des grandes familles. Et maintenant il ne cessait pas, même dans les cités oligarchiques, d'amortir les dissensions des partis, en empêchant une faction victorieuse de faire prévaloir la tyrannie majoritaire dans tout le gouvernement, dans toutes les administrations, et d'exaspérer ainsi l'opposition ; il supprimait la plaie des manœuvres électorales, et Aristote cite l'exemple d'Hèraia en Arcadie, où l'élection fut supprimée parce qu'elle favorisait l'intrigue (⁷⁹³). Ce n'était pas assurément parce qu'il donnait par surcroît à tous les citoyens un droit égal aux magistratures que la démocratie allait y renoncer. Il faut reconnaître, d'ailleurs, que les inconvénients du

tirage au sort étaient fortement atténués dans la pratique.
Les incapables étaient retenus d'y participer par la crainte
du ridicule ; les gens de probité douteuse, par la perspective
de la docimasie. La collégialité des magistratures permettait d'obtenir une honnête moyenne, et la nomination d'un
président introduisait le choix dans le tirage au sort lui-
même. La collaboration d'assesseurs et surtout la présence
d'un personnel expérimenté dans les bureaux palliaient
l'inexpérience des chefs. Enfin, malgré les progrès du tirage
au sort, le système de l'élection gardait une grande importance.

Tous les magistrats de qui l'on devait exiger une compétence professionnelle ou des garanties de fortune étaient
désignés par un vote à mains levées. Ce furent, depuis le
Ve siècle, les fonctionnaires militaires : les dix stratèges,
les dix taxiarques, les deux hipparques, les dix phylarques
et les dix officiers de recrutement ou *catalogeis* ([794]). Ce furent
aussi les chefs des services techniques : au Ve siècle, probablement les hellènotames ou trésoriers de la caisse fédérale ;
au IVe, les administrateurs du théôrique et l'épimélète des
eaux et fontaines ([795]). Aristote mentionne encore dans
cette catégorie le trésorier de la trière paralienne et le trésorier de la trière d'Ammon ; il nous dit que l'Ecclèsia élisait
les architectes chargés de construire les navires de la flotte,
les ingénieurs de la marine, et que le Conseil choisissait
dans son sein les dix commissaires chargés de surveiller les
triéropes ; enfin, il nous donne force détails sur la façon
dont étaient nommés les directeurs et les maîtres des éphèbes ([796]). Mais il y avait bien d'autres magistratures électives. Au premier rang se plaçait, dans la deuxième moitié
du IVe siècle, la haute charge qu'illustra l'orateur Lycurgue,
véritable ministère de l'économie nationale, dont le titulaire,
appelé « le préposé à la dioikèsis » (ὁ ἐπὶ δικοικήσει),
était élu pour quatre ans ([797]). Puis viennent des fonctions
extraordinaires. Quand le peuple ordonnait l'exécution
de travaux publics, il nommait à mains levées l'architecte
et lui adjoignait par le même mode de nomination une
commission d'épistates pourvue d'un secrétaire et quelquefois d'un trésorier ([798]). Souvent il répartissait les travaux de

construction navale ou de fortification entre les six tribus ; en ce cas, les tribus nommaient chacune un ou plusieurs commissaires (les τειχοποιοί, les ταφροποιοί, les τριηροποιοί), ce qui n'empêchait pas ces commissions d'être revêtues d'une fonction publique ([799]). Enfin, la plupart des magistrats chargés de présider aux grandes fêtes étaient élus parmi les citoyens capables d'en relever l'éclat par leur richesse. Tels étaient les quatre épimélètes des mystères, dont deux pris dans l'ensemble des Athéniens, et deux dans les familles sacerdotales des Eumolpides et des Kèrykes ([800]). Il en fut de même pour les dix épimélètes des Dionysies jusqu'en 451, date à partir de laquelle ils purent être tirés au sort parce qu'on leur alloua désormais une somme assez importante pour leurs frais ([801]). Si la plupart des sacerdoces étaient pourvus de titulaires par la voie du sort, les plus anciens étaient héréditaires dans certaines familles, et il y en avait d'électifs par exception ([802]). Pour d'autres fonctions religieuses, l'élection tenait une plus grande place ([803]).

Le jour des élections (ἀρχαιρεσίαι) était fixé par les devins (κατὰ τὴν μαντείαν) : elles se faisaient dans la première prytanie, après la sixième, où les présages étaient favorables ([804]). Lors même que la séance électorale avait commencé, elle était levée si les dieux manifestaient leur désapprobation. C'est ainsi que, le 21 mars 424, à 8 heures du matin, on allait procéder au vote quand, à la grande joie des adversaires de Cléon, une éclipse de soleil fit remettre l'opération à une séance ultérieure ([805]). On pouvait donc, sauf empêchement des dieux, procéder aux élections dès le commencement de la septième prytanie (milieu de février). D'autre part, on ne pouvait pas attendre au-delà de la neuvième, parce qu'il fallait réserver le temps d'accomplir les formalités de la docimasie et de régler les procès qui en résultaient parfois. Pour le même motif, le tirage au sort devait se faire vers le même moment que les élections ([806]). C'est précisément au début du printemps que se placeraient, à en croire une piquante anecdote, les élections qui portèrent Sophocle à la stratégie en 440 : il aurait été nommé grâce au succès de son *Antigone* ([807]), donc après les Dionysies, qui se célébraient du dix au quinze Élaphèbolion (fin mars), c'est-à-dire à une

séance de la huitième prytanie. Si l'anecdote paraît controu-
vée, sur la question de la date, en tout cas, elle est bien
conforme à la réalité.

Les élections avaient toujours lieu sur la Pnyx, en plein
air, même lorsqu'à partir de 332 le peuple prit l'habitude de
tenir les assemblées ordinaires au théâtre [808]. Comme tous
les actes de l'Ecclèsia, celui-ci commençait par la lecture du
probouleuma qui l'autorisait (μηδὲν ἀπροβούλευτον) [809].
L'élection ne se faisait jamais autrement qu'à mains levées
(χειροτονεῖν). Quand il s'agissait de nommer des collèges
de dix magistrats, il y avait deux manières de procéder : ou
bien (c'était le cas le plus fréquent) on les choisissait à
raison d'un par tribu (ἀφ' ἑκάστης φυλῆς ἕνα), ou bien on
les prenait indistinctement dans la masse des Athéniens
(ἐξ ἀπάντων Ἀθηναίων). Comme l'armée était divisée en
dix tribus (*phylai*), le premier de ces systèmes était seul
applicable aux dix commandants de l'infanterie, les taxiarques, ainsi qu'aux dix commandants et aux dix recruteurs de
la cavalerie, les phylarques et les catalogeis, tandis que les
deux généraux de cavalerie, les hipparques, nommés chacun
pour cinq tribus, l'étaient forcément « parmi tous les Athéniens » [810]. Mais les stratèges, d'abord élus d'après le premier système, le furent plus tard d'après le second [811].
Le changement se fit probablement à l'époque où Périclès
était réélu d'année en année. Comme il ne pouvait plus
passer pour le représentant qualifié de sa tribu, l'Acamantis,
mais qu'il était bien celui de la cité entière, l'Acamantis
obtenait de temps en temps un second représentant : c'est
ce qui arriva trois fois en dix ans. On cessa ainsi, par la
force des choses, d'observer rigoureusement l'ancienne
règle, si bien que nous connaissons, pour le Vᵉ et le IVᵉ siècle,
onze cas où la même tribu a une représentation double dans
le collège [812]. Cependant, même si, pour une raison ou une
autre, une tribu se trouvait favorisée, on tâchait du moins
d'assurer leur représentation au plus grand nombre possible
de tribus.

On s'imagine aisément que les candidats aux magistratures recouraient à toutes sortes de manœuvres. Au temps
où le tirage au sort était précédé d'élections dans les dèmes,

la corruption avait beau jeu dans ces « mares stagnantes »,
et c'est pour des raisons de moralité politique que la démocratie préféra le double tirage au sort. Mais les élections
donnaient toujours lieu à une brigue savante. Tous les ans
on assistait au spectacle décrit par Démosthène : « Ceux
qui visent aux charges électives et au rang qu'elles confèrent,
esclaves de la faveur qui assure les suffrages, vont de l'un
à l'autre, chacun rêvant d'être sacré stratège [813]. » Il y en
avait qui usaient des moyens pathétiques : un ancien soldat
découvrait sa poitrine et montrait ses cicatrices [814]. D'autres,
les cyniques, tentaient la vénalité des électeurs : leurs
dépenses étaient des « avances », il s'agissait de passer « afin
de récupérer le double » [815]. Les partis s'organisaient pour
soutenir leurs candidats ; des comités se formaient qui
avaient leurs agents et leur caisse ; les oligarques du Ve siècle
étaient groupés dans de puissantes hétairies, qui peuvent
se comparer aux Tammany clubs américains [816].

Il ne faudrait pas croire, d'ailleurs, que la brigue eût de
plus mauvais effets chez les Athéniens que chez n'importe
quel autre peuple de l'antiquité ou des temps modernes.
Elle n'avait que faire dans maintes élections. L'intrigue ne
pouvait rien, par exemple, dans le recrutement des fonctionnaires éphébiques. Les pères des jeunes gens se réunissaient
par tribus et, après avoir prêté serment, élisaient parmi les
membres de leur tribu âgés de plus de quarante ans les trois
citoyens qu'ils jugeaient les plus honorables et les plus
capables de prendre soin de leurs fils ; sur ces trois, le peuple
en élisait un pour chaque tribu comme sophroniste ou cen-
seur, après quoi il choisissait parmi tous les Athéniens le
cosmète ou proviseur, chef de tous les éphèbes [817]. Même
dans les élections de caractère politique, les Athéniens
n'étaient pas incapables de choix judicieux. Un érudit a
recherché la position sociale des personnages qui ont exercé
une charge au temps de Démosthène : il est arrivé à cette
conclusion que les fonctions les plus élevées, celles qui
entraînaient le plus de responsabilités, étaient généralement
confiées à des gens bien nés, riches ou instruits [818]. Plutarque [819] note que cette foule qui en usait avec les démagogues comme les rois avec leurs flatteurs ou leurs fous, pour

se distraire, savait appeler aux postes importants de vrais
hommes d'État et, spécialement, désigner les plus dignes
pour le commandement des armées. Il fait cette remarque à
propos de Phocion qui, malgré son aversion pour la multitude
et bien qu'il n'eût jamais rien demandé, fut nommé stratège
quarante-cinq fois. Il aurait pu ajouter qu'une démocratie
capable de conférer le pouvoir suprême plus de trente ans
à un Périclès ne manquait assurément ni de sérieux ni
d'esprit de suite et en donnait, au contraire, une preuve
unique dans l'histoire du monde.

Une fois désignés par le sort ou par l'élection, tous les
magistrats n'entrent en charge qu'après avoir été soumis à
l'épreuve de la *docimasie*. Au temps d'Aristote, cette procédure s'accomplissait en général devant le tribunal. Mais
pour les neuf archontes elle comportait un premier examen
dans le Conseil des Cinq Cents. Au Ve siècle, le Conseil seul
avait à prononcer ; au IVe siècle, le magistrat rejeté par lui
pouvait en appeler au tribunal, qui décidait souverainement ([820]). Cette docimasie des archontes nous est bien
connue. On commence par poser des questions au futur
magistrat sur sa naissance : « Quel est ton père, et de quel
dème ? Quel est le père de ton père ? Quelle est ta mère ?
Quel est le père de ta mère, et de quel dème ? » On veut
savoir ensuite s'il est membre d'une phratrie, issu de bonne
et vieille souche, s'il participe à un culte d'Apollon Patrôos
et de Zeus Herkeios et où sont ces sanctuaires, s'il possède
des tombeaux de famille et où ils sont. Enfin, on l'interroge
sur sa vie privée et publique ; on lui demande s'il se conduit
bien envers ses parents, s'il paie ses contributions et s'est
acquitté des obligations militaires ([821]). Quand il a répondu
à toutes ces questions, le président le requiert de produire
des témoins à l'appui de ses dires. Si un des témoins se
porte accusateur, le président donne la parole à l'accusation
et à la défense ; après quoi, il fait voter à mains levées dans le
Conseil, au scrutin secret dans le tribunal. S'il ne se présente
aucun accusateur, on procède immédiatement au vote. Ce
vote était jadis une pure formalité : un seul juge déposait
son bulletin. Mais plus tard tous les juges furent tenus de
voter, afin que, si un candidat malhonnête avait réussi à

écarter les accusateurs, il fût quand même au pouvoir des juges de l'exclure ([822]).

Outre les questions d'ordre général qu'on posait à tous les magistrats désignés, on en posait de particulières, selon les magistratures ; car pour un grand nombre d'entre elles certaines conditions étaient requises. Les archontes ne devaient pas avoir de défaut corporel. Le roi devait avoir une épouse vivante et qui n'avait jamais eu d'autre époux. Les stratèges devaient avoir des enfants nés en légitime mariage et posséder une propriété foncière en Attique. Les trésoriers « des autres dieux » devaient appartenir par leur cens à la classe des pentacosiomédimnes ([823]). Les conditions imposées aux membres des deux derniers collèges ont une apparence aristocratique qui surprend au premier abord ; mais on comprend que le peuple ait exigé de magistrats qui pouvaient compromettre gravement les finances des garanties analogues à celles qu'on demande aujourd'hui au cautionnement. Au demeurant, le questionnaire de la docimasie, même s'il était limitatif en la forme, ne l'était pas en réalité. Il était aisé de l'étendre indéfiniment : toute la vie du récipiendaire était soumise à l'examen de tous les citoyens. Et l'on trouvait cela juste, parce que cela écartait les indignes, les mauvais fils, les mauvais soldats, les mauvais contribuables, tous les citoyens frappés ou menacés d'atimie, tous les ennemis de la démocratie ([824]).

III. FONCTIONNEMENT DES COLLÈGES DE MAGISTRATS

La plupart des magistrats entraient en charge le premier jour de l'année. Mais, pendant tout le siècle qui suivit la réforme de Clisthènes, on se conforma au calendrier officiel, qui divisait l'année ordinaire de 360 jours et l'année intercalaire de 390 jours en dix prytanies et qui, par conséquent, ne correspondait pas au calendrier civil, dont l'année avait 354 ou 384 jours répartis sur douze et treize mois. Il existait donc entre les deux calendriers un écart qui était quelquefois d'une vingtaine de jours. En 408/7, ou plutôt un peu avant, lorsqu'on réorganisa les institutions démocratiques après la chute des Quatre Cents, on décida que désormais

les magistrats entreraient en charge au commencement de
l'année civile, le 1ᵉʳ Hécatombaion. Cependant, après comme
avant 408/7, certaines magistratures débutaient le 20 du
même mois, aux Panathénées. Les dix athlothètes, qui dirigeaient les jeux de ces fêtes, faisaient quatre ans de service
des Grandes Panathénées aux Grandes Panathénées (⁸²⁵).
D'autres magistrats, quoique annuels, entraient en fonction
ce même jour : au Vᵉ siècle, les trésoriers de la déesse et
ceux des autres dieux ; au IVᵉ, le trésorier de la caisse militaire, les préposés au théôrique et l'épimélète des eaux (⁸²⁶).

Tous les magistrats devaient, avant d'entrer en charge,
prêter un serment d'investiture. Ce serment différait selon
la fonction, mais renfermait toujours l'engagement de se
conformer aux lois et de ne pas se laisser corrompre. Les
archontes juraient de consacrer une statue en or de leur
taille au cas où ils accepteraient des présents (⁸²⁷). Ils prêtaient leur serment deux fois de suite : la première fois, ils
juraient debout sur la pierre aux serments dressée dans
l'agora devant le portique royal ; puis, en compagnie des
stratèges et sans doute des autres magistrats, ils allaient
jurer sur l'Acropole, entre l'image de la déesse et une table
sur laquelle étaient déposées des couronnes de myrte (⁸²⁸).
Ces couronnes, insignes de leur dignité, faisaient d'eux des
personnages sacrés (⁸²⁹). Ainsi investis, ils offraient aux dieux
un sacrifice d'inauguration (εἰσιτήρια) (⁸³⁰).

Chaque collège avait son ἀρχεῖον, édifice ou simple local
où les magistrats prenaient leurs repas et où étaient installés
la salle des séances (συνέδριον) et les bureaux (⁸³¹). On y
voyait un personnel plus ou moins nombreux.

Certains magistrats avaient des assesseurs, des parèdres,
qui étaient également des magistrats, puisqu'ils pouvaient
remplacer les titulaires et qu'ils devaient, eux aussi, subir
les épreuves de la docimasie et rendre des comptes en fin
d'année (⁸³²). Chacun des trois archontes à fonction spéciale
avait deux parèdres ; il les choisissait lui-même, souvent dans
sa famille, et se concertait avec eux dans certaines affaires,
de façon à former, dans le grand collège des archontes, un
petit collège spécial comme celui des thesmothètes (⁸³³).
Aux dix hellènotames étaient adjoints dix parèdres qui pou-

vaient agir isolément, chacun avec son titulaire, ou tous ensemble avec les hellènotames réunis en corps. Comme il est encore question de parèdres en compagnie de stratèges et d'euthynes, on peut croire que l'institution était à peu près générale ([834]).

De même que le Conseil, magistrature par excellence, les collèges de fonctionnaires même les plus infimes avaient leur secrétaire-greffier-archiviste, le *grammateus*. Sa fonction était annuelle. Les secrétaires des collèges les plus importants (stratèges, trésoriers, etc.), et même ceux qui étaient attachés aux épistates de travaux publics, étaient des citoyens et avaient rang de magistrats ([835]). Il faut mettre hors de pair le secrétaire des thesmothètes. Il était adjoint comme dixième aux archontes, pour que chaque tribu fût représentée dans le collège. Quoique la docimasie ne fût pas entourée pour lui de formes aussi solennelles que pour les thesmothètes, et qu'il n'eût le droit ni d'infliger des amendes ni de présider un tribunal, la situation était assez respectable pour un bouche-trou ([836]).

Au-dessous de ces secrétaires qui formaient une élite, on trouvait près des magistrats une multitude de petits secrétaires et de sous-greffiers (ὑπογραμματεῖς) ([837]). C'étaient le plus souvent des métèques ou des affranchis, mais aussi d'humbles citoyens qui avaient besoin de gagner leur vie. Ils avaient mauvaise réputation. Par la pratique des bureaux et des archives, ils acquéraient une connaissance des actes officiels et une expérience qui leur permettaient de guider, honnêtement ou non, des chefs novices nommés pour un an ([838]). Aussi la loi défendait-elle aux sous-greffiers de garder le même emploi plus d'un an ([839]) : ils passaient donc d'un service à un autre, pour ne pas perdre leur traitement. Enfin, les principaux magistrats avaient leurs hérauts pour les appels et les proclamations, et leurs joueurs de flûte pour rythmer les sacrifices offerts sous leurs présidence ([840]). Tous ces gens-là appartenaient à la catégorie des employés salariés à qui l'on donnait un nom peu estimé (ὑπηρέται).

D'autres, en grand nombre, étaient attachés à certaines administrations comme serviteurs. Ceux-là n'étaient jamais

des citoyens, rarement des hommes libres, presque toujours
des esclaves publics (δημόσιοι) (⁸⁴¹). Les fonctionnaires
chargés de l'exécution des jugements criminels étaient l'objet
d'une animadversion générale ; il fallait recourir au recrutement servile pour procurer aux Onze le personnel dont ils
avaient besoin, le bourreau, cet impur qui ne pouvait pas
demeurer en ville, les tortionnaires, les geôliers (⁸⁴²). Des
esclaves publics servaient d'appariteurs aux thesmothètes, qui
les employaient à toutes les opérations matérielles nécessitées
par l'organisation et le fonctionnement des tribunaux (⁸⁴³).
D'autres formaient des équipes que les astynomes employaient
à la police des rues, les agents voyers à l'entretien des routes,
les épistates aux travaux publics (⁸⁴⁴). On connaît enfin des
esclaves dont les occupations administratives étaient d'un
ordre plus relevé : les comptables préposés aux écritures
des trésoriers et des stratèges ; l'archiviste du Mètrôon ;
l'archiviste de la Boulè, qui tenait à sa disposition les pièces
nécessaires à l'exercice de ses attributions financières (états
des biens affermés par les pôlètes et le roi, avec mention
des loyers et des échéances ; rentrées des impôts extraordinaires) (⁸⁴⁵).

Entre les membres d'un même collège, l'égalité démocratique ne souffrait pas de différence. Cependant, les neuf
archontes, créés à diverses époques et réunis par un lien
factice, ne formaient pas un collège comme les autres : les
six thesmothètes suivaient bien la règle générale ; mais
l'archonte, le roi et le polémarque avaient leurs attributions
particulières et agissaient chacun à part ; l'archonte proprement dit pouvait même passer pour leur chef à tous,
d'autant qu'il donnait son nom à l'année et avait par là une
prééminence morale sur tous les magistrats sans exception.
Dans les autres collèges, il fallait bien, en général, malgré
l'égalité de principe, un président. Tantôt il était nommé
pour l'année entière, comme celui des trésoriers. Tantôt
il était choisi à tour de rôle : par exemple, dans les premiers
temps, chaque stratège avait la présidence et le commandement suprême un jour sur dix.

Les affaires étaient traitées par le collège au complet ou,
en son nom, par un de ses membres. Les magistrats d'un

collège étaient donc responsables solidairement et individuellement, aussi bien à chaque prytanie devant l'Assemblée qu'à leur sortie de charge devant les logistes et les
euthynes (846). Dans le collège des stratèges, le principe de
la gestion et la responsabilité collectives ne résistait pas aux
nécessités de la guerre. L'Assemblée désignait un ou plusieurs stratèges pour chaque expédition, fixait à chacun ses
pouvoirs et choisissait parfois un généralissime : il est évident que, dans ce cas, il y avait ou responsabilité personnelle ou solidarité partielle (847).

IV. POUVOIR ET RESPONSABILITÉ DES MAGISTRATS

Les magistrats jouissaient de prérogatives multiples.
Peut-être l'État leur accordait-il une sorte d'immunité
suspensive, opposable à certaines poursuites ; car on ne
connaît pas de cas où un magistrat ait été l'objet d'une plainte
au civil (848). En tout cas, ils étaient assurés d'une protection
spéciale dans l'exercice de leurs fonctions. Alors, dit Démosthène, l'outrage qui leur est fait « s'étend aux lois, à la
couronne, symbole de l'autorité publique, au nom même de
la cité » (849). L'insulte devient un délit passible de peines
sévères. Le magistrat injurié peut infliger au délinquant une
amende : c'est ce que fait, par exemple, un stratège à un
soldat, d'après un plaidoyer qui nous est parvenu (850).
Si le maximum légal de l'*épibolé* lui paraît insuffisant, il
peut envoyer le coupable devant les tribunaux et le faire
condamner à une peine grave, telle que la privation totale
des droits civiques. Les magistrats ont, en outre, des privilèges honorifiques. Ils occupent une place à part dans les
processions et dans les cérémonies de tout genre. Des sièges
leur sont réservés au théâtre. Dans les festins qui suivent les
sacrifices, on leur présente des parts de choix, comme aux
chefs des temps homériques. Un décret énumère le nombre
des quartiers à prélever sur les victimes de l'hécatombe
panathénaïque en l'honneur des prytanes, des archontes,
des trésoriers de la déesse, des hiéropes, des stratèges et
des taxiarques (851).

Cependant le sentiment démocratique ne s'accordait pas

très bien avec un profond respect pour les magistrats. Avec
cette idée qu'il doit alternativement obéir et commander,
chaque citoyen se considérait toujours comme l'égal de ceux
à qui était échu le commandement et qui lui demandaient
obéissance. Telle était l'attitude du plus grand nombre à
l'égard des magistrats, que les malintentionnés prétendaient
qu'on se faisait gloire de les mépriser ([852]). Il va sans dire,
au reste, que les hommes de parti qui adressaient pareil
reproche au peuple le méritaient eux-mêmes amplement :
c'est pour leur faire plaisir qu'Aristophane vilipendait en
426, dans les *Babyloniens*, Cléon alors bouleute, et en 425,
dans les *Acharniens*, Lamachos alors stratège ([853]).

Il était d'ailleurs impossible au peuple d'avoir beaucoup
de déférence pour des magistrats qu'il tenait constamment
sous sa coupe. Pour se prémunir contre les abus de pouvoir,
le peuple souverain exerçait un contrôle perpétuel sur ses
serviteurs. N'importe quel citoyen pouvait isolément surveiller n'importe quel fonctionnaire. Au reste, tout se faisait par ordre du Conseil ou de l'Assemblée ou, pour le
moins, se passait sous leurs yeux. Il n'est pas d'administration, pour ainsi dire, qui prenne une initiative quelconque
sans demander au Conseil son avis ou sa collaboration *.
La plupart des magistrats, surtout ceux qui avaient maniement de fonds publics, étaient soumis à sa juridiction
pénale. Ils devaient, à chaque prytanie, présenter leurs
comptes à une commission de dix logistes tirés au sort par
le Conseil dans son sein ([854]). Sur les conclusions des logistes
ou de son propre mouvement, le Conseil pouvait juger tout
magistrat sur le fait de malversation ; mais, en cas de condamnation, le magistrat avait le droit d'en appeler au tribunal. Il était même licite aux particuliers de porter une
eisangélie devant le Conseil contre tout magistrat qu'ils
accusaient de ne pas se conformer aux lois, et, dans ce cas
encore, le condamné avait le droit d'en appeler à la justice
populaire ([855]). Mais l'Ecclèsia conservait un pouvoir direct
et bien plus étendu sur tous ceux qui n'étaient que les
exécuteurs temporaires de sa volonté. Il arriva un moment où,

* Voir p. 204.

à l'assemblée principale de chaque prytanie, elle procédait à l'*épicheirotonia*, c'est-à-dire votait à mains levées sur la gestion des magistrats : elle les confirmait dans leurs pouvoirs, si elle était d'avis qu'ils s'acquittaient bien de leur charge ; sinon, elle les déposait et les envoyait devant le tribunal ([856]). Mais avant même que le vote de confiance fût passé à l'état de procédure ordinaire et réitérée, l'Ecclèsia n'hésitait pas à déposer les stratèges dont elle était mécontente ([857]), ni à les poursuivre pour crime de forfaiture par voie d'eisangélie ([858]) ; et quand l'*épicheirotonia* fut régulièrement inscrite à l'ordre du jour des assemblées principales, la mise en accusation pouvait aussi bien précéder que suivre la déposition. L'Ecclèsia jugeait le plus souvent elle-même les eisangélies au Ve siècle, tandis qu'au IVe elle les renvoyait de préférence aux hèliastes ([859]). En cas d'acquittement, le magistrat déposé reprenait ses fonctions ; en cas de condamnation, les peines étaient fixées arbitrairement par le peuple, à l'Hèliée comme à l'Ecclèsia, et elles étaient parfois terribles ([860]).

Sauf dans des cas graves qui étaient presque toujours d'ordre politique, les magistrats demeuraient en fonction jusqu'au bout de leur année. Mais là les attendait une épreuve sérieuse. Chacun d'eux était responsable (ὑπεύθυνος), solidairement avec son collège et individuellement, sur sa personne et sur ses biens, de tout crime, délit ou faute commis dans sa gestion. Pour que cette responsabilité ne fût pas un vain mot, il n'avait pas le droit de quitter le pays, de disposer de ses biens et de passer dans une autre famille par adoption, — en un mot, de soustraire ou dissimuler aucune somme pouvant éventuellement revenir à l'État, — avant d'avoir obtenu quitus ([861]). Et, tant que cette formalité n'était pas remplie, il était interdit de voter ou de faire voter une récompense à un magistrat pour la manière dont il s'était acquitté de sa fonction. Tout le procès intenté par Eschine à propos de la couronne décernée prématurément à Démosthène reposait sur cette interdiction légale.

La responsabilité des magistrats était double, d'abord financière, ensuite morale et politique.

Tout fonctionnaire devait, en se démettant de ses pou-

voirs, fournir le compte des fonds publics dont il avait eu
la gestion ou une déclaration écrite attestant qu'il n'en avait
pas eu à manier ([862]). S'il se soustrayait à cette obligation par
des moyens illicites ou ne la remplissait pas dans les délais
légaux, il tombait sous le coup d'une action publique
(γραφὴ ἀλογίου) ou d'une eisangélie ([863]). Le compte s'appelait *logos* ; les auditeurs des comptes qui avaient à le vérifier étaient les *logistes*. Il ne faut pas confondre ce collège de
magistrats avec la commission de la Boulè qui portait le
même nom et lui avait facilité la besogne par des vérifica-
tions faites de prytanie en prytanie ([864]). Désignés par le
tirage au sort, les logistes étaient au nombre de trente au
Ve siècle ; au IVe, ils n'étaient que dix, mais avaient pour
assesseurs dix *synègores* ou procureurs, également tirés au
sort ([865]). Après avoir réparti les dossiers entre eux dans leurs
chambres des comptes (λογιστήρια), ils devaient les contrôler dans les trente jours ([866]). Il ne s'agissait pas seulement de
s'assurer que les comptes étaient conformes aux documents
officiels conservés dans les archives du Mètrôon, mais,
le cas échéant, de demander aux intéressés tous suppléments
de justification nécessaires. S'il résultait de l'examen des
pièces écrites et de l'enquête que le fonctionnaire comptable
avait commis un acte répréhensible ou délictueux les logistes chargeaient les synègores de prendre telles conclusions
que de droit. Si les synègores reconnaissaient le bien-fondé
de l'incrimination, ils intentaient, de concert avec les logistes, devant un tribunal d'hèliastes, une action soit de détour-
nement (κλοπῆς δημοσίων χρημάτων), soit de vénalité
(δώρων), soit de forfaiture (ἀδικίου). Si, au contraire, les
logistes et les synègores trouvaient la comptabilité en règle,
ils dressaient un certificat d'apurement et l'apportaient au
tribunal, seul compétent pour donner décharge. Avec ou
sans procès, c'était donc à un jury d'au moins 501 membres
de dire le dernier mot. Devant le tribunal, où les logistes
avaient la présidence, les synègores faisaient fonction de
ministère public ; mais chaque citoyen pouvait, sur la demande proférée par le héraut des logistes, apporter sa
plainte à propos des comptes en discussion ([867]). La décision
du tribunal était sans appel. En cas de simple négligence

.lans le maniement des fonds publics, le fonctionnaire coupable devait restituer la somme dont le Trésor avait été frustré ; en cas de faute grave, la condamnation était au décuple (868). S'il obtenait décharge, il était deux fois couvert, par la souveraineté judiciaire du peuple et par le principe inviolable du droit attique : μὴ δὶς πρὸς τὸν αὐτὸν περὶ τῶν αὐτῶν, *non bis contra eumdem in idem* (869).

Mais, fût-il irrévocablement libéré en ce qui concernait la comptabilité, il demeurait responsable pour tout autre acte de sa gestion. Outre la reddition des comptes au sens étroit et précis, il y avait dans le droit public d'Athènes une reddition des comptes au sens large et plus vague, l'*euthyna*, par-devant les *euthynoi*. Ces « redresseurs » étaient au nombre de dix, un par tribu, et chacun d'eux avait deux assesseurs ou parèdres. Tous les trente étaient tirés au sort par le Conseil et dans son sein. Pendant les trois jours qui suivaient le jugement provoqué par les logistes et les synègores, l'euthyne siégeait avec ses assesseurs, aux heures du marché, devant la statue du héros éponyme de sa tribu. Tout citoyen pouvait venir à lui, pour introduire contre le magistrat déjà jugé sur sa comptabilité une action privée ou publique en raison de ses autres actes : il inscrivait sur une tablette blanchie son nom, le nom du défendeur, le grief allégué avec évaluation du préjudice causé et de la peine requise, et la remettait à l'euthyne. L'euthyne examinait la plainte, et si, après instruction, il la jugeait recevable, il en saisissait les autorités compétentes : l'action privée était transmise aux juges des dèmes chargés d'introduire en justice les affaires de la tribu ; l'action publique était inscrite au bureau des thesmothètes. Si les thesmothètes la jugeaient également fondée, ils la portaient devant le tribunal populaire, dont la décision était souveraine (870).

La procédure ordinaire de la reddition des comptes ne pouvait pas s'appliquer aux stratèges : il arrivait souvent qu'ils fussent éloignés d'Athènes par les opérations de guerre à la fin de l'année, c'est-à-dire en juillet, et même qu'ils fussent réélus plusieurs mois auparavant, quoique absents. Ils n'étaient donc astreints à rendre des comptes qu'au moment de se démettre de leurs pouvoirs, au bout d'une ou de plusieurs années, ou en cours d'année s'ils avaient été déposés par l'*épicheirotonia* qui les visait tout spécialement ([871]). Alors seulement ils avaient à justifier les actes de leur gestion devant les thesmothètes. Ceux-ci recouraient probablement aux logistes pour la vérification des pièces comptables ([872]), mais ne s'adressaient pas aux euthynes pour le reste. De toute façon, ils se bornaient à mettre l'affaire en état et à l'introduire devant le tribunal ([873]). Seule, la justice populaire pouvait approuver ou condamner les stratèges sortis de charge.

Les magistrats étaient donc soumis à une surveillance incessante et minutieuse. Ils ne pouvaient rien faire sans l'agrément du Conseil, éclairé par une commission de contrôle permanente. Neuf fois par an, ils devaient obtenir de l'Assemblée un vote de confiance, sous peine d'être suspendus et envoyés devant les tribunaux. En fin d'année, toutes les pièces comptables de leur gestion étaient examinées par cette Cour des comptes que formaient les logistes ; chacun de leurs actes était scruté, sur la demande du premier venu, par des euthynes agissant comme Chambre des mises en accusation. Souvent même les lois et les décrets dont l'exécution leur était confiée prévoyaient les sanctions dont ils étaient passibles en cas de manquement ([874]). Exposés journellement aux injures et aux calomnies des démagogues et des sycophantes, guettés par la haine de leurs adversaires, ils voyaient suspendues sur leur tête les terribles sanctions de l'eisangélie et de l'action en illégalité. Ne fallait-il pas que le peuple disposât de ses fonctionnaires en maître, puisqu'il entendait garder pour lui toutes les attributions de la souveraineté ? Le principe même du gouvernement démocratique exigeait cette mainmise sur le pouvoir exécutif.

C'est une véritable tyrannie qui s'exerçait ainsi sur les magistrats. La littérature et l'histoire du ve et du ive siècle fourmillent à cet égard de témoignages concordants. On se rappelle la scène si caractéristique des *Cavaliers* où le Paphlagonien et le Charcutier, l'un pour conserver, l'autre pour conquérir la faveur de Dèmos, luttent à qui saura le mieux pourvoir à ses besoins. Ils lui promettent à l'envi de

l'orge, de la fine farine, de bonnes galettes, des viandes toutes
rôties ; car ils sont prévenus que « la direction de la Pnyx
doit revenir à celui qui le traitera le mieux », « à celui qui
aura le mieux mérité de Dèmos et de sa panse ». Mais gare
à celui-là même qui l'emporte ! Dèmos veut bien, « à condition d'avaler sa pâtée de chaque jour, nourrir un voleur à
titre de prostate unique » ; mais, quand il le voit à point,
il lui donne le coup de grâce ([875]). Et le commun des fonctionnaires n'était pas plus ménagé que le politique élevé
au rang de premier ministre. « Les cités, comme Xénophon le
fait dire à un Athénien, en usent avec les magistrats comme
moi avec mes domestiques. Je veux que mes serviteurs me
fournissent tout ce qu'il me faut en abondance et qu'ils ne
touchent à rien ; les cités entendent que les magistrats
leur procurent le plus d'avantages possible et qu'ils s'abstiennent de toucher à quoi que ce soit ([876]). »

Qu'il y ait de l'exagération dans les bouffonneries du
comique et même dans les récriminations des intellectuels,
c'est évident. Un philosophe — probablement Démocrite
d'Abdère — allait plus loin encore, lorsqu'il disait : « Dans
l'organisation politique qui prévaut actuellement, il est
impossible que les gouvernements ne fassent pas de mal,
même s'ils sont en tout point excellents ; car, il en est d'eux
comme de l'aigle livré en proie à la vermine ([877]). » Toutefois, l'outrance n'est que dans les termes. Nous touchons
là au vice ordinaire des démocraties. De fait, la méfiance
tatillonne du peuple athénien n'épargnait personne. Périclès lui-même, à la fin, n'y put échapper. Il rendait compte,
d'année en année, obole par obole, des sommes qui passaient
par ses mains. Mais il eut besoin, pour sa diplomatie, de
fonds secrets. C'en fut assez pour le faire accuser de malversation ; il eut beau déclarer qu'il avait employé l'argent aux
« dépenses nécessaires », il fut bel et bien condamné ([878]).
L'esprit de parti, les rivalités de personnes, multipliaient les
procès qui, d'ailleurs, n'étaient pas toujours intentés par
des démocrates ; amendes et peines capitales pleuvaient
dru ([879]). Sans doute le métier d'accusateur avait ses dangers :
le sycophante se faisait étriller, s'il n'obtenait pas le cinquième des suffrages ; l'accusé ne se contentait pas de parer

les coups, mais rispostait, et l'on voyait Eschine, poursuivi
par Timarque en reddition de comptes, faire condamner
son adversaire pour crime contre les mœurs. N'empêche que
les généraux et les ambassadeurs malheureux, les administrateurs des finances malhonnêtes ou maladroits, les directeurs de prisons négligents, voire même les fonctionnaires
du ravitaillement qui ne parvenaient pas à faire respecter
les lois sur le commerce des grains étaient trop souvent traités en criminels et voués à la mort ([880]).

Toujours exposés aux soupçons, les gens d'un mérite
ordinaire et d'un caractère timoré se sentaient obsédés,
accablés par le sentiment de leur responsabilité. On voit
par l'exemple de Nicias quels effets déprimants pouvait
produire la peur de l'Ecclèsia. C'était pourtant un bon général ; mais la pensée de la Pnyx le paralysait. Après les premiers échecs de Sicile, il n'osa pas ordonner la retraite qui
aurait sauvé l'armée. Nous savons par Thucydide d'où venait son hésitation ([881]). Il était sûr que les Athéniens
désapprouveraient une mesure qu'ils n'auraient pas décré-
tée, qu'ils se prononceraient sur le sort des stratèges sans
avoir vu la situation de leurs yeux, qu'ils jugeraient d'après
les assertions des beaux parleurs. Il se disait encore que ses
soldats, de retour à Athènes, rendraient les généraux responsables de leurs souffrances et les représenteraient
comme des traîtres, des vendus. Plutôt que d'être victime
d'une accusation injuste et ignominieuse, il préférait périr
les armes à la main. Il poussait le courage militaire jusqu'à la
témérité, parce que le courage civique lui était rendu trop
difficile. Combien de magistrats devaient ainsi perdre
l'esprit d'initiative et la sécurité indispensables pour s'acquitter dignement de leur fonction !

Chapitre VI

La justice

I. LES PRINCIPES

Mieux peut-être qu'aucune autre institution, la justice révèle d'abord ce parfait équilibre entre la puissance publique et la liberté individuelle qui fut l'idéal d'Athènes au ve siècle.

Le peuple est le souverain justicier. En théorie, il a un droit absolu sur la vie et les biens de chacun. Qu'on se rappelle la déclaration de Philocléon, dans les *Guêpes* d'Aristophane. Au moment d'entrer à l'Hèliée, il redresse la tête et, bouffi d'orgueil : « Ma puissance, s'écrie-t-il, n'est-elle pas aussi grande que celle d'aucun roi ?... Est-ce que je ne commande pas à l'égal de Zeus (882) ? » Effectivement, les tribunaux populaires de l'Hèliée tiennent une place énorme dans la cité. C'était la conséquence inévitable du progrès accompli par les idées démocratiques. Auparavant, la justice, même après avoir cessé d'être le monopole des Eupatrides, avait eu pour organes l'Aréopage et les magistrats, et, même quand Solon avait institué l'Hèliée, il ne lui avait reconnu qu'une juridiction d'appel (*éphésis*) qui lui assurait un droit de regard sur les arrêts rendus par les magistrats, mais non pas sur les sentences de l'Aréopage. Il fallut la réforme de 462 pour conférer définitivement au peuple la prérogative judiciaire qui répondait à une nécessité historique. En même temps que sont brisés les pouvoirs de l'Aréopage, les magistrats se voient réduits à l'*hégémonie*, c'est-à-dire à une simple délégation en vertu de laquelle

ils reçoivent les actions, procèdent à l'instruction et président
les tribunaux compétents. Aucun intermédiaire désormais
entre la souveraineté populaire et les justiciables.

Mais les droits de l'individu subsistent et n'en sont même
que plus fortement sauvegardés. Il semble que chaque citoyen
ne puisse jouir d'une entière sécurité dans l'exercice de ses
droits que si le peuple entier les lui garantit en le couvrant
de sa toute-puissance. L'individualisme est poussé à un tel
point que, dans les procès où l'une ou l'autre partie ou toutes
les deux à la fois comprennent plusieurs personnes, l'action
doit être intentée par chacun des consorts demandeurs à
chacun des consorts défendeurs (883). Aussi la justice ne se
saisit-elle jamais elle-même chez les Athéniens, même dans
les affaires criminelles. Pas de magistrat qui prenne l'initiative d'une poursuite, pas de chambre de mise en accusation, pas de ministère public qui soutienne la cause de la
société. En principe, c'est à la personne lésée ou à son représentant légal d'intenter le procès, de faire la citation, de
prendre la parole à l'audience sans assistance d'avocat.
Même un homicide peut rester impuni, s'il ne se présente
aucun parent comme champion de la victime (884). Toutefois, lorsqu'il s'agit d'incriminer un acte qui porte atteinte
à l'intérêt commun, n'importe quel citoyen (ὁ βουλόμενος)
peut se considérer comme lésé et se porter au secours de la
loi. On distingue ainsi deux catégories d'actions : les actions
privées (*dikai*) et les actions publiques (*graphai*). Dans le
cas des actions privées, les deux parties consignent les frais
de justice, les *prytanies*, comme *pœna temere litigandi* ;
le demandeur a toujours la faculté de se désister ; s'il
l'emporte, il peut obtenir, outre l'objet en litige, une indemnité, mais doit se charger lui-même de l'exécution. Dans le
cas des actions publiques, l'accusateur seul est tenu à la
consignation qui s'appelle alors *parastasis*, et, s'il se désiste
ou n'obtient pas au moins le cinquième des voix, il doit
payer une amende de mille drachmes ; le condamné
tombe sous le coup de peines afflictives, infamantes ou pécuniaires, et les peines pécuniaires sont au profit de la cité.
Mais dans l'un et l'autre cas, la lutte, l'ἀγών, s'engage entre
les deux parties : le magistrat mis en mouvement ne se charge

que de réunir les déclarations formulées et les preuves fournies par les adversaires ; les hèliastes ne sont que des jurés qui assistent aux débats comme juges du camp.

Même les procédures extraordinaires font la part large à l'initiative privée. On a vu ce qui en est des procès politiques engagés devant l'Assemblée ou le Conseil par voie d'*eisangélie* ou de *probolè* *. Contre le flagrant délit ou le délit notoire, notamment quand l'inculpé est un malfaiteur de bas étage ou un étranger qui pourrait s'enfuir furtivement, les citoyens ont comme recours l'*apagôgè*, l'*éphègèsis* ou l'*endeixis*, c'est-à-dire qu'ils peuvent ou porter la main sur le délinquant pour le traîner devant le magistrat, ou conduire le magistrat au lieu où il se tient pour procéder à son arrestation, ou le dénoncer pour que le magistrat compétent en fasse son affaire. Dans ces procédures, où l'*habeas corpus* n'est pas de mise, la citation préalable n'est plus exigée ; il y a lieu à un jugement sommaire ou à la détention préventive qui est parfois suspendue par la constitution de trois cautions bourgeoises. Enfin, dans le cas de dommage matériel causé à l'État par infraction aux lois sur le commerce, les douanes ou les mines, ce sont encore les particuliers qui se mettent en avant par la *phasis*, et, pour les y décider, l'État les intéresse aux condamnations : ils ont comme prime, au Ve siècle les trois quarts, au IVe la moitié de l'amende infligée ([885]).

Si le principe de la souveraineté populaire est tellement déformé dans les choses de la justice, c'est qu'en pareille matière les survivances du passé sont particulièrement tenaces. C'est ce que va nous montrer encore l'organisation des tribunaux et leur procédure.

II. LES TRIBUNAUX ET LA PROCÉDURE

Le crime d'homicide, à cause de la souillure qui s'attachait au coupable et qui menaçait de se communiquer à la cité entière, garda toujours le caractère d'un attentat contre les hommes et contre les dieux. Si grave qu'il fût, il ne pou-

* Voir pp. 177-8 et 234-5.

vait pas être poursuivi en justice par un citoyen quelconque
au moyen d'une *graphè*, mais uniquement par les plus proches parents du mort au moyen d'une *dikè*. Il ne pouvait
pas non plus être jugé par des citoyens quelconques, mais
seulement par les tribunaux quasi religieux que présidait
le chef des cultes nationaux, le roi.

De ces vieux tribunaux, le plus important est celui qui
siège sur la colline d'Arès, près de la grotte consacrée aux
Euménides : la Boulè de l'Aréopage. Elle a beau être dépouillée depuis 462 de ses pouvoirs politiques ; elle reste un
grand nom, elle garde le prestige de son glorieux passé.
Toujours composée des anciens archontes, elle passe de
siècle en siècle pour « le plus vénérable et le plus juste des
tribunaux » (886). Sa juridiction s'étend aux crimes de meurtre prémédité (φόνος ἑκούσιος), de blessures faites avec
intention de donner la mort, d'incendie d'une maison
habitée et d'empoisonnement. Les peines qu'elle prononce
sont : la mort en cas de meurtre, le bannissement et la confiscation en cas de blessures (887). — Au-dessous de l'Aréopage,
se trouvent les tribunaux composés, d'après la législation
de Dracon, des cinquante et un éphètes. Ils sont au nombre
de trois. Le Palladion est compétent en matière d'homicide
involontaire (φόνος ἀκούσιος) et d'instigation au meurtre
(βούλευσις), si la victime est un citoyen, en matière de
meurtre tant volontaire qu'involontaire, s'il s'agit d'un
métèque, d'un étranger ou d'un esclave. Il prononce la
peine de l'exil à temps, sans confiscation ; mais le condamné
ne peut revenir en Attique qu'avec l'autorisation des parents
du mort (888). Le Delphinion est compétent si le roi, chargé
de l'instruction, a décidé que l'homicide est excusable ou
légitime (φόνος δίκαιος), ce qui est le cas quand la victime
a été tuée dans les jeux en luttant, ou à la guerre par erreur,
ou bien en flagrant délit de relations illicites avec l'épouse,
la mère, la sœur, la fille ou la concubine libre du meurtrier (889). A Phréattys, au bord de la mer, sont jugés ceux
qui, exilés temporairement pour homicide involontaire, ont
commis un nouveau meurtre avec préméditation. Comme ils
ne sont pas encore purifiés de la première souillure et que
l'accès de la terre attique leur est interdit, ils présentent leur

défense du haut d'une barque, devant les juges assis sur le rivage. Acquittés, ils retournent à l'étranger ; condamnés, ils subissent la peine capitale [890]. Enfin, un cinquième tribunal du sang est formé par le roi et les rois de tribus siégeant devant le Prytanée. Sa fonction, plus encore que sa composition, atteste une origine très lointaine. Il condamne par contumace le meurtrier inconnu et juge gravement l'animal ou l'objet en pierre, fer ou bois qui a causé mort d'homme, avant d'en purifier le territoire en le faisant transporter ou jeter au-delà des frontières [891].

Toute la procédure en usage dans les affaires de sang est d'un archaïsme frappant. Si la victime a pardonné avant de rendre l'âme, personne ne peut rien contre le meurtrier [892]. Sinon, les champions de la victime sont, d'après la loi de Dracon : le père, les frères et les fils ; à leur défaut, les cousins germains et issus de germains ; en troisième ligne, dix membres de la phratrie choisis par les éphètes. Les deux premiers groupes peuvent, comme au temps de la vengeance privée, transiger avec le meurtrier ($αἴδεσις$) et le tenir quitte de toute poursuite moyennant une somme d'argent ; mais, pour que la transaction soit valable, il faut que les parents habilités par la loi l'acceptent à l'unanimité. Sinon, la poursuite est exercée par les parents du premier groupe assistés par ceux du second et, de plus, par les alliés, gendres, beaux-frères et beaux-pères, et par les membres de la phratrie [893]. Le métèque est représenté par son patron, son *prostate* ; l'esclave, par son maître [894].

Une cérémonie dramatique engage l'action : les parents se rendent auprès du mort et plantent une lance sur le tertre sépulcral : c'est la déclaration de guerre. Elle provoque une proclamation du roi (la $πρόρρησις$) qui exclut l'accusé des lieux sacrés et même de l'agora jusqu'au jour du jugement [895] : c'est l'excommunication. L'instruction se fait dans trois séances contradictoires ($προδικασίαι$) qui se tiennent à un mois d'intervalle [896]. Le jugement a lieu en plein air pour que les juges et l'accusateur échappent à la contagion qui propagerait la souillure de l'accusé [897]. Ce jour-là, le roi enlève sa couronne [898]. Avant tous débats, un sacrifice est offert, où sont immolés un bélier,

un porc et un taureau ; devant l'autel, les deux parties
prêtent solennellement un serment déclaratoire sur les faits
de la cause ([899]). A l'Aréopage, elles se tenaient debout sur
deux blocs de roche, la pierre de l'injure (λίθος ὕβρεως)
et la pierre de l'implacabilité (λίθος ἀναιδείας) ([900]). Elles
avaient chacune le droit de parler deux fois. Après son
premier plaidoyer, l'accusé pouvait encore prévenir une
condamnation par un exil volontaire et l'abandon de ses
biens ([901]). Si les suffrages se partageaient également entre
l'accusation et la défense, l'accusé bénéficiait de ce qu'on
appelait le suffrage d'Athèna (ψῆφος 'Αθηνᾶς) en souvenir
du vote qu'Athèna avait émis, selon la tradition, en faveur
d'Oreste ([902]). En descendant de la colline d'Arès, l'acquitté
allait à la grotte des Euménides apaiser et remercier les
déesses par un sacrifice ([903]). D'une façon générale, pour
être relevé de l'excommunication suspensive qu'entraînait
l'accusation d'homicide et qui se prolongeait par l'exil
temporaire, il fallait se soumettre aux expiations et puri-
fications fixées par le rituel et la casuistique raffinée des
exégètes ([904]).

Toutes les affaires qui ne ressortissaient pas aux tribunaux
du sang rentraient en principe dans la compétence populaire. Il y avait là une tâche énorme. Déjà quantité de litiges
avaient été retirés aux magistrats et à l'Aréopage par la
réforme d'Éphialtès, quand l'augmentation du contentieux
commercial, le développement de l'empire et les restrictions
apportées à la juridiction des villes sujettes firent d'Athènes
la cité des procès. Il fallait soulager les tribunaux ordinaires,
en les déchargeant des broutilles.

Pisistrate avait jadis créé des juges de dèmes, pour retenir
chez eux les plaideurs de la campagne ([905]) ; mais l'institution fondée par le tyran avait disparu. On la rétablit en
453/2 ([906]). Trente juges itinérants, trois par tribu, eurent
pour fonction d'aller, chacun probablement dans sa trittys,
régler en premier et en dernier ressort les différends dont
la valeur ne dépassait pas dix drachmes ([907]). Au-dessus de
cette valeur, ils transmettaient les affaires civiles aux arbitres
publics, les *diaitètes* ([908]).

Tous les Athéniens âgés de soixante ans devaient, en se

faisant rayer des listes militaires, se faire inscrire sur celles
des diaitètes pour exercer la fonction pendant un an (909).
Quiconque se soustrayait à cette obligation était frappé
d'atimie, à moins d'exercer une charge publique ou d'être
retenu à l'étranger (910). Les diaitètes étaient répartis en
dix sections, une par tribu (911). Chaque section avait un
siège fixe, qui était un tribunal ou un temple (912). La juridiction des arbitres était saisie par les juges des tribus, soit
directement, quand ils se trouvaient en présence d'une affaire
dépassant leur compétence, soit indirectement, quand ils
servaient d'intermédiaires aux magistrats à qui l'on avait
demandé une action privée d'importance moyenne (913).
Les juges des tribus répartissaient les litiges entre les diaitètes par tirage au sort (914). Cette procédure d'arbitrage
offrait de grands avantages aux justiciables. Elle était
rapide et sommaire : l'arbitre était chargé à la fois de l'instruction et du jugement (915). Elle revenait bon marché :
chacune des parties payait un droit insignifiant, une drachme,
et autant par remise (916). Une fois éclairé sur les faits de la
cause, l'arbitre fait une tentative de conciliation. Si elle ne
réussit pas, il rend sa décision, qu'il appuie d'un serment
particulièrement solennel (917). Si les deux parties l'acceptent, tout est terminé. Si l'une d'elles ne veut pas s'y tenir,
elle fait appel au tribunal des hèliastes. Si elle prétend avoir
été lésée par l'arbitre, elle peut le poursuivre par voie
d'eisangélie devant le corps des arbitres et le faire condamner,
sauf appel, à une atimie qui équivaut à une révocation (918).

Malgré le soulagement que leur procuraient les juges des
dèmes et les diaitètes, les tribunaux populaires étaient accablés sous le poids des affaires (919). Ce fut pendant un siècle
et demi une grande préoccupation pour la démocratie
athénienne de rendre l'administration judiciaire apte à
remplir ses obligations. Elle déploya dans une œuvre assurément difficile de remarquables qualités de persévérance
et d'ingéniosité.

Tout Athénien pouvait obtenir la dignité d'hèliaste,
à condition d'avoir trente ans révolus et d'être en pleine
possession des droits civiques, par conséquent, de ne pas
être débiteur du trésor public (920). Celui qui siégeait au

mépris de la loi était poursuivi par la voie de l'endeixis ;
il tombait sous le coup de peines laissées à l'appréciation
des juges, et, s'il était condamné à une amende, il était mis
en prison jusqu'au paiement de la dette antérieure qui avait
motivé la délation et de l'amende ajoutée par les tribunaux ([921]). Il fallait à l'État d'autres garanties encore. Chaque
année les nouveaux hèliastes devaient prêter serment sur la
colline d'Ardettos ([922]). Ce serment ne nous est connu que
pour le IVe siècle ; mais il est hors de doute que la formalité
solennelle était en usage depuis longtemps. Voici les principaux engagements pris par les juges ([923]) :

« Je voterai selon les lois et les décrets du peuple athénien et de la
Boulè des Cinq Cents. Je ne voterai ni pour un tyran ni pour un oligarque, et, si l'on attaque le pouvoir du peuple athénien, si l'on parle
ou si l'on fait voter à l'encontre, je n'y consentirai pas. Je ne serai ni
pour une abolition des dettes particulières ni pour un partage des terres
et des maisons des Athéniens. Je ne rappellerai pas les bannis ni les
condamnés à mort, et je ne prononcerai pas contre ceux qui demeurent
dans le pays un bannissement contraire aux lois établies et aux décrets
du peuple athénien et du Conseil ; je ne le ferai pas moi-même et empêche-
rai tout autre de le faire. Je ne recevrai pas de présents à titre d'hèliaste,
ni moi ni un autre pour moi, homme ou femme, à ma connaissance,
sans simulation ni manœuvre quelconque. J'écouterai l'accusateur et
l'accusé en toute impartialité, et je ferai porter mon vote sur l'objet
précis de la cause. Si je me parjure, que je périsse, moi et ma maison ;
si je suis fidèle à mon serment, puissé-je prospérer ! »

Au Ve siècle, le nombre des hèliastes était fixé à six
mille ([924]). C'est le nombre qui représentait en droit public
l'unanimité du peuple, comme l'indique la procédure de
l'Assemblée plénière, et il ne faut pas oublier que, dans bien
des cités, le nom d'Hèliée n'a jamais cessé d'être celui de
l'Assemblée. Les six mille juges étaient tirés au sort parmi
les citoyens qui se présentaient dans les conditions légales ([925]).
Chaque tribu en fournissait six cents, qui étaient probablement pris dans les dèmes proportionnellement au nombre
des habitants ([926]). Les opérations du tirage au sort étaient
faites par les neuf archontes et leur secrétaire, chacun pour
sa tribu ([927]).

Après la prestation du serment, les juges étaient répartis
par le sort entre les différents tribunaux et, par conséquent,

entre les magistrats qui en avaient la présidence ([928]). On
s'arrangeait de manière que, dans chacune de ces sections,
les dix tribus eussent une représentation égale ([929]). Le nom
de *dicastère* désignait donc à la fois un tribunal et son
personnel ([930]), d'où le nom de *dicastes* donné généralement
aux juges ; le terme d'héliaste était appliqué plus spécialement aux dicastes qui se réunissaient sur l'agora, dans la
vieille Héliée des thesmothètes ([931]). Ainsi les juges savaient
dans quel tribunal ils siégeraient et à quel magistrat ils
seraient attachés l'année entière ([932]) : un tel à l'Héliée,
sous la présidence des thesmothètes ; tel autre au tribunal
« près des murs », avec l'archonte ; ceux-ci au « parabyste », avec
les Onze ; ceux-là au tribunal neuf ou à l'Odéon ([933]). Ils
savaient donc d'avance quelles affaires leur seraient soumises,
et les plaideurs ne l'ignoraient pas non plus. On conçoit
les inconvénients de ce système. Ce qui les palliait et décou-
rageait la corruption, c'était le trop grand nombre des juges
qui composaient un dicastère ([934]). Ils n'étaient pas six cents,
il est vrai, car il fallait bien prévoir les absences ; mais ils
étaient régulièrement cinq cents ou plutôt, selon la règle
générale qui prévient le partage égal des voix, cinq cent un.
Dans les procès importants, surtout dans les procès politiques, on réunissait plusieurs sections pour former le
tribunal. Il en fallait deux pour une affaire d'eisangélie ([935]).
Mais il y a mieux : Périclès comparut devant quinze cent
un juges ([936]) ; en 404, l'Assemblée décréta que certains
citoyens prévenus de complot contre la sûreté de l'État
seraient cités devant un tribunal de deux mille membres ([937]) ;
Andocide parle même d'un procès en illégalité jugé par
six mille dicastes, c'est-à-dire par l'Héliée toutes sections
réunies ([938]).

On conçoit qu'il ait fallu des mesures spéciales pour arriver à garnir les tribunaux. Comme il n'y avait guère de
vacations que les jours de fête et les jours d'assemblée ([939]),
ils fonctionnaient peut-être environ trois cents jours par
an ([940]). Impossible de déclarer la présence aux séances obligatoire ; personne ne se serait fait inscrire. Pour attirer les
dicastes, on ne pouvait, dans une démocratie, que prendre
le contre-pied du moyen employé dans les cités oligar-

chiques : au lieu d'une amende aux absents, une indemnité
aux présents ([941]). A moins que la démocratie ne voulût
abdiquer sa souveraineté judiciaire, le *misthos dicasticos* était
d'une nécessité absolue. Il était prélevé par les côlacrètes,
chargés de la distribution, sur les frais de justice et les amendes ([942]). Fixé à deux oboles et depuis 425 à trois, il n'équivalait d'ailleurs qu'au salaire d'une demi-journée de travail,
au prix de la nourriture d'une personne. Ce n'était guère
pour décider les gens de la campagne, quand ils demeuraient
loin, à laisser là leur champ et à faire un long voyage en vue
d'aller régler les petites affaires de concitoyens inconnus :
même pour régler les leurs, ne fallait-il pas envoyer sur
place des juges ambulants ? Les dicastes étaient donc surtout
des citadins. Mais les riches, qui avaient autre chose à faire
et ne pouvaient se laisser tenter par le diobole ou le triobole,
se tenaient à l'écart ([943]). La grande majorité des dicastes
était fournie par les classes moyennes et inférieures de la
ville, du port et de la banlieue. Les uns trouvaient dans le
misthos un appoint appréciable à des revenus exigus ; les
autres, de quoi remplir avantageusement une journée sans
travail. Philocléon y voit le moyen d'ajouter une friandise
au menu du dîner ; il jubile d'avance à la pensée de la galette
soufflée que lui servira sa femme et des baisers dont sa fille
gratifiera ce cher « papa » ([944]). Les vieux surtout n'étaient
pas fâchés de rapporter quelque chose à la maison : ces
hèliastes qui, dans le chœur d'Aristophane, se rappellent
avec bonheur leurs campagnes en remuant des souvenirs
de cinquante ans ([945]) peuvent se faire, avec une occupation
peu fatigante et honorable, une modeste pension de retraite.
Au reste, la raison pécuniaire n'était pas la seule à laquelle
on fût sensible pour prendre goût au métier. Quelle meilleure occasion pour d'incorrigibles bavards que ces rencontres
quotidiennes entre habitués ? Et quel plaisir de dieu pour une
vanité vulgaire, que les cajoleries des plaideurs les plus hup-
pés, les flatteries des plus célèbres orateurs !

Avec des juges qui n'étaient en somme que des jurés, les
affaires devaient être mises en état avec soin pour le jour de
l'audience. L'*hégémonie* avait donc une grande importance ;

car elle comportait, avant la direction des débats, l'instruction tout entière. Elle appartenait, pour l'énorme majorité des procès, aux archontes : au roi, pour les actions relatives au culte ; à l'archonte, pour celles qui concernaient le droit privé ; au polémarque, pour celles qui intéressaient les étrangers domiciliés ou privilégiés ; aux thesmothètes, pour celles où il s'agissait de l'intérêt public. Les Onze, gardiens des prisons, introduisaient les causes à procédure sommaire qui entraînaient l'emprisonnement préventif. Quand Athènes devint une grande puissance maritime et commerciale, elle sentit le besoin de créer des magistrats à compétence spéciale pour les litiges qui demandaient une solution rapide. Les *nautodikai*, qui furent supprimés après 397 [946] et dont l'héritage passa aux thesmothètes, avaient dans leur juridiction surtout les litiges des armateurs, des agents du transport et des ouvriers du port, à quoi s'ajoutaient depuis 451/0 les actions en extranéité intentées aux métèques qui se faisaient passer pour citoyens [947]. Les *eisagôgeis*, au nombre de cinq, introduisaient les affaires commerciales qui devaient être réglées dans le délai d'un mois (δίκαι ἔμμηναι), y compris les réclamations des villes confédérées quant au chiffre du tribut [948].

La citation est faite par le plaignant lui-même, accompagné de deux témoins instrumentaires, dont la déposition, au cas où le défendeur ferait défaut, autoriserait la procédure par contumace [949]. Toute plainte est déposée entre les mains du magistrat par écrit, que ce soit une dikè ou une graphè [950]. Si le magistrat l'accepte, aussitôt a lieu la consignation des frais. Pour les actions privées, les deux parties consignent des *prytanies* qui s'élèvent à trois drachmes, si l'objet en litige en vaut de cent à mille, et à trente drachmes, s'il vaut davantage ; mais le perdant devra rembourser le gagnant. Pour les actions publiques, l'accusateur paie la *parastasis*, somme fixe et légère, et, s'il est intéressé à l'amende éventuelle, la prytanie. Pour les revendications de succession ou de biens indûment confisqués, le demandeur dépose un dixième dans le premier cas, un cinquième dans le second, la consignation devant faire masse avec le principal [951].

Le magistrat prend alors jour pour l'instruction

(ἀνάκρισις). Dans l'intervalle, le texte de la demande est
affiché. L'instruction commence par la prestation d'un
serment déclaratoire qui fixe la position des deux parties et
dont la formule écrite est jointe au dossier (ἀντωμοσία,
διωμοσία) (⁹⁵²). Si le défendeur admet que la demande est
recevable en la forme, le procès porte définitivement sur
le fond (εὐθυδικία). Sinon, le défendeur peut opposer à
la demande deux exceptions, la première fondée sur des
témoignages (διαμαρτυρία), la seconde sur d'autres
objections (παραγραφή) : par là, il retourne la situation,
et dans la nouvelle affaire il devient demandeur. Il faut
que l'action subsidiaire ait reçu sa solution, pour que
l'action principale soit déclarée caduque ou suive son
cours (⁹⁵³). Sur les faits de la cause, les moyens de
preuve sont : les lois, les contrats, les dépositions d'hommes
libres, les déclarations d'esclaves obtenues par la mise à la
question, le serment des parties (⁹⁵⁴). Les pièces authentiques, originaux ou copies dûment certifiées, et les procès-
verbaux des moindres incidents sont joints au dossier.
— L'instruction terminée, s'il s'agit d'une action publique,
le magistrat garde le dossier scellé dans une boîte jusqu'au
jour fixé pour l'audience. S'il s'agit d'une action privée, il
le transmet à l'arbitre pour tentative de conciliation. Au
cas où la tentative échoue, l'arbitre met toutes les pièces
dans deux boîtes séparées, l'une au nom du demandeur,
l'autre au nom du défendeur, y appose son cachet, y attache
la sentence arbitrale transcrite sur une tablette et remet le
tout aux juges de la tribu du défendeur, chargés d'introduire
l'affaire devant le tribunal (⁹⁵⁵). Il est interdit aux parties
d'invoquer à l'audience aucun moyen de preuve, texte de
loi, sommation, témoignage, etc., autre que ceux qui ont
été apportés à l'instruction (⁹⁵⁶).

Le magistrat qui a fait l'instruction demande aux thesmothètes de fixer le jour de l'audience et le nombre de juges
appelés à siéger. Sauf pour les procès commerciaux qui
venaient obligatoirement dans le mois, la date de l'audience
était souvent fort éloignée. D'abord, le rôle était trop chargé (⁹⁵⁷). Ensuite, les remises se succédaient par la faute des
parties, qui avaient recours à toutes sortes de manœuvres et

de chicanes dilatoires, à l'aide de serments (ὑπωμοσίαι) auxquels s'opposaient vainement des serments adverses (ἀνθυπωμοσίαι). Il y avait des procès qui traînaient ainsi pendant des années. Si, à la dernière extrémité, un des plaideurs faisait défaut, le défendeur était ou jugé par contumace ou renvoyé des fins de la plainte (⁹⁵⁸).

Enfin arrive le jour de l'audience. Le tribunal est entouré d'une palissade interrompue par une porte à claire-voie (⁹⁵⁹). Chaque fois qu'une affaire excite les passions, les curieux se pressent autour de la barrière. Cependant, en 415, quand on jugea les violateurs des mystères, on voulut une sorte de huis clos par respect pour les déesses : pour contenir la foule, une corde fut tendue à cinquante pieds de la barrière et gardée par des esclaves publics (⁹⁶⁰). A l'intérieur, les dicastes sont assis sur des banquettes de bois recouvertes de nattes de jonc. Au fond, le président siège sur une tribune en pierre (βῆμα) d'où il domine l'assistance. Il a près de lui son secrétaire ou greffier, son héraut et des archers scythes chargés de la police. Devant lui, la tribune aux plaidoiries. A droite et à gauche, deux autres tribunes, où se tiennent les parties, tant qu'elles n'ont pas à prendre la parole. Dans l'intervalle, une table sur laquelle, après le vote, on compte les suffrages (⁹⁶¹).

La séance est ouverte de bon matin. Il faut que les dicastes se lèvent avant l'aube, s'ils ne veulent pas manquer la paye ; car, à l'heure dite, au signal donné par le président, on ferme la porte au nez des retardataires (⁹⁶²). Ceux qui arrivent à temps reçoivent à l'entrée un jeton (σύμβολον) qu'ils échangeront au moment du vote contre un autre, échangeable à la sortie contre un triobole (⁹⁶³).

On commence, comme à l'Assemblée, par un sacrifice et une prière. Aussitôt, sur l'ordre du président, le héraut proclame la liste des affaires à juger ; car on expédie plusieurs procès privés en une séance, mais un seul procès public. Après quoi, le greffier donne lecture de la demande ou de l'acte d'accusation et de la déclaration qu'y oppose la défense (⁹⁶⁴).

La parole est donnée successivement au demandeur et au défendeur. Chacun doit parler pour son compte, sauf

les incapables, femmes, mineurs, esclaves, affranchis et
métèques, qui sont représentés par leur tuteur légal, leur
maître ou leur patron. Le plaideur qui ne se sent pas capable
de faire lui-même son discours, le commande à un homme
du métier, un logographe, et l'apprend par cœur ; mais ils
n'osent l'avouer ni l'un ni l'autre. D'ailleurs, l'accusé et
même l'accusateur peuvent demander au tribunal de se
faire aider ou remplacer par un ami plus habile à parler ;
l'autorisation est rarement refusée, à condition toutefois
que l'avocat (synègore ou syndic) ne se fasse pas payer. En
ce cas, l'intéressé peut ou bien se borner à quelques mots
d'introduction et passer la parole à son assistant, ou bien
faire corroborer son plaidoyer par une péroraison énergique
ou une explication complémentaire. Cette entraide est d'un
usage constant dans les procès politiques, et les membres
des hétairies oligarchiques la considèrent comme une de
leurs principales obligations.

Il est de règle dans les procès privés, mais non pas dans
les autres, que le demandeur ait le droit de réplique, et le
défendeur, le droit de duplique (ὕστερος λόγος) (⁹⁶⁵). Or,
le jugement doit être prononcé le jour même (⁹⁶⁶), sauf le
cas où un « signe de Zeus », un orage ou un tremblement
de terre, oblige le président à lever la séance (⁹⁶⁷). Il faut donc
qu'on aille vite. Excepté dans certains procès d'un caractère
sentimental, ceux qui intéressent les mineurs, les vieillards,
etc. (δίκαι χωρὶς ὕδατος), la durée des plaidoyers est rigoureusement mesurée. La clepsydre y pourvoit (⁹⁶⁸). Dans les
procès privés, les parties disposent d'un temps plus ou moins
long, selon la valeur de l'affaire. Au IVe siècle, où l'on sera
un peu plus strict qu'au Ve, elles auront chacune de vingt
à quarante-huit minutes pour le plaidoyer principal, et de
huit à douze pour le second (⁹⁶⁹), non compris le temps
consacré à la lecture des lois, décrets et autres pièces du
dossier (⁹⁷⁰). Dans les procès publics où les peines sont sujettes
à estimation, la journée est partagée par tiers, dont un est
accordé à l'accusation, un à l'accusé, et un aux juges.

Jusque vers 390, les dépositions des témoins doivent être
orales ; depuis, elles sont rédigées à l'avance par écrit et
lues par le greffier (⁹⁷¹). Défense est faite à chaque partie

et à ses témoins d'interrompre l'adversaire, à moins qu'il
y consente formellement ou leur pose lui-même des questions, auquel cas sa clepsydre continue de fonctionner ([972]).
De pareils incidents donnaient aux débats une singulière
animation. Il y en avait d'autres, dans les affaires criminelles
et politiques, parfois même dans certaines affaires civiles, qui
produisaient une émotion intense et surexcitaient les passions.

Quand le demandeur sentait que les choses tournaient mal
pour lui, il pouvait jusqu'au dernier moment retirer sa
plainte. Dans les procès privés, il en avait encore le droit à
l'instant où l'on allait sortir les suffrages de l'urne pour les
compter, soit qu'il s'y décidât de lui-même, soit qu'il se fût
accordé avec le défendeur sur les clauses d'une transaction
ou sur un compromis d'arbitrage privé. Il n'encourait
d'autre pénalité que la perte des frais consignés ([973]). Dans
les procès publics, l'accusateur qui se désistait était condamné
à une amende de mille drachmes et privé désormais du droit
de déposer une plainte de ce genre. On connaît cependant
de pareils engagements conclus, même à prix d'argent, avec
le consentement des magistrats ([974]).

Tant que duraient les débats, le rôle des juges était celui
de jurés muets et passifs. Aussitôt après, ils étaient appelés
à voter par la voix du héraut. Ils votaient sans délibération,
et le secret du vote en garantissait la liberté ([975]). Au ve siècle,
chaque juge recevait un petit coquillage ($\chi o\iota\rho\acute{\iota}\nu\eta$) ou un
caillou ($\psi\tilde{\eta}\varphi o\varsigma$) qu'il déposait, selon qu'il était favorable à
l'une ou l'autre partie, dans l'une des deux urnes devant
lesquelles il passait ([976]). Après 390, on imagina un système
qui assurait mieux le secret du vote : chaque juré recevait
deux jetons de bronze, l'un plein, pour l'acquittement, l'autre
percé, pour la condamnation ; il jetait celui qui devait comp-
ter dans une urne en bronze ($\kappa\acute{\upsilon}\rho\iota o\varsigma$ $\grave{\alpha}\mu\varphi o\rho\epsilon\acute{\upsilon}\varsigma$) et l'autre,
pour la contre-épreuve, dans une urne en bois ($\check{\alpha}\kappa\upsilon\rho o\varsigma$
$\grave{\alpha}\mu\varphi o\rho\epsilon\acute{\upsilon}\varsigma$ ([977]). Les résultats du scrutin étaient proclamés
par le héraut, et le jugement, fixé à la majorité simple,
était prononcé par le président.

En cas d'absolution, tout était terminé. Il ne restait qu'à
infliger à certains accusateurs ou demandeurs les pénalités
automatiquement applicables aux actions téméraires. Les

accusateurs qui n'obtenaient pas le cinquième des voix dans les procès publics étaient condamnés, comme ceux qui s'étaient désistés, à une amende et à une atimie spéciale. Dans un assez grand nombre d'actions privées, telles que les exceptions soulevées contre les actions principales, les actions reconventionnelles, les actions contre tuteurs ou contre débiteurs, les demandeurs déboutés devaient aux défendeurs une indemnité fixée au sixième de la somme litigieuse (ἐπωβελία) ([978]).

En cas de condamnation, deux hypothèses étaient possibles. Le droit grec distinguait, en effet, les procès avec estimation (ἀγῶνες τιμητοί) ou sans estimation (ἀγῶνες ἀτίμητοι), c'est-à-dire que la peine était tantôt laissée à la discrétion des juges, tantôt déterminée à l'avance par une loi ou un décret de renvoi au tribunal ou même par un accord préalable des parties. Donc, dans les procès de la seconde catégorie, la sentence de condamnation entraînait la peine, sans autre formalité. Ce n'est que dans des espèces limitativement déterminées, sur la demande d'un de ses membres et après vote spécial, que le tribunal ajoutait une peine accessoire (προστίμημα) à la sanction édictée par la loi ([979]). Mais, dans les procès de la première catégorie, une nouvelle procédure était nécessaire pour fixer le montant de la peine afflictive ou pécuniaire (τιμᾶν ὅ τι χρὴ παθεῖν ἢ ἀποτεῖσαι) ([980]). L'accusateur et l'accusé proposaient l'un et l'autre au tribunal une sanction : c'étaient l'estimation (τίμησις) et la contre-estimation (ἀντιτίμησις). Ils avaient un court instant pour justifier leur dire ; puis un second vote était émis, par lequel les juges ne pouvaient que se prononcer sur l'une et l'autre proposition, sans avoir le droit de prendre un moyen terme. Tandis qu'au IVe siècle ce second vote était émis de la même façon que le premier, au Ve siècle on se servait de tablettes enduites de cire sur lesquelles les juges traçaient une ligne longue ou courte, suivant qu'ils opinaient pour la peine la plus forte ou la plus faible ([981]). C'est cette procédure, destinée à limiter les pouvoirs arbitraires, qui explique la condamnation à mort de Socrate *.

* Voir p. 262.

La législation pénale appliquée par les tribunaux se fondait, dans l'opinion commune et dans les théories des philosophes, sur les idées de correction (κόλασις, νουθεσία), de réparation (τιμωρία) ou d'intimidation et de défense sociale (παράδειγμα, ἀποτροπή). Le principe de la responsabilité est appliqué avec une rigueur croissante et ne cesse pas de l'être, comme dans les temps les plus reculés, aux animaux et aux objets coupables d'homicide. Le cumul des peines est prescrit par la loi pour les crimes à sanction non appréciable, tels que le sacrilège et la trahison, qui sont passibles à la fois de la peine capitale et de la confiscation. Mais, pour les délits à sanction appréciable, la peine afflictive exclut la peine pécuniaire (παθεῖν ἢ ἀποτεῖσαι). L'absence d'intention et l'irresponsabilité physiologique (enfance, démence, colère, passion, contrainte) constituent des circonstances atténuantes ; la récidive et les délits commis dans une cérémonie publique ou sacrée prennent, au contraire, une gravité spéciale. La procédure et le châtiment diffèrent souvent selon que les deux parties sont des citoyens ou qu'elles sont, l'une ou l'autre ou toutes les deux, des métèques ou des esclaves. Les peines afflictives sont : la peine de mort, qui frappe d'après la loi le meurtre prémédité, le sacrilège et la trahison et qui peut frapper toutes sortes de crimes plus ou moins assimilables à ceux-là dans les procès à sanction appréciable ; le bannissement, qui remplace souvent la peine de mort ; l'atimie, qui, après avoir été la mise au ban de la société, s'est adoucie sous forme de dégradation civique ; la servitude pénale et l'emprisonnement, réservés généralement aux non-citoyens et dans des cas exceptionnels ; la flagellation, infligée seulement aux esclaves. Les peines infamantes sont : la privation de sépulture, qui peut être consécutive à un jugement posthume ; l'interdiction aux femmes adultères de porter des ornements et d'entrer dans les temples ; l'imprécation, lancée contre certains contumaces ; l'inscription ignominieuse sur une stèle. Les peines pécuniaires sont : la confiscation totale ou partielle, les amendes et les dommages-intérêts [982].

Signification du jugement est faite à qui de droit par acte écrit aux fins d'exécution. Après un procès public, l'acte est remis aux magistrats compétents, par exemple, aux Onze, chefs des geôliers et du bourreau, et aux pôlètes, chargés de mettre en vente les biens confisqués. Quand il concerne une affaire politique, il est déposé dans les archives. Après un procès privé, il est remis à la partie victorieuse, l'État ne prenant part à l'exécution que dans la mesure où il a lui-même un intérêt à sauvegarder. La perception des amendes revient aux *practores* et, quand la dîme doit être prélevée sur elles au profit d'Athèna, la perception de cette dîme incombe aux trésoriers de la déesse. Une règle commune à toute la Grèce substitue au débiteur d'une amende impayée le magistrat fautif (⁹⁸³).

En principe, le jugement, expression de la volonté populaire, est irrévocable, souverain (κύριος) et parfait (αὐτοτέλης (⁹⁸⁴). Mais la rescision n'est pas impossible en matière criminelle. Ce que le peuple a fait, le peuple peut le défaire, à condition que le respect de la chose jugée reste sauf. Différents moyens de procédure permettent d'arriver à ce résultat, les uns juridiques, les autres politiques. Le contumace peut faire opposition au jugement par défaut dans les deux mois, s'il établit sous la foi du serment que son absence était justifiée par un vice de procédure. Des actions en faux témoignage et en manœuvres frauduleuses, actions à estimation, donnent aux tribunaux la faculté de réparer le dommage causé par une condamnation pécuniaire ou de fournir à la victime d'une condamnation afflictive le fait nouveau sur lequel peut se fonder une demande en rétraction de jugement. D'autre part, l'Assemblée conserve, en matière judiciaire comme dans le reste, sa prérogative suprême. Elle a le droit de grâce. Mais nul n'y peut avoir recours sans avoir obtenu préalablement une *adeia*, un de ces bills d'indemnité qui doivent réunir au moins six mille suffrages. Cette procédure solennelle prélude à tous les décrets d'*épitimie* ou de réhabilitation. Seule, elle donne valeur légale à l'amnistie collective, qui n'est jamais accordée que dans des occasions extraordinaires, par mesure de salut public. Seule, elle couvre contre une accusation d'illégalité les actes de rémission individuelle, le rappel d'un banni, la révocation d'atimie, l'annulation d'une dette publique (⁹⁸⁵).

C'est ainsi que le peuple athénien trouvait moyen de sauvegarder la souveraineté partielle des juges, ses délégués, en
maintenant intacte la souveraineté totale qui ne pouvait
appartenir qu'à la totalité des citoyens.

III. TRAITS DISTINCTIFS DE LA JUSTICE ET DU DROIT

Les institutions juridiques que nous venons de décrire
ont été l'objet de maintes critiques, tant chez les anciens
que chez les modernes. Qu'en faut-il penser ?

Ce qui frappait avant tout les contemporains et ce qui
nous frappe encore quand nous lisons les plaidoyers des
orateurs, c'est un esprit de chicane vraiment excessif, un
goût de la procédure bien déplaisant. Un adversaire de la
démocratie se demandait s'il y avait autant de causes publiques et privées dans tout le reste de la Grèce que dans la
seule Athènes ([986]). Il est certain que les particuliers allaient
en justice avec une facilité déplorable, que les redditions
de comptes et les liturgies étaient des nids à procès, que
l'absence de ministère public faisait pulluler la gent des
sycophantes. Ce n'est pas sans raison que le comique a
imaginé le nom de Dikaiopolis.

Sans nier le fait, il faut pourtant l'expliquer. Cette ardeur
à se lancer dans la bataille tient à l'instinct combatif des
Grecs et, en général, des peuples méditerranéens. Si on le
rattache à ses origines et à un passé encore très récent, il
est la marque d'un grand progrès accompli dans les relations
sociales. Jadis, les adversaires se cherchaient les armes à la
main et l'on voit pendant tout le VIe siècle encore la vendetta
couvrir l'Attique de sang. L'abus de la chicane remplace
l'abus de la force et témoigne que les citoyens refrènent leurs
passions pour les assujettir à la loi ([987]). Même la plaie des
sycophantes vient de ce qu'on est encore trop près des temps
où la juridiction de l'État n'était pas obligatoire. Elle aussi
est un mal qui a sa contrepartie : faute de ministère public,
la justice est du moins indépendante du gouvernement, et
l'initiative des citoyens en matière de poursuite privée ou
politique est un des droits qui résultent de la liberté.

Mais laissons les justiciables et tournons-nous vers les

juges. Ici encore, on ne trouve en général qu'à blâmer [988]. On s'en prend d'abord au *misthos*. Ces jurés qui courent au tribunal dès le patron-minet pour être sûrs d'échanger le soir leur jeton de présence contre deux ou trois oboles, qui languissent après le moment de « boire du lait de côlacrète » [989], donnent à des esprits tant soit peu délicats un spectacle choquant. Cette distribution de salaires à des centaines, des milliers de citoyens ne les a-t-elle pas détournés du travail productif ? n'a-t-elle pas en même temps grevé démesurément le budget ? Et quelle idée de faire siéger la foule dans les tribunaux ! C'était une compétence universelle reconnue à l'incompétence, la justice mise en déroute par l'ignorance de la loi. Il n'était pas difficile à des plaideurs habiles, à des logographes retors d'argumenter hors de la cause, de citer des textes à côté, de se livrer à des interprétations fallacieuses. Il y avait pire. Appelant à l'aide l'*éthos* et le *pathos*, l'éloquence essayait de prendre les héliastes par leur faible, d'exciter les passions. On voyait des accusés faire monter auprès d'eux à la tribune leurs parents, leur femme et leurs enfants en pleurs, pour apitoyer les juges [990]. De part et d'autre, on faisait étalage de patriotisme ou de dévouement à la démocratie ; on fouillait la vie de l'adversaire pour lui lancer à la tête les pires insultes, les calomnies les plus atroces. Dès qu'une affaire touchait à la politique, le prétoire se changeait en assemblée publique : les juges ne se défendaient plus de céder aux entraînements de parti, la partialité se déguisait en justice. Aussi bien la loi n'avait-elle qu'à se taire là où le sentiment de la responsabilité professionnelle était remplacé par l'orgueil d'une souveraineté irresponsable [991]. D'ailleurs, elle ne disait mot dans un grand nombre de causes, dans celles qui laissaient aux juges des pouvoirs arbitraires en matière de pénalité. Le système des actions appréciables permettait ainsi au tribunal, comme celui des eisangélies, d'assimiler les uns aux autres les crimes les plus différents. Et pas d'appel. On comprend qu'Athènes ait pu, en condamnant Socrate, commettre la plus grande des erreurs judiciaires.

A ce réquisitoire, dont nous n'avons pas dissimulé la force, il y a bien des choses à répondre. Il nous faut, encore une fois, pour apprécier sainement les institutions du Ve siècle, les éclairer à la lumière du passé et n'en pas croire sur parole les adversaires du régime.

Le *misthos dicasticos* a des origines lointaines : déjà dans la cité homérique, les gérontes faisaient déposer par les parties des piécettes d'or, prix de l'arbitrage sollicité, et plus tard les « mangeurs de présents » qui dominaient en Béotie ne rendaient pas non plus la justice gratuitement. Pourquoi la démocratie eût-elle fait autrement, quand le sacrifice d'une journée perdue était bien plus lourd pour les petites gens ? Le montant du misthos était, au demeurant, extrêmement modeste : vers l'époque où il était institué à Athènes et où il s'élevait à deux oboles, il était à Halicarnasse d'un hémiecte, qui valait sept fois plus ([992]). Il n'y avait vraiment pas de quoi inciter les citoyens à la paresse, même avec le triobole, qui leur permettait seulement d'ajouter un entremets au menu du soir et, s'ils étaient vieux, de ne pas passer dans leurs familles pour des bouches inutiles. Quant au trésor public, il n'était en rien intéressé dans la question, puisque la solde était payée sur la caisse spéciale des revenus judiciaires : les juges vivaient de la justice. En somme, la solde des dicastes ne mérite nullement les reproches qu'on adressera un jour avec quelque apparence de raison à la solde des ecclésiastes.

Sans doute, elle les mériterait moins encore, si le nombre des juges n'avait pas été si grand. Mais on se rend bien compte qu'il ne pouvait pas être moindre, quand on remonte au temps où fut instituée l'Héliée. Solon avait entendu dresser le peuple entier contre les sentences arbitraires des magistrats, en lui donnant le droit de les corriger en appel. A l'Héliée, comme à l'Assemblée plénière, le peuple légal devait donc être de six mille citoyens. Tout ce qu'on pouvait et devait faire, quand l'Héliée jugea en premier ressort — et tout naturellement encore en dernier, — c'était de la scinder en autant de dicastères qu'il en fallait pour qu'elle suffît à sa tâche, et on lui appliqua, comme aux autres institutions, la règle de la division décimale. Ces jurys énormes avaient leurs inconvénients, leurs dangers même : c'est indéniable. Ils n'avaient pas la science juridique et se laissaient souvent entraîner par des raisons étrangères à la stricte justice.

Encore convient-il de ne pas exagérer la critique et de ne pas la faire porter à faux. La condamnation de Socrate fut la conséquence tragique d'une procédure qui devait précisément, en obligeant les juges à choisir entre les sanctions proposées par l'accusateur et par le condamné, les empêcher d'intervenir arbitrairement dans la fixation des pénalités. Les accusateurs avaient eu grand-peine à obtenir un verdict de culpabilité, bien que l'accusé se fût refusé à user de toute supplication attentatoire à sa dignité ([993]). Il pouvait facilement sauver sa vie en opposant à l'estimation de Mélètos, qui demandait la peine de mort, une contre-estimation qui eût conclu à une peine très modérée. Il ne voulut pas, à son âge, donner un démenti à son passé, à sa mission. Sans bravade, avec une fierté ironique, il déclara qu'un homme comme lui méritait d'être nourri au prytanée le restant de ses jours ([994]). Le condamné demandait la plus convoitée des récompenses. Il consentit à regret, sur les instantes prières de ses amis, à proposer de payer une amende de trente mines ([995]). Mais les juges ne pouvaient revenir sur leur premier vote par une pénalité presque fictive. Il voulait mourir, il mourut.

Il ne faut donc pas abuser de cet exemple, ni de ceux que fournissent au vᵉ siècle les procès politiques, pour croire que le peuple siégeant dans les tribunaux eut toujours des caprices de tyran. En tout cas, il est un reproche qu'on ne pouvait lui faire, celui de vénalité : il y aurait eu trop de juges à acheter. Nous avons sur ce point des témoignages précieux. Un oligarque athénien recule devant l'idée de réduire le personnel des tribunaux. « Il serait trop aisé, croit-il, d'intriguer auprès d'un petit nombre de juges, et l'on obtiendrait par la corruption des sentences beaucoup moins justes ([996]). » Au dire d'Aristote, le premier Athénien qui se fit acquitter pour de l'argent fut, en 409, Anytos, un des futurs accusateurs de Socrate ([997]). Tout compensé, le préjugé démocratique n'entraînait pas de dénis de justice plus révoltants que ne le faisaient ou ne le font les préjugés politiques et sociaux sous n'importe quel régime. Là encore nous avons l'aveu de notre oligarque : il déplore qu'il n'y ait aucun espoir à fonder pour une révolution sur le mécontentement des citoyens frappés d'atimie, parce qu'à Athènes les condamnations de ce genre sont rarement injustes (⁹⁹⁸). Éclatant hommage rendu par un ennemi au régime qu'il déteste !

Ce qui subsiste, malgré tout, de la réputation qu'on a faite à la justice athénienne, c'est la mobilité, l'insécurité du droit qu'elle appliquait. Dans l'opinion courante, Athènes a été la patrie des arts, des lettres et de la philosophie, elle n'a jamais eu le don juridique. Mais est-il possible qu'elle n'ait pas mis sur ses lois et sa jurisprudence, comme sur le reste, l'empreinte de sa raison et de son sens pratique ? Quand on l'apprécie comme on fait, on compare le droit attique, volontairement ou non, au droit romain ; au fond, on reproche à un droit en pleine période de transition de n'être pas complètement évolué. Il est des critiques qui sont des éloges. Cette absence d'unité, ce manque à l'esprit de système, cette inconstance des principes et des règles qui en découlent, tout cela n'aurait pas existé si Athènes, au lieu de rester superstitieusement fidèle aux vieilles coutumes et aux vieilles lois, n'avait pas continuellement distingué ce qui devait être conservé intact de ce qui devait être renouvelé. C'est sa gloire d'avoir été au Vᵉ siècle une fournaise ardente d'où sortaient chaque jour les idées que martelaient et façonnaient poètes et philosophes. Au théâtre, dans les écoles des sophistes, se débattaient de grandes questions de droit. Eschyle, dans l'*Orestie*, faisait réfléchir un peuple frémissant sur la responsabilité pénale et sur les attributions de l'Aréopage. Protagoras, pour la première fois dans le monde, cherchait des fondements rationnels au droit de punir, et d'emblée il les découvrait tous pour en contester ou en confirmer la valeur (⁹⁹⁹). Antiphon composait des séries de plaidoyers qui sont moins encore des exercices de rhétorique judiciaire que des modèles d'argumentation juridique, vraiment dignes de l'homme que Thucydide qualifiait de penseur profond (¹⁰⁰⁰). Voilà les grands ancêtres des *jurisprudentes*. Ils n'entendaient pas, d'ailleurs, être de purs théoriciens. Protagoras surtout

exerça une grande influence. Quand une colonie panhellénique s'établit à Thourioi, il fut chargé d'amender pour
elle les lois de Zaleucos ([1001]). Il comptait parmi les intimes
de Périclès ([1002]), et l'on sait que l'homme d'État et le philosophe passèrent une journée entière à discuter en fins ca-
suistes une question de responsabilité pénale ([1003]).

Le système des actions appréciables et des eisangélies
avait, du moins, l'avantage de familiariser des juges qui
n'étaient pas des professionnels avec toutes les subtilités
de la jurisprudence. Il les incitait à de continuelles assimilations. Par là, il permettait, par exemple, de faire tomber
toutes sortes de crimes et de délits sous le coup de la vieille
loi contre le sacrilège et la trahison, par conséquent de les
rendre passibles de la peine capitale. Mais, inversement,
il permettait d'atténuer les incriminations et les pénalités
traditionnelles conformément à des idées nouvelles, à des
mœurs plus douces. Muni d'un pouvoir arbitraire, le peuple,
souverain justicier, n'admettait de restriction ni à sa sévérité, ni à sa mansuétude ; mais il mettait plus souvent sa
toute-puissance au service de sa constante humanité que
de ses subites et courtes colères. Avant tout, il se dégageait
des formes, des règles figées, pour faire prévaloir les droits
individuels et chercher l'équité ([1004]).

Tout le code pénal d'Athènes est dominé par le souci
d'assurer aux citoyens la pleine et entière disposition de leur
personne. De là un aspect tout particulier de ce code. Pas
de reproche qu'on n'ait adressé plus souvent aux juges athéniens, que celui d'abuser des condamnations pécuniaires,
et l'on insinuait parfois qu'ils le faisaient par intérêt, pour
remplir la caisse du *misthos*. De fait, il y eut dans l'histoire
d'Athènes des moments terribles où il fallut faire flèche de
tout bois pour subvenir aux besoins du trésor ([1005]), et même
en temps ordinaire les confiscations et les amendes étaient
d'une fréquence qui donne aisément prise à la malignité.
Mais il faut voir les choses comme elles sont. Les peines
pécuniaires tenaient lieu des peines afflictives que pro-
diguent les tribunaux modernes et dont beaucoup eussent
paru intolérables aux Athéniens. La confiscation ne fut
plus cumulée avec la peine de mort à la fin du ve siècle :

elle devenait donc un prix de rachat et sauva bien des têtes. Quant aux amendes, elles n'étaient si nombreuses que parce que la dignité du citoyen paraissait inconciliable depuis Solon avec les peines privatives de la liberté. L'emprisonnement, aussi bien que la détention préventive, pouvait convenir aux métèques ; la flagellation, aux esclaves ; ce n'étaient pas des sanctions applicables à des Athéniens. « Ce n'est qu'à la dernière extrémité, dit Démosthène, qu'on doit attenter à la personne d'un homme libre... Et voulez-vous savoir la différence qu'il y a entre l'esclavage et la liberté ? La plus remarquable consiste en ce que l'esclave répond de tous ses méfaits sur son corps et que l'homme libre, fût-il au dernier degré de la misère, reste au moins maître de cela (1006). »

Mais il est un autre sentiment qui anime la justice athénienne et lui fait accomplir de grandes réformes : le sentiment d'humanité. Les Grecs, en général, sont doux, en comparaison des barbares leurs voisins : ils ne raffinent pas sur les supplices, comme les Asiatiques ; ils ont des violences de coléreux, et non des brutalités d'alcooliques, comme les Thraces. Mais, plus que tous les autres Grecs, les Athéniens se font un titre d'éprouver en toutes circonstances cette sympathie pour l'infortune qui est à leurs yeux le privilège des esprits cultivés, ce large amour de l'humanité qu'ils ont été les premiers à nommer la « philanthropie » (1007). Que des Béotiens soient durs et haineux ; les Athéniens se doivent d'êtres justes et pitoyables. Ils veulent que jusqu'au fond du monde barbare, si l'on mentionne une loi protectrice des faibles, il soit rendu hommage à la bénignité de leurs mœurs (1008). Cette miséricorde s'étend même sur les coupables, même sur les condamnés à mort : quand ce ne sont pas de vils malfaiteurs, ils ne sont pas livrés au bourreau ; on leur permet de lui échapper par le suicide, de demander au geôlier la coupe de ciguë qui les assure d'une fin prompte et sans douleur (1009). A plus forte raison, l'innocence a-t-elle prise sur le cœur des juges.

A chaque instant, en appliquant la loi, ils sont appelés à la corriger. Sans doute les lois d'Athènes sont en général modérées et indulgentes, « belles d'humanité » : tel est

l'avantage du plus grand nombre et surtout des petites
gens ([1010]). Mais les lois ne prévoient pas tout ; il y en a,
d'ailleurs, qu'on n'a jamais ni abrogées, ni réformées, et
qui laissent peser sur la famille de certains criminels d'ef-
froyables responsabilités. Comment innover, avec des lois
consacrées par leur âge et le nom qu'elles portent ? Car
enfin, les innovations sont nécessaires, et la raison veut que
les lois ne soient pas immuables ([1011]). Les Athéniens ont,
tout simplement, rempli leur devoir de juges avec leur cœur
d'hommes. Ils sont toujours prêts à pardonner, et les accusateurs cherchent constamment à les prévenir contre un
excès de sensibilité. Qu'une femme et des enfants menacés
d'un sort inique viennent se placer près de l'accusé et se
mettent à « bêler », aussitôt le tribunal s'émeut. « Alors,
que voulez-vous ? dit le bonhomme Philocléon, nous sentons
la rigueur de notre colère se relâcher d'un cran ([1012]). » Hé !
oui, ils sont tous ainsi faits : ils aiment mieux absoudre un
coupable que de condamner avec lui des innocents. C'est de
cette façon que la jurisprudence n'a cessé d'amender la loi
et de s'amender elle-même par la « philanthropie ».

Pendant tout le ve siècle, on assiste à l'abolition progressive de ce qui restait de la responsabilité familiale. En 479,
un bouleute considéré comme traître est lapidé avec sa
femme et ses enfants. Vers 465-460, dans une loi dictée
aux Érythréens, Athènes exige que le traître soit mis à
mort avec ses enfants, « à moins que les enfants n'aient
fait preuve de dévouement envers le peuple », c'est-à-dire
à moins qu'ils n'obtiennent des lettres de rémission qui
seront refusées seulement en cas de culpabilité personnelle.
En 411, quand les oligarques Archeptolémos et Antiphon
sont condamnés à mort, la sentence ne nomme même pas
les enfants ([1013]). — En vertu de la loi sur l'ostracisme, tous
les parents de Pisistrate étaient menacés depuis 508 de
bannissement. En 471, les enfants de Thémistocle proscrit restent tranquillement à Athènes tant qu'ils veulent ([1014]).
L'atimie, privation des droits civiques, est encore héréditaire dans un décret de 444/3. En 410, un plaideur dit au
tribunal : « On vous voit, juges, vous apitoyer à la perspective de l'infamie qui menace les enfants en même temps

que les pères accusés et tenir les pères quittes de leurs
fautes en faveur des enfants ([1015]). » Une circonstance décisive permit au peuple de faire triompher ici encore le principe de la responsabilité personnelle : l'amnistie qui mit
fin à la guerre civile en 403 couvrait les fils des Trente tyrans,
et, quand des ennemis personnels essayèrent de la violer,
le peuple refusa de les suivre ([1016]). — Reste, il est vrai,
le fréquent emploi de la confiscation, qui est une peine
forcément collective, comme l'est plus ou moins toute
peine pécuniaire. Mais on a vu dans quel esprit les Athéniens multipliaient les sanctions de ce genre : ils s'en prenaient aux biens pour ne pas toucher aux personnes. Ils
ressentaient, d'ailleurs, vivement les répercussions injustes
de certaines confiscations et faisaient leur possible pour les
amortir : ils laissaient toujours quelques ressources à ceux
qu'ils frappaient indirectement ([1017]).

Tandis que la justice athénienne assurait les bienfaits
de la liberté et de la fraternité aux citoyens, elle appliquait dans
une certaine mesure le principe de l'égalité à ceux même
qui en semblaient exclus par nature, aux esclaves. Logique-
ment, la notion de cité faisait de l'esclave une chose des
citoyens, un instrument sans nom, sans famille, sans propriété, sans droits. Par une conséquence non moins logique,
l'idée démocratique, toujours favorable aux humbles,
devait entraîner le peuple à voir que cette chose avait face
humaine, que cet instrument avait une âme, que l'esclave
lui-même méritait d'être traité avait philanthropie. Le sophiste Antiphon indiquait bien par quelles déductions les
esprits libres arrivaient à cette conclusion subversive. Un
fragment de papyrus nous permet de suivre son raisonnement.
Il pose en principe que les gens de bonne famille n'ont pas
plus droit au respect que les autres : « nous sommes tous et
en tout de naissance identique ». Mais alors rien ne détermine le Grec et le barbare : « tous nous respirons l'air par
la bouche et par les narines. Et... » ([1018]). Ici le papyrus est
mutilé ; mais nous avons la suite dans ces vers pathétiques
prononcés par un personnage de comédie : « Pour être
esclave, on n'en est pas moins homme que toi, mon
maître ; on est fait de la même chair. Personne n'est esclave

de nature; c'est le destin qui asservit les corps ([1019]). »

Dans le même sens agissaient des nécessités économiques. Le travail servile prenait des formes adoucies ([1020]). Certains maîtres, pour ne pas laisser improductifs les « corps » dont ils n'avaient pas l'emploi chez eux, les louaient à des patrons en quête de travailleurs. Il y en eut bientôt qui achetèrent de la main-d'œuvre uniquement pour la placer et en toucher le loyer au jour le jour ou de mois en mois. Comme bien l'on pense, les liens qui rattachaient les esclaves en location à leur propriétaire se relâchaient de plus en plus. Alors on s'avisa qu'il était bien plus simple encore de laisser aux esclaves qui avaient un métier qualifié le soin de l'exercer où et comme ils voulaient, à charge de payer eux-mêmes au maître, devenu rentier, la redevance qui seule l'intéressait. Il se forma ainsi toute une catégorie d'esclaves « domiciliés à part » (χωρὶς οἰκοῦντες) : ils ne se distinguaient des ouvriers libres que par l'obligation de prélever sur leur salaire la part du maître, une ou deux oboles par jour. Enfin, l'État avait recours, lui aussi, au travail servile, surtout pour la construction et l'entretien des édifices et des routes ainsi que pour les bureaux. D'où une nouvelle catégorie d'esclaves, vraiment privilégiés ceux-là : non seulement ils avaient nécessairement droit au domicile particulier sans payer de redevance ; mais, grâce à leurs écritures, à leur connaissance des archives et à leur expérience administive, ils guidaient les magistrats que désignait le sort et qui changeaient tous les ans ; ils exerçaient sur ces maîtres apparents un pouvoir occulte et arrivaient ainsi à jouer un rôle considérable.

Comment s'étonner alors que les Athéniens aient laissé aux esclaves une liberté qu'auraient pu leur envier les citoyens pauvres de maint État oligarchique ? Évidemment, c'était l'intérêt des maîtres d'accorder aux esclaves un franc-parler qu'on croyait propre à les améliorer ([1021]) ; c'était l'intérêt de la cité de ne pas les exaspérer là où ils formaient une agglomération redoutable. Mais il y a plus : c'était vraiment un sentiment démocratique qui poussait les Athéniens. Les oligarques étaient furieux de ce qui leur paraissait « le comble de la licence » ([1022]) : quelle indignité de ne

pas pouvoir frapper les esclaves ni même exiger qu'ils
cèdent le pas dans la rue, pour cette triste raison qu'habillés
comme des citoyens, on ne les distinguait point! C'est cela,
« l'anarchie des esclaves » qui, pour Aristote, est un trait
caractéristique de la démocratie [1023]. De ce reproche le
peuple athénien se fait un mérite.

Il n'admet pas que le droit de correction corporelle [1024]
soit exercé d'une manière quelconque sur l'esclave par
un autre que le maître, ni qu'il aille pour le maître jusqu'au
droit de vie et de mort. La victime de sévices arbitraires et
prolongés peut même chercher asile dans certains sanctuaires et demander à être vendue à un autre maître [1025].
Le meurtre de l'esclave ne donne pas seulement lieu à une
revendication en dommages-intérêts ; son maître, son champion, peut faire exiler le meurtrier par le Palladion [1026].
L'esclave est même protégé dans son honneur par la même
action publique que le citoyen (γραφὴ ὕβρεως). Disposition plus remarquable encore que la précédente, à cause
des raisons qu'en donne Eschine, d'accord avec Démosthène : « Ce n'est pas pour les esclaves que le législateur
a tant de sollicitude ; il a estimé que celui qui, dans une démocratie, outrage qui que ce soit n'est pas apte à la vie commune
en cité... Il a cru devoir considérer, non la qualité de la
personne lésée, mais l'acte commis ... car c'est la cité qu'il
a jugée atteinte [1027]. » Mais l'idée la plus neuve, la plus
hardie du droit athénien est de donner aux esclaves des
garanties contre les magistrats, contre les représentants de
la cité elle-même. Dans toute la Grèce, les règlements de
police infligent une amende à l'homme libre et des coups
de fouet à l'esclave. Mais, tandis que, partout ailleurs, la
durée de la flagellation est à la discrétion du magistrat ou du
bourreau, à Athènes un maximum est fixé pour la peine
corporelle aussi bien que pour la peine pécuniaire : cinquante drachmes, cinquante coups [1028]. Simple détail
dans l'ensemble d'une législation ; atteinte énorme aux
principes. Non seulement la loi mettait sur le même pied,
dans la mesure du possible, celui qui ne pouvait être châtié
que sur son corps et celui qui ne pouvait l'être que sur ses
biens ; mais la cité, en restreignant le droit de ses représen-

tants sur l'esclave, reconnaissait à un être dénué de capacité juridique un droit opposable à elle-même. Nous sommes là devant la plus typique de ces contradictions bienfaisantes, de ces belles inconséquences qui sont dues à l'introduction des idées démocratiques dans la vieille législation et qui inspiraient aux Athéniens un noble orgueil, parce qu'ils y voyaient la marque de leur supériorité morale sur les autres Hellènes ([1029]).

Tant que les cités grecques avaient eu à établir leur puissance sur les ruines du régime familial, à remplacer la vengeance privée par le recours obligatoire en justice et à individualiser la responsabilité des délits privés, elles avaient marché toutes ensemble d'un pas à peu près égal sur la route du droit. Mais depuis que Solon avait tenté de donner une valeur absolue au principe de liberté personnelle et institué des actions publiques pour la protection des faibles, depuis que Clisthènes et Périclès avaient renforcé la justice populaire, Athènes, emportée par la fougue de sa foi démocratique, s'était élancée, sur la voie où la maintenaient ses traditions, en avant de toutes les autres cités. A la fin du Ve siècle, elle seule reconnaissait à l'individu la libre disposition de son bien par testament ; elle seule avait aboli le privilège d'État en matière de responsabilité collective ; elle seule avait poussé la philanthropie jusqu'à saper dans son fondement rationnel cette institution de l'esclavage sans laquelle la cité semblait condamnée à périr.

Chapitre VII

L'élargissement de la cité au Ve siècle

I. ÉTRANGERS ET CITOYENS

La vieille conception d'après laquelle l'étranger ne cesse d'être un ennemi (ἐχθρός) que si on le reconnaît comme hôte (ξένος) a laissé bien des traces dans la Grèce des temps classiques ([1030]). Le droit pour une cité d'opérer des razzias (συλᾶν) en enlevant les personnes (ἄγειν) et les biens (φέρειν) sur le territoire d'une autre cité demeurait intact tant qu'une convention formelle et bilatérale n'y faisait pas obstacle. On l'exerce sans scrupule chez les peuplades grossières du Nord-Ouest ([1031]) ; nulle part on ne se fait faute d'y recourir quand une réclamation jugée légitime ne reçoit pas de réponse satisfaisante, surtout quand on se dit en état de justes représailles et fondé à prendre des gages (ῥυσιάζειν). A l'intérieur de chaque cité, les étrangers n'ont que des droits fortement limités, même si leur condition est déterminée, non pas seulement par la loi, mais par un traité, même s'ils sont fixés à jamais dans la cité comme métèques. Tels sont toujours les principes ; mais la rigueur en est tempérée tant en droit international qu'en droit public, sans toutefois qu'il soit porté atteinte à la souveraineté de l'État ([1032]).

Des coutumes qui prenaient rang parmi les « lois non écrites » ([1033]), les « lois communes des Hellènes » ([1034]), et qui, par conséquent, étaient placées sous la protection des dieux ([1035]) réglaient le droit de la guerre. Les hérauts,

que le caducée rend inviolables, y jouent un rôle important
([1036]) : une guerre n'est juste que déclarée par eux ([1037]), eux
seuls peuvent se porter entre les belligérants comme parlementaires et donner un caractère sacré aux négociateurs
envoyés chez l'ennemi ([1038]). Après la bataille, les vainqueurs
érigent un trophée où ils suspendent les armes des vaincus.
Ce trophée est un poteau ou une simple branche d'arbre ;
il ne doit pas être en pierre ou en bronze, pense-t-on, pour
ne pas perpétuer la haine ([1039]). Belle application de l'adage
grec : « Traite ton ennemi comme s'il devait devenir ton
ami. » Les vaincus reconnaissent d'ordinaire leur défaite
en demandant un armistice pour ensevelir leurs morts ([1040]).
Les vainqueurs ne peuvent rejeter cette demande que si
elle vient d'une armée sacrilège ([1041]), et quand elle n'est
pas faite par raison majeure, c'est à eux d'enterrer les ennemis tombés ([1042]). Lorsqu'une ville se rend, son sort est
fixé par les termes de la capitulation ; mais la règle veut qu'à
la guerre les suppliants aient la vie sauve ([1043]). Lorsqu'une
ville est prise d'assaut, tout y est à la discrétion des vainqueurs, corps et biens ([1044]) : les hommes sont passés au
fil de l'épée, les femmes et les enfants sont réduits en servitude ([1045]). En ce qui concerne les prisonniers, on procède
d'abord à un échange ([1046]) ; ceux qui restent en surnombre
sont le plus souvent rachetés par leur cité ou par des particuliers ([1047]), faute de quoi ils sont vendus comme esclaves
([1048]). Pour le partage du butin, on se conforme à une tradition qui remonte aux temps homériques, non toutefois
sans que le prélèvement de la dîme réservée aux dieux soit
de plus en plus considéré comme obligatoire ([1049]).

Comme bien l'on pense, les règles de clémence et de
modération sont souvent violées, surtout à l'égard d'un
peuple qui a fait défection. Mais, d'autre part, en pleine
guerre du Péloponèse, des généraux athéniens ou spartiates
refusent d'aller jusqu'au bout de leur droit, par exemple,
de réduire en servitude des Grecs ([1050]). La religion n'est
pas non plus sans influence sur le droit de la guerre. On admet
que les temples sont inviolables, à condition de ne pas être
utilisés pour un but militaire ([1051]). La trêve de Dieu
(ἐχεχειρία), proclamée par les spondophores ([1052]), protège

les pèlerins qui se rendent aux fêtes panhelléniques contre tout acte d'hostilité, même en pays occupé par une armée belligérante. De plus, les Doriens du Péloponèse sont d'accord pour ne jamais entrer en campagne pendant le mois sacré des Carneia. Ils s'abstiennent même de marcher contre une cité dans l'intervalle qui s'écoule entre l'annonce et la célébration de sa fête : scrupule dont certains abusent parfois, en donnant un coup de pouce à leur calendrier de façon à pouvoir demander la remise d'hostilités qu'ils redoutent [1053].

Tant que la guerre parut l'état naturel des relations entre cités, les traités de paix n'étaient que des suspensions d'armes, et les traités d'alliance eux-mêmes n'offraient pas de garanties bien solides [1054]. Ce fut un progrès d'assigner aux traités une durée qui pouvait, il est vrai, n'être que de cinq ans [1055], mais qui était plus fréquemment de trente [1056], de cinquante [1057], ou même de cent ans [1058]. Ce fut surtout un beau rêve de penser à une paix perpétuelle (εἰς τὸν ἀεὶ χρόνον) [1059].

On essayait pourtant de régler les conflits par les voies pacifiques. Les différends entre cités étaient quelquefois soumis à un arbitrage [1060]. Déjà vers la fin du VIIe siècle ou le début du VIe, les Athéniens et les Mytiléniens demandaient au tyran de Corinthe, Périandre, de régler leur conflit au sujet de Sigée [1061]. Les Corinthiens et les Corcyréens conférèrent à Thémistocle le soin de juger leurs prétentions sur Leucade [1062]. Le plus souvent les cités en désaccord prenaient pour arbitre, non pas un personnage illustre, mais une tierce cité (πόλις ἔκκλητος) ou, dans certains cas, le sacerdoce de Delphes [1063]. Athènes et Mégare, qui se disputaient Salamine, chargèrent Sparte de les départager ; cinq Spartiates se prononcèrent en faveur d'Athènes [1064]. En général, les traités de paix et d'armistice conclus dans la seconde moitié du Ve siècle entre les Lacédémoniens et les Athéniens stipulaient qu'en cas de dissentiment ils auraient recours aux voies de droit, eux et leurs alliés [1065]. Par le traité de 418, les Lacédémoniens et les Argiens s'obligeaient à soumettre tout litige, de quelque nature qu'il fût, au jugement d'une tierce puissance [1066]. Malheureusement, comme l'arbitre n'avait à sa disposition aucun moyen de contrainte, la partie déboutée ne voulait pas toujours s'exécuter. Thèbes, après avoir demandé aux Corinthiens de vider son différend avec Athènes au sujet de Platées, rejeta le jugement qui lui était défavorable ([1067]). Nous voyons aussi les Éléens décliner un arbitrage proposé par Lépréon sur une question de dettes ([1068]). Ce sont des faits comme ceux-là qui expliquent peut-être que l'arbitrage international ait disparu au IVe siècle pour ne reparaître qu'à l'époque hellénistique.

Du moins faut-il reconnaître l'efficacité durable des conventions plus modestes qui avaient pour but de mettre un terme aux vexations de tout genre dont les commerçants étaient victimes quand ils se hasardaient dans une ville étrangère sans garantie. Il arrivait encore au Ve siècle qu'une cité fût obligée de conclure un traité avec une cité voisine à l'effet de protéger ses ressortissants contre les violences et de leur assurer en cas de besoin un droit de recours aux magistrats et aux tribunaux. C'est ce qu'on appelait un traité d'*asylia*. Nous avons conservé un document de ce genre, par lequel deux villes de la Locride occidentale, Chaleion et Oianthéa, mettent fin vers 450 à un régime séculaire de représailles ([1069]). L'entente, au lieu de se faire directement entre les deux cités intéressées, pouvait être due à l'intervention d'une tierce cité agissant comme métropole commune : c'est le cas d'Argos accordant Cnossos et Tylissos ([1070]). Il fallut même, au commencement du siècle, l'injonction d'un satrape pour contraindre les villes d'Ionie à s'assurer les bienfaits d'une mutuelle sécurité ([1071]) : il n'y a peut-être pas un fait dans toute l'histoire des Grecs qui montre plus fortement leur goût pour l'autonomie et la conception qu'ils s'en faisaient même sous la domination étrangère.

Par ces traités rudimentaires d'asylie, les cités grecques apprirent à conclure de véritables traités de droit international privé, des *symbolai* ou *symbola* ([1072]). La grande difficulté venait de ce que le droit d'ester en justice était en principe un des privilèges réservés aux citoyens. On s'était trouvé en face de cette difficulté dès le moment où de fortes colonies de métèques s'étaient formées dans les cités commerçantes. On l'avait résolue alors en mettant les métèques sous la juridiction d'un magistrat spécial, un cosme en Crète, le polémarque à Athènes. Mais, si l'on ne pouvait pas placer les métèques comme justiciables au rang des citoyens, on ne voulait pas non plus assimiler aux métèques, établis à demeure dans le pays, tous les étrangers de passage, tous ceux qui s'y arrêtaient juste le temps de régler une affaire, de charger ou décharger une cargaison. Les villes commerçantes se rendirent compte qu'elles avaient un commun intérêt à combler cette lacune.

De là ces conventions (σύμβολα) qui avaient pour objet essentiel de régler la procédure applicable à des espèces nettement déterminées (δίκαι ἀπὸ συμβόλων), à savoir : 1º les litiges commerciaux survenus entre sujets des deux parties contractantes ou bien entre l'une et les citoyens de l'autre ; 2º les délits qui mettaient aux prises comme demandeur et comme défendeur des sujets de l'une et l'autre cité. Ces conventions, dont nous avons de bons exemples pour le Vᵉ siècle (¹⁰⁷³), traitaient donc de matières spéciales, on pourrait dire professionnelles (¹⁰⁷⁴) ; c'est pourquoi l'Ecclèsia d'Athènes, quoique habituée à délibérer sur les affaires étrangères, se contentait de les adopter pour la forme et les renvoyait pour examen approfondi à un tribunal d'héliastes siégeant sous la présidence de thesmothètes (¹⁰⁷⁵). Elles remettaient, en règle générale, le jugement au tribunal de la cité à laquelle appartenait le défendeur. Les Athéniens du Vᵉ siècle étaient ainsi souvent obligés de plaider dans des villes mal disposées pour eux ; ils décidèrent par de simples décrets que les litiges commerciaux entre Athéniens et sujets de l'empire seraient dorénavant vidés par les tribunaux athéniens sous la présidence du polémarque, s'ils résultaient de contrats conclus à Athènes (¹⁰⁷⁶). Sauf cette exception qui s'explique par les circonstances politiques et par la suprématie du commerce et du droit commercial athéniens, on peut dire que les règles en usage dans les *symbola* et dans la procédure qu'ils instituaient dénotent un esprit large et vraiment international.

Au lieu de se prévaloir de traités applicables à tous les citoyens de deux villes, les étrangers pouvaient voir leur

condition améliorée par des mesures individuelles et uni-
latérales. Chaque ville, en effet, conférait plus ou moins
libéralement aux forains des privilèges plus ou moins avantageux. Il y avait des décrets, aussi bien que des conventions,
d'asylia ([1077]), et l'asylia était complétée par l'*asphaleia*,
c'est-à-dire l'inviolabilité de la personne par celle des biens.
Le droit d'acquérir des immeubles, terres ou maisons (*enk-
tèsis*) ([1078]), l'exemption des impôts et prestations incom-
bant spécialement aux étrangers (*atéleia*) ou le droit d'acquitter les impôts et prestations sur le pied d'égalité avec les
citoyens (*isotéleia*) ([1079]) ne s'obtenaient que comme récompenses de services rendus. Mais le plus grand honneur qui
pût échoir à un étranger était la *proxénie* ([1080]). Pendant des
siècles, c'était en même temps une charge. Les hommes
d'une cité, particuliers ou ambassadeurs, avaient besoin,
quand ils étaient de passage dans une ville, d'y trouver
quelqu'un qui leur fournît aide et assistance. A cet hôte
public, sorte de consul, la cité témoignait sa reconnaissance
en lui donnant le titre de *proxène*, qu'elle rehaussait, quand
il s'agissait d'un grand personnage, en y ajoutant celui d'*éver-
gète* ou bienfaiteur. Comme le titre était héréditaire, comme
il fut accordé par la suite à plusieurs citoyens d'une même
ville, comme celui qui en était revêtu allait souvent s'établir dans sa seconde patrie, la proxénie ne fut plus guère
qu'une distinction honorifique. Elle n'en avait pas moins
joué un rôle important dans les relations internationales, et
elle ne cessa jamais d'assurer à quelques étrangers de marque
la situation la plus relevée que des hommes pussent avoir
dans une cité grecque quand ils n'étaient pas citoyens. Et
citoyens, les proxènes pouvaient le devenir plus facilement que tous autres.

Quelle est donc la limite précise qui sépare les étrangers
de tout rang, métèques ou non, des citoyens ? Comment le
droit de cité peut-il être concédé à ceux qui ne le possèdent
pas de naissance ?

On observe souvent d'apparentes contradictions dans la
conduite des Grecs, et spécialement des Athéniens, en ce
qui concerne la possession et la collation des droits civiques.
A l'époque homérique, quand pourtant l'hostilité primitive

contre l'étranger laissait tant de traces, le roi et les chefs n'avaient aucune raison de s'opposer aux unions entre nationaux et étrangers, parce qu'ils recherchaient volontiers pour eux-mêmes les alliances matrimoniales avec les maisons nobles et riches, quelle qu'en fût l'origine, et qu'ils ne voyaient aucune raison d'empêcher les gens du peuple, privés de droits politiques, de se marier comme ils voulaient. Les grandes familles conservèrent longtemps cette tradition, même dans les cités démocratiques. C'est ainsi que les citoyens les plus illustres d'Athènes étaient nés de mères étrangères, μητρόξενοι. Le législateur Clisthènes, fils de l'Alcméonide Mégaclès, portait le nom de son grand-père maternel, le tyran de Sicyône. Pisistrate eut deux fils de l'Argienne Timônassa. Cimon, né d'une princesse thrace, épousa sans doute une Arcadienne. Thucydide eut pour femme une Hègésipylè qui avait le même nom et sortait de la même famille que la mère de Cimon. Thémistocle avait pour mère une Thrace, une Argienne ou une Acarnanienne, en tout cas une étrangère. Malgré cette propension aux mariages mixtes, les oligarchies étaient, en principe, avares du droit de cité : cherchant à en diminuer la valeur, elles n'étaient pas disposées à en étendre le bénéfice. Après la chute des Pisistratides, le chef du parti oligarchique, Isagoras, fit rayer de la liste des citoyens tous ceux que les tyrans y avaient fait inscrire indûment ([1081]). Sparte, qui expulsait facilement les étrangers, n'octroya presque jamais de lettres de naturalisation ; Hérodote n'en connaissait que deux exemples ([1082]). Au IVe siècle encore, Égine, Mégare, Lacédémone et même une petite ville comme Oréos, se montraient sur ce point d'une intransigeance farouche ([1083]). Dans les cités démocratiques, au contraire, la tradition était favorable aux étrangers, du moins avant le milieu du Ve siècle. Déjà Solon avait attiré en Attique les gens de métier en leur accordant le droit de cité ([1084]) ; Pisistrate fut tout aussi libéral ([1085]) ; Clisthènes fit inscrire sur la liste expurgée par ses adversaires un grand nombre de métèques et même d'esclaves ([1086]).

Il en fut ainsi jusqu'à ce que la prospérité commerciale du Pirée et la puissance de l'empire maritime eurent assuré au titre de citoyen de grands avantages. Alors le peuple trouva

plus expédient de restreindre le nombre des partageants.
On a vu que Périclès en personne fit passer une loi d'après
laquelle ne serait citoyen que le fils de père et de mère athéniens ([1087]). Le droit de cité devenait un privilège dont la
concession était rendue difficile et entourée des formes les
plus solennelles. Ce n'était pas encore assez de précautions.
Dans les grandes occasions, l'Ecclésia décrétait une revision
générale (διαψήφισις) des registres civiques dans les dèmes :
c'est ce qu'elle fit en 445/4, pour empêcher les intrus de participer à une distribution extraordinaire de blé ([1088]).

Le peuple n'était donc nullement tenté, au Ve siècle,
d'abuser du droit qu'il s'était réservé de conférer à des étrangers le titre de citoyens. Il l'accordait soit à des individus,
soit à des catégories de personnes, mais toujours à bon
escient. Périclès dut le demander pour le fils qu'il en avait
exclu lui-même par sa loi, l'enfant d'Aspasie la Milésienne
([1089]). Thrasyboulos de Calydon l'obtint (409) en récompense d'un acte aussi méritoire que le meurtre de Phrynichos, l'âme damnée des Quatre Cents ([1090]). En 406, furent
élevés au rang de citoyens tous les métèques qui s'étaient
engagés comme rameurs sur la flotte victorieuse aux Arginuses ([1091]) ; en 401/0, tous ceux qui avaient couru à Phylè
se joindre aux libérateurs de la démocratie ([1092]).

Bien plus importante pouvait devenir la collation des
droits civiques à tous les membres d'une communauté
étrangère ou pour le moins aux membres de cette communauté qui réclameraient ces droits. Mais le cas ne se présente que dans des circonstances exceptionnelles. Au milieu
du VIe siècle, les Delphiens, en reconnaissance des dons
magnifiques que leur avait envoyés Crésus, accordèrent le
droit de cité à tous ceux des Lydiens qui en feraient la
demande à l'avenir ([1093]) : ce n'était là qu'une offre honorifique qui ne devait guère avoir de résultats. Il n'en est plus
de même, au Ve siècle, quand Athènes, par intérêt politique,
admet des dérogations à la loi de 451/0 en faveur de certaines cités. Aux Eubéens elle accorda, non pas le droit de
cité, mais une des parties essentielles de ce droit, l'*épiga-
mia* : elle reconnaissait ainsi la valeur légitime des mariages
entre Athéniens et Eubéennes ou Athéniennes et Eubéens,

et par conséquent donnait le droit de cité aux enfants issus de ces unions ([1094]). Pendant la guerre du Péloponèse, elle alla plus loin : elle accueillit les bras ouverts les habitants des cités qui avaient souffert pour sa cause. En 427, après la destruction de leur ville, les Platéens réfugiés à Athènes y reçurent le droit de cité : après avoir fait contrôler leur titre individuellement par l'autorité judiciaire, ils furent répartis entre les dèmes et les tribus et placés sur le pied d'égalité avec les Athéniens, sauf l'accès à l'archontat et aux sacerdoces ([1095]). En 405, après la défaite d'Aigos Potamos, Athènes voulut récompenser la fidélité de Samos : les Samiens furent admis au rang d'Athéniens, tout en conservant leur constitution, leur justice, leur autonomie ([1096]). On inaugurait ainsi une politique qui aurait transformé du tout au tout la confédération athénienne et peut-être changé le cours de l'histoire, si, au lieu d'être dictée au dernier moment par une situation désespérée, elle avait été adoptée plus tôt et appliquée largement.

Mais c'est assez parler des moyens que les Grecs du Ve siècle ont employés pour mitiger, dans le droit international et le droit public et privé, les vieilles haines contre l'étranger, en se gardant de toucher à l'autonomie des cités. Voyons comment ils ont pu, sans craindre d'y toucher, grouper des villes auparavant souveraines dans des ligues et des fédérations durables.

II. LES GRANDES LIGUES (SYMMACHIES)

Deux grandes ligues se sont formées, au Ve siècle, qui ont été d'énergiques tentatives pour mettre fin à l'isolement des cités. Ayant Lacédémone et Athènes à leur tête, elles auraient pu commencer une belle œuvre d'unification, si leur rivalité ne les avait pas lancées l'une contre l'autre de façon à perpétuer le morcellement.

1. *La ligue lacédémonienne*

La ligue lacédémonienne, qui a joué un si grand rôle pendant deux siècles, n'a cependant jamais eu d'organisation vraiment forte ([1097]). Fondée par Sparte vers le milieu du VIe siècle, après la conquête de la Messénie et la défaite d'Argos, elle garda toujours le caractère essentiellement militaire et l'esprit oligarchique qu'elle devait à ses origines. Quand elle se fut étendue à Corinthe après la chute des Cypsélides, à Mégare après la chute de Théagénès et peut-être un moment à Athènes après la chute des Pisistratides, Sparte y puisa une force énorme, sans oser toutefois porter atteinte à l'autonomie des cités ni même placer leurs contingents sous les ordres de ses officiers. Lors de l'invasion mède, la ligue vit se tourner vers elle toutes les cités qui se préparaient à la résistance ; elle se transforma ainsi spontanément en une ligue panhellénique, qui confia le commandement suprême sur terre et sur mer aux Spartiates ([1098]). Mais cette ligue nouvelle, qui paraissait unifier la plus grande partie de la Grèce, était bien moins propre encore que l'ancienne à la centralisation. Les délégués ou *probouloi* qui se réunirent à l'Isthme ([1099]) ne purent que s'entendre sur des contingents à fournir, des missions à envoyer aux colonies ([1100]), des serments à échanger ([1101]), des imprécations à lancer contre les cités traîtresses à la cause nationale ([1102]). Puis, ils disparurent, et il n'y eut plus, pour rappeler que les Grecs agissaient en commun, que des conseils de guerre où les stratèges délibéraient sous la présidence du commandant en chef spartiate ([1103]). Après la victoire, les Athéniens purent, sans violer aucune obligation, sans dénoncer aucun engagement, sans sortir de la ligue, fonder une ligue rivale ([1104]). Se repliant sans regret en deçà de l'Isthme, Sparte voulut du moins tenir un peu mieux en main ses Péloponésiens. C'est probablement vers le milieu du Ve siècle que fut accomplie la réforme dont les résultats nous apparaissent quelque vingt ans après.

Οἱ Λακεδαιμόνιοι καὶ οἱ σύμμαχοι, « les Lacédémoniens et leurs alliés » ou bien « les Lacédémoniens et leurs confédérés », tel est le nom officiel de la ligue. Il indique un régime dualiste et la subordination de cités anonymes à la cité dirigeante ; il indique aussi l'existence de *symmachoi* qui ne sont pas seulement liés à Sparte par un contrat bilatéral, mais qui sont encore unis entre eux par des rapports mu-

tuels. S'il ne s'agit pas d'une simple alliance, il ne s'agit pas
non plus d'un État fédéral, mais d'une ligue de cités qui sont
d'accord sur la nécessité durable d'une action commune à
l'égard des autres cités et qui reconnaissent à la plus puissante d'entre elles la suprématie, l'*hégémonie*. Il n'y a pas
de droit de cité fédéral, et la ligue n'a pas d'ordres à donner
aux citoyens, mais uniquement, et dans des cas dûment
spécifiés, aux autorités des cités participantes. A ces cités
est garantie l'autonomie (1105) : elles gardent leur constitution, leurs lois, leur administration, leur justice. Bien mieux,
elles ont entre elles telles relations qui leur conviennent,
relations souvent hostiles. Sparte a beau chercher à faire
prévaloir le principe de l'arbitrage pour régler leurs différends, il leur arrive de recourir aux armes (1106), et l'on voit
la ligue obligée d'interdire à toute cité fédérée d'entrer en
campagne contre une autre pendant la durée d'une expédition fédérale (1107). Au reste, quoique en droit Sparte ne
puisse pas intervenir dans la politique locale, elle agit continuellement dans le sens oligarchique, soit par son exemple,
soit par une pression morale, soit même par la force ouverte
(1108). Mais l'objet propre de la ligue, c'est la défense commune. On dirait même que le Conseil, son principal organe,
n'est jamais convoqué que pour se concerter sur une déclaration de guerre, une trêve, des propositions de paix. Il
n'a donc pas d'existence permanente. Quand les circonstances
l'exigent, Sparte invite les cités à lui envoyer leurs délégués
pour délibérer sur les affaires communes (1109).

La façon dont la guerre fut déclarée aux Athéniens en
432 (1110) montre bien quels sont les droits respectifs des
Lacédémoniens et des alliés. Les Corinthiens prennent l'initiative, ils envoient leurs représentants à Sparte pour accuser les Athéniens d'avoir rompu les traités ; mais cette
initiative ne peut pas mettre en branle le Conseil : c'est
devant une assemblée des Spartiates que les Corinthiens
exposent leurs griefs, et les ambassadeurs athéniens viennent
y répondre. Il faut que les étrangers se retirent, pour que
cette réunion extraordinaire (σύλλογος) se transforme en
une assemblée régulière (ἀπέλλα) : les Spartiates délibèrent
entre eux et votent la guerre. Mais cette décision n'est

valable que pour les Lacédémoniens. Reste à obtenir l'adhésion des alliés. Sparte convoque leurs délégués. Ceux-ci
sont naturellement munis d'un mandat impératif. Ils
siègent sous la présidence des éphores. Chaque cité, quelle
que soit son importance, ne dispose que d'une voix ([1111]),
et les petites inclinent, comme toujours, à voter dans le
sens de la puissance dirigeante. Une grosse majorité déclare
la guerre. Cette fois, la décision est acquise, et le Conseil
avise aussitôt aux préparatifs de la mobilisation.

Ainsi les résolutions des alliés ne peuvent valoir contre
celles des Lacédémoniens ; mais les résolutions communes
ont force de loi et contraignent toutes les cités. Un vieux
serment les oblige à se conformer aux décisions de la majorité, « sauf empêchement des dieux ou des héros » ([1112]).
Dès que le Conseil a voté, son rôle est fini, il n'a plus qu'à
se dissoudre et ne laisse même pas derrière lui de commission exécutive.

C'est aux Lacédémoniens seuls d'assurer l'exécution des
mesures arrêtées. Ils sont même autorisés en cas d'urgence,
pour défendre une cité contre une agression subite, pour
procéder contre une cité qui fait défection, à se mettre en
campagne et à convoquer tels contingents qu'ils jugeront
nécessaires, sans consultation préalable du Conseil ([1113]).
Mais il faut que le cas de force majeure soit bien établi ;
car l'esprit d'autonomie est chatouilleux, et l'obligation
d'amener des troupes sur réquisition d'un chef étranger
ressemble terriblement à la plus humiliante des sujétions.
En temps ordinaire, les Lacédémoniens envoient des messagers annoncer à chaque ville combien d'hommes elle doit
fournir et quand on se mettra en campagne ([1114]) ; en ce qui
les concerne, eux, tout est réglé par l'Apella et les éphores.
Pendant les guerres médiques, les contingents étaient placés
sous les ordres de chefs nommés par les cités ; pendant la
guerre du Péloponèse, ils ont à leur tête, dès le jour de la
convocation, des officiers de l'état-major spartiate, les « commandants d'étrangers » (*xénagoi*) ([1115]). Comme le principe
d'autonomie s'oppose à l'établissement d'un tribut fédéral,
chaque ville pourvoit à l'entretien de ses troupes et ne paie,
en cas de besoin, que des contributions volontaires ([1116]).

Au total, l'organisme dirigé par Sparte mérite bien d'être appelé par les historiens tantôt ligue lacédémonienne, tantôt ligue péloponésienne ; car la forte hégémonie de Sparte s'imposait aux cités en matière diplomatique et militaire, mais leur laissait une réelle indépendance pour tout le reste.

2. La confédération athénienne

La confédération athénienne, qui se forma au sein de la ligue panhellénique en 478 et ne s'en détacha officiellement qu'après 464, donna aux Grecs, bien plus que la ligue lacédémonienne, un exemple de ce que pouvait être l'unité politique d'un grand nombre de cités sous la suprématie d'une seule.

Après la victoire de Mycale, les insulaires qui avaient secoué le joug perse furent reçus dans la ligue panhellénique ; mais les Lacédémoniens, las de la guerre navale, s'en remirent aux Athéniens du soin de protéger les Ioniens du continent. Le contraste entre les services rendus par la flotte athénienne à la cause commune et l'ambition traîtresse du Spartiate Pausanias décida les stratèges des villes situées sur le littoral de la mer Égée en dehors du Péloponèse à offrir aux Athéniens l'hégémonie, le commandement en chef, pour la durée de la guerre ([1117]). Cette alliance des cités maritimes se convertit aussitôt en une confédération qui eut pour centre le temple d'Apollon Délien ([1118]). Elle engloba l'Eubée, les Cyclades, les îles de la côte asiatique, les ports d'Ionie et d'Éolide, de l'Hellespont et de la Propontide, bientôt la plupart des ports grecs en pays thrace, et plus tard ceux de Carie.

Au début, la confédération maritime d'Athènes ressemble par maints traits de ses institutions à la ligue continentale du Péloponèse. Par son nom officiel, « les Athéniens et leurs alliés » ([1119]), elle manifeste son caractère dualiste ; elle n'a pas de droit de cité commun ; elle n'exerce son autorité sur les particuliers que par l'intermédiaire des cités, proclamées autonomes ([1120]) ; elle a pour principal organe un Conseil où toutes les délégations ont un droit de vote égal (¹¹²¹). Mais, dès l'origine, elle porte sa marque distinctive. Comme elle a pour but, non pas la lutte contre n'importe quel agresseur, mais uniquement la guerre contre les Mèdes (¹¹²²), et qu'elle se compose d'ailleurs seulement de cités maritimes, elle a besoin d'une grande flotte. Or, s'il est facile et avantageux de demander des escadres homogènes aux grandes villes, ce serait pure folie de réclamer aux villes de second ou de troisième ordre un ou même plusieurs bateaux, parce que ces unités seraient trop dispersées et trop disparates pour rendre des services. Il faut donc que toutes les cités qui ne s'acquittent pas de l'obligation fédérale en fournissant des navires se rachètent en argent. La confédération a donc toujours eu un trésor, alimenté par un tribut annuel, le *phoros*. Ce fut la grande œuvre d'Aristide, un véritable miracle de sagesse politique, que de faire l'inventaire des ressources dont disposaient un si grand nombre de cités, d'estimer leur capacité contributive et de répartir le total des 460 talents nécessaires, le tout à la satisfaction générale (¹¹²³).

Mais, une fois que les Perses eurent disparu de la mer Égée, les cités confédérées commencèrent à se demander pourquoi elles continuaient de remplir leurs obligations. Entre elles et la cité dirigeante la divergence d'intérêts ira vite en croissant. Il n'y aura plus que très peu de cités à fournir des navires, et, à mesure que diminueront les ressources navales des confédérés, Athènes augmentera les siennes (¹¹²⁴). Le tribut sera rarement supérieur et restera souvent inférieur au total fixé par Aristide, quoique payé par un plus grand nombre de cités ; il n'en fera pas moins crier. Athènes n'a nulle envie d'intervenir dans les querelles intestines des cités, de porter atteinte à leur autonomie. Mais, quand elles en viennent à la guerre civile et que les partisans de l'oligarchie négocient avec Sparte, il faut bien répondre à l'appel des démocrates, et, si la mauvaise volonté va jusqu'à la défection, il faut bien, après la répression, prendre des précautions pour l'avenir. Quand les retards de paiement deviennent un objet de scandale, on est bien obligé d'avoir recours à la contrainte. C'est ainsi que la confédération attico-délienne (συμμαχία) se transforme en un empire athénien (ἀρχή) (¹¹²⁵).

Dans la langue diplomatique, Athènes continue de parler d'alliés ou de confédérés (σύμμαχοι), ou bien elle emploie le terme usuel et vague de cités (πόλεις) ([1126]) ; dans le langage vulgaire, il est question de sujets (ὑπήκοι) ([1127]) et de tributaires (ὑποτελεῖς) ([1128]). La transformation était commencée en 469, lorsque Naxos donna le premier exemple de défection. Elle était un fait accompli en 454, lorsqu'il fut décidé que le trésor, jusqu'alors administré par des fonctionnaires athéniens (les hellènotames), mais déposé dans le sanctuaire d'Apollon Délien, serait transféré sur l'Acropole d'Athènes et placé sous la protection d'Athèna ([1129]). Cette mesure fut prise sur la proposition des Samiens ; ce fut sans doute le dernier acte du Conseil fédéral : plus jamais on n'entend parler de lui.

De fédérales, toutes les institutions de la ligue deviennent impériales. Jadis, c'est par des traités bilatéraux qu'était fixée la situation des cités ; c'est par des résolutions du Conseil qu'étaient prises les mesures générales ; l'Ecclèsia d'Athènes se bornait sans doute à ratifier ces actes et à les rendre exécutoires. Désormais, elle règle tout. Qu'une ville révoltée soit contrainte de capituler, qu'une ville troublée par les dissensions fournisse à la cité dirigeante l'occasion de s'immiscer dans ses affaires, dans n'importe quelle circonstance au reste et sous n'importe quel prétexte, les Athéniens rédigent pour les alliés des articles de constitution, des règlements d'administration intérieure, des clauses de compromis entre les factions. Toute une série de documents nous les montrent faisant la loi aux villes rebelles ou suspectes ([1130]). Une fois que l'autorité centrale a dressé les villes à recevoir ses ordres, elle trouve plus commode de les grouper par districts : en 446/5, elle en crée cinq, les Iles, la Carie, l'Ionie, l'Hellespont et la Thrace. Elle n'hésite pas alors à prendre des décisions applicables à tout un district ([1131]). Elle finit par légiférer pour l'empire tout entier : elle promulgue des dispositions générales sur l'administration intérieure, sur le paiement du tribut, sur les prémices dues aux déesses d'Éleusis, sur l'unité monétaire ([1132]).

Un changement caractéristique est introduit dans la formule du serment par lequel les villes confédérées s'engagent

à ne pas faire défection : vers 465, elles se liaient encore
envers « les Athéniens et les alliés » ([1133]); à partir
de 450, elles promettent fidélité et obéissance au « peuple
athénien » (πείσομαι τῶῶῶι δέμῶῶῶι τῶῶῶι
Ἀθεναίῶῶῶων) ([1134]). Il ne s'agit plus pour des cités
confédérées de se prêter un mutuel appui contre les Mèdes ;
des cités sujettes sont tenues d'avoir mêmes amis et mêmes
ennemis que la cité dirigeante, de lui fournir des contingents pour combattre à Égine, à Samos, contre les
Péloponésiens, contre Syracuse ([1135]). Il ne s'agit plus de
payer à Délos une contribution pour assurer la défense
commune ; c'est bien un tribut qui est envoyé à Athènes.
Chaque ville est taxée par la Boulè athénienne, d'après
les estimations de fonctionnaires athéniens (les *tactai*),
et les réclamations sont introduites par d'autres fonctionnaires athéniens (*les eisagógeis*) devant la justice
athénienne ([1136]). Les sommes fixées sont apportées par
les délégués des villes aux Grandes Dionysies ([1137]),
versées entre les mains des apodectes, enfin transmises aux
trésoriers de la déesse, gardienne vigilante qui a bien droit
pour sa peine à des prémices d'un soixantième ([1138]). Toute
remise de paiement est un privilège qui ne peut être concédé
que par l'Ecclèsia. Tout retard non justifié entraîne une
pénalité qui s'ajoute au *phoros*, une *épiphora* ([1139]). Pour
toucher son dû, le peuple créancier envoie des recors faisant
fonction de percepteurs (*eclogeis*) ([1140]) ; s'il prévoit quelque
résistance, il charge de l'exécution des stratèges à la tête
d'une escadre ([1141]). Ce qui rendait cette contrainte intolé-
rable, c'est que l'argent du tribut ne servait plus seulement
à la construction et à l'entretien de la flotte. Périclès posait
en principe que les sommes payées par les villes constituaient un forfait moyennant quoi Athènes devait assurer
leur défense par sa marine : du moment qu'ils vivaient en
toute sécurité, elle pouvait disposer librement de la caisse
fédérale ([1142]). Théorie souvent contestée par les intéressés
et par les oligarques d'Athènes, mais qui triompha. Les
administrateurs du *phoros*, les hellènotames, durent subvenir en partie aux frais des monuments élevés sur l'Acropole.
S'ils n'eurent jamais à opérer de ce chef de gros verse-

ments (¹¹⁴³), ce n'en était pas moins une chose énorme en principe de faire contribuer les cités aux dépenses somptuaires de la démocratie athénienne.

On peut se figurer ce que devenait, dans de pareilles conditions, l'autonomie promise dans les premiers temps aux confédérés. Elle n'existait plus que dans les rares cités qui étaient en état de se soustraire au phoros par la prestation navale (¹¹⁴⁴). Aux autres, Athènes ne la promettait plus que contrainte par les événements (¹¹⁴⁵). Dans les cités où il n'y avait pas lieu d'intervenir, le régime oligarchique put se maintenir assez longtemps : Milet, par exemple, le conserva jusqu'en 450 (¹¹⁴⁶). Mais, dès qu'Athènes était appelée à rétablir quelque part la paix civile, surtout à partir du moment où elle s'aperçut que ses condescendances à l'égard des cités oligarchiques ne les disposaient pas mieux à son égard, elle se fit franchement, énergiquement le champion de la démocratie.

Vers 465 déjà, les Athéniens envoient à Érythrées, après une révolution, une garnison commandée par un *phrourarque* et des commissaires de surveillance ou *épiscopoi*. Sans tarder, ils organisent la Boulè d'Érythrées sur le modèle de la leur et fixent la formule du serment que prêteront les bouleutes pour s'engager à exercer leur fonction en vue du bien commun des Érythréens, des Athéniens et des confédérés. La première fois, la Boulè doit être tirée au sort et installée par les soins des épiscopoi et du phrourarque ; à l'avenir, elle doit l'être tous les ans par le phrourarque et la Boulè sortant de charge (¹¹⁴⁷). Si les cités étaient surveillées à ce point par Athènes au temps où elles avaient encore des obligations envers l'ensemble de la confédération, on peut penser qu'elles le sont bien davantage du jour où elles sont sujettes d'Athènes. Partout des garnisons permanentes, avec un phrourarque qui joint à ses attributions militaires le contrôle politique (¹¹⁴⁸). Avec ou sans appui de la force armée, les épiscopoi, tirés au sort parmi les Athéniens et rémunérés par les cités où ils fonctionnent, sont investis de pouvoirs judiciaires à l'effet de régler sur place les litiges soulevés par l'application des traités : Aristophane leur donne comme insignes deux urnes (¹¹⁴⁹). Dans d'autres

circonstances, Athènes intervient par l'envoi de fonctionnaires ou de délégués extraordinaires, tels que les *eclogeis*,
dont on sait le rôle, ou certains commissaires qu'on voit
chargés, après une guerre civile, de mener une enquête
et de prendre les mesures nécessaires ([1150]). Elle finit même
tout simplement par placer à la tête du gouvernement,
dans bon nombre de cités, un ou plusieurs magistrats
athéniens, un archonte ou un collège d'archontes, c'est-à-
dire un maire ou des chefs de service représentants du
pouvoir central ([1151]).

Parmi toutes ces marques de sujétion, il en est peu qui
aient paru aussi infamantes, et peut-être n'en est-il pas une
qui ait été aussi préjudiciable aux intérêts matériels des cités,
que l'obligation de céder des biens-fonds aux clérouques
envoyés d'Athènes ([1152]). Il y avait là une atteinte directe au
droit de cité, puisqu'on en détachait le privilège essentiel
et exclusif de la propriété foncière, et une spoliation d'autant
plus odieuse que ceux qui en étaient victimes demeuraient
près de leurs terres usurpées ou continuaient d'y travailler
pour payer des redevances aux garnisaires chargés de les
faire obéir. En effet, tantôt les clérouques s'établissaient sur
leur lot et le cultivaient eux-mêmes ; tantôt les anciens
propriétaires étaient réduits à la condition de fermiers et
tenus de payer chacun deux cents drachmes par an à un
clérouque dont cette rente faisait un zeugite astreint sur
place au service d'hoplite. Propriétaires ou rentiers, les clérouques constituaient une section du peuple athénien détachée du gros ; ils étaient « le peuple athénien résidant à
Skyros », « le peuple athénien d'Imbros », « les Athéniens
résidant à Hèphaistia », etc. Ils avaient leur Ecclèsia
et leur Boulè, subordonnées pour toute décision importante
à l'Ecclèsia d'Athènes. Ils formaient une colonie chargée
de surveiller une cité en lui faisant solder avec usure le prix
de la surveillance.

En même temps s'en allait par lambeaux la souveraineté
judiciaire des cités ([1153]). — Tout d'abord le peuple athénien
s'adjugea le droit de statuer sur tous les crimes et délits
contre le pacte fédéral ou contre le régime impérialiste,
actes de haute trahison, défection, menées hostiles, manque-

ment aux obligations prescrites. Les plaintes de ce chef
devaient être apportées à Athènes et remises à des épimélètes spéciaux. C'est cette procédure qui devait sanctionner
en 425 le décret doublant le phoros (¹¹⁵⁴). — Puis, on fit un
pas de plus. Comme Athènes pouvait craindre dans les
procès politiques des sentences hostiles à la démocratie ou
à l'empire, elle enleva plus ou moins complètement à la
plupart des cités les causes passibles de peines capitales (¹¹⁵⁵).
En 446/5, après la soumission de Chalcis, un décret du
peuple règle la mise en jugement des coupables : il ne fait
mention d'aucune autre compétence que celles de la Boulè
et de l'Hèliée en premier ressort ; il maintient la souveraineté de l'Ecclèsia pour tout arrêt portant privation des droits
civiques sans jugement, pour toute condamnation au bannissement, à la prison, à la peine de mort, ou à la confiscation.
Un amendement d'ordre général reconnaît en principe la juridiction pénale de Chalcis, mais sous réserve de
recours obligatoire aux tribunaux populaires d'Athènes pour
toute condamnation à l'atimie ou à la peine de mort (¹¹⁵⁶).
— Enfin, mis en goût, le peuple athénien empiéta même sur
la juridiction des affaires privées dans les villes de l'empire.
Cette usurpation pouvait, il est vrai, avoir son bon côté
quand les plaideurs étaient de deux villes différentes, et c'est
peut-être à cette catégorie d'actions privées (et encore seulement si la valeur du litige dépassait une certaine somme)
que se borna le sacrifice imposé aux villes (¹¹⁵⁷). Il faut
reconnaître, d'ailleurs, que dès qu'il s'agissait de litiges
commerciaux, cette grande firme qu'était Athènes se comportait avec une loyauté parfaite. Soit qu'elle contractât avec
les cités fédérées ou d'autres villes des conventions de droit
privé international (δίκαι ἀπὸ συμβόλων), soit qu'elle s'en
tînt à des relations réglées par la coutume, elle cherchait à
faire prévaloir ce principe de droit consulaire, que le demandeur devait plaider dans la ville du défendeur (¹¹⁵⁸). Mais,
comme les Athéniens en étaient les mauvais marchands (¹¹⁵⁹),
ils se virent obligés de restreindre l'application de ce principe, en exigeant que pour tout contrat conclu à Athènes
le tribunal athénien fût seul compétent (¹¹⁶⁰).

Poussant jusqu'au bout la politique d'unification, Athènes

prétendit imposer à l'empire son système de poids, mesures
et monnaies. D'elles-mêmes, les petites villes avaient cessé,
des leur entrée dans la confédération, de frapper d'autres
pièces que le billon nécessaire au marché local. Plusieurs
grandes villes coupables de défection se virent enlever une
prérogative attachée à la souveraineté. En fait, les « chouet-
tes » du Laurion étaient à peu près les seules monnaies
d'argent que les matelots de la flotte rapportaient dans les
villes et que les villes renvoyaient sous forme de tribut ;
le talent et le pied attiques étaient familiers aux marchands
de tous les ports. Un décret, proposé par un nommé Cléar-
chos, prescrivit à toutes les cités de l'empire l'usage exclusif
des étalons athéniens et leur fit défense de frapper de la
monnaie d'argent. Il faut croire que le décret rencontra des
résistances sérieuses, car il en fallut un second (avant 420)
pour ordonner aux particuliers d'échanger l'argent étranger
contre de l'argent attique ([1161]).

Par ce complet mépris de tout ce qui rappelait l'autonomie, l'empire d'Athènes parut à ses sujets une tyrannie. Les
Athéniens étaient les premiers à le dire ; ils justifiaient leur
politique en invoquant avec Périclès les services qu'ils
avaient rendus et continuaient de rendre, ou bien en déclarant
avec la brutalité d'un Cléon que, sur la voie où l'on était
engagé, il n'y avait plus à revenir en arrière, mais à briser
tous les obstacles. Et ainsi, les cités qui s'étaient unies pour
assurer leur liberté se sentaient asservies, et un Athénien
pouvait s'indigner qu'on les traitât comme esclaves à la
meule ([1162]). Elles payaient tribut pour embellir Athènes
et enrichir sa déesse. Elles étaient obligées d'envoyer des
délégués aux Dionysies pour y apporter la somme exigée,
aux Panathénées pour offrir des victimes au prix fort, aux
fêtes d'Éleusis pour consacrer aux déesses les prémices de
la récolte annuelle ([1163]). Elles étaient maintenues dans le
droit chemin de la démocratie, contraintes à l'obéissance et
à la fidélité par les archers et les hoplites qui campaient sur
leur acropole, par les trières qui stationnaient dans leur port,
par les clérouques établis par milliers sur leur sol. Le mécontentement couvait dans toutes les parties de l'empire. Longtemps il fut impuissant : à des cités isolées, séparées par de

grandes distances, tout effort collectif était impossible contre les maîtres de la mer. Enfin les Spartiates donnèrent le signal de la grande lutte contre Athènes ; dès le premier jour ils proclamèrent la guerre de délivrance. De fait, l'empire devait succomber moins encore sous les attaques furieuses dirigées du dehors que par le travail de sape exécuté sans relâche par les ennemis de l'intérieur.

L'autonomie se vengeait d'une centralisation odieuse pour des Grecs. Elle était tellement intraitable, cette autonomie des petites cités, qu'elle n'admettait même pas aussi facilement qu'on pourrait le croire la solidarité internationale des partis. Cléon ne comprend pas qu'on distingue, parmi les Mytiléniens rebelles, les démocrates des oligarques : pour lui, ils sont tous également coupables (¹¹⁶⁴). Et, quand on demande au peuple athénien, par mesure de salut public, de permettre aux villes alliées un changement de constitution dans le sens oligarchique, Phrynichos s'y oppose. A quoi bon ? « Ce ne serait ni un motif de soumission pour les cités révoltées, ni un gage de fidélité pour celles qui nous restent ; car, plutôt que d'être esclaves de l'oligarchie ou de la démocratie, elles préfèrent être libres sous n'importe lequel de ces gouvernements (¹¹⁶⁵). »

Pourtant l'impérialisme des Athéniens n'était que prématuré et ne fut pas inutile. La grande faute d'Athènes — faute inévitable à cette époque — est de n'avoir pas compris que, si elle faisait brèche dans le droit des autres cités, elle devait leur ouvrir largement le sien. Sous le coup de la défaite, des esprits audacieux y songèrent ; mais il était déjà trop tard, et l'on attendit encore les désastres suprêmes pour faire une application exceptionnelle et désespérée d'une idée que Rome un jour rendra si féconde (¹¹⁶⁶). Telle quelle, la tentative de Périclès et de ses successeurs a eu de grands résultats, non pas seulement pour Athènes, qui n'aurait pas laissé un si grand nom, si elle n'avait pas été la capitale d'un si grand empire, mais pour l'empire lui-même et pour toute la Grèce. Ce sont les vices du système qui attirent toujours l'attention, parce que les anciens n'ont jamais vu et qu'à leur suite les modernes ne regardent guère que le côté politique des événements. Mais à d'autres points de vue, et même à celui-

là, l'empire athénien a rendu les plus grands services en
créant de précieux éléments d'unité. Par l'intermédiaire des
cités confédérées, la démocratie a, malgré tout, fourni à
l'ensemble des Grecs un modèle qui n'a plus cessé de s'imposer. Grâce au libéralisme commercial auquel les Athéniens
ne renonçaient en pleine guerre que pour assurer leur
subsistance et se procurer des matériaux de construction
navale, le bassin de la Méditerranée constituait un marché
unique dont l'exploitation n'enrichissait pas seulement le
Pirée ([1167]). Et puis, tous ces alliés qui venaient chaque
année aux représentations des Grandes Dionysies et aux
processions des Panathénées rapportaient chez eux et répan-
daient partout le goût d'une littérature et d'un art supérieurs.
Enfin, de même que la France vaincue en 1815 a laissé à
ses vainqueurs le code Napoléon, Athènes, avant d'être
écrasée, avait répandu chez les confédérés qu'elle traînait
devant ses tribunaux les principes de sa législation, si bien
que beaucoup d'entre eux adoptèrent pour toujours, non
pas seulement la technique de son droit, mais ses principes
de liberté et de responsabilité personnelles ([1168]). Ainsi, par
la domination qu'elle exerça pendant trois quarts de siècle,
Athènes fit beaucoup pour l'unification politique et économique, intellectuelle et juridique de la race grecque.

III. LES FÉDÉRATIONS (SYMPOLITIES)

Par réaction contre l'ambition menaçante des ligues à
visées impérialistes, on vit dans toutes les parties de la Grèce
des cités voisines et apparentées chercher à se donner des
garanties mutuelles et, pour cela, s'unir en des communautés
plus larges. D'un même besoin naquirent des confédérations
très diverses. Deux mots servent généralement à les désigner :
sympolitie et *synœcisme*. Ils ont été longtemps synonymes,
et c'est pourquoi l'union de l'Attique autour de sa capitale a
gardé le nom de synœcisme dans l'histoire. Mais, à partir d'un
certain moment, ils ont pour les Grecs un sens différent.
L'union se fait, dans tous les cas, par adoption d'une constitution commune : dans tous les cas, on continue de lui
appliquer le terme de sympolitie. Mais, lorsqu'elle se fait

par un transport total ou partiel de la population dans la plus importante des cités qui s'unissent ou, si elles sont d'importance égale, dans une ville neuve, à cette concentration à la fois géographique et politique s'attache le terme désormais spécialisé de synœcisme.

Au reste, les sympolities connues présentent tant de formes, tant de degrés intermédiaires, qu'on est souvent embarrassé pour les définir : non seulement il est des cas où l'on peut hésiter sur la qualification qui convient ; mais on ne peut pas toujours voir à partir de quel point une alliance, une *symmachia*, substitue à la souveraineté des cités contractantes une souveraineté supérieure ou, au contraire, à partir de quel point elle commence à constituer, toujours sous le même nom, une véritable confédération (1169). Toujours est-il qu'en principe la sympolitie crée un État qui englobe plusieurs communes en leur prenant une part plus ou moins grande de leur autonomie. Elle a pour conditions : un droit de cité, qui peut d'ailleurs n'être point formel et appartenir implicitement à tous les citoyens des communes particulières ; une constitution, qui peut n'être que l'ensemble des clauses par lesquelles les cités se sont liées les unes aux autres ; un gouvernement pourvu d'un Conseil et généralement d'une Assemblée ; une juridiction chargée d'appliquer des lois d'intérêt commun ; une administration, qui comporte des magistratures peu nombreuses. Le synœcisme suppose, en outre, une union locale, la suppression des frontières entre plusieurs territoires, la concentration des habitants dans une capitale qui est parfois fondée à cet effet.

Certaines parties du Péloponèse, qui voulaient se soustraire à l'hégémonie spartiate, commencèrent à s'organiser en 471. Elles agissaient sous l'influence d'Athènes et peut-être, au début, d'après les conseils de Thémistocle en personne.

Les petites cités rurales des Éléens formaient depuis bien longtemps un État aristocratique aux liens encore très lâches, lorsque les démocrates, devenus maîtres du pouvoir, décidèrent de centraliser le pays en y rattachant les cantons sujets. Ils le divisèrent en dix tribus locales, dont chacune fut représentée par un Hellanodike et cinquante membres du Conseil. En même temps, ils bâtirent la ville qui leur manquait : Élis devint le siège de l'Assemblée plénière et vit affluer dans ses murs une forte population (1170).

Vers le même temps, l'Arcadie fit deux tentatives analogues. Les pâtres de ces plateaux avaient toujours vécu dispersés dans des hameaux, des villages ou des bourgs indépendants (κατὰ κώμας) (1171). C'est à peine si, dans certains cantons bien délimités par la nature, les habitants de ces localités éparses avaient un nom commun et se concentraient dans les grandes occasions : il y avait, par exemple, neuf villages d'Hèraiens, autant de Tégéates, cinq de Mantinéens, dix de Mainaliens, au moins six de Parrhasiens et quatre de Cynuriens. Chacun de ces petits groupes avait sa nationalité : quand un Arcadien était vainqueur aux jeux olympiques, on le proclamait comme Stymphalien ou comme Mainalien (1172). Chacun suivait sa politique : au IVe siècle, les Hèraiens conclurent avec les Éléens une trêve de cent ans (1173) ; les Tégéates, dès qu'ils étaient tranquilles du côté de Lacédémone, se battaient avec les Mantinéens. Par-ci par-là, tôt ou tard, se créaient pourtant des centres un peu plus importants : au Nord, Orchomène joua un rôle pendant les guerres de Messénie (1174) ; pour mieux résister à leurs ennemis, les neuf cômes des Tégéates élevèrent la ville de Tégée (1175). Et même le souvenir ne s'était pas perdu d'une commune origine (1176) : les Arcadiens venaient en Parrhasia sacrifier ensemble à une Terre-Mère préhellénique, la Despoina de Lycosoura (1177), et célébrer la fête d'un dieu achéen adoré sur le mont Lycaion, Zeus Lycaios (1178). A la longue, ce sentiment de solidarité ethnique produisit son effet.

Au VIe siècle, Tégée s'était débattue seule contre les Spartiates ; tous les Arcadiens avaient suivi son sort et dû reconnaître l'hégémonie des vainqueurs (1179). En 473, ils firent presque tous cause commune. Bientôt ils formèrent une confédération. La numismatique, qui nous renseigne sur cette union politique, nous en fait aussi connaître l'extension : des monnaies fédérales furent frappées, qui portaient au droit l'image de Zeus Lycaios et au revers la tête de Despoina avec la légende Ar, Arca ou Arcadicon ;

en même temps Hèraia cessait de frapper des monnaies
particulières, au contraire de Mantinée et de quelques
autres cités réfractaires (1180). — Une vingtaine d'années
après, Tégée, vaincue par les Spartiates, entrait dans la
ligue lacédémonienne. C'en fut assez pour que Mantinée
rompît avec cette ligue dont elle était jusqu'alors l'alliée.
Par un pacte de synœcisme, elle s'annexa la population de
quatre bourgades environnantes, leur offrant une bonne
citadelle où se réfugier en cas d'invasion (1181). Dès lors, la
confédération arcadienne perdait toute importance. Quand
éclata la guerre du Péloponèse, elle dut entrer à son tour
dans la ligue lacédémonienne (1182). Forcée de livrer en
garantie de sa fidélité des otages qui furent massacrés (1183),
déchirée par les partisans de Mantinée et ceux de Tégée (1184),
elle cessa d'exister : les cités recommencèrent à battre
monnaie (1185). Quant au synœcisme de Mantinée, il ne put
se maintenir qu'à la faveur d'une trêve de trente ans qui lui
fut accordée par Sparte en 418.

Après les confédérations hostiles par droit de naissance
à la ligue péloponésienne, il s'en forma d'autres qui avaient
pour principale ou pour unique raison d'être la résistance
à l'impérialisme athénien.

La première de ces confédérations se forma sur la frontière même de l'Attique, comme celle des Arcadiens sur la
frontière de la Laconie : les Béotiens se donnèrent une constitution fortement charpentée. Il leur avait fallu bien du
temps pour en arriver là. Depuis qu'ils étaient établis dans
le pays, ils étaient dispersés dans un très grand nombre de
bourgades rurales. Ils rafraîchissaient cependant le souvenir
de leur commune origine dans la fête annuelle qui les
réunissait au sanctuaire de Poseidôn à Onchestos (1186)
et dans les Pamboiotia célébrés en l'honneur d'Athèna Itonia
à Coronée (1187). De plus, les bourgades indépendantes
étaient toutes pareillement soumises à des oligarchies de
propriétaires. Aussi peut-on constater dès la première
moitié du VIe siècle un embryon de confédération : les monnaies locales portent un emblème fédéral, le bouclier béotien (1188) ; les hoplites des villes forment à l'occasion une

armée commune, sous le commandement des béotarques [1189].
Thèbes, le centre le plus important du pays, était en passe
de devenir une capitale, lorsque son attitude pendant la
seconde guerre médique ruina ses ambitions : après la bataille
de Platées, la confédération fut dissoute sur l'ordre de
Sparte (479) [1190]. Mais en 457, Sparte revient sur sa décision, afin d'encercler l'Attique. Dix années durant, la confédération renaissante est l'enjeu des combats que se livrent
Lacédémoniens, Béotiens et Athéniens, ainsi que des luttes
qui mettent aux prises les oligarques et les démocrates de
Thèbes. En 447, la défaite d'Athènes à Coronée consacre
l'institution fédérale [1191].

La constitution élaborée alors par les Béotiens n'est pas
seulement remarquable en elle-même ; elle présente encore
ce grand intérêt, d'être une des constitutions grecques qu'on
connaît le mieux, parce qu'elle est décrite avec précision
par un historien qui l'a encore vue fonctionner, l'Anonyme
d'Oxyrynchos [1192]. Bien différente de la ligue lacédémonienne et de la ligue athénienne, la confédération béotienne
fixe les droits et les obligations des cités qui la composent
en proportion de leur population et de leurs ressources.
Pas d'hégémonie en droit ; celle que Thèbes pourra exercer
en fait lui est seulement assurée par une règle commune,
et c'est bien d'une confédération béotienne qu'il s'agit,
non d'une ligue thébaine. Comme les institutions fédérales
ont pour cadres des districts comprenant un nombre variable
de cités autonomes, elles sont en rapport étroit avec les
institutions de ces cités. D'abord il n'y a pas de droit de cité
fédéral en dehors et au-dessus de celui que confère *ipso facto*
n'importe quel droit de cité local. Ensuite, l'esprit de la
confédération est forcément celui des cités, puisqu'elles
sont toutes dominées par une oligarchie modérée. Par conséquent, tout l'agencement de la confédération peut se régler
sur l'organisation des cités.

Dans chacune, il faut, pour être citoyen actif, posséder un
fonds de terre rapportant un minimum légal, assez élevé probablement pour permettre de s'armer en hoplite [1193]. Par
suite, le commerce déroge [1194]. Tous les citoyens qualifiés
sont répartis en nombre égal dans les quatre sections du

Conseil, les quatre *Boulai*. Chacune des quatre sections, à tour de rôle, exerce les fonctions de Conseil ; toutes les quatre réunies forment l'Assemblée. La section en exercice prépare les motions et les soumet aux trois autres ; il faut qu'un décret soit adopté par toutes les quatre pour avoir force de loi.

Les cités sont toutes réparties dans onze districts (μέρη). Thèbes, après la destruction de Platées, se trouva placée à la tête de quatre districts, dont un divisé en cinq petites cités ; Orchomène et Thespies en eurent chacune deux ; Tanagra, un ; Haliarte, Coronée et Lébadée en eurent ensemble un, ainsi qu'Acraiphia, Côpai et Chéronée. Les districts ont tous les mêmes droits et les mêmes obligations, qu'ils distribuent équitablement entre les communes. Le Conseil fédéral se compose de 660 membres, parce qu'il faut que les onze districts aient représentation égale, que dans chaque district toutes les cités soient représentées au prorata de leur importance et que dans chaque cité les quatre sections de citoyens aient à leur tour une représentation égale. De cette façon, Thèbes, avec toutes les localités de son territoire, a droit à 240 délégués ; Orchomène à 120, etc.

Le Conseil siège à Thèbes ; ses membres reçoivent une indemnité quotidienne aux frais du trésor fédéral. Comme chaque délégation représente plus spécialement une des quatre sections de sa cité, les membres du Conseil fédéral, à leur tour, se partagent tout naturellement en quatre sections, en quatre *Boulai* [1195]. Tout comme dans les cités, chacune à tour de rôle fait fonction de Conseil, et les décrets sont rendus toutes sections réunies, pour avoir force obligatoire dans toutes les cités. Le pouvoir judiciaire de la confédération est organisé comme le pouvoir législatif : la Haute Cour, qui juge les crimes attentatoires au pacte fédéral, les actes de désobéissance et peut-être les conflits entre les cités, est composée de juges pris en nombre égal dans les districts et en nombre proportionnel dans les cités. Le pouvoir exécutif appartient aux béotarques. Ils sont élus par les Boulai des cités, au nombre de onze, un par district : donc quatre de Thèbes, deux d'Orchomène, deux de Thespies, un de Tanagra et un fourni à tour de rôle par chacune

des trois cités des deux autres districts. Leur principale
fonction est le commandement des forces militaires. En
campagne, quand ils sont tous ensemble, le commandement
supérieur est généralement exercé par un seul, soit à tour
de rôle, soit sur la demande de ses collègues, soit sur la
désignation du Conseil ([1196]). Comme chefs de l'armée,
ils représentent la confédération devant l'étranger, reçoivent
ou envoient les ambassadeurs, négocient et font leur rapport
au Conseil, qui décide ([1197]). L'armée se compose de contingents fournis par les onze districts et fixés pour chacun à mille
hoplites et cent cavaliers. Pour les dépenses de guerre et
pour l'indemnité des conseillers, il faut un trésor fédéral :
il est alimenté par des *eisphorai*, des contributions matriculaires, dont le montant est le même pour tous les districts.
Contingent et contributions sont répartis dans le district
entre les cités suivant la proportion constitutionnelle.

Ainsi, rien ne se fait dans la confédération que par l'intermédiaire des cités, et chaque cité a dans la confédération la
place que lui assigne le nombre de ses citoyens actifs. L'influence de Thèbes tient uniquement à ce fait qu'elle renferme
deux fois, quatre fois, douze fois, vingt fois plus de propriétaires possédant le cens légal que telle ou telle autre cité, et
que, dans les mêmes proportions, elle a droit à plus de représentants au Conseil et de béotarques, mais doit envoyer plus
d'hommes à l'armée et verser davantage au trésor. Officiellement, sa supériorité n'est marquée que par deux signes :
c'est sur la Cadmée que siège le Conseil, et la monnaie fédérale, la seule qui ait cours, ajoute à l'emblème du bouclier la
légende Th, Thè ou Thèba ([1198]). Rien de commun entre
cette *sympolitie* béotienne et les ligues soumises à l'hégémonie de Sparte ou d'Athènes.

Telle est la confédération qui se forme dans un esprit
d'hostilité contre Athènes pendant la première guerre du
Péloponnèse. A l'époque de la seconde, le même esprit fit
organiser deux synœcismes, l'un sur les frontières de Macédoine, l'autre sur la côte de l'Asie Mineure.

En 432, quand les Athéniens assiégèrent Potidée, presque
tous les Grecs de la Chalcidique prirent fait et cause pour
elle. Sur les conseils du roi Perdiccas, les habitants des

bourgades maritimes décidèrent de les abandonner, d'en abattre les murs et d'aller se réfugier à l'intérieur, dans la place forte d'Olynthe. De ce synœcisme naquit une sympolitie, avec Olynthe pour capitale (¹¹⁹⁹). Le nouvel État se donna aussitôt tous les attributs de la souveraineté : il traitait avec les puissances étrangères, leur envoyait des ambassadeurs, rendait des décrets de proxénie (¹²⁰⁰) ; il avait son armée (¹²⁰¹). Toutes les villes d'alentour qui abandonnaient la confédération athénienne y entrèrent (¹²⁰²). Olynthe ne tarda pas à être la cité la plus considérable de la côte thrace (¹²⁰³).

En 408, les Rhodiens voulurent mettre fin aux rivalités qui avaient longtemps séparé leurs trois cités, Ialysos, Camiros et Lindos. Ils se bâtirent une capitale commune, Rhodes, destinée à un si bel avenir. Les îlots voisins de Chalkè et de Symè s'agrégèrent à la grande île ; Tèlos, Carpathos et Casos en firent autant plus tard. Malgré le rapide développement de la nouvelle ville, les anciennes communautés, petites ou grandes, subsistent, mais comme tribus et dèmes de la cité. Il n'y a qu'un dèmos de Rhodiens, qui se réunit en Assemblée générale et se fait représenter par une Boulè ; mais les « Lindiens », les « Camiriens », les « Ialysiens » ne cessent pas de rendre des décrets et de nommer des *mastroi* (¹²⁰⁴). Ici, comme jadis en Attique, le synœcisme a donné naissance à un État vraiment unitaire, et les anciennes cités sont bien près de n'être plus que des municipalités.

On voit, par les exemples mêmes où la passion de l'autonomie est plus ou moins domptée, combien cette compression de la souveraineté locale répugnait à l'esprit des Grecs. L'idée de concentration politique l'emportait sur de tout petits espaces, quand un commun danger menaçait quelques villes voisines ou des villages incapables de se défendre ; elle n'allait pas au-delà d'institutions vaguement fédérales, qui succombaient tour à tour, moins souvent sous les coups d'un ennemi extérieur que par l'incoercible effet d'une force centrifuge.

La cité au déclin

Chapitre premier

Mœurs et idées nouvelles

I. LA VIE PRIVÉE

L'heureux équilibre que la Grèce de la belle époque avait su établir entre la puissance publique et les droits de l'individu ne pouvait pas se maintenir indéfiniment. Après avoir aidé la cité à prédominer sur la famille patriarcale, l'individualisme s'était quelque temps laissé contenir, d'un côté, par l'organisation toujours solide de la petite famille, et surtout, de l'autre, par la loi en apparence inébranlable de l'État. Mais le droit de l'individu devait dégénérer en égoïsme. Par de continuels envahissements, par des appétits de jour en jour plus exigeants, il allait miner la famille et ruiner la cité.

A partir du IVe siècle, on assiste dans les grandes villes à ce que l'on a justement appelé la « crise du mariage » et le « règne des courtisanes » [1205]. Ce n'est pas à dire qu'à une époque où l'on cherchait le bonheur dans la vie privée, on n'ait pas senti le charme des unions bien assorties. Les œuvres d'Aristote — qui eut lui-même à se féliciter d'avoir épousé la nièce de son ami Hermias — sont pleines de passages où le mariage apparaît, non pas comme une simple affaire ni même comme une alliance ayant pour but la propagation de la race, mais comme une communion d'âmes destinée à satisfaire tous les besoins moraux de l'existence, à procurer aux époux les avantages et la douceur d'une mu-

tuelle tendresse ([1206]). Ce qui est nouveau et dénote dans les
mœurs un changement grave, c'est que le mariage n'est
plus considéré comme une obligation stricte de l'individu,
tenu de transmettre à son tour la vie qu'il a reçue en dépôt
des ancêtres ; il passe souvent pour une institution artificielle, une simple convention. Pour les faiseurs de systèmes,
il peut être remplacé par la communauté des femmes ;
pour les gens du vulgaire, il n'est plus qu'une des alternatives qui se posent à chacun dans la recherche du bien-
être et du plaisir personnels. Un plaideur peut dire en plein
tribunal : « Nous avons des épouses pour perpétuer notre
nom, des concubines pour nous soigner, des courtisanes
pour nous divertir ([1207]). »

Sans doute les *pallakes* et les *hétaïres* ont de tout temps
en Grèce joué un grand rôle ; les maris ne s'y sont jamais
piqués de fidélité conjugale. Les lois de Dracon mentionnent sans réprobation certaines concubines ([1208]), et la
liaison de Périclès avec Aspasie était de notoriété publique.
Mais le concubinage auquel l'antique législation reconnaissait une sorte de légitimité avait du moins pour objet
la procréation d'enfants libres en cas de mariage stérile,
et l'on sait assez que le grand homme d'État ne réussit pas,
malgré tout son prestige, à imposer la belle et savante
Milésienne à la société d'Athènes. Maintenant, on peut
tout se permettre sans invoquer d'excuse ni causer de scandale. Le mariage libre ne choque pas. Le célibataire endurci
et la courtisane deviennent les personnages ordinaires et
souvent sympathiques de la comédie. Dans une comparaison entre l'amour illégitime et l'état de mariage, un personnage du poète Amphis ne cache pas ses préférences :
« Une hétaïre n'est-elle pas plus aimable qu'une femme
mariée ?... L'une a pour elle la loi qui vous oblige à la garder,
si déplaisante qu'elle soit ; l'autre sait qu'elle doit s'attacher
un homme à force de bons procédés ou en chercher un
autre ([1209]). » Ce n'est pas là une pure tirade, faisant bien sur
la scène ; c'est une maxime courante. Les gens de lettres et
les artistes s'y conforment pour la plupart : Praxitèle a
pour maîtresse avouée son modèle, Phrynè ; Ménandre
vit avec Glycère, Diphile avec Gnathaina. Aussi le demi-

monde brille-t-il aux premiers rangs, il donne le ton. Ce n'est plus seulement la jeunesse dorée qui invite les hétaïres à ses symposia. Socrate, fervent admirateur de la beauté, va marivauder avec Théodotè ([1210]). Phrynè ne fait plus scandale, lorsqu'elle dédie sa statue en or à Delphes ou qu'elle fait placer son image à côté d'Aphroditè dans le temple d'Éros à Thespies, que son amant et défenseur Hypéride, quand il la présente toute nue en plein tribunal ([1211]).

Un Platon trouve tout de même à redire à ces mœurs : lui qui ne s'est pas marié, il interdirait volontiers tout commerce avec une femme autre qu'une épouse légitime ; mais il faut bien vivre avec son temps, se résigner aux concessions nécessaires, et le politique tolère les unions qui déplaisent au moraliste, à condition qu'elles se cachent ([1212]). Quant aux philosophes qui propagent la doctrine du plaisir, ils ne font pas tant de façons et ne rendent ce genre d'hommage à la vertu ni par leurs préceptes ni par leur exemple ; ils répugnent ouvertement au mariage : Aristippe préfère être l'amant de Laïs, comme Épicure sera celui de Léontion.

Avec de pareilles idées sur le mariage, que pouvait devenir la natalité ? Dans la Grèce au sol peu fertile et naturellement morcelé, la règle du partage successoral ne fut pas plus tôt établie, qu'elle inspira aux pères de famille des craintes sur l'avenir de leurs enfants et les inclina au malthusianisme. Déjà le poète Hésiode, petit propriétaire de Béotie, souhaitait de n'avoir qu'un fils (μουνογενής) * ([1213]). D'autre part, les vieilles législations poussaient souvent les classes supérieures à limiter le nombre des enfants, celle des Crétois en prescrivant la réclusion des femmes et les rapports homosexuels, celles de Lycurgue à Sparte et de Philolaos à Thèbes en constituant un nombre fixe de majorats inaliénables et indivisibles ([1214]). A partir du IVe siècle, on se refuse le plus qu'on peut aux devoirs de la paternité. « Rien d'aussi malheureux qu'un père, sinon un père qui a plus d'enfants » ; « il ne faut pas avoir d'enfants » ([1215]) : telles sont désormais les maximes de la sagesse courante.

* Voir p. 34.

De filles, on n'en veut pas du tout; plus d'un fils, c'est trop. Le fils unique, voilà l'idéal, quand on veut laisser une postérité. Pour se justifier, on recourt au sophisme de la sollicitude paternelle : l'homme de fortune médiocre se refuse à faire souche de pauvres, le riche croit de son devoir d'empêcher après lui le partage du patrimoine; ils ne désirent pas plus d'enfants, disent-ils, parce qu'ils aiment trop les enfants. En réalité, les parents obéissent le plus souvent à des motifs égoïstes : ils sont rebutés par les ennuis et les soucis quotidiens que suscite une famille nombreuse, par la charge qu'imposent les enfants jusqu'au jour où leur éducation est achevée (1216).

Tous les moyens sont bons pour restreindre la natalité ou se débarrasser des nouveau-nés. L'avortement n'est punissable que s'il a pour auteur la femme qui s'est fait délivrer avant terme contre le gré de son mari ou un tiers qui a causé la perte du fœtus; du moment que c'est le chef de famille qui l'a ordonné, la justice n'a pas à s'en inquiéter (1217). Au cas où l'on n'a pas pu empêcher l'enfant de venir au monde, il reste une ressource qui ne passe pas davantage pour criminelle : on le tue ou on l'expose (1218). L'exposition est d'un usage très fréquent : l'enfant abandonné par ses parents et recueilli par une bonne âme devient un personnage favori de la nouvelle comédie. On pourrait croire que les pratiques imaginées par les particuliers et tolérées par l'État ont du moins soulevé les protestations des philosophes. Bien au contraire : pour des raisons de doctrine, parce qu'ils voulaient préserver la cité d'une prolification néfaste, ils préconisaient toutes les restrictions de la natalité (ἐπισχέσεις γενέσεως) (1219). Platon, pour maintenir la pureté de la race et empêcher la lubricité de porter le nombre de citoyens au delà de 5 040, demande la mort de tous les enfants infirmes ou nés de parents trop vils ou trop âgés. Aristote, pour prévenir la formation d'une classe indigente, ne conçoit rien de mieux que de faire édicter les avortements et les expositions par les autorités publiques (1220). On voit dans quel sens aurait agi l'État s'il avait été tenté d'intervenir dans la question. Le malthusianisme avait beau jeu.

Dans certaines parties de la Grèce, l'égoïsme des individus fit de tels ravages qu'il en résulta une véritable désorganisation de la famille. Rien de plus caractéristique à cet égard que le spectacle de la Béotie vers la fin du IIIe siècle, d'après la description qu'en fait Polybe :

« Les gens qui n'avaient pas d'enfants, au lieu de laisser leurs biens à leurs collatéraux, comme c'était jusqu'alors l'usage, en disposaient aux fins de banquets et de beuveries et les cédaient à leurs amis en propriété commune; bon nombre même de ceux qui avaient des enfants réservaient la majeure partie de leur bien à des sociétés de commensaux : si bien que beaucoup de Béotiens avaient plus de soupers par mois que le mois n'a de jours [1221]. »

Le même Polybe examine la question d'une façon plus générale ; il nous montre toute la gravité d'un mal qui arrivait au paroxysme de son temps, mais qui sévissait depuis deux siècles. Il écrit à ce propos des lignes bien instructives :

« On observe de nos jours dans toute la Grèce une telle décroissance de la natalité et, en un mot, une telle dépopulation, que les villes sont désertes et que les terres restent en friche, sans même qu'il y ait ni guerres continuelles ni épidémies.... La cause du mal est manifeste... Par vanité, par avarice ou par lâcheté, les hommes ne veulent ni se marier ni élever d'enfants hors mariage; c'est à peine s'ils en gardent un ou deux, afin de leur laisser de la fortune et de leur assurer une existence luxueuse : ainsi le fléau a pris un développement rapide et insidieux. Que dans ces familles d'un ou de deux enfants la guerre ou la maladie vienne à prélever son tribut, l'on voit fatalement les maisons s'éteindre, et, de même que les essaims d'abeilles, les cités, se dépeuplant, perdent en peu de temps leur puissance [1222]. »

Tandis que les philosophes croyaient au danger d'une natalité trop forte, de fait l'excédent des décès sur les naissances prouvait la lamentable efficacité des pratiques malthusiennes. La population diminuait aussi bien dans les cités démocratiques que dans les aristocraties. Athènes, qui comptait 30 000 citoyens à l'époque des guerres médiques, en avait plus de 40 000 au temps de sa plus grande prospérité [1223]. Si la guerre du Péloponèse lui fit reperdre ce qu'elle avait gagné [1224], les restrictions volontaires lui coûtèrent autant au IVe siècle que la peste et les combats réunis au

siècle précédent : le recensement ordonné par Dèmètrios
de Phalère ramenait le nombre des citoyens à 21 000 [1225].
A Sparte, la situation était encore bien pire. En faisant du
klèros patrimonial un majorat indivisible et en interdisant
aux citoyens d'exercer un métier, la loi poussait la
famille à restreindre autant que possible la natalité. Le
mieux était de n'avoir qu'un fils ; si, par malheur, on en
laissait plusieurs, les puînés s'établissaient en communauté
sur les biens autres que le klèros et ne prenaient qu'une
femme pour eux tous [1226]. De là une dépopulation effrayante
[1227]. L'État essayait bien de réagir en infligeant une flétris-
sure morale aux célibataires et en accordant certains avantages aux pères de trois ou quatre enfants [1228]. Mais quel
résultat pouvait-il obtenir par des palliatifs aussi anodins ?
Il en contrecarrait lui-même les effets par les conditions
qu'il mettait à l'entrée dans la classe supérieure. Bien mieux,
il faisait encore passer devant un conseil de revision les
nouveau-nés que leur père voulait élever, avant de leur
reconnaître le droit de succession au klèros, et, s'ils n'étaient
pas jugés bons pour le service, les envoyait aux Apothètes,
à la mort [1229]. La disette d'hommes, l'ὀλιγανθρωπία,
était donc à Sparte un mal qui n'aurait pu trouver de remède
que dans un changement, non pas seulement de mœurs,
mais encore de constitution. On n'y pouvait songer. Aussi
les Spartiates en état de porter les armes voient-ils leurs
rangs s'éclaircir avec une rapidité désastreuse. En 480,
ils étaient plus de 8 000 ; en 371, ils ne sont plus que 2 000 ;
une quarantaine d'années après, Aristote évaluait le nombre
des Égaux à 700. Sans doute le déficit de la classe supérieure
n'est pas pure perte pour la population ; car bon nombre
d'Égaux sont relégués, faute de revenus suffisants, dans la
classe des Inférieurs ; mais, dans l'ensemble, la diminution
est constante et reste bien forte.

C'était surtout la campagne qui se dépeuplait. La ville
exerçait une puissante attraction. — Il n'en avait pas toujours été ainsi. Jusqu'à la guerre du Péloponèse, les propriétaires de l'Attique, riches ou pauvres, avaient pour la plupart conservé l'habitude de vivre aux champs. En ces temps-là,
un Strepsiade menait « une existence de paysan charmante,

couverte de moisissure et de poussière, vouée à l'abandon,
foisonnant d'abeilles, de brebis, de marc d'olives » ; il
sentait à plein nez « le vin nouveau, la claie à fromage, la
laine, l'abondance » ; il ne fallait rien moins qu'une épouse
de haute lignée, une nièce de Mégaclès, pour l'entraîner
à la ville et le faire renoncer à l'espoir de voir son fils « ramener les chèvres en dégringolant les roches à son exemple,
vêtu d'une peau de bique » ([1230]). Quand Périclès concentra
toute la population dans la ville afin de faire le vide devant
l'ennemi, ce fut un crève-cœur pour les campagnards d'abandonner les maisons et les temples auxquels les attachaient tous les souvenirs de famille : « ils allaient renoncer
à leur manière de vivre et semblaient chacun dire adieu à la
patrie » ([1231]). — Maintenant, au contraire, la ville est
devenue tentaculaire. Les cultivateurs aisés s'y laissent
pousser par le besoin de confort, le goût des relations mon-
daines ou de la politique. Ischomachos, le type du grand
propriétaire qui a besoin d'un régisseur pour diriger ses
travailleurs, demeure en ville et s'astreint à se rendre sur son
domaine tous les jours de bon matin, à pied ou à cheval ([1232]).
Quant aux petits paysans, ils résistent de plus en plus diffici-
lement. Qu'ils soient évincés par des créanciers impitoya-
bles ou qu'ils écoutent les offres tentatrices des marchands
de biens dans une année de mévente, ils abandonnent leur
terre. Dans les pays qui ont pour toute ressource la culture
ou l'élevage, comme l'Arcadie et l'Achaïe, il ne leur reste qu'à
émigrer et à s'engager dans quelque bande de mercenaires ;
ailleurs, ils vont en ville faire du commerce ([1233]). Ainsi,
en même temps que la population diminue, l'exode rural
en modifie la répartition.

II. LES ARTS ET LES LETTRES

Dans les sociétés où un individualisme sans frein détruit
l'esprit civique, il est inévitable que les arts et les lettres
marquent fortement une pareille transformation. A quelque
point de vue qu'on se place, on observe en Grèce, du Ve au
IVe siècle, de grandes différences dans ces deux domaines.

Comment une crise qui bouleversait la Grèce jusque dans

ses fondements n'aurait-elle pas modifié les conditions matérielles et morales de l'art ? Il n'est plus question de travail
collectif en vue d'embellir la cité : le relâchement du patriotisme, plus encore peut-être que l'appauvrissement du trésor
public, y fait obstacle. Les commandes viennent des particuliers à qui leur fortune permet de satisfaire leur goût des
belles choses, leur amour du luxe ou leur vanité ; elles viennent plus souvent encore des princes grecs ou orientaux qui,
à Cypre, à Halicarnasse, à Sidon, à Pella, à Syracuse, veulent orner leur capitale de monuments destinés à perpétuer
leur mémoire. Dans ce monde nouveau, les maîtres, pour
se pousser, font litière des traditions et revendiquent la
liberté de développer leurs qualités propres selon leur
inspiration et le goût régnant.

Jusqu'au IVe siècle, l'architecture ne se préoccupait que
d'élever des temples qui, d'une ville à l'autre, rivalisaient de
splendeur. Les habitations étaient d'apparence rustique,
petites, mal bâties, incommodes, semées au hasard le long
de ruelles étroites et tortueuses.

> « Alors, dit Démosthène, par les ordres du peuple, furent érigés tant
> de si beaux monuments, tant de sanctuaires ornés de chefs-d'œuvre,
> qu'ils n'ont laissé à aucune génération suivante la possibilité de les sur-
> passer. Dans la vie privée, les mœurs étaient si modestes, si conformes
> au caractère même de la république, qu'aujourd'hui celui qui sait où
> est la maison d'Aristide, de Miltiade ou de leurs contemporains illus-
> tres s'aperçoit qu'elle n'a pas plus grand air que la maison du voisin. »

A cette simplicité patriarcale du bon vieux temps l'orateur oppose « des maisons particulières dont la magnifi-
cence dépasse celle de certains édifices publics » [1234].
Sans doute il exagère le contraste, en avocat qu'il est. Au
Ve siècle, les riches Athéniens demeuraient dans leur domaine et, s'ils négligeaient généralement le pied-à-terre qu'ils
possédaient en ville, la maison qu'ils habitaient à la campagne était quelquefois jolie et bien meublée [1235]. Il y avait
même en ville, dès cette époque, quelques hôtels qui se
distinguaient par une loge de portier, un vestibule colorié,
un péristyle intérieur, une salle de bains, et dont les chambres, au plafond couvert d'arabesques, aux lambris sculptés,

aux murs décorés de peintures, étaient garnies de brillantes
tapisseries, de lits milésiens, de vases en terre cuite, en
bronze ou en métal précieux ([1236]). Mais ce luxe était exceptionnel, réservé à quelques grandes familles. Plus tard,
il se répand. Timothée se fait bâtir une demeure qui atteste sa richesse et qu'on appelle sa « tour »; la maison de
Midias à Éleusis ôte le jour à tout le voisinage ; l'habitation
de Phocion passe pour modique et n'en a pas moins des parois
revêtues de bronze ([1237]). Quiconque est à son aise veut avoir
des appartements à offrir à ses hôtes, prolonger le rez-de-
chaussée par un jardin, entourer le péristyle de galeries à
l'étage supérieur, faire peindre les murs par des artistes en
renom. Pendant ce temps, les monuments de l'Acropole
restent inachevés ; le peuple ne trouve de ressources que
pour les travaux militaires, des fortifications, un arsenal,
ou pour les constructions qui conviennent à ses plaisirs et
à ses commodités, un théâtre en pierre et un promenoir à
colonnade, le portique de Philon. Où sont les belles années où
Périclès, Ictinos et Phidias concertaient leurs efforts pour
élever à la gloire d'Athèna un sanctuaire digne d'elle ?

La sculpture monumentale n'a plus désormais qu'à se
faire toute petite, excepté dans la lointaine Carie, où un
opulent dynaste veut qu'elle concoure à faire du Mausolée
une des merveilles du monde. La statuaire la remplace et
prend un caractère éminemment individuel. En art comme
en littérature, ce qui domine, c'est le portrait : quel sujet
plairait mieux aux Mécènes qui veulent en avoir pour leur
argent, ou au public qu'intéressent seulement les hommes
illustres du présent et du passé ? Au lieu des bas-reliefs
qui représentaient sur les frontons et les frises des sanctuaires
les mythes religieux, les exploits des héros et les cérémonies
des fêtes nationales, on voit maintenant, sur les places
publiques, dans les palestres et les gymnases, dans les parcs
consacrés aux Muses, dans les hôtels et les palais, les têtes
et les bustes des négociants enrichis et des hétaïres, des
stratèges et des hipparques, des poètes et des philosophes,
des cosmètes et des bienfaiteurs, enfin des rois ([1238]). Léo-
charès accepte même de tailler dans le marbre les traits de
Lykiskos, un marchand d'esclaves. Depuis la fin du IVe siècle,

presque tous les sculpteurs, et les plus illustres, Scopas,
Praxitèle, Lysippe, sont des « faiseurs d'hommes » [1239].
Même des divinités on fait des êtres humains ; on tempère
leur majesté dans des scènes de genre qui montrent Hermès
portant le divin enfantelet ou Apollon tuant des lézards ;
on donne la préférence à celles qui symbolisent la joie,
l'ivresse et la volupté, à Dionysos et à Aphroditè. Individualistes par les sujets qu'ils traitent, les sculpteurs le sont
bien plus encore par leur manière de les traiter. Ils essaient,
chacun à son tour, d'exprimer des états d'âme et mêlent
le leur à celui qui émane de leur modèle. Pathétiques ou
voluptueuses, leurs images s'inspirent d'une sentimentalité
ou d'une sensualité toutes personnelles. L'histoire de l'art
en vient à un point où, ne se rattachant plus à une idée
collective, elle se dissout en histoire des artistes.

Plus propre à l'expression réaliste, la peinture prend le pas
sur la plastique. Elle trouve encore l'occasion d'exécuter de
grandes compositions décoratives, comme celles qui furent
peintes par Euphranor dans le temple de Zeus Libérateur à
Athènes et par Zeuxis dans le palais d'Archélaos à Pella ;
mais, en général, la fresque est supplantée par le tableau de
chevalet, qui convient aussi bien aux particuliers riches
qu'aux souverains. A quelque école qu'ils appartiennent, les
peintres donnent à la mythologie l'aspect humain qu'elle
revêt au théâtre, transforment les idées courantes en allé-
gories, représentent les batailles de l'époque, cherchent dans
la vie familière des scènes pour tableaux de genre, et, de
plus en plus enclins à l'observation précise, affectionnent
par-dessus tout le portrait. Ils sont bien de leur temps encore
par le prix qu'ils demandent de leurs œuvres : on nous raconte que Zeuxis reçut d'Archélaos 400 mines (40 000 francs
argent), qu'Aristide se fit payer 10 mines par figure pour une
scène militaire qui en groupait cent (100 000 fr.) et qu'Apelle
obtint des Éphésiens pour un portrait d'Alexandre 20 talents
d'or (1 400 000 fr.) [1240].

Même évolution dans les genres littéraires.

Le drame, né en Attique, se répand dans la Grèce entière,
qui se couvre de théâtres ; mais, s'il continue de donner lieu
à une forte production, il s'en faut de beaucoup qu'il reste

fidèle à son passé. L'organisation même des concours et des représentations révèle un nouvel état d'esprit. Au ve siècle, le théâtre faisait communier la cité entière devant l'autel de Dionysos. Les concours dithyrambiques et dramatiques avaient lieu entre les tribus ou entre les chorèges choisis par l'archonte : sur les listes de vainqueurs et sur les ex-voto dédiés en commémoration des victoires, le nom de la tribu figurait à la première place, avant celui du chorège, pour le prix de dithyrambe ; le nom du chorège précédait celui du poète pour les prix de comédie et de tragédie. Au ive siècle, quoique l'organisation du théâtre ait conservé son caractère public, le nom du chorège, délégué de l'État, disparaît, remplacé par ceux du poète et de l'acteur principal ; bientôt même, dans les concours dithyrambiques, le nom de l'exécutant, de l'aulète, prime celui de l'auteur ([1241]). Il s'agit bien désormais de collectivité anonyme ! Chacun des individus qu'elle dissimulait jadis essaie maintenant de se pousser au premier plan : tant et si bien que le jeu des acteurs finit par intéresser plus que la valeur des pièces, et que la virtuosité des musiciens passe avant le mérite des compositeurs.

Aussi bien les spectateurs ne viennent plus chercher au théâtre le même genre de plaisir que jadis. La tragédie est un genre démodé : on se contente de reprises qui élèvent au rang de classiques les trois grands poètes du ve siècle. Mais, si l'on a une estime admirative pour Eschyle et Sophocle, fidèles à la conception religieuse et patriotique des vieilles légendes, on se passionne pour Euripide. Quel signe des temps ! Voici un poète qui, par sa répugnance pour la vie publique, sa nature mobile et inquiète, son goût pour le raisonnement et la psychologie raffinée, sa propension à exalter la passion et à faire parler ses personnages en conformité avec son caractère, se plaçait en dehors de son siècle : il remporta sa première victoire à quarante ans, après quinze ans de luttes, et ne triompha dans toute sa vie que cinq fois, tant il est vrai qu'il dut jusqu'au bout forcer la résistance du public ! Après sa mort, il jouit d'une vogue extraordinaire : ses pièces correspondent si bien à l'esprit nouveau qu'elles sont reprises de préférence à toutes autres. Elle provoquent des imitations qu'Aristote juge sévèrement : « Autrefois,

dit-il, les poètes faisaient parler leurs personnages en citoyens ; aujourd'hui, on les fait parler en rhéteurs ([1242]). »

La comédie se transforme d'une façon plus remarquable
encore. Avec Aristophane, elle cherchait des sujets dans la
vie publique et, par la parabase, faisait entendre aux spectateurs une harangue politique sur les événements du jour.
Réservée aux Athéniens de race, l'ancienne comédie ne
pouvait avoir pour auteurs des métèques. Ce sont des
métèques, au contraire, qui composent les pièces de la
moyenne comédie, et ils prennent pour personnages des
types populaires, des gens de métier ([1243]). Bientôt même,
dans la nouvelle comédie, on renoncera complètement à
représenter un milieu social, pour nouer toutes les péripéties
autour d'un incident de la vie privée et se borner à la peinture des caractères.

Ces changements sont des manifestations d'un fait capital : ce n'est plus à la poésie que les générations nouvelles
demandent d'exprimer leurs idées et de satisfaire leurs
besoins intellectuels, c'est à la prose. Réalistes et individualistes, il leur faut un langage libre de toute contrainte, celui
de la vie journalière. Dans les écoles, où l'on ne récitait
jadis que des chants d'Homère, on s'exerce à la parole sous
la direction des rhéteurs ; dans les banquets, où l'on chantait
des élégies et des scolies, on se livre à des discussions politiques et philosophiques ; dans les grandes panégyries, où les
rhapsodes déclamaient les épopées, on voit pour la première
fois un Gorgias prononcer, d'un ton encore pompeux, un
discours sur des questions d'intérêt national. Platon, le plus
grand prosateur du siècle et peut-être de tous les temps,
bannit de sa république le plus grand des poètes.

C'est dans les salles où les sophistes enseignent l'art de
soutenir le pour et le contre que se forment désormais les
esprits. Chacun y vient apprendre le moyen de soutenir une
cause à l'Assemblée ou au tribunal. L'éloquence s'érige en
genre littéraire et en métier. Périclès passait en son temps
pour l'orateur le plus parfait qu'on eût jamais entendu ; il ne
reste cependant de tous ses discours que quelques-unes des
pensées grandioses, des images éclatantes qui lui valurent le
surnom d'Olympien, quelques rares spécimens de ces traits

oratoires qui restaient fixés dans les esprits comme des aiguillons ([1244]). Désormais les discours sont rédigés par écrit avant d'être prononcés ou après. L'éloquence se propose de procurer des émotions esthétiques aux lecteurs et des jouissances d'amour-propre à l'écrivain. Elle a, de plus, une utilité pratique : les logographes et les orateurs vivent des plaidoyers qu'ils vendent et des harangues qu'ils viennent de débiter.

Comme il prédominait dans la vie publique, l'individualisme devait forcément influer sur la conception de l'histoire. Isocrate revendique pour les prosateurs le droit, jusque-là réservé aux poètes, de faire l'éloge des grands hommes ([1245]). Les biographies à caractère nécrologique se multiplient, non seulement pour glorifier des personnages qui ont vraiment joué un rôle important, comme Agésilas ou Euagoras, mais même pour rendre de pieux hommages à de bons jeunes gens qui donnaient de brillantes espérances, comme Gryllos fils de Xénophon ([1246]). Sous le stylet de Philistos, l'histoire de la Sicile se transformait à un certain moment en une histoire de Denys le Tyran. Xénophon ne se borne pas à tresser une couronne en l'honneur de son héros Agésilas ; il concentre les événements de l'*Anabase* autour de Cyrus le Jeune, de Cléarque et de lui-même ; même dans un récit suivi comme celui des *Helléniques* il introduit à foison des éléments personnels. Les portraits, qui n'étaient chez Thucydide que de rares et discrètes esquisses, prennent une grande place dans l'œuvre de ses successeurs ([1247]).

La philosophie même cesse d'être impersonnelle dans la forme et, pour le fond, va soutenir les droits de la personnalité. Par sa méthode de discussion avec les sophistes et par la maïeutique appliquée aux gens du peuple, Socrate entraîna ses disciples à exposer ses idées et les leurs dans des dialogues où apparaissaient, comme en des drames, les caractères des personnages. Xénophon est, aussi bien comme philosophe que comme historien, un faiseur de portraits. Platon l'est à la perfection. Quand la doctrine socratique remplaçait les spéculations abstraites et les cosmogonies ambitieuses par l'étude pratique de l'âme humaine, elle entendait bien subordonner les désirs de l'individu au bien de la cité ; elle

n'en facilitait pas moins l'expansion de théories toutes contraires. Les écoles de sophistes préparaient les voies à l'individualisme. Grâce à elles, il allait pouvoir s'afficher en acte
et se justifier en théorie. C'était accomplir une révolution
grave dans les esprits, que d'opposer l'ordre immuable
et nécessaire de la nature à l'ordre variable et còntingent
de la loi, de réduire la loi de la cité à l'état de pure convention
et d'autoriser le philosophe à l'ignorer [1248]. « L'utile, tel qu'il
est fixé par les lois, est une chaîne pour la nature ; l'utile selon
la nature est libre » [1249] : voilà le principe. Calliclès, dans
le *Gorgias*, en tire les conséquences. Dans la nature, le fort
s'élève au-dessus des autres : ce que la loi considère comme
une injustice est un droit absolu pour toute personnalité
capable de dépasser le niveau commun. La loi est faite pour
les faibles et dans leur intérêt ; mais un seul homme raison-
nable l'emporte sur des millions d'hommes déraisonnables,
et c'est à lui de commander, à eux d'obéir. Puisqu'il y a des
âmes de maîtres et des âmes d'esclaves, la seule règle qui
vaille est celle qui reconnaît la supériorité des uns sur les
autres ; la vraie morale est la morale des maîtres [1250].
Justifier la domination des puissants, c'était, en bonne logique, affranchir tous les individus, les détacher de l'État,
leur assigner pour seul but dans l'existence la recherche du
bonheur : Aristippe de Cyrène et Diogène le Cynique ne
font que donner une portée générale aux idées d'un Calliclès.
L'individualisme envahisseur ne laissera rien debout des
conceptions qui faisaient la force de la cité ; il va déjà jusqu'à légitimer la souveraineté d'un homme, tyran ou monarque, et faire entrevoir le triomphe du cosmopolitisme.

Chapitre II

Transformation de la vie sociale et politique

I. LES CLASSES

Du moment où s'affaiblissaient le sentiment de famille et le sentiment national, l'intérêt social devait nécessairement revêtir de nouvelles formes, pousser les individus et les cités mêmes à des solidarités nouvelles.

De tout temps, la Grèce renfermait un grand nombre de sociétés privées. Entre la grande communauté qui comprenait toutes les familles et la petite communauté qu'est la famille elle-même, il existait des associations libres, de caractère utilitaire ou sentimental. Les unes avaient un cachet aristocratique ; les autres faisaient appel aux humbles. Dès les temps homériques, certains guerriers, qui comptaient parmi les plus illustres, étaient unis par des liens spéciaux, prenaient leurs repas ensemble et se croyaient tenus d'avoir mêmes amis et mêmes ennemis : ils se nommaient entre eux *hétaires* ([1251]). Plus tard, les gens riches ou bien nés formaient précisément des *hétairies*, véritables clubs dont les membres se soutenaient mutuellement dans les élections et les procès ([1252]), ou bien se réunissaient dans de joyeux banquets, pour tourner en ridicule les croyances populaires ou pour discuter philosophie et politique ([1253]). Toutes différentes, par leur recrutement comme par leur objet, étaient certaines confréries, dont les plus anciennes portaient le nom de *thiases*. Celles-là groupaient, depuis l'époque préhellénique, les petites gens qui voulaient maintenir les cultes

des divinités exclues du panthéon officiel. Elles avaient
beaucoup fait jadis pour répandre la croyance aux mystères,
le dogme de la passion et de la résurrection, la doctrine de la
survie personnelle et de la justice posthume.

Aristocratiques ou populaires, toutes ces sociétés conve-
naient particulièrement à des générations imbues d'idées
individualistes. Ce que deviennent alors les hétairies, comme
elles se multiplient pour satisfaire le goût des jouissances
matérielles, on l'a vu plus haut par l'exemple de ces Béotiens
qui déshéritaient leurs collatéraux et souvent même leurs
enfants pour consacrer leur fortune à des fondations de
soupers et de beuveries *. Quant aux confréries, elles
trouvent un terrain de plus en plus propice dans les villes
commerçantes, surtout dans les ports et les faubourgs, où
les métèques attirent sans cesse de nouveaux afflux d'étrangers. Comme la liberté d'association est complète, on se
groupe le plus aisément du monde par nationalités, par
professions, par religions, par religions surtout. Les anciens
élèves des gymnases forment de petites républiques avec
leurs magistrats et leurs assemblées. Les philosophes, qui
se livraient jadis à leurs spéculations n'importe où, dans la
rue ou sur l'agora, dans une palestre ou une boutique, sont
maintenant des chefs d'école qui s'enferment avec leurs
disciples dans un jardin privé, tel que le Lycée ou l'Académie.
Des marchands aux costumes exotiques, de simples esclaves
s'assemblent dans des chapelles où ils célèbrent des cérémonies qui produisent sur tous les assistants une impression
profonde. On avait toujours fait bon accueil aux divinités
des barbares : dès le Ve siècle, la Grande Mère phrygienne
et l'Ammon égyptien avaient des fidèles, non pas seulement
en Asie Mineure et à Cyrène, mais dans maintes cités de la
Grèce propre ; Platon courait au Pirée avec la foule athénienne pour assister à la procession des Bendidies thraces.
Ce fut bien autre chose quand les cultes publics avec leur
pompe glaciale, ne furent plus capables de donner satisfaction aux besoins religieux, de frapper les imaginations et
d'échauffer les cœurs. Hommes et femmes s'exaltèrent

* Voir p. 307.

aux fêtes pathétiques des Orientaux, aux mystères étrangers d'Isis l'Égyptienne et du Syrien Adonis. Du haut de leur acropole, les divinités poliades se sentaient désertées et voyaient leur peuple se presser dans des confréries où chacun, sans plus tourner sa pensée vers la patrie terrestre, cherchait à s'assurer le salut dans l'autre monde.

Autrement dangereuse était la solidarité qui liait les citoyens à un parti. C'est ici proprement le mal grec. Il a toujours existé ; mais jamais il n'a sévi avec un plus complet mépris de l'intérêt commun qu'au IVe siècle. Athènes a encore une certaine tenue à cet égard, parce que, malgré tout, après un siècle et demi de tradition démocratique, elle garde quelques principes de civisme et que des restes de prospérité matérielle, survivant à la prépondérance politique, empêchent les haines de trop s'exaspérer. Mais il faut voir ce qui se passe dans l'ensemble de la Grèce. Presque partout éclate le contraste entre l'égalité promise par la constitution et l'inégalité créée par les conditions économiques et sociales.

La puissance de l'argent s'étend et corrompt les consciences ([1254]). Ceux qui ont de quoi vivre veulent être riches ; les riches veulent l'être davantage. C'est le triomphe de cette insatiable passion pour le gain que les Grecs appelaient πλεονεξία. Il n'est plus de profession qui échappe aux prises du capitalisme, de la *chrématistique*. L'agriculture se mercantilise, à tel point que, par l'éviction progressive des petits paysans et la concentration des parcelles entre les mêmes mains, se reconstitue la grande propriété ([1255]). Les rhéteurs les avocats, les artistes, qui jadis se déshonoraient quand ils faisaient commerce de leur talent, n'éprouvent plus aucun scrupule à vendre leur marchandise le plus cher possible. Tout s'achète, tout a son prix ([1256]), et la richesse est la mesure des valeurs sociales ([1257]). Par le lucre et le luxe, les fortunes se font et se défont avec une égale rapidité. Ceux qui les détiennent se ruent au plaisir et cherchent les occasions d'étaler un luxe insolent. Les nouveaux riches (νεόπλουτοι) tiennent le haut du pavé ([1258]). On spécule, on veut de l'or, afin de se faire bâtir et meubler de superbes hôtels, d'y montrer de belles armes, d'offrir aux femmes de la

famille et aux courtisanes des bijoux, des robes de prix et
des parfums rares, de faire servir à des invités de marque
et à des parasites bien stylés des vins fins et des plats préparés par un maître queux en renom, de commander son
buste au sculpteur à la mode ([1259]).

Que deviennent les affaires publiques, quand « l'amour
de la richesse ne laisse à personne le moindre loisir pour
s'occuper d'autre chose, si bien que l'âme de chaque citoyen,
suspendue tout entière à cet objet, ne peut plus garder
d'autre souci que le gain de chaque jour » ([1260]) ? La politique
aussi est une affaire : les plus honnêtes travaillent pour une
classe, les autres cherchent pour eux seuls les profits du
pouvoir et dissimulent à peine leur vénalité ([1261]). Nous
sommes en des temps où « la richesse et les riches étant à
l'honneur, la vertu et les gens de bien sont voués au mépris »,
où « personne ne s'enrichit vite s'il reste juste » ([1262]). Simples
boutades échappées à un philosophe féru d'idéal, à un personnage de comédie ? Écoutons cette terrible parole prononcée
devant un tribunal : « Ceux qui, citoyens par droit de naissance, ont pour principe que la patrie est partout où ils ont
leurs intérêts, ceux-là évidemment sont gens à déserter le
bien public pour courir à leur gain personnel, puisque ce
n'est pas la cité qui est pour eux la patrie, mais leur fortune ([1263]). »

Au-dessous de cette classe qui court d'une pareille ardeur
après les affaires et les plaisirs, que voit-on ? Dans la cité
déchue, la détresse du trésor et le développement du capitalisme ont pour conséquence l'extension du paupérisme à
une grande partie de la population. Les cultivateurs labourent
à la sueur de leur front, sans récolter de quoi se suffire ([1264]).
En ville, le travail libre est écrasé par la concurrence de
l'esclavage. Ils sont légion, ceux qui comptent sur les soldes
et les jetons de présence, qui se bousculent aux jours de fête
devant les temples, pour attraper une poignée de farine
d'orge ([1265]). Des milliers d'Athéniens pouvaient se reconnaître dans ce malheureux que décrit Platon, « qui demeure
dans la cité sans appartenir à aucune des catégories de la
cité, qu'on ne peut appeler ni commerçant ni artisan, ni
chevalier ni hoplite, mais seulement pauvre ou indigent » ([1266]).

Pour eux, le tirage au sort des jurés à la porte des tribunaux règle la question de savoir s'ils auront à dîner, et tel qui danse au théâtre en costume doré grelotte en hiver sous ses haillons ([1267]). De ce prolétariat sortent sans cesse des gémissements prêts à se changer en cris de révolte. Le pourcentage de ceux qui ne possèdent rien s'accroît avec une effrayante régularité. Vers 431, ils étaient de 19 000 à 20 000, sur plus de 42 000 citoyens (environ 45 p. 100) ; vers 355, ils sont déjà les plus nombreux ([1268]) ; une quarantaine d'années plus tard, ils sont 12 000 sur 21 000 citoyens (57 p. 100).

Quoique la colonisation ne serve plus d'exutoire aux meurt-de-faim, ils émigrent quand même. « Ils errent sur la terre étrangère avec femme et enfants, et bon nombre d'entre eux, forcés par les besoins quotidiens à s'engager comme mercenaires, meurent en se battant pour des ennemis contre des concitoyens ([1269]). » On avait beau mener ces bandes voraces au loin ; il s'en formait toujours de nouvelles. En Orient, Cyrus le Jeune, après la guerre du Péloponèse, prend à son service plus de mille mercenaires, venus pour la plupart d'Achaïe, d'Arcadie, de Crète et de Rhodes ; le Spartiate Thibron se jette sur l'Asie Mineure avec ce qui reste des Dix Mille ; enfin, le grand roi et les satrapes révoltés, le roi d'Égypte et les princes de Cypre font sans cesse appel aux condottieri grecs. En Occident, c'est Denys le Tyran qui lève une grande armée en s'adressant surtout aux Péloponésiens. Il n'y avait là que demi-mal : la Grèce se débarrassait d'un trop-plein famélique. Mais elle en gardait beaucoup pour elle, de ces redoutables aventuriers. Jason de Phères suivait l'exemple de Denys ; les chefs phocidiens se procuraient pendant dix ans, avec l'or de Delphes, autant de soudards qu'ils en voulaient ; toutes les cités cherchaient à combler les vides de leur armée à l'aide de contingents étrangers. De-ci de-là rôdaient ainsi des forces brutales dont la masse croissante devenait un danger pour la Grèce entière ([1270]).

Quant à la multitude qui restait dans la cité natale, elle justifiait trop souvent le dicton : « Pauvreté a pour sœur Mendicité ([1271]). » La misère étalée dans les carrefours était l'opprobre des villes ([1272]). Elle donnait un démenti cinglant aux beaux principes dont s'enorgueillissait la démocratie. Piètre consolation, en effet, pour un homme qui n'a pas de quoi manger que le titre de citoyen. On lui assure que le régime est fondé sur la liberté et l'égalité, qu'il n'existe d'autres distinctions que celles qu'établit le talent, que la pauvreté n'est pas une honte pour qui s'efforce d'en sortir ([1273]). Mais qu'est-ce qu'une liberté qui ne permet de prendre part aux affaires que si l'on a les moyens d'être de loisir ? Qu'est-ce qu'une égalité qui met les travailleurs sous la dépendance de ceux qui disposent de l'argent ? La liberté ? Elle n'a pas la même valeur pour le faible que pour le fort : par elle, les uns deviennent riches à l'excès, et les autres tout à fait pauvres ([1274]) ; si bien qu'en s'annihilant elle-même, elle détruit l'égalité. A des droits purement formels s'oppose donc une réalité décevante. Dans ce dèmos qu'on dit souverain, il y a une majorité soumise à des maîtres, astreinte à une sorte d'esclavage, plus malheureuse que les serfs dans les oligarchies ([1275]). Pour une bonne partie du peuple-roi, aller à l'Assemblée, siéger au Conseil ou au tribunal, c'est moins l'accomplissement d'un devoir ou l'exercice d'un droit qu'un gagne-pain ([1276]). Quel contraste entre la théorie politique et le régime social !

Ce qui exacerbait ce contraste, c'est la criante opposition du luxe et de l'indigence. D'un côté, le riche, avide et voluptueux, affiné d'ailleurs par l'éducation, se montre d'une arrogance insultante et prétend justifier sa morgue par l'ignorance et la grossièreté de la vile multitude ([1277]). De l'autre, le prolétaire, aux yeux de qui toute richesse est mal acquise, envieux, aigri, répugne à l'effort, sous prétexte qu'il est bien inutile de souffrir et peiner pour qu'un autre jouisse et tranche du maître. Dans de petites villes où les contacts sont perpétuels et les comparaisons inévitables, « le pauvre, lorsqu'il regarde le jouisseur qui peut rester à ne rien faire, voit du coup combien son existence à lui est pénible et misérable » ([1278]). Il y avait là pour le sentiment démocratique une si rude et si constante épreuve, que la concorde nécessaire au fonctionnement de la constitution en devait forcément être affaiblie. Aristote décrit bien ce phénomène :

« L'extrême richesse empêche les hommes d'obéir; l'extrême pauvreté les dégrade. Les uns ne savent pas commander, mais obéissent en esclaves; les autres ne savent se soumettre à aucune autorité, mais commandent avec un despotisme de maîtres. On voit alors une cité d'esclaves et de maîtres, mais non d'hommes libres. Ici la jalousie, là le mépris, sentiments qui éloignent le plus souvent de la bienveillance réciproque et de la communauté politique qui en résulte [1279]. »

Le philosophe voit juste. Chez ceux qui sont humiliés par la vie, la conscience de la dignité personnelle produit une exaltation de la sensibilité morale, une susceptibilité morbide. L'amour de la liberté et de l'égalité peut devenir ainsi une sorte d'hystérie collective. Il finit par ne plus tolérer de sujétion même au contrat social. « L'âme des citoyens est rendue si émotive, nous dit Platon, qu'à la moindre apparence de servitude, elle s'irrite et regimbe; ils en viennent à ne plus se soucier des lois écrites ou non écrites, pourvu que sous aucune forme ils n'aient de maître [1280]. » N'avoir pas de maître, cette conception de la personnalité est si chatouilleuse, cette fierté répugne tellement à tout lien de subordination, qu'un ami de Socrate, Euthèros, réduit à la misère sur ses vieux jours, refuse une place d'intendant, qui l'aurait fait prendre pour un affranchi, et aime mieux vivre au jour le jour d'un travail manuel [1281]. Quant à la nervosité égalitaire, tout l'excite et la blesse. Dinarque reproche à Démosthène de s'être fait porter au Pirée en litière et d'avoir ainsi insulté les vulgaires piétons. Une loi de Lycurgue défend aux femmes d'aller à la fête d'Éleusis en voiture, pour que les pauvresses ne soient pas offusquées par les grandes dames [1282].

Il y a ainsi une psychologie de classe, parce qu'il y a des intérêts de classe, et cette psychologie, ces intérêts s'opposent avec une force croissante au sentiment plus large qu'avait longtemps inspiré la solidarité de la cité. Aristote, qui a défini l'homme « un être politique », observe lui-même que l'homme est aussi « un être économique » [1283]. Du jour où les deux classes entre lesquelles se partageait la cité eurent nettement pris conscience de cette vérité, un fossé se creusa entre elles : antagonisme latent ou lutte ouverte. Chacune d'elles n'admet plus dès lors aucune restriction au

principe qu'elle juge le plus avantageux à sa cause : l'une
veut étendre à l'ordre économique les règles constitutionnelles qui confèrent à la majorité la suprématie dans l'ordre
politique ; l'autre se persuade que la fortune doit lui conférer le pouvoir ([1284]). Écoutons encore à ce sujet Aristote :

> « L'égalité paraît le droit commun, et elle l'est en effet, non pas pour
> tous cependant, mais seulement entre égaux ; l'inégalité aussi paraît le
> droit, et elle l'est, non pas pour tous, mais entre gens inégaux.... La faute
> en est qu'ici les juges sont parties, et l'on est ordinairement mauvais
> juge en sa propre cause.... Parce qu'on a des deux parts le droit pour soi
> jusqu'à un certain point, on croit l'avoir d'une façon absolue : les uns,
> supérieurs par quelque endroit, par exemple en liberté, se croient abso-
> lument égaux ([1285]). »

Ces deux conceptions agissent parallèlement en sens
contraire, à jamais incapables de se rapprocher. Il en résulte
un conflit insoluble. La cité se compose désormais de deux
portions   juxtaposées   et   antagonistes,   de   deux   cités
ennemies ([1286]).

Cette situation n'était pas nouvelle en Grèce ; jamais elle
n'avait été aussi dangereuse. Jadis, au temps où un mauvais
régime de propriété foncière mettait violemment aux prises
les créanciers et les débiteurs, on avait déjà vu les uns « se
gorger de biens jusqu'au dégoût » et les autres « courir au
pillage, pleins de riches espérances ». Seulement, alors, un
Solon avait pu se jeter entre les factions extrêmes, « se dresser
pour couvrir tour à tour les deux partis de son solide bouclier », « se tenir ferme entre les deux armées, tel qu'une
borne » ([1287]). Il l'avait pu, parce qu'il s'appuyait sur une
bourgeoisie moyenne ([1288]). Au Ve siècle encore, cette classe
de propriétaires capables de se suffire, l'État était à même
de la soutenir, de l'entretenir, de la maintenir. La vie n'était
pas chère, et Athènes trouvait assez de ressources dans son
empire pour venir en aide aux pauvres gens, voire pour
permettre aux thètes de s'élever dans la hiérarchie sociale
au rang de zeugites. Elle envoyait des milliers de citoyens
comme clérouques sur les terres du domaine fédéral ; elle
faisait d'amples distributions de viande et de blé ; elle sub-
venait aux soldes des rameurs et des fonctionnaires ; elle
payait convenablement les artisans et les ouvriers occupés

à de continuels travaux d'utilité publique ou d'embellissement.

Mais, au IVe siècle, la classe moyenne se réduit de jour
en jour. Plus rien qui ressemble à un tiers parti. Il se rencontre bien encore quelques hommes isolés pour prendre
à l'occasion une attitude de conciliateurs. Voici, par exemple,
comment s'écrie un orateur, avec l'éloquence de la raison
échauffée par l'imminence du péril commun :

« Il est juste de chercher par tous les moyens à ne laisser aucun citoyen
manquer de rien. J'estime donc que les riches, en se conduisant d'après
ces principes, font d'abord ce qui est juste, mais aussi ce qui vaut le mieux
pour eux. Refuser à quelqu'un le nécessaire par autorité publique, c'est
multiplier le nombre des mécontents. Quant à ceux qui sont dans le besoin, je leur conseillerais de renoncer à une façon d'agir qui irrite les
possédants et justifie leurs plaintes. Ce que je viens de dire, je le répète
en faveur des riches, sans avoir peur d'exprimer la vérité. Je ne puis
admettre qu'il y ait un seul homme, à plus forte raison un Athénien,
assez misérable, assez cruel, pour voir de mauvais œil le secours accordé
aux pauvres, à ceux qui manquent du nécessaire. Mais d'où viennent les
froissements, les mécontentements? Ils viennent de ce qu'on voit certains
hommes appliquer aux fortunes privées ce qui est en usage pour les fonds
publics.... Voilà ce qui excite la défiance, voilà la cause des colères.
Ce qu'il faut, Athéniens, c'est qu'on soit juste les uns et les autres dans
l'intérêt commun de la cité, que les riches se sentent en sécurité dans leurs
moyens d'existence et n'aient pas à craindre pour leur avoir, mais qu'en
cas de danger ils mettent leur fortune au service de la patrie et de son
salut; que les autres considèrent comme bien commun ce qui l'est en
effet et en aient leur part, mais que le bien privé de chacun lui appartienne en toute propriété... Voilà sans doute comment on peut définir
les devoirs réciproques des uns et des autres (¹²⁸⁹). »

Les mêmes conseils de modération se retrouvent tout
naturellement épars dans la *Politique* d'Aristote, toujours
partisan du juste milieu. D'après lui, la cité, quelle qu'elle
soit, procure à l'homme ce bienfait de donner satisfaction
à l'instinct de sociabilité qui lui est naturel ; la cité parfaite
serait celle qui assurerait à tous la plus grande somme de
bonheur ; la cité qui comprend son devoir, qui s'acquitte de
sa « chorégie », est celle qui veille du moins à leur subsistance
et, s'il y a moyen, à leur bien-être. S'il n'admet pas la communauté de propriété à titre obligatoire, Aristote recommande
la communauté d'usufruit à titre amiable. S'il s'élève contre

les démagogues qui partagent au peuple l'excédent des
recettes, ce qui ne rend service à personne, il veut que l'union
sincère du peuple prévienne l'excès de la misère qui pervertit
la démocratie, qu'il mette tous ses soins à répandre l'aisance,
que les excédents soient déposés dans une caisse de réserve
qui allouera des fonds pour l'achat d'une terre ou l'établissement d'un commerce ou d'une exploitation agricole [1290].
Mais, observateur autant que théoricien, Aristote est bien
obligé de constater qu'il crie dans le désert, qu'oligarques
et démocrates commettent partout la même faute en ne
se préoccupant jamais que de leurs intérêts propres, que
l'élément social qui eût été capable de concilier les passions
extrêmes est en pleine dissolution. Il voit bien qu'un retour
à cette constitution mixte qu'il appelle « constitution » par
excellence (πολιτεία) est impossible, parce qu'il aurait
fallu une classe moyenne assez nombreuse et assez forte
pour faire équilibre au prolétariat et possédant une part
assez grande de la fortune publique pour contrebalancer
la part détenue par les riches, — deux conditions nécessaires
pour que la « constitution » ne se change pas en démocratie
ou en oligarchie [1291].

II. LA LUTTE DES CLASSES

L'organisation de la propriété, la répartition des biens,
voilà donc le problème capital de la politique intérieure, source
de luttes intestines et de révolutions. Dans beaucoup de
cités, les pauvres réclament le partage des terres et l'abolition
des dettes [1292]. Quand un peuple en est là, le sentiment
des devoirs envers l'État est bien près de disparaître. Chaque
parti exploite le pouvoir à son profit et supprime tout ce
qui le gêne. La démocratie ne songe qu'à favoriser les pauvres, l'oligarchie ne connaît que les riches, et les deux factions,
fermant les yeux aux besoins et aux intérêts de la cité, travaillent à sa ruine [1293]. Au reste, les luttes sociales s'exas-
pèrent à tel point, qu'elles n'ont plus seulement pour objet
la conquête d'avantages matériels, mais la satisfaction de
haines atroces. Les oligarques, dans certaines villes, prêtent
cet horrible serment : « Je serai l'aversaire du peuple et lui

ferai au Conseil tout le mal que je pourrai ([1294]). » Les démocrates sont en état d'hostilité ouverte ou secrète contre
tous ceux que leur fortune rend suspects ; quand ils les
dépouillent, c'est autant pour le plaisir de les appauvrir que
dans l'intention de s'enrichir eux-mêmes ([1295]). Isocrate
résume ces dispositions réciproques en une phrase qui en
dit long sur la Grèce de son temps :

> « Au lieu d'obtenir par la bonne entente une aisance commune, on en
> vient à ce degré d'insociabilité, que les possédants aimeraient mieux jeter
> leur avoir à la mer que de soulager les indigents, et que les plus dépour-
> vus trouveraient moins de satisfaction à s'adjuger les biens des riches
> qu'à les en priver ([1296]). »

Entraînés par la logique des principes et des passions,
une partie des démocrates en vint à souhaiter l'égalité complète, le nivellement brutal. Il y avait beau temps qu'on
n'accordait plus de privilège à la naissance. Le sophiste
Lycophron disait que la noblesse du sang est un mot : les
gens qu'une vaine opinion appelle bien nés sont nés comme
les autres ([1297]). On entendait par là qu'il fallait rejeter toute
distinction de personnes entre citoyens. Sur ce point, le
sentiment du peuple rejoignait le raisonnement des penseurs.
Mais, sur d'autres, il y avait divergence, parce qu'on poussait
le principe d'égalité à outrance en deux sens différents.
Pour les sophistes, les hommes étant de naissance identique,
le barbare est fait comme le Grec, « la nature ne fait pas
d'esclaves », et le pouvoir du maître a pour unique fondement
le droit de la force consacré par la loi ([1298]) : le cosmopolitisme et l'abolition de l'esclavage, telles sont aux yeux de
certains intellectuels les conséquences de l'égalité. La multitude s'en prenait à une autre supériorité, celle que représentaient précisément les sophistes et qui vient de l'éducation.
Les bonnes manières ? l'instruction ? qu'est-ce, tout cela,
pour des gens qui « se croient égaux en tout » ? Encore une
façon de sortir du commun ! C'était un dicton, que l'instruction a pour compagne l'envie ([1299]). Déjà au ve siècle Cléon
ne voit rien au-dessus de l'ignorance modeste et déclare
superbement que « les États sont mieux gouvernés par les
médiocrités que par les intelligences d'élite » ([1300]). Cette

maxime dut faire la joie d'Aristophane. Il ne l'oublie pas :
le charcutier qui, dans sa comédie, veut prendre la place
du Paphlagonien au pouvoir connaît ses lettres, mais « bien
peu, bien mal », et le serviteur de Dèmos trouve que c'est
encore trop ([1301]). Ainsi, sans tenir aucun compte des différences natives ou acquises qui existent entre les hommes au
point de vue intellectuel, on en vient à vouloir établir « une
certaine égalité qui fait la même part à ceux qui sont égaux
et à ceux qui ne le sont pas » ([1302]). Bref, la notion de qualité
se perd, toute échelle des valeurs sociales tend à disparaître.
En voulant convertir l'égalité de droit en égalité de fait,
on tient pour nulles et non avenues les inégalités de nature.

Des esprits assez chimériques pour concevoir le nivellement des intelligences devaient, à plus forte raison, penser au
nivellement des fortunes. Le IVe siècle vit éclore en Grèce
maintes théories de communisme et de socialisme ([1303]).
Mais, dans un pays qui ne connaissait pas encore la grande
industrie et où le gros de la population vivait de l'agriculture, ces théories prirent nécessairement un aspect particulier.

Les philosophes qui les élaborèrent étaient en général
pleins de mépris pour les marchands et les artisans comme
pour les ouvriers : ils voyaient dans l'égalité des biens le
meilleur moyen de retourner au régime patriarcal du vieux
temps ou pour le moins de procurer aux cités perverties
par les préjugés démocratiques les avantages des institutions
laconiennes ([1304]). Platon prétend par ce système supprimer
l'égoïsme, empêcher les divisions, réaliser la justice en sacri-
fiant les individus à l'État. Dans la *République*, il est encore
plein d'illusions, malgré la cruelle expérience de son premier voyage en Sicile. Il se flatte de fonder un ordre immuable par le communisme ; mais ce communisme, qui s'étend
aux femmes et aux enfants comme aux biens matériels ([1305]),
ne doit s'appliquer qu'aux deux classes supérieures des
philosophes et des guerriers, et non pas à la classe inférieure
des producteurs, chargés uniquement de pourvoir aux
besoins des deux autres : il a pour postulats le privilège et
la servitude. Dans les *Lois*, déçu par deux nouvelles tentatives en Sicile et maintenant très vieux, l'utopiste consent,
afin de rendre son idéal plus pratique, à faire leur part aux

préjugés et à le tempérer d'éléments empruntés à Sparte.
La propriété sera privée, soit ; mais, du moins, elle sera
familiale, et non personnelle ; pour qu'elle reste inaliénable
et indivisible, elle appartiendra à un nombre immuable de
citoyens, les 5040 ; des précautions sévères seront prises
pour que le peuple ne puisse pas, par un abus de son pouvoir
législatif et judiciaire, porter atteinte à ces principes fonda-
mentaux ([1306]). Comme on le voit, chez les philosophes, les
conceptions communistes avaient un caractère plus moral
qu'économique : dédaignant l'observation des faits, elles
procédaient d'une méthode *a priori* ; elles semblaient faites
pour plaire à des cénacles d'aristocrates.

Mais, en descendant dans les masses populaires, les
mêmes idées, les mêmes mots rendaient un tout autre son.
Qu'on se place par la pensée dans les années de misère où
l'État avait dû supprimer les traitements des fonctionnaires
et les indemnités des héliastes, arrêter les travaux publics qui
fournissaient du travail aux gens de métier, renoncer par
ordre du vainqueur aux constructions navales qui assuraient
des salaires à tant d'ouvriers et des soldes à tant de rameurs.
Les têtes se montaient, la souffrance faisait fermenter les
esprits, les imaginations s'excitaient aux convoitises et se
berçaient d'espoirs insensés. Beau sujet de comédie, —
quand la situation se fut améliorée. En 392, Aristophane s'en
empare. Dans l'*Assemblée des femmes*, Praxagora expose le
système :

« Tous les biens doivent être mis en commun, pour que chacun en
ait sa part et en vive. Il ne faut pas que l'un soit riche et l'autre misérable,
que l'un cultive une vaste étendue de terre et que l'autre n'en ait pas de
quoi se faire enterrer, que l'un se fasse servir par une foule d'esclaves et
que l'autre n'ait pas un serviteur. Non, je veux une vie commune, une seule
et même vie pour tous... J'entends que les femmes soient communes aux
hommes et fassent des enfants avec qui voudra... Les enfants regarde-
ront comme leurs pères tous les hommes plus âgés qu'eux ([1307]). »

Le placide mari de cette virago exaltée trouve bien quelques objections à faire, mais doña Quichotte a facilement
raison de Sancho Pança. Une de ses réponses pourtant doit
fixer notre attention. Si tout le monde va de banquet en
banquet et que personne ne soit forcé de travailler, qui donc

cultivera la terre ? Les esclaves. Ainsi la démocratie com-
muniste n'est, elle aussi, qu'une aristocratie qui entend se
faire entretenir par une classe attachée à la glèbe. Toujours
le même principe : pas de cité possible sans esclavage. Mais
Aristophane va plus loin. En 388, quand la puissance maritime d'Athènes a commencé à se reconstituer et que la dîme
sur les navires du Pont vient de nouveau alimenter le trésor,
il touche au fond du problème. Dans le *Ploutos*, il s'élève
contre les imprudents qui veulent rendre la vue à l'aveugle
dieu de la Richesse et chasser la Pauvreté. Si Ploutos
recouvre la vue et se partage à tous également, il n'y aura
plus personne pour exercer un métier et apprendre un art ;
car c'est à la Pauvreté, unique auteur de tous les biens, que
tous doivent leur subsistance ([1308]). La sainte loi du travail,
dont Hésiode affirmait déjà l'origine céleste et l'auguste
grandeur ([1309]), voilà ce qui doit stimuler les individus et
régénérer la société.

Pour qu'un poète comique puisse s'arrêter de lancer des
obscénités énormes et prendre un ton de prédicateur sans
avoir peur d'être sifflé, il faut que ses conseils correspondent
à la pensée profonde de son auditoire. Il y a, en effet, un
abîme entre les nombreuses cités qui se laissent entraîner à
toutes les horreurs des guerres sociales et Athènes, préservée
des pires excès par sa richesse relative et par ses traditions.
Voyons la différence.

Quand Polybe, sur le modèle d'Aristote, fait le tableau des
révolutions, il décrit aussi bien la Grèce du ivᵉ siècle que
celle de son temps.

> « Une fois que le peuple avide a été gorgé de largesses, c'en est fait
> de la démocratie, elle se change en un régime de violence et de force
> brutale. Car, lorsque la foule s'est habituée à manger le bien d'autrui
> et à compter pour vivre sur l'avoir du prochain, il suffit qu'elle trouve un
> chef ambitieux et hardi, mais exclu par sa pauvreté des honneurs pu-
> blics, pour qu'on en arrive au règne du poing, et ce ne sont plus que
> massacres, proscriptions et partages de terres ([1310]). »

Les exemples de révolutions pareilles sont innombrables ([1311]). Citons-en trois à l'Est, au Centre et à l'Ouest
du monde grec. — A Mytilène, les débiteurs égorgent en

masse les créanciers, après quoi ils invoquent comme excuse la colère et le cas de force majeure constitué par leur situation pécuniaire ([1312]). — Les démocrates d'Argos se jettent en 370, sous prétexte de conspiration, sur les citoyens riches et haut placés ; emportés par une folie furieuse, ils en assomment plus de douze cents, dont ils confisquent les biens. Puis tout rentre dans le calme, tandis que retentit dans la Grèce entière, pourtant habituée à des scènes de ce genre, un long cri d'indignation ([1313]). — En Sicile, l'enjeu des luttes civiles c'est la propriété foncière. Déjà Denys l'Ancien avait enlevé leurs terres aux cavaliers, pour les distribuer par lots égaux à ses vétérans et aux serfs : c'est par cette mesure qu'il avait affermi son pouvoir ([1314]). Après l'expulsion de Denys le Jeune (356), le libérateur Dion est forcé de lutter contre le parti extrême qu'un nommé Hippôn appelle à un nouveau partage de terres. « Pour les déshérités, déclare avec énergie le démagogue, l'égalité est le commencement de la liberté, comme la pauvreté l'est de la servitude ([1315]). » Un décret de spoliation est voté, Dion quitte Syracuse ; la défaite seule, avec le rappel de Dion, empêche l'application du décret. Assoupie pour la durée d'une génération, la question sociale a un réveil terrible. En 317, Agathoclès lance ses soldats et la tourbe de la population contre les Six Cents et leurs partisans. Une chasse à l'homme commence. Au bout de deux jours, quatre mille citoyens ont péri, six mille ont pris le chemin de l'exil. Agathoclès peut alors se faire décerner le pouvoir absolu et faire arrêter l'effusion du sang ; il sait comment s'attacher le peuple : il vient à l'Assemblée promettre l'abolition des dettes et la distribution de terres aux pauvres ([1316]).

L'histoire d'Athènes ne présente à aucun moment de pareils spectacles. Dans une cité qui conservait la prépondérance économique dans le monde méditerranéen, la démocratie, maîtresse du pouvoir, n'avait aucune raison pour se laisser entraîner à la révolution sociale. Elle se contentait de faire au jour le jour, à l'Assemblée et au tribunal, une manière de révolution diffuse et fragmentaire. Qu'on décrète ailleurs le partage des biens-fonds, des capitaux, des revenus, ou qu'on se contente d'attribuer les successions au fisc ([1317]) ;

ici, nulle mesure de ce genre. Tous les ans, l'archonte, à son
entrée en charge, fait proclamer que, tant qu'il sera en fonction, chacun gardera la propriété pleine et entière de ses
biens ([1318]). Mais à la fortune acquise incombent des prestations variées, particulièrement les dépenses somptuaires.
Dans une foule de procès les héliastes rendent de véritables
jugements de classe. Déjà au Ve siècle ils étaient mal disposés
à l'égard des riches. Ils éprouvaient un plaisir de rois ou de
dieux à faire trembler « de grands personnages hauts de
quatre coudées », à écouter avec une jubilation moqueuse
leurs supplications et leurs flatteries ([1319]). Il faut croire
cependant qu'ils eurent longtemps une conception trop
élevée de leur mission pour se laisser aller de gaieté de cœur
à des dénis de justice, puisqu'au temps même où Aristophane
représentait Philocléon prenant des airs de Zeus, un oligarque
se plaignait que le nombre des condamnations injustes ne
fût pas assez grand pour grossir le parti des mécontents ([1320]).
Mais à partir du IVe siècle, surtout dans les mauvaises années
qui suivirent la guerre du Péloponèse et la guerre « sociale »,
les esprits dépravés par la détresse générale ont de la peine
à rester dans les bornes de l'impartialité.

« C'est un fait connu, dit avec une naïveté qui frise l'impudence l'orateur Lysias, que le Conseil de chaque année ne commet pas d'injustices
quand il a des ressources suffisantes pour l'administration, mais que
dans les jours de détresse il est bien forcé d'accueillir les dénonciations,
de confisquer les biens des citoyens et d'obéir aux suggestions les plus
malhonnêtes des rhéteurs ([1321]). »

Les sycophantes trouvèrent le système à leur goût ; ils
eurent beau jeu pour exciter l'envie contre les grands et
demander des jugements favorables aux petits ([1322]). Et l'on
entend certains plaideurs s'excuser de leur fortune ou rappeler ce qu'ils en ont consacré au soulagement et à l'amuse-
ment du peuple ; d'autres invoquent d'un ton cynique leur
pauvreté comme un titre à la bienveillance des juges ([1323]).
Si l'occasion se présente de faire prononcer une bonne
amende ou une confiscation totale, l'accusateur n'hésite pas
à montrer que le trésor est vide et qu'il faut le mettre en état
de distribuer des soldes ([1324]). Certes, c'est une exagération

d'avocat, de soutenir qu'il est plus dangereux à Athènes de paraître riche que d'être criminel ; c'est un jeu d'esprit, de déplorer l'infortune du riche, qui est esclave, et de vanter le bonheur du pauvre qui est roi ([1325]). N'empêche qu'à certains moments la masse des édits fiscaux, le retour trop fréquent des liturgies, la lourdeur des charges qui pèsent sur les membres des symmories, la crainte perpétuelle de se voir contraint par un autre contribuable à un échange de fortune donnaient quelque apparence de raison à de semblables paradoxes ([1326]).

Athènes a donc une place à part dans la lutte des classes. Elle n'en est pas moins emportée par la tourmente générale. Ce qu'il y a de plus grave au IVe siècle pour le régime de la cité, c'est que l'esprit de parti se place au-dessus du patriotisme. On avait déjà vu fréquemment des bannis chercher un appui à l'étranger pour rentrer dans leur patrie et y reconquérir le pouvoir. Athènes en avait fait la cruelle expérience par deux fois au cours du Ve siècle, quand le désir de vengeance et l'ambition avaient fait du Pisistratide l'allié du grand roi et poussé Alcibiade à se mettre successivement au service des Spartiates et des Perses. Le fait nouveau, c'est que des individus qui n'ont aucune injure à venger s'arment contre leur cité natale par pure sympathie pour les institutions d'une autre cité, c'est que des factions préfèrent la perte de l'indépendance nationale au triomphe de la faction adverse.

Xénophon est le type parfait du Grec dégagé de tout lien avec son pays d'origine, laconien par préjugé politique et mondain. Il commence à se faire connaître comme chef des sans-patrie fourvoyés par la mort d'un prétendant au cœur de l'Asie. Quand il revient en Europe, il n'éprouve pas le moindre scrupule, lui Athénien, à combattre contre Athènes aux côtés de son ami Agésilas. Fatigué, il se retire dans un beau domaine à Scillonte en Élide pour y vivre avec le produit de son butin, tranquillement, glorieusement, en châtelain amateur de vénerie et confit en dévotion. Enfin, lorsqu'il est chassé par la guerre, il rejette les offres de ses compatriotes qui lui pardonnent tout et le rappellent, pour aller s'établir à Corinthe, où il meurt.

La froide indifférence d'un Xénophon est plus significative encore que le ressentiment d'un Alcibiade. Ce qui l'est
bien plus encore, c'est la solidarité de partis entiers de ville
à ville. Elle ne crée pas seulement des liens moraux ; elle
tend à la suppression effective des frontières. Dès le Vᵉ siècle,
les démocrates de partout avaient pris l'habitude d'implorer
l'aide d'Athènes, et Athènes avait été entraînée, malgré elle
tout d'abord, à restreindre par ses interventions l'autonomie
des cités fédérées. Puis, Lysandre s'était mis en devoir de
grouper les oligarchies de la Grèce entière sous l'hégémonie
de Sparte. Tentatives prématurées et surtout trop vastes
pour le temps. Mais bientôt un fait particulier montre avec
précision comment la passion politique pouvait agir contre
la cité. En 393, Corinthe était déchirée par les luttes civiles :
les démocrates voulaient la guerre contre Sparte, d'accord
avec Thèbes, Athènes et Argos ; les oligarques étaient partisans de la paix et de l'alliance spartiate. Les oligarques préparaient un coup de main ; mais les démocrates les devan-
cèrent, les surprirent pendant une fête et en égorgèrent un
grand nombre. Après quoi, désespérant de sauver l'indépendance de la ville sans secours extérieur, il décidèrent de
l'unir à Argos en un seul État. Les bornes frontières furent
arrachées entre les deux territoires ; le nom d'Argos figura
seul sur les actes officiels. Corinthe, de son propre consentement, disparaissait de la liste des cités grecques. Il est vrai
que la rage des oligarques survivants eut vite fait de réduire
l'œuvre révolutionnaire ; mais par quel moyen ? Ils ouvrirent
une porte des longs murs à l'armée lacédémonienne ([1327]).
Entre Argos et Sparte, Corinthe ne garda son autonomie que
par une sorte d'équilibre entre des partis qui ne s'en
souciaient plus.

Chapitre III

Corruption
des institutions démocratiques

Les institutions humaines n'étant jamais que ce qu'en font des hommes, la transformation des idées sociales amène nécessairement de graves changements dans le régime politique. La Grèce du IVe siècle en fit l'expérience. Tandis que d'autres cités étaient bouleversées par des révolutions accompagnées de massacres, de bannissements et de confiscations collectives, Athènes, au milieu de luttes qui n'entraînaient du moins que des condamnations individuelles, tirait du principe démocratique des conséquences nouvelles.

I. L'ASSEMBLÉE DU PEUPLE AU IVe SIÈCLE

L'Assemblée du peuple ne pouvait rester ce qu'elle avait été avant la guerre du Péloponèse et les coups d'État oligarchiques. Pour autant que l'histoire comporte de pareilles lignes de démarcation, l'archontat d'Euclides (403/2) marque, à tous les points de vue, une fin et un commencement. A partir de ce moment, l'Ecclésia va exercer un pouvoir de plus en plus « tyrannique », mais en faisant prévaloir de plus en plus des intérêts privés sur l'utilité commune : si bien que jamais la cité n'aura paru aussi puissante qu'au temps où les individus, en l'exploitant, prépareront sa ruine.

C'est un curieux spectacle que présente, au IVe siècle, la souveraineté populaire. Elle va se débattre constamment entre la tendance absolutiste qui lui est naturelle et un besoin héréditaire d'opposer les lois aux caprices des décrets.

L'action publique en illégalité, la *graphè paranomôn*,
avait été jadis la principale défense de la constitution démocratique. Une double expérience avait montré que les partisans de l'oligarchie ne pouvaient conquérir le pouvoir qu'en
renversant cet obstacle. Leur défaite définitive plaça l'institution au-dessus de toute atteinte. Mais, au temps même où
elle devenait inattaquable, sous l'archontat même d'Euclides
([1328]), une revision générale des lois la rendit moins nécessaire.
Dès lors on va en abuser dans la lutte des partis. Au lieu
d'assurer par de terribles menaces une protection suprême
à la constitution, elle n'est plus qu'une arme banale aux
mains des adversaires qui se rencontrent à la Pnyx : bientôt,
elle s'émousse et se fausse. Elle est encore capable de donner
la mort ([1329]) ; elle peut servir aussi à infliger une vulgaire
amende de vingt-cinq drachmes ([1330]). Voici un fait bien
caractéristique : un chef de parti, Aristophon d'Azènia, eut
à se défendre contre l'accusation d'illégalité soixante-quinze
fois. On en arrivait à ce point que la *graphè paranomôn*, sans
empêcher l'Ecclèsia de légiférer à tort et à travers, était une
gêne pour les innovations sages comme pour les autres, une
entrave à cette liberté de parole dont les citoyens étaient si
fiers ([1331]).

Une autre procédure aurait pu, semble-t-il, suppléer aux
insuffisances de celle-là : l'*eisangélie*. Elle subit la même
dégradation ([1332]). Au ve siècle, elle était destinée à réprimer
les crimes non prévus par les lois et attentatoires à la sûreté
de l'État, la trahison et la haute trahison, y compris la tentative de renverser le gouvernement démocratique en actes et
en paroles. Faute de lois, les tribunaux n'en pouvaient être
saisis directement : c'était à l'Assemblée du peuple ou au
Conseil de prendre les mesures nécessaires de salut public.
Elle entraînait des peines si graves, que les accusés n'attendaient pas le jugement pour s'exiler ([1333]). Le peuple tenait
à cette institution, qu'il attribuait à Solon ([1334]) et qui donnait une efficacité terrible à son droit de haute justice. Elle
fut abolie en même temps que l'action en illégalité par les
Quatre Cents ([1335]) et sans doute par les Trente. Non seulement elle fut rétablie sous l'archontat d'Euclides ([1336]), mais
une loi fut alors promulguée (le νόμος εἰσαγγελτικός) qui,

sans la définir formellement, énumérait les cas auxquels elle était applicable d'après les précédents (¹³³⁷). Cette apparente limitation ne servit de rien. Par une série d'assimilations, les Athéniens en vinrent à traiter comme attentats contre la république des crimes, des délits ou de simples contraventions qui n'avaient aucun rapport aux actes légitimement susceptibles de poursuite par eisangélie. Hypéride proteste contre de pareils abus et en donne des exemples qu'il qualifie à bon droit de ridicules : Lycophron est accusé par eisangélie d'avoir détourné une femme du devoir conjugal ; Agasiclès, de s'être fait inscrire dans un autre dème que le sien ; Diognis et Antidôros, d'avoir loué des joueuses de flûte au-dessus du tarif légal ; Euxénippos, d'avoir fait un faux rapport sur un songe qu'il avait eu dans un temple (¹³³⁸). Encore une armature de la cité détraquée par les haines politiques.

Que faire alors pour opposer une digue au débordement des propositions illégales ? On se rappela les commissions de nomothètes qui avaient restauré les lois de la démocratie après les tourmentes de 410 et de 403. Elles avaient été investies alors de pouvoirs extraordinaires par des mesures de circonstance ; on en fit une institution régulière (¹³³⁹). L'existence de ces nomothètes d'un nouveau genre est attestée depuis le plaidoyer de Démosthène contre Leptinès en 355/4 jusqu'à une inscription qui date de 329/8. Cette fois, on voit le peuple se démunir systématiquement du pouvoir législatif, pour ne pas être tenté d'en abuser. Le principe est net : « défense d'abolir aucune loi existante, sinon par autorité des nomothètes ».

Aussi, dès la première séance de l'année, le 11 Hécatombaion, l'Assemblée doit-elle voter sur toutes les lois (ἐπιχειροτονία τῶν νόμων), pour savoir s'il y a lieu d'en abroger quelqu'une. Dans ce vote, le peuple se décide sur les rapports des magistrats signalant telle défectuosité, lacune ou contradiction, qui s'est révélée au cours de l'année révolue dans la législation en vigueur. Si la majorité se prononce pour une revision, tout citoyen est admis à proposer des dispositions nouvelles sur la matière contestée, à condition de faire afficher son projet sur les piédestaux des héros éponymes et d'engager sa responsabilité en y donnant son nom. A la quatrième séance ordinaire de la première prytanie, un décret fixe le nombre des nomothètes appelés à siéger, la durée de leur fonction, la procédure qu'ils suivront, les fonds sur lesquels ils seront payés, et dresse leur programme en indiquant les dispositions à modifier ou à compléter éventuellement. L'Assemblée donne donc ses instructions aux nomothètes ; de plus, elle nomme quatre ou cinq *synègores* ou *syndics* chargés de défendre devant eux les lois mises en cause. Mais, une fois qu'elle a désigné ses mandataires, son rôle est fini, son droit est épuisé.

Désormais le peuple législateur, ce n'est plus l'Ecclésia, c'est le tribunal des nomothètes. Ils sont désignés, au nombre de cinq cent un ou de mille et un, parmi les hèliastes assermentés, gens d'âge et d'expérience. Convoqués par les prytanes, ils ont leur règlement à eux. Leur bureau est constitué, comme celui de l'Assemblée, par des proèdres dont le président, l'épistate, change à chaque séance. Quant à leur procédure, elle est pareille à celle de l'Hèliée. Ce n'est pas une délibération qui s'engage entre eux, c'est un procès qui se déroule en leur présence et dont ils sont les juges. Les synègores prennent la défense de la loi incriminée, l'auteur de la loi nouvelle en fait valoir la supériorité. Après quoi, l'épistate fait voter le tribunal sur l'une et sur l'autre loi successivement. Celle qui a obtenu le plus de suffrages est valable *ipso facto*. Sans plus amples formalités, sans intervention nouvelle ni de la Boulè ni de l'Ecclèsia, elle est transcrite par le secrétaire-archiviste de l'État, pour être classée parmi les documents ayant force de loi.

Dans les textes parvenus jusqu'à nous, la nomothésie s'applique à deux cas : elle légalise les décrets qui, dans l'année écoulée, ont ordonné des dépenses non prévues par la loi budgétaire [1340]; elle autorise les changements apportés aux lois sacrées, par exemple aux ordonnances sur les prémices d'Éleusis et sur la fête d'Amphiaraos [1341]. Mais on ne voit pas pourquoi elle n'aurait pas convenu à bien d'autres espèces. Il est à présumer que la procédure avait une portée générale.

Comment se fait-il alors qu'Aristote n'en ait soufflé mot dans la description de la constitution athénienne ?

Est-ce, comme on l'a dit (¹³⁴²), parce que le maître réservait tout ce qui concerne la législation à son disciple Théophraste, qui devait en effet écrire un traité des *Lois* ? Non ; car il aurait sciemment faussé le tableau qu'il traçait, faute d'un mot, qui eût suffi à mettre les choses au point. D'ailleurs, dans la *Politique*, non seulement il fait rentrer le pouvoir législatif dans la souveraineté, mais encore il blâme à maintes reprises la démocratie athénienne de légiférer par décrets *. C'est donc qu'à ses yeux toute la procédure de la nomothésie n'avait pas une très grande importance et que les décisions des nomothètes, quoique entourées de formalités plus compliquées, étaient du même ordre que les décrets de l'Ecclèsia. Les meilleures intentions, les idées les plus justes ne valaient pas contre les habitudes de licence et d'arbitraire. *Quid leges sine moribus ?*

Ce peuple si fier de sa souveraineté entendait cependant recevoir en monnaie sonnante et trébuchante le prix de la peine qu'il se donnait pour l'exercer. Nous observons ici une des différences les plus saillantes qui existent entre les Athéniens du vieux temps et ceux du nouveau. Au vᵉ siècle, les citoyens s'intéressaient trop aux affaires publiques pour ne pas se porter à l'Ecclèsia en nombre décent ; au commencement du ivᵉ, chacun est tellement préoccupé de ses affaires propres, que la Pnyx reste déserte. Il ne faudrait pas croire que l'abstention fût particulièrement le fait des classes aisées, bien qu'on ait souvent prétendu que les riches, dégoûtés de se voir annihilés dans toutes les discussions, se retiraient de la vie politique. C'étaient tout autant les pauvres qui se tenaient éloignés des assemblées (¹³⁴³). Il devenait nécessaire de les y ramener, sous peine de voir s'altérer le caractère même du régime et la démocratie, le gouvernement de tous, tourner en oligarchie, en gouvernement d'un petit nombre. Dans les terribles années qui suivirent la chute d'Athènes et la tyrannie des Trente, quand les plus fermes défenseurs de la constitution, les artisans, avaient grand-peine à subsister et n'étaient pas en état de perdre plusieurs journées de travail par mois,

* Voir p. 177.

« les prytanes imaginaient toutes sortes d'expédients afin
d'obtenir le nombre nécessaire pour la validité des décrets »
([1344]). On décida une bonne fois de remédier au fléau de
l'abstention. On ne pouvait pas, comme dans certaines
oligarchies, infliger une amende aux absents ([1345]) ; par une
méthode inverse, on assura une rémunération aux présents.
Il suffisait d'étendre à l'Ecclèsia le système de la misthophorie qui prévalait depuis soixante ans à l'Hèliée. Agyrrhios fit
d'abord accorder un jeton d'une obole ; peu après, Hèracleidès de Clazomènes le fit porter à deux oboles, et Agyrrhios, revenant à la charge, à trois ([1346]). Le prix de la vie
ayant bien augmenté au cours du IVe siècle, on ne s'en tint
pas là : au temps d'Aristote, le jeton s'élevait à une drachme
pour les séances ordinaires et à une drachme et demie pour
les séances principales ([1347]).

Le triobole de l'ecclésiaste, à plus forte raison la drachme,
a soulevé bien des critiques. Dans l'antiquité, les ennemis de
la démocratie l'accusaient de rendre la multitude paresseuse,
bavarde et avide ([1348]) ; bien des modernes en ont jugé de
même. A ces critiques la réponse est facile. On a vu quelles
raisons d'ordre matériel et moral justifiaient l'institution :
elle devait assurer aux citoyens les moins aisés le loisir nécessaire pour prendre part à la vie politique ([1349]). Elle n'en eût
pas moins été un artifice déplorable, si elle avait ruiné l'État.
Mais les conséquences financières n'en étaient pas si graves.
En un temps où le salaire quotidien d'un ouvrier était d'une
drachme et demie, le triobole n'était guère qu'une indemnité. Il n'était, d'ailleurs, pas donné à tous les citoyens : un
total fixé d'avance dans le budget était réparti entre les
séances de l'année, et la somme affectée à chaque séance
déterminait le nombre de jetons à distribuer aux premiers
arrivants. Pour toucher le triobole, il fallait être là de très
bonne heure, au « deuxième chant du coq » ([1350]), et attendre
jusqu'à la fin de la séance le moment d'échanger le jeton
contre la piécette d'argent. En somme, de grands résultats
étaient obtenus à peu de frais.

Mais, si le *misthos ecclèsiasticos* ne mérite pas les blâmes
dont il a été accablé, il n'en reste pas moins un indice remarquable du changement qui s'est fait au IVe siècle dans les

mœurs et dans l'esprit public. Le temps n'est plus où le citoyen se consacrait à la cité, sans autre avantage que la
satisfaction du devoir accompli et le sentiment de contribuer au bien commun. Maintenant, la cité doit se dire qu'elle
ne subsiste qu'à condition de veiller d'abord aux intérêts des
particuliers qui s'occupent d'elle : pour obtenir des citoyens
les concours nécessaires, elle doit payer.

La direction de l'Assemblée subit également, au IV⁰ siècle,
des changements dont le sens demande à être élucidé.

Depuis l'époque de Clisthènes, le bureau de la Boulè et de
l'Ecclèsia était constitué par les prytanes, et la présidence
appartenait à un épistate, tiré au sort pour chaque séance. A
partir d'une date qu'aucun texte ne fixe explicitement, le
bureau a une composition toute différente : l'épistate des prytanes tire au sort, avant chaque séance, neuf proèdres, un de
chaque tribu sauf celle qui exerce la prytanie, et, parmi ces
proèdres, un autre épistate : il leur remet l'ordre du jour et le
soin de conduire les débats (¹³⁵¹). Pourquoi cette substitution des proèdres aux prytanes ? On l'a quelquefois attribuée à la défiance habituelle des démocraties, toujours prêtes
à diviser et affaiblir les pouvoirs pour régner plus sûrement.
On pourrait alléguer en ce sens le fait qu'aucun bouleute ne
peut être proèdre plus d'une fois par prytanie, ni épistate
des proèdres plus d'une fois par an (¹³⁵²). Pourtant cette explication ne tient pas. Les proèdres ont, en réalité, des antécé-
dents semi-oligarchiques, puisqu'il en a existé pendant quelques mois en 411/0, sous le régime des Cinq Mille (¹³⁵³).
D'autre part, si l'on serre de près les formules des décrets
rendus dans le premier quart du IV⁰ siècle, on arrive à cette
conclusion, que les bureaux de proèdres furent créés pendant l'hiver 378/7 (¹³⁵⁴). C'était le moment où Athènes
réformait ses institutions pour les adapter à celles de la
nouvelle confédération qu'elle mettait en train. La Boulè
devenait l'agent de liaison entre l'Ecclèsia d'Athènes et le
Synédrion des autres cités ; la section permanente de la
Boulè et son président avaient bien autre chose à faire qu'à
parader au bureau et à la présidence des assemblées. Mieux
valait désigner, pour remplir ces fonctions d'apparat, des
personnages qui avaient plus de loisirs, un représentant de

chacune des tribus qui n'exerçaient pas la prytanie. Ce
système offrait, par surcroît, l'avantage de placer à la tête
des corps délibérants une représentation plus complète de
la république. Il n'y a donc pas lieu d'alléguer des préjugés
de politique intérieure à propos d'une réforme déterminée
par des nécessités de politique étrangère.

Mais, si l'on détourne les yeux du protocole pour voir la
réalité, les véritables chefs du peuple assemblé offrent un
spectacle souvent bien désagréable. Ce ne sont plus des
grands propriétaires élus stratèges, comme Périclès : les progrès de la division du travail politique ont, en général, relégué
les stratèges dans des fonctions strictement militaires. Ce
ne sont même plus des industriels ou des négociants : le
tanneur Anytos, dont la carrière s'étend de 410 à 399, est le
dernier démagogue de cette espèce. La politique est devenue un métier spécial qui comporte des emplois variés. Il a
son élite, les rhéteurs ou orateurs [1355]. Souvent issus de
familles riches et considérées [1356], presque tous intelligents
et quelques-uns remarquables, ils opèrent entre eux un
partage d'attributions et se disputent le pouvoir avec achar-
nement. Eubule et Lycurgue ont été de véritables ministres
des finances et des travaux publics ; Callistratos d'Aphidna
et Démosthène, des ministres des affaires étrangères. Au-
dessous des hommes d'État, pullule une tourbe vile : les
rhéteurs de second ordre, « souverains maîtres du tumulte et
des vociférations » [1357], les politiciens qui cultivent avec
soin les passions de la foule et satisfont leurs convoitises en
excitant celles des autres, les pêcheurs en eau trouble, les
démagogues et les sycophantes. Ils se disent eux-mêmes les
« chiens du peuple » [1358], se vantent de le défendre contre
les loups et s'engraissent à ses dépens. Dès qu'ils flairent
un homme riche, ils aboient et cherchent à mordre. Espions
bénévoles et dénonciateurs attitrés, ils s'arrogent un droit
général de poursuite au nom de l'État, une sorte de ministère public. A la Pnyx comme à l'Héliée, ils entretiennent
savamment la méfiance et l'envie, surenchérissant sur les
revendications légitimes et même sur les prétentions exces-
sives. Leur but suprême n'est pas de procurer des ressources
à ceux qui en manquent, mais bien plutôt de ravaler ceux qui

possèdent quelque chose au niveau de ceux qui n'ont rien ; car ils ont besoin, pour prospérer, de laisser toujours saignante la plaie de la misère et de maintenir la division qui est leur raison d'être ([1359]).

Petits ou grands, ces hommes qui vivent de la politique sont continuellement lancés les uns contre les autres par les divergences des partis et par la concurrence professionnelle. Ils en viennent fatalement à rechercher des succès personnels plutôt que le bien de l'État. On connaît la page où Platon raille les compétitions des incapables qui veulent tenir le gouvernail, cette page amusante où la phrase s'en va tout de guingois, à l'instar du navire dont elle décrit la marche tourmentée :

« Figure-toi ceci, qui peut arriver à une flottille ou à un seul navire. D'une part, un capitaine supérieur à tous les hommes du bord en taille et en force, mais un peu sourd, un peu myope et dont les connaissances nautiques sont à l'avenant. D'autre part, des matelots qui se disputent la direction du navire, chacun croyant qu'elle lui revient de droit, sans avoir jamais appris cet art, sans pouvoir indiquer qui a été son maître ni quand il a fait ses études ; qui soutiennent en outre que cela ne s'apprend pas, tout prêts à mettre en pièces quiconque dirait le contraire ; qui ne pensent qu'à harceler le bonhomme de capitaine et font tout pour qu'il leur cède la barre ; qui, de temps en temps, s'il ne les écoute pas et en écoute d'autres, tuent les autres ou les jettent par-dessus bord et abrutissent le généreux capitaine de mandragore, de vin ou de n'importe quoi, prennent le commandement du navire et disposent de tout ce qui s'y trouve, se saoulent et se gavent, naviguent comme on peut le faire en cet état, vantant d'ailleurs comme bon marin, bon pilote, fin connaisseur en l'art nautique celui qui est capable de les aider à obtenir le commandement de gré ou de force à la place du capitaine et vitupérant comme un propre à rien celui qui s'y refuse, n'ayant pas la moindre idée de ce qu'est le vrai pilote, ne sachant pas qu'il doit s'occuper de l'année, des saisons, du ciel, des astres, des vents et de tout ce qui concerne son art.... Quand les navires sont menés ainsi, ne penses-tu pas que le véritable pilote est traité d'homme dans la lune, de bavard et d'être inutile ([1360]) ? »

Certes, la spirituelle critique du doctrinaire idéaliste appelle de fortes restrictions. Outre qu'elle cache une arrière-pensée, à savoir qu'à un philosophe seul devrait revenir la mission de gouverner les hommes, elle ne doit pas nous dissimuler un fait, l'aptitude dont le peuple athénien a donné maintes preuves en tout temps à faire de bons choix.

Elle n'en est pas moins justifiée dans bien des cas par les luttes de l'Ecclèsia, telles qu'elles apparaissent d'après les discours des orateurs. Si, dans les conflits d'idées, l'éloquence à la Pnyx atteint parfois le sublime, dans les discussions personnelles elle descend à un niveau déplorablement bas. Les plus grands, Démosthène comme les autres, prennent un plaisir haineux à lancer contre l'adversaire les plus viles injures, les imputations les plus infamantes, les calomnies les plus atroces, sans épargner sa vie privée, ni même celle de sa famille. On n'aurait pas remué tant de fange, si l'on avait redouté la réprobation générale. Mais ces duels à mort excitaient apparemment les mêmes émotions que les combats de pugilistes. Rares devaient être les gens de sens assez rassis pour s'apercevoir que de pareilles mœurs, en dégradant orateurs et auditeurs, déshonoraient la tribune et la cité même.

Une des accusations les plus usuelles et les plus graves que s'adressent les hommes de parti et qu'accueille volontiers la malignité publique est celle de corruption ou de vénalité. Nous touchons là à ce qui fut un des vices grecs. Déjà au Ve siècle, on voyait les personnages les plus éminents de Sparte, les rois mêmes, tendre la main vers les sacs d'or offerts par l'étranger, et chez les Athéniens, non seulement la liberté de parole était paralysée dans les débats sur la politique extérieure par des suspicions trop faciles [1361], mais le maniement des fonds publics, surtout des fonds secrets, était dangereux pour ceux qui en avaient la charge. Encore fallait-il en ce temps des faits précis pour donner corps aux soupçons. Mais au IVe siècle, quand les politiciens exercent un métier, quand un bon nombre d'entre eux, arrivés pauvres aux affaires, étalent un luxe insolent et ont pignon sur rue, que peut bien penser le peuple à la vue de ces fortunes scandaleuses ? De loin en loin, il se fâche, il brandit les armes que lui fournit l'arsenal du droit pénal, eisangélie, actions criminelles en soustraction de deniers publics ou en réception de présents (γραφὴ κλοπῆς χρημάτων δημοσίων, δώρων, δωροξενίας). Mais ceux qui n'ont pas la conscience tranquille usent d'hypocrisie ou de cynisme pour désigner comme victime expiatoire quelqu'un de ces logographes qui

gagnent leur vie à écrire des discours pour les autres (1362),
comme si la profession de ces avocats écrivains n'était pas
encore la plus honnête qu'aient fait naître les nécessités de
la vie politique et judiciaire. Lancée sur de fausses pistes,
ne sachant plus trop où se prendre, la défiance universelle
oscille entre la colère et le scepticisme. Toujours disposé à
la « philanthropie », le peuple applique à sa façon les lois qui
défendent aux orateurs de tirer profit de leurs interventions
à la tribune. Il admet que la liberté de penser et de parler
implique le droit d'accepter de l'argent pour soutenir une
opinion, pourvu qu'on soit sincère et qu'on ne nuise pas
sciemment au pays (1363). Interprétation qui va loin, quand
l'argent est envoyé du dehors. Eschine avait beau jeu. L'âne
chargé d'or que le Macédonien envoyait dans les villes à sa
convenance pouvait franchir les murailles d'Athènes au vu et
au su de tout le monde. Ce ne fut pas une des moindres
causes de ruine pour le régime de la cité.

Dirigée par des hommes qui trop souvent monnayaient
leur talent sans souci de l'intérêt commun, la multitude
exploitait sa souveraineté de façon à en tirer des profits
matériels, fût-ce au détriment du trésor. Le principe qu'appliquait la démocratie athénienne n'est, d'ailleurs, spécial
ni à Athènes ni à la démocratie. De tout temps, dans toutes
les cités de la Grèce et sous tous les régimes, la souveraineté
politique avait comporté des avantages économiques. On
avait toujours admis, par exemple, que certains revenus
extraordinaires de l'État, tels que les produits des mines,
pouvaient être partagés entre les citoyens : c'est ce que
faisaient les Siphniens au VIᵉ siècle (1364). Mais la façon différente dont les Athéniens appliquèrent cette règle à cent quarante ans d'intervalle jette une lumière crue sur la transformation de l'esprit public : en 483, à la demande de Thémistocle, ils rejetèrent les suggestions de l'égoïsme pour
consacrer l'argent du Laurion à la construction d'une flotte,
la flotte qui allait remporter la victoire de Salamine (1365); peu
avant la défaite de Chéronée, lorsque l'orateur Lycurgue
eut fait prononcer la peine capitale et la confiscation contre
un personnage qui avait acquis une fortune immense par
l'exploitation illégale d'une concession, ils se répartirent les

biens du condamné à raison de cinquante drachmes par
tête (¹³⁶⁶).

Le parti qui détenait le pouvoir trouvait tout naturel de se
réserver tous les revenants-bons d'un pareil principe. Mais
pourquoi se contenter d'un casuel aléatoire ? Ne pouvait-on
pas transformer de vieilles institutions de façon à les
accommoder à des besoins nouveaux ? Depuis le temps de
Périclès, l'État accordait aux citoyens qui les demandaient
les deux oboles perçues aux portes du théâtre : c'était la
diôbélie des spectacles, le *théôrique* (¹³⁶⁷). Plus tard, après le
désastre de Sicile et l'occupation de Décélie par les Spartiates, sur la proposition de Cléophon, il avait accordé aux
indigents une allocation quotidienne qui était également de
deux oboles et qu'on appelait tout uniment la diôbélie (¹³⁶⁸).
D'ailleurs, de tout temps, il offrait régulièrement des
hécatombes aux dieux et recevait parfois des princes étrangers comme cadeaux diplomatiques des cargaisons de
blé (¹³⁶⁹) : autant d'occasions de faire d'abondantes distributions de viande et de grains. Pourquoi ne pas donner une
organisation définitive et permanente à l'assistance publique,
de manière à venir en aide aux citoyens besogneux, ou tout
au moins à les régaler et à les amuser les jours de fête ? Quel
meilleur emploi pour les excédents budgétaires ? Ainsi le
théôrique aura sa caisse spéciale, alimentée d'année en
année et chaque fois le plus largement possible : ne faut-il
pas assurer au peuple le pain et le théâtre, *panem et cir-
censes* ?

Au vᵉ siècle, quand on tenait encore à concilier les droits
des citoyens avec ceux de la cité, on voyait déjà dans la
misthophorie l'élément essentiel du gouvernement démocratique, si bien que le premier acte de l'oligarchie triom-
phante avait été de la supprimer (¹³⁷⁰). Une fois que la
multitude ne songe plus qu'à la satisfaction des instincts
égoïstes, c'est le théôrique qui devient la maîtresse pièce
du régime. Quelques patriotes essaient bien encore de
rappeler les nécessités de la défense nationale, d'opposer
les *stratiôtika* aux *théôrika* : les excédents budgétaires
deviennent l'enjeu de la partie qui se joue sur la Pnyx ; la
lutte pathétique des intérêts personnels et de l'intérêt

commun, ce drame d'où dépend le sort d'Athènes, se résume dans la concurrence de deux caisses. Mais, même les champions de la cité, sachant qu'elle ne peut plus subsister que par l'entente entre les riches et les pauvres, sont obligés de proclamer la valeur quasi constitutionnelle du théorique : ils n'admettent pas qu'on en dise du mal, qu'on le « blasphème », et demandent que tous le considèrent comme intangible (¹³⁷¹). Les démagogues se piquent de doter la caisse bien-aimée de ressources nouvelles par la chasse aux fortunes ou par des tours de passe-passe financiers. Pour que tout le monde puisse assister aux trois représentations de tragédie, on donne à chacun une drachme, s'il y a moyen, au lieu de deux oboles (¹³⁷²). Puis le théorique est élevé à cinq drachmes et distribué, non plus seulement à l'occasion des Dionysies et des Panathénées, mais aux fêtes en général (¹³⁷³). Il y a mieux : Démade se fait gloire d'avoir procuré à chaque citoyen une demi-mine pour célébrer dignement la joyeuse journée des Pots (¹³⁷⁴).

Point n'était besoin d'une moralité bien scrupuleuse pour désapprouver le système. Il se condamnait lui-même, par l'impossibilité d'arriver à ses fins malgré les surenchères. Une stricte observation des faits et des chiffres vérifie ces pensées pessimistes d'Aristote : « La méchanceté des hommes les rend insatiables : pour commencer ils se contentent de deux oboles ; la tradition une fois établie, leurs besoins s'accroissent sans cesse, jusqu'à ce qu'ils ne connaissent plus de bornes ; car la cupidité est insatiable de nature, et la plupart des hommes ne vivent que pour l'assouvir... On partage les excédents, et les besoins restent les mêmes : c'est un tonneau sans fond qu'un pareil secours aux indigents (¹³⁷⁵). » Démade lui-même, qui avait l'expérience des distributions démagogiques, appelait le théorique la glu de la démocratie (¹³⁷⁶). Toujours insuffisant, toujours augmenté, le fonds de l'assistance sociale corrompait le régime, dissipait en sportules les ressources nécessaires aux services essentiels, menait aux abîmes le trésor et la cité.

Et c'est bien à l'Ecclèsia que remonte la responsabilité du mal. Nous avons sur ce point un témoin inattendu, l'adversaire de Démosthène, Eschine. En un jour d'indignation moins vertueuse qu'intéressée, l'habile rhéteur trouve un mot qui porte. Il parle de séances où les hommes politiques se font décerner par le peuple toutes sortes d'honneurs : « On en sort, dit-il, non pas comme d'assemblées délibératives, mais comme de réunions d'actionnaires après distribution des surplus » (ὥσπερ ἐκ τῶν ἐράνων τὰ περιόντα νειμάμενοι) [1377]. Oui, la république est vraiment devenue un *éranos*, et l'on peut entendre par là une société de secours mutuels qui demande aux uns de quoi fournir aux autres leurs moyens d'existence. Par un renversement étrange des relations qui semblaient naturelles jadis, ce ne sont plus les citoyens qui ont à remplir le devoir filial envers la cité, c'est la cité qui est tenue de l'obligation alimentaire envers les citoyens, comme les enfants le sont envers les parents [1378].

II. LES OBLIGATIONS JUDICIAIRES, FISCALES ET MILITAIRES

Tout se tient dans la vie publique. Cette prépondérance de l'intérêt personnel, qui altérait jusqu'à la notion de cité, ne pouvait pas peser sur les délibérations de l'Ecclèsia sans détraquer les administrations qui avaient pour ressort le sentiment civique. Elle devait nuire au recrutement des juges et, tout spécialement, désorganiser l'armée et les finances.

Dans les premières années du IVe siècle, quand la pénurie du trésor empêchait le rétablissement de la solde judiciaire, les hèliastes se faisaient tellement rares, qu'on dut les autoriser à se faire inscrire dans plusieurs sections. On put renoncer à cet expédient en leur rendant le triobole ; mais, même alors, on n'eut plus les mêmes difficultés que jadis pour garnir les dicastères. Au lieu de limiter le nombre des jurés à six mille, il fallut permettre à tous les citoyens qui remplissaient les conditions légales de se faire inscrire et assermenter à titre de dicastes. Au lieu de les répartir par tribus, comme on faisait dans toutes les autres administrations, il fallut les classer à peu près également par sections, en ne tenant compte que des nécessités du service. Un document nous donne, d'ailleurs, un renseignement précis sur la répugnance qu'éprouvaient les Athéniens, dans la seconde moitié du IVe siècle, à remplir leur devoir de juges. Sur la liste des arbitres publics qui siégèrent en 325/4 figurent 103 noms. Elle devrait contenir les noms de tous les citoyens qui, dans l'année, avaient atteint l'âge de soixante ans, c'est-à-dire d'environ 1 p. 100 des 23 à 25 000 citoyens que renfermait alors Athènes [1379]. Nous voyons par cet exemple que plus de la moitié de ceux qui avaient à remplir une fonction obligatoire trouvaient moyen de s'en faire dispenser.

Les Athéniens du IVe siècle répugnaient bien plus encore au devoir fiscal. L'histoire financière de cette époque présente, en effet, un spectacle singulier. L'État, que des guerres perpétuelles réduisent à une perpétuelle pénurie, s'évertue à trouver de nouvelles ressources : il double les impôts indirects, le centième sur l'importation et l'exportation, le centième sur les ventes immobilières [1380] ; il recourt le plus souvent possible à la contribution extraordinaire de guerre, de façon à en faire presque une contribution ordinaire ; il organise la trièrarchie et de manière à convertir une prestation en un impôt direct ; il fait appel aux contributions volontaires ; en désespoir de cause, il multiplie les confiscations et charge les généraux de nourrir la guerre aux dépens du pays ennemi ou même ami. Aussi les hommes d'État qui restent le plus longtemps au pouvoir sont-ils des financiers de premier ordre. Callistratos d'Aphidna organise le trésor de la seconde confédération ; Eubule sauve Athènes de la banqueroute après la guerre sociale ; Lycurgue pare à toutes les difficultés causées par le désastre de Chéronée. Instruite par l'expérience, la démocratie athénienne renonce même, en faveur des hauts fonctionnaires de l'ordre financier, aux principes du tirage au sort, de l'annualité et de la collégialité : les administrateurs du théorique et le trésorier unique de la caisse militaire sont élus pour quatre ans [1381]. Tandis que les philosophes et les publicistes, Platon et Aristote, Xénophon et Isocrate, sont poussés par la préoccupation générale à jeter les bases de la science économique, des particuliers

s'ingénient à chercher les moyens de remplir le trésor
public : ils proposent à l'État de se faire constructeur d'hôtel-
leries, de magasins, de vaisseaux marchands, de louer les
esclaves par milliers pour les mines, de créer la régie du sel
ou le monopole du plomb ([1382]). Ah! les beaux efforts pour
venir en aide à la patrie! Il n'y a qu'un malheur, c'est que
les contribuables s'esquivent à qui mieux mieux et que
la matière imposable se volatilise.

C'est ce conflit entre les exigences de l'intérêt public et la
carence des bourses réfractaires, conflit plus moral encore
qu'économique, qui explique les transformations successives
de l'*eisphora*.

Depuis que l'intervention de l'or perse avait changé la
guerre du Péloponèse en une guerre d'argent, bon gré mal
gré Athènes avait dû recourir fréquemment à cet impôt
extraordinaire. Lorsqu'en 378 elle résolut de reconstituer
la confédération maritime, elle avisa aux moyens d'en tirer
le plus possible. Est-ce dans les sombres années qui ter-
minèrent le ve siècle, ou une trentaine d'années après,
qu'elle augmenta le nombre des assujettis? On ne sait.
Toujours est-il que le taux du cens qui marquait la limite
entre les zeugites et les thètes, entre les imposables de la
dernière classe et les exemptés, fut abaissé de 200 drachmes
à 150 ([1383]) : les listes des contribuables et des hoplites
s'allongèrent d'autant. C'est alors aussi, puisqu'on demandait
l'eisphora à un plus grand nombre de citoyens, que par
esprit d'équité on en fit un impôt progressif ou plutôt
dégressif. En un temps où l'on admettait qu'un capital
équivalait à douze années de revenu, on capitalisa les
revenus à raison de 12 annuités pour les pentacosiomédimnes, de 10 pour les chevaliers, de 6 2/3 pour les zeugites,
sans tenir compte des fortunes inférieures à 1 800 drachmes.
Le capital imposable ($\tau i \mu \eta \mu \alpha$) se confondait donc avec le
capital réel pour la première classe, mais était réduit d'un
sixième pour la deuxième et d'un tiers pour la troisième.
Selon la classe, il était au minimum de 6 000, de 3 000 ou de
1 000 drachmes ([1384]). Proportionnel au capital imposable
et admettant des exemptions à la base, l'impôt était par
cela même fortement dégressif ; d'autre part, avec des

apparences d'impôt sur le capital, c'était en réalité un impôt sur le revenu. Nous savons que le montant des rôles, lors du premier recensement, qui se fit en 378/7, était de 5 750 talents ; il resta toujours, durant le IVe siècle, aux environs de 6 000 talents ([1385]). Même à un taux modéré, l'eisphora pouvait, avec cette organisation, assurer à la cité d'amples ressources.

Mais il fallait compter avec les fuites, plus ou moins frauduleuses. Pour la confection des rôles (διαγράμματα), on s'en fiait aux déclarations des contribuables. La cédule des biens-fonds pouvait encore être soumise à un contrôle assez sérieux, celui des dèmarques qui tenaient à jour une sorte de cadastre (ἀπογραφή) et pouvaient estimer les rendements. La valeur de la propriété bâtie pouvait être fixée raisonnablement d'après le loyer. De même, le cheptel et les esclaves pouvaient être estimés d'après leur nombre et leur état physique ([1386]). Mais quelle garantie avait le fisc sur la sincérité des déclarations relatives aux revenus mobiliers, aux biens « non apparents » (ἀφανῆ) ? C'est bien parce qu'on ne se gênait guère pour dissimuler (ἀφανίζειν, ἀποκρύπτεσθαι) que les plaideurs se faisaient si souvent un mérite de payer régulièrement leurs contributions.

Cependant, en 378/7, en même temps peut-être qu'on réorganisait les classes censitaires, on prit une mesure énergique pour faciliter la rentrée de l'eisphora et en améliorer la répartition. Les contribuables furent groupés dans vingt *symmories*, de telle façon que les symmories eussent toutes à payer pour la même fraction de capital imposable la même part d'impôt. Chacune d'elles devait se charger de la perception, chacune étant responsable de son dû. L'État croyait n'avoir plus qu'à fixer un total et à le toucher, sous condition de remanier de temps en temps les symmories d'après les revirements de fortune et les partages de succession. Aux symmories de s'arranger. Mais ce n'était pas chose aisée : les petits contribuables trouvaient toujours de bonnes raisons pour se faire exempter ; les gros étaient obligés de faire preuve de civisme en dépassant pour la progression du capital imposable les prescriptions légales. Timothée, dont la fortune était très grande, s'engageait à payer le cinquième de son revenu, et les tuteurs de Démosthène, dans un élan de générosité qui ne leur coûtait rien, en firent autant au nom de leur pupille (1387). Malgré tout, il y avait des récalcitrants qu'il fallait poursuivre en justice, des insolvables que leur symmorie abandonnait à leur responsabilité personnelle. Bref, les arriérés traînaient désespérément d'année en année.

En 362 au plus tard, on dut réorganiser l'institution, en vue d'assurer l'État contre tout risque de déficit. Sur les 1 200 citoyens qu'on fit entrer dans les vingt symmories, à raison de 60 dans chacune, les plus riches, au nombre de 300, furent répartis entre elles, à raison de 15. Les 300 devaient faire au fisc l'avance de l'eisphora et se rattraper au cours de l'année sur les assujettis de seconde catégorie : on leur imposait ainsi une liturgie extraordinaire, analogue à la trièrarchie, la *proeisphora*. Cette fois, l'État se tenait pour assuré d'avoir à jour fixe les sommes qu'il demandait. Cette fois encore, il eut des déceptions. En 355, il fallait nommer une commission à la tête de laquelle était placé Androtion, pour faire rentrer les arriérés qui s'étaient accumulés depuis 378. A la tête de la police, Androtion traqua les reliquataires, viola leur domicile, saisit leur mobilier et les traîna en prison, quand ils ne réussissaient pas à se cacher sous les lits ou à s'enfuir par les toits (1388). Mais l'administration financière avait beau s'ingénier et user de rigueur ; la mauvaise volonté des contribuables était la plus forte. Démosthène, en 354, s'écriait avec désespoir :

« Voyez notre cité tout entière. Par les richesses qu'elle renferme, elle égale ou peu s'en faut toutes les autres cités réunies; mais ceux qui les possèdent ont l'esprit ainsi fait que, même si tous les orateurs annonçaient cette terrible nouvelle, que le roi va venir, qu'il n'y a pas moyen de détourner le cours des choses... non seulement ils ne verseraient pas l'eisphora, mais ils dissimuleraient leur avoir et en nieraient l'existence (1389). »

Cet abaissement de la moralité civique apparaît en pleine lumière dans l'histoire de l'institution qui implique à la fois le devoir fiscal et le devoir militaire, la trièrarchie.

A l'origine, la charge de la trièrarchie était imposée à un seul citoyen par navire et ne pouvait lui revenir qu'après un intervalle de deux ans. Mais, pendant la guerre de Décélie, les trièrarques furent autorisés à s'associer deux à deux pour une aussi forte dépense : c'est ce qu'on appelait la *syntrièrarchie* ([1390]). Le système de la trièrarchie simple et celui de la syntrièrarchie fonctionnaient simultanément ; c'était affaire aux prestataires de régler par de libres conventions les questions d'équipement et de commandement ([1391]). Au fond, le soulagement n'était pas grand pour eux : partagée en deux, la charge revenait deux fois plus souvent. On la supporta tant que la flotte ne comprenait qu'une centaine de bateaux et que les armements étaient rares. Mais lorsque Athènes reconstitua la confédération maritime, en 378/7, elle dut construire à force et décréter des expéditions annuelles. En 357/6, au moment où éclata la guerre sociale, elle possédait 283 trières, peut-être même 383. Elle avait beau faire appel aux bons citoyens disposés, comme Démosthène, à se mettre en avant hors tour ([1392]) ; les bonnes volontés se faisaient rares. La plupart cherchaient à s'en tirer au plus bas prix. La spéculation s'en mêla. Des entrepreneurs prenaient à forfait les obligations de la trièrarchie ; s'ils y gagnaient, c'est qu'ils fournissaient des agrès de rebut. Nous savons, par exemple, que Démosthène fut forcé par des manœuvres dolosives d'endosser un contrat de ce genre ([1393]). Ce qui était plus grave encore, c'est que les trièrarques se procuraient des remplaçants en temps de guerre : en 361, Aristophon d'Azènia en accusa plusieurs de trahison et de lâcheté et requit contre eux la peine de mort ([1394]).

Il fallait aviser. On décida d'augmenter le nombre des prestataires en demandant une part proportionnelle aux fortunes plus modestes. Tel fut l'objet d'une loi proposée par Périandre. Cette loi appliquait à la trièrarchie le régime des *symmories*, tel qu'il existait depuis 362. Il y eut donc vingt symmories trièrarchiques. Chacune comprenait soixante membres rangés par classes d'après leur fortune, dont quinze en tête de liste. Chacune avait son chef ou *hègémôn*, dont elle portait le nom, son administrateur ou *épimélète.* Une commission de Vingt (les vingt hègémones ou les vingt épimélètes) s'adjoignait aux stratèges pour répartir les charges trièrarchiques entre les symmories. Les navires, que l'État assignait jadis directement, un par un, à un ou deux trièrarques, étaient désormais distribués par les symmories comme elles l'entendaient. L'effort qu'elles devaient fournir était plus ou moins grand, selon l'importance de l'armement décrété : pour tel navire, surtout en temps de paix, quand la dépense n'était pas trop forte, la symmorie désignait un seul trièrarque ; pour tel autre, surtout en temps de guerre, elle désignait un nombre variable d'associés (συντελεῖς), nombre qu'on voit porté jusqu'à seize [1395].

Au premier abord, la réforme de Périandre semble marquer un progrès financier, puisqu'elle répartissait sur plusieurs la charge qui pesait auparavant sur un ou deux et qu'elle transformait, en somme, une liturgie en impôt direct. Cependant, même au point de vue fiscal, les résultats du système restèrent de beaucoup au-dessous de ce qu'on en attendait. Sur les douze cents inscrits, un grand nombre bénéficiaient de dispenses temporaires, tels que les veuves, les filles épiclères, les clérouques, les héritiers demeurés dans l'indivision. Démosthène compte 480 dispenses de ce genre [1396]. D'autres demandaient leur radiation pour revers de fortune. En fait, la liste n'était jamais complète, et des centaines de noms n'y figuraient que pour mémoire. Mais le système présentait bien d'autres inconvénients. Au point de vue politique, il soulageait la classe la plus riche en grevant la partie la plus aisée de la classe moyenne. Il eut des conséquences plus graves encore au point de vue national. En dispersant la responsabilité du commandement, on l'annulait et on créait d'incessants conflits. Au lieu d'être animés, comme jadis, d'une émulation patriotique qui donnait à chacun la fierté de son œuvre, les prestataires n'étaient plus guidés que par les plus vils motifs d'intérêt personnel.

A elle seule, l'histoire de la trièrarchie suffirait à montrer combien l'Athènes du IVe siècle éprouvait de difficultés, devant le fléchissement de l'esprit public, à organiser sérieusement sa défense. Mais il s'agit là d'un fait grave, qu'il faut examiner de plus près.

L'éducation donnée aux jeunes gens ne procurait plus à la république les forces militaires dont elle avait besoin. Dès le v° siècle, les Athéniens, se comparant aux Spartiates, se vantaient de compter moins, à l'heure du danger, sur un long entraînement à la guerre que sur leur courage naturel. Confiance dangereuse. Elle se justifiait tant bien que mal à une époque où la culture de l'esprit se conciliait encore avec le goût de l'action et l'habitude des exercices physiques [1397]. Pourtant Aristophane se répand déjà en plaintes amères contre les mœurs introduites par les sophistes et regrette le temps où les enfants allaient à l'école sans manteau sous la neige, où les jeunes gens prenaient leurs ébats sous les oliviers du gymnase, fleurant bon le smilax et les bourgeons de peuplier, se faisant une poitrine robuste, un teint clair et des épaules larges [1398]. Ce fut bien pis par la suite.

L'école socratique fit tout ce qu'elle put pour réagir. Le maître tenta de réveiller l'esprit militaire chez ses compatriotes, insistant sur les qualités et les connaissances nécessaires à l'officier et au général, demandant à l'homme politique d'étudier les ressources matérielles des divers États, exhortant les simples particuliers à se mettre physiquement en état de venir au secours de la cité [1399]. Les disciples crurent devoir s'attaquer à la source même du mal, le droit laissé au père de famille de diriger à son gré l'éducation de ses enfants. Platon, pour qui tout élément individuel doit être éliminé de la république idéale ou simplement saine, proclame l'obligation scolaire avec ou sans le consentement des parents [1400] ; Aristote déclare que c'est affaire à la loi de régler les questions d'éducation et veut que l'école publique et unique, dont il est partisan, se modèle sur les principes de la constitution [1401]. Tous les deux attachent la plus grande importance aux exercices du corps et demandent qu'ils soient conçus en vue d'une forte préparation au service militaire [1402]; car « l'éducation apporte la victoire » [1403].

Mais, au grand regret des philosophes, la liberté des familles était complète. Elles en usaient pour donner à l'éducation un caractère exclusivement utilitaire, contre quoi proteste Aristote ([1404]). C'est bien par des raisons d'intérêt personnel qu'Isocrate défend le système d'éducation privée : « Impossible de prescrire les mêmes exercices à tous, à cause de l'inégalité des fortunes ; il faut donc que chacun reçoive une éducation proportionnée à ses moyens : ceux qui ont une petite situation doivent être poussés vers la culture et le commerce ; les fils des riches doivent s'occuper d'équitation, de gymnastique, de chasse et de philosophie ([1405]). » En réalité, la gymnastique est délaissée dans toutes les classes de la société, et Isocrate la dédaigne tout le premier ([1406]). Elle est de plus en plus l'affaire de spécialistes, de professionnels ($\dot{\alpha}\theta\lambda\eta\tau\alpha\acute{\iota}$) s'opposant aux amateurs ($\dot{\iota}\delta\iota\tilde{\omega}\tau\alpha\iota$) ([1407]).

Ce déclin de l'esprit militaire et de l'éducation physique n'est pas spécial aux Athéniens ; il s'observe dans la Grèce presque tout entière, pour cette bonne raison qu'il résulte fatalement dans toutes les sociétés du développement économique et intellectuel. Il y avait longtemps que les Ioniens, gâtés par la fortune, se résignaient à la servitude par impatience de la fatigue et du plein soleil ; c'était un fait reconnu qu'on ne pouvait pas compter sur leurs troupes ([1408]). Les autres Grecs les méprisaient alors ; maintenant ils les imitent. En 383, au temps où Sparte luttait encore pour l'hégémonie, la ligue péloponésienne dut autoriser les villes à se racheter du service militaire et leur infliger une amende pour chaque homme qui manquait à leur contingent ([1409]). La gymnastique, art national s'il en fut, n'est plus guère pratiquée que dans les pays pauvres ou isolés : si la foule accourt de partout aux concours panhelléniques, les vainqueurs d'Olympie sont tous des Arcadiens ou des Thessaliens. Le mal est donc devenu général ; mais c'est dans la capitale du commerce et des lettres qu'il fut le plus profond et en tout cas, le plus visible.

Quand Athènes, après avoir dû supprimer quelque temps, sous l'hégémonie de Sparte, toute préparation à la guerre, se voit forcée par les événements politiques de reconstituer son armée, les résultats de ses efforts sont piteux. La masse des citoyens se moque de ceux qui se singularisent en cherchant

à se donner une complexion vigoureuse. Hoplites et cavaliers aiment trop leurs aises pour se plier à la discipline ([1410]).
Tous les prétextes sont bons pour se dérober au devoir
militaire. On se fait gloire de l'accomplir, comme d'un acte
méritoire. Eschine, dans la péroraison de son apologie, mentionne ses deux années de service comme un titre exceptionnel et s'oppose implicitement à Démosthène, qui n'en pourrait dire autant ([1411]). A mesure que diminue dans l'armée le
nombre des citoyens, augmente celui des mercenaires. La
Grèce entière est remplie alors de vagabonds et de bannis
qui louent leurs bras aux plus offrants ; ils suivent avec enthousiasme le condottiere qui leur promet, avec une solde
régulière, de lucratives victoires.

Athènes recourt à eux, comme les autres cités. Bien des
protestations s'élèvent contre un pareil état de choses. Quand
les Athéniens ont pour la seconde fois perdu leur empire,
Isocrate leur indique la principale cause de leur infortune :
remplacement de l'armée nationale par une multitude de
déracinés, de transfuges et de criminels, soldes prodiguées à
des étrangers par un trésor incapable de soulager la misère du
peuple. Comme remède, le rhéteur propose le retour à la
tradition : aux citoyens de défendre le pays de leurs corps,
au lieu de s'infliger la honte de servir comme rameurs en
laissant à d'autres le soin de combattre. Vers la même époque, Xénophon propose même qu'on dispense les métèques
de servir comme hoplites, parce qu'une infanterie où les
citoyens ne seraient pas confondus avec une tourbe hétérogène n'en serait que meilleure, et qu'un peuple se fait
grand honneur de compter moins sur l'aide étrangère que
sur sa propre valeur. Cette réforme, Démosthène passe sa
vie à la réclamer, mais en homme d'État forcé de tenir
compte des faits et des idées : connaissant les nécessités de
la guerre et le nombre d'hommes qu'elle exige, il voit bien
qu'il est impossible désormais de renoncer complètement
aux soldats de métier et de reconstituer une armée purement
nationale ; il veut un noyau de citoyens, solide, bien exercé,
bien payé, auquel s'agrégeront en temps et lieu des troupes
mercenaires ([1412]). Dès lors, comme on vient de le voir, la
grande question qui se pose devant la conscience de chacun

et qui met aux prises les partis politiques est de savoir si les
excédents budgétaires seront reversés dans la caisse du
théôrique ou dans celle de l'armée, consacrés aux menus plaisirs du peuple ou à la défense. Démosthène ne l'emporta pas
assez tôt pour empêcher le désastre de Chéronée. C'est au
bord de l'abîme qu'Athènes chercha le salut dans une forte
organisation de l'éphébie, un retour aux exercices gymnastiques et à l'apprentissage des armes [1413]. Il était trop
tard.

Chapitre IV

L'unification de la Grèce

I. L'IDÉE D'UNITÉ

Dans la transformation générale des esprits, chaque cité grecque est nécessairement amenée à s'ouvrir aux échanges plus facilement que jadis, à régler ses relations avec les autres cités grecques d'après des idées moins étroites et moins jalouses. Toute ville où le commerce et l'industrie avaient pris de l'ampleur attirait une masse hétérogène, gens de métier désireux d'y gagner leur vie, et envoyait ses marins visiter toutes les côtes de la Méditerranée. Par ce va-et-vient s'opérait un constant échange d'hommes, de marchandises et d'idées. Le sang se mêlait, les préventions tombaient une à une. A l'intérieur de chaque pays, les citoyens et les métèques, à force d'être rapprochés pendant des générations par les mêmes nécessités de la vie économique et sociale, ressentaient le même amour pour la commune patrie : les ports surtout étaient des creusets où se faisaient de jour en jour de solides alliages. D'un pays à l'autre, se formait, de plus en plus précise, de plus en plus consciente, la conception de l'unité hellénique.

C'était elle déjà qui avait groupé jadis contre les Mèdes, les Carthaginois et les Étrusques les combattants de Salamine et de Platées, d'Himère et de Cumes. La fraternité d'armes qui avait sauvé la Grèce fut chantée avec enthousiasme par les poètes contemporains. Pindare, quoique fils d'une ville traîtresse à la cause nationale, trouva de magni-

fiques accents pour saluer Athènes « couronnée de violettes,
rempart de l'Hellade » et pour lui associer dans la gloire
Égine, Sparte et Syracuse ([1414]). Dans les *Perses* d'Eschyle,
le sublime péan qui prélude à la victoire est un appel aux
« enfants des Hellènes » groupés pour délivrer les temples des
dieux et les tombes des ancêtres ([1415]). Tous ces souvenirs,
Hérodote les avait transmis à la postérité, pour en faire
honneur avant tout à cette Athènes qu'il chérissait comme
une mère adoptive, mais aussi pour montrer que l'enjeu de
la lutte avait été la destinée d'une race, d'une langue, d'une
religion, de toute une civilisation ([1416]).

En pleine guerre du Péloponèse, tandis que des mains
grecques versaient à flots le sang grec, des voix s'élevaient
pour déclarer que c'étaient là des luttes fratricides et que
l'honneur commandait, au lieu de mendier à qui mieux
mieux l'or des Perses, de marcher tous ensemble contre eux.
Si Aristophane ne se lasse pas de réclamer la paix, ce n'est pas
seulement parce qu'il la croit nécessaire aux paysans de
toutes les cités belligérantes, c'est aussi qu'il pense à cette
parenté des « Panhellènes » qui s'affirme devant les sanctuaires des Amphictionies et qui devrait les réunir contre les
barbares ([1417]). Thucydide avait probablement les mêmes
idées, au moins à l'égard des Perses : lui qui se fait une si
haute conception de la vérité historique et des devoirs
qu'elle impose, il n'ose pas, sans doute par pudeur patriotique, mentionner la paix de Callias, et, tandis qu'il raconte
les humiliantes démarches des Lacédémoniens auprès du
grand roi ([1418]), il se tait sur les négociations tout aussi déshon-
norantes qu'engagèrent à leur tour les Athéniens. Même du
côté adverse, on voit Callicratidas, une des plus nobles
figures de ce temps, rougir de l'alliance perse, opposer aux
haines inexpiables des cités le sentiment de la solidarité
grecque, travailler à une réconciliation générale.

Malgré les innombrables conflits qui suivirent la grande
guerre du Péloponèse, l'idée de l'unité panhellénique fit de
grands progrès au IVe siècle dans les esprits. Comme par le
passé, mais avec une précision que n'avaient point eue des
croyances nuageuses et qu'atteignirent des théories raison-
nantes, l'hellénisme se définissait par opposition à la bar-

barie. On admit que, par son climat même et par sa conception de la cité, la Grèce avait une supériorité essentielle sur les monarchies des pays torrides et sur les peuplades des régions froides, que la nature avait mis entre les Grecs et les barbares la même distance qu'entre les hommes et les bêtes, qu'en tout cas elle avait créé une race de maîtres et des races d'esclaves, de façon à donner à tout ce qui était grec des droits évidents sur tout ce qui ne l'était pas [1419]. Mais ceux-là même qui faisaient reposer la conception de l'hellénisme sur un principe physique, l'unité de race, y ajoutèrent un principe plus élevé, l'éducation (παιδεία), la forme de pensée (διάνοια), bref, la civilisation [1420].

Par conséquent, le Grec a beau être d'une cité, il doit se considérer comme faisant partie d'une communauté qui comprend toutes les cités d'origine et de mœurs grecques. Platon veut faire réaliser ses projets de réforme politique par les tyrans de Sicile. Quand Isocrate cherche à qui proposer les siens, à défaut d'Athènes et de Sparte, il s'adresse à un prince de Cypre, avant d'admettre qu'un Macédonien est encore un Grec. Si étendue que soit la Grèce ainsi définie, l'unité ethnique et morale des hommes qui l'habitent fait que toute guerre entre cités apparaît comme une guerre civile, une maladie, dit l'un [1421], une folie, dit l'autre [1422], une guerre fratricide. Il n'en faut plus. Tel est le langage que les plus fameux orateurs tiennent aux foules assemblées dans les panégyries d'Olympie. Gorgias de Léontinoi donne l'exemple en 392 : il exhorte les Grecs à mettre fin à des luttes qui les affaiblissent tous et à entreprendre tous ensemble en Orient la seule qui soit digne d'eux. Avec les mêmes développements, le discours « panégyrique » devient un genre littéraire, où s'exercent tour à tour Lysias et Isocrate. Gorgias ne craint pas de présenter ses idées aux Athéniens : dans un discours consacré à la mémoire des citoyens morts au champ d'honneur, il regrette qu'ils aient payé de leur vie des victoires moins glorieuses que celles de Marathon et de Salamine. Éloges et regrets qui se retrouvent dans un autre *Épitaphios* prononcé par un contemporain de Lysias.

Il était impossible que l'idéal d'unité ne se traduisît pas sur certains points dans la réalité. De tout temps, les arts et

les lettres avaient constitué pour tous les Grecs une sorte de
patrimoine commun. Cette communion devient plus intime.
Les écoles de sculpteurs se distinguaient jadis par des parti-
cularités locales ; il n'y a plus désormais qu'une évolution
générale de la sculpture avec des traits individuels. On sait
combien étaient variés jusque-là les alphabets ; l'alphabet
ionien, le plus complet de tous, l'emporte sur les autres : en
Attique, il commençait, dans le dernier quart du Vᵉ siècle, à
dominer dans l'usage privé et à pénétrer dans les actes
publics ; sous l'archontat d'Euclides (403/2), il devient officiel. Mais c'est Athènes qui se place sans conteste à la tête de
l'hellénisme. Elle se vantait déjà au temps de Périclès d'être
l'école de la Grèce ([1423]) et se proclamait sur la tombe d'Euripide « l'Hellade de l'Hellade ». Par les écrits d'Isocrate, elle
justifie ses titres. Elle est la « capitale » de la civilisation
grecque (ἄστυ τῆς Ἑλλάδος) ([1424]) parce qu'elle en réunit les
éléments essentiels sous une forme éminente, parce que tout
ce qui en fait la grandeur, humanité, savoir, raison, elle le
concentre chez elle pour le répandre chez les autres ([1425]).
Admirable panégyrique, confirmé par les faits. Le dialecte
attique est devenu la langue de culture pour tous les Grecs.
Les autres dialectes continuent de servir aux usages locaux,
l'ionien d'Hippocrate se conserve dans les livres de médecine,
et le dorien de Pythagore dans maints ouvrages de mathé-
matiques ; mais l'attique est la langue littéraire, la langue
commune de tous les gens instruits, la *koinè*. Pour rattacher
plus complètement leur pays au monde grec, les rois de
Macédoine l'emploient comme langue d'État.

Du domaine intellectuel et moral, l'idée d'unité pouvait-
elle se propager au domaine politique ? Ici, malheureusement pour la Grèce, elle devait se heurter longtemps encore
à des obstacles insurmontables. On a vu qu'elle tendait à
grouper les Grecs contre le monde extérieur. Comment se
fait-il cependant qu'un quart de siècle à peine après les
guerres médiques les cités grecques aient commencé, pour
ne plus jamais cesser, à demander chacune aux Perses un
appui contre les autres cités, et qu'au printemps de 336 un
édit envoyé de Suse leur ait fait la loi à toutes, leur imposant
pour de longues années la « paix du roi » ? C'est qu'il y avait,

ancré dans le cœur des Grecs, un sentiment capable de contrebalancer l'orgueil du nom hellénique et le mépris des barbares : un invincible amour de l'autonomie. Le patriotisme le plus pur ne pouvait se faire à l'idée que la cité fondée par les dieux et maintenue par les ancêtres ne serait plus une communauté libre et indépendante, maîtresse absolue de sa constitution, de ses lois, de son armée, de ses finances. Il ne faut pas perdre de vue que les plus grands esprits, aussi bien dans les spéculations transcendantes que dans les théories réalistes, ne croyaient pas que la science politique pût s'appliquer à un État autre que la *polis*. Ainsi, deux forces contraires vont se heurter : l'unité morale et la passion du particularisme.

Par elle-même, la Grèce était hors d'état de faire prévaloir la centralisation. Seule, une poussée extérieure pourra renverser les barrières qui la hérissaient de toutes parts : elle ne sera unifiée que par la conquête. Il faudra que la Grèce succombe pour que disparaisse le régime politique de la cité. Mais, avant de disparaître, il devait s'altérer, par l'action des idées nouvelles et de nouveaux besoins. On va voir les petites communautés, si exclusives jadis, s'ouvrir plus facilement aux individus. On va les voir, contraintes par la nécessité de se défendre contre des ennemis trop puissants, renoncer à une partie de leur souveraineté pour se prêter à des tentatives d'union restreinte et de fédéralisme.

II. LA COLLATION DU DROIT DE CITÉ ET L'ISOPOLITIE

Quand on sait ce qu'était en principe le droit de cité dans les villes grecques et qu'on voit ce qu'il fut en réalité au IVe siècle, particulièrement à Athènes, on se rend bien compte qu'il n'y a pas de dispositions légales qui tiennent contre les mœurs.

Aussitôt après la restauration démocratique de 403, le peuple athénien rétablit la loi de Périclès qui défendait le corps des citoyens contre l'intrusion des métèques. Cette loi avait été constamment violée ou tournée dans les dernières années de la guerre du Péloponnèse, par suite des nécessités militaires et des troubles politiques. Sur la proposition

d'Aristophon, amendée par Nicomédès, il fut décidé que
cette loi serait remise en vigueur sans effet rétroactif ([1426]).
Pour l'avenir, on prit toutes les précautions imaginables. A
ne consulter que les textes législatifs, jamais la collation du
droit de cité ne paraît aussi compliquée, aussi difficile. Le
décret qui le conférait devait être motivé par des services
exceptionnels rendus au peuple ; il devait être confirmé en
assemblée plénière par au moins six mille suffrages ; enfin, il
pouvait être attaqué par une action publique d'illégalité ([1427]).
L'usurpation du droit de cité tombait sous le coup d'une
accusation extrêmement grave, dont la sanction n'était rien
moins que l'esclavage avec confiscation des biens (γραφὴ
ξενίας) ([1428]). De temps en temps, quand il devenait évident
que trop de malins avaient passé par les mailles des lois, on
tâchait de les rattraper par le contrôle des registres. Les
livres des dèmes, qui équivalaient à nos actes de l'état civil,
furent soumis à une revision générale en 346/5 ([1429]), comme
ils l'avaient été un siècle auparavant. Ceux des phratries, qui
faisaient également foi à l'occasion, pouvaient chacun être
l'objet d'une revision analogue ([1430]).

Mais on avait beau faire : ce luxe de précautions et certains éclats d'indignation populaire ([1431]) laissent entrevoir
des fraudes persistantes. Les métèques riches et influents
n'avaient pas de peine à dénicher un bon petit dème, où il
n'en coûterait pas trop cher d'obtenir une inscription com-
plaisante. Le bourg pourri de Potamos avait à cet égard une
réputation bien établie ([1432]). Là ou ailleurs, le dèmarque lui-
même pouvait se charger de l'opération et trouver les
complices nécessaires, à cinq drachmes par tête ([1433]). A
défaut du dème, on avait la ressource de la phratrie, et un
habile homme pouvait pénétrer dans une famille de citoyens
authentiques par le subterfuge de l'adoption ou se faufiler
dans une promotion de naturalisations légitimes ([1434]). Ainsi
se formait et se reformait sans cesse une classe de faux
citoyens, les παρέγγραπτοι ([1435]).

Deux ou trois accès de colère en un siècle n'empêchaient
pas le peuple lui-même d'étendre et d'avilir le droit de cité
par le nombre toujours croissant des décrets honorifiques.
Déjà dans les dernières années du Ve siècle, ce genre d'abus

faisait rire ou crier : la comédie houspillait fort le luthier
Cléophon, ce démagogue grossier et ignorant, issu d'une
mère thrace et de père inconnu (1436). Bientôt les récriminations des orateurs se font aussi vives et aussi fréquentes
contre la facilité des naturalisations que contre les inscriptions frauduleuses. Isocrate s'attriste de voir prostituer un
titre de noblesse qui devrait inspirer tant de respect et d'orgueil. Démosthène, dans une de ces tirades qu'il sait par
cœur et fait passer d'un discours à un autre, oppose le temps
où la plus belle récompense que pussent obtenir les souverains étrangers était une fictive exemption de taxes à ces
tristes jours où le droit de cité n'est qu'une vile marchandise
offerte à des esclaves, fils d'esclaves : « Ce n'est pas, dit-il à
l'Assemblée, que vous soyez par nature inférieurs à vos pères;
mais ils avaient, eux, la fierté de leur nom, et cette fierté,
vous l'avez perdue (1437). »

Sans doute les admirateurs du passé se changent aisément
en contempteurs du présent. On ne voit pas encore au ive siècle, comme à l'époque hellénistique, les banquiers cumuler
autant de nationalités qu'ils ont de succursales et les cités
vendre officiellement à prix fixe les lettres de naturalisation.
Isocrate exagère évidemment, quand il en vient à dire que
les étrangers remplacent les citoyens à la guerre (1438). Pourtant, dans ces exagérations il y a beaucoup de vrai. Les
exemples que nous fournissent les orateurs et les inscriptions donnent l'impression bien nette que les décrets conférant le droit de cité augmentent en nombre et diminuent de
valeur. On reste encore dans la tradition avec le décret tumul-
tuaire proposé par Hypéride après la défaite de Chéronée et
qui promet la qualité d'Athénien aux métèques qui s'arme-
ront pour la défense de la patrie (1439). Mais Athènes se montre de moins en moins avare de privilèges individuels. Elle
accorde le titre de citoyen pour des services de tous genres :
à un homme politique comme Hèracleidès de Clazomènes,
à un chef de mercenaires comme Charidèmos, simple métèque d'Oréos, à des banquiers d'origine servile comme Pasion,
Phormion, Épigénès, Conon, à des marchands de salaisons
comme Chairéphilos et ses trois fils (1440). Elle fait même des
citoyens *honoris causa* par des décrets qui peuvent avoir une

valeur pratique pour des amis d'Athènes chassés de leur
patrie (Astycratès de Delphes, Peisitheidès de Délos), mais
qui ne sont souvent que des distinctions honorifiques, de
véritables décorations à titre étranger (Storys de Thasos,
Denys l'Ancien, Tharyps et Aryybbas rois des Molosses) (1441).
Un fait curieux, bien propre à échauffer la bile de Démosthène, montre avec quelle légèreté se faisaient les nomina-
tions de ce genre : le droit de cité est successivement accordé
au roi de Thrace Cotys et à ses meurtriers (1442).

Les Athéniens ne sont pas sans s'apercevoir qu'ils violent
les principes qu'ils font pourtant profession de respecter :
ils multiplient et compliquent tant qu'ils peuvent les formalités de la naturalisation et plus encore les formules qui la
mentionnent (1443). Mais ce n'est pas avec des moyens de
procédure et des procès-verbaux qu'on s'oppose à l'incessante poussée des idées et des mœurs nouvelles.

Si caractéristique que fût la tendance à multiplier les naturalisations personnelles, elle n'était qu'un signe des temps.
Ce qui pouvait avoir une grande valeur d'avenir en altérant
le régime des petites souverainetés, c'était l'admission en
masse d'une cité dans une autre. Déjà, au ve siècle, l'exemple des Platéens et des Samiens nommés citoyens d'Athènes
n'était pas resté isolé. A la même époque, deux villes d'Asie
Mineure s'ouvraient aux citoyens de deux villes siciliennes :
Antandros, aux Syracusains ; Éphèse, aux Sélinontiens (1444).
Ce n'était au fond qu'une façon d'honorer des hommes de
guerre qui venaient de rendre service à des alliés sur place ;
mais la forme générale donnée à cette distinction n'en marque pas moins un penchant à l'extension indéfinie du droit
de cité. Au ive siècle, on relève des cas analogues, mais susceptibles de résultats politiques. Les Cyrénéens resserrent
les liens qui les unissent à Thèra en reconnaissant comme
frères les fils de la vieille métropole (1445). Pour la première
fois, on voit, non plus seulement une ville conférer son droit
de cité à une autre par un décret unilatéral, mais deux villes
se communiquer leur droit de cité par une convention bilatérale : vers 365, un traité conclu entre Céos et Histiaia
déclare que chacun des États contractants accordera aux
citoyens de l'autre la liberté de commerce et, sur demande

individuelle, les droits civiques (⁴⁴⁶). Cet échange de citoyens entre États qui restent sur le pied d'égalité, en gardant chacun sa souveraineté avec sa constitution et ses lois, c'est ce que le droit public de la Grèce appellera plus tard l'*isopolitie*.

III. LES LIGUES ET LES FÉDÉRATIONS

Une autre institution marque un pas de plus : c'est le groupement des cités en communautés plus larges. Nous avons déjà vu au Vᵉ siècle se former, grandir ou péricliter un certain nombre de ligues et de fédérations. La fermentation qui travaille la Grèce au IVᵉ siècle multiplie ces essais de concentration politique où apparaissent pour la première fois des éléments du système représentatif. Tandis que l'Élide et Rhodes maintiennent plus ou moins paisiblement l'unité qu'elles se sont donnée par synœcisme et que les sympolities d'Arcadie et de Chalcidique mènent une existence tourmentée, on voit un bon nombre de groupements jusqu'alors amorphes prendre forme. En même temps, Lacédémone, Athènes et Thèbes feront de grands efforts pour reconstituer sur de nouveaux plans les ligues ou confédérations qu'elles commandaient pendant la guerre du Péloponèse et tâcheront d'y trouver les forces nécessaires pour dominer le monde grec.

Aussitôt après sa victoire sur Athènes, Sparte fortifie sa position dans la ligue du Péloponèse. Elle dispose de toute la force que lui donnent dans la Grèce entière l'autorité de ses harmostes et l'organisation des décadarchies. Elle exige de toutes les cités qu'elle a fait sortir de l'empire athénien les tributs qu'elles payaient auparavant ; elle exige un tribut d'Athènes elle-même (⁴⁴⁷). Aussi pèse-t-elle d'un poids bien lourd sur les Péloponésiens. Les décisions continuent d'être prises conjointement par le Conseil des alliés et l'Assemblée spartiate ; mais le Conseil ne délibère plus séparément avant de voter, il prend seulement part aux débats de l'Assemblée, procédure qui ne lui laisse plus sa pleine liberté (⁴⁴⁸).

Pendant ce temps, toute tentative de synœcisme, de sympolitie ou de confédération faite en dehors de la ligue lacédé-

monienne rencontrait à la fois l'opposition des partis oligarchiques, qui n'espéraient maintenir les privilèges traditionnels que dans les cadres restreints des cités autonomes, et
l'hostilité systématique des Spartiates, qui voulaient à tout
prix empêcher la formation d'États assez vastes et puissants
pour leur tenir tête. Ce n'est que pendant la guerre de Corinthe, première attaque dirigée contre l'hégémonie de Sparte,
que des Péloponésiens purent concevoir de pareils projets.
En 393, Corinthe, tombée au pouvoir de la démocratie,
décida de s'incorporer à l'Argolide. Vers 390, les cités
d'Achaïe — qui avaient toujours profité des fêtes célébrées
dans le bois sacré de Zeus Homarios pour s'entendre sur
l'attitude à prendre à l'égard des puissances étrangères —
changèrent cette espèce d'amphictionie en une fédération,
qui étendit son droit de cité à une ville acarnanienne [1449].
Sparte ne manque pas de réagir. Appelée à l'aide par les
oligarques de Corinthe, elle rétablit la dualité favorable à
leurs intérêts et aux siens [1450].

Mais que faire contre Thèbes, que la confédération de 447
rendait de plus en plus puissante ? Comment arrêter Athènes,
qui préludait à la reconstitution de son empire par des traités
d'alliance défensive et qui déjà se faisait autoriser à intervenir
dans la politique intérieure des cités alliées, à changer leurs
constitutions, à leur envoyer des garnisons et des gouverneurs, à leur demander des contributions, à leur interdire de
donner asile aux gens bannis d'Athènes [1451] ?

Ce fut pour la politique spartiate un coup de maître que
le traité d'Antalcidas (386). En imposant à toutes les cités
grecques l'autonomie comme une obligation absolue, la paix
du roi ne brisait pas seulement l'empire renaissant d'Athènes
qui inquiétait plus encore les Perses que les Spartiates ; elle
mettait fin à la confédération de Béotie ; elle faisait rentrer
Corinthe, détachée à jamais d'Argos, dans la ligue lacédémonienne ; enfin, elle allait permettre de dissoudre, comme
contraires au nouveau droit des gens, tous les synœcismes.

En Béotie, les onze districts fédéraux furent supprimés ;
les villes se gouvernèrent, chacune à part, comme elles l'entendaient, c'est-à-dire comme l'exigeait le commandement
militaire de Sparte [1452]. Toutes les dépendances de Thèbes

en furent détachées ([1453]), et, pour la tenir en bride, Platées fut reconstruite. Plus de monnaie commune : chaque cité eut de nouveau la sienne, qui pouvait bien porter au droit le bouclier béotien comme indication géographique, mais qui portait au revers son emblème à elle et son nom ([1454]). Une série de traités particuliers grossirent l'armée péloponésienne de contingents nouveaux ([1455]).

Dès 384, la population de Mantinée, à la grande joie des oligarques, fut de nouveau dispersée dans ses cinq villages : c'est même surtout par les renseignements donnés sur ce *dioikismos* que l'on connaît le *synoikismos* antérieur ([1456]).

La lointaine Chalcidique se croyait à l'abri. Ses institutions s'étaient bien consolidées depuis un demi-siècle. De sympolitie, elle était en passe de devenir un État unitaire ([1457]). Sans créer formellement un droit de cité fédéral, une loi commune en offrait l'équivalent à tous les Chalcidiens : il suffisait, en effet, de posséder les droits civiques dans une ville pour avoir dans toutes les autres le droit de mariage et le droit de propriété ([1458]). L'égalité civile était ainsi garantie, indépendamment de l'égalité politique, dans toute l'étendue de la communauté. Une pareille disposition, imposée à toutes les villes, dénote, à elle seule, une forte restriction de l'autonomie. Restriction égale pour toutes, au moins en principe. De fait, la république s'appelait officiellement « *koinon* des Chalcidiens » ([1459]). Elle avait le droit exclusif de battre monnaie, et c'est par exception qu'au nom des Chalcidiens s'ajoute sur certaines pièces celui d'Olynthe ([1460]). Mais, placée en apparence sur le même pied que les autres cités, la capitale dissimulait mal une hégémonie réelle. L'Assemblée fédérale siégeant à Olynthe ne différait guère de l'Assemblée olynthienne. Ses pouvoirs étaient considérables. Elle s'occupait des affaires étrangères, des traités politiques et des conventions commerciales, réglait les affaires militaires, sans excepter la conduite des opérations, choisissait le stratège, premier magistrat de la confédération, enfin, votait les contributions fédérales, qui étaient des droits de douane perçus dans les ports et les emporia ([1461]). Par sa forte organisation, l'État chalcidien acquit une puissance respectable. Son alliance fut achetée par la Macédoine au prix

d'avantages commerciaux et de concessions territoriales [1462].
Il s'étendit en exerçant son influence sur la presqu'île de
Pellène par Potidée et sur la presqu'île Sithonia par Toronè.
Tout lui réussissait, lorsque deux villes, sommées d'entrer
dans la confédération, appelèrent Sparte à leur secours.
L'armée spartiate accourut (382). Après trois ans de guerre,
la sympolitie fut forcée de se dissoudre.

Sparte avait bien travaillé. En Arcadie, en Béotie, en Chalcidique, partout où elle pouvait craindre sur le continent une
association de cités ennemies, elle avait rétabli l'autonomie.
Mais, par son triomphe même, elle renforçait le désir d'unification dans toutes les parties de la Grèce où elle le comprimait.

La marche sur Olynthe avait débuté par l'occupation de
Thèbes ; en 379, Thèbes fut délivrée par un coup de main
nocturne. Dès le lever du jour, l'Assemblée réunie d'urgence
nomma quatre béotarques [1463]. C'était annoncer que la
confédération béotienne allait se reformer ; c'était déclarer
aussi qu'elle ne pouvait reprendre vie que par l'accord du
peuple tout entier, qu'elle devait cette fois être démocratique.
Il y eut fort à faire pour lui donner l'extension qu'elle avait
jadis : il fallut détruire de nouveau Platées, réduire Thespies
à la condition de sujette, soumettre Orchomène et, le moment venu, la raser jusqu'au sol en massacrant toute la population virile.

Pour la forme et en droit, la nouvelle confédération ressemble à l'ancienne [1464] ; elle a pour principe l'autonomie des
villes : sans avilir leur droit de cité par un droit de cité collectif [1465], en leur laissant le soin d'amener leur contingent
à l'armée [1466], elle leur retire le droit de battre monnaie [1467]. Mais, en réalité, les Béotiens se rapprochent bien
plus que jadis du régime unitaire, grâce à une hégémonie
bien plus forte. La suppression des districts de Thespies et
d'Orchomène, le rattachement de leur territoire aux autres
villes réduit le nombre des béotarques de onze à sept [1468] ;
comme Thèbes en garde quatre, à elle seule elle a la majorité
dans le comité de direction. C'est elle par conséquent qui
gère la politique extérieure, et ses représentants prétendent

dans les congrès internationaux que le nom de Béotiens ait
pour équivalent celui de Thébains. Autre changement considérable et qui agit plus énergiquement encore dans le même
sens : le *damos* formé par l'ensemble des citoyens n'est plus
représenté dans le Conseil par un nombre de délégués proportionnel à l'importance des villes ; il siège en Assemblée à
jours fixes (1469). Comme cette Assemblée se réunit à Thèbes,
elle se compose en très grande majorité de Thébains. Toutes
les affaires, principalement les affaires étrangères, sont donc
traitées directement entre les béotarques et le peuple ; car le
chef officiel de la confédération, le magistrat éponyme,
l'archonte, n'a aucun pouvoir. Les béotarques, qui convo-
quaient jadis le Conseil, convoquent maintenant l'Assemblée ; ils lui présentent leurs rapports, préparent ses décisions
et les exécutent ; ils négocient avec l'étranger et commandent
les contingents militaires des sept districts. Mais ils sont
constamment sous la dépendance de l'Assemblée : élus par
elle et rééligibles, non seulement ils lui rendent des comptes
au bout de l'année, mais ils sont responsables devant elle
durant leur gestion et peuvent être déposés (1470). Quoique
l'Assemblée soit compétente en matière d'attentat contre le
pacte fédéral, à côté d'elle fonctionne comme précédemment une Haute Cour, dont les membres sont tirés au sort
et qui juge les magistrats fédéraux accusés de forfaiture (1471).
Cette constitution pouvait mener la Béotie par une progression prudente à une plus complète unité. Malheureusement,
Thèbes n'y voyait qu'un point d'appui pour la politique
extérieure, un instrument de règne.

Jamais la Béotie n'aurait pu refaire son unité en 378, si
elle n'avait pas été couverte sur sa frontière méridionale.
Mais Athènes, provoquée comme elle par la violence et la
perfidie de Sparte, reconstitua comme elle sa confédération.
Au premier moment, les deux peuples limitrophes conclurent un traité contre l'ennemi commun (1472), et Athènes,
reprenant le système d'alliance qu'elle avait inauguré en 389
et dû abandonner en 386, conclut des traités analogues avec
Chios, Mytilène, Méthymna, Rhodes et Byzance (1473). Ces
engagements bilatéraux entre une cité et six autres furent
convertis aussitôt en un pacte mutuel à sept, et au faisceau

primitif s'agrégèrent pendant plusieurs années de nouveaux
adhérents. La confédération maritime d'Athènes ressusci-
tait [1474].

Il fut convenu tout d'abord que toutes les cités participantes resteraient autonomes et jouiraient de droits égaux
dans le Conseil fédéral : on respectait ainsi la paix du roi et
on limitait d'avance l'hégémonie d'Athènes. Pour donner
tout apaisement à quiconque pouvait craindre un retour aux
procédés de la première confédération, les Athéniens rendirent, en février ou mars 377, le décret d'Aristotélès. Ils
garantissaient l'autonomie promise aux cités. Ils s'enga-
geaient à ne point intervenir dans leur gouvernement intérieur, à n'envoyer dans aucune d'elles ni gouverneur ni
garnison, à ne point exiger de tribut, à respecter les juridic-
tions locales. Des sûretés toutes spéciales étaient données
contre l'établissement de clèrouquies : non seulement les
Athéniens renonçaient à toute propriété acquise auparavant
en territoire fédéral, mais ils s'interdisaient d'en acquérir à
l'avenir, à titre public ou privé, par achat, hypothèque ou
par tout autre moyen. Toutes ces clauses étaient valables et
obligatoires à perpétuité : tout auteur d'une proposition
tendant à les modifier était passible d'atimie et de confiscation préventive, avant d'être condamné à mort ou au bannissement [1475].

La nouvelle confédération ne pouvait cependant pas faire
autrement que de soumettre l'autonomie des cités à l'hégémonie d'Athènes [1476]. Il y avait là deux principes qu'il
fallait bien concilier. L'association impliquait un dualisme
qui se manifestait nettement dans le nom officiel qu'elle se
donna : « les Athéniens et les alliés » (οἱ Ἀθηναῖοι καὶ οἱ
σύμμαχοι). Le parti fédéral eut donc à organiser une action
conjointe. Il fit fonctionner ensemble et de concert les organes délibératifs d'Athènes et un Conseil fédéral, le « Synédrion des alliés » (συνέδριον τῶν συμμάχων), où les Athéniens n'étaient pas représentés mais qui siégeait en permanence à Athènes [1477]. Ainsi furent prises « les résolutions
des alliés et du peuple athénien », les *dogmata* qui fixèrent la
constitution fédérale (τὰ δόγματα τῶν συμμάχων καὶ τοῦ
δήμου τῶν Ἀθηναίων) [1478]. Chaque cité pouvait se faire

représenter par un ou plusieurs synèdres ([1479]), mais ne disposait que d'une voix : comme les votes étaient rendus à la majorité simple, Athènes avait toutes facilités pour s'assurer le concours des petites cités. Il va de soi qu'un pareil système, qui prétendait mettre en équilibre une grande puissance et un groupe de petites puissances indépendantes, pouvait bien se maintenir tant qu'on avait à lutter pour le salut commun, mais ne pouvait pas durer indéfiniment.

Tout alla bien jusqu'en 371. Les rapports du Synédrion avec l'Ecclèsia et la Boulè athéniennes furent ce qu'ils devaient être d'après le pacte fédéral. Athènes avait l'initiative et la direction des négociations avec l'étranger, mais ne faisait rien de définitif sans consulter les alliés. Comme c'était elle qui avait formé la confédération par des traités séparés, elle continua de traiter avec les cités qui demandaient à y entrer, et c'est par un décret de l'Assemblée rendu sur la proposition du Conseil que l'admission était prononcée ([1480]). Mais l'affaire intéressait le Synédrion, puisqu'il s'agissait d'y introduire un nouveau membre avec droit de vote et puisque tous les confédérés étaient tenus, en cas d'agression contre l'un d'eux, de le soutenir sur terre et sur mer avec toutes leurs forces et de tout leur pouvoir. Aussi l'échange des serments, sans quoi l'admission ne pouvait être parfaite, exigeait-il le concours de jureurs alliés et, par conséquent, le consentement du Synédrion ([1481]). Quant aux traités conclus avec les États qui étaient et restaient en dehors de la confédération, ils n'étaient soumis à l'Assemblée athénienne que par un *probouleuma* de la Boulè fondé sur un *dogma* du Synédrion ([1482]) et ne devenaient exécutoires pour chaque cité que jurés par elle. Encore en 371, au congrès de Sparte, tandis que les Lacédémoniens prêtaient seuls serment pour eux et leurs alliés, tous les confédérés des Athéniens jurèrent après eux, ville par ville ([1483]). C'était juste le contraire de ce qui s'était fait pour la paix de Nicias ([1484]), et rien ne montre mieux le chemin parcouru par Sparte et Athènes depuis un demi-siècle. En somme, toutes les résolutions qui intéressaient la confédération étaient prises en ce temps-là comme l'avaient été les *dogmata* constitutionnels : le Synédrion ne pouvait rien sans l'Ecclèsia, ni l'Ecclèsia sans le Synédrion. Il en résultait un *modus vivendi* qui établissait entre Athènes et les confédérés un partage d'attributions.

L'hégémonie d'Athènes consistait essentiellement dans la direction des affaires étrangères, dans le commandement de l'armée fédérale et dans la libre disposition de la flotte, qui était presque exclusivement composée de navires athéniens. Sur le reste, le Synédrion avait la haute main. — Par cela même que le pacte fédéral interdisait la levée d'un phoros, la confédération ne pouvait avoir de finances que du consentement de ses membres. Le trésor commun n'appartenait pas « aux Athéniens et aux alliés », mais aux alliés uniquement. Pas de tribut, des contributions (συντάξεις) (¹⁴⁸⁵). Fixées, réparties, perçues et gérées par les soins du Synédrion, elles ne devaient et ne pouvaient servir qu'à des dépenses d'intérêt commun, surtout de guerre (¹⁴⁸⁶). Si elles augmentèrent rapidement, c'est que la plupart des cités demandaient vite à se racheter du service militaire qui était à l'origine la principale de leurs obligations. Au trésor commun revenaient aussi les amendes infligées par la juridiction fédérale. — La confédération avait, en effet, un droit de haute justice. Devant le Synédrion siégeant comme cour souveraine, comparaissaient les individus ou personnes morales accusés d'infraction au pacte fédéral. D'après le décret d'Aristotelès, sauvegarde de ce pacte, le Synédrion reçoit les dénonciations contre les Athéniens coupables d'avoir acquis des biens-fonds sur le territoire des villes confédérées, confisque les propriétés litigieuses et partage le produit de la vente entre le dénonciateur et le trésor commun (¹⁴⁸⁷). D'après le même décret, tout citoyen ou magistrat qui proposerait ou mettrait aux voix une motion tendant à abolir une clause quelconque « serait jugé par-devant les Athéniens et les confédérés comme coupable de vouloir dissoudre la confédération, pour être puni de mort ou banni des territoires soumis aux Athéniens et aux confédérés », sans préjudice de la confiscation préalable de ses biens (¹⁴⁸⁸). — C'étaient là des dispositions d'une importance capitale. Elles dénotent même d'une telle condescendance d'Athènes envers les confédérés, qu'elles ont besoin de certaines restrictions pour ne pas être invraisemblables. Il faut admettre que, dans le cas où le Synédrion était juge et partie, Athènes ne lui livrait pas ses citoyens pieds et poings liés. Le Synédrion, qui était placé en général sur le même pied que la Boulè athénienne, ne pouvait sans doute pas plus qu'elle donner force exécutoire à tous ses jugements : au-delà de certaines limites pénales, le condamné, si c'était un Athénien, devait avoir le droit d'en appeler à la juridiction athénienne. Quoi qu'il en soit, le pacte de la seconde confédération athénienne marquait un progrès tout à fait remarquable dans le droit international.

Sparte devait tout accepter. Elle essaya cependant de réagir. Elle usa d'abord des mêmes moyens que ses adversaires. Elle voulut opposer aux Thébains et aux Athéniens une ligue plus puissante que les leurs, en renforçant son hégémonie ; mais, cité militaire, elle ne songea qu'à l'armée. Déjà en 383/2, au moment d'entreprendre la guerre de Chalcidique, elle avait fait autoriser par une diète les États péloponésiens à se racheter du service : innovation grave qui permettait de recruter des soldats professionnels, mais déshabituait de la guerre les citoyens. En 378, pour faire pièce à Thèbes et à la confédération athénienne, elle divisa tous les pays qui dépendaient d'elle en dix régions de recrutement : 1º Lacédémone, 2º et 3º l'Arcadie, 4º l'Élide, 5º l'Achaïe, 6º la Corinthie et la Mégaride, 7º Sicyône, Phlionte et les villes côtières d'Argolide, 8º l'Acarnanie, 9º la Phocide et la Locride, 10º la Chalcidique (1489). Mais, dès 375, la sympolitie des Chalcidiens, que Sparte venait de détruire, se reconstitua et, pour s'assurer contre toute vengeance, entra dans la confédération d'Athènes (1490). Les Acarnaniens étaient dispersés dans des bourgades qui longtemps ne s'étaient unies que pour la guerre, mais qui s'étaient décidées à se faire représenter à Stratos par un organe commun et à frapper une monnaie commune (1491) ; ils avaient dû accepter la domination spartiate en 390 (1492). Ils firent comme les Chalcidiens au même moment (1493).

En 371, Sparte résolut d'employer d'autres moyens. Elle convoqua les représentants de toutes les puissances dans

un congrès où devait être conclue une paix générale basée
sur la paix du roi. Là-dessus tout le monde était d'accord.
Encore fallait-il voir comment chacun concevait le principe
d'autonomie et le conciliait avec le droit fédéral. Le jour
venu d'échanger les serments, les Lacédémoniens jurent
comme tels au nom de tous leurs alliés ; personne ne bouge.
Avec les Athéniens jurent successivement tous leurs alliés.
Les Thébains sont du nombre. Ils jurent et contresignent
l'instrument de paix en ajoutant au nom de « Thébains »
une note spécifiant que leur serment et leur signature sont
valables pour tous les Béotiens. Des protestations s'élèvent
contre cette interprétation. Les Thébains demandent alors
à remplacer le nom de Thébains par celui de Béotiens.
C'eût été la reconnaissance formelle par toute la Grèce de
l'État fédéral. Les Lacédémoniens s'y refusent absolument ;
les Thébains s'en tiennent à leur dernière proposition et
rejettent un traité qui eût annulé en un jour huit ans d'efforts
et de succès [1494]. C'est la rupture définitive avec Sparte
et avec Athènes. Un mois après, la puissance de Sparte
s'écroulait dans la plaine de Leuctres (août 371).

Une nouvelle époque commence pour toutes les associations de cités. Thèbes a les mains libres, non seulement
en Béotie, mais au-delà de ses frontières septentrionales.
Sur la confédération dont elle est sûre, elle en appuie une
autre, plus vaste, qu'elle crée dans la Grèce centrale. Les
Phocidiens, les Locriens et les Héracléotes, enlevés à la
ligue lacédémonienne, s'unissent à leurs voisins les Maliens
et les Ainianes et sont rejoints par une partie des Acarnaniens, par les Eubéens et bientôt par les Byzantins, détachés
ceux-là de la confédération athénienne. Tous ces peuples
s'engagent à se défendre mutuellement en cas d'agression ;
ils envoient leurs délégués à un Synédrion qui siège à
Thèbes et reconnaissent force obligatoire aux résolutions
prises par leurs représentants de concert avec ceux des
Béotiens [1495].
      Mais c'était trop demander à la bonne volonté des uns
et à la modération des autres. Les Phocidiens ne s'étaient
jamais entendus avec les Thébains. Quand ils furent accusés

de sacrilège par leurs ennemis devant le Conseil amphic-
tionique et condamnés à une amende énorme, ils coururent
aux armes (356) et reconstituèrent une confédération qui
avait une vague existence depuis au moins deux siècles [1496].
Les citoyens de leurs vingt-deux villes se réunissaient en
Assemblée pour exercer le droit de paix et de guerre et pour
nommer ou, à l'occasion, déposer les magistrats [1497].
Durant la guerre sacrée, les principaux de ces magistrats
furent les stratèges [1498]. L'un d'entre eux, le stratège
autocratôr, avait le commandement suprême de l'armée.
Il était investi de pouvoirs dictatoriaux : son nom remplaça
sur les monnaies le mot de Phocidiens qui s'y trouvait
jadis [1499] ; il avait même le droit de désigner son successeur, droit qui plaça, en fait, le pays sous la domination
d'une dynastie. En 346, la Phocide, vaincue, désarmée,
plus qu'à moitié déserte, eut pour chefs des archontes, et
le devoir fédéral se borna pour elle à fournir aux vainqueurs,
de semestre en semestre, une effroyable contribution de
guerre [1500].

Chez les Arcadiens, la défaite de Sparte autorisait tous
les espoirs. A peine Épaminondas paraît-il dans le Péloponèse (printemps 370), qu'ils prennent leur revanche.
Les Mantinéens des cinq bourgades reconstruisent leur
ville et reconstituent leur synœcisme [1501] ; ils se donnent
le régime de démocratie modérée qui convient à des paysans
trop affairés pour fréquenter l'Assemblée et ne pas préférer
s'en remettre pour les affaires courantes à des magistrats
élus [1502]. Aussitôt, à l'appel du Mantinéen Lycomédès,
tous les Arcadiens, sauf ceux du Nord, décident de former
un État sur le modèle de la confédération béotienne [1503].
A cet État il faut une capitale. Pour éviter toute compétition
entre Mantinée et Tégée, les deux rivales séculaires, on
nomme une commission de dix oikistes, chargés de fonder
une ville nouvelle. En 369, s'élève la grande ville, Mégala-
polis. Les dimensions de son enceinte étaient telles qu'elle
pût abriter en cas de besoin tous les Arcadiens du Sud-Ouest
et du Centre avec leurs troupeaux. Sa population devait se
recruter immédiatement parmi les Mainaliens, les Eutré-
siens, les Parrhasiens, les Cynuriens, les Aigytes, les Skirites,

les gens de la Tripolis, etc. Elle devait absorber au moins
une quarantaine de communes ([1504]).

Forgé par un synœcisme, le nouvel État, l'Arcadicon ([1505]),
se donna un régime fédéral. Les cités gardaient leur autonomie, leurs vieilles institutions, leur Conseil, leurs magistrats ; elles continuaient d'avoir leur monnaie particulière
à côté de la monnaie commune ([1506]). Pas de droit de cité
fédéral au-dessus du droit de cité local : on était Arcadien
au titre de Tégéate, de Mantinéen, etc. Mais la sympolitie
eut d'autant plus de facilités pour restreindre la souveraineté
des cités, qu'elle les répartit bientôt dans des circonscriptions politiques selon le mode athénien. — La constitution
fédérale a très nettement les caractères d'une démocratie
mitigée. Elle ne reconnaît aucune hégémonie, mais assure
aux cités une représentation proportionnelle à la population.
Le corps des citoyens est constitué par les Dix Mille ([1507]),
c'est-à-dire probablement par les propriétaires en état de
servir à leurs frais comme hoplites, à l'exclusion des pauvres.
Ils ont tous, et eux seuls, accès à l'Assemblée ou
Ecclèsia ([1508]). Pour cette Assemblée on construisit à Mégalapolis un édifice immense, le Thersilion. Ses attributions
s'étendent à toutes les affaires importantes : elle conclut
les traités de paix ou d'alliance, déclare la guerre, envoie
ou reçoit les ambassadeurs, règle la solde des troupes, fixe
les contributions matriculaires des cités, accorde des distinctions honorifiques. — Au pouvoir délibératif elle ajoute
le pouvoir judiciaire : elle rend des arrêts contre les magistrats de la confédération ou des cités ou contre les simples
particuliers convaincus d'infraction au statut fédéral ou de
résistance aux décrets fédéraux ; elle arbitre les litiges qui
surgissent entre les cités ([1509]). — Comme l'Assemblée ne
siège que par intervalles et qu'elle est trop nombreuse pour
préparer le travail législatif, elle a pour auxiliaire un Conseil
ou Boulè. Mais le seul corps qui fonctionne en permanence,
c'est une commission exécutive de cinquante membres.
Elle représente inégalement les villes, à raison de cinq
délégués par ville pour sept d'entre elles, de deux et de
trois pour deux autres, et de dix pour Mégalapolis. Leur
titre officiel est celui de *dèmiourgoi* ; mais, comme ils répar-

tissent entre eux les différentes administrations et qu'ils forment ainsi des collèges de magistrats, on les appelle quelquefois aussi les *archontes* ([1510]). Étant donnée l'importance des affaires militaires et diplomatiques, le premier magistrat de la confédération est le stratège ([1511]), qui a sous ses ordres un corps d'armée permanent, les *éparites*.

Une pareille atteinte aux principes ataviques d'autonomie et d'isolement, le déplacement obligatoire d'une masse d'hommes considérable, les lotissements nécessaires, tout cela soulevait bien des difficultés et provoqua bien des résistances. Il y eut des bourgades qui ne fournirent à Mégalapolis qu'une partie du contingent demandé ; elles subsistèrent à titre de communautés plus ou moins libres. Il y en eut dont les habitants refusèrent net d'abandonner leurs maisons et leurs terres ; il fallut les contraindre par la force, faire marcher contre elles les éparites ; on en connaît une, Trapézous, dont la population se fit massacrer ou émigra au fond du Pont-Euxin. Dès 363, les vieilles haines de cité à cité se réveillaient, exacerbées par de graves dissentiments sur la politique intérieure. C'était la scission. Mantinée revenait à l'oligarchie et se montrait favorable à Sparte ; Tégée, d'accord avec la capitale, restait fidèle à la démocratie et à l'alliance thébaine. Dans la bataille de Mantinée (362), les Arcadiens se battirent entre eux, pour ou contre Épaminondas. Une réconciliation se fit ; mais elle ne fut ni générale ni durable. En 361, eut lieu un retour en masse des paysans vers leurs anciennes demeures ; pour les faire revenir dans la capitale, une armée thébaine dut procéder à la destruction systématique des villages ([1512]). Tant il était dur pour des Grecs de renoncer à l'indépendance locale en faveur d'une union même restreinte !

Et pourtant la formation du Mégalapoliticon marquait un progrès sérieux dans la lutte contre les forces centrifuges. L'Arcadie avait pour la première fois sa « grande ville », dont le district comprenait un tiers du territoire fédéral. Et l'exemple agissait sur les régions d'alentour, même sur les parties de l'Arcadie qui s'étaient tenues à l'écart du mouvement. Les bourgades de Triphylie s'unirent à Lépréon et adhérèrent ensuite à l'union arcadienne ([1513]). Le canton d'Hèraia, mitoyen entre l'Arcadie et l'Élide, se constitua en une cité à neuf dèmes ([1514]). Comme trois localités voisines d'Orchomène s'étaient rattachées à la confédération, les Orchoméniens, pour réagir contre l'affaiblissement qui résultait pour eux de cet abandon, s'annexèrent par synœcisme les Euaimmiens, en concluant avec eux une convention fort curieuse avec ses articles sur le culte, le mariage, la justice, le lotissement des terres et la mise en commun des dettes publiques ([1515]).

La confédération athénienne ne pouvait pas échapper aux répercussions des grands événements qui avaient signalé l'an 371. Le congrès de Sparte était pour elle le commencement de la rupture avec la Béotie ; la bataille de Leuctres mettait fin au danger spartiate. Comme Thèbes, Athènes chercha aussitôt à tirer parti de la situation. Toutes les cités qui voulaient maintenir la paix du roi et, par conséquent, l'autonomie entendue en un sens étroit, furent invitées à envoyer des plénipotentiaires à Athènes. C'était l'exclusion des Thébains. Tandis qu'ils se consolaient en créant la confédération de la Grèce centrale, le congrès d'Athènes décidait la formation d'une ligue hellénique qui devait comprendre dans une large unité Lacédémone avec sa ligue et Athènes avec sa confédération ([1516]). Idée grandiose et pleine d'avenir en apparence ; en réalité, pauvre petit succès diplomatique sans lendemain. Sparte n'étant plus à craindre et Thèbes devenant de jour en jour plus hostile, les membres de la confédération athénienne trouvèrent bien vite gênants les liens qui les y rattachaient. Le mécontentement devait amener la défection, et la lutte contre la défection, justifier et aggraver le mécontentement. L'hégémonie d'Athènes, légère en somme de 378 à 371, allait donc peser lourdement sur la constitution fédérale et en fausser les clauses primitivement équitables.

Une méfiance réciproque caractérise désormais les rapports du Synédrion et de l'Ecclèsia. Athènes avait le droit de traiter toute seule avec les puissances qui ne faisaient point partie de la confédération, à condition de ne pas l'engager ; mais il était bien difficile que les engagements pris par la cité principale n'eussent pas pour conséquence de lier les autres indirectement, et, par contre, il était bien facile pour Athènes d'abuser de son droit pour conclure toute seule des traités qui intéressaient directement ses co-associés. Si certains décrets relatifs à des alliances qui valent seulement pour Athènes n'ont cependant été adoptés qu'après consultation des confédérés, il faut voir dans cette procédure une satisfaction de pure forme donnée à l'amour-propre de partenaires pointilleux. Quand le Synédrion prend vraiment part à des négociations d'intérêt fédéral, tout ce qu'il obtient maintenant, c'est de faire présenter ses *dogmata* à l'Ecclèsia par l'intermédiaire de la Boulè ou tout au plus, si la Boulè y consent, de les apporter à l'Ecclèsia lui-même (1517). En tout cas, les décrets du peuple ont seuls valeur exécutoire, qu'ils soient conformes ou contraires au dogma : les synèdres sont tenus de prêter le serment d'usage conjointement avec les jureurs athéniens (1518), et, si l'un d'eux doit faire partie d'une ambassade envoyée pour de nouveaux pourparlers, c'est l'Ecclèsia qui le choisit (1519). Aussi bien le Synédrion renonce-t-il parfois à dissimuler la réalité des faits : tel dogma déclare à l'avance que ce qui sera décidé par l'Assemblée des Athéniens vaudra comme « résolution commune des alliés » (1520). Bref, au lieu d'être un organe législatif au même titre que l'Ecclèsia, le Synédrion n'est plus qu'un organe consultatif, comme la Boulè.

Comment, dans ces conditions, les autres garanties données aux confédérés auraient-elles résisté aux emprises d'une hégémonie d'autant plus exigeante qu'elle était plus contestée ?

Le régime financier fut complètement bouleversé. En principe, la syntaxis n'était payée que par les villes qui renonçaient à fournir un contingent naval (1521); en fait, la défection des grandes villes, qui pouvaient seules avoir une flotte, eut pour résultat que toutes les villes restées fidèles s'acquittaient en espèces et que la contribution ressemblait fort à un tribut. Une corrélation s'établit entre le droit de participer au Synédrion et l'obligation d'envoyer la syntaxis (1522). Et ce ne fut plus le Synédrion qui fixa les sommes à payer : l'Assemblée athénienne réglait la politique extérieure; à elle d'en évaluer le coût. S'il arrivait qu'une ville s'entendît avec un stratège sur la part qui lui incombait, l'accord n'était valable qu'après vérification par l'Ecclèsia (¹⁵²³). Athènes seule ordonnait à chaque ville d'apporter les fonds à la caisse fédérale, ou de les verser à tel stratège pour telle opération, ou de les remettre au commandant de la garnison pour la solde de ses hommes (¹⁵²⁴). En cas de retard, c'est encore le peuple athénien qui élisait les fonctionnaires chargés de percevoir les arriérés avec emploi de la force, s'il le fallait (¹⁵²⁵).

Quant à la juridiction du Synédrion, on dirait qu'elle n'existe plus. En 357/6, certains membres de la confédération avaient pris part à une attaque dirigée contre une ville confédérée, Érétrie. Occasion ou jamais, pour la juridiction fédérale, d'intervenir. Ce fut l'Ecclèsia qui prit toutes les initiatives. Un décret fit commandement à la Boulè de préparer un règlement de procédure pénale à fin de poursuites contre les coupables et prescrivit qu'à l'avenir le fait de prendre les armes contre Érétrie ou toute autre ville de la confédération entraînerait la peine de mort et la confiscation totale au profit du trésor fédéral (¹⁵²⁶).

Même l'autonomie des cités reçut de rudes atteintes à partir du moment où il fallut réagir contre les défections. Athènes expédie sur tous les points à surveiller des garnisons et des gouverneurs. Elle intervient dans les luttes intérieures en faveur de la démocratie et se fait largement payer ses services. Après avoir rétabli la paix à Céos, elle autorise les insurgés à en appeler de la justice locale à ses tribunaux, puis étend cette règle à tous les jugements, en même temps qu'elle se fait octroyer le monopole de l'exportation du minium (¹⁵²⁷). Sur un point, cependant, Athènes respectait les promesses faites en 378/7 : elle n'envoyait pas de clèrouquies sur le territoire fédéral. Mais, à partir de 366/5, elle ne se fit pas faute d'en poster sur des points stratégiques qui ne relevaient pas de la confédération ou avaient été reconquis après défection : à Samos (¹⁵²⁸), à Potidée (¹⁵²⁹), en Chersonèse (¹⁵³⁰). Il y avait de quoi inquiéter ceux même qui n'étaient point menacés.

La transformation générale d'une hégémonie qui cachait mal ses faiblesses par ses violences devait fatalement provo-

quer la résistance et la révolte. D'abord il y eut des soulève-
ments partiels ; ils furent réprimés. Puis les cités formèrent
des unions locales. Pour faire défection, les quatre villes de
Céos, Carthaia, Poièessa, Ioulis et Coressos, formèrent une
sympolitie. Elles gardèrent chacune son Conseil et son
Assemblée qui continuait à conférer un droit de cité particulier ([1531]) ; mais elles avaient toutes ensemble un Conseil, une
Assemblée, un droit de cité commun et cette prérogative
d'une souveraineté supérieure, une monnaie commune ([1532]).
Vers le même moment, Byzance concéda son droit de cité à
deux villes de moindre importance, Sélymbria et Chalcédoine ([1533]). Enfin éclata la guerre sociale, la guerre de séces-
sion. En deux ans (357-355), la confédération fut brisée. Il
n'en resta aux mains des Athéniens que des fragments, qui
leur furent bientôt enlevés par la conquête macédonienne.

IV. LA LIGUE DE CORINTHE

En face de toutes ces tentatives qui ont toujours pour but
d'introduire un peu d'unité dans les relations anarchiques des
cités et presque toujours pour résultat de les lancer les
unes contre les autres par groupes, on est tout d'abord effaré,
comme à la vue d'innombrables flots qui se soulèvent, se
heurtent et s'annihilent. Cependant, si l'on néglige les contingences historiques qui ont produit et détruit cette multitude d'associations, on distingue deux grands courants.

D'une part, on voit le système des ligues fédératives,
comme la ligue lacédémonienne et la confédération athénienne. Elles groupent à de grandes distances des cités
alliées, en leur donnant un minimum de gouvernement
commun, sans droit de cité propre, sans moyen d'action immédiat sur les individus. En théorie, elles laissent à chaque
cité son autonomie à peu près complète en ce qui concerne
sa vie intérieure. Leur souveraineté consiste uniquement
dans la direction des affaires diplomatiques et militaires.
Ayant pour noyau un État beaucoup plus puissant que les
autres, elles reconnaissent à cet État l'hégémonie. Elles sont
donc soumises à un régime dualiste, dont l'équilibre est
forcément instable. Comme le principal organe de la ligue

est un Conseil où toutes les cités ont vote égal et dont les décisions sont obligatoires pour toutes, la cité prépondérante réussit plus ou moins longtemps à grouper autour d'elle une majorité. Mais, une fois que le but assigné à la ligue est atteint (lutte contre les Mèdes ou contre Sparte, lutte contre Athènes), l'hégémonie ne rend plus les services qui la justifiaient, elle paraît et devient oppressive ; pour se maintenir, elle soutient un parti dans chaque cité, jusqu'au moment où le principe d'autonomie se venge et reprend le dessus.

D'autre part, on assiste à un pullulement d'États fédéraux qui rassemblent des cités voisines et congénères (Béotiens, Chalcidiens, Arcadiens, etc.). Ce sont les sympolities. Elles respectent dans l'ensemble les droits antérieurs de ces cités ; mais, si elles n'arrivent jamais à l'unité complète, elles s'en rapprochent. Elles ont leur droit de cité fédéral, qui a pour fondement un droit de cité local, c'est-à-dire que tout citoyen d'une ville est citoyen de la confédération : étant Thébain, on est Béotien ; on est Arcadien par cela même qu'on est Tégéate. D'une ville à l'autre, le statut fédéral assure les droits civils, mais non les droits politiques : il est probable que dans la plupart des sympolities, comme dans celles des Chalcidiens et des Orchoméniens, un citoyen de la confédération a le droit de libre résidence, de légitime mariage et de propriété sur tout le territoire fédéral. Cette disposition suffit à montrer que la confédération exerce dans certains cas son action sur les sujets des villes particulières sans l'intermédiaire des autorités locales. Il est évident, d'ailleurs, que ses institutions agissent spontanément dans le sens de l'unification par leur caractère politique, en favorisant soit la démocratie, soit l'oligarchie. Si diverse que puisse être, en vertu de la constitution et des traités particuliers, la souveraineté fédérale, elle a toujours pour symbole le droit de battre monnaie qui suppose en outre un système commun de poids et mesures, pour fonctions principales la gestion de la politique extérieure et l'administration de l'armée, pour garantie une juridiction suprême. Selon que le régime est oligarchique, démocratique ou à demi démocratique, le pouvoir délibératif appartient à un Conseil, à une Assemblée ou aux deux à la fois ; mais le pouvoir exécutif ne peut jamais être exercé que par de hauts magistrats d'ordre diplomatique et militaire, béotarques ou stratèges. Et cela seul doit empêcher qu'on estime trop haut les progrès réalisés dans la voie de la centralisation par les sympolities. Au fond, il s'agit encore d'alliance, de défense commune, de groupes opposés à d'autres groupes, et l'idéal est d'arriver à la formation d'un petit État sur le modèle de l'Attique ou de la Laconie, et non pas de s'acheminer vers l'unité hellénique.

L'unité hellénique ne fut réalisée qu'après la catastrophe de Chéronée par Philippe de Macédoine, à la pointe de l'épée. Il ne suffit pas au vainqueur d'avoir subjugué les Grecs d'Europe; il voulut se poser en champion de l'idée panhellénique, afin d'étendre sa domination sur ceux d'Asie. Pour grouper ensemble les forces de ses anciens ennemis et de ses anciens amis, il lui fallait une paix générale et une alliance mutuelle. Il convoqua les délégués de toutes les cités à Corinthe. A cette assemblée constituante il donna ses instructions. C'étaient des ordres. Ainsi fut formée une ligue qui rappelait à bien des égards les ligues à hégémonie des temps passés, mais qui s'en distinguait par ces traits essentiels : pouvoir illimité d'un chef unique, intervention décidée dans la politique intérieure des cités ([1534]).

Le nom officiel de la ligue dite de Corinthe est bien simple : « les Hellènes » (οἱ Ἕλληνες) ; ce n'est que dans le langage vulgaire qu'on dit « la confédération des Hellènes » (τὸ κοινὸν τῶν Ἑλλήνων). Les Macédoniens n'en font point partie, car l'opinion générale ne les reconnaît pas comme Hellènes ; mais leur roi, avec toute sa puissance, est le chef, l'*hègémôn*, de la ligue. En tête de l'acte fédéral vient l'inévitable appât : toutes les cités sont libres et autonomes ; elles ne recevront pas de garnison, elles ne paieront pas de tribut. Mais voici de singulières restrictions au principe posé. La ligue doit s'opposer à toute tentative faite en vue de renverser les constitutions existantes (constitutions qui étaient pour la plupart oligarchiques, grâce à une vigoureuse pression exercée depuis quelques mois par Philippe). Elle interdit les exécutions et les bannissements illégitimes, les confiscations, tout nouveau partage des terres, toute abolition des dettes,

tout affranchissement en masse des esclaves. En un mot, elle
a le droit et le devoir d'intervenir partout où le besoin s'en
fait sentir, de protéger les classes possédantes contre la
révolution. Par suite, chaque cité est tenue d'empêcher que
des bannis ne préparent sur son territoire une attaque armée
contre aucune autre ville de la ligue. D'une façon plus générale, les cités, dans leurs relations mutuelles, doivent rester
fidèles à la paix jurée, n'apporter aucune entrave à la liberté
des mers et faire régler leurs différends par les voies judiciaires, c'est-à-dire par l'arbitrage d'une tierce cité. Elles
devaient toutes, non seulement s'interdire à elles-mêmes
toutes menées contraires à la paix, mais aider avec leur contingent à repousser toute agression tentée contre l'une d'elles et
considérer quiconque violerait le traité comme exclu de la
paix, comme ennemi commun.

L'organe de la ligue, c'est le Conseil, le « Synédrion des
Hellènes » (συνέδριον τῶν Ἑλλήνων ou κοινόν) [1535]. Il
représente les cités. Cependant les délégations dont il se
compose n'ont pas toutes également une voix, comme jadis
dans les statuts de la ligue du Péloponèse ou de la confédération athénienne, mais une ou plusieurs, au prorata de la
population représentée, selon le principe adopté chez les
Béotiens et les Arcadiens [1536]. Siégeant en général à Corinthe, il s'occupe de toutes les affaires fédérales, des questions de paix et de guerre d'abord, mais aussi de toutes les
questions qui concernent le contrôle politique et social des
cités. Pour maintenir l'ordre légal et pour faire arbitrer les
différends qui surgissent entre elles, il agit de concert avec
des magistrats spéciaux. Il fonctionne comme tribunal
suprême pour statuer sur toute violation du pacte fédéral,
sur tout acte de haute trahison : il juge, par exemple, le
citoyen d'une ville fédérée qui prend du service dans une
armée étrangère contre la ligue ou contre son chef, et peut
le condamner au bannissement ou à la confiscation [1537].
Mais le Synédrion des Hellènes n'est qu'un instrument aux
mains d'un maître. C'est l'hègémôn qui le convoque ou le
fait convoquer par un mandataire ; c'est lui probablement
qui nomme, comme des *missi dominici*, les personnages chargés de surveiller avec le Conseil les cités suspectes. Il est

tout, parce qu'il s'appelle Philippe, parce qu'il s'appellera Alexandre, parce qu'il est et restera, comme l'indique son titre, le commandant de l'armée, le chef de guerre. Pour commencer, il fait faire dans toutes les cités le recensement des hommes en état de porter les armes, afin d'établir un pourcentage pour la fixation des contingents à exiger : il lui faut 200 000 fantassins et 15 000 cavaliers.

La voilà, l'unité, telle qu'elle s'est faite sur l'ordre du Macédonien. Ce ne sont plus des ligues qui partagent la Grèce en deux, ce ne sont plus de petites confédérations qui cherchent à sauvegarder des intérêts locaux; c'est bien la Grèce tout entière qui se forme en *koinon* et déclare la concorde obligatoire.

Mais il faut voir ce qu'est en réalité la paix qu'on proclame et quelle est la valeur politique et sociale de l'union qu'on vient de réaliser. Ce que sera la paix ? Le premier acte qui manifeste l'existence de la ligue, c'est le vote de la guerre contre les Perses et la désignation de Philippe comme stratège autocratôr. Sans cesser d'être agitée par des tourbillons intérieurs, la Grèce subira incessamment le contrecoup des tourmentes qui bouleversent le monde. Ce que seront les principes sur quoi vont vivre les générations nouvelles ? On en a l'avant-goût quand on lit les clauses du pacte fédéral qui, en voulant maintenir à jamais le régime existant, interdit comme une mesure révolutionnaire l'affranchissement des esclaves.

Conclusion

La fin de la cité grecque

La victoire de Philippe à Chéronée et la formation d'une ligue panhellénique à Corinthe marquent une époque dans l'histoire du monde : elles donnent une date précise à ce grand événement, la fin de la cité grecque. Sans doute la mort du régime s'annonçait depuis longtemps par la difficulté de vivre, et elle ne fut pas si complète qu'elle empêchât la survivance d'institutions séculaires dans le régime nouveau. Mais c'est bien à partir de 338 que les cités grecques ont cessé vraiment d'être libres et que la Grèce entière est devenue pour la première fois une simple dépendance d'un pays étranger.

Fut-ce un bien ? fut-ce un mal ? C'est une question que les historiens n'ont le droit de se poser qu'à la condition de trouver un moyen objectif de la résoudre.

Pour la plupart d'entre eux, il n'y a pas de doute : par la suppression d'innombrables frontières, la Grèce arrivait jusqu'à un certain point à l'unité territoriale, et, par la conquête de l'Asie, sa civilisation trouvait un champ immense devant elle. Les érudits allemands abondent en ce sens depuis la fin du xixe siècle ; mais ils donnent à la question un sens spécial : ils sont pour Philippe contre Démosthène, pour la monarchie militaire contre l'*Advokatenrepublic* (1538). Jadis, a dit l'un d'eux (1539), on pouvait s'y tromper ; aujourd'hui, on sait ce que valait dans l'antiquité la puissance du Nord qui fit l'unité nationale par le fer et par le feu et qui la scella par la guerre contre l'*Erbfeind*. « Il est naturel, conclut le même

auteur, qu'une époque comme la nôtre, qui admire la volonté de puissance, qui justifie la violation du droit politique par un droit meilleur, qui s'efforce d'élargir la politique nationale en politique mondiale, retrouve ses traits
propres dans l'œuvre de Philippe et de son glorieux fils et se
place sans réserve du côté de la Macédoine. » Peut-être
n'est-ce pas là le critère objectif que nous cherchons.

Il n'en est pas moins vrai qu'après 338 les cadres de
l'histoire gecque ont de tout autres dimensions qu'avant.
Voilà un fait constant. Au premier regard — et c'est à quoi
l'on se borne trop souvent, — il est l'indice d'un énorme
progrès. Encore convient-il de préciser. Il ne suffit pas de
comparer la superficie et la population de l'État nouveau
à celles des anciennes cités, pour trancher la question. C'est
prendre les choses par le mauvais côté que de les évaluer
en chiffres. Les progrès de la civilisation ne se mesurent ni
au kilomètre carré ni au millier d'habitants. Cependant
le point de vue quantitatif n'est pas négligeable, quand il
révèle l'extension immense d'une civilisation supérieure.
Or, il est certain qu'à l'époque hellénistique de nouveaux
foyers s'allumèrent de toutes parts, qui donnèrent à la
civilisation grecque un rayonnement jusqu'alors inconnu.

Sans doute les relations entre la Grèce et l'Orient s'étaient
multipliées bien avant la conquête macédonienne. Durant
tout le IVe siècle, la Lydie, la Carie, la Phénicie, l'Égypte,
la Perse elle-même ont subi l'influence de l'hellénisme.
Comme au temps des Mermnades philhellènes, Sardes était
alors une ville plus qu'à moitié grecque. Les dynastes
d'Halicarnasse chargeaient des architectes occidentaux
d'embellir leur capitale de monuments grandioses ; le plus
illustre d'entre eux demandait à Scopas et à Praxitèle d'orner
le « Mausolée ». Dans les ports phéniciens la vogue était
aux danseuses de Cypre et d'Ionie ([1540]), et les rois de Sidon
faisaient venir des artistes d'Occident pour leur sculpter
de magnifiques sarcophages. Sur les bords du Nil, on voyait
poindre l'art alexandrin avant la fondation d'Alexandrie ([1541]). Dans tout l'empire, les derniers monuments
élevés par les Achéménides et ces beaux dariques que les
satrapes, les princes et le roi prodiguaient à leurs merce-

naires attestaient que l'art grec avait passé par là. La présence du médecin Ctèsias à la cour d'Artaxerxès, la permission donnée à cet étranger de compiler les documents du pays pour écrire une histoire annonçaient que le monde grec et le monde oriental étaient prêts à communier dans le culte des sciences et des lettres. Tout cela était plein de promesses. La civilisation grecque était mûre pour l'universalité.

Mais ce n'est pas le régime de la cité qui pouvait lui en assurer les conditions politiques. Pour remplir sa mission, la Grèce avait besoin d'une autre armature ; la Macédoine la lui donna. Désormais l'hellénisme eut pour centre de diffusion les pays qui naguère en marquaient les limites extrêmes et n'en ressentaient les effets que par intermittence. De l'Inde au golfe de Ligurie, de l'Ister à l'Éthiopie, il n'y eut plus qu'un marché, dont les commerçants grecs occupèrent toutes les places. Les barrières morales qui séparaient le Grec du barbare s'abattirent, et les philosophes qui n'avaient songé qu'à les renforcer eurent pour héritiers les théoriciens du cosmopolitisme.

Reste à savoir si la Grèce obtenait par l'unité tous les avantages qu'elle en pouvait espérer et si la civilisation grecque ne perdait pas par son extension quelques-unes de ses qualités essentielles.

Les siècles qui suivirent la conquête macédonienne ne connurent pas la paix que la ligue de Corinthe leur promettait. Les cités en avaient assez de ces rivalités sans fin, de ces guerres qui s'enchaînaient comme jadis les vendettas des familles. Mais elles auront beau maintenant faire partie de grands États et être réduites à une sorte d'autonomie municipale, elles continueront de se disputer entre elles, de former des sympolities qui seront entraînées à leur tour dans des conflits incessants, et les deux grandes ligues qui se partageront à la fin la Grèce presque tout entière engageront une lutte qui se terminera pour l'une et l'autre par la perte totale et définitive de l'indépendance. La grande différence avec le temps passé, c'est que les guerres où les Grecs se combattront entre eux s'enchevêtreront par surcroît aux guerres où les diadoques, chefs de grands États, chercheront à les agrandir encore. Une perpétuelle effusion

de sang, mais désormais sur d'immenses espaces, c'est
cela la « paix » de Corinthe. On peut lui appliquer les mots
qui suivent dans Xénophon le récit de la bataille de Mantinée
et terminent les *Helléniques* : « Et après il y eut plus d'anarchie et de troubles en Grèce qu'avant. »

Mais, si l'on regarde à l'intérieur des États, on s'aperçoit
aussitôt qu'on est dans un monde nouveau. Les formes
politiques sont radicalement différentes. A la cité républicaine succède la monarchie.

Encore un changement qui n'a pas pu se produire tout
à coup sans être préparé dans les esprits et dans les faits.
Il se préparait, en effet, depuis la fin du Ve siècle. Déjà la
solidarité de classe était, si l'on peut ainsi parler, un égoïsme
collectif. Mais la voie était frayée à l'égoïsme individuel.
Place à ceux qui se sentent assez forts pour s'élever au-dessus
des partis et s'emparer du pouvoir absolu ! La tyrannie était
morte en Grèce depuis que les cités avaient trouvé leur
équilibre constitutionnel, presque toujours par la prépondérance du régime démocratique. Elle ressuscite grâce aux
idées nouvelles qui admettent pour seule règle l'intérêt
personnel, pour seule preuve de mérite ce signe certain de
protection divine, le succès. Puisque l'idéal pour l'homme
est de vivre selon son bon plaisir et de se rassasier de jouissances, quel plus beau moyen d'y atteindre que de se soustraire à la loi commune et de s'ériger en maître des corps
et des âmes ? Quand Polyarchos, un courtisan de Denys
l'Ancien, discute à ce sujet avec Archytas de Tarente, le
philosophe homme d'État, il déclare sans ambages que la
plus grande félicité qui puisse échoir à un être humain est
celle que goûte en son palais le roi des Perses [1542]. A voir
la place énorme que prennent dans leur cité les « hommes
supérieurs », Alcibiade, Lysandre, Agésilas, on comprend
que les « surhommes » commencent à prévaloir. Une morale
à la Nietzsche aboutit à une politique à la Machiavel. L'État
s'absorbe en des personnalités vigoureuses, en de fortes
natures qui arment l'ambition de ruse et de violence, et
ainsi surgissent Denys de Syracuse, Euagoras de Cypre,
Hermias d'Atarnée, Lycophron et Jason de Phères, Cléar-
chos d'Hèraclée, et combien d'autres [1543] ! « C'est désormais

une habitude prise dans les cités, dit Aristote en termes saisissants, de ne plus vouloir l'égalité, mais de se pousser au pouvoir, ou, quand on a le dessous, de se résigner à l'obéissance (1544). »

Ces mœurs, que le plus grand observateur de l'antiquité se borne à observer, les théoriciens les justifient, les glorifient. L'idée monarchique est dans l'air. Tant mieux, pensent les plus grands esprits du temps : le despotisme éclairé pourra mettre en pratique les systèmes bien agencés, réaliser des rêves sublimes. — Xénophon cherche l'homme qui saura « commander à des volontés » : il montre dans la *Cyropédie* comment on pourra le former d'après un type déjà légendaire ; il présente son image au vif sous les traits de Cyrus et d'Agésilas ; s'il dépeint, dans le portrait d'Hiéron, le mal que fait le mauvais tyran, c'est pour y opposer le bien que peut faire le tyran bon et intelligent. — Platon voudrait faire mieux que d'écrire ; il court après le monarque qui s'érigerait en champion de sa République. Il lui faudra trois voyages en Sicile et des déboires, des humiliations, des souffrances sans nombre, pour le convaincre qu'il ne trouvera pas à la cour de Syracuse celui qui, possédant l'« art royal », mériterait d'imposer à tous une puissance absolue et de fonder l'État modèle. Après tant de déceptions, quand il se résigne sur ses vieux jours à demander aux lois ce qu'il eût voulu obtenir d'une volonté personnelle, il a encore des retours de tendresse pour le tyran jeune, instruit, courageux et d'esprit élevé (1545). — Plus que tout autre, le rhéteur Isocrate est plein d'admiration pour les héros défenseurs et propagateurs de l'hellénisme et, en général, pour les grands hommes que la divinité suscite pour accomplir ses desseins. Sans sortir de son école, le calame à la main, il ne cesse pendant un demi-siècle de chercher l'homme de tête qui fera l'unité de la Grèce en la menant contre la Perse. Trompé dans les espérances qu'il fondait sur l'Athénien Timothée, il ne compte plus que sur un monarque à pouvoir absolu : n'est-il pas l'ami et le conseiller des princes cypriotes Euagoras et Nicoclès ? n'a-t-il pas pour disciple le tyran d'Héraclée ? Et le voilà qui essaie tour à tour de pousser en avant Jason et Alexandre de Phères,

Denys de Syracuse, Archidamos fils d'Agésilas, jusqu'à ce
qu'en désespoir de cause il fasse appel à Philippe de Macédoine [1546].

Un chef, c'est un chef qu'on réclame. Ceux-là même qui
ne veulent pas qu'il y en ait un seul pour la Grèce entière
et que ce soit un étranger, ceux qui défendent le plus farou-
chement leur petite patrie, voient bien ce qui fait la force
du Macédonien : il décide, il exécute ; sa puissance ne se
dissout pas en formalités, mais se concentre en commandement et en actes. Voilà ce que pense son plus grand
adversaire, obligé, lui, de dépenser des efforts surhumains
pour convaincre ceux qu'il veut sauver. Et quand son émule,
Hypéride, en prononçant l'oraison funèbre des guerriers
morts pour Athènes, prononcera celle d'Athènes elle-même,
il dira : « Notre cité avait besoin d'un homme, et la Grèce
entière d'une cité capable de prendre sa direction [1547]. »

Ainsi naissait, souhaité, attendu, proclamé nécessaire, le
système politique qui devait prévaloir dans tout le monde
hellénistique, avant de se propager au monde romain. Les
grands États qui absorbèrent la multitude anarchique des
cités autonomes ne pouvaient se créer que sous la forme
monarchique. La monarchie seule donnait corps aux aspirations confuses et aux vœux catégoriques de plusieurs
générations.

Elle apparaissait telle qu'on l'avait rêvée. Elle était de
droit divin. De tout temps, les Grecs avaient considéré les
fondateurs de villes comme des héros. Les oligarques, au
commencement du IVe siècle, avaient adoré Lysandre comme
un sauveur et lui avaient dressé des statues comme à un
dieu. Isocrate comparait d'avance la mission de Philippe à
celle d'Hèraclès et d'autres demi-dieux, et, dans la lettre
qu'il adressait au vainqueur de Chéronée, il lui promettait
en termes formels que la conquête de l'Asie lui vaudrait
comme récompense l'apothéose [1548]. L'idée grecque était
toute prête à rejoindre l'idée orientale pour donner naissance
au culte du roi.

Le service demandé à la monarchie en échange des
honneurs divins, c'était d'établir, non pas seulement la
paix entre les cités, mais aussi l'ordre dans chacune. Les

classes perpétuellement troublées dans la tranquille jouissance de leurs biens étaient excédées par la tyrannie populaire. Sans doute l'inquiétude et le danger n'étaient pas les mêmes partout : la démocratique Athènes, par exemple, savait protéger les charges publiques contre les méfaits du tirage au sort et défendait en toute occasion, par le serment exigé des héliastes, par la proclamation annuelle de l'archonte, de porter atteinte au droit de propriété. Mais, en beaucoup d'endroits, les riches, que leur avoir consistât en biens-fonds, en valeurs mobilières ou en esclaves, se sentaient chaque jour plus menacés par la révolution. Philippe ne s'y trompait pas quand il interdisait, de par le pacte fédéral de Corinthe, tout changement de constitution, toute vengeance politique, toute transformation sociale. Il concevait la mission de la royauté exactement comme la définissait le précepteur de son fils : « Le roi a pour mission de veiller à ce que les possédants n'éprouvent aucun tort dans leur fortune, et le peuple aucun outrage dans son honneur ([1540]). »

Avec la monarchie militaire, c'était donc le parti conservateur qui triomphait ; l'oligarchie l'emportait sur la démocratie. Démosthène savait depuis longtemps quel était l'enjeu de la lutte contre Philippe. Quand il faisait appel sans se lasser à l'honneur national, quand il était emporté par la fierté patriotique du pathétique au sublime, il raisonnait son sentiment : il était convaincu que combattre pour Athènes, c'était défendre la démocratie.

« Vous avez été souvent en guerre, dit-il un jour à ses concitoyens, soit avec des cités démocratiques, soit avec des oligarchies; mais les motifs qui ont amené ces deux genres de guerre, pas un de vous peut-être n'y a réfléchi. Quels sont-ils, ces motifs? S'il s'agit de démocraties, ce sont des réclamations privées pour lesquelles le gouvernement n'a pu obtenir satisfaction, des contestations de territoire, de frontières, des questions de rivalité, d'hégémonie. S'il s'agit d'oligarchies, il en va tout autrement; ce qui est en jeu, c'est le régime politique et la liberté. Aussi — je n'hésite pas à le déclarer — mieux vaudrait pour vous, à mon avis, avoir pour ennemis tous les Grecs unis dans la démocratie que d'avoir pour amie une Grèce oligarchique. Avec des hommes libres, vous n'auriez pas de peine, je crois, à faire la paix dès que vous le voudriez, tandis qu'avec les partisans de l'oligarchie l'amitié même n'est pas sans danger.

Car entre les aristocrates et la multitude, entre ceux qui veulent être les
maîtres et ceux qui aiment l'égalité, il n'y a pas de sympathie possible ([1550]). »

Pas plus que la monarchie ne put faire régner la paix, son
alliée, l'oligarchie, ne se montra capable d'assurer l'ordre.
Jamais la Grèce ne fut aussi cruellement déchirée par les
luttes intestines que dans les deux siècles qui s'écoulent
entre la conquête macédonienne et la conquête romaine.
La lutte de classes sévit alors dans toute son horreur. Pour
indiquer ce qu'elle a dû être au IVe siècle, nous avons
emprunté par anticipation la description qu'en a faite
Polybe *. Sans citer les nombreux exemples mentionnés par
l'historien au cours de son ouvrage, bornons-nous à dire
qu'ils ont servi à Fustel de Coulanges à discerner les causes
profondes du dénouement final, la réduction de la Grèce
en province romaine ([1551]).

S'il n'arrivait pas à rétablir l'équilibre social, le régime
qui mettait fin à l'autonomie des cités avait pourtant assez
de puissance pour arrêter une évolution qui s'annonçait
féconde en bienfaits.

Par son droit, Athènes avait pris une grande avance sur
le reste de la Grèce. Les principes de Dracon et de Solon,
appliqués par les contemporains de Périclès de manière à
tempérer l'autorité publique de liberté, avaient produit des
lois individualistes et démocratiques, qui n'admettaient que
des revendications ou des responsabilités strictement personnelles et recherchaient l'équité par la philanthropie.
Dès le début du VIe siècle, l'État athénien avait interdit la
servitude pour dettes et, par voie de conséquence, la servitude pénale ; dans le régime de la propriété, il avait
opposé au retrait lignager la faculté de tester. Plus tard,
il avait renoncé à invoquer contre les auteurs des crimes
politiques la responsabilité collective de la famille et assuré
une protection légale aux esclaves.

Pour le droit comme pour le reste, Athènes était devenue
l'école de la Grèce et le devenait toujours davantage. Démosthène, constamment prêt à mettre en valeur les titres de sa

* Voir p. 330.

patrie, ne manque pas de dire : « Maintes villes grecques ont maintes fois décrété qu'elles adoptaient vos lois. C'est pour vous un juste sujet d'orgueil ; car... les lois d'une ville sont sa manière d'être [1552]. » On retrouve, en effet, dans les îles (à Amorgos, à Cos, à Céos) et en Asie Mineure (à Érythrées, à Zéleia), la même organisation des tribunaux, la même classification des actions publiques qu'à Athènes. Trois au moins des lois de Solon conservèrent une vogue extraordinaire : sa loi sur les funérailles, qui fut copiée par les Béotiens et imitée à Ioulis, à Gambreion en Mysie et à Rome ; sa loi sur le droit de plantation, de construction et de fouille, qui fut reproduite par beaucoup de législateurs [1553] avant de prendre place dans le code d'Alexandrie et dans la loi des Douze Tables ; enfin, sa loi sur le testament, qu'aucune autre cité n'osa imiter avant le IVe siècle, mais qui dès lors reçut peu à peu une adhésion unanime. On avait bien voulu mettre à profit l'expérience d'Athènes dans quelques cas où elle avait trouvé le moyen de faciliter l'œuvre de la justice, de préciser la procédure, d'édicter des lois civiles et des règlements de police pratiques, commodes et sages. Mais les dispositions qui montrent le mieux l'esprit de la législation athénienne, qui en font éclater le puissant individualisme et la belle philanthropie, celles-là rencontraient de la résistance, même dans les démocraties. Certaines cités pourtant, de celles qui se trouvaient placées sous l'influence directe d'Athènes, s'aventuraient sur la voie où elle s'était si hardiment engagée : dans l'île d'Amorgos, la privation des droits civiques cessait d'être héréditaire ; les démocrates de Céos n'admettaient plus dans les condamnations politiques le cumul de la peine capitale et de la confiscation. L'évolution est bien nette ; va-t-elle se poursuivre pendant la période hellénistique ?

Dans les sociétés nouvelles, où les races se mêlent, où un grand nombre de citoyens sont citoyens de plusieurs villes, où les corporations se fédèrent d'un État à l'autre, où le cosmopolitisme et le syncrétisme dominent la philosophie et la religion, où tous les hommes instruits parlent la même langue, le droit devrait également, semble-t-il, s'unifier dans une *koinè* sur le modèle attique. En fait, on continue de se régler sur Athènes pour l'organisation technique de la justice : de telles réformes conviennent bien à un régime d'ordre monarchique. Mais, comme ce régime est fondé sur l'inégalité sociale, il se refuse à tout changement qui eût été conforme au principe de l'individualisme et de la philanthropie démocratique. Pas une des cités qui avaient conservé les peines collectives n'y renonce. Athènes reste seule, absolument seule, à garantir la liberté personnelle par un véritable *habeas corpus*. Elle peut continuer à interdire aux créanciers la mainmise sur le corps de leurs débiteurs, à restreindre la détention préventive et même la peine d'emprisonnement à des cas exceptionnels, à limiter en faveur des esclaves eux-mêmes les pouvoirs de coercition dont sont armés les magistrats ; là, elle ne fait point de prosélytes.

On sait aujourd'hui ce que fut le droit alexandrin ([1554]). En ce qui touche l'administration judiciaire, le progrès est incontestable. Spécialisation des tribunaux, établissement d'une juridiction d'appel, séparation de la présidence et de l'instruction, création de fonctionnaires chargés de l'exécution, précision plus grande dans la définition des délits et la fixation des peines : sur tous ces points, le droit alexandrin se sert largement du droit athénien et le dépasse. Mais, au lieu d'en considérer la partie quasi matérielle, qu'on en examine l'esprit, on observera une véritable régression. Que devient la liberté personnelle ? « Défense de mettre en servitude le citoyen », tel est toujours le principe ; mais comment est-il appliqué ? Pour les Athéniens démocrates, il est inviolable en tout état de cause. Pour les Alexandrins, comme pour tous les autres Grecs, il se combine avec la détention préventive sauf cautionnement, avec l'exécution sur la personne en cas d'insuffisance de biens. La liberté du citoyen n'est plus intangible. Il y a une autre particularité qui distingue les Athéniens : on a vu que, sans craindre de contredire les principes qui refusaient à l'esclave toute capacité juridique, ils lui ont assuré une protection légale. Chez eux, l'esclave est protégé contre le maître, contre les tiers, contre l'État lui-même. Il est interdit au magistrat d'infliger plus de coups de fouet à l'esclave qu'il n'exige de drachmes de l'homme libre. Partout ailleurs, l'esclave peut être fouetté à merci. La loi alexandrine fait mine d'adopter la règle de conversion des drachmes en coups ; mais, comme l'amende est portée à cent drachmes, la peine du fouet suit la même progression, et, tandis qu'à Athènes l'esclave doit recevoir cinquante coups « au plus », à Alexandrie il en reçoit cent « au moins ». Sous un régime qui n'admet plus l'égalité, la liberté déchoit, et les sentiments d'humanité disparaissent.

Ainsi, on reconnaît à des signes certains que la civilisation grecque, en passant des petites cités dans les grandes monarchies, a bien gagné en étendue, mais perdu en valeur. Athènes avait tracé un programme de réformes politiques et sociales qui pouvait mener toute la Grèce à une œuvre de libération grandiose. Déjà même la légitimité, sinon la nécessité, de l'esclavage inspirait des doutes. L'évolution s'esquissait, et le but était visible. La phalange macédonienne arrêta tout. Une des premières mesures édictées par le vainqueur fut l'interdiction d'affranchir les esclaves. Athènes succombait avant d'avoir rempli toute sa mission. Avec ses belles lois sur la liberté personnelle, elle ne fut plus qu'une exception. Chassées partout ailleurs du droit public, les plus nobles idées qu'elle ait lancées dans le monde durent se réfugier dans les doctrines des philosophes pour avoir, au moins indirectement, quelque action sur les sociétés humaines.

Voilà les faits. Ce n'est donc pas le Macédonien qui, dans la lutte décisive, représentait le progrès, et l'Athénien pouvait jurer que les vaincus de Chéronée n'avaient pas plus failli, en défendant le patrimoine moral de leur patrie, que les vainqueurs de Marathon, de Salamine et de Platées.

Notes

(¹) ARISTOTE, *Politique*, I, 1, 6 ss.

(²) *Iliade*, VI, 244 ss.; XXIV, 495.

(³) Cf. G. GLOTZ, *La Solidarité de la famille dans le droit criminel en Grèce*, p. 96 ss., 139 ss.

(⁴) Cf. P. GUIRAUD, *La Propriété foncière en Grèce jusqu'à la conquête romaine*, p. 46 ss.

(⁵) Cf. G. GLOTZ, *Le Travail dans la Grèce ancienne*, p. 12 ss.; G. GLOTZ, *Histoire grecque*, t. I, p. 120 s.

(⁶) Cf. G. GLOTZ, *La Solidarité de la famille...*, p. 94 ss., 103 ss., 135 ss.

(⁷) *Odyssée*, XIV, 82, 88; XX, 215.

(⁸) *Iliade*, IX, 459 ss.; VI, 351.

(⁹) *Iliade*, VI, 244 ss.; *Odyssée*, III, 387 ss., 412 ss.; X, 5; VI, 62 s.

(¹⁰) *Iliade*, XVII, 144; VI, 257, 327 ss.; *Odyssée*, XIV, 472 s.

(¹¹) *Iliade*, IX, 589; XV, 680 s.; *Odyssée*, X, 103 s.; XXIV, 468. Voir EBELING, *Lexicon Homericum*, au mot ἄστυ.

(¹²) Voir EBELING, *op. cit.*, aux mots πτόλις et πτολίεθρον. *Acropolis* apparaît dans l'*Odyssée*, VIII, 495, 504.

(¹³) *Iliade*, VI, 88, 96, 297, 305; VII, 345 s.; XI, 46.

(¹⁴) *Iliade*, VI, 87 ss., 287 ss.

(¹⁵) THUCYDIDE, III, 101.

(¹⁶) Voir W. LARFELD, *Handbuch der griechischen Epigraphik*, t. II, ii, p. 717; *Inscriptiones Graecae*, t. XII, i, n° 677.

(¹⁷) *Iliade*, VIII, 519; XVIII, 274 s., 286 s. Schérie est, de même, entourée de murs et de palissades (*Odyssée*, VI, 267).

(¹⁸) Cf. EBELING, *Lexicon Homericum, ll. cc.*

(¹⁹) *Odyssée*, VI, 296; X, 104 ss. XV, 308, 681; XVI, 461 ss.; *Iliade*, III, 116.

(²⁰) *Iliade*, II, 12; IV, 51 s.; *Odyssée*, XV, 384.

(²¹) Cf. *Odyssée*, VI, 177 s.; VIII, 151 ss.

(²²) *Dèmos* = territoire : *Iliade*, V, 78, 710; XVI, 437, 514; *Odyssée*, XIV, 329; XVII, 536. *Dèmos* = peuple : *Iliade*, XX, 166; *Odyssée* II, 291; IV, 666; VIII, 157; XIII, 186; XVI, 114.

(²³) WIEGAND, *Abh. BA*, 1908, p. 494 ss.; Cf. *Sb. BA*, 1925, p. 275.

(²⁴) *Iliade*, IX, 396.

(²⁵) Cf. G. BUSOLT, *Griechische Staatskunde*, t. I, p. 249.

(²⁶) MICHEL, *Recueil d'Inscriptions Grecques*, n°ˢ 997, 797.

(²⁷) *Inscriptiones Graecae*, t. XII, I, n° 695.

(²⁸) Voir G. GLOTZ, *Histoire grecque*, t. I, p. 414.

(²⁹) *RIG*, n° 1144.

(³⁰) Sur l'importance des isthmes, voir THUCYDIDE, I, 7.

(31) THUCYDIDE, II, 15, 2.

(32) *Iliade*, IX, 149 ss.

(33) DAREMBERG, SAGLIO, POT-
TIER et LAFAYE, *Dictionnaire des
Antiquités grecques et romaines*
(*DA*), art. « Perioikoi ».

(34) ARISTOTE, *Politique*, IV
(VII), 10, 4.

(35) XÉNOPHON, *Les Helléniques*, VII, 5, 10; POLYBE, IX, 8.

(36) HÉRODOTE, I, 141, 163.

(37) THUCYDIDE, VIII, 44; XÉ-
NOPHON, *Les Helléniques*, III, 2,
27.

(38) Cf. G. GLOTZ, *Histoire
grecque*, t. I, p. 559.

(39) *Ibid.*, p. 451.

(40) THUCYDIDE, I, 2, 1; 5, 1;
7; 8, 3.

(41) Cf. W. LARFELD, *op. cit.*,
t. II, ıı, p. 778-780.

(42) Le nom d'Hestia apparaît pour la première fois dans la
Théogonie d'Hésiode (v. 454).

(43) PINDARE, *Némésis*, XI, 1.

(44) *Ausgr. von Olympia*, t. II,
p. 58 ss.; WENIGER, *Klio*, t. VI,
(1906), p. 1 ss.; E. N. GARDINER,
*Olympia. Its History and Re-
mains*, p. 167 ss.

(45) Schol. ARISTIDE, *Panath.*,
103, 15; TITE-LIVE, XLI, 20.

(46) THUCYDIDE, II, 15, 2; Cf.
PLUTARQUE, *Thésée*, 24.

(47) Voir G. GLOTZ, *Histoire
grecque*, t. I, p. 398, 399, 424.

(48) HÉRODOTE, I, 146.

(49) *GDI*, nᵒˢ 3501 s.; HÉRO-
DOTE, VII, 197.

(50) Voir WERNICKE, *Jb. AI*,
t. IX (1894), p. 127-135; G. LE-
ROUX, *Les origines de l'édif. hy-
postyle*, p. 75-77; E. N. GARDINER,
op. cit. p. 271-274.

(51) *Odyssée*, VI, 53-55.

(52) THUCYDIDE, II, 15, 2-3;
HÉRODOTE, I, 170; *RIG*, nᵒˢ 432-
435. Cf. H. FRANCOTTE, *La Polis
grecque. Recherches sur la formation et l'organisation des cités…*
p. 195 ss.

(53) ARISTOTE, *Politique* VII (VI),
5, 2.

(54) *Ibid.*, IV (VII), 11, 2-3.

(55) *Iliade*, IX, 807.

(56) ARISTOTE, *l. c.*, 2.

(57) E. BOURGUET, *L'administration financière du sanctuaire
pythique…*, p. 45, 59 s.; *SIG*³,
nᵒˢ 47, 1. 21; 525, 1. 11; 1045,
1. 9, 34; 1012, 1. 2.

(58) Cf. *RIG*, nᵒˢ 139, 1. 23;
142, 1. 5; 961, B, 1. 28; 969, 1. 2;
979, 1. 16.

(59) Cf. *DA*, art. « Ekklèsia »,
p. 512.

(60) *Odyssée*, IX, 112; HÉRO-
DOTE, I, 153.

(61) THUCYDIDE, I, 7.

(62) Voir J. BELOCH, *Die Bevölkerung der griechisch-römischen
Welt*; ID., *Griechische Geschichte*,
t. III, I, p. 263 ss.; cf. CAVAIGNAC,
*La population du Péloponèse
aux vᵉ et ivᵉ siècles* (*Klio*, t. XII,
1912, p. 261 ss.).

(63) THUCYDIDE, I, 10, 2.

(64) HÉRODOTE, I, 151.

(65) PLATON, *Lois* IV, p. 707 e,
708 b; cf. ISOCRATE, *Panégyrique
d'Athènes*, 34-36.

(66) *Cypria*, fr. 1, Kinkel.

(67) HÉRODOTE, VII, 102.

(68) HÉSIODE, *Les Travaux et
les Jours*, 376.

(69) Voir *DA*, art. « Expositio ».

(70) ARISTOTE, *Politique*, II, 5, 2.

(71) PLATON, *Les Lois*, V,
p. 737 d-738 e.

(72) ARISTOTE, *Politique*, IV
(VII), 4, 3-8; *Éthique à Nico-
maque*, IX, p. 1170 b.

(73) PLUTARQUE, *Timoléon*, 23,
25; DIODORE, XVI, 52.

(74) THUCYDIDE, I, 100, 3;
DIODORE, XI, 49, 1.

(75) XÉNOPHON, *Les Helléniques*,
V, 3, 16; DIODORE, XIV, 78, 6.

(76) DIOGÈNE LAËRCE, III, 1, 27.

(77) HÉRODOTE, VII, 135.

(78) ARISTOTE, *Politique*, VIII,
(V), 2, 10.

(79) HÉRODOTE, I, 170.

(80) ARISTOTE, *Politique*, II, 1, 5.

(81) THUCYDIDE, III, 37 ss.

(82) ID., VIII, 48.

(83) *Iliade*, II, 198; XII, 213;
Odyssée, II, 239; VI, 34.

(84) *Odyssée*, XIII, 192; cf.
Iliade, XI, 242.

(85) *Iliade*, XV, 558; XXII,
429; *Odyssée*, VII, 131.

(86) Cf. G. GLOTZ, *Histoire grecque*, t. I, p. 125.

(87) *Iliade*, II, 660.

(88) *Odyssée*, XIX, 174; *Iliade*, II, 646 ss.

(89) *Iliade*, IX, 149 ss.

(90) *Odyssée*, IV, 174 ss.

(91) *Odyssée*, XI, 489 s.

(92) *Iliade*, IX, 63, 648.

(93) G. GLOTZ, *La Solidarité de la famille dans le droit criminel en Grèce*, p. 85-91.

(94) *Iliade*, XXIV, 399 s. Pour l'amende, voir *Iliade*, XIII, 669; pour le rachat, XXIII, 297.

(95) G. GLOTZ, *op. cit., l. c.*

(96) *Iliade*, II, 362 s.

(97) *Iliade*, IV, 65.

(98) *Odyssée*, XIX, 177.

(99) *Iliade*, II, 654 s., 668.

(100) *Iliade*, II, 591-602; *Odyssée*, III, 7-8.

(101) *Odyssée*, VIII, 35 s., 48, 390 s.; cf. G. GLOTZ, *Études sociales et juridiques sur l'antiquité grecque*, p. 240.

(102) *Odyssée*, VIII, 392 ss.; XIII, 10 ss.; cf. XIX, 196 s.

(103) *Iliade*, XVIII, 556 ss.

(104) Voir, pour de simples guerriers, *Iliade*, IV, 280; V. 544 ss.

(105) *Odyssée*, VIII, 41, 47; cf. *Iliade*, XVIII, 507.

(106) *Iliade*, IX, 160, 392; X, 239; *Odyssée*, XV, 533.

(107) *Iliade*, IX, 69.

(108) *Odyssée*, VIII, 390 s.

(109) *Odyssée*, VII, 167, 11.

(110) *Odyssée*, VII, 189.

(111) *Odyssée*, XIX, 179; cf. PLATON, *Minos*, p. 319 *b*; *Lois*, I, p. 624 *a-b*, 630 *d*, 632 *d*; STRABON, X, 4, 8, p. 476; 19, p. 482.

(112) PLUTARQUE, *Agis*, 11.

(113) Sur le droit d'aînesse, voir *Iliade*, II, 106 s.; *Odyssée*, XIX, 181-184; cf. *Iliade*, XV, 204.

(114) *Odyssée*, I, 387; XVI, 388, 401.

(115) *Odyssée*, VII, 63 ss., cf. *Iliade*, XX, 180 ss.; 231 ss.

(116) *Iliade*, VI, 191; cf. XX, 180 ss.

(117) *Iliade*, II, 101 ss.; cf. 46, 186; IX, 38; VII, 412. Le sceptre d'Agamemnon était l'objet d'un culte à Chéronée (PAUSANIAS, X, 40, 11).

(118) *Iliade*, II, 196; cf. I, 279; VI, 159; IX, 37, 99.

(119) ESCHYLE, *Les Suppliantes*, 370; *Odyssée*, VI, 196; XI, 346, cf. 353; VIII, 382.

(120) *Iliade*, II, 402 ss.; III, 271 ss.; VII, 314 ss.; IX, 534 s.; *Odyssée*, III, 444 ss.; VIII, 59 ss.; XIII, 181.

(121) *Odyssée*, VIII, 40 ss., 56 ss.

(122) *Iliade*, IX, 98 s.; *Odyssée*, XI, 569; cf. *Iliade*, XVI, 542. *Odyssée*, XIX, 109 ss.

(123) G. GLOTZ, *Histoire grecque*, t. I, p. 90; *Iliade*, II, 487, 760; VII, 234; XI, 465; *Odyssée*, XVIII, 106.

(124) *Iliade*, II, 204 s.

(125) *Iliade*, IX, 252, 438; XI, 783.

(126) *Iliade*, II, 65 s., 362 ss., 553 s.; IX, 69; XVI, 129, 155, 171 s.

(127) *Iliade*, XI, 807; II, 391 ss.; cf. ARISTOTE, *Politique*, III, 9, 2.

(128) *Iliade*, III, 105 ss.; 250 ss.; VII, 354 ss.; *Odyssée*, III, 82; IV, 314.

(129) *Iliade*, X, 133; VIII, 162; IV, 262; *Odyssée*, XIX, 225; VIII, 4, 46, 104, 162.

(130) *Iliade*, VI, 194 s.; IX, 578 ss.; XX, 184 s.; *Odyssée*, VI, 291 ss.; XI, 184 s.

(131) Cf. *Odyssée*, I, 397 ss.; XI, 174; XXIV, 205 ss.

(132) *Iliade*, IX, 154 s.; XXIII, 296 s.

(133) *Iliade*, VII, 470 s.; cf. XXIII, 744 s.

(134) *Iliade*, I, 124, 161 ss.; 368 s.; II, 226 ss.; VIII, 286 ss.; IX, 130 ss.; XVII; *Odyssée*, VII, 10; IX, 42; XI, 534.

(135) *Odyssée*, I, 392.

(136) *Odyssée*, II, 48, 235.

(137) *Odyssée*, XIV, 48, etc., 121, etc., 100 ss.

(138) *Iliade*, XI, 322; XV, 431 ss. XVI, 685; XIX, 281; XXIII, 90; XXIV, 396 s.; *Odyssée*, XV, 96.

(139) *Iliade*, IX, 438 ss.; XVI, 148, 279; *Odyssée*, IV, 22 ss., 35 ss., 216 s; XV, 95 ss.

(140) *Iliade*, I, 334; VII, 275; VIII, 517; X, 315; XII, 343; XXIV, 412, 575; *Odyssée*, XVII, 173; XXII, 357 ss.

(141) *Iliade*, XIX, 196 ss., 247 ss.; XVIII, 558 ss.

(142) *Iliade*, I, 320 ss., 334 ss.

(143) *Odyssée*, VIII, 8.

(144) *Iliade*, VIII, 517.

(145) *Iliade*, II, 50, 97 ss., 279 ss.; XXIII, 567 ss.; *Odyssée* II, 6, 37 s.

(146) *Iliade*, XVIII, 503 ss.

(147) *Iliade*, II, 442.

(148) *Odyssée*, IX, 90; X, 59, 102; *Iliade*, VII, 372 ss.; XXIV, 149 ss., 180 ss.; III, 116 ss., 245 ss.

(149) *Odyssée*, XX, 276; I, 109 ss.; VII, 163 ss.; VIII, 474 ss.; XVIII, 423 ss.

(150) *Odyssée*, XIX, 135.

(151) *Iliade*, IX, 190, 202 ss., 211 ss.

(152) *Iliade*, XVI, 271 s.

(153) *Iliade*, VI, 531; V, 48; XIII, 600; XI, 843; XV, 401.

(154) *Iliade*, VIII, 109, 113, 119; XII, 76. 111; XIII, 386.

(155) *Iliade*, XVI, 145 ss., 865.

(156) *Iliade*, IX, 190 ss.; XIX, 331 ss.; cf. XXIII, 78.

(157) *Iliade*, VII, 149; XVI, 129 ss., 145. 164 ss., 257 ss.

(158) Voir, pour tous ces mots, EBELING, *Lexicon Homericum*.

(159) *Iliade*, II, 404 ss.; X. 300 s.; *Odyssée*, VII, 189.

(160) *Odyssée*, 156; *Iliade* X, 326.

(161) *Iliade*, II, 55; *Odyssée*, VI, 53 ss.

(162) *Odyssée*, VII, 95 ss.

(163) *Iliade*, IX, 70 ss., 89 ss.

(164) *Odyssée*, XV, 468; *Iliade*, IV, 259; IX, 422.

(165) *Odyssée*, XV, 466 s.

(166) *Odyssée*, VII, 95 s.; VIII, 422; XVI, 408; XXII, 23.

(167) *Iliade*, XVII, 247; cf. IV, 344; VIII, 161; IX, 70 ss.

(168) *Iliade*, II, 56 ss.; IX, 672 ss.

(169) *Iliade*, II, 76, 433; *Odyssée*, VII, 155; *Iliade*, XIV, 122 ss.

(170) *Iliade*, II, 76.

(171) *Iliade*, VII, 344; IX, 173, 710; *Odyssée*, XIII, 16, 47.

(172) *Iliade*, IX, 96 ss.

(173) *Iliade*, II, 86; *Odyssée*, VIII, 46.

(174) *Odyssée*, II, 14; VIII, 6.

(175) *Iliade*, IX, 578.

(176) *Odyssée*, VII, 155 ss.; VIII, 40 ss.; 386 ss.; XIII, 7 ss., 47 ss.

(177) *Odyssée*, XXI, 21.

(178) *Iliade*, II, 53 ss.; VII, 313 ss.; XV, 721 ss.; XVIII, 249 ss.

(179) *Iliade*, XXII, 119.

(180) Cf. *Odyssée*, XVI, 402 s.; XIX, 297; *Iliade*, VII, 45.

(181) *Odyssée*, XXII, 55 ss.; IV, 164 ss.

(182) *Iliade*, XVIII, 497 ss.; cf. G. GLOTZ, *La Solidarité de la famille dans le droit criminel en Grèce*, p. 115 ss., 127 ss.

(183) *Odyssée*, XII, 440.

(184) *Iliade*, I, 238; *Odyssée*, XI, 185 s.

(185) *Iliade*, XVI, 385 ss.

(186) *Odyssée*, XV, 468; cf. II, 26; III, 127.

(187) *Iliade*, II, 143; cf. 268.

(188) *Odyssée*, IX, 112, 215.

(189) *Iliade*, I, 54; XIX, 40.

(190) *Odyssée*, II, 26 ss.

(191) *Iliade*, II, 50 ss.; IX, 9 ss.; cf. *Odyssée*, II, 6-8; VIII, 7 ss.

(192) *Iliade*, II, 48 ss.; VIII, 1 ss.; *Odyssée*, II, 1 ss.; VIII, 1 ss.

(193) *Odyssée*, III, 138 ss.

(194) *Iliade*, II, 92.

(195) *Iliade*, II, 788; VII, 325, 382; *Odyssée*, III, 5-6; VI, 266; VIII, 5.

(196) *Odyssée*, III, 7-8; cf. VIII, 16.

(197) *Iliade*, XVIII, 504; *Odyssée*, II, 14; III, 31; VIII, 6.

(198) *Iliade*, II, 96, etc.; IX, 13; XIX, 50; *Odyssée*, III, 149; *Iliade*, XVIII, 246.

(199) *Odyssée*, II, 32.

(200) *Iliade*, I, 59 ss.; XIX, 55 ss.

(201) *Odyssée*, VII, 150; II, 30; *Iliade*, XVII, 345 ss.

(202) *Iliade*, I, 15 ss.; II, 110 ss.; VII, 382 ss.

(203) Cf. *Iliade*, II, 50 ss., 86, 110 ss.; IX, 16 ss.; XIX, 55 ss.

(204) *Iliade*, I, 234, 245; II, 100; *Odyssée*, II, 37.

(205) *Iliade*, VII, 126.

(206) *Iliade*, I, 490; XII, 325; XV, 283 s.; *Odyssée*, XI, 510 ss.
(207) *Iliade*, III, 150.
(208) *Iliade*, VII, 385; IX, 17; *Odyssée*, VIII, 26.
(209) *Iliade*, I, 59; XIX, 56.
(210) *Iliade*, IX, 31 ss.
(211) *Iliade*, II, 198, 202; XII, 213.
(212) *Odyssée*, II, 15 ss.; *Iliade*, II, 211-264.
(213) *Iliade*, II, 50-378.
(214) *Iliade*, IX, 9-161.
(215) *Iliade*, VII, 345-417.
(216) *Odyssée*, VII, 11; XI, 346; cf. 353; VI, 197; VIII, 382.
(217) *Odyssée*, VIII, 4-46.
(218) *Odyssée*, II, 6-257.
(219) *Iliade*, IX, 64.
(220) *Odyssée*, III, 137-157.
(221) *Odyssée*, XXIV, 420-548.
(222) Voir G. GLOTZ, *La Solidarité de la famille dans le droit criminel en Grèce*, p. 53 s., 233.
(223) *Odyssée*, XVI, 375 ss.
(224) *Iliade*, III, 17.
(225) *Odyssée*, XVI, 424 ss.
(226) *Odyssée*, XXIV, 421 ss.
(227) *Odyssée*, XI, 495 ss.
(228) *Odyssée*, XV, 520; XVIII, 34.
(229) *Odyssée*, III, 214-215.
(230) *Odyssée*, XXIV, 483.
(231) *Odyssée*, XIII, 262 ss.
(232) Les « rois » des Phéaciens sont appelés ἄρχοι (*Odyssée*, VIII, 391), comme le chef de maints peuples, y compris les Athéniens (*Iliade*, XV, 337) dont l'*archos* est, en la circonstance, un *polémarchos*.
(233) *Odyssée*, I, 141; IV, 57; XVI, 252 s.; XVII, 331.
(234) G. GLOTZ, *Histoire grecque*, t. I, p. 401.
(235) *Odyssée*, XIV, 237-239
(236) « La royauté perpétuelle est insupportable entre égaux », dit Aristote, *Politique*, VIII (V), 1, 6.
(237) DÉMOCRITE, *C. Lept.*, 29, 31; *IGPE*, t. II, nᵒˢ 1 ss.; *RIG*, nᵒ 98, 124.
(238) HÉRODOTE, VII, 148 s.; *BCH*, t. XXXIV (1910), p. 331;

PAUSANIAS, IV, 35, 2 (cf. II, 19, 2; DIODORE, VII, fr. 13).
(239) HÉRODOTE, V. 92; DIODORE, VII, fr. 9.
(240) STRABON, XIV, 1, 3, p. 633; cf. DIOGÈNE LAËRCE, XX, 6.
(241) HÉRODOTE, VIII, 132; STRABON, XIII, 1, 52, p. 607; ARISTOTE, *l. c.*, 5, 4; *La Constitution d'Athènes*, 41, 3.
(242) *CRAI*, 1906, p. 511 ss.; ARISTOTE, *Politique*, c., 8, 13.
(243) ARISTOTE, *op. cit.*, III, 9, 8; ISOCRATE, *Égine*, 36; *IG*, t. XII, v, nᵒ 54, 1008; *GDI*, nᵒ 5653 c, 5495; *IGPE*, t. I, nᵒ 53.
(244) *IG*, t. VII, nᵒˢ 1 ss., 188 ss., 223 ss.; *RIG*, nᵒ 166, 172, 338, 1227.
(245) *IG*, t. XII, vɪɪɪ, nᵒ 164 ss., 186 ss.
(246) ARISTOTE, *La Constitution d'Athènes*, 41, 2; 8, 3; 57, 4. Cf. *REG*, t. XIII (1900), p. 156.
(247) Cf. G. GLOTZ, *La Solidarité de la famille dans le droit criminel en Grèce*, p. 248.
(248) THÉOPHRASTE *ap.* STOBÉE, *Florilegium*, XLIV, 22; *RIG*, nᵒ 356, 1, 1, 9, etc.
(249) *IG*, t. XII, ɪɪ, nᵒ 646, *a*, 1. 45; *b*, 1. 14, 37.
(250) PLUTARQUE, *Qu. gr.*, 2, p. 291 *f*; ARISTOTE *ap.* Schol. EURIPIDE, *Médée*, 19.
(251) WILAMOWITZ, *Nordionische Steine* (*Abh. BA*, 1909, p. 66 ss.); *RIG*, nᵒ 33; *CID*, t. III, nᵒ 5633.
(252) Voir FUSTEL DE COULANGES, *La Cité antique*, 1. IV, ch. ɪv.
(253) HÉRODOTE, II, 143; *GDI*, nᵒ 5656; PHÉRÉCYDE, fr. 20 (*FHG*, t. I, p. 73); PAUSANIAS, III, 2, 1-3, 7, 1-5.
(254) *Odyssée*, XXI, 335.
(255) Cf. HELBIG, *Les ἱππεῖς ath.* (*MAI*, t. XXXVII, 1902, p. 157 ss.).
(256) ARISTOTE, *Politique*, VI, (IV), 10, 10; 3, 1-2; VII (VI), 4, 3.
(257) ID., *ibid.*, VI (VI), 3, 2 et 8; VIII (V), 5, 10. Cf. G. GLOTZ, *Histoire grecque*, t. I, 309, 312, 403 ss.

(²⁵⁸) Ad. WILHELM, *Beiträge zur griechischen Inschriftenkunde*, p. 123. Cf. G. GLOTZ, *Histoire grecque*, t. I, p. 312 ss.

(²⁵⁹) Cf. G. GLOTZ, *op. cit.* t. I, p. 326 ss.

(²⁶⁰) HÉRODOTE, II, 135; ATHÉN., XIII, 69, p. 596 *b*; STRABON, XVII, 1, 33.

(²⁶¹) PLUTARQUE, *Solon*, 2; ARISTOTE, *Constitution d'Athènes*, 11, 1.

(²⁶²) ALCÉE, fr. 49; THÉOGNIS, 190, cf. 662 ss.

(²⁶³) ARISTOTE, *Politique*, VII (VI), 4, 6; ASIOS *ap.* ATHÉN., XII, 30, p. 525 et XÉNOPHANE, *ibid.*, 31, p. 526 *b*; THUCYDIDE, I, 6; PLUT., *Sol.*, 21.

(²⁶⁴) THÉOGNIS, 523.

(²⁶⁵) La dernière de ces expressions est fréquente dans HÉRODOTE : V, 30, 77; VI, 91; VII, 156. Cf. ARISTOPHANE, *Paix*, 639.

(²⁶⁶) Voir ARISTOTE, *Politique*, III, 5, 2.

(²⁶⁷) PHOCYLIDE, fr. 7; HÉRODOTE, V, 29 (cf. I, 17, 19, 21); HÉRACLIDE DU PONT, *ap.* ATHÉN., XII, 26, p. 523 *f.*

(²⁶⁸) PLUTARQUE, *Qu. gr.*, 32, p. 298 *c.*

(²⁶⁹) ID., *Ibid.* Cf. *CRAI*, 1906, p. 511 ss.

(²⁷⁰) ARISTOTE, *Politique*, VI (IV), 5, 1 et 6-8.

(²⁷¹) Cf. G. GLOTZ, *Histoire grecque*, t. I, p. 309 ss.

(²⁷²) Schol. EURIPIDE, *Rhésos*, 307.

(²⁷³) DÉMOSTHÈNE, *C. Aristocr.*, 199; *S. l'org. fin.*, 23; PLUTARQUE, *Reg. et imper. apophth. Epamin.*, 17, p. 193 *e.*

(²⁷⁴) PINDARE, *Pythiques*, X, 71.

(²⁷⁵) XÉNOPHON, *Helléniques*, VI, 1, 8.

(²⁷⁶) *IG*, t. IX, II, nᵒˢ 458 s.; 513; 517, 1. 20; 524.

(²⁷⁷) ARISTOTE, *Politique*, IV (VII), 11, 2.

(²⁷⁸) Cf. G. BUSOLT, *Griechische Staatskunde*, t. I, p. 359 s.

(²⁷⁹) Voir G. GLOTZ, *Histoire grecque*, t. I, p. 319.

(²⁸⁰) POLYBE, IV, 73, 8, 10.

(²⁸¹) ARISTOTE, *Politique*, VIII (V), 5, 7-8.

(²²²) Cf. *REG*, t. XVI (1903), p. 151 ss.

(²⁸³) PLUTARQUE, *Qu. gr.*, 1, p. 291 *e.*

(²⁸⁴) STRABON, IV, 1, 5, p. 179.

(²⁸⁵) Voir M. CLERC, *DA*, art. « Timouchoi »; G. BUSOLT, *Griechische Staatskunde*, t. I, p. 357, nᵒ 3; *Massalia*, (1927), p. 424 ss.

(²⁸⁶) ARISTOTE, *l. c.*, 2.

(²⁸⁷) ID., *ibid.*, VII (VI), 4, 5.

(²⁸⁸) ID., *ibid.*, VIII (V), 5, 2-3.

(²⁸⁹) CICÉRON, *De republica*, I, 27, 43; 28, 44.

(²⁹⁰) ARISTOTE, *Politique*, VI (IV), 5, 7.

(²⁹¹) HÉRACLIDE DU PONT., XI, 6 (*FHG*, t. II, p. 217).

(²⁹²) XÉNOPHANE, *ap.* ATHÉN., XII, 31, p. 526 *a*; THÉOP., *ibid.*, *c* (*FHG*, t. I, p. 299, fr. 129); cf. ARIST., *l. c.* 3, 8.

(²⁹³) *IJG*, t. I, nᵒ XI (cf. *IG*, t. IX, I, nᵒ 334), B, 1. 14 s.; POLYBE, XII, 5, 26. Voir WILHELM, *Jh. AI*, t. I (1898), Beiblatt, p. 50, 1. 15.

(²⁹⁴) JAMBLIQUE, *V. Pyth.*, 35, p. 260; VAL. MAX., VIII, 15, 12; cf. DIODORE, XII, 9, 4.

(²⁹⁵) HÉRACLIDE DU PONT, fr. 25 (*FHG*, t. II, p. 219); cf. *RIG*, nᵒˢ 555, 952.

(²⁹⁶) TIMÉE, fr. 88 (*FHG*, t. I, p. 213).

(²⁹⁷) ARISTOTE, *Politique*, VIII (V), 5, 2 (cf. 4, 2); DIODORE, XIX, 5, 6 (cf. 4, 3; 6, 1 et 4).

(²⁹⁸) ARISTOTE, *Const. d'Ath.*, 29, 5; 33, 1-2; THUCYDIDE, VIII, 65, 3; 67, 3; 97, 1; LYSIAS, *P. Polystr.*, 13.

(²⁹⁹) ARISTOTE, *op. cit.*, 36 ss. Cf. P. CLOCHÉ, *La Restauration démocratique à Athènes en 403 avant J.-C.*, p. 3 ss., 7 ss.

(³⁰⁰) DIODORE, XVIII, 18; PLUTARQUE, *Phoc.*, 28.

(³⁰¹) *IG*, t. XII, VIII, nᵒ 276.

(³⁰²) ARISTOTE, *Politique*, VI (IV), 10, 10.

(³⁰³) *P. Oxy.*, XI, 2; cf. XÉNOPHON, *Hell.*, V, 4, 9; ARISTOTE, *Pol.*, II, 9, 7; III, 3, 4; VII (VI), 4.

5; Héraclide du Pont, fr. 43 (*FHG*, t. II, p. 224). Voir *BCH*, t. XXXII (1908), p. 271 ss.

(304) Poll., X, 165 (Aristote, fr. 518 Rose).

(305) *P. Oxy.*, XI, 3-4.

(306) *IJG*, t. I, p. 410 ss.

(307) *RIG*, n° 23, 1. 12 s.

(308) Aristote, *Politique*, II, 7, 3-8. Cf. *IJG*, *l. c.*, p. 414 s.; G. Glotz, *Histoire grecque*, t. I, p. 301 s.

(309) Ps. Hérode Atticus, Περὶ πολιτείας, Voir E. Drerup, ['Ηρώδου] Περὶ πολιτείας. *Ein politisches Pamphlet aus Athen*, *404 vor Chr.*; cf. E. Meyer, *Theopomps Hellenica*, p. 207.

(310) Aristote, *Const. d'Ath.*, 4, 2-3.

(311) Lysias, XXXIV. Cf. P. Cloché, *La Restauration démocratique à Athènes*, p. 420 ss.

(312) Aristote, *Politique*, VI (IV) 10, 6-7.

(313) Id., *ibid.*, IV (VII), 11, 2.

(314) Id., *ibid.*, VI (IV), 11, 9.

(315) Id., *ibid.*, II, 7, 4; cf. *IJG*, t. I, p. 416.

(316) Loi de Gortyne, X, 33-36; XI, 10-14 (*IJG*, t. I, p. 386); *RIG* n°s 53 ss.

(317) *P. Oxy.*, XI, 38 ss. Voir *BCH*, t. XXXII (1908), p. 271.

(318) Aristote, *Const. d'Athènes*, 30, 3-6; Thucydide, VIII, 67, 3.

(319) Thucydide, *ibid.*, 97.

(320) *IG*, t. II², n° 12. Cf. Ad. Wilhelm, *l. c.* p. 43; Ed. Meyer, *Forschungen zur alten Geschichte*, t. II, p. 430 s.; Glotz, *REG*, t. XXXIV (1921) p. 12.

(321) Voir *DA*, art. « Ekklèsia », p. 512-515.

(322) Thucydide, V, 68.

(323) *RIG*, n°s 555, 553.

(324) Diodore, XII, 9, 4; Jamblique, *op. cit.*, 35; cf. Val. Max., VIII, 15, 12; Dicéarque, fr. 29 (*FHG*, t. II, p. 244).

(325) Aristote, *Politique*, III, 1, 7.

(326) Plutarque, *Qu. gr.* I, p. 291 *e*; Thucydide, V, 47; *IG*, t. IV, n° 554.

(327) Hérodote, VII, 148 s.;

cf. Thucydide, *l. c.*; *IG*, *l. c.*, n° 557; *BCH*, t. XXXIV (1910) p. 331, 1. 25.

(328) Plutarque, *Lyc.*, 26; cf. Aristote, *Politique*, II, 6, 15; 8, 2; Polybe, VI, 45, 5.

(329) Plutarque, *l. c.*; Aristote, *l. c.*, 6, 18-19.

(330) Aristote, *l. c.*, 17-18.

(331) Id., *ibid.*, VIII (V), 5, 8.

(332) *RIG*, n° 488; Dicéarque, *l. c.*

(333) Aristote, *Politique*, II, 7, 5; cf. Diodore, XVI, 65, 6-7.

(334) Plutarque, *Qu. gr.* 4, p. 292 *b*.

(335) Aristote, *Politique*, VI (IV), 12, 8; cf. 11, 9; VII (VI), 5, 10, 13.

(336) Nicéphore de Damas, fr. 60, 9 (*FHG*, t. III, p. 394); cf. Suidas, *s. v.* πάντα ὀκτώ; Diodore, XVI, 65, 6-8. Voir H. Lutz, *The Corinthian constit.* (*Cl. R*, t. X, 1896, p. 418); Szanto, *Gr. Phylen* (*Sb. WA*, t. CXLIV, 1901, p. 16).

(337) *IG*, t. IX, I, n°s 682 ss.; voir *RIG*, n°s 319 s.

(338) Cf. E. Bourguet, *L'administration financière du sanctuaire pythique*, p. 45 ss.

(339) *RIG*, n° 263, A, 1. 26.

(340) *Ibid.*, n° 402, 1. 6, 14, etc.: *IG*, t. XII, v, n° 594, 1. 19.

(341) Voir Holleaux, *REG*, t. X (1897), p. 364 ss.; Ad. Wilhelm, *Beiträge zur griechischen Inschriftenkunde*, p. 314, 1. 16; 'Εφ., 1911, p. 6, 24.

(342) *RIG*, n° 345, 1. 28 s.

(343) Thucydide, VIII, 1, 3; Aristote, *Const. d'Athènes*, 29, 1-2.

(344) *RIG*, n° 195 (cf. n° 194); Thucydide, V, 47, 6.

(345) *IG*, t. IV, n° 493 (cf. n°s 487 s., 560).

(346) *Etym. M.*, *s. v.* δημιουργός. Exemples : Aigion en Achaïe (*RIG*, n° 288), Samos (*ibid.*, n° 371), Amorgos (*ibid.*, n° 712), Astypalaia (*ibid.*, n° 416), Nisyros (*ibid.*, n° 43, 1. 9), Cnide (*ibid.*, n° 1340, 1. 57, 86), Ithaque (*SIG*³, n° 558).

(347) Voir M. CLERC, *DA*, art. « Timouchoi », « Massalia », t. I (1927), p. 430 ss., G. BUSOLT, *Griechische Staatskunde*, p. 357.

(348) *RIG*, n°s 1318, B, 1. 29; 498, B, 1. 60; 499, 1. 12; *IPr*, 4, 6, 10-12; ATHÉN., IV, 32, p. 149 *f*; DITTENBERGER, *Or. gr. inscr. sel.*, n° 120.

(349) PAUSANIAS, VII, 20, 1; 21, 6.

(350) *Iliade*, XXIV, 347; *Odyssée*, VIII, 258 ss.

(351) *Sb. BA*, 1904, p. 619; 1905, p. 543.

(352) *IJG*, t. I, n° XV A; *RIG*, n° 1318, B, 1. 4-5, 9.

(353) ARISTOTE, *ap.* Schol. EURIPIDE, *Médée*, 19; *Pol.*, III, 9, 5-6; 10, 1; VI (IV), 9, 2.

(354) ID., *ibid.*, III, 9, 6; STRABON, XIII, 2, 3, p. 617; PLUTARQUE, *Sol.* 14; *Banquet des sept sages*, 14, p. 157 *e*.

(355) *RIG*, n° 169; PAUSAN., I, 43, 3.

(356) *IO*, n° 22 *a*, 1. 5.

(357) *GDI*, t. III, n° 3068, 1. 4, 10; 3052 ss; *RA*, 1925, I, p. 258; *RIG*, n° 338, 1. 56.

(358) Cf. E. BOURGUET, *L'administration financière du sanctuaire pythique*, p. 47 ss.

(359) ARISTOTE, *Politique*, VIII (V), 4, 3; *RIG*, 451, 33, 499, 356, 360, 358.

(360) DIODORE, VII, fr. 9; *RIG*, n°s 319, 555.

(361) ARISTOTE, *Const. d'Athènes*, 3, 5. Cf. G. GLOTZ, *Histoire grecque*, t. I, p. 397 ss.

(362) ARISTOTE, *Politique*, III, 11, 1; *IJG*, t. I, n° XI, B, 1. 16 s.

(363) ARISTOTE, *Politique*, VIII (V), 4, 3.

(364) DIODORE, *l. c.*; PAUSANIAS, II, 4, 4. Cf. G. GLOTZ, *Histoire grecque*, t. I, p. 319.

(365) *RIG*, n° 195, 1. 3.

(366) HÉSIODE, *Les Travaux et les Jours*, 38, 263.

(367) *IJG*, t. II, n° XXI, 1. 12; cf. p. 13.

(368) DIODORE, XVI, 65, 6-8.

(369) G. GLOTZ, *Histoire grecque*, t. I, p. 363, 364, 366.

(370) POLYBE, XII, 16.

(371) *Iliade*, I, 238; XVI, 386 ss.

(372) *IJG*, t. I, p. 429-431; *ibid.*, n° XI, B, 1. 7-8; t. II, n° XXI, 1. 13, 24 s.

(373) ARISTOTE, *Politique*, II, 7, 6.

(374) ID., *ibid.*, VI (IV), 5, 1 et 8.

(375) ID., *ibid.*, VII (VI), 1, 10.

(376) ID., *ibid.*, VI (IV), 5, 7.

(377) ID., *ibid.*, II, 7, 5; cf. *IJG*, t. I, p. 414.

(378) ID., *ibid.*, VI (IV), 3, 8.

(379) PLATON, *Rép.* VIII, 6, p. 550 *c*; 7, p. 553 *a*; ARISTOTE, *Politique*, III, 3, 4; VI (IV), 5, 1; 7, 3; 12, 7 et 10; VIII (V), 5, 5 et 11.

(380) ARISTOTE, *Politique*, VI (IV), 5, 1.

(381) ID., *ibid.*, II, 4, 4; VIII (V), 6, 6.

(382) ID., *ibid.*, VI (IV), 4, 3; 5, 3.

(383) ID., *ibid.*, II, 9, 2; *Const. d'Ath.*, 2, 2; 22, 1; 28, 2; ISOCRATE, *Aréopagitique*, 16; *Antidosis*, 232.

(384) ARISTOTE, *Const. d'Athènes*, 29, 3; PLUTARQUE, *Cim.*, 15.

(385) ARISTOTE, *Politique*, VI (IV), 10, 10.

(386) ID., *ibid.*, VIII (V), 5, 8.

(387) ARISTOTE, *Const. d'Athènes*, 30, 2 s.; 31, 1.

(388) ID., *ibid.*, 4, 3.

(389) ID., *ibid.*, 29, 2, 5.

(390) THUCYDIDE, VI, 38, 5.

(391) HÉRACLIDE DU PONT, 31, 2 (*FHG*, t. II, p. 222).

(392) *RIG*, n°s 402, 1. 21; 34, 1. 44 ss.; 694, 1. 120 ss.

(393) *CIG*, n°s 1845, 1. 47.

(394) DÉMOCRITE, *C. Androt.*, 32; *C. Timocr.*, 75.

(395) XÉNOPHON, *Rép. des Lacéd.*, 8, 1 ss.

(396) ARISTOTE, *Politique*, VI (IV), 3, 5; PLATON, *Rép.*, V, p. 463 *a*.

(397) *Hymnes homér.*, XXX, 7-16.

(398) ARISTOTE, *Politique*, VII (VI), 4, 3.

(399) ID., *ibid.*, VIII (V), 9, 21.

(400) ID., *ibid.*, 7, 19; VI (IV), 10, 10.

(401) ID., *Const. d'Athènes*, 13, 2.

(402) ID., *Politique*, VII (VI), 4, 5.

(403) Aristote, *Const. d'Ath.*, 30, 2.

(404) Id., *Politique*, VIII (V), 2, 6; 5, 8.

(405) Id., *ibid.*, 11, 7, 6-8.

(406) Hérodote, III, 82.

(407) Hésiode, *Les Travaux et les Jours*, 397 ss; cf. 299 ss.

(408) Id., *ibid.*, 376.

(409) Id., *ibid.*, 219 ss., 260 ss.

(410) Id., *ibid.*, 20, 252 ss.

(411) Id., *ibid.*, 203 ss.

(412) Tel est le terme qui exprime le mieux ce que les modernes appellent capitalisme (voir Platon, *Gorgias*, p. 477 a; *Euthym.*, 307 a; Aristote, *Politique*, I. 2, 2; 3, 10).

(413) Alcée, fr. 49. Voir plus haut p. 77.

(414) Cf. Aristote, *Politique*, VI (IV), 3, 1 et 8; VII (VI), 4, 6.

(415) Id., *ibid.*, VI (IV), 10, 11.

(416) Id., *ibid.*, 9, 3 ss.

(417) Plutarque, *Sol.*, 23.

(418) Aristote, *Politique*, VII (VI), 2, 1.

(419) Alcée, fr. 19.

(420) Id., fr. 20.

(421) Théognis, 53 ss., 677 ss., 847, 349.

(422) Thucydide, III, 82-83.

(423) Voir p. 326.

(424) Hésiode, *Les Travaux et les Jours*, 219 ss., 252 ss.

(425) Aristote, *Politique*, II, 2, 5 et 9.

(426) Hérondas, *Mimiambes*, II, 41 ss.; *RIG*, n° 34, l. 60 ss., 120 ss.; Strabon, XII, 2, 9, p. 539.

(427) Aristote, *Politique*, II, 3, 7; 9, 6-7.

(428) *IJG*, t. I, n° XVIII; 'Εφ., 1920, p. 76.

(429) G. Glotz, *La solidarité de la famille...* p. 244 ss.

(430) Aristote, *Politique*, III. 9 (14), 5; Denys d'Halic., V, 73.

(431) Suidas, *s. v.* Ἀρίσταρχος; Hérodote, IV, 161.

(432) Hérodote, V, 28-29.

(433) Cf. G. Glotz, *Histoire grecque*, t. I, p. 242-244.

(434) Thucydide, I, 13.

(435) Héraclide du Pont, *ap.* Athén., XII, 26, p. 524 a.

(436) Voir P. N. Ure, *The Origin of Tyranny*, t. I, p. 242-244.

(437) Hérodote, V, 92, 6.

(438) Id., *ibid.*, 68.

(439) Aristote, *Politique*, VIII (V), 9, 15.

(440) Id., *ibid.*, 4, 5; *Rhétorique*, 1, 2, 7.

(441) Pollux, VII, 68; Denys d'Halicarnasse, VII, 9.

(442) Aristote, *Const. d'Athènes*, 16, 5; Hippias d'Érythrées (*FHG*, t. IV, p. 431); Héraclide du Pont, V, 2 (*FHG*, t. II, p. 213).

(443) Héraclide du Pont, *l. c.*, Nicolas de Damas, fr. 59 (*ibid.*, t. III, p. 393); cf. Timée, fr. 48 (*ibid.*, t. I, p. 202).

(444) Hérodote, II, 167.

(445) Nicolas de Damas, *l. c.*; cf. G. Glotz, *Histoire grecque*, t. I, p. 321, 434.

(446) Aristote, *Politique*, VIII (V), 9, 4.

(447) Id., *ibid.*; Hérodote, III, 60.

(448) Hérodote, V, 92, 5.

(449) Aristote, *Politique*, VI (IV), 8, 5.

(450) On nous permettra, en ce qui concerne le détail des institutions spartiates, de renvoyer à nos travaux antérieurs (*Le Travail dans la Grèce ancienne. Histoire économique de la Grèce depuis la période homérique jusqu'à la conquête romaine*, p. 107 ss., et *Histoire grecque*, t. I, p. 335 ss.) et aux pages du présent ouvrage indiquées au mot « Sparte » de l'Index.

(451) G. Glotz, *Histoire grecque*, t. I, p. 381 ss.

(452) *Ibid.*, p. 395 ss.

(453) *Ibid.*, p. 390 ss.

(454) *Ibid.*, p. 416 ss.

(455) *Ibid.*, p. 418.

(456) *Ibid.*, p. 420 ss.

(457) *Ibid.*, p. 411 ss., 425

(458) *Ibid.*, p. 426 ss.

(459) *Ibid.*, p. 443.

(460) *Ibid.*, p. 441 ss.

(461) *Ibid.*, p. 467 ss.

(462) Aristote, *Const. d'Athènes*, 22, 2.

(463) *Ibid.*, 5; cf. 26, 2.

(464) *Ibid.*, 23, 1-2.
(465) *Ibid.*, 25, 1-2; PHILOCHO-ROS, fr. 141 *b* (*FHG*, t. I, p. 407); PLUTARQUE, *Périclès*, 7, 9; *Cim.*, 10, 15.
(466) PLUTARQUE, *Sol.*, 19, 2.
(467) *DA*, art. *Paranomôn graphè*. Cf. p. 157, 209-211.
(468) ARISTOTE, *op. c.*, 26, 2.
(469) Voir *DA*, art. *Sortilio*, p. 1406 s.
(470) ESCHYLE, *Perses*, 241 s.; EURIPIDE, *Suppliantes*, 404 ss.; cf. A. ZIMMERN, *The greek Commonwealth. Politics and Economics*, p. 129 ss.
(471) HÉRODOTE, III, 80; V, 37; PLATON, *Répub.*, VIII, p. 563 *b*; Ps. PLATON, *Ménex.*, p. 239 *a*. Cf. G. GLOTZ, *Histoire grecque*, *l. c.*
(472) HÉRODOTE, V, 78; DÉMOSTHÈNE, *C. Mid.*, 124.
(473) THUCYDIDE, II, 37; cf. Ps. PLATON, *l. c.*; EURIPIDE, *l. c.*
(474) G. GLOTZ, *Le Travail dans la Grèce ancienne*, p. 177 ss.; VINOGRADOFF, *Outlines of historical Jurisprudence*. Vol. II : *The Jurisprudence of the Greek City*, p. 13 ss.
(475) L. GERNET, *L'approvisionnement d'Athènes en blé au Ve et au VIe siècle*, p. 344 ss., 364 ss. G. GLOTZ, *Le Travail dans la Grèce ancienne*, p. 354 ss.
(476) ARISTOTE, *op. c.*, 51, 3.
(477) LYSIAS, *C. les march. de blé*, 5; cf. L. GERNET, *L'approvisionnement d'Athènes...* p. 342 ss.
(478) ARISTOTE, *op. c.*, 51, 4.
(479) Ps. DÉMOSTHÈNE, *C. Lacr.*, 51.
(480) ID., *C. Phorm.* 37; *C. Lacr.* 50; LYCURGUE, *C. Léocr.*, 27.
(481) PLUTARQUE, *Périclès*, 37; ARISTOPHANE, *Guêpes*, 716 et Schol.
(482) *RIG*, n° 569, A. 1. 10, 12, 14, 23; B, 1. 5, 6, 9, etc.; ARISTOTE, *op. c.*, 28, 3. Cf. WILAMOWITZ-MOELLENDORFF, *Aristoteles und Athen*, t. II, p. 212.
(483) HARP., *s. v.* θεωρικά.
(484) ARISTOTE, *op. c.*, 42, 1.
(485) XÉNOPHON, *Mém.*, IV, 4, 16. Cf. *DA*, art. *Jusjurandum*, p. 753 ss.

(486) PLUTARQUE, *Alc.*, 15; DÉMOSTHÈNE, *Ambass.*, 303 et Schol.
(487) PLUTARQUE, *l. c.*
(488) Voir P. GIRARD, art. *Ephebi*, *DA*, t. II, 624-625 et fig. 2677.
(489) POLL., VIII, 105; STOB., *Floril.*, XLIII, 48. Cf. P. GIRARD, *l. c.*
(490) Ps. DÉM., *C. Néaira*, 88; cf. HÉR., III, 80; ARISTOTE, *Pol.*, II, 9, 3.
(491) Ps. DÉM., *l. c.*
(492) ARISTOTE, *Politique*, VIII (V), 4, 6.
(493) ARISTOPHANE, *Guêpes*, 549.
(494) ARISTOTE, *l. c.*; II, 9, 3; cf. VI (IV), 4, 4-5.
(495) HÉRODOTE, VII, 104.
(496) XÉNOPHON, *Hell.*, 1, 7, 12.
(497) XÉNOPHON, *ibid.*, 14; *Mém.*, I, 8; PLATON, *Apol.*, p. 32 *b*; Ps. PLATON, *Axioch.*, p. 368 *d*.
(498) XÉNOPHON, *l. c.*, 35.
(499) Voir FUSTEL DE COULANGES, *La Cité antique*, l. III, ch. XI; l. IV, ch. IX.
(500) ARISTOTE, *Probl.*, XIX, 28; HERMIPPOS, fr. 7 (*FHG*, t. III, p. 37); STRABON, XII, 2, 9, p. 239.
(501) Cf. G. GLOTZ, *La Solidarité de la famille dans le droit criminel en Grèce*, p. 569 ss.; G. GLOTZ, *Études sociales et juridiques sur l'antiquité grecque*, p. 53 ss.
(502) ARISTOTE, *Pol.*; III, 11, 3.
(503) ID., *ibid.*, 10, 4; 11, 6; HÉRODOTE, VII, 104.
(504) ARISTOTE, *l. c.*, 11, 4.
(505) ID., *ibid.*, 6, 13.
(506) ID., *ibid.*, 11, 8.
(507) ISOCRATE, *Aréopagitique*, 14, cf. 78.
(508) ARISTOTE, *l. c.*, 4, 1; VI (IV), 1, 5.
(509) ID., *ibid.*, VI (IV), 1, 5.
(510) DÉMOSTHÈNE, *P. la cour.*, 312.
(511) HYPÉRIDE, *P. Euxén.*, 3, 4, 10.
(512) DÉMOSTHÈNE, *C. Pantain.*, 35.
(513) ID., *C. Timocr.*, 190.
(514) ID., *C. Lacr.*, 3.
(515) Voir SCHOELL, *Sb. MA*, 1886, p. 92 s.; cf. BUSOLT, *Grie-*

chische Staatskunde, t. I, p. 303 s.

(516) DÉMOSTHÈNE, C. Timocr., 20.

(517) ID., C. Aristocr., 22; LYSIAS, S. le meurtre d'Ératosth., 30; C. Andoc., 15.

(518) IG, II², n° 179.

(519) ATHÉN., VI, 26 p. 234 f; 27, p. 235 c-d.

(520) ARISTOTE, Const. d'Ath., 8, 1; 47, 1.

(521) PLUTARQUE, Sol., 24.

(522) IG, t. IX, II, n° 694.

(523) IMa, n° 14.

(524) L. SWOBODA, Die griechische Bünde und der moderne Bundesstaat, p. 6, l. 54; p. 8., l. 80; cf. p. 17.

(525) DITTENBERGER, Or. Gr. inscr. sel., n° 483.

(526) Cf. Th. REINACH, NRHD, 1920, p. 583 ss.; 1921, p. 5 ss.

(527) HÉRACLITE, fr. 114, 44 (DIELS, Fragm. der Vorsokr., 4e éd., t. I, p. 100, 86).

(528) Ps. DÉM., C. Aristog., I, 15-16. Cf. P. VINOGRADOFF, Outlines of Jurisprudence, vol. II, p. 18 ss.

(529) PLATON, Crit., p. 50 a-51 a.

(530) ANAXAGORE, fr. 12, 13 (DIELS, l. c., p. 404 ss.)

(531) THUCYDIDE, II, 36-41.

(532) HÉRODOTE, III, 80; EURIPIDE, Suppl., 406 ss., 429 ss.

(533) EURIPIDE, l. c., 438 ss.

(534) HÉRODOTE, III, 81.

(535) EURIPIDE, l. c., 412 ss.

(536) THUCYDIDE, VI, 89, 6.

(537) Ps. XÉNOPHON, Rép. des Ath., I, 5.

(538) Ibid., 6-8.

(539) Ibid., III, 7, 12.

(540) XENOPHON, Mém., III, 7, 5-6.

(541) ID., ibid., I, 2, 9. Voir p. 223.

(542) PLATON, Crit., p. 52 e-53 e.

(543) ID., Phèdre, p. 269 e-270 a.

(544) ID., Apol., p. 35 a-b.

(545) ID., ibid., p. 32 b-c.

(546) XÉNOPHON, l. c.

(547) PLATON, l. c., p. 31 e-32 a.

(548) ID., Rép., VIII, p. 557, 560 s.; cf. p. 563 d.

(549) ID., ibid., VI, p. 493 a; Lois, III, p. 701 b.

(550) Voir H. FRANCOTTE, Mélanges de droit public grec, p. 221 ss.; G. BUSOLT, Griechische Staatskunde, t. I, p. 440-442.

(551) ARISTOTE, Pol., VI (IV), 2, 1.

(552) ID., ibid., 3, 6-8.

(553) ID., ibid., 3, 9-15.; 4, 1.

(554) ID., ibid., 4, 2; 5, 3; VII (VI), 2, 1-2.

(555) ID., ibid., VI (IV), 11, 1-3.

(556) ID., ibid., 4, 3; 5, 4; VII (VI), 2, 3-4.

(557) ID., ibid., VI (IV), 11, 3-4.

(558) ID., ibid., 4, 3-4; 5, 3-4.

(559) ID., ibid., VII (VI), 2, 7.

(560) ID., ibid., VI (IV), 4, 3-6; 5, 4-5.

(561) ID., ibid., 11, 5.

(562) ID., ibid., 4, 7.

(563) ID., ibid., 2, 2-3.

(564) ARISTOTE, Const. d'Ath., 26, 3; 42, 1; PLUTARQUE, Périclès, 37; cf. ARIST., Pol., III, 1, 9; 3, 5. Voir p. 140. Même loi à Oréos (DÉM., C. Aristocr., 213), à Byzance (Ps. ARIST., Econ., II, 4, p. 1346 b) et à Rhodes (IG, t. XII, I, n° 766).

(565) THUCYDIDE, VIII, 72.

(566) Cf. ARIST., Pol., VII (VI), 2, 7; cf. ibid., 1; VI (IV), 5, 3; EURIP., Suppl., 420 ss.; Or., 918; ARISTOPHANE, Oiseaux, 111.

(567) ARISTOPHANE, Ass. des femmes, 268 ss.

(568) ARISTOTE, Pol., VII (VI), 2, 7.

(569) Voir p. 158. Cf. J. BELOCH, Die Attische Politik seit Perikles, p. 7 ss.; M. CROISET, Aristophane et les partis à Athènes, p. 9.

(570) Si le misthos avait existé en 425, Aristophane n'aurait certainement pas manqué l'occasion de s'en amuser dans la parodie de l'Écclèsia qui ouvre les Acharniens.

(571) ARISTOPHANE, l. c., 306-307.

(572) ARISTOTE, Const. d'Ath., 43, 3; ESCHINE, Ambass., 72.

(573) Voir S. REUSCH, De diebus contionum ordin. apud Athe-

nienses; cf. *DA*, art. *Ekklèsia*, p. 519.

(574) La *Politeia* du PSEUDO-XÉNOPHON déclare qu'il y avait plus de jours fériés à Athènes que dans toute autre ville de Grèce, et qu'on éprouvait une grande difficulté à trouver pour les séances de l'Assemblée les jours nécessaires (III, 2). PLUTARQUE, *Alcib.*, 34, nous apprend qu'il était interdit de tenir une assemblée un jour néfaste.

(575) ARIST., *Const. d'Ath.*, 43, 4-6; cf. S. REUSCH, *De diebus contionum ordin. apud Athenienses*, p. 71 ss.; WILAMOWITZ-MOELLENDORFF, *Aristoteles und Athen*, t. II, p. 252; A. WILHELM, *Beiträge zur griechichen Inschriftenkunde*, p. 179 ss.

(576) Cf. SWOBODA, art. Κυρία ἐκκλησία, *RE*, t. XXIII, (1924), p. 171-173.

(577) Cf. ANDOC., *S. les myst.*, 110-116. Pour le IVe siècle, voir DÉM., *P. la cour.*, 107; *C. Timocr.*, 12. Même procédure à Samos au IIe siècle (*RIG*, n° 371).

(578) Cf. *IG*, t. I², n°s 59, 108; ESCHINE, *C. Tim.*, 22; *RIG*, n°s 89, 92.

(579) Voir S. REUSCH, *De diebus contionum ordin. apud Athenienses*, p. 71 ss., 78 ss.

(580) ARIST., *op. cit.*, 43, 4; 44, 2; ESCHINE, *Ambass.*, 60; Ps. DÉM., *Contre Aristogiton*; PHOT., *s. v.* πρόπεμπτα; *Anecd. gr.*, t. I, p. 296, 8; cf. *RIG*, n° 129, 1. 67 ss.

(581) *RIG*, n° 74, 1. 40.

(582) DÉM., *Ambass.*, 62; *P. la cour.*, 69.

(583) ARISTOPH., *Acharn.*, 19; *Thesmoph.* 357; *Ass. des femmes*, 20, 100, 238, 291; PLAT., *Lois*, XII, p. 961 *b*; PLUT., *Phoc.*, 15. Il en est déjà ainsi des assemblées homériques (*Od.*, III, 138). Les assemblées d'Iasos se tiennent « avec le soleil levant » (*HS*, t. VIII, 1887, p. 103).

(584) Exemples au Ve siècle, Halicarnasse (*RIG*, n° 451) et plus tard Démètrias (*IG*, t. IX, 1, n° 1106).

(585) Dans l'agora homérique les chefs ont des sièges, les autres s'assoient par terre (*Il.*, XVIII, 503; *Od.*, II, 14; III, 6 ss.; VI, 267; VIII, 6). On est assis dans l'Apella des Spartiates (THUC., I, 87, 2), comme dans l'Ecclèsia des Athéniens (DÉM., *P. la cour.*, 169-170). Cf. *Sb. BA*, 1904, p. 918 (Samos); *IG*, t. XII, VII, n° 50 (Amorgos).

(586) Nous devons avertir que la description classique de la Pnyx soulève bien des objections depuis les fouilles exécutées sur la colline en 1910 et 1911 (voir Πρ., 1910, p. 127-136; 1911, p. 106 ss.

(587) FUSTEL DE COULANGES, *La cité antique*, 1. IV, ch. XI.

(588) ARISTOPH., *Ach.*, 171; *Nuées*, 581-586 et Schol.; THUC., V, 45.

(589) Cette loi est attribuée à Solon (PLUT., *Sol.*, 19). Le *probouleuma* est rappelé dans les décrets par la formule ἔδοξε τῆι βουλῆι καὶ τῶι δήμωι.

(590) ESCHINE, *C. Tim.*, 23; DÉM., *C. Timocr.*, 11-12.

(591) ARISTOPH., *Acharn.*, 45; *Thesmoph.*, 37; *Ass. des femmes*, 136; DÉM., *P. la cour.*, 170; ESCHINE, *C. Ctés.*, 4.

(592) HÉR., V, 78; cf. III, 80; Ps. XÉN., *Rép. des Ath.*, I, 12; EURIP., *Suppl.*, 436; DÉM., *C. Mid.* 124.

(593) Ὁ δεῖνα εἶπεν· τὰ μὲν ἄλλα καθάπερ τῆι βουλῆι ou καθάπερ ὁ δεῖνα.

(594) THUC., III, 36 ss.

(595) ID., VI, 20 ss.

(596) ARIST., *Pol.*, IV (IV), 11, 1.

(597) FRANCOTTE, *Loi et décret dans le dr. public. des Grecs*, (*Mélanges de droit public grec*), p. 8 ss.; A. WILHELM, *Beiträge zur griechischen Inschriftenkunde*, p. 265; WILAMOWITZ-MOELLENDORFF, *Staat und Geselschaft der Griechen*, p. 58; H. SWOBODA, *Griechische Staatsaltertümer*, p. 122 s.; G. BUSOLT, *Griechische Staatskunde*, t. I, p. 457 ss.

(598) Voir les définitions esquissées par XÉNOPHON, *Mém.*, 1, 2,

(⁵⁹⁹) ANDOC., *S. les myst.*, 87; DÉM., *C. Aristocr.*, 87; *C. Timocr.*, 30.

(⁶⁰⁰) ARIST., *Pol.*, VI (IV), 11, 8; *Const. d'Ath.*, 26, 2; cf. 41, 2.

(⁶⁰¹) ID., *Pol.*, l. c., 7; cf. 4, 3 et 5-6; *Eth. à Nic.*, V, 14, p. 1137 b 14 ss. A remarqué que Démosthène, *C. Lept.*, 92, ne voit pas de différence entre les décrets et les lois, bien que cette différence existe, par exemple, dans le serment des hèliastes.

(⁶⁰²) *IG*, t. I², nᵒˢ 22; *RIG*, nᵒˢ 71, 72; cf. nᵒ 671, 1465, 1495. Voir G. BUSOLT, *Griechische Staatskunde*, t. I, p. 440 ss.

(⁶⁰³) *IJG*, t. II, nᵒ XXI; cf. *RIG*, nᵒ 71.

(⁶⁰⁴) ISOCR., *Antid.*, 314; ESCHINE, *Ambass.*, 145.

(⁶⁰⁵) DÉM., *C. Lept.*, 100, 135. On connaît les poursuites exercées de ce chef contre Miltiade.

(⁶⁰⁶) ARIST., *Const. d'Ath.*, 43, 5; 59, 2; cf. *DA*, art. « Probole ».

(⁶⁰⁷) Loi de Dracon. Cf. G. GLOTZ, *La Solidarité de la famille dans le droit criminel en Grèce*, p. 41-45, 122-123, 296, 313, 324. Exemple de vote unanime exigé d'un tribunal à Tégée (*RIG*, nᵒ 585, 1. 29).

(⁶⁰⁸) Loi de Gortyne. Cf. G. GLOTZ, *op. cit.*, p. 211 ss., 388 ss. A Sparte, la *boa* (PLUT., *Lyc.*, 26; ARIST., *Pol.*, II, 6, 16 et 18) est une survivance du cri de guerre, et la pratique du *pedibus ire in sententiam*, qui se substitue à la *boa* dans les cas douteux (THUC. I, 87), rappelle la formation de bandes ennemies qui, sur le point d'en venir aux mains, préfèrent s'en remettre au dénombrement de leurs forces.

(⁶⁰⁹) Il est à remarquer que dans les assemblées de dèmes, comme à l'Ecclèsia, un quorum est exigé pour les décisions importantes (cf. *IG*, t. II. nᵒ 328).

(⁶¹⁰) Exemples historiques : l'amnistie des citoyens frappés

d'ostracisme (481/0), le décret de Patroclidès (405/4).

(⁶¹¹) Voir Alb. MARTIN, *Notes sur l'ostracisme dans Ath.* (*MAI*, t. XII, ii, 1907, p. 384 ss.); *DA*, art. « Ostrakismos »; G. GLOTZ, *La Solidarité de la famille dans le droit criminel en Grèce*, p. 483-484; G. GLOTZ, *Histoire grecque*, t. I, p. 478-479; J. CARCOPINO, *Histoire de l'ostracisme athénien*.

(⁶¹²) ARIST., *Const. d'Ath.*, 22, 3-6.

(⁶¹³) BRÜCKNER, Πρ., 1910, p. 101-111; cf. *AM.* t. LI (1926), p. 128 ss.

(⁶¹⁴) De là vient que l'atthidographe Philochore (*FHG*, t. I, p. 396, fr. 79 b) appelle abusivement ce vote *procheirotonia*, terme qui convient proprement au vote sans discussion d'un *probouleuma*. Le véritable nom est *épicheirotonia* (ARIST., *Const. d'Ath.*, 43, 5).

(⁶¹⁵) On a exhumé deux tessons antérieurs à Solon portant le mot δημώλης (au ban du dèmos).

(⁶¹⁶) Cf. *RIG*, nᵒ 72; 75, 1. 46; 563, 1. 14, 29, 54.

(⁶¹⁷) Voir, au ivᵉ siècle, le discours de DÉMOSTHÈNE, *C. Timocr.*, notamment 45 ss.

(⁶¹⁸) THUC., II, 24; VIII, 15.

(⁶¹⁹) Voir le décret de Callias (*SIG*³, nᵒ 91, 1. 45 ss.) et les comptes des trésoriers sacrés pour les années 418-415 (*RIG*, nᵒ 563, 1. 14. 27, 29, 54).

(⁶²⁰) THUC., III, 37, 4; cf. ARISTOPH., *Cav.*, 1262.

(⁶²¹) THUC., VIII, 68, 1.

(⁶²²) ID., III, 37, 3-4.

(⁶²³) ID., *ibid.*, 3.

(⁶²⁴) DÉM., *Phil.*, I, 19.

(⁶²⁵) ARIST., *Pol.*, III, 1, 5.

(⁶²⁶) ARISTOPH., *Ass. des femmes*, 244; STOBÉE, *Flor.*, XXIX, 91.

(⁶²⁷) ARIST., *Pol.*, III, 2.

(⁶²⁸) ID., *Const. d'Ath.*, 28, 1-4.

(⁶²⁹) Sur les prostates du dèmos après Périclès, voir WEST, *Cl. Ph.*, t. XIX (1925), p. 124 ss., 201 ss.

(⁶³⁰) *IG*, t. I², nᵒ 22; *RIG*, nᵒˢ 72, 71; *IJG*, t. II, nᵒ XXI; voir F. D.

SMITH, *Athenian political commissions*, diss. Chicago, 1920.

(631) THUC., VIII, 97, 2.

(632) ANDOC., *S. les myst.*, 83-84; LYS., *C. Nicom.*, 27-28. Des nomothètes pareils à ceux du Ve siècle fonctionnent encore après la chute de Dèmètrios de Phalère, de 307 à 303 (*RIG*, no 1476; ALEXIS *ap.* ATHEN., XIII, 92, p. 610 *e*; POLL., IX, 42; DIOG. LAËRCE, V, 38. Cf. FERGUSON, *Hellenistic Ath.*, p. 103 ss.)

(633) Voir *DA*, art. «Paranomôn-graphè. »

(634) ARIST., *op. cit.*, 3, 6; 4, 4; 8, 4.

(635) ID., *ibid.*, 25, 2.

(636) DÉM., *C. Timocr.*, 18, 71.

(637) POLL., VIII, 44, 56.

(638) DÉM., *C. Lept.*, 20, 134 ss.

(639) DÉM., *C. Timocr.*, 9; AN-DOC., *l. c.*, 17.

(640) ARIST., *op. cit.*, 59, 2; HY-PÉR., *P. Euxén.*, 6; DÉM., *C. Lept.*, 98 ss.

(641) ARIST., *l. c.*, DÉM., *l. c.*, 33; *C. Lept.*, 93.

(642) DÉM., *C. Timocr.*, 61, 66-108; *C. Aristocr.*, 100-214; *C. Androt.* 35-78.

(643) ID., *C. Timocr.*, 30; *C. Aristocr.*, 87, 218; *C. Androt.*, 34 ss.; ANDOC., *l. c.*, 87.

(644) ARIST., *l. c.*; DÉM., *C. Timocr.*, 33, 61, 138.

(645) DÉM., *ibid.*, 18, 32 ss.; *C. Lept.*, 93, 96.

(646) ID., *C. Timocr.*, 138; ESCHINE, *C. Ctés.*, 197 ss., 210.

(647) HYPÉR., *l. c.*, 18; DÉM. *C. Mid.*, 182; *C. Théocr.*, 1, 31, 43; ESCHINE, *Ambass.*, 14.

(648) DÉM., *C. Timocr.*, 138; DINARQUE, *C. Aristog.*, 2.

(649) ATHEN., X, 73, p. 451 *a*; DIOD., XVIII, 18, 2; DÉM., *S. la cour. triérarch.*, 12.

(650) DÉM., *C. Lept.*, 144.

(651) Cf. XÉN., *Hell.*, I, 7, 12.

(652) Cf. THUC., III, 67; DÉM., *C. Timocr.*, 154; ESCHINE, *l. c.*, 191.

(653) Cité A. ZIMMERN, *The greek Commonwealth. Politics and Economics*, p. 161.

(654) ARIST., *Const. d'Ath.* 22, 2; cf. 21, 3; 43, 2.

(655) *IG*, t. I², no 10.

(656) ARIST., *op. cit.*, 62, 1.

(657) THUC., 69, 4; 66, 1; ARIST. *op. c.*, 32, 1; *IG*, *l. c.*, 1. 7 ss., 11.

(658) *IG*, *l. c.*, 1. 10; XÉN., *Mém.*, I, 2, 35; Arg. DÉM., *C. Androt.*

(659) PLAT. COMIC., fr. 166 s. KOCK (t. I, p. 643); ESCHINE, *C. Ctés.*, 62.

(660) THUC., *l. c.*, 69; ARIST., *op. cit.*, 24, 3; 62, 2.

(661) ID., *ibid.*, 45, 3; *IG*, *l. c.*, 1. 8 ss.

(662) SUNDWALL, *Epigraphische Beiträge zur sozialpolitischen Geschichte Athens im Zeitalter des Demosthenes*, p. 2 ss.

(663) ARIST., *op. cit.*, 62, 3.

(664) ID., *ibid.*, 22, 2.

(665) Voir *DA*, art. *Jusjurandum*, p. 756.

(666) G. GLOTZ, *Histoire grecque*, t. I, p. 475 s., 482.

(667) ARIST., *op. cit.*, 32, 1.

(668) THUC., VIII, 70; DÉM., *Ambass.*, 190; *C. Mid.*, 114.

(669) DÉM., *C. Androt.*, 36.

(670) Voir *DA*, t. I, p. 741, fig. 841.

(671) LYC., *C. Léocr.*, 37; ARISTOPH., *Ois.*, 794 et Schol.

(672) ESCHINE, *C. Tim.*, 111 ss.; cf. LIPSIUS, *Das attische Recht und Rechtsverfahren*, t. II, p. 227 ss.

(673) DÉM., *l. c.*, 8, 11 s., 16, 20, 35; ARIST., *op. cit.*, 46, 1; *RIG*, no 100, B, 1. 5 ss.

(674) ARIST., *op. cit.*, 43, 3; ANDOC., *S. les myst.*, 36, 45, 111; *IG*, t. I², no 114; t. II², no 330; *RIG*, nos 74, 1. 53; 604, B, 1. 15 ss.; XÉN., *Hell.*, VI, 4, 20.

(675) Voir P. CLOCHÉ. *L'import. des pouv. de la Boulè ath.* (*REG*, t. XXXIV, 1921, p. 248 ss.).

(676) ARISTOPH., *Paix*, 905 ss. et Schol.; *RIG*, no 72, B, 1. 4 ss.

(677) ANDOC., *l. c.*, 84.

(678) ID., *ibid.*, 45; PLUT. *Nic.* 5, XÉN., *Hell.*, I, 7, 3.

(679) DÉM., *Ambass.*, 70; *C. Aristocr.*, 97.

(680) PHILOCH., fr. 119 (*FHG*, t. I, p. 403).

(681) Cf. G. BUSOLT, *Griechische Staatskunde*, t. II, p. 1027.

(682) Voir M. BRILLANT, *Les secrétaires athéniens*, p. 23 ss.

(683) ARIST., *op. cit.*, 43, 2; cf. *IG*, t. II², nᵒˢ 242, 349, 359.

(684) Voir G. BUSOLT, *Griechische Staatskunde*, t. II, p. 1028, nᵒ 2.

(685) ARIST., *l. c.*, 3; 62, 2, avec la restitution de P. FOUCART *RPh.*, t. XLII, 1918, p. 55 ss.

(686) DÉM., *Ambass.* 190.

(687) ARIST., *op. cit.*, 44, 1.

(688) DÉM., *P. la cour.*, 169.

(689) *RIG*, nᵒ 70, 1. 12 ss.; ARISTOPH., *l. c.*; ARIST., *op. cit.*, 43, 6; cf. BUSOLT, *Griechische Staatskunde*, t. II, p. 1016.

(690) ARISTOPH., *Cav.*, 300; *Thesm.*, 654, 754, 923, 929 ss.

(691) *SIG*³, nᵒ 104, 1. 11 ss; 91, 1. 9 ss.

(692) *IG*, t. II, nᵒ 864, 866, 871, 872, 1183.

(693) THUC., VI, 14; XÉN., *Hell.*, I, 7, 14 ss.; DÉM., *C. Timocr.*, 22.

(694) XÉN., *l. c.* 15; *Mém.* I, 1, 18; PLAT., *Apol.*, p. 32 b; DÉM., *Ambass.*, 190.

(695) POLL., VIII, 104; *RIG*, nᵒ 648, B, 1. 2 ss.; 824, I, 1. 18 ss.; II, 1. 12 ss.; 1029.

(696) ARIST. *op. cit.*, 46, 1.

(697) Ps. XÉN., *Rép. des Ath.*, III, 2; *IG*, t. I², nᵒˢ 73, 1. 19; 74, II, 1. 1 ss.; ARIST., *op. cit.*, 24, 3.

(698) ARIST., *op. cit.*, 48, 3-4; cf. *IG*, *l. c.*, nᵒ 46, 1. 19 ss.; 127, 1. 18 ss.

(699) *IG*, t. I², nᵒˢ 84; *SIG*², nᵒ 587, 1. 28, 296, 301; *RIG*, nᵒˢ 1459, 1. 25, B, 1. 6 ss.; 680.

(700) Voir M. BRILLANT, *Les secrétaires athéniens*, p. 17 s., 25, 22, 7 s.; SCHULTESS, *RE*, t. VII, p. 1710 ss.

(701) Voir W. LARFELD, *Handbuch der griechischen Epigraphik*, t. II, II, p. 644 ss.; M. BRILLANT, *op. cit.*, p. 11 ss.

(702) Ps. PLUT., *Vie des dix orat.*, *Lyc.*, 11, p. 841 *f.*

(703) Voir M. BRILLANT, *op. cit.*, p. 27 ss.

(704) C'est ce que les épigraphistes appellent la *loi de Ferguson*, (*ibid.*, p. 53 ss.).

(705) *Ibid.*, p. 97 ss.; cf. G. BUSOLT, *Griechische Staatskunde*, t. II, p. 1040 s.

(706) ARIST., *op. cit.*, 54, 3-5; THUC., VII, 10.

(707) ARISTOPH., *Acharn.*, 45, 123, 172; *Thesm.*, 271; DÉM., *Ambass.*, 70.

(708) *RIG*, nᵒˢ 10, 1. 5; 80, B, 1. 52; 105, 1. 9; 110, 1. 48.

(709) Ps. XÉN., *op. cit.*, III, 2.

(710) Voir LARFELD, *Handbuch der griechischen Epigraphik*, t. II, II, p. 690.

(711) Voir P. CLOCHÉ, *l. c.*, p. 254-258.

(712) DÉM., *C. Aristocr.*, 87; Ps. DÉM., *C. Everg.*, 34.

(713) ARIST., *op. cit.*, 47, 1; 49, 5; cf. Ps. XÉN., *l. c.*

(714) Voir P. CLOCHÉ, *l. c.*, p. 258 ss.

(715) *RIG*, nᵒ 71, 1. 30; *IG*, t. II, nᵒ 16.

(716) THUC., V, 47, 9; voir W. LARFELD, *op. cit.*, *l. c.*, p. 727 ss.

(717) Ps. XÉN., *l. c.*; *IG*, t. I², nᵒˢ 63-66, 218; *RIG*, nᵒˢ 70, 72.

(718) ARIST., *op. cit.*, 42, 2; *RIG*, nᵒ 610.

(719) XÉN., *Hipparch.*, I, 8, 13; ARIST., *op. cit.*, 49, 1-2; cf. A. MARTIN, *Les cavaliers athéniens*, p. 328 ss.

(720) Voir *IG*, t. II, nᵒ 802 ss.; ARIST., *op. cit.*, 46, 1; cf. G. BUSOLT, *Griechische Staatskunde*, t. II, p. 1032, 1049.

(721) Ps. DÉM., *C. Everg.*, 42; XÉN., *Hell.*, VI, 2, 12 et 14.

(722) Ps. XÉN., *l. c.*; LYS., *C. Nicom.*, 22.

(723) ARIST., *op. cit.*, 47, 5-48, 1; cf. ANDOC., *S. les myst.*, 79, 93, 134; DÉM., *C. Timocr.*, 11, 144.

(724) DÉM., *C. Mid.*, 161; *RIG*, nᵒ 71, 1. 40 ss.

(725) ARIST., *op. cit.*, 49, 4; *IG* t. I², nᵒ 54, 1. 10 ss.

(726) ARIST., *op. cit.*, 48, 2.

(727) *IG*, t. II, nᵒ 330, 1. 18 ss.; *RIG*, nᵒ 108.

(728) *RIG*, nᵒ 75, 1. 20; ARIST.,

op. cit., 47, 1; _IG, l. c._, n° 840.

(729) Cf. _IG_, t. I², n°⁵ 111, 54, 84.

(730) _Ibid._, n°⁵ 24; 115, 1. 8.

(731) Arist., _op. cit._, 46, 2.

(732) _IG_, t. I², n° 88; cf. n° 24-25; voir Pogorelski-Hiller von Gaertringen, _Sb. BA_, 1922, p. 187 ss.; Pogorelski, _AJA_, 1923, p. 314-317; Dinsmoor, _ibid._, p. 318-325.

(733) Arist., _op. cit._, 49, 3; cf. 47, 1; 60, 1.

(734) _RIG_, n° 100.

(735) Dém., _Ambass._, 128; Din., C. _Dém._, 82. Voir p. 201.

(736) _RIG_, n° 71, 1. 22 ss., 30 ss., 58 ss.; 674, 1. 6 ss., 20, 1 ss., 80.

(737) Arist., _op. cit._, 42, 2 (cf. Lys., _S. la docim. d'Evandr._, 21; C. _Théomn._, 31); 49, 1-2 (cf. Xén., _Econ._, IX, 15); 4 (cf. Lys., P. _l'inval._, 26); 45, 3; 55, 2.

(738) Id., _ibid._, 45, 1-2 (cf. 41, 2; 46, 2); _IG_, t. I², n° 114, 1. 32; _RIG_, n°⁵ 71, 1. 58, 604, B, 1. 10 ss.; Ps. Dém., C. _Everg._, 43.

(739) Voir H. Lipsius, _Das attische Recht und Rechtsverfahren_, t. I, p. 45 s.

(740) _IG_, t. I², n° 114, 1. 37. Voir P. Cloché, « Le Conseil ath. des Cinq Cents et la peine de mort » (_REG_, t. XXXIII, 1920, p. 1 ss.).

(741) Arist., _op. cit._, 40, 2; Lys., C. _les marchands de blé_, 2.

(742) _RIG_, _ll. cc._; _IG_, t. II, n° 167, 1. 25.

(743) Dém., C. _Timocr._, 96, 144.

(744) Arist., _op. c._, 45, 2; Antiph., _Chor._, 12, 35; Ps. Dém., C. _Everg._, 41.

(745) Andoc., S. _les myst._, 91, 111; Aristoph., _Thesm._, 654, 764, 1084.

(746) Aristoph., _Cav._, 300; Isocr., _Trapéz._, 42; C. _Callim._, 6.

(747) Arist., _op. c._, 8, 4.

(748) Lyc., C. _Léocr._, 177; Hér., VI, 136.

(749) _RIG_, n° 71, 1. 58; Xén., _Hell._, I, 7, 3; Lys., C. _Nicom._, 22.

(750) Arist., _Pol._ VII (VI), 1, 9; cf. VI (IV), 12, 8-9.

(751) Cf. Wilamowitz-Moellendorff, _Aristoteles und Athen_, t. II, p. 198; P. Cloché, _REG_, t. XXXIV (1921), p. 233 ss.

(752) Dém., C. _Timocr._, 9, 99; C. _Aristog._, 97; C. _Lept._, 100; Ps. Dém., C. _Aristog._, 1, 20.

(753) Dém., C. _Androt._, 36 ss.; cf. _RIG_, n° 100.

(754) Cf. G. Busolt, _Griechische Geschichte_, t. III, II, p. 998; P. Cloché, _l. c._, p. 260 s.

(755) Thuc., VIII, 66; cf. 69.

(756) Andoc., _l. c._, 96.

(757) Arist., _Pol._ VI (IV), 12, 2-3. Voir Caillemer, _DA_, art. _Archai_, p. 368 s.

(758) Cf. Eschine C. _Ctés._, 27; Plat., _Lois_, p. 764 a-c. Exemples : Lys., C. _Nicom._, 3 (les archontes); Arist., _Const. d'Ath._, 56, 7 (l'archonte); Ps. Lys., IX, 6; XV, 5 (les stratèges).

(759) Arist., _Pol._, VII (VI), 1, 6.

(760) Pseudo Platon, _Ménex._, p. 236 ss.

(761) Arist., _l. c._, 8.

(762) Thuc., II, 37; Ps. Plat., _l. c._, p. 238 c.

(763) Arist., _Const. d'Ath._, 62, 3; cf. Lys., C. _Nicom._, 29; Dém., C. _Lept._, 152.

(764) Arist., _l. c._; cf. Plut., _Péricl._, 16; _Phoc._, 8, 19; Dém., _Proæm._, LV, 2.

(765) Ps. Lys., C. _Alc._, 5.

(766) Arist., _Pol._, III, 6, 11.

(767) Aristoph., _Ois._, 1111; Dém., P. _la cour._, 261.

(768) Ps. Xén., _Rép. des Ath._, I, 3; cf. Arist., _Pol._, VII (VI), 2, 1; Isée, _Succ. d'Apollod._, 39.

(769) _RIG_, n° 572, 1. 56 ss.

(770) _SIG²_, n° 587, 1. 10 ss., 43 s., 48, 143.

(771) Arist., _Const. d'Ath._, 62, 2; cf. 42, 3.

(772) Id., _ibid._ 62, 2.

(773) Dém., C. _Timocrate_, 123.

(774) _RIG_, n° 817; _SIG²_, _l. c._, 1. 3, 36 ss., 114 ss., 137 ss.

(775) _IG_, t. I, n° 32, 1. 8; 226, 1. 2; 228, 1. 1; Arist., _op. c._ 26, 3 (cf. Zimmern, _The greek Commonwealth. Politics and Economics_, t. II, p. 168).

(776) ARIST., *op. cit.*, 62, 1; 22, 5; 26, 2.

(777) ID., *ibid.*, 54, 1; 52, 2.

(778) FUSTEL DE COULANGES, *La Cité antique*, 1. III, ch. x; FUSTEL DE COULANGES, *Recherches sur le tirage au sort appliqué à la nomination des archontes athéniens*; cf. GLOTZ, art. « Sortitio », *DA*, t. IV, p. 1403 ss.

(779) ARIST., *Pol.*, II, 9, 2.

(780) ID., *Const. d'Ath.*, 8, 1; cf. *Pol.*, II, 9, 4; III, 6, 7.

(781) ID., *Const. d'Ath.*, 8, 2.

(782) ID., *ibid.*, 13, 1.

(783) ID., *ibid.*, 55, 1; cf. 59, 7; 63, 1.

(784) ID., *Pol.*, II, 3, 13.

(785) ID., *Const. d'Ath.*, 22, 5.

(786) PLUT., *Aristide*, 22; ARIST., *op. cit.*, 26, 2.

(787) ARIST., *l. c.*

(788) ID., *ibid.*, 7, 4.

(789) ID., *ibid.*, 8, 1; 62, 1.

(790) ID., *Pol.*, VII (VI), 1, 10; XÉN., *Mém.*, I, 2, 9; ISOCR., *Aréop.*, 22. Cf. *DA*, art. « Sortitio », p. 1407.

(791) ARIST., *Const. d'Ath.*, 62, 1. Cf. *DA*, *l. c.*

(792) XÉN., *l. c.*

(793) ARIST., *Pol.*, VIII (V), 2, 9.

(794) ID., *Const. d'Ath.*, 43, 1; 44, 4; 49, 2: 61; ESCHINE, *C. Ctés.*, 13; XÉN., *Mém.*, III, 4; DÉM., *C. Mid.*, 171.

(795) ARIST., *op. cit.*, 43, 1; cf. ESCHINE, *l. c.*, 24; *RIG*, n° 105.

(796) ARIST., *op. cit.*, 61, 7; 46, 1 (cf. DÉM., *l. c.*); 42, 2-3 (cf. *RIG*, n° 603, 1. 29, 55).

(797) Ps. PLUT., *Vie des dix orat.*, *Lyc.*, 3, p. 841 c; POLL., VIII, 113.

(798) *RIG*, n° 1465, 1. 28; *SIG²*, *l. c.*; 1. 12, 43, 118, 143; *IG*, t. II², n° 463, 1. 7.

(799) ESCHINE, *l. c.*, 13 ss., 27 ss., 114.

(800) ARIST., *op. cit.*, 57, 1; DÉM., *l. c.*; *RIG*, n°° 132, 1. 10; 683.

(801) ARIST., *op. cit.*, 56, 4; DÉM., *l. c.*, 15. Cf. *DA*, art. « Epimelètai », p. 682 s.

(802) Cf. *RIG*, n° 671; voir *DA*, art. « Sortitio », p. 1409.

(803) DÉM., *l. c.*, 115, 171; voir G. COLIN, *Le culte d'Apoll. Pyth. à Ath.*, p. 19 ss.; A. W. PERSSON, *Die Exegeten und Delphi* (1918), p. 10 ss.

(804) *IG*, t. II, n° 416; ARIST., *op. cit.*, 44, 4.

(805) ARISTOPH., *Nuées*, 581 ss. et Schol.; cf. G. BUSOLT, *Griechische Geschichte*, t. III, II, p. 1124.

(806) Cf. *RIG*, n° 75, 1. 13 ss.

(807) Arg. I de SOPH., *Antig.*

(808) POLL., VIII, 133; cf. S. REUSCH, *De diebus contionum ordin. apud Athenienses*, p. 1 ss.; G. PERROT, *Essai sur le droit public d'Athènes*, p. 9.

(809) ARIST., *op. cit.*, 44, 4.

(810) ID., *ibid.*, 61, 4-5; 49, 2; *IG*, t. II, n° 562; ESCHINE, *Ambass.*, 169.

(811) ARIST., *op. cit.*, 61, 1; cf. 22. 2.

(812) Cf. J. BELOCH, *Die attische Politik seit Perikles*, p. 276.

(813) DÉM., *S. l'org. fin.*, 19.

(814) XÉN., *Mém.* III, 4, 1.

(815) LYS., *S. les biens d'Aristoph.*, 57.

(816) THUC., VIII, 54, 4. Cf. G. M. CALHOUN, *Athenian Clubs in Politic and Litigation*, p. 32.

(817) ARIST., *op. cit.*, 42, 2-3.

(818) SUNDWALL, *Epigraphische Beiträge zur sozialpolitischen Geschichte Athens*; cf. Ps. XÉN., *Rép. des Ath.*, I, 3.

(819) PLUT., *Phoc.*, 8.

(820) ARIST., *op. cit.*, 45, 3; DÉM., *C. Lept.*, 90. Cf. P. CLOCHÉ, *REG*, t. XXXIV (1921), p. 240.

(821) ARIST., *l. c.*; CRATIN. JUN., *ap.* ATHEN., XI, 3, p. 460 f.

(822) ARIST., *l. c.*, 3-4; cf. DÉM., *C. Euboul.*, 67.

(823) LYS., *P. l'invalide*, 13; Ps. DÉM., *C. Néaira*, 72, 75; DIN., *C. Dém.* 71 (cf. ARIST., *op. cit.*, 4, 2).

(824) LYS., *P. la docim. de Mantith.*, 9; *C. Philon*, 1; *C.*

Agor., 10; S. *la docim. d'Evan-dros*, 9 ss.

(825) ARIST., *op. cit.*, 60, 1; cf. *RIG*, n° 563, 1. 57.

(826) *IG*, t. I, n° 117 ss.; *SIG*², n° 91, 1. 27s., 58; ARIST., *op. cit.*, 43, 1.

(827) ARIST., *op. cit.*, 7, 1; 55, 5; PLAT., *Phèdre*, 11, p. 235 *d*; PLUT., *Sol.* 25.

(828) ARIST., *op. c.* 55, 5; Ps. LYS., *P. le soldat*, 15; DIN., *C. Philocl.*, 2.

(829) LYS., *Docim. d'Evandr.*, 8; DÉM., *C. Mid.*, 17, 32; ARIST., *op. c.*, 57, 4.

(830) THUC., VIII, 70; DÉM., *l. c.*, 114; *Ambass.*, 190.

(831) DÉM., *Phil.*, IV, 53; ESCHINE, *Ambass.*, 85 et Schol., 190; Ps. LYS., *P. le soldat*, 6, 9 s.; *RIG*, n° 116. 1. 11, 29.

(832) ARIST., *op. cit.*, 56, 1.

(833) DÉM., *C. Mid.*, 178; Ps. DÉM., *C. Néaira*, 72, 83; cf. *RIG*, n°⁵ 634, 1. 14, 18; 962, 1. 2; *SIG*², n° 587, 1. 243 ss.

(834) *RIG*, n°⁵ 560, 1. 3-68; 563, 1. 3-69; 569, B, 1. 1-23; ARIST., *op. cit.*, 48, 4; *SIG*², n° 305, 1. 75.

(835) M. BRILLANT, *Les secré-taires athéniens*, p. XIV.

(836) ARIST., *op. cit.*, 55, 1-2; cf. 59, 7; 63, 1.

(837) ARISTOPH., *Gren.*, 1083 ss.; ANTIPH., *Chor.*, 35, 49; Voir M. BRILLANT, *op. cit.*, p. XV.

(838) DÉM., *Ambass.*, 249; *P. la cour.*, 261; *RIG*, n° 572, 1. 58.

(839) LYS., *C. Nicom.*, 29. Loi analogue à Erythrées (*Abh. BA*, 1909).

(840) ARIST., *op. cit.*, 62, 2; cf. 64, 3; 66, 1; 68, 4; 69, 1; ARISTOPHANE, *Guêpes*, 752,; Ps. XÉN., *Rép. des Ath.* I, 17.

(841) Voir Waszinski, *De ser-vis Atheniensium publicis*, Berlin, 1908, p. 100 ss.

(842) ARIST., *Pol.* VII (VI), 5, 5-7; POLL., VIII, 71; IX, 10.

(843) ARIST., *Const. d'Ath.*, 63, 5; 64, 1; 65, 4; 69, 1.

(844) ID., *ibid.*, 50, 2; 54, 1; *SIG*², n° 587, 1. 4 s., 42 s., etc.

(845) DÉM., *S. les aff. de Chers.*, 47; *Ambass.*, 129; *C. Androt.*, 70. Cf. A. WILHELM, *Beiträge zur griechischen Inschriftenkunde*, p. 229 ss., 248.

(846) ANTIPH., *Chor.*, 49; DÉM., *Ambass.*, 211 s.; cf. *RIG*, n°⁵ 563, 1. 67; 569, A, 1. 15-34; B, 1. 3-24.

(847) Voir HAUVETTE-BESNAULT, *Les stratèges ath.*, p. 52 ss.; G. BUSOLT, *Griechische Staats-kunde*, t. II, p. 1062, n. 1.

(848) Cf. H. LIPSIUS, *Das atti-sche Recht und Rechtsverfahren*, t. III, p. 802.

(849) DÉM., *C. Mid.*, 32 s.; cf. ARIST., *Probl.*, 29, 14.

(850) Ps. LYS., *P. le soldat*, 6-11, 16.

(851) *RIG*, n° 679, 1. 10 ss.

(852) XÉN., *Mém.*, III, 5, 16.

(853) ARISTOPH., *Cav.*, 774 (cf. KIRCHNER, *Prosopographia attica*, n° 8674); *Acharn.*, 593 ss. (cf. ZIELINSKI, *Gliederung der altatt. Komödie*, p. 54 ss.).

(854) ARIST., *Const. d'Ath.*, 48, 3; LYS., *C. Nicom.*, 5.

(855) ARIST., *op. cit.*, 45.

(856) ID., *ibid.*, 43, 4; 61, 2, 4; Ps. DÉM., *C. Aristog.*, II, 5; *C. Théocr.*, 28. DIN., *C. Philocl.*, 16.

(857) THUC., VIII, 54, 3; PLUT., *Lys.*, 5; XÉN., *Hell.*, I, 7, 1.

(858) Voir H. LIPSIUS, *Das attische Recht und Rechtsver-fahren*, t. I, p. 176 ss.

(859) *Ibid.*, p. 184 ss.

(860) ARIST., *op. cit.*, 61, 2.

(861) ESCHINE, *C. Ctés.*, 21.

(862) ID., *ibid.*, 22.

(863) POLL., VI, 152; VIII, 54; LYS., *l. c.*, 5, 7.

(864) ARIST., *op. cit.*, 48, 3-4; cf. *IG*, *l. c.*, n° 46, 1. 19 ss.; 127, 1. 18 ss.

(865) *IG*, t. I, n°⁵ 32, 226, 228; ARIST., *op. cit.*, 54, 2.

(866) HARP., *s. v.* λογισταὶ καὶ λογιστήρια.

(867) ESCHINE, *l. c.*, 23; DÉM., *Ambass.* 2; *P. la cour.*, 117.

(868) ARIST., *l. c.*

(869) DÉM., *C. Lept.*, 147; cf. *S. La cour.*, 211.

(870) ARIST., *op. cit.*, 48, 4-5;

cf. Andoc., *S. les myst.*, 78; Antiph., *Chor.*, 43; *RIG*, nᵒˢ 604, B, 1. 7 ss.; 150.

(⁸⁷¹) Arist., *op. cit.*, 27, 1.

(⁸⁷²) Id., *ibid.*, 54, 2.

(⁸⁷³) Id., *ibid.*, 59, 2.

(⁸⁷⁴) Plut., *Sol.*, 24; Ps. Dém., *C. Macart.*, 54, 71; *IG*, t. I², nᵒ 57, 63, 73, 94; cf. nᵒˢ 58; *IJG*, t. II, nᵒˢ xxix, A; *RIG*, nᵒ 604, B.

(⁸⁷⁵) Aristoph., *Cav.*, 1100 ss.; 1207.

(⁸⁷⁶) Xén., *Mém.*, II, 1, 9.

(⁸⁷⁷) Démocr., *ap.* Stob., *Flor.*, XLVI, 48.

(⁸⁷⁸) Plut., *Péricl.*, 23; Aristoph., *Nuées*, 859 et Schol.

(⁸⁷⁹) Voir Hauvette-Besnault, *Les stratèges ath.*, p. 107 ss.; E. Cavaignac, *Histoire de l'antiquité*, t. II, p. 197-201; P. Cloché, « Les procès des strat. ath. » (*REA*, t. XXVII, 1925, p. 97-118).

(⁸⁸⁰) Antiph., *S. le meurtre d'Hèr.*, 69; Isée, *Succ. de Nicostr.*, 28; Lys. *C. les march. de blé*, 16.

(⁸⁸¹) Thuc., VII, 48.

(⁸⁸²) Aristoph., *Guêpes*, 549, 620.

(⁸⁸³) Dém., *C. Nausim.*, 2.

(⁸⁸⁴) G. Glotz, *La Solidarité de la famille dans le droit criminel en Grèce*, p. 436 ss.

(⁸⁸⁵) Id., *ibid.*, p. 390, n. 5.

(⁸⁸⁶) Lys., *C. Andoc.*, 14.

(⁸⁸⁷) Dém., *C. Aristocr.*, 22 ss.; Arist., *Const. d'Ath.*, 57, 3.

(⁸⁸⁸) Arist., *l. c.*, Paus., I, 28, 8 ss.

(⁸⁸⁹) Dém., *l. c.*, 53; Paus., *l. c.*, 10.

(⁸⁹⁰) Arist., *l. c.*, Poll., VIII, 120; cf. Plat., *Lois*, IX, p. 866 *d*.

(⁸⁹¹) Dém., *l. c.*, 76 ss.; Arist., *l. c.*; Paus., *l. c.*

(⁸⁹²) Dém., *C. Pant.*, 59; cf. Eurip., *Hipp.* 1447 ss.; Plat., *l. c.*, p. 869 *a*, *d-e*.

(⁸⁹³) *IJG*, t. II, nᵒ xxi, 1. 13 ss.; Dém., *C. Macart.*, 57; Ps. Dém., *C. Everg.* 72.

(⁸⁹⁴) Ps. Dém., *l. c.*, 68 ss.; *C. Néaira*, 9.

(⁸⁹⁵) *IJG*, *l. c.*, 1. 20 ss.; Dém.,

C. *Aristocr.*, 37 s.; *C. Macart.*, *l.c.*; *C. Lept.* 158; Antiph., *Chor.*, 36; Arist., *l. c.*, 2.

(⁸⁹⁶) Antiph., *l. c.*, 42.

(⁸⁹⁷) Id., *S. le meurtre d'Hèr.*, 11.

(⁸⁹⁸) Arist., *l. c.* 4.

(⁸⁹⁹) *DA*, art. « Jusjurandum », p. 762.

(⁹⁰⁰) Paus., *l. c.*, 5. Cf. Caillemer, *DA*, art. « Areopagus », p. 398, fig. 491.

(⁹⁰¹) Dém., *C. Aristocr.*, 69; Antiph., *l. c.*

(⁹⁰²) Esch., *Eum.*, 735; cf. *DA*, *l. c.*, fig. 491-493.

(⁹⁰³) Paus., *l. c.*, 6.

(⁹⁰⁴) Dém., *l. c.*, 72; Porph., *De l'abstin.*, I, 9; Plut., *Thés.*, 12; Suid. *s. v.* ἐξηγηταί; cf. Plat., *l. c.*, p. 865 *c-d*. Voir Otfried Muller, préf. des *Euménides*, p. 140 ss.

(⁹⁰⁵) Arist., *op. cit.*, 16, 5. Voir p. 122.

(⁹⁰⁶) Id., *ibid.*, 26, 3.

(⁹⁰⁷) Id., *ibid.*, 53, 1-2; Lys., *C. Pancl.*, 21.

(⁹⁰⁸) Voir R.-J. Bonner, *The jurid. of the athen. arbitrators*, Chicago, 1907.

(⁹⁰⁹) Arist., *l. c.*, 4.

(⁹¹⁰) Id., *ibid.*, 5.

(⁹¹¹) Ps. Dém., *C. Everg.*, 12.

(⁹¹²) *Ibid.*; Dém., *C. Stéph.*, I, 17; *C. Boiot.*, II, 11; Poll., VIII, 126.

(⁹¹³) Arist., *op. cit.*, 53, 2; 48, 5; 58, 2.

(⁹¹⁴) Id., *ibid.*, 58, 2.

(⁹¹⁵) Dém., *C. Mid.*, 84 ss.

(⁹¹⁶) Harp., *s. v.* παράστασις; Poll. VIII, 39, 127.

(⁹¹⁷) Arist., *op. cit.*, 55, 5

(⁹¹⁸) Id., *ibid.*, 53, 2, 6.

(⁹¹⁹) Ps. Xén., *Rép. des Ath.*, III, 1-8.

(⁹²⁰) Arist., *op. cit.*, 63, 3; cf. Dém., *l. c.*, 182; *C. Timocr.*, 50, 123, 151.

(⁹²¹) Arist., *op. cit.*, 53, 3.

(⁹²²) Harp., *s. v.* Ἀρδηττός; Bekker, *Anecd. gr.*, t. I, p. 443, 23; Suid., *s. v.* ἡλιαστής; *Etym. Magn.*, 147-10.

(⁹²³) Voir *DA*, art. « Jusjurandum », p. 755; H. Lipsius, *Das at-*

tische Recht und Rechtsverfahren, t. I, p. 151.

(924) Arist., *op. cit.*, 24, 3; Aristoph., *Guêpes*, 661 ss.

(925) Arist., *op. cit.*, 27, 4.

(926) Cf. Lipsius, *l. cit.*, p. 135.

(927) Arist., *op. cit.*, 59, 7; 63, 1.

(928) Aristoph., *l. c.*, 1107.

(929) Id., *ibid.*, 233 ss.

(930) *IG*, t. I, n°° 37, 59; Suppl. n°° 27 a, 37 c; Andoc., *S. les myst.*, 78.

(931) *RIG*, n° 70; Antiph., *Chor.*, 21; cf. Andoc., *i. c.*, 27.

(932) Aristoph., *l. c.*, 157, 240, 288 ss.; *IG*, t. I, Suppl. n° 35 b; cf. Antiph., *l. c.*

(933) Aristoph., *l. c.*, 120, 1108 s.; *IG*, *l. c.*; Antiph., *Meurtre d'Hèr.* 10 s.

(934) Cf. Ps. Xén., *l. c.*

(935) Poll., VIII, 53.

(936) Plut., *Péricl.*, 32.

(937) Lys., *C. Agor.*, 35.

(938) Andoc., *l. c.*, 17.

(939) Ps. Xén., *l. c.*, 8.

(940) Aristoph., *l. c.*, 594.

(941) Arist., *Pol.*, VI (IV), 10, 6-8.

(942) Ps. Xén., *op. cit.*, I, 16; Aristoph., *Cav.*, 1358; cf. Lys., *C. Épicr.*, 1; Poll., VIII, 38.

(943) Arist., *l. c.*, 5, 5; VII (VI), 3, 4.

(944) Aristoph., *Guêpes*, 605 ss.

(945) Id., *ibid.*, 236, 355; cf. *Acharn.*, 375; *Cav.*, 255; Plut., *Nic.*, 2.

(946) Lys., XVII, 5, 8.

(947) *IG*, t. I, n° 29; Bekker, *Anecd. gr.*, p. 283, 3; Harp., Suid., Hésych., *s. v.* ναυτοδίκαι; Poll., VIII, 126. Voir Meier-Schœmann, *Der attische Prozess*, p. 95 ss.; G. Busolt, *Griechische Geschichte*, t. III, i, p. 283, n° 2.

(948) Arist., *Const. d'Ath.*, 52, 2; Poll., VIII, 93, 101; *IG*, t. I, n°° 37, 1. 14, 47; 38, f, 1. 13 s.

(949) Meier-Schœmann, *Der attische Prozess*, p. 769 ss.

(950) Id., *ibid.*, p. 790 ss.

(951) Id., *ibid.*, p. 809 ss.

(952) *DA*, art. « Jusjurandum » p. 761 s.

(953) Meier-Schœmann, *Der attische Prozess*, p. 833 ss.

(954) *Ibid.*, p. 865 ss.

(955) Arist., *op. cit.*, 53, 2.

(956) Id., *ibid.*, 3.

(957) Ps. Xén., *op. cit.*, III, 6 ss.

(958) Meier-Schœmann, *op. cit.*, p. 908 ss; H. Lipsius, *Das attische Recht und Rechtsverfahren*, t. III, p. 903.

(959) Aristoph., *Guêpes*, 386, 552, 830 et Schol., cf. 124 et Schol., 775.

(960) Poll., VIII, 123, 141.

(961) Cf. Ps. Dém., *C. Olymp.*, 31; Eschine, *C. Ctès.*, 207; Aristoph., *l. c.*, 332.

(962) Aristoph., *l. c.*, 100 ss., 345 ss., 689 ss.,775.

(963) Arist., *op. cit.*, 65, 3; 68, 2; 69, 2.

(964) Aristoph., *l. c.*, 825, 851; 860 ss., 891 ss., 1441.

(965) Voir Lipsius, *op. cit.*, t. III, p. 905 ss., 911.

(966) Plat., *Apol.*, p. 37 b.

(967) Poll., VIII, 124.

(968) Aristoph., *l. c.*, 93, 857 ss.; *Acharn.*, 693; *Ois.*, 1596; Xén., *Hell.*, I, 7, 23.

(969) Voir G. Busolt, *Griechische Staatskunde*, t. II, p. 1161, n. 3.

(970) Lys., *P. l'invalide*, 4, 8, 11, 14.

(971) H. Lipsius, *op. cit.*, t. III, p. 882.

(972) Aristoph., *Acharn.*, 687; Lys., *C. Érat.*, 24 s.; *C. Agor.*, 30, 32; *P. Polystr.*, 11; Andoc., *S. les myst.*, 55, 101.

(973) H. Lipsius, *Das attische Recht und Rechtsfahren*, t. I, p. 222 ss.

(974) Ps. Lys., *C. Andoc.*, 12. Cf. Lipsius, *op. cit.*, t. III, p. 841.

(975) Lys., *C. Érat.*, 91; Xén., *Banquet*, V, 8.

(976) Aristoph., *Cav.*, 1332; *Guêpes*, 109 s., 332, 349, 987 ss.; Xén., *Hell.*, I, 7, 9; *IG*, I², n° 49, 1. 18. Cf. Lipsius, t. III, p. 924.

(977) Arist., *Const. d'Ath.*, 68.

(978) H. Lipsius, *op. cit.*, p. 940, 937.

(979) Lys., *C. Théomn.*, I, 16.

(980) H. Lipsius, *l. c.*, p. 930 ss.

(981) Aristoph., *Guêpes*, 106 et Schol., 167 ss.

(982) *DA*, art. « Pœna », p. 522 ss.

(983) *Ibid.*, p. 534 ss.

(984) Lys., *S. le meurtre d'Éra-tosth.*, 36; Antiph., *Tétr.*, I, II, 13; Aristoph., *Guêpes*, 512, 519; Andoc., *C. Alcibiade*, 9; Arist., *Const. d'Ath.*, ^, 1; 41, 2; Plat., *Crit.*, p. 50 *b*.

(985) *DA, l. c.*, p. 536 ss.; Lipsius, *op. cit.*, t. III, p. 953 ss.

(986) Ps. Xén., *op. cit.*, II, 12.

(987) Eurip., *Or.*, 507 ss.; Dém., *C. Con.*, 17 ss.; *C. Mid.*, 221; Lyc., *C. Léocr.*, 4.

(988) Cf. J. B. Bury, *A history of Greece to the death of Alexandre the Great*, p. 350.

(989) Aristoph., *Guêpes*, 724.

(990) Voir G. Glotz, *La Solidarité de la famille...*, p. 552 ss.

(991) Aristoph., *l. c.*, 622 ss.

(992) *IJG*, t. I, n° 1, 1. 26 ss.

(993) Plat., *Apol.*, p. 34 *b* ss.

(994) Id., *ibid.*, p. 36 *d*.

(995) Id., *ibid.*, p. 38 *b*.

(996) Ps. Xén., *l. c.*, 7.

(997) Arist., *Const. d'Ath.*, 27, 5; Diod., XIII, 64, 8; Plut., *Coriol.*, 14; voir cependant Aristoph., *Cav.*, 1358 ss.

(998) Ps. Xén., *l. c.*, 12.

(999) *DA*, art. « Pœna », p. 523.

(1000) Thuc., VIII, 68.

(1001) Diog. Laerce, IX, 50.

(1002) Plut., *Consol. à Apoll.*, 33, p. 118 *d*.

(1003) Stésimbr., *ap.* Plut., *Péricl.*, 36.

(1004) Cf. G. M. Calhoun, « Greek law and modern jurisprudence » (*California Law Review*, t. XI, 1923, p. 295 ss.).

(1005) Lys., *C. Nicom.*, 22; *C. Épicr.*, 2; *S. les biens d'Aristoph.*, 11.

(1006) Dém., *C. Timocr.*, 167; *C. Androt.*, 55.

(1007) Eurip., *Él.*, 294 s.

(1008) Dém., *C. Lept.*, 109; *C. Mid.*, 48 s. Cf. G. Glotz, *La Soli-*

darité de la famille... p. 243 s.

(1009) *DA*, art. *Kôneion*.

(1010) Dém., *C. Timocr.*, 190 ss.; *C. Mid.*, 57.

(1011) Arist., *Pol.*, II, 5, 11 ss.

(1012) Aristoph., *Guêpes*, 574.

(1013) G. Glotz, *La Solidarité de la famille...*, p. 456 ss.

(1014) *Ibid.*, p. 473 ss.

(1015) Lys., *P. Polystr.*, 34.

(1016) G. Glotz, *Ibid.*, p. 493 ss.; P. Cloché, *La Restauration démocratique à Athènes en 403 avant J.-C.*, p. 320 ss.

(1017) G. Glotz, *op. cit.*, p. 515 ss., 544 ss.

(1018) Antiph., *S. la vérité*, 5, édit. Gernet.

(1019) Philémon, fr. 94 Kock.

(1020) G. Glotz, *Le Travail dans la Grèce ancienne*, p. 249-257.

(1021) Ménandre, fr. 370 Kock.

(1022) Ps. Xén., *op. cit.*, I, 10, Plat., *Rép.*, VIII, p. 563 *b*.

(1023) Arist., *Pol.*, VII (VI), 3, 12.

(1024) Aristoph., *Cav.*, 5; *Paix*, 452, 746; *Plout.*, 21; Lys., *S. le meurtre d'Ératosth.*, 18; Xén., *Mém.*, II, 1, 16; Théophr., *Car.*, XII, 12.

(1025) Poll., VII, 13; Plut., *Thés.*, 36; *S. la superst.*, 4, p. 166 *d*; Aristoph., *Cav.*, 1312 et Schol.; *Thesm.*, 224 et Schol.

(1026) Eurip., *Héc.*, 291 ss.; Arist., *Const. d'Ath.*, 57.

(1027) Eschine, *C. Timocr.*, 17; Dém., *C. Mid.*, 45 ss.; cf. Athen., VI, 92, p. 266 *f*-267 *a*.

(1028) Voir « Les esclaves et la peine du fouet dans le droit grec » (*CRAI*, 1908, p. 571 ss.).

(1029) Eurip., *l. c.*; Dém., *l. c.*, 48 s.; *C. Lept.*, 109.

(1030) Voir, en général, Fustel de Coulanges, *Étude sur la propriété à Sparte*, 1. III, ch. XII.

(1031) Thuc., I, 5, 3; 6, 1.

(1032) Voir Rod. Dareste, *REG*, t. II (1889), p. 305 ss.; Ch. Lécrivain, *Le droit de se faire justice soi-même et les représailles dans les relat. intern. de la Grèce* (*Mém. de l'Ac. de Toulouse*,

t. IX, 1897, p. 277 ss.); H. F. HITZIG, *Altgriechische Staatsverträge über Rechtshilfe*, p. 38 ss.; HITZIG, *Der griech. Fremdenprozess* (*Sav. Z*, t. XXVIII, p. 220 ss.); Ad. WILHELM, *Jh. AI*, t. XIV (1911), p. 195 ss.; PHILLIPSON, *The international law and custom of ancient Greece and Rome*, t. I, p. 353 ss.

(1033) ARIST., *Rhét.*, I, 10, 13. Voir R. HIRZEL, Ἄγραφος νόμος (*Abh. SG*, t. XX, 1900, p. 1 ss.; PHILLIPSON, *op. cit.*, t. I, p. 43 ss.; GLOTZ, *Le droit des gens dans l'antiqu. gr.*, (*MAI*, t. XIII, 1915).

(1034) THUC., III, 58, 3; 59, 1; 67, 6; IV, 97, 2; EURIP., *Or.*, 495.

(1035) SOPH., *Antig.*, 454; XÉN., *Mém.*, IV, 4, 5 ss., 19.

(1036) HÉR., VII, 133 ss.; EURIP., *Suppl.*, 121.

(1037) HÉR., V, 81; VII, 9, 2; THUC., I, 29, 3.

(1038) THUC., *l. c.*, 53, 146; IV, 38, 3; 97, 2; 99; VII, 3.

(1039) DIOD., XIII, 24; PLUT., *Qu. rom.*, 37, p. 273 d; CIC., *De inv.*, II, 23; 69.

(1040) PLUT., *Nic.*, 6; XÉN., *Hell.*, III, 5, 25; cf. VI, 4, 14; VII, 5, 26.

(1041) THUC., IV, 97 ss.; cf. DIOD., XVI, 25.

(1042) HÉR., IX, 79.

(1043) THUC., III, 58, 3; 66, 2; 67, 5.

(1044) XÉN., *Cyrop.*, VII, 5, 73.

(1045) THUC., III, 86, 3; V, 3; 32.

(1046) THUC., II, 103; V, 3.

(1047) HÉR., V, 77, VI, 79.

(1048) THUC., VII, 85.

(1049) HÉR., VIII, 121 ss.; IX, 80 ss.; THUC., III, 50, 114.

(1050) THUC., VIII, 41, 2; 62, 2; XÉN., *Hell.*, I, 6, 14; cf. PLAT., *Rép.*, V, p. 469 *b*.

(1051) THUC., IV, 97 s.

(1052) *SIG³*, n° 587, 1. 4, 106, 227; *IG*, t. II², n°⁸ 1235, 1236; *REG*, t. XXXII (1919), p. 190 ss. 1. 25 ss., 35 ss.; cf. ESCHINE, *Ambass.*, 133 s.

(1053) HÉR., VII, 206; VIII, 72;

THUC., III, 56, 2; 65, 1; V, 54, 2; XÉN., *Hell.*, IV, 7, 2; V, 1, 29; 3, 27; HESYCH., SUID., HARP., *s. v.* ἱερομηνία.

(1054) Voir PHILLIPSON, *The international law and custom of ancient Greece and Rome*, t. II, p. 1 ss.; Br. KEIL, *Eirene* (*Abh. SG*, t. LXVIII, 1916, p. 1 ss.).

(1055) THUC., I, 112.

(1056) ID., I, 23, 4; 87, 6; II, 2, 1; V, 14, 4.

(1057) *IG*, n° 10; THUC., V, 18, 23, 79; cf. *SIG³*, n° 135.

(1058) *SIG³*, n° 9; THUC., III, 114, 3; V, 47.

(1059) THUC., IV, 63, 1; *SIG³*, n° 71 (restitution douteuse); cf. n° 122.

(1060) Voir E. SONNE, *De arbitris externis quos Graeci adhibuerunt...* etc., 1888; V. BÉRARD, *De arbitrio inter liberas Graecorum civitates*, 1894; HITZIG, *l. c.* p. 244 ss.; PHILLIPSON, *The international law...* t. II, p. 127 ss.; RAEDER, *L'arbitrage international chez les Hellènes*; M. N. TOD, *International arbitration among the Greeks.*

(1061) HÉR., V, 95; ARIST., *Rhét.*, I, 15; STRAB., XIII, 1, 38, p. 600.

(1062) PLUT., *Thémist.*, 24; cf. THUC., I, 136.

(1063) THUC., I, 28; DIOD., XV, 18, 2.

(1064) PLUT., *Sol.*, 10.

(1065) THUC., I, 78, 4; 140, 2; 144 s.; IV, 118, 8; V, 18, 4; VII,18.

(1066) ID., V, 79.

(1067) HÉR., VI, 108; cf. THUC., III, 55.

(1068) THUC., V, 31.

(1069) Voir DARESTE, *l. c.*; H. F. HITZIG, *Altgriechische Staatsverträge über Rechtshilfe*, p. 39.

(1070) *SIG³*, n° 56.

(1071) HÉR., VI, 42.

(1072) Voir H. F. HITZIG, *op. cit.*; C. PHILLIPSON, *op. cit.*, t. I, p. 198 ss.

(1073) THUC., I, 77.

(1074) Voir les conventions entre Athènes et Phasélis (*RIG*, n° 6;

cf. PHOTIADES, 'Εφ, 1922, p. 62 ss.), entre Athènes et Trézène (*IG*, t. II², n° 46; cf. HITZIG, *op. cit.*, p. 60 ss.

(1075) ARIST., *Const. d'Ath.*, 59, 5.

(1076) THUC., I, 77, 1; cf. *RIG*, n° 6.

(1077) Voir *SIG³*, n° 55; cf. n° 168, 187, 189.

(1078) *IG*, t. I, n° 44; *SIG³*, n° 108.

(1079) Voir G. BUSOLT, *Griechische Staatskunde*, t. I, p. 299 ss.

(1080) Voir P. MONCEAUX, *Les proxénies grecques*, 1885; H. FRANCOTTE, *Mélanges de droit public grec*, p. 169 ss.; J. D. ANDRÉ, *La proxénie*, 1911; C. PHILIPSON, *The international law... t. I, 145 ss.

(1081) ARIST., *op. cit.*, 13, 5; voir G. GLOTZ, *Histoire grecque*, t. I, p. 467.

(1082) HÉR., IX, 35.

(1083) DÉM., *C. Aristocr.*, 211 ss.

(1084) PLUT., *Sol.* 24.

(1085) ARIST., *l. c.*

(1086) ID., *ibid.*, 21, 2; *Pol.*, III, 1, 10.

(1087) ID., *Const. d'Ath.* 26, 3; PLUT., *Péricl.*, 37; cf. ARISTOPH.. *Ois.*, 1660. Voir p. 140, 165. Même loi à Oréos (DÉM., *l. c.*, 213), à Rhodes (*IG*, t. XII, I, n° 766), à Byzance (Ps. ARIST., *Écon.*, II, 4).

(1088) PLUT., *l. c.*; PHILOCH., fr. 90 (*FHG*, t. I, p. 398).

(1089) PLUT., *l. c.*; SUID., *s. v.* δημοποίητος.

(1090) *RIG*, n° 1435; LYS., *C. Agor.*, 70-72.

(1091) DIOD., XIII, 97.

(1092) ARIST., *Const. d'Ath.*, 40, 2; ESCHINE, *C. Ctés.*, 187 et Schol.; *SIG³*, n° 120 (cf. Ad. WILHELM, *Jh. AI*, t. XXI-XXII, 1922-1924, p. 159 ss., n° v) : cf. Ps. PLUT., *Vie des dix orat.*, *Lys.*, 8, p. 835 f; *P. Oxy.*, t. XV, n° 1800, fr. 6-7.

(1093) HÉR., III, 1, 54; cf. *BCH*, t. V (1892), p. 383 ss.; voir E. SZANTO, *Das griechische Bürgerrecht*, p. 97-99.

(1094) LYS., XXXIV, 3.

(1095) Ps. DÉM., *C. Néaira*, 104 ss.; ISOCR., *Panath.*, 74; LYS., *C. Pancléon*, 2; voir G. BUSOLT, *Griechische Geschichte*, t. III, II, p. 1038. Ce décret fut remis en vigueur après la seconde destruction de Platées, en 373 (DIOD., XV, 46, 6).

(1096) *RIG*, n° 80; voir P. FOUCART, *REA*, 1899, p. 196 ss.; BUSOLT, *op. cit.* p. 1627 s.; SZANTO, *op. cit.*, p. 95 s.

(1097) Voir G. B. GRUNDY, *Thucydides and the history of his age*, p. 211 ss.; L. PARETI, *Elementi formatori e dissolvente della egemonia spartana in Grecia* (*Atti d. Accad. di Torino*, t. XLVII, 1912); KAHRSTEDT, *Griechisches Staatsrecht*, t. I (1922), p. 26 ss., 81 ss., 267 ss., 311 ss., 336 ss.; G. BUSOLT, *Griechische Staatskunde*, t. II, p. 1320 s.

(1098) HÉR., VII, 148, 235; VIII, 2; PLUT., *Thém.*, 7.

(1099) HÉR., VII, 145 s., 148, 153, 169, 172.

(1100) ID., *ibid.*, 145.

(1101) ID., *ibid.*, 132.

(1102) XÉN., *Hell.*, VI, 5. 35; DIOD., XI, 3, 2.

(1103) HÉR., VII, 49; VIII, 19, 50, 56, 58 ss., 71.

(1104) THUC., I, 102, 4.

(1105) ID., V, 77, 5; 79.

(1106) ID., I, 103, 4; IV, 134; V, 29, 33; cf. XÉN., *Hell.* V, 2, 7; 4, 36.

(1107) THUC., I, 27 ss.; XÉN., *l. c.*, 4, 37.

(1108) THUC., I, 19, 76, 144; cf. XÉN., *op. cit.*, VI, 3, 14.

(1109) HÉR., V, 91; THUC., I, 87, 119, 125, 141; IV, 118; V, 17, 36, 82.

(1110) THUC., I, 67 ss.

(1111) ID., *ibid.*, 125.

(1112) ID., V, 30; cf. XÉN., *op. cit.*, IV, 2, 16; V, 2, 2 (trêve sacrée); II, 4, 3 (engagement contraire).

(1113) HÉR., V, 74; THUC., V, 57; cf. XÉN., *op. cit.*, III, 5, 4-6, IV, 6, 3, etc.

(1114) THUC., II, 10; V, 17, 54.

(1115) ID., II, 75, 3; cf. XÉN., *op. c.*, III, 5, 7; IV, 2, 19; 5, 7, etc.

(1116) THUC., I, 19, 80, 141 s.; cf. *SIG³*, n° 84.

(1117) HÉR., VIII, 3; THUC., I, 95 s., 130; ARIST., *Const. d'Ath.*, 23, 4.

(1118) THUC., I, 96, 1.

(1119) *RIG*, n° 1428, 1. 20 ss., 29 ss.; *IG*, t. I, n° 11; THUC., IV, 119; V, 18.

(1120) THUC., I, 97, 1; 98, 4; III, 10, 4, 11.

(1121) ID., III, 10, 5; 11, 3.

(1122) ID., I, 96, 1; III, 10, 3; VI, 76, 3.

(1123) ID., I, 96, 2; PLUT., *Arist.*, 24; DIOD., XI, 47, 2; ARIST., *l. c.* On a tenté maintes fois d'expliquer ce total de 460 talents; on n'a jamais obtenu que des résultats approximatifs. Nous arrivons à une exactitude absolue par la méthode suivante. La confédération devait équiper tous les ans 200 trières montées par 200 hommes chacune pendant sept mois, en donnant à chaque homme une solde de 2 oboles par jour. Mais, dans le calendrier attique, sept mois ne font pas 210 jours; à raison de quatre mois de 30 jours et de trois mois de 29 jours, il faut compter 207 jours. Avec ces données, une opération très simple (2 ob. × 200 × 200 × 207) fait retrouver les 460 talents.

(1124) THUC., I, 99.

(1125) ID., I, 76, 2; 77, 3; II, 63, etc.; Ps. XÉN., *Rép. des Ath.* I, 14; II, 2-4; ARISTOPH., *Cav.*, 1114; *Paix*, 619. Expressions officielles : THUC., V, 18, 7; *RIG*, n° 73, 1. 2, 14.

(1126) ARISTOPH., *Ach.*, 192, 506, 636, 643; *Cav.*, 802; *IG*, t. I, n°⁸ 31, 37, 40; t. XII, v, n° 480. Une comédie d'Eupolis avait pour titre *les Cités*.

(1127) THUC., I, 19, 98, 99; III, 10, 4; VII, 57, 4; cf. VI, 69, 3; 85, 2.

(1128) ID., II, 9, 4; VII, 57, 4.

(1129) PLUT., *Péricl.*, 12; THÉOPHR., *ibid.*, 25.

(1130) THUC., I, 98 (Naxos); 101, 2 (Thasos); 117, 3 (Samos);

SIG³, n° 41 (Érythrées); *IG*, t. I, Suppl., n° 22 *a* (Milet); *SIG³* n°⁸ 52 (ville inconnue), 64 (Chalcis), 107 (Néapolis).

(1131) *SIG³*, n° 75.

(1132) *Ibid.*, 1. 42 ss.; *IG*, t. I, n°⁸ 37, 38; Suppl. n° 27 *b*; t. XII, v, n° 480.

(1133) *SIG³*, n° 41; cf. n° 64; *IG*, t. I, n° 13.

(1134) *SIG³*, n°⁸ 52, 64.

(1135) THUC., I, 105, 2; 116; 117, 2; II, 9, 56; III, 3, 4; IV, 13, 2, etc.

(1136) C'est dans des affaires de ce genre qu'Antiphon a prononcé des discours pour Samothrace et pour Lindos.

(1137) ARISTOPH., *Ach.*, 378, 502 et Schol.; cf. *IG*, t. I, n° 38, *c-d*.

(1138) Voir E. CAVAIGNAC, *Études sur l'histoire financière d'Athènes au Vᵉ siècle*; Ad. WILHELM, *Urkunden des att. Reichs* (*Anz. WA*, t. XLVI, 1909, p. 41 ss.). H. FRANCOTTE, *Les finances des cités grecques*, p. 99 ss.

(1139) *IG*, t. I, n° 37, *t-v*; 240 ss.

(1140) HARP. SUID., *s. v.* ἐκλογεῖς ; *IG*, t. I, n° 38, *c*.

(1141) Ces stratèges et ces navires sont dits ἀργυρολόγοι : voir THUC., II, 69; III, 79; IV, 50, 75; VIII, 107 s.; ARISTOPH., *Cav.*, 1070; PLUT., *Alc.*, 30; cf. XÉN., *Hell.*, I, 1, 8.

(1142) PLUT., *Péricl.*, 12.

(1143) Peut-être 1/60° du phoros pour le Parthénon et 7 talents par an, en tout 35 talents, pour les Propylées (voir P. FOUCART, *RPh.*, t. XXVII, 1903, p. 5 ss.; CAVAIGNAC, *Études sur l'histoire financière d'Athènes au Vᵉ siècle*, p. 87; DINSMOOR, *AJA*, 1913, p. 53 ss.)

(1144) ARIST., *Const. d'Ath.*, 24, 2.

(1145) THUC., V, 18; *SIG³*, n° 112, 1. 5 ss.

(1146) Ps. XÉN., *Rép. des Ath.*, III, 11; *SIG*, n° 58; *IG*, t. I Suppl., n° 22 *a*.

(1147) *SIG³*, n° 41; *IG*, t. I, n° 10.

(1148) *IG*, t. I Suppl., n° 22 *d-e*

Milet); EUPOLIS, fr. 233 Kock
Cyzique); ARISTOPH., *Guêpes*,
237 (Byzance); THUC., IV, 7,
108, 113; V, 39 (Thrace). Cf.
ISOCR., *Aréop.*, 65.

(1149) *SIG*3, n° 76; ARISTOPH.,
Ois., 1022, 1032, 1053.

(1150) *IG*, *l. c.*, a; cf. Ps. XÉN.,
l. c., 15.

(1151) *SIG*3, n°° 54, 107, 114;
Ps. XÉN., *op. cit.*, I, 19; ARIS-
TOPH., *l. c.*, 1050; ANTIPH., *S. le
meurtre d'Hèr.*, 47; cf. *RIG*, n° 86,
1. 22.

(1152) Voir P. FOUCART, « Mém.
sur les colonies ath. » (*MAI*, t. IX,
1878, p. 323 ss.); G. BUSOLT,
Griechische Staatskunde, t. II,
p. 1271 ss.

(1153) Voir A. FRAENKEL, *De
condicione, jure, jurisdictione socio-
rum Atheniensium*, 1878; H. WE-
BER, *Attisches Prozessrecht in den
attischen Seebundstaaten*; H. LIP-
SIUS, *Das attische Recht und
Rechtsverfahren*, t. III, p. 969 ss.;
HILLER von GAERTRINGEN, *GN*,
t. CLXXXIII (1921), p. 62 ss.;
H. GRANT ROBERTSON, *The admi-
nistr. of justice in the ath. empire
(University of Toronto Studies*,
t. IV, n° 1, 1924); cf. P. CLOCHÉ,
REG, t. XXXV (1925), p. 123 ss.

(1154) *IG*, t. I, n° 38; cf. Ad.
WILHELM, *Anz. WA*, t. XLVI
(1909), p. 56.

(1155) Ps. XÉN., *l. c.*, 14, 18;
ARISTOPH., *Guêpes*, 287 ss.; *Paix*,
639; THUC., I, 77, 1; VIII, 48, 6.

(1156) *SIG*3, n° 64. Voir le discours d'Antiphon *Sur le meurtre
d'Hérodès*.

(1157) Ps. XÉN., *l. c.*, 16-18; cf.
IG, *l. c.*, 1. 25.

(1158) Ps. DÉM., *S. l'Halonn.*, 12.

(1159) THUC., I, 77, 1.

(1160) *RIG*, n° 6.

(1161) *SIG*3, n° 87; ARISTOPH.,
Ois., 1040. Voir WEIL *ZNu.*,
t. XXV (1905), p. 52 ss.; t. XXVIII,
1910, p. 351 ss.; E. CAVAIGNAC,
*Études sur l'histoire financière
d'Athènes au V*e *siècle*, p. 179 ss.;
BABELON, *RNu.*, t. XVII, p. 457 ss.

(1162) ARISTOPH., *Lysistr.*, 571 ss.

(1163) *SIG*, n° 83.

(1164) THUC., III, 39.

(1165) ID., VIII, 48.

(1166) *RIG*, n° 80.

(1167) *IG*, t. I, n° 41; cf. Ad.
WILHELM, *l. c.*, p. 57 (liberté commerciale); *SIG*3, n° 75; *IG*, t. I
Suppl., n° 42; Ps. XÉN., *op. c.*, II,
12 (restrictions). Voir M. ROM-
STEDT, *Die wirtschaftliche Organisation des attischen Reiches*.

(1168) ISOCR., *Pan.*, 104. Voir
H. WEBER, *Attisches Prozessrecht
in den attischen Seebundstaaten*;
G. GLOTZ, *La Solidarité de la fa-
mille dans le droit criminel en
Grèce*, p. 345, 528 s.

(1169) Voir W. FELDMANN, *Analecta epigraphica ad historiam
synœcismorum et sympolitiarum*,
E. SZANTO, *Das griechische Bürgerrecht*, H. FRANCOTTE, *La Polis
grecque. Recherches sur la formation et l'organisation des cités,
des ligues et des confédérations
dans la Grèce ancienne*.

(1170) Sur les institutions, voir
RIG, n° 196; THUC., V, 47; HEL-
LANICOS et ARISTODÈMOS, *ap.*
Schol. PIND., *Ol.*, III, 22. Sur le
synœcisme, DIOD., XI, 54, 1;
STRAB., VIII, 3, 2, p. 336 s.;
PAUS., V, 4, 3. Cf. G. BUSOLT,
Griechische Geschichte, t. III, I,
p. 117; SWOBODA, *RE*, art. « Elis »;
W. FELDMANN *Analecta epigra-
phica...*, p. 129-137.

(1171) Cf. STRAB., *l. c.*, p. 337.

(1172) *P. Oxy.*, t. II, n° 222.

(1173) *RIG*, n° 1.

(1174) Voir G. GLOTZ, *Histoire
grecque*, t. I, p. 371.

(1175) STRAB., *l. c.*; PAUS.,
VIII, 45, 1.

(1176) XÉN., *Hell.*, VII, 1, 23;
PAUS., V, 27 (offrande d'un Ar-
cadien-Mainalien). Cf. HILLER
von GAERTRINGEN, *IG*, t. V, II,
p. IX-X.

(1177) PAUS., VIII, 27, 6; 35,
2; 37, 1 ss.; 42, 1.

(1178) ID., *ibid.*, 2, 1; 38, 5.
PIND., *Ol.* IX, 95; XIII, 107;
Ném., X, 48.

(1179) HÉR., I, 65-68; VII,
202; VIII, 72; IX, 28, 77; cf.
*SIG*3 n° 31.

(1180) R. WEIL, *ZNu*, t. XXIX (1911), p. 139 ss.; BŒLTE, art. « Heraia », *RE*, t. VIII, p. 414; P. GUIRAUD, *La Main-d'œuvre industrielle dans l'ancienne Grèce*, p. 368; G. BUSOLT, *Griechische Staatskunde*, t. II, p. 1398; *contra* : E. BABELON, *Traité des monnaies grecques et romaines*, t. II, p. 843 ss.

(1181) Cf. G. FOUGÈRES, *Mantinée et l'Arcadie orientale*, p. 372 ss.; G. BUSOLT, *Griechische Geschichte*, t. III, I, p. 119.

(1182) THUC., II, 9.

(1183) ID., V, 61, 77.

(1184) ID., IV, 134, 1.

(1185) Cf. B. V. HEAD, *Historia numorum*, p. 447 s.; E. BABELON, *l. c.*, p. 838.

(1186) STRAB., IX, 2, 33, p. 412; cf. *Iliade*, II, 506.

(1187) STRAB., *l. c.*, 29, p. 411; cf. *IG*, t. VII, nᵒˢ 2858, 3087, 3172.

(1188) E. BABELON, t. II, I, p. 936 ss.; B. V. HEAD, p. 343 ss.

(1189) Rapprocher HÉR., IX, 15 de VII, 202, 205, 222, 233.

(1190) DIOD., XI, 81, 2 s.; JUST., III, 6, 10.

(1191) THUC., I, 108, 3; 113, 2-3; III, 62, 4; 67, 3; IV, 92, 6; Ps. XÉN., *op. cit.*, III, 11.

(1192) *P. Oxy.*, t. V (1908), nᵒ 892, col. XI, 2 ss. Voir *BCH*, t. XXXII (1908), p. 271 ss.; E. MEYER, *Theopomps Hellenica*, p. 315 ss.; H. SWOBODA, *Griechische Staatsaltertümer*, p. 256 ss.; WALKER, *The Hellenica Oxyrh.* (1913) p. 134 ss.

(1193) XÉN., *Hell.*, V, 4, 9.

(1194) Voir *BCH*, *l. c.*, p. 276; cf. G. BUSOLT, *Griechische Staatskunde*, t. I, p. 353, n. 5.

(1195) THUC., V, 38, 2.

(1196) ID., IV, 91; cf. DIOD., XV, 52, 1; 53, 3; 62, 4; 68, 1.

(1197) THUC., V, 37-38, XÉN., *Hell.*, III, 4, 4.

(1198) B. V. HEAD, *Historia numorum*, p. 349.

(1199) THUC., I, 58, 2.

(1200) ID., V, 31, 6; 38, 1; IV, 83, 3; 78, 1.

(1201) ID., II, 79, 3 ss.; IV, 7.

(1202) ID., V, 82.

(1203) XÉN., *Hell.*, V, 2, 12; (1204) DIOD., XIII, 75; STRAB., XIV, 2, 11, p. 655. Voir E. SZANTO, *Das griechische Bürgerrecht*, p. 140 ss.; H. FRANCOTTE, *La Polis grecque...*, p. 195 ss.

(1205) O. NAVARRE, art. « Meretrices », *DA*, t. III, p. 1824.

(1206) ARIST., *Eth. à Nicom.*, VIII, 14, 7-8; *Eth. à Eud.* VI., 10, 7; VII, 9, 4; cf. Ps. ARIST., *Écon.*, I, 4, 1-3. Voir G. GUIZOT, *Ménandre*, p. 309 ss.; L. SCHMIDT, *Die Ethik der alten Griechen*, t. II, p. 165 ss.

(1207) Ps. DÉM., *C. Néaira*, 122.

(1208) DÉM., *C. Aristocr.*, 53.

(1209) AMPHIS., *ap.* ATHEN., XIII, 7, p. 559 a-b.

(1210) XÉN., *Mém.*, III, 11.

(1211) PAUS., IX, 27, 5; X, 15, 1, ATHEN., *l. c.*, 59, p. 591.

(1212) PLAT., *Lois*, VIII, p. 841.

(1213) HÉS., *Trav. et Jours*, 376.

(1214) ARIST., *Pol.* II, 7, 5; 9, 7; cf. PLAT., *l. c.*, p. 836 b. HÉRACLIDE DU PONT, fr. 3, 3 (*FHG*, t. II, p. 211).

(1215) Voir STOB., *Flor.*, LXXVI, 1 et 15; LXXXIII, 20; LXXXIV, 21.

(1216) Voir art. « Expositio », *DA*, t. II, p. 931 s.

(1217) G. GLOTZ, *La Solidarité de la famille...*, p. 351-353.

(1218) Voir *DA*, art. « Infanticidium » et « Expositio ».

(1219) PLAT., *Lois*, V, p. 741 d.

(1220) ID., *Rép.*, V, p. 459 d-e, 460 c, 461 b-c; ARIST., *Pol.*, IV (VII), 14, 10; cf. 6 et 11; II, 3, 6; 4, 3.

(1221) POL., XX, 6, 5-6.

(1222) ID., XXXVI, 17.

(1223) HÉR., V, 97; VIII, 65, THUC., II, 13.

(1224) ARISTOPH., *Assemblée des femmes*, 1132 ss.; Ps. PLAT., *Axioch.*, p. 369 a.

(1225) CTÉSICLÈS, fr. 1 (*FHG*, t. IV, p. 375); cf. Ps. DÉM., *C. Aristog.*, I, 51.

(1226) TIMÉE, dans POL., XII, 6, 8.

(1227) Voir FUSTEL DE COULANGES, *Étude sur la propriété*

à Sparte; CAVAIGNAC, « La popul. du Pél. aux Vᵉ et IVᵉ siècles » (*Klio*, t. XII, 1912, p. 270 ss.); G. GLOTZ, *Histoire grecque*, t. I, p. 367-369.

[1228] PLUT., *Lyc.*, 15, 1; ARIST., *Pol.* II, 6, 13.

[1229] Voir art. « Expositio », *l. c.* p. 937.

[1230] ARISTOPH., *Nuées*, 43-72.

[1231] THUC., II, 16.

[1232] XÉN., *Econ.*, XI, 15; cf. DÉM., *C. Callicl.*, 3.

[1233] XÉN., *Revenus*, IV, 6.

[1234] DÉM., *Ol.*, III, 25 ss.; *S. l'org. fin.*, 29 s.; *C. Aristog.*, 206 s.

[1235] THUC., II, 65; ISOCR., *Aréop.*, 52; XÉN., *Econ.*, III, 1.

[1236] P. MONCEAUX, art. « Domus », *DA*, t. II, p. 343 ss.

[1237] ARISTOPH., *Plout.*, 180; DÉM., *C. Mid.*, 158; PLUT., *Phoc.*, 18.

[1238] On n'avait pas érigé de statue à Miltiade après Marathon, ni à Thémistocle après Salamine (DÉM., *S. l'org. fin.*, 21).

[1239] Voir Ch. PICARD, *La sculpt. ant.*, t. II, p. 60 ss.

[1240] ÉLIÉN., *Hist. var.*, XIV, 17; PLINE, *Hist. nat.* XXXV, 99, 92.

[1241] Cf. *RIG*, nᵒˢ 879, 915. Voir CAPPS, *The introd. of comedy into the city. Dionysia at Athens*, 1904; *Epigr. problem in the hist. of attic comedy* (*AJP*, t. XVIII, 1907, p. 179-199); Ad. WILHELM, « Urkunden dramatischer Aufführungen in Athen » (*Sonderschriften d. österr. arch. Inst.*, t. VI, 1906); P. FOUCART, « Documents pour l'hist. du théâtre ath. » (*JS*, 1907, p. 468 ss., 545 ss., 590 ss.).

[1242] ARIST., *Poét.*, VI, 8.

[1243] Cf. G. GLOTZ, *Le Travail dans la Grèce ancienne...*, p. 228.

[1244] PLAT., *Phèdre*, p. 270; EUPOLIS *ap.* Schol. ARISTOPH., *Acharn.*, 529.

[1245] ISOCR., *Evag.*, 9 ss.

[1246] DIOG. LAËRCE, II, 54.

[1247] Voir E. MEYER, *Geschichte des Altertums*, t. V, p. 361 ss.

[1248] ANTIPH., *S. la vérité*, 4, éd. Gernet; PLAT., *Protag.*, p. 337 c; *Gorg.*, p. 484 d. Voir P. VINOGRADOFF, *Outlines of historical Jurisprudence*, p. 25 ss.

[1249] ANTIPH., *l. c.*

[1250] PLAT., *Gorg.*, p. 483 b-d, 490 a.

[1251] Voir G. GLOTZ, *La Solidarité de la famille...*, p. 88.

[1252] THUC., VIII, 54; PLAT., *Théét.*, p. 173 d.

[1253] De là viennent la littérature des *Banquets* (Platon, Xénophon, Plutarque, Lucien, Athénée, etc.) et les ouvrages de doctrine politique (Pseudo-Xénophon, Critias, etc.).

[1254] Voir R. V. POEHLMANN, *Geschichte der sozialen Frage und des Sozialismus in der antiken Welt*, t. I, p. 236 ss.

[1255] Voir G. GLOTZ *Le Travail dans la Grèce ancienne*, p. 298 s.

[1256] MÉNANDRE, fr. 337 Kock (t. III, p. 160); cf. Ps. XÉN., *Rép. des Ath.*, III, 3.

[1257] ARIST., *Pol.*, III, 5, 9; *Rhét.*, II, 16.

[1258] ID., *Rhét.*, *l. c.*

[1259] XÉN., *Revenus*, IV, 8; PLAT., *Rép.*, II, p. 373 a.

[1260] PLAT., *Lois*, VIII, p. 831 c.

[1261] ARIST., *Pol.*, III, 4, 6; VIII (V), 6, 5; DÉM., *Phil.*, III, 39.

[1262] PLAT., *Rép.*, VIII, p. 551 a; MÉNANDRE, fr. 294 Kock (*l. c.*, p. 84); cf. ARISTOPH., *Plout.*, 29 ss., 36 ss.

[1263] LYS., *C. Philon.*, 6.

[1264] ARISTOPH., *l. c.*, 28 ss., 224.

[1265] ID., *ibid.*, 627; cf. ISOCR., *Aréop.*, 52.

[1266] PLAT., *l. c.*, p. 552 a.

[1267] ISOCR., *Aréop.*, 54.

[1268] ID., *ibid.*, 83.

[1269] ID., *Panég.*, 168; cf. *Phil.*, 96; *Paix*, 24.

[1270] ID., *Phil.*, 121.

[1271] ARISTOPH., *Plout.*, 549.

[1272] ISOCR., *Aréop.*, 83.

[1273] THUC., II, 37 ss.

(1274) PLAT., *République*, VIII, p. 552 *a* ss., 556 *a*.

(1275) ARIST., *Pol.*, I, 5, 10; III, 2, 8; DÉM., *C. Euboul.*, 45; ISOCR., *Paix*, 125.

(1276) ISOCR., *l. c.*, 130; cf. *Aréop.*, 24.

(1277) ARIST., *Rhét.*, II, 16; ARISTOPH., *l. c.*, 614 ss.; Ps. XÉN., *Rép. des Ath.*, I, 55.

(1278) MÉNANDRE, fr. 405 Kock (t. III, p. 118).

(1279) ARIST., *Pol.*, VI (IV) 9, 5-6; cf. III, 2, 9.

(1280) PLAT., *République*, VIII, p. 563 *d*.

(1281) XÉN., *Mém.*, II, 8, 4.

(1282) DIN., *C. Dém.*, 36; Ps. PLUT., *Vie des dix orat.*, Lyc., 14, p. 842 *a*.

(1283) ARIST., *Eth. à Nicom.*, VII, 10.

(1284) ID., *Rhét.*, II, 16 ss.

(1285) ID., *Pol.*, III, 5, 8-9.

(1286) ID., *ibid.*, VI (IV), 3, 15; VIII (V), 7, 19; 9, 19; PLAT., IV, p. 422 *e*; VIII, p. 551*e*.

(1287) SOLON dans ARIST., *Const. d'Ath.*, 5, 3; 12, 3, 5.

(1288) Voir G. GLOTZ, *Histoire grecque*, t. I, p. 429.

(1289) DÉM., *Phil.*, IV, 41-45.

(1290) ARIST., *Pol.*, III, 4, 3; IV (VII), 12, 2; 4, 2; 9, 6; II, 4, 1 et 6.

(1291) ID., *ibid.*, VIII (V), 7, 8, 11-12, 19; VI (IV), 10, 1-4.

(1292) Voir P. GUIRAUD, *La Propriété foncière en Grèce jusqu'à la conquête romaine*, p. 195 ss.; R. v. PŒHLMANN, *Geschichte der sozialen Frage und des Sozialismus in der antiken Welt*, t. II, p. 333 ss.

(1293) ARIST., *Pol.*, III, 5, 4 et 7; VI (IV), 3, 8; 9, 9-10; 10, 5; VIII (V) 6, 4-5.

(1294) ID., *ibid.*, VIII (V), 7, 19; cf. PLAT., *Rép.*, VIII, p. 566 *c*.

(1295) Ps. XÉN., *op. cit.*, I, 13.

(1296) ISOCR., *Archid.*, 67.

(1297) LYCOPHR., *ap.* Ps. PLUT., *P. la noblesse*, 18, 2, p. 969; cf. ANTIPH., *S. la vérité*, 5, éd. Gernet.

(1298) ANTIPH., *l. c.*; ALCIDA-MAS, *ap.* ARIST., *Rhét.*, I, 13; ARIST., *Pol.*, I, 2, 3.

(1299) ARIST., *Rhét.*, II, 23;

(1300) THUC., III, 37.

(1301) ARISTOPH., *Cav.*, 189 ss;

(1302) PLAT., *Rép.*, VIII, p. 558 *c*.

(1303) ARIST., *Pol.*, IV (VII), 9, 6.

(1304) Voir R. v. PŒHLMANN, *Geschichte der sozialen Frage und des Sozialismus in der antiken Welt*, t. II, p. 1-339; A. CROISET, *Les Démocraties antiques*, p. 21 ss.; G. GLOTZ, *Le Travail dans la Grèce ancienne*, p. 186-192.

(1305) PLAT., *Rép.*, III, p. 416 ss.; V, p. 457 ss.; cf. ARIST., *Pol.*, II, 1, 2 ss.; 2, 11 ss.

(1306) PLAT., *Lois*, V, p. 739 c, 740 *a-b*, 731 *e*, 772 *c*, 767 *c*.

(1307) ARISTOPH., *Ass. des femmes*, 590 ss., 614 s., 636 s.

(1308) ID., *Plout.*, 510-512, 468, 470.

(1309) *Trav. et Jours*, 303 ss.

(1310) POL., VI, 7-9; cf. VII, 10, 1; XV, 21.

(1311) Cf. ARIST., *Pol.*, VII (V), 4, 2-3.

(1312) ÉLIEN, *Hist. var.*, XIV, 24.

(1313) DIOD., XV, 57 s.; ISOCR., *Phil.*, 52; PLUT., *Proec. ger. reip.*, 17, 9; DENYS D'HALIC., VII, 66.

(1314) DIOD., XIV, 7, 4.

(1315) PLUT., *Dion*, 37 ss.

(1316) DIOD., XIX, 6-9; JUSTIN, XXII, 2, 9-12.

(1317) ARIST., *Pol.*, VIII (V), 7, 11; Ps. ARIST., *Rhét. à Alex.*, 3.

(1318) ARIST., *Const.*, *d'Ath.*, 56, 2.

(1319) ARISTOPH., *Guêpes*, 548 ss., 560 ss., 575 s., 620 ss.

(1320) Ps. XÉN., *op. cit.*, III, 12 s.; cf. ISOCR., *Aréop.*, 31-35.

(1321) LYS., *C. Nicom.*, 22; cf. *C. Epicr.*, 1; *S. les biens d'Aristoph.*, 11, 39, 45, 49 ss.

(1322) ARIST., *Pol.*, VII (VI), 3, 2-3; ISOCR., *C. Lochit.*, 19 ss.

(1323) LYS., *S. les biens d'Aristoph.*, 10, 61; ISOCR., *Antid.*, 142.

(1324) ARIST., *l. c.*; LYS., *C. Epicr.*, 1; cf. ARISTOPH., *Cav.*

358 ss.; Ps. Xén., *op. cit.*, I, 13.
(1325) Isocr., *Antid.*, 160; Xén.,
Banquet, IV, 31.
(1326) Isocr., *Paix*, 128.
(1327) Xén., *Hell.*, IV, 4, 5 ss.
(1328) Cf. Arist., *Const. d'Ath.*,
40, 2.
(1329) Dém., *C. Timocr.*, 138;
Din., *C. Aristog.*, 2.
(1330) Hypér., *P. Euxén.*, 18.
(1331) Eschine, *Amb.*, 6; cf. 194.
(1332) Cf. Caillemer, *DA*, art.
« Eisaggélia »; Meier-Schœmann,
Der attische Prozess, p. 312 ss.
(1333) Hypér., *l. c.*, 2.
(1334) Arist., *op. cit.*, 8, 4.
(1335) Id., *ibid.*, 29, 4.
(1336) Id., *ibid.*, 43, 4; 59, 2.
(1337) Hypér., *l. c.*, 21 ss.
(1338) Id., *ibid.*, 3; *P. Lycophr.*, X, 5 ss.; cf. Durrbach,
L'orateur Lycurgue, p. 135 ss.
(1339) Sur les nomothètes, voir
Dém., *C. Timocr.*, 18, 20-27, 33,
47 s.; *C. Lept.*, 88 ss.; 93, 98 s.,
146; Eschine, *C. Ctés.*, 38-40;
RIG nos 1459, 1462, 1465, 107,
108; *IG*, t. II, Suppl., no 128 *b*.
Cf. Schœll, « Ueb. att. Gesetzgebung » (*Sb. MA*, 1886, p. 83 ss.);
P. Foucart, *JS*, 1902, p. 177 ss.;
A. Elter, *Ein att. Gesetz üb.
die Eleusinische Aparche*, Bonn,
1914, p. 8 ss.; Lipsius. *Das attische
Recht und Rechtsverfahren*, t. I,
p. 383 ss.; Lipsius, « Zur att.
Nomothesie » (*Bph. W*, 1917,
p. 909 ss.); W. Bannier, « Zu
den att. Gesetzänderungen » (*ibid.*
1918, p. 1215 ss.); G. Busolt,
Griechische Staatskunde, p. 462 ss,
1011 ss.
(1340) *RIG*, nos 1462, 108; *IG*,
l. c.
(1341) *RIG*, nos 1465, 107;
cf. *IG*, t. II, no 162.
(1342) Cf. H. Usener, *Preus-
sische Jahrbücher*, t. LIII (1884),
p. 22; Haussoullier, édit.
l'Aristote, *Const. d'Ath.*, p. xxvi.
(1343) Isocr., *Aréop.*, 38.
(1344) Arist., *op. cit.*, 41, 3.
(1345) Id., *Pol.*, VI (IV), 10, 6.
(1346) Id., *Const. d'Ath.*, *l. c.*
La réforme complète était accomplie en 392 (Aristoph., *Ass. des*

femmes, 184 ss., 300 ss., etc.).
(1347) Arist., *op. cit.*, 62, 2.
(1348) Plat., *Gorg.*, p. 515 *e*.
(1349) Arist., *Pol.*, *l. c.*, 5, 5.
(1350) Cf. Aristoph., *l. c.*, 282
ss., 289 ss., 380 ss., 390 s., 548.
(1351) Arist., *Const. d'Ath.*, 44,
2-3.
(1352) Id., *ibid.*, 3.
(1353) Id., *ibid.*, 30, 4; Thuc.,
VIII, 67, 3; *IG*, t. II, Add.,
p. 396, no 1 *c*.
(1354) Voir *REG*, t. XXXIV
(1921), p. 1-19.
(1355) Cf. G. Perrot, *Essai
sur le droit public d'Athènes*, p. 63-
74.
(1356) Cf. Sundwall, *Epigraphische Beiträge zur sozialpolitischen Geschichte Athens im
Zeitalter des Demosthenes.*
(1357) Hypér., *C. Démosthène*,
p. 102 *b*.
(1358) Ps. Dém., *C. Aristogiton*,
I, 40; Théophr., *Car.*, 29, 3;
Aristoph., *Cav.*, 1023; cf. Xén.,
Mém., II, 9, 1.
(1359) Isocr., *Paix*, 129 ss.
(1360) Plat., *Rép.*, VI, p. 288.
(1361) Thuc., III, 42.
(1362) Eschine, *Ambass.*, 165;
cf. Din., *C. Dém.*, 111.
(1363) Hypér., *l. c.*, p. 110 *b*.
(1364) Hér., III, 57.
(1365) Id., VII, 144; Arist.,
op. cit., 22, 7.
(1366) Ps. Plut., *Vie des dix
orat., Lyc.*, 34, p. 843 *d*.
(1367) Plut., *Péricl.*, Philoch.,
fr. 85 (*FHG*, t. I, p. 397).
(1368) Arist., *op. cit.*, 28, 3;
RIG, no 569.
(1369) Plut., *l. c.*, 37; Aristoph., *Guêpes*, 716 et Schol.
(1370) Thuc., VIII, 67; Arist.,
op. cit., 30, 1.
(1371) Dém., *Phil.*, IV, 36 ss.;
cf. Arist., *Pol.*, VII (VI), 3, 4.
(1372) Suidas, *s. v.* δραχμὴ
χαλαζῶσα; Dém., *P. la cour.*, 28.
(1373) Hypér., *l. c.* p. 110 *c*;
Dém., *Ol.*, I, 20; *C. Léoch.*, 37.
(1374) Plut., *Præc. ger. reip.*,
25, 1, p. 818 *f*.
(1375) Arist., *Pol.*, II, 4, 11; VII
(VI), 3, 4.

(1376) PLUT., *Platon. quaest.*, 4, 4, p. 1011 *b.*

(1377) ESCHINE, *C. Ctés.*, 251.

(1378) PLAT., *Crit.*, p. 50 *d* ss.; DÉM., *Phil.*, IV, 41.

(1379) *RIG*, n° 1028; cf. G. GILBERT, *Handbuch der griechischen Staatsaltertümer*, t. I, p. 435.

(1380) Ps. XÉN., *Rép. des Ath.*, I, 17; *RIG*, n°s 564 ss.

(1381) ARIST., *Constitution d'Ath.*, 43, 1.

(1382) XÉN., *Revenus*, III, 12-14; IV, 13 ss.; ARISTOPH., *Ass. des femmes*, 814 et Schol.; Ps. ARIST., *Econ.*, II, 2, 3 et 36.

(1383) Ps. DÉM., *C. Macart.*, 54.

(1384) Texte capital : POLL., VIII, 130. Cf. LÉCRIVAIN, *DA*, art. « Eisphora »; P. GUIRAUD, *Et. écon. sur l'Antiquité*, p. 77 ss.; H. FRANCOTTE, *Les finances des cités grecques*, p. 25 ss.

(1385) POL., II, 62, 7; DÉM., *S. les symmories*, 19, 30; PHILOCH., fr. 151 (*FHG*, t. I, p. 409).

(1386) Cf. *RIG*, n°s 1354, l. 24, ss.; 1351, l. 7 ss.; 1355, l. 25 ss.

(1387) DÉM., *C. Aphob.*, I, 7.

(1388) ID., *C. Androt.*, 49 ss.

(1389) ID., *S. les symm.*, 25.

(1390) LYS., *C. Diogeiton*, 24; ISOCR., *C. Callim.*, 60.

(1391) LYS., *S. la succ. de Dikaiog.*, 26; Ps. DÉM., *C. Polycl.*, 39, 68.

(1392) DÉM., *C. Mid.*, 161; *P. la cour.*, 99; *RIG*, n° 601, l. 27.

(1393) DÉM., *C. Aphob.*, II, 17.

(1394) ID., *C. Mid.*, 80, 155.

(1395) ID., *C. Everg.*, 21 ss., 44, 78; *P. la cour.*, 103; *IG*, t. II, n° 793 b, 795 f, 803 c, e, f, 804 b.

(1396) DÉM., *S. les symmories*, 16.

(1397) THUC. II, 39, 40.

(1398) ARISTOPH., *Nuées*, 965, 1002 ss.; cf. *Gren.*, 1088.

(1399) XÉN., *Mém.*, III, 1-6.

(1400) PLAT., *Lois*, VII, p. 804 c-d.

(1401) ARIST., *Pol.*, V (VIII), 1, 1-3 : « Comme la cité n'a qu'un seul et même but, l'éducation doit être identique pour tous,

elle doit donc être l'affaire de l'État, et non celle des particuliers »; VIII (V), 7, 20 : « Le point capital pour la stabilité de l'État bien que totalement négligé de nos jours, est de conformer l'éducation à la constitution.

(1402) PLAT., *l. c.*, p. 794 c, 804 c; *Rép.*, p. 429 e, 537 b; ARIST., *Pol.*, VIII (V), 3, 3.

(1403) PLAT., *Lois*, I, p. 641 c.

(1404) ARIST., *Pol.*, V (VIII), 1, 4-3, 2.

(1405) ISOCR., *Aréop.*, 44.

(1406) XÉN., *Mém.*, III, 5, 15; ISOCR., *Panég.*, 2.

(1407) XÉN., *Mém.*, III, 7, 7; *Hiéron*, IV, 6. Cf. Norman GARDINER, *Greek athletic sport and festivals*, p. 130 ss.

(1408) HÉR., VI, 12; THUC., I, 124; V, 9; VI, 77; VIII, 25; XÉN., *Hell.*, III, 2, 17.

(1409) XÉN., *Hell.*, V, 2, 21.

(1410) ID., *Mém.*, III, 5, 15 et 19.

(1411) ESCHINE, *Ambass.*, 167.

(1412) ISOCR., *Paix*, 43-48; XÉN., *Revenus*, II, 3-4; DÉM., *S. les symmories*, 15; *Phil.*, IV, 46; *Ol.*, I, 20; III, 11, 19.

(1413) ARIST., *Const. d'Ath.* 42, 2-5. La première en date des inscriptions éphèbiques (*RIG*, n° 603) est de 334/3.

(1414) PIND., *Pyth.*, I, 73-80.

(1415) ESCHYLE, *Perses*, 402 ss.

(1416) HÉR., VIII, 144.

(1417) ARISTOPH., *Lysistr.*, 1128 ss.

(1418) THUC., II, 67; IV, 50; VIII, 18, 39, 43, 57 ss., 80, 99 ss.

(1419) ARIST., *Pol.*, IV (VII), 6, 1; ISOCR., *Antid.*, 293; *Panath.*, 150 ss.; *Phil.*, 124.

(1420) ISOCR., *Panég.*, 50. Cf. G. MATHIEU, *Les Idées politiques d'Isocrate*, p. 41 ss.

(1421) PLAT., *Rép.*, V. p. 470.

(1422) ISOCR., *Phil.*, 126.

(1423) THUC., II, 41.

(1424) ISOCR., *Antid.*, 299.

(1425) ID., *ibid.*, 293 s., 300; *Panég.*, 47-50.

(1426) Schol. ESCHINE, *C. Timocr.*, 39; ISÉB., *Succ. de Philostr.*

7; *Succ. de Cimon*, 43; DÉM., *C. Euboul.*, 30.

(1427) Ps. DÉM., *C. Néaira*, 8-91; ANDOC., *S. le retour*, 23.

(1428) Voir H. LIPSIUS, *Das attische Recht und Rechtsverfahren*, t. II, p. 416 ss.

(1429) Voir B. HAUSSOULLIER, *La vie municipale en Attique. Essai sur l'organisation des dèmes au IVe siècle*, p. 38-51.

(1430) *IJG*, t. II, n° XXIX, A, l. 13 ss.

(1431) DÉM., *C. Euboul.*, 49.

(1432) ID., *C. Léoch.*, 35 ss.; HARP., *s. v.* Ποταμός.

(1433) DÉM., *C. Euboul.*, 59 s.; HYPÉR., *P. Euxén.* 3; HARP., *s. v.* Ἀγασικλῆς.

(1434) ISÉE, *Succ. d'Euphil.*, 1-2; LYS., *C. Agor.*, 64, 73.

(1435) ESCHINE, *Ambass.*, 76, 177; HARP., SUID., *s. v.* διαψήφισις.

(1436) ARISTOPH., *Gren.*, 679 ss., 504, 1532 et Schol.; PLATON LE COMIQUE, fr. 60 Kock (t. I, p. 617); ESCHINE, *l. c.*, 76.

(1437) ISOCR., *Paix*, 50; DÉM., *S. l'org. fin.*, 23-25; *C. Aristocr.*, 210 ss.

(1438) ISOCR., *l. c.* 88.

(1439) Ps. PLUT., *Vie des dix orat.*, *Hypér.*, 8-9, p. 849 *a*; LYC., *C. Léocr.*, 41; SUIDAS, *s. v.* σπεψηφίσατο.

(1440) J. KIRCHNER, *Prosopographia attica*, n° 6489, 15380, 1672, 14951, 4782, 8700, 15187.

(1441) *SIG³*, n° 175, 226, 127, 59, 228.

(1442) DÉM., *C. Aristocr.*, 118 s.

(1443) Voir A. WILHELM, *AM*, XXXIV (1914), p. 266 ss.; G. BUSOLT, *Griechische Staatskunde*, p. 964.

(1444) XÉN., *Hell.*, I, 1, 25; 2, 10. Voir E. SZANTO, *Das griechische Bürgerrecht*, p. 96 s.

(1445) S. FERRI, *Abh. BA*, 1925, fasc. V, p. 4 ss.; *Notiziaro arch. d. Minist. delle Colonie*, fasc. IV (1927).

(1446) *SIG³*, n° 172.

(1447) DIOD., XIII, 70, 4; XIV, 10, 2; XÉN., *l. c.*, 6, 12; II, 2, 20; LYS., *C. Nicom.*, 22; ISOCR.,

Panég., 132; *Panath.*, 67; ARIST., *Const. d'Ath.* 39, 2.

(1448) XÉN., *Hell.*, V, 2, 12, 18.

(1449) ID., *ibid.*, IV, 6, 1; cf. B. V. HEAD, *Historia numorum*, p. 416. Voir G. BUSOLT, *Griechische Staatskunde*, p. 1535, n. 1.

(1450) ID., *ibid.*, 4,5 ss. Voir p. 334.

(1451) ID., *ibid.*, 8, 27; *IG*, t. II², n° 24, 28.

(1452) XÉN., *op. c.* V, 1, 33, 36.

(1453) Cf. B. V. HEAD., *op. cit.*, p. 344 ss.

(1454) *Ibid.*

(1455) XÉN., *l. c.*, 2, 4, 25, 29 ss.

(1456) ID., *ibid.*, 2, 1-7; ÉPHORE, fr. 138 (*FHG*, t. I, p. 272); DIOD., XV, 5, 12; PAUS, VIII, 8, 7 s. Cf. p. 294.

(1457) E. A. FREEMAN, *History of federal government in Greece and Italy*, p. 149 ss.; E. SZANTO, *Das griechische Bürgerrecht*, p. 148-150; SWOBODA, *AEM*, t. VII (1884), p. 1 ss., 47 ss.; H. SWOBODA, *Griechische Staatsaltertümer*, p. 212 ss.; A. B. WEST, *Cl. Ph.*, t. IX (1915), p. 124 ss. Cf. p. 299.

(1458) XÉN., *Hell.*, V, 2, 19; cf. 12, 14.

(1459) *RIG*, n° 5.

(1460) B. V. HEAD, *Historia numorum*, p. 208.

(1461) XÉN., *l. c.*, 15-17; DÉM., *Phil.*, III, 56, 66; *RIG*, *l. c.*; *SIG³*, n° 143.

(1462) *RIG*, *l. c.*

(1463) PLUT., *Pélop.*, 13 s.; *Agés.*, 24.

(1464) Cf. FREEMAN, *History of federal government in Greece and Italy*, p. 134 ss.; SZANTO, *Das griechische Bürgerrecht*, p. 156 ss.; SWOBODA, *Griechische Staatsaltertümer*, p. 262 ss.; BUSOLT, *Griechische Staatskunde*, t. II, p. 1426 ss.; J. H. THIEL, *De synæcismo Bæotiæ post annum 379 peracto* (*Mn*, 1926, p. 19-29).

(1465) Voir G. BUSOLT, *l. c.*, p. 1427, n. 1.

(1466) DIOD., XV, 79; PAUS., IX, 13, 8.

(1467) Voir B. V. HEAD, *Historia numorum*, p. 351 ss.

(1468) *IG*, t. VII, n° 2407 s.; DIOD., XV, 52, 1; 53, 3; PAUS., *l. c.*, 6-7.

(1469) DIOD., *l. c.*, 80, 2; PAUS., *l. c.*, 1, 5.

(1470) DIOD., 71, 7; 72, 2; CORN. NÉP., *Epam.*, 7.

(1471) PLUT., *l. c.*, 25; CORN. NÉP.; *l. c.*, 8; PAUS., IX, 14, 7.

(1472) XÉN., *Hell.*, V, 4, 20 ss., 34; DIOD., XV, 28, 3 ss.; 29, 6; PLUT., *l. c.*, 14 s.; *Agés.*, 24, 26.

(1473) *RIG*, n° 86, A., I. 24 ss., 79 ss.; *IG*, t. II², n° 40-43.

(1474) Voir F. H. MARSHALL, *The second athenian confederacy.*

(1475) *RIG*, *l. c.*, 1. 51 ss.

(1476) DIOD., XV, 28, 3; 29, 6; XÉN., *Rev.*, V, 5.

(1477) *IG*, *l. c.*, n°s 96, 103; ISOCR., *S. la paix*, 29; *Plat.*, 21; ESCHINE, *Ambass.*, 86.

(1478) *IG*, *l. c.*, n° 96; cf. n°s 43, 44, 123.

(1479) Un seul : *IG*, *l. c.*, n°s 124, 232; plusieurs : n°s 96, 107.

(1480) *SIG*³, n°s 146, 148.

(1481) *Ibid.*, n°s 149, 150.

(1482) Encore après 371 : *ibid.*, n°s 159, 181; ESCHINE, *l. c.*, 60 ss.; *C. Ctés.*, 69 ss., 74.

(1483) XÉN., *Hell.*, VI, 3, 19; cf. *SIG*³, n° 159.

(1484) THUC., V, 18, 9.

(1485) THÉOPH., fr. 97 (*FHG*, t. I, p. 294); cf. *IG*, *l. c.*, n° 126, 1. 13 ss. Voir MARSHALL, *op. cit.*, p. 38 ss.

(1486) ISOCR., *Antid.*, 113; XÉN., *l. c.*, 2, 1; cf. *IG*, *l. c.*, n°s 123, 207.

(1487) *RIG*, n° 86, A, 1. 44 ss.

(1488) *Ibid.*, 1. 51 ss.

(1489) DIOD., XV, 31, 2.

(1490) *RIG*, *l. c.*, 1. 80.

(1491) XÉN., *Hell.*, IV, 6, 4; B. V. HEAD, *Historia numorum*, p. 328 ss.

(1492) XÉN., *l. c.*, 7, 1; *Agés.*, II, 20.

(1493) *RIG*, *l. c.*, B, 1. 5; *SIG*³ n° 150.

(1494) XÉN., *Hell.*, VI, 3, 19 s.

(1495) DIOD., XV, 57, 62, 85; XÉN., *l. c.*, 5, 23; VII, 3, 11; 5,

4; *Agés.*, II, 24; *RIG*, n° 617.

(1496) Cf. G. BUSOLT, *Griechische Staatskunde*, t. II, p. 1447.

(1497) DIOD., XVI, 23, 6; 24, 1; 27, 2; 32, 2-4; PAUS., X, 2, 3 et 7.

(1498) DIOD., *l. c.*, 35, 1; 56, 3, 7.

(1499) Cf. B. V. HEAD, *Historia numorum*, p. 339.

(1500) *SIG*³, n°s 230-235; cf. p. 280.

(1501) XÉN., *Hell.*, VI, 5, 3-5. Cf. p. 294, 368. Voir G. FOUGÈRES, *Mantinée et l'Arcadie orientale*, p. 596 ss.

(1502) ARIST., *Pol.*, VIII (VI), 2, 2.

(1503) XÉN., *l. c.*, 6-22; VII, 1, 23; DIOD., XV, 59, 1; 67, 2.

(1504) Marbre de Paros, 73; PAUS., VIII, 27, 3 ss.; DIOD., XV, 72, 4. Voir H. FRANCOTTE, *La Polis grecque...*, p. 115 s.

(1505) XÉN., *l. c.*, VI, 5, 6, 11 s.; 22, etc.

(1506) ID., *ibid.*, 4; VII, 4, 33; *BCH*, t. XXXIX (1915), p. 55, l. 30 ss.; *IG*, t. V, II, n° 351-357; B. V. HEAD, *Historia numorum*, p. 444, 449.

(1507) *SIG*³, n° 183; HARP., *s. v.* μύριοι; DIOD., XV, 59, 1; XÉN., *Hell.*, VII, 4, 35 ss.

(1508) PHYLARCH., fr. 65 (*FHG*, t. I, p. 354).

(1509) XÉN., *l. c.*, 4, 33; 5, 38; *BCH*, *l. c.*, p. 53 ss.; *IG*, *l. c.*, n° 343, A, l. 9 ss.

(1510) *SIG*³, *l. c.*, l. 9 ss.; XÉN., *l. c.*, 1, 24; 4, 33 ss.

(1511) XÉN., *l. c.* 3, 1; DIOD., XV, 62, 2.

(1512) DIOD., XV, 94; PAUS., VIII, 27, 7. Voir G. BUSOLT, *Griechische Staatskunde*, t. II, p. 1404.

(1513) *SIG*³, *l. c.*; *Fouilles de Delphes*, t. III, I, n° 3; XÉN., *l. c.*, l, 33.

(1514) STRAB., VIII, 3, 2, p. 337.

(1515) *BCH*, *l. c.*, p. 98 ss.

(1516) XÉN., *Hell.*, VI, 5, 1-3.

(1517) *SIG*³, n° 181; cf. n° 184

(1518) Eschine, *Ambass*, 60 ss.; C. Ctés., 69 ss., 74.

(1519) Id., *Ambass.*, 21, 97, 126.

(1520) Id., *ibid.*, 20.

(1521) Isocr., *Paix*, 2.

(1522) Id., *ibid*, 29; Eschine, C. Ctés., 93.

(1523) Cf. *RIG*, nº 1463, *b*; Ps. Dém., *C. Théocr.*, 37.

(1524) Plut., *Phoc.*, 7; Isocr., *Antid.*, 113; Ps. Dém., *C. Timoth.*, 49; *IG*, t. II² nᵒˢ 123, 207.

(1525) *RIG*, nº 95, 600, 1463; cf. Dém., *S. les aff. de Chers.*, 26.

(1526) *RIG*, nº 1455.

(1527) *Ibid.*, nᵒˢ 95, 401; cf. *IG*, t. II², nº 179.

(1528) Crater., fr. 15 (*FHG*, t. II, p. 622); Philoch., fr. 131 (*ibid.*, t. I, p. 405).

(1529) *SIG³*, nº 180; Diod., XV, 108, 113; Dém., *Phil.*, II, 20.

(1530) Dém., *ibid.*, III, 15; *S. les aff. de Chers.*, 6.

(1531) Cf. *RIG*, nᵒˢ 403, 404, 406.

(1532) Voir *IG*, t. XII, v, p. xxxvi; E. Szanto, *Das griechische Bürgerrecht*, p. 138; Swoboda, *Sb. WA*, CXCIX, II (1926), p. 38 ss.

(1533) Dém., *S. la lib. des Rhod.*, 26; Théop., fr. 65 (*FHG*, t. I, p. 287).

(1534) Les principales sources sont : Diod., XVI, 89; Just., IX, 5; *SIG³*, nº 260; cf. Dém., *S. le traité avec Alex.*, 4 ss.; *IG*, t. II², nº 329. Voir A. Wilhelm, *Urkunden d. korinth. Bundes* (*Sb. WA*, t. CLXV, II, 1911); U. Wilcken, *Beitr. z. Gesch. d. korinth. Bundes* (*Sb. MA*, 1917, fasc. X); Id., *ibid.*, 1922, p. 142 ss.; J. Kaerst, *Geschichte des hellenistischen Zeitalter*, p 268 ss., 526 ss.; cf. Busolt, *Griechische Staatskunde*, t. II, p. 1389 ss.

(1535) *RIG*, nᵒˢ 14, 33; Just., *l. c.*, 2; Eschine, *C. Ctés.*, 161, 254; cf. *P. Oxy.*, t. I, p. 25, col. III, l. 27; Diod., *l. c.*, 3; XVII, 73, 5.

(1536) *SIG³*, *l. c.*, Voir A. Larsen, *Representative Govern.*

in the Panhell. Leagues (*Cl. Ph.*, t. XX, 1925, p. 313 ss.; t. XXI, 1926, p. 52 ss.).

(1537) *RIG*, nº 33, l. 10 ss.; Eschine, *ll. cc.*; Hypér., *P. Euxén.*, 20; Dém., *P. la cour.*, 201.

(1538) Cf. Drerup, *Aus einer alten Advokatenrepublik*, 1916.

(1539) Lenschau, dans Bursian, t. CXXII (1904), p. 254-256, 268. Voir d'autres citations du même genre dans G. Mathieu, *Les idées politiques d'Isocrate*, p. 54, 221.

(1540) Théoph., fr. 126 (*FHG*, t. I, p. 299).

(1541) Voir W. Schur, *Zur Vorgesch. des Ptolemäerreiches* (*Klio*, t. XX, 1920, p. 270 ss.).

(1542) Aristoxène de Tarente, fr. 15 (*FHG*, t. II, p. 276).

(1543) Citons encore Philiscos et Iphiadès d'Abdère, Néogénès d'Oréos, Thémisôn d'Erétrie, les chefs phocidiens, Timophanès de Corinthe, Euphrôn de Sicyône, Chairôn de Pellène.

(1544) Arist., *Pol.*, VI (IV), 9, 12.

(1545) *Lois*, IV, p. 709 *e*; cf. *Rép.*, V, p. 473 *d*; VI, p. 499 *b*; *Polit.*, p. 293 *c*, 296 ss., 300 *e* ss.

(1546) Voir J. Kessler, *Isokrates und die panhellenische Idee*; Pöhlmann, *Isokrates und das Problem der Demokratie* (*Sb. MA*, 1913, p. 2 ss.); G. Mathieu, *Les idées politiques d'Isocrate*, p. 44 s., 95-100, 133 s., 155 s.

(1547) Hypér., Epitaph., 10.

(1548) Voir G. Mathieu, *op. cit.*, p. 216.

(1549) Arist., *Pol.*, VIII (V), 8, 6; cf. 2.

(1550) Dém., *P. la lib. des Rhod.*, 17-18.

(1551) Fustel de Coulanges, *Polybe ou la Gr. conquise par les Rom.* (1858).

(1552) Dém., *C. Timocr.*, 210; Isocr., *Panég.* 104.

(1553) Plat., *Lois*, VIII, p. 843e.

(1554) Voir *JS*, 1916, p. 21 ss.

Bibliographie

I. SOURCES

1. SOURCES ÉPIGRAPHIQUES ET PAPYROLOGIQUES

	Abréviations.
Corpus Inscriptionum Graecarum, 4 vol., 1827-1877 ...	CIG
Inscriptiones Graecae, 1873 ss	IG
Inscriptiones Graecae, editio minor, 2 vol., 1913-1924.	IG, I² ou II²
LEBAS-WADDINGTON, *Voyage archéologique en Grèce et en Asie Mineure*, 3 vol., Paris, 1846-1876	LEBAS
DITTENBERGER-PURGOLD, *Inschriften von Olympia (Olympia, Ergebnisse der Ausgrabungen, t. V)*, Berlin, 1896..	IO
BOURGUET-COLIN, *Inscriptions de Delphes (Fouilles de Delphes, t. III)*, Paris, 1909 ss....................	ID
LATYSCHEV, *Inscriptiones antiquae orae septentrionalis Ponti Euxini*, Pétersbourg, t. I-II-IV, 1885-1901; t. I, 2ᵉ édit., 1912	IGPE
PATON-HICKS, *Inscriptions of Cos*, Oxford, 1891	IC
O. KERN, *Inschriften von Magnesia am Maeander*, Berlin, 1910	IMa
M. FRAENKEL, *Inschriften von Pergamon (Altertümer von Pergamon, t. VIII)*, Berlin, 1890-1895.............	IPe
HEBERDEY, *Forschungen von Ephesos*, t. II-III, Vienne 1912-1913	IE
HILLER VON GAERTRINGEN, *Inschriften von Priene*, Berlin, 1906	IPr
REHM, *Milet. Ergebnisse der Ausgrabungen*, fasc. III, Berlin, 1914	IMi
H. ROEHL, *Inscriptiones Graecae Antiquissimae praeter atticas in Attica repertas*, Berlin, 1882	IGA
COLLITZ-BECHTEL-HOFFMANN, *Sammlung der Griechischen Dialekt-Inschriften*, 4 vol., Göttingen, 1884-1915 ...	GDI
DARESTE-HAUSSOULLIER-TH. REINACH, *Recueil des Inscriptions Juridiques Grecques*, 2 vol., Paris, 1891-1904	IJG

Abréviations

VON PROTT-ZIEHEN, *Leges Graecorum Sacrae e titulis col-*
lectae, 2 fasc., Leipzig, 1896-1907 . . . .   LGS
Supplementum Epigraphicum Graecum, Leyde, 1923 ss. . .   SEG
DITTENBERGER, *Sylloge Inscriptionum Graecarum*, Leipzig,
2ᵉ édit., 3 vol., 1898-1901; 3ᵉ édit., 4 vol., 1915-
1924 . . . .   SIG
MICHEL, *Recueil d'Inscriptions Grecques*, 1 vol. et 2 sup-
pléments, 1899-1927 . . . .   RIG
B. P. GRENFELL-A. S. HUNT, *The Oxyrhynchus Papyri*,
Londres, 1898 ss . . . .   P. Oxy

2. SOURCES LITTÉRAIRES

Nous n'indiquons ici que les abréviations adoptées pour les recueils
de fragments.
BERGK, *Poetae lyrici Graeci*, 4ᵉ édit., 3 vol., Leipzig 1878-
1882 . . . .   Bergk
KINKEK, *Epicorum Graecorum fragmenta*, Leipzig, 1877 .   Kinkel
KOCK, *Comicorum Atticorum fragmenta*, Leipzig, 1880-
1888. . . . .   Kock
C. MÜLLER, *Fragmenta Historicorum Graecorum*, 5 vol.,
Paris, 1841-1884 . . . .   ᶠHG

II. PÉRIODIQUES ET LEXIQUES

1. PÉRIODIQUES

Abhandlungen der Preuss. Akademie der Wissenschaften zu Berlin, Philos.-hist. Klasse	*Abh. BA*
Abhandlungen der Bayer Akademie der Wiss. zu München, Philos.-philol.-hist. Klasse	*Abh. MA*
Abhandlungen der Gesellschaft d. Wiss. zu Göttingen, Philol.-hist. Klasse	*Abh. GG*
Abhandlungen der Sächs. Gesellschaft d. Wiss., Philol.-hist. Klasse	*Abh. SG*
Archaeologisch-Epigraphische Mitteilungen aus Œsterreich Ungarn	*AEM*
American Journal of Archaeology	*AJA*
American Journal of Philology	*AJP*
Mitteilungen des Deutsch. Archaeol. Instituts in Athen.	*AM*
Anzeiger der Wiener Akad., Phil.-hist. Classe	*Anz. WA*
Archaeologischer Anzeiger.	*Arch. Anz.*
Archiv für Papyrusforschung und Verwandtes	*Arch. Pap.*
Bulletin de Correspondance Hellénique	*BCH*
Berliner philologische Wochenschrift	*Bph. W*
Annual of the British School at Athens	*BSA*
BURSIAN, *Jahresbericht über die Fortschritte der klass. Altertumswissenschaft*	BURSIAN
Classical Journal.	*Cl. J*
Classical Philology	*Cl. Ph.*
Classical Review	*Cl. R*
Comptes rendus de l'Académie des Inscriptions et Belles-Lettres.	*CRAI*

Ἐφημερὶς ἀρχαιολογική .... Ἐφ
Glotta .... *Gl.*
Göttingische Gelehrte Anzeigen .... *GGA*
Nachrichten von der Universität und der Gesellsch. d. Wiss.
  zu Göttingen .... *GN*
Hermes .... *Herm.*
Historische Zeitschrift .... *HZ*
Jahrbuch des Deutsch. Archaeol. Instituts .... *Jb. AI*
Jahreshefte des Œsterreich. Archaeol. Instituts ...... *Jh. AI*
Journal of Hellenic Studies .... *JHS*
Journal international d'Archéologie numismatique ..... *JIANu.*
Journal of Philology .... *JPh.*
Journal des Savants .... *JS*
Klio. Beiträge zur alten Geschichte .... *Klio*
Monumenti antichi pubblicati per la cura dell' Accademia
  dei Lincei .... *MA*
Mémoires présentés par divers savants à l'Académie des
  inscriptions et Belles-Lettres .... *MAI*
Mnémosyne .... *Mn.*
Musée Belge .... *Mu. B*
Neue Jahrbücher für das klassische Altertum .... *NJbb.*
Nouvelle Revue Historique de Droit français et étran-
  ger .... *NRHD*
Philologus .... *Phil.*
Πρακτικὰ τῆς ἀρχαιολογικῆς Ἐταιρίας .... Πρ
Revue Archéologique .... *RA*
Revue des Études Anciennes .... *REA*
Revue des Études Grecques .... *REG*
Revue Historique .... *RH*
Rheinisches Museum .... *Rh. M*
Rivista di Filologia classica .... *Riv. Fil.*
Rivista di Storia antica .... *Riv. St.*
Revue Numismatique .... *RNu.*
Revue de Philologie, de Littérature et d'Histoire
  anciennes .... *RPh.*
Revue des Questions Historiques .... *RQH*
Zeitschrift der Savignystiftung für Rechtsgeschichte,
  Romanistische Abteilung .... *Sav. Z*
Sitzungsberichte der Preuss. Akad. d. Wiss. zu Berlin.... *Sb. BA*
Sitzungsberichte der Bayer. Akad. d. Wiss. zu München,
  Philos.-philol.-hist. Klasse .... *Sb. MA*
Sitzungsberichte der Akad. d. Wiss. zud zu Wien .... *Sb. WA*
Wiener Studien .... *WSt.*
Zeitschrift für Numismatik .... *ZNu.*

2. LEXIQUES

DAREMBERG-SAGLIO-POTTIER-LAFAYE, *Dictionnaire des*
  Antiquités grecques et romaines, 5 vol., Paris, 1873-
  1919 .... *DA*
PAULY-WISSOWA-KROLL, *Real-Encyclopädie der klassi-*
  schen Altertumswissenschaft, Stuttgart, 1894 ss ..... *RE*
ROSCHER, *Ausführliches Lexicon der griech. und röm.*
  Mythologie, Leipzig, 1882 ss .... ROSCHER

III. TRAVAUX SUR LA GRÈCE EN GÉNÉRAL

BABELON (Ernest), *Traité des monnaies grecques et romaines*. Première
     partie, *Théorie et Doctrine*, t. I, 1901. Deuxième partie, *Description
     historique*, t. I, 1907; t. II, 1910; t. III, 1914; t. IV, fasc. 1, 1926.
     Troisième partie, *Album de planches*, pl. I-CCLXXVI, 1907-1926.
BELOCH (Julius), *Die Bevölkerung der griechisch-römischen Welt*, Leipzig,
     1886.
— *Griechische Geschichte*, 2ᵉ édit., Strasbourg-Berlin, 4 vol. en 2 parties
     chacun, 1912-1927.
BOURGUET (Émile), *L'administration financière du sanctuaire pythique
     au IVᵉ siècle avant J.-C.*, Paris, 1905.
BURY (J. B.), *A history of Greece to the death of Alexander the Great*,
     2ᵉ édit., Londres, 1913.
BUSOLT (Georg), *Griechische Geschichte* (Handbücher der alten Geschi-
     chte), t. I, 2ᵉ édit., Gotha, 1893; t. II, 2ᵉ édit., 1895; t. III, I, 1897;
     II, 1904.
— *Griechische Staatskunde* (Handbuch der klassischen Altertums-
     wissenschaft hgg. von Iwan VON MÜLLER, t. IV, 1, 3ᵉ édit. des *Grie-
     chische Staats und Rechtsaltertümer*), 2 vol., Munich, 1920-1926.
CALDERINI (Aristide), *La manomissione e la condizione dei liberti in
     Grecia*, Milan, 1908.
Cambridge Ancient History, vol. I-VI, Cambridge, 1923-1927.
CAVAIGNAC (Eugène), *Histoire de l'antiquité*, 3 vol., Paris, 1913-1919.
— *Population et capital dans le monde méditerranéen antique* (Publica-
     tions de la Faculté des Lettres de l'Université de Strasbourg,
     fasc. XVIII), Strasbourg, 1923.
CROISET (Alfred), *Les Démocraties antiques*, Paris, 1909.
CROISET (Maurice), *La civilisation hellénique. Aperçu historique*, 2 vol.,
     Paris, 1922.
CURTIUS (Ernst), *Griechische Geschichte*, 6ᵉ édit., Berlin, 1887-1889
     (trad. fr. par BOUCHÉ-LECLERCQ, avec un Atlas, 1883).
DEFOURNY (M.), *Aristote. Théorie économique et Politique sociale*
     (Annales de l'Institut supérieur de Philosophie de Louvain, t. III),
     Louvain, 1914.
— *Aristote et l'Éducation* (*Ibid.*, t. IV), Louvain, 1919.
— *Aristote. L'Évolution sociale* (*Ibid.*, t. V), Louvain, 1924.
EBELING, *Lexicon Homericum*, 2 vol., Berlin, 1871.
EHRENBERG (V.), *Die Rechtsidee im frühen Griechentum*, Leipzig, 1921.
— *Neugründer des Staates*, Munich, 1925.
FELDMANN (W.), *Analecta epigraphica ad historiam synæcismorum et
     sympolitiarum* (Dissertationes philologicae Argentoratenses, fasc. IX),
     Strasbourg, 1885.
FOUGÈRES (Gustave), *Mantinée et l'Arcadie orientale*, Paris, 1898.
FRANCOTTE (H.), *La Polis grecque. Recherches sur la formation et l'orga-
     nisation des cités, des ligues et des confédérations dans la Grèce ancienne*
     (Studien zur Geschichte und Kultur des Altertums, t. I, fasc. 3 et 4),
     Paderborn, 1907.
— *L'industrie dans la Grèce ancienne* (Bibliothèque de la Faculté de
     philosophie et lettres de l'Université de Liège, fasc. VII et VIII),
     2 vol., Bruxelles, 1900-1901).
— *Les finances des cités grecques*, Liège-Paris, 1909.
— *Mélanges de droit public grec*, Liège-Paris, 1910.
FREEMAN (Edward A.), *History of federal government in Greece and
     Italy*, 2ᵉ édit., par BURY, Londres, 1893.

FUSTEL DE COULANGES, *La Cité antique*, 14ᵉ édit., Paris, 1893.
— *Étude sur la propriété à Sparte* (*Nouvelles Recherches sur quelques problèmes d'histoire*, p. 52 ss.).
GARDINER (E. Norman), *Olympia. Its History and Remains*, Oxford 1925.
GARDNER (Percy), *A History of ancient coinage 700-300 B. C.*, Oxford, 1918.
GILBERT (Gustav), *Handbuch der griechischen Staatsaltertümer*, 2 vol., Leipzig, 1881-1885; 2ᵉ édit. du vol. I, 1893.
GLOTZ (Gustave), *La Solidarité de la famille dans le droit criminel en Grèce*, Paris, 1904.
— *Études sociales et juridiques sur l'antiquité grecque*, Paris, 1906.
— *Le Travail dans la Grèce ancienne. Histoire économique de la Grèce depuis la période homérique jusqu'à la conquête romaine*, Paris, 1920 (trad. angl. par DOBIE, Londres, 1926).
— *Histoire grecque*, t. I, Paris, 1925.
GROTE, *A History of Greece*, 1ʳᵉ édit., Londres, 1846.
GRUNDY (G. B.), *Thucydides and the history of his age*, Londres, 1911.
GUIRAUD (Paul), *La Propriété foncière en Grèce jusqu'à la conquête romaine*, Paris, 1893.
— *La Main-d'œuvre industrielle dans l'ancienne Grèce* (Bibliothèque de la Faculté des Lettres de l'Université de Paris, t. XII), Paris, 1900.
HEAD (Barclay V.), *Historia numorum*, 2ᵉ édit., Oxford, 1911.
Hellénisation du monde antique, par V. CHAPOT, G. COLIN, Alfred CROISET, etc., Paris, 1914.
HITZIG (H. F.), *Altgriechische Staatsverträge über Rechtshilfe*, Zurich (sans date).
JANNET (Claudio), *Les institutions sociales et le droit civil à Sparte*, 2ᵉ édit., Paris, 1880.
JARDÉ (Auguste), *La formation du peuple grec* (L'Évolution de l'humanité, vol. X), Paris, 1923.
KAERST (Julius), *Geschichte des hellenistischen Zeitalter*, 3 vol., Leipzig; 2ᵉ édit., vol. II paru en 1926.
KAHRSTEDT (Ulrich), *Griechisches Staatsrecht*, t. I., Göttingen, 1922.
KEIL (Bruno), *Griechische Staatsaltertümer* (Einleitung in der Altertumswissenschaft de GERCKE-NORDEN, t. III, 2ᵉ édit., p. 309 ss), Leipzig-Berlin, 1914.
KESSLER (Josef), *Isokrates und die panhellenische Idee* (Studien zur Geschichte und Kultur des Altertums, t. IV, fasc. 3), Paderborn, 1910.
KIP (Gerhard), *Thessalische Studien. Beiträge zur politischen Geographie, Geschichte und Verfassung der thessalischen Landschaften*, diss., Neuenhaus, 1910.
KLOTZSCH (Carl), *Epirotische Geschichte bis zum Jahre 280 v. Chr.* Berlin, 1911.
KUENZI (Adolphe), Ἐπίδοσις, diss., Berne, 1923.
LARFELD (Wilhelm), *Handbuch der griechischen Epigraphik*, Leipzig, t. I, 1908; t. II en 2 parties, 1898-1902.
— *Griechische Epigraphik* (Handbuch der klassischen Altertumswissenschaft hgg. von Iwan VON MÜLLER, t. I, v), Munich, 1914.
LEHMANN-HAUPT (C. F.), *Griechische Geschichte bis zur Schlacht bei Chaironeia* (Einleitung in der Altertumswissenschaft de GERCKE-NORDEN, t. III, 2ᵉ édit., p. 3 ss.), Leipzig-Berlin, 1914.
MATHIEU (Georges), *Les Idées politiques d'Isocrate*, Paris, 1925.
MEYER (Eduard), *Geschichte des Altertums*, 3ᵉ édit., 5 vol., Stuttgart-Berlin, 1910 ss.; 4ᵉ édit. du t. I, I et II, 1921.

MEYER (Eduard), *Forschungen zur alten Geschichte*, 2 vol., Halle, 1899.
— *Theopomps Hellenica*, Halle, 1909.
MONCEAUX (Paul), *La proxénie grecque*, Paris, 1886.
PHILLIPSON (Coleman), *The international law and Custom of ancient Greece and Rome*, 2 vol., Londres, 1911.
POEHLMANN (Robert von), *Grundriss der griechischen Geschichte nebst Quellenkunde* (Handbuch der klassischen Altertumswissenschaft, hgg. von Iwan VON MÜLLER, t. III, IV), 5e édit., Munich, 1914.
— *Geschichte der sozialen Frage und des Sozialismus in der antiken Welt*, 3e édit., 2 vol., Munich, 1925.
— *Isokrates und das Problem der Demokratie* (*Sb. MA*, 1913).
POHLENZ (Max), *Staatsgedanke und Staatslehre der Griechen* (Wissenschaft und Bildung, t. CLXXXIII) 1923.
RAEDER (A.), *L'arbitrage international chez les Hellènes* (Publications de l'Institut Nobel norvégien), Christiania, 1912.
SCALA (R. von), *Die Staatsverträge des Altertums*, t. I, Leipzig, 1898.
SCHMIDT (Leopold), *Die Ethik der alten Griechen*, 2 vol., Berlin, 1882.
SCHŒMANN (G. F.), *Griechische Altertümer*, 5e édit. remaniée par LIPSIUS, Berlin, 1897-1902 (trad. fr. de GALUSKI, 1884).
SCHŒNFELDER (W.), *Die städtischen und Bundesbeamten des griechischen Festlandes vom 4. Jahrhundert v. Chr. Geb. bis in die römische Kaiserzeit*, diss. Leipzig, 1917.
SWOBODA (Heinrich), *Griechische Staatsaltertümer* (Lehrbuch de griechischen Antiquitäten de K. F. HERMANN, t. I. III, 6e édit.), Tübingen, 1913.
— *Die griechische Bünde und der moderne Bundesstaat*, Prague, 1915.
SZANTO (Emil), *Das griechische Bürgerrecht*, Fribourg-en-Brisgau, 1892.
THALHEIM, *Griechische Rechtsaltertümer* (Lehrbuch der griechischen Antiquitäten de K. F. HERMANN, t. II, I, 4e édit.), Fribourg-en-Brisgau-Leipzig, 1895.
TOD (Marcus Niebuhr), *International arbitration among the Greeks*, Oxford, 1913.
URE (P. N.), *The origin of tyranny*, Cambridge, 1922.
VINOGRADOFF (sir Paul), *Outlines of historical Jurisprudence*. Vol. II : *The Jurisprudence of the Greek City*, Oxford, 1922.
WALKER (E. M.), *The Hellenica Oxyrhynchia. Its authorship and authority*, Oxford, 1913.
WALLON (H.), *Histoire de l'esclavage dans l'antiquité*, 2e édit., 3 vol., Paris, 1879.
WILAMOWITZ-MŒLLENDORFF (Ulrich von), *Staat und Gesellschaft der Griechen* (Die Kultur der Gegenwart, II, IV, 1), 2e édit., Leipzig, 1923.
WILHELM (Adolf), *Beiträge zur griechischen Inschriftenkunde* (Sonderschriften des österreichischen archäologischen Institutes in Wien, t. VII), Vienne, 1909.
ZIEBARTH (Erich), *Aus dem griechischen Schulwesen*, Lepzig-Berlin, 2e édit., 1914.

IV. TRAVAUX SUR ATHÈNES

ARDAILLON (Édouard), *Les mines du Laurion dans l'antiquité*, Paris, 1897.
BEAUCHET (Ludovic), *Histoire du droit privé de la république athénienne*, 4 vol., Paris, 1877.
BELOCH (Julius), *Die attische Politik seit Perikles*, Leipzig, 1884.
BŒCKH (August), *Staatshaushaltung der Athener*, 3e édit., revue par M. FRAENKEL, 2 vol., Berlin, 1886.

BRILLANT (Maurice), *Les secrétaires athéniens* (Bibliothèque de l'École des Hautes Études, fasc. CXCI), Paris, 1911.

CALHOUN (George Miller), *Athenian Clubs in Politic and Litigation* (Bulletin of the University of Texas, n° 262), Austin, 1913.

CARCOPINO (Jérôme), *Histoire de l'ostracisme athénien* (Bibliothèque de la Faculté des Lettres de l'Université de Paris, t. XXV, p. 85 ss.), Paris, 1909.

CAVAIGNAC (Eugène), *Études sur l'histoire financière d'Athènes au Ve siècle. Le trésor d'Athènes de 480 à 404*, Paris, 1908.

CLERC (Maxime), *Les Métèques athéniens*, Paris, 1893.

CLOCHÉ (Paul), *La Restauration démocratique à Athènes en 403 avant J.-C.*, Paris, 1915.

CROISET (Maurice), *Aristophane et les partis à Athènes*, Paris, 1906.

DRERUP (Engelbert), ['Ηρώδου] Περὶ Πολιτείας. *Ein politisches Pamphlet aus Athen, 404 vor Chr.* (Studien zur Geschichte und Kultur des Altertums, t. II, fasc. I), Paderborn, 1908.

DURRBACH (Félix), *L'orateur Lycurgue*, Paris, 1890.

FOUCART (Paul), *Mémoire sur les colonies athéniennes au Ve et au IVe siècle* (*MAI*, t. IX, 1878, p. 323 ss.).

FRAENKEL (Max), *Die attischen Geschworenengerichte*, Berlin, 1877.

FUSTEL DE COULANGES, *Recherches sur le tirage au sort appliqué à la nomination des archontes athéniens* (*Nouvelles Recherches sur quelques problèmes d'histoire*, p. 145 ss.).

GERNET (Louis), *L'approvisionnement d'Athènes en blé au Ve et au VIe siècle* (Bibliothèque de la Faculté des Lettres de l'Université de Paris, t. XXV, p. 268 ss.), Paris, 1909.

GILLIARD (Charles), *Quelques réformes de Solon*, Lausanne, 1907.

GIRARD (Paul), *L'éducation athénienne au Ve et au IVe siècle avant J.-C.*, 2e édit., Paris, 1891.

HAUSSOULLIER (B.), *La vie municipale en Attique. Essai sur l'organisation des dèmes au IVe siècle*, Paris, 1884.

KALINKA (E.), *Die Pseudoxenophontische* 'Αθηναίων πολιτεία. *Einleitung, Uebersetzung, Erklaerung*, Leipzig, 1913.

KIRCHNER (J.), *Prosopographia attica*, 2 vol., Berlin, 1901-1903.

LEDL (Artur), *Studien zur älteren athenischen Verfassungsgeschichte*, Heidelberg, 1914.

LIPSIUS (H.), *Das attische Recht und Rechtsverfahren*, 2 vol. Leipzig, 1905-1915.

LOFBERG (John Oscar), *Sycophancy in Athens*, diss. Chicago, 1917.

MARSHALL (F. H.), *The second athenian confederacy* (Cambridge historical Essays, t. XIII), Cambridge, 1905.

MARTIN (Albert), *Les cavaliers athéniens*, Paris, 1886.

MATHIEU (Georges), *Aristote, Constitution d'Athènes* (Bibliothèque de l'École des Hautes Études, fasc. CCXVI), Paris, 1915.

MEIER (M. H. E.) - SCHŒMANN (G. F.), *Der attische Prozess*, 2e édit. remaniée par J. H. LIPSIUS, 2 vol., Berlin, 1883-1887.

PEDROLI (U.), *I tributi degli alleati d'Atene* (Studi di stor. ant., fasc. I, 1891, p. 101 ss.).

PERROT (Georges), *Essai sur le droit public d'Athènes*, Paris, 1869.

REINACH (Adolphe), *Atthis. Les origines de l'État athénien*, Paris, 1912.

REUSCH (S.), *De diebus contionum ordin. apud Athenienses* (Dissertationes philologicae Argentoratenses, fasc. III), Strasbourg, 1879.

ROMSTEDT (M.), *Die wirtschaftliche Organisation des attischen Reiches*, diss., Leipzig, 1914.

SANCTIS (Gaetano de), 'Ατθίς. *Storia della repubblica Ateniese dalle origini alle riforme di Clistene*, Rome, 1898; 2ᵉ édit. : *dalle origini alla età di Pericle*, Turin, 1912.

SCHAEFER (Arnold), *Demosthenes und seine Zeit*, 2ᵉ édit., 3 vol. Leipzig, 1885-1887.

SELTMAN (C. T.), *Athens, its history and coinage before the Persian invasion*, Cambridge, 1924.

SMITH (F. D.), *Athenian political commissions*, diss. Chicago, 1920.

SUNDWALL, *Epigraphische Beiträge zur sozialpolitischen Geschichte Athens im Zeitalter des Demosthenes* (*Klio*, Beiheft IV), Leipzig, 1906.

TŒPFFER (Johannes), *Attische Genealogie*, Berlin, 1889.

WEBER (Hans), *Attisches Prozessrecht in den attischen Seebundstaaten* (Studien zur Geschichte und Kultur des Altertums, t. I, fasc. 5), Paderborn, 1908.

WILAMOWITZ-MŒLLENDORFF (Ulrich von), *Aristoteles und Athen*, 2 vol., Berlin, 1893.

WILHELM (Adolf), *Urkunden dramatischer Aufführungen in Athen* (Sonderschriften des österreichischen archäologischen Institutes in Wien, t. VI), Vienne, 1906.

ZIMMERN (Alfred), *The greek Commonwealth. Politics and Economics in the fifth-century Athens*, 4ᵉ édit., Oxford, 1924.

Bibliographie complémentaire

PUBLICATIONS DES ANNÉES 1927 A 1952

I

HISTOIRES GÉNÉRALES ET TRAVAUX D'ENSEMBLE
SUR LA GRÈCE ET DIVERSES CITÉS ET RÉGIONS GRECQUES

A

BENGTSON (H.), *Griechische Geschichte von den Anfängen bis in die römische Kaiserzeit*, Munich, 1950.

BERVE (H.), *Griechische Geschichte*, 2 vol., 2ᵉ édit., Fribourg-en-Brisgau, 1951-1952.

BOTSFORD (C. W.), *Hellenic History* (rev. by Ch. ROBINSON jr), New York, 1930.

BURY (J. B.), *A history of Greece to the death of Alexander the Great*, 3ᵉ édit. (rev. by R. MEIGGS), Londres, 1952.

COHEN (R.), *La Grèce et l'hellénisation du monde antique*, 2ᵉ éd., Paris, 1938.

FOUGÈRES (G.), CONTENAU (G.), GROUSSET (R.), JOUGUET (P.), LESQUIER (J.), *Les premières civilisations*, t. I de *Peuples et civilisations*, 4ᵉ éd., Paris, 1938.

GLOTZ (G.), avec la collaboration de R. COHEN, *Histoire grecque*, t. II-III, Paris, 1931-1936.

HATZFELD (J.), *Histoire de la Grèce ancienne*, 3ᵉ éd. (revue par A. AYMARD), Paris, 1950.

JOUGUET (P.), VANDIER (G.), CONTENAU (J.), DHORME (E.), AYMARD (A.), CHAPOUTHIER (F.), GROUSSET (R.), *Les premières civilisations*, t. I de *Peuples et civilisations* (nouvelle rédaction du volume dont la 4ᵉ édition a paru sous ce titre en 1938). Paris, 1950.

LAISTNER (M. L. W.), *A history of the greek World from 479 to 323 B. C.*, Londres, 1936.

ROUSSEL (P.), avec la collaboration de P. CLOCHÉ et R. GROUSSET, *La Grèce et l'Orient, des guerres médiques à la conquête romaine*, t. II de *Peuples et civilisations*, 2ᵉ éd., Paris, 1938.

SANCTIS (G. de), *Storia dei Greci dalle origini alla fine del secolo V*, Florence, 1942.

B

BARBAGALLO (C.), *Le déclin d'une civilisation ou la fin de la Grèce antique* (traduit de l'italien par G. BOURGIN). Paris, 1927.

BERVE (H.), *Sparta*, Leipzig, 1937.

CAVAIGNAC (E.), *Sparte*, Paris, 1948;
— *L'économie grecque*, Paris, 1951.

CHRIMES (K. M. T.), *Ancient Sparta*, Manchester, 1949.

CLOCHÉ (P.), *La démocratie athénienne*, Paris, 1951;
— *Thèbes de Béotie, des origines à la conquête romaine*, Namur-Louvain-Paris, 1952.

EHRENBERG (V.), *Der griechische und der hellenistische Staat*, Leipzig et Berlin, 1932.

FABRICIUS (K.), *Das antike Syrakus. Eine historisch-archäologische Untersuchung*, Berlin, 1932.

GUILLON (P.), *La Béotie antique*, Paris, 1948.

HANELL (K.), *Megarische Studien*, Lund, 1934.

HATZFELD (J.), *La Grèce et son héritage*, Paris, 1945.

HIGHBARGER (E. L.), *The history and civilisation of ancient Megara*, I. Baltimore, 1927.

LAIDLAW (W. A.), *A history of Delos*, Oxford, 1933.

LÜDEMANN (H.), *Sparta, Lebensordnung und Schicksal*, Leipzig et Berlin, 1939.

MARTIN (V.), *La vie internationale dans la Grèce des cités (VIᵉ-IVᵉ s. avant J.-C.)*, Genève, 1940.

MEIER (Th.), *Das Wesen der spartanischen Staatsordnung, nach ihren lebensgesetzlichen und bodenrechtlichen Voraussetzungen*, Berlin, 1933.

MICHELL (H.), *Sparta*, Cambridge, 1952.

OLLIER (F.), *Le mirage spartiate. Étude sur l'idéalisation de Sparte dans l'antiquité grecque*, 2 vol. Paris, 1933-1943.

O'NEILL (J. G.), *Ancient Corinth*, I : *From earliest times to 404 B. C.*, Baltimore, Londres et Oxford, 1930.

ROUSSEL (P.), *Sparte*, Paris, 1939.

SCHAEFER (H.), *Staatsform und Politik. Untersuchung zur griechischen Geschichte des 6. und 5. Jahrhunderts*. Leipzig, 1932.

SKALET (Ch. H.), *Ancient Sicyon, with a prosopographia sicyonia*, Baltimore, 1928.

WELTER (G.), *Aigina*, Berlin, 1938.

WILAMOWITZ-MOELLENDORFF (U. von), *Kyrene*, Berlin, 1928.

WINTERSCHEIDT (H.), *Aigina. Eine Untersuchung über seine Gesellschaft und Wirtschaft*, Würzbourg, 1938.

II

ÉTUDES PARTICULIÈRES

ACCAME (S.), *La lega ateniese del secolo IV A. C.*, Rome. 1941.

ANDRÉADÈS (A. M.), Ἱστορία τῆς Ἑλληνικῆς δημοσίας οἰκονομίας, t. I, 2ᵉ éd., Athènes, 1928 (traduit en allemand par E. MEYER, sous le titre : *Geschichte der griechischen Staatswissenschaft*, Munich, 1931, et en anglais par Carroll N. BROWN, sous le titre : *A history of greek public finances*, Cambridge. Massachusetts, 1933.

ATKINSON (K. M. T.), *Athenian legislative procedure and revision of law*, Manchester, 1939.

BASTIDE (G.), *Le moment historique de Socrate*, Paris, 1939.

BERVE (H.), *Perikles*, Leipzig, 1940.

BONNER (R. J.), *Aspects of athenian democracy*, Berkeley, 1933.

BONNER (R. J.) et SMITH (G.), *The administration of justice from Homer to Aristotle*, 2 vol., Chicago, 1930-1938.

BURN (A. R.), *The world of Hesiod*, Londres, 1936;
— *Perikles and Athens*, Londres, 1948.

CARCOPINO (J.), *L'ostracisme athénien*, 2ᵉ éd., Paris, 1935.

CARRATA (F.), *Cultura greca e unità macedone nella politica di Filippo II*, Turin, 1949.

CARRIÈRE (J.), *Théognis de Mégare*, Paris, 1948.

CHAPOT (V.), *Philippe II de Macédoine* (dans la collection « Hommes d'État », t. I), Paris, 1936.

CLOCHÉ (P.), *La politique étrangère d'Athènes de 404 à 308 avant J.-C.*, Paris, 1934;
— *Démosthènes et la fin de la démocratie athénienne*, Paris, 1937.

CORNELIUS (F.), *Die Tyrannis in Athen*, Munich, 1929.

DEFOURNY (M.), *Aristote. Études sur la politique*, Paris, 1932.

DELCOURT (M.), *Périclès*, Paris, 1939.

DIÈS (A.), Introduction de l'édition et de la traduction de la *République* de Platon (collection Budé), Paris, 1932.

DORJAHN (A. P.), *Political Forgiveness in old Athens. The Amnesty of 403 B. C.*, Evanston, 1946.

EFFENTERRE (H. van), *La Crète et le monde grec, de Platon à Polybe*, Paris, 1948.

EHRENBERG (V.), *Aspects of the ancient world*, Oxford, 1946;
— *The people of Aristophanes. A sociology of old attic comedy*, 2ᵉ éd., Oxford, 1951.

FERGUSON (W. S.), *The treasurers of Athena*, Cambridge, Massach., 1932.

FERRABINO (A.), *L'impero ateniese*, Turin, 1927.

FRIEDEL (H.), *Der Tyrannenmord in Gesetzgebung und Volksmeinung der Griechen*, Stuttgart, 1937.

FRISCH (H.), *Might and Right in Antiquity*, I : *From Homer to the persian wars*, Copenhague, 1949;
— *The Constitution of the Athenians. A philological-historical analysis of Pseudo-Xénophon treatise De republica Atheniensium*, Copenhague, 1942.

GITTI (A.), *Clistene di Sicione e le sue riforme. Studi sulla storia arcaica di Sicione*, Rome, 1929.

GOMME (A. W.), *The population of Athens in the fifth and fourth centuries B. C.*, Oxford, 1933.
— *Essays in greek history and literature*, Oxford, 1937.

GRUNDY (J. B.), *Thucydides and the history of his age*, 2ᵉ éd., Oxford, 1948.

HAMPL (F.), *Die griechischen Staatsverträge des 4. Jahrhunderts vor Christi Geburt*, Leipzig, 1938.

HARRELL (H. C.), *Public arbitration in athenian law* (University of Missouri Stud., 1936).

HATZFELD (J.), *Alcibiade*, Paris, 1940.
— Notice de l'édition et de la traduction des *Helléniques* de Xénophon (collection Budé), Paris, 1936.

HEADLAM (J. W.), *Election by lot at Athens*, 2ᵉ éd., revue par D. C. McGREGOR, Cambridge, 1933.

HIGNETT (C.), *A history of the athenian constitution to the end of the fifth century B. C.*, Oxford, 1952.

HOMMEL (H.), *Heliaea. Untersuchung zur Verfahr und Progressord-*

nung des athenischen Volksgerichts, insbesonders zu Schlussteil der 'Αθηναίων Πολιτεία *des Aristoteles (Philologus,* Supplementband XIX, II), 1927.

Hönn (K.), *Solon Staatsmann und Weiser,* Vienne, 1948.

Hugill (W.M.), *Panhellenism in Aristophanes,* Chicago, 1936.

Jacob (O.), *Les esclaves publics à Athènes,* Liège et Paris, 1928.

Jaeger (W.), *Demosthenes, The origin and growth of his policy,* Berkeley, 1938;
— *Paideia : the ideals of greek culture,* II-III, Oxford, 1944-1945.

Jeanmaire (H.), *Couroi et Courètes. Essai sur l'éducation spartiate et les rites d'adolescence dans l'antiquité hellénique,* Lille, 1939.

Jouguet (P.), *Révolution dans la défaite. Études athéniennes,* Le Caire, 1942.

Junius, *Les oligarques. Essai d'histoire partiale,* Paris, 1945.

Kahrstedt (U.), *Staatsgebiet und Staatsgehörige in Athen,* Stuttgart, 1934;
— *Untersuchungen zur Magistratur in Athen,* Stuttgart, 1936.

Kirsten (E.), *Die Insel Kreta im V. und IV. Jahrhundert,* Wurzbourg, 1936;
— *Das dorische Kreta,* I : *Die Insel Kreta im V. und IV. Jahrhundert,* Leipzig, 1942.

Link (E.), *Untersuchungen zur Symmorienrede (XIV) des Demosthenes,* Francfort, 1940.

Lombardo (G.), *Cimone,* Rome, 1934.

Luccioni (J.), *Les idées politiques et sociales de Xénophon,* Gap, 1947.

Mathieu (G.), Introduction de l'édition et de la traduction d'Isocrate, I (coll. Budé), Paris, 1928;
— *Démosthène : l'homme et l'œuvre,* Paris, 1948.

Méautis (G.), *L'aristocratie athénienne,* Paris, 1927.

Meritt (B. D.), *Documents on athenian tribute,* Cambridge, Massach., 1937.

Momigliano (A.), *Filippo il Macedone. Saggio sulla storia greca del IV secolo a. C.,* Florence, 1934.

Mühl (M.), *Die Gesetze des Zaleucos und Charondas,* Leipzig, 1929;
— *Untersuchungen zur altorientalischen und althellenischen Gesetzgebung,* Leipzig, 1933.

Nesselhauf (H.), *Untersuchungen zur Geschichte der delisch-attischen Symmachie,* Leipzig, 1933.

Nilsson (M. P.), *The age of the early tyrants,* Belfast, 1936.

Paribeni (R.), *La Macedonia sino ad Alessandro Magno,* Milan, 1947.

Picard (Ch.), *Manuel d'archéologie grecque. La sculpture,* II-III, Paris, 1939-1948.

Ploeg (L. van der), *Theramenes en zijn Tijd,* Utrecht, 1948.

Prestel (G.), *Die antidemokratische Strömung im Athen des 5. Jahrhunderts bis zum Tod des Perikles,* Breslau, 1939.

Rey (A.), *La maturité de la pensée scientifique en Grèce,* Paris, 1939.

Romilly (J. de), *Thucydide et l'impérialisme athénien,* Paris, 1947.

Ross (W. D.), *Aristote,* Paris, 1930.

Roussel (P.), *Etude sur le principe de l'ancienneté dans le monde hellénique du V° siècle à l'époque romaine (Mém. de l'Acad. des Inscr.,* t. XLIII, II° Partie), Paris, 1942.

Salmon (P.), *Étude sur la Confédération béotienne. Son organisation et son administration (447/6-387),* Bruxelles, 1952.

Sanctis (G. de), *Pericle,* Milan-Messine, 1944.

Schuhl (P. M.), *Essai sur la formation de la pensée grecque,* Paris, 1943.

SCHWAHN (W.), *Heeresmatrikel und Landsfriede Philipps von Make-donien*, Leipzig, 1930.

SOLDERS (S.), *Die ausserstädtischen Kulte und die Einigung Attikas*, Lund, 1931.

TAEGER (F.), *Alkibiades*, 2ᵉ éd., Munich, 1943 ;
— *Der Friede von 362/1. Ein Beitrag der panhellenischen Bewegung im 4. Jahrhundert*, Stuttgart, 1930.

TREVES (P.), *Introduzione alla storia della guerra corinzia*, Pavie, 1938;
— *Demostene e la libertà greca*, Bari, 1933.

WESTLAKE (H. D.), *Thessaly in the fourth century B. C.*, Londres, 1935.

WILLRICH (J.), *Perikles*, Göttingen, 1936.

WOODHOUSE (W. H.), *Solon the liberator. A study of the agrarian problem in Attica of the 7th. century*, Oxford, 1938.

WUST (F. R.), *Philipp II von Makedonien und Griechenland in den Jahren von 346 bis 338*, Munich, 1938.

***

Une grande partie des ouvrages que l'on vient de signaler — ceux de Glotz les tout premiers — et des très nombreux articles de revue, de mélanges et de dictionnaire qui y sont mentionnés ont permis de préciser ou de renouveler certaines des conclusions, généralement si solides et pénétrantes, auxquelles s'est arrêté il y a un quart de siècle le maître historien. C'est ce que tend à montrer l'aperçu suivant, nécessairement quelque peu fragmentaire et limité.

L'auteur de *La Cité grecque* a mis en fort bonne lumière l'importance que les démocrates, au cours de leurs premières luttes contre l'oligarchie gouvernante, attachèrent à l'établissement d'une législation écrite : d'où l'intérêt que présente l'œuvre réalisée au vIIᵉ siècle en Italie méridionale et en Sicile par Zaleucos et Charondas. Certes, on a pu voir en ces deux personnages des figures purement légendaires et discerner dans les lois qu'on leur attribue divers éléments dépourvus de toute authenticité; mais une notable partie des indications fournies sur ce point par nos principales sources est suffisamment digne de créance ; en outre, l'intérêt de ces législations archaïques se trouve accru par les analogies et les différences que l'on a relevées entre plusieurs de leurs dispositions et celles de certaines législations du vieil Orient (code d'Hammourabi, lois hébraïques et égyptiennes, etc.), notamment sur le talion, sur la nécessité de faire entrer en ligne de compte les intentions des délinquants et des criminels, sur la prétention des législateurs à l'immortalité de leur œuvre, sur l'attribution par les Grecs et les Orientaux de la nature divine à leurs anciens législateurs, sur le caractère beaucoup plus humain, plus moral et plus éducateur des lois des Hellènes comparées à celles des Orientaux, etc. (voir les études de Max Mühl indiquées ci-dessus).

L'ouvrage de Glotz distingue très opportunément entre deux grandes catégories d'États helléniques : la cité oligarchique et la cité démocratique, dont la seconde fut souvent précédée par la tyrannie. L'oligarchie la plus célèbre et la plus puissante étant celle de Sparte, une place considérable lui est à bon droit réservée; l'action capitale exercée dans l'histoire de cette oligarchie par le Sénat (*gérousia*) et par les éphores est soulignée avec vigueur, non sans une certaine tendance, il est vrai, à sous-estimer le pouvoir et le rôle de la royauté, qui s'est montrée en maintes circonstances capable d'agir fort efficacement sur la politique et la diplomatie de Lacédémone à la fin du vi^e siècle et durant les périodes classique et hellénistique (voir *Les Études Classiques*, t. XVII, pp. 113-138, 343-381). Glotz rappelle d'ailleurs avec quelle dureté le philosophe Aristote — si peu suspect, cependant, de « sévérité pour une institution aristocratique » — juge le recrutement de la gérousia et le caractère viager de la fonction de ses membres : remarque d'autant plus opportune qu'elle cadre fort bien avec l'hostilité fréquemment témoignée par l'auteur de la *Politique* aux coutumes et institutions de Sparte (voir *Les Études Classiques*, t. XI, pp. 289-313). Dans le tome premier de sa magistrale *Histoire grecque*, Glotz avait également rangé Thucydide, si peu favorable au régime démocratique, parmi les « détracteurs » de Lacédémone : appréciation que justifie, du moins dans une très large mesure, une analyse attentive de nombreux passages de l'historien athénien (voir *Les Études Classiques*, t. XII, pp. 81-113).

C'est aux questions intéressant les attributions et l'activité des citoyens de Sparte que l'auteur de *La Cité grecque* limite généralement son examen du régime de Lacédémone : une telle conception paraît fort acceptable, en principe, puisque seuls les Spartiates détenaient et exerçaient (très inégalement, du reste) les droits politiques; on peut se demander, néanmoins, s'il n'eût pas convenu de signaler aussi les rapports des citoyens et de leur gouvernement avec les catégories non privilégiées de l'État, qualifié de « composite » dans un important ouvrage (cf. V. Martin, *o. l.*, pp. 58 et suiv. : cet auteur range expressément les périèques et les hilotes dans « l'État lacédémonien »).

La Cité grecque renferme nombre de pages vivantes et pénétrantes sur le rôle de la tyrannie ; depuis, certains travaux ont été consacrés à cette question et ont apporté de notables et utiles précisions. Étudiant, par exemple, l'activité de Clisthène de Sicyone, on a essayé de montrer que la révolution antiaristocratique à laquelle présida ce personnage n'eut point pour origine un conflit ethnique, opposant Doriens et Achéens, mais une lutte de classes, mettant aux prises une oligarchie de grands propriétaires, devenus maîtres du pouvoir politique, et une « plèbe » singulièrement bigarrée, qui comprenait une riche bourgeoisie industrielle et commerçante, des artisans médiocrement aisés, de petits propriétaires fonciers, de libres salariés agricoles et une foule d'indigents et d'esclaves (sur ces divisions sociales, Hérodote garde un silence absolu). Les plébéiens enrichis bénéficièrent des dissentiments qui avaient éclaté parmi les nobles, dont l'un, fort ambitieux, réussit à conquérir l'autorité suprême; pour briser décidément l'influence de l'oligarchie, il ne se borna point à décréter les modifications superficielles indiquées par Hérodote, mais il opéra une véritable refonte de la société sicyonienne, notamment en abolissant les anciennes tribus : beaucoup moins révolutionnaire sera la réforme exécutée en Attique par son petit-fils peu avant la fin du vi^e siècle (voir l'ouvrage d'A. Gitti, mentionné dans notre Bibliographie complémentaire).

A l'évolution, au fonctionnement, et aux principaux caractères du régime politique athénien — sur lequel nous sommes le plus sûrement et le plus abondamment renseignés — Glotz a consacré la majeure partie de son beau livre. Il définit très clairement les éléments essentiels des institutions soloniennes et a raison d'y voir « l'avènement de la démocratie » : cette appréciation s'accorde fort bien avec un passage de l'*Athênaiôn Politeia* d'Aristote, où la constitution solonienne est expressément qualifiée de « commencement de la démocratie » (indication très supérieure en précision et en vraisemblance à l'assertion d'un Isocrate, qui traite Solon de « parfait démocrate » : cf. P Cloché, *La démocratie athénienne*, pp. 5-6, 267-268). Plus bref sur l'œuvre politique des Pisistratides — dont le gouvernement fut d'ailleurs beaucoup plus monarchique que « démocratique » (cf. P. Cloché, *ibid.*, pp. 10-11) —, l'auteur de *La Cité grecque* rappelle du moins fort nettement les mesures économiques et sociales qui, sous cette longue domination, préparèrent les futurs progrès de la démocratie en enrichissant les classes moyennes, plutôt qu'en les habituant à tenir des assemblées auxquelles le tyran et ses fils se montraient résolument hostiles (voir P. Cloché, *ibid.*, pp. 11-12, 390).

L'analyse des réformes clisthéniennes — plus ou moins imposées à leur auteur par la nécessité de s'appuyer sur le *dèmos* contre ses rivaux de l'oligarchie — est également très fine et irréprochable. Mais ces réformes ont-elles vraiment « achevé l'œuvre ébauchée par Solon » ? Aristote qualifie très justement les lois clisthéniennes de « plus démocratiques » que celles de l'archonte de 594, sans aller jusqu'à voir dans le grand réformateur de 507 le fondateur d'une constitution véritablement démocratique. Trop de lacunes, en effet, subsistaient dans l'œuvre de Clisthène pour qu'il en fût ainsi : ne voulant pas totalement briser avec le passé d'Athènes, ce personnage ne supprimait ni l'inégalité des citoyens dans l'accès aux magistratures, ni les pouvoirs politiques de l'Aréopage, et il n'instituait nulle indemnité permettant aux Athéniens pauvres ou médiocrement aisés d'exercer la plénitude de leurs droits civiques sans danger très grave pour la satisfaction de leurs besoins essentiels (cf. P. Cloché, *ibid.*, pp. 25-30, 268).

Cette démocratie, que la législation clisthénienne n'avait pas précisément créée, mais renforcée, fut encore affermie, comme Glotz le rappelle si justement, par la participation de toutes les classes sociales aux divers succès qu'Athènes remporta sur les Barbares pendant les deux guerres médiques et, vers 469-468, sur le littoral de la Pamphylie. Le sentiment démocratique devait en être d'autant plus exalté que la part des citoyens pauvres dans ces opérations n'était pas égale, mais supérieure, à celle des classes aisées : la bataille de Marathon, gagnée par les hoplites, n'avait été, en somme, qu'une assez modeste rencontre, et l'infanterie de la ligue péloponésienne avait plus largement contribué que celle d'Athènes à l'heureuse issue de la bataille de Platées, tandis que l'éclatante victoire de Salamine était due principalement à la géniale clairvoyance manifestée en 483 et en 480 par le chef du parti démocratique, à la vaillance et à l'habileté dont les équipages des nombreuses trières athéniennes, formant plus de la moitié de la flotte hellénique, avaient témoigné en luttant contre les meilleurs équipages de Xerxès. Les brillants succès de Mycale, de Sestos et de l'Eurymédon, enfin, eussent-ils été possibles si les escadres manœuvrées par les thètes n'avaient dominé la mer Égée ?

Exposant avec sa clarté habituelle les divers progrès réalisés par la démocratie sous l'impulsion d'Éphialte et de Périclès — abolition des droits politiques de l'Aréopage, institution de plusieurs *misthoi*, disparition du privilège qui réservait l'archontat aux deux premières classes —, Glotz insiste à bon droit (comme il le fera dans le tome II de son *Histoire grecque*) sur l'importance de l' « accusation d'illégalité » (*graphè paranomón*). Celle-ci devait-elle conserver toute son « efficacité » après la mort de Périclès ? Non, sans doute, puisqu'elle n'empêchera ni le succès de la révolution des Quatre-Cents, ni l'adoption de la procédure illégale employée contre les vainqueurs des Arginuses, ni l'arrêt de mort qui les frappera et affaiblira du même coup la démocratie en abattant quelques-uns de ses plus sûrs défenseurs ; on verra même trois ans plus tard un ancien lieutenant de Théramène user victorieusement de la *graphè paranomón* contre un projet illégalement adopté par l'Ecclèsia à l'instigation du chef du parti démocratique (voir *Revue des Études anciennes*, 1936, pp. 402-403, 407-408). Au cours du IVᵉ siècle, enfin, les « accusations d'illégalité » feront naître maints abus, ridicules ou graves, comme Glotz le montre à merveille dans la dernière partie de son ouvrage (en omettant, il est vrai, de signaler certains faits propres à atténuer la sévérité de son jugement et sans insister sur les origines forts supectes, antidémocratiques ou antipatriotiques, de plusieurs *graphai paranomôn* : voir *Rev. des Et. anc.*, 1936, pp. 405-406, 411, etc.).

Tout comme les procès d'illégalité, l'ostracisme, ainsi que Glotz l'a très justement indiqué d'après la remarquable étude de M. Carcopino, servit d'arme à des « factions » ou à des partis fort divers; on serait d'ailleurs tenté de juger exagérément sévère l'appréciation portée par l'auteur sur la dernière victime de l'ostracisme, Hyperbolos, qu'il qualifie de « misérable politicien détesté de tous » : le fait est, en tout cas, que ce personnage succomba à la coalition tardivement formée entre un intrigant sans conviction ni patriotisme et un médiocre, dont la rivalité, inspirée par les plus bas motifs, lui avait paru fort dangereuse pour le salut de l'État (voir le jugement beaucoup plus nuancé et modéré dont Hyperbolos est l'objet dans l'*Alcibiade* de J. Hatzfeld).

La Cité grecque résume avec une netteté singulière les origines et les traits essentiels de l'empire athénien du Vᵉ siècle; peut-être eût-il aussi convenu de rappeler que les débuts de la politique autoritaire et « impérialiste » suivie par Athènes à l'égard de ses alliés dataient d'un temps où le parti de Périclès et de Cléon ne dirigeait pas encore les affaires publiques; les plus anciennes clérouquies, notamment, étaient bien antérieures à la mainmise des démocrates sur le pouvoir. Platon, si hostile à la politique de grandeur, de puissance et d'expansion navale et militaire où les Athéniens avaient mis leur orgueil, devait englober dans la même condamnation les chefs de l'aristocratie — Miltiade et Cimon — et leurs adversaires, Thémistocle et Périclès. L'Athènes du Vᵉ siècle, enfin, n'avait pas été la première et la seule des cités grecques à pratiquer l'impérialisme et à traiter brutalement des Hellènes (voir *L'Antiquité Classique*, t. XI, pp. 34, 215; *Revue belge de Philologie et d'Histoire*, t. XXV, pp. 40-41, 76-79; *Revue des Études anciennes*, t. XLIII, pp. 16-17; V. Martin, *o. l.*, pp. 41-42, 56, 279, etc.).

Très clair et pénétrant également est l'exposé que Glotz consacre à l'organisation de la deuxième ligue navale d'Athènes, dont les différences avec l'empire du Vᵉ siècle sont fortement et judicieusement soulignées; le libéralisme de plusieurs clauses du décret voté en 378-377 est mis en bonne lumière. On a le droit d'hésiter, cependant, à situer en 371 la fin de la période « libérale » de la nouvelle confédération : si quelques défections — dont l'une, celle de l'Eubée, fut particulièrement grave — eurent lieu à cette époque, elles peuvent aisément s'expliquer par la récente victoire thébaine de Leuctres (voir P. Cloché, *La politique étrangère d'Athènes de 404 à 338 avant J.-C.*, p. 95 et n. 2; *La démocratie athénienne*, p. 307, 400), et plusieurs années devaient encore s'écouler avant que les Athéniens, en expédiant des clérouques dans certaines îles et contrées égéennes, eussent inspiré des inquiétudes — sans léser précisément leurs droits — à une partie des confédérés (voir P. Cloché, *La politique étrangère d'Athènes...*, pp. 125-126). D'une façon générale, si la diplomatie athénienne du IVᵉ siècle est loin d'avoir évité tout abus et toute violence, elle fut largement dépassée à cet égard par celle d'autres cités grecques et de divers souverains étrangers à l'Hellade (cf. P. Cloché, *ibid.*, pp. 312-314; *La démocratie athénienne*, p. 400).

L'auteur de *La Cité grecque* ne se contente pas de décrire avec une admirable maîtrise les institutions et le fonctionnement du régime démocratique : il rappelle aussi, à différentes reprises, les sentiments qu'éprouvait pour ce régime l'élite intellectuelle d'Athènes. Comme il l'indique fort justement, cette élite manifesta souvent une très vive hostilité à l'égard de la démocratie; mais cette aversion fut-elle constante et sans réserve? Assurément non : Glotz lui-même présente des idées politiques d'Aristote une analyse d'où il résulte que le philosophe ne regarda pas la démocratie comme ayant été toujours et radicalement malfaisante, et il n'est guère douteux que plusieurs représentants des milieux intellectuels athéniens du Vᵉ et du IVᵉ siècle n'ont pas voué à ce régime une hostilité sans atténuation ni trêve; ils sont également loin d'avoir témoigné d'une admiration profonde et très durable pour l'oligarchie d'Athènes et celle de Lacédémone (voir *Les Études Classiques*, t. V, pp. 394-412; t. XI, pp. 289-313; t. XII, pp. 81-113; *Revue des Études anciennes*, t. XLVI, pp. 12-46; *Études historiques*, Nouvelle série, I, pp. 35-44; P. Cloché, *La démocratie athénienne*, chap. XIV et XX).

L'indéniable et rude antipathie dont certains écrivains athéniens (philosophes, polémistes, etc.) poursuivaient la démocratie avait pour origine, entre autres, les souffrances ou les lourdes obligations infligées par ce régime à de nombreux citoyens des classes possédantes. L'auteur de *La Cité grecque* renouvelle et précise à ce sujet les observations si utiles et pleines d'intérêt que renfermait sa belle synthèse de 1920 sur *Le travail dans la Grèce ancienne;* il le fait avec une modération exemplaire, en évitant fort diligemment les jugements excessifs auxquels se sont laissé entraîner différents historiens modernes, séduits par les accusations ampoulées et vagues de plusieurs de nos sources ou par les conclusions si peu nuancées d'un Pöhlmann. Glotz ne manque pas de souligner la répugnance des Athéniens à bouleverser la propriété individuelle, à décréter la confiscation générale ou le partage des fortunes et à légiférer selon les rêveries communistes d'un Platon et d' « une partie des démocrates », épris d'une « égalité complète » et niveleuse. On a d'ailleurs le droit de regretter que l'auteur n'ait pu ou voulu donner à l'étude de cette question toute l'ampleur indispensable et qu'il ait omis d'en examiner certains aspects. Eût-il résolu le problème? Il est interdit de l'affirmer, en présence de la rareté et de l'imprécision de nos textes et de la médiocre impartialité qu'offrent un grand nombre d'entre eux ; mais il était assurément possible de montrer l'extrême insuffisance et la fragilité de certaines conceptions courantes et traditionnelles, trop hâtivement acceptées et très imparfaitement défendues (voir *Revue historique*, t. 192, pp. 1-45, 193-235).

Sans être aussi développée que l'étude du régime politique et social d'Athènes, celle des institutions béotiennes — sur une partie desquelles l'auteur avait publié en 1908 un substantiel et précieux article (voir *Bulletin de correspondance hellénique*, t. XXXII, pp. 271-278) — tient du moins une place assez considérable dans *La Cité grecque*. L'analyse que Glotz présente de ces institutions se distingue par une netteté des plus méritoires; les différences entre la confédération béotienne du Vᵉ siècle et celle du IVᵉ sont très finement indiquées; l'importance des attributions dévolues aux béotarques, en particulier, est soulignée avec toute la vigueur désirable. Il n'eût pas été inutile, d'ailleurs, de rappeler qu'en Béotie, comme en Attique, les divergences entre ces hauts magistrats, ou entre ces derniers et les assemblées, pouvaient singulièrement gêner les négociations diplomatiques et la conduite des opérations militaires : le fait est que les béotarques ne furent pas toujours pleinement d'accord, même en d'assez graves circonstances, et que les plus illustres

d'entre eux ont été parfois menacés, désavoués ou frappés par les votes
de leurs concitoyens (cf. P. Cloché, *Thèbes de Béotie*, pp. 82, 146-148,
150-151). En outre, il arriva aux Thébains de voir leur politique extérieure à peu près paralysée durant des années par l'âpre rivalité d'hétairies qui exerçaient une influence équivalente, et dont les chefs respectifs
pouvaient être amenés à diriger simultanément, et sans chercher ou
réussir à s'accorder, le gouvernement de leur cité (voir. P. Cloché, *ibid.*,
pp. 96-100, 112-113). Enfin, si Glotz a parfaitement raison de signaler
les principales manifestations de la politique de spoliation et d'asser-
vissement suivie par les Thébains en Grèce centrale, il n'insiste pas autant
qu'il conviendrait sur les aspects libérateurs et féconds de l'activité
d'Épaminondas (cf. P. Cloché, *ibid.*, pp. 142-143, 149, 262, 268).

Non moins solides et précieux que les exposés relatifs aux institutions
des États grecs sont les derniers chapitres du livre, où l'auteur examine
surtout les causes des progrès de la puissance macédonienne et les résultats de la victoire de Philippe; il indique fort judicieusement certains
des avantages qui facilitèrent le triomphe de ce souverain — il y reviendra plus longuement dans le tome III de son excellente histoire grecque
— et il insiste sur l'appel qu'Isocrate adressa au vainqueur d'Athènes
en 346, après avoir inutilement cherché à lancer contre l'empire perse
un certain nombre de chefs d'États helléniques. Glotz montre aussi fort
bien comment l'agression du Macédonien fut aidée par le déclin profond
de l'énergie et du patriotisme grecs, notamment à Athènes, où les impé-
rieuses obligations du service militaire et des charges fiscales n'étaient
que très insuffisamment remplies. L'auteur témoigne même à cet égard
d'une plus grande sévérité qu'il ne devait le faire dans la pénétrante
étude de 1932 où il justifiera le maintien du fonds des spectacles, dont
l'abrogation eût soulevé de périlleuses colères et dont les excédents
avaient été, du reste, sérieusement affaiblis par l'enrichissement du fonds
militaire (voir *Revue historique*, t. CLXX, p. 3-15). Mais, la funeste
répugance des Athéniens à verser des *eisphorai* et à accomplir le service
personnel n'ayant pas encore cessé deux ans avant la lutte décisive
contre le Macédonien — ainsi que l'attestent les plaintes formelles et
répétées de Démosthène dans ses harangues de 341 (voir P. Cloché,
Démosthènes, pp. 155-158, 160-162, 165-166) —, la sévérité de l'auteur
de *La Cité grecque* paraît foncièrement justifiée (il est d'ailleurs permis
de regretter qu'il ait omis de préciser les responsabilités encourues par
les différentes classes sociales — plus spécialement par les citoyens
aisés — dans les progrès de ces habitudes si nuisibles, à l'intérêt national :
voir P. Cloché, *La politique étrangère d'Athènes...*, pp. 166-167, 176,
203-206, 210, 212, 219, 268-269).

On ne peut également qu'approuver le jugement d'ensemble que
Glotz a porté sur l'œuvre du Macédonien : abstraction faite de toutes
préférences et sympathies « politiques », il est bien malaisé de contester
sérieusement les méfaits qu'entraîna pour l'Hellade et ses valeurs essentielles (notamment pour son ardent amour de la liberté) la victoire de
Philippe et d'Alexandre : non seulement la défaite des Grecs les priva
de toute souveraineté diplomatique, mais elle eut pour effet de multiplier dans leur péninsule et, en général, dans le monde égéen les âpres
et sanglants conflits. Le caractère illusoire, décevant et même dangereux
pour les Hellènes, de certaines clauses du célèbre pacte fédéral qui leur
fut imposé par Philippe à Corinthe est aussi fort clairement souligné.
En revanche, il semble permis de ne pas suivre tout à fait l'auteur
quand il date expressément de la défaite athéno-thébaine de 338 « la
fin de la cité grecque » et la perte définitive de la liberté des Hellènes,
dont la péninsule serait alors devenue « une simple dépendance » d'un

royaume étranger. Certes, les stipulations du pacte de 338-337 et, plus
encore peut-être, l'installation de garnisons macédoniennes à Thèbes,
à Chalcis et à l'Acrocorinthe et le renforcement territorial des Péloponésiens ennemis de Sparte affaiblissaient très gravement les villes les
plus importantes de l'Hellade; mais Philippe était loin d'avoir conquis
leur amitié, ou même leur docilité résignée, et elles gardaient encore
assez de ressources matérielles et de vivace attachement à leur indépendance traditionnelle pour menacer et ébranler la suprématie des
vainqueurs de Chéronée : c'est seulement à partir de 322 qu'Athènes,
restée, après la ruine de Thèbes et l'écrasement de Lacédémone, la dernière espérance du patriotisme hellénique, deviendra à peu près incapable de pratiquer la libre politique d'un État souverain.

PAUL CLOCHÉ.

1952.

PUBLICATIONS DES ANNÉES 1953 A 1966

SOURCES

Parmi les éditions nouvelles de sources littéraires qui intéressent l'étude de la cité grecque, citons :

a) dans la collection des Belles-Lettres (Paris) :

ARCHILOQUE, *Fragments*, éd. et trad. par F. Lasserre et A. Bonnard.
ARISTOTE, *Politique*, éd. et trad. par J. Aubonnet.
DÉMOSTHÈNE, *Plaidoyers civils*, éd. et trad. par L. Gernet.
PLATON, *Les lois*, intr. de L. Gernet et A. Diès, éd. et trad. de E. des Places et A. Diès.
PLUTARQUE, *Les vies parallèles*, éd. et trad. par R. Flacelière et autres.
THUCYDIDE, *Histoire de la guerre du Péloponnèse*, intr., éd., et trad. de J. de Romilly *et al.*

b)

AREND (W.), *Geschichte in Quellen*. I : *Altertum : Alter Orient, Hellas, Rom*, Munich, 1965.
EDMONDS (J. M.), *The fragments of attic comedy*, 4 volumes, Leyde, 1957-1961.
GOTHIER (L.) et TROUX (A.), *Recueil de textes d'Histoire*. Tome 1 : *L'Antiquité : l'Orient, la Grèce, Rome*, Liège-Paris, 1964.
JACOBY (F.), *Die Fragmente der griechischen Historiker*. III : *Geschichte von Städten und Völkern (Horographie und Ethnographie)*, Leyde, 1950.
KAGAN (D.), *Sources in Greek Political Thought from Homer to Polybius*, New York, 1965.
MASSON (O.), *Les fragments du poète Hipponax*, Paris, 1962.
RUSCHENBUSCH (E.), ΣΩΛΟΝΟΣ ΝΟΜΟΙ, *Historia*, Einzelschr. IX, 1966.

I. OUVRAGES GÉNÉRAUX SUR LA GRÈCE

AYMARD (A.) et AUBOYER (J.), *L'Orient et la Grèce antique*, Tome I de *Histoire générale des civilisations*, Paris, 1953.
BAYER (E.), *Grundzüge der griechischen Geschichte*, Darmstadt, 1964.

BEQUIGNON (Y.), *La Grèce*, dans *Histoire Universelle*, tome I, pp. 497-840, Encyclopédie de la Pléiade, Paris, 1956.
Cambridge Ancient History, révision en cours des volumes I et II, publiée par fascicules; par exemple: STUBBINGS (F. H.), *The Rise of Mycenaean Civilization*, 1963; ID., *Expansion of Mycenaean Civilization*, 1964; DESBOROUGH (V. R. d'A.) et HAMMOND (N. G. L.), *The End of Mycenaean Civilization and the Dark Age*, 1962; KIRK (G. S.), *The Homeric Poems as History*, 1964.
CHAMOUX (F.), *La civilisation grecque à l'époque archaïque et classique*, Paris, 1963.
COOK (R. M.), *The Greeks until Alexander*, Londres, 1962.
FINLEY (M. I.), *The Ancient Greeks*, Londres, 1963.
GIANNELLI (G.), *Tratatto di Storia greca*, 2ᵉ éd., Rome, 1961.
HAMMOND (N. G. L.), *History of Greece to 322 B. C.*, Oxford, 1959.
HAYWOOD (R. M.), *Ancient Greece and Near East*, New York, 1964.
KITTO (H. D. F.), *Les Grecs, autoportrait d'une civilisation*, trad., Paris, 1959.
LÉVÊQUE (P.), *L'aventure grecque*, Paris, 1964.
LLOYD JONES (H.), *The Greeks*, Londres, 1962.
MEULEAU (M.), *Le monde antique*, t. I de *Le monde et son histoire*, Paris, 1965.
SCHACHERMEYR (F.), *Griechische Geschichte*, Stuttgart, 1960.
STARR (C. G.), *A History of the Ancient World*, Oxford, 1965.

II. ÉTUDES D'ENSEMBLE

a) sur le monde créto-mycénien et les origines de la cité.

BLEGEN (C. W.) et RAWSON (M.), *The Palace of Nestor at Pylos in Western Messenia*, I : *The Buildings and their Contents*, Princeton, 1966.
CARRATELLI (G. Pugliese-), *Dal regno miceneo alla polis*, dans : Acad. Naz. Lincei, *Problemi attuali*, n° 54, Rome, 1962, pp. 175-189.
DEROY (L.) et GÉRARD (M.), *Le cadastre mycénien de Pylos*, Rome, 1965.
DESBOROUGH (V. R. d'A.), *The last Mycenaeans and their Successors*, Oxford, 1964.
EFFENTERRE (H. van), *Politique et Religion dans la Crète minoenne*, *RH*, CCXXXIX, 1963, pp. 1-18.
EFFENTERRE (H. van) et TROCMÉ (H.), *Autorité, justice et liberté aux origines de la cité antique*, *Revue philosophique*, CLIV, 1964, pp. 405-434.
FORREST (W. G.), *La naissance de la démocratie grecque de 800 à 400 avant J.-C.*, trad., Paris, 1966.
FORSDYKE (J.), *Greece before Homer*, Londres, 1956.
GALLAVOTI (C.), *Le origini micenee dell'istituto fraterico*, *Parola del Passato*, XVI, 1961, pp. 20-39.
HUTCHINSON (R.), *Prehistoric Crete*, Boston, 1962.
LENCMAN (J. A.), *Die Sklaverei im mykenischen und homerischen Griechenland*, Wiesbaden, 1966.
MATZ (F.), *La Crète et la Grèce primitive*, Paris, 1962.
MYLONAS (G. E.), *Mycenae and the Mycenaean Age*, Princeton, 1966.
PAGE (D. L.), *History and the Homeric Iliad*, Berkeley, 1959.
PALMER (L. R.), *The Interpretation of Mycenaean Greek Texts*, Oxford, 1963.
SAMUEL (A. E.), *The Mycenaeans in History*, Englewood Cliffs, 1966.
SCHACHERMEYR (F.), *La formation de la cité grecque*, *Diogène*, 4, 1953, pp. 22-39.
    — *Die Minoische Kultur des Alten Kreta*, Stuttgart, 1964.

SEVERYNS (A.), *Grèce et Proche-Orient avant Homère*, Bruxelles, 1960.
— Homère et l'histoire, *Antiquité classique*, XXXIII, 1964, pp. 325-355.
STARR (C. G.), The Early Greek City State, *Parola del Passato*, XII, 1957, p. 97 sq.
— *The Origins of Greek Civilization 1100-650 B. C.*, New York, 1961.
TAYLOUR (W.), *The Mycenaeans*, New York, 1964.
VERMEULE (E.), *Greece in the Bronze Age*, Londres et Chicago, 1964.
WEBSTER (T. B. L.), *La Grèce, de Mycènes à Homère*, Paris, 1962.
WILL (Ed.), Aux origines du régime foncier grec : Homère, Hésiode et l'arrière-plan mycénien, *REA*, 1957, pp. 1-50.

b) sur les problèmes de la cité.

ANDREWES (A.), *The Greek Tyrants*, Londres, 1956.
AYMARD (A.), Les Cités grecques à l'époque classique : leurs institutions politiques et militaires, *in* Soc. Jean Bodin, *La Ville*, Bruxelles, 1954.
— Les étrangers dans les cités grecques à l'époque classique, *in* Soc. Jean Bodin, *L'étranger*, Bruxelles, 1958.
BENGTSON (H.), Die griechische Polis bei Aeneas Tacticus, *Historia* XI, 1962, pp. 458 sq.
CARDASCIA (G.), MONIER (R.) et IMBERT (J.), *Histoire des institutions et des faits sociaux des origines à l'aube du moyen âge*, Paris, 1955.
EHRENBERG (V.), *The Greek State*, trad., Oxford, 1960.
— *Von den Grundformen griechischer Staatsordnung*, Heidelberg, 1961.
— *Polis und Imperium in Altertum*, Zurich et Stuttgart, 1965.
— *Der Staat der Griechen*, t. I : *Der Hellenische Staat*, 2ᵉ éd. augmentée, Zurich et Stuttgart, 1965.
GERNET (L.), *Droit et société dans la Grèce ancienne*, Paris, 1955, réimp. complétée, 1964.
GRAHAM (A. J.), *Colony and Mother-City in Ancient Greece*, Manchester, 1964.
GSCHNITZER (F.), *Gemeinde und Herrschaft : von den Grundformen griechischer Staatsordnung*, Graz, Vienne, Cologne, 1960.
HAMMOND (M.), *City-State and World-State in Greek and Roman political Theory until Augustus*, Cambridge, Mass., 1951.
KIRSTEN (E.), *Die griechische Polis als historisch-geographisches Problem des Mittelmeerraumes*, Bonn, 1956.
LARSEN (J. A. O.), *Representative Government in Greek and Roman History*, 2ᵉ éd., Berkeley, 1966.
LEVI (M. A.), *Political Power in the Ancient World*, Londres, 1965, New York, 1966.
MUMFORD (L.), *La cité à travers l'histoire*, trad., Paris, 1964.
OLIVA (P.), La tyrannie, première forme de l'État en Grèce et son rôle historique, *La Pensée*, mars-avril 1956, pp. 102 sq.
SEIBERT (J.), *Metropolis und Apoikie*, Diss., Wurzburg, 1963.
TENEKIDES (G.), *La notion juridique d'indépendance et la tradition hellénique, autonomie et fédéralisme aux V-VIᵉ siècles*, Coll. Institut français d'Athènes, Athènes, 1954.
WEISKOPF (C. B.), Elitevorstellung und Elitebildung in der hellenischen Polis, *Klio*, XLV, 1965, pp. 49-64.
WELLES (C. B.), The Greek City, *Mélanges Calderini*, I, Milan, 1956, pp. 81-100.

c) sur diverses cités grecques.

ACCAME (S.), *L'imperialismo ateniese all'inizio del secolo IV a. C. e la crisi della polis*, Naples, 1966.

BELIN DE BALLU (E.), *L'histoire des colonies grecques du littoral nord de la Mer Noire*, 2ᵉ éd., Leyde, 1965.

BOER (W. Den), *Laconian Studies*, Amsterdam, 1954.

COMPERNOLLE (R. Van), *Études de chronologie et d'historiographie siciliotes : recherches sur le système chronologique des sources de Thucydide concernant la fondation des colonies siciliotes*, Bruxelles, 1960.

CHAMOUX (F.), *Cyrène sous la monarchie des Battiades*, Paris, 1953.

COOK (J. M.), *The Greeks in Ionia and in the East*, Londres, 1962.

DASCALAKIS (A.), *The Hellenism of the Ancient Macedonians*, Thessalonique, 1965.

DIENELT (K.), *Der korintische Bund*, Jh AI, XLIII, 1958, pp. 247-274.

FORREST (W. G.), The tribal Organization of Chios, BSA, LV, 1960, pp. 172-190.

FRANKE (P. R.), *Alt-Epirus und das Königtum der Molosser*, Diss., Erlangen, 1954.

FREEMAN (K.), *Greek City-states. The Organization, History and Diversity of the Cultures of nine Representative City-states of Ancient Greece*, réimpr., New York, 1963.

FRENCH (A.), *The Growth of the Athenian Economy*, Londres, 1964.

FUKS (A.), *The Ancestral Constitution. Four Studies in Athenian Party Politics at the End of the Fifth Century*, Londres, 1953.

GUILLON (P.), *Études béotiennes, le bouclier d'Héraclès et l'histoire de la Grèce centrale dans la période de la première guerre sacrée*, Aix-en-Provence, 1964.

HUXLEY (G. L.), *Early Sparta*, Londres, 1962.

LANG (M.), *The Athenian Citizen*, Princeton, 1960.

LEPORE (E.), *Ricerche sull'antico Epiro. Le origini storiche e gli interessi greci*, Naples, 1962.

LÉRAT (L.), *Les Locriens de l'Ouest*, Tome II : *Histoire, institutions, prosopographie*, Paris, 1952.

MICHELL (H.), *Sparte et les Spartiates* (trad.), Paris, 1953.

MOSSÉ (C.), *La fin de la démocratie athénienne*, Paris, 1962.

PÉLÉKIDIS (C.), *Histoire de l'éphébie attique, des origines à 31 avant J.-C.*, Paris, 1962.

PEČIRKA (J.), Land-tenure and the development of the Athenian Polis, *Mélanges G. Thompson*, Prague, 1963, pp. 183-201.

POUILLOUX (J.), *Recherches sur l'histoire et les cultes de Thasos*, tome I, Paris, 1954; Tome II (avec Chr. Dunant), Paris, 1958.

ROBINSON (C. A.), *Athens in the Age of Pericles*, University of Oklahoma, 1960.

ROESCH (P.), *Thespies et la Confédération béotienne*, Paris, 1965.

ROUX (G.), *Pausanias en Corinthie*, Lyon, 1958.

SAKELLARIOU (M.-B.), *La migration grecque en Ionie*, Athènes, 1958.

SARTORI (F.), *Le eterie nella vita politica ateniese del VI e V secolo*, Rome, 1957.

SCHENK VON STAUFFENBERG (A.), *Trinakria, Sizilien und Grossgriechenland in archaischer und frühklassischer Zeit*, Munich, 1963.

SORDI (M.), Le origini del koinoin etolico. *Acme*, VI, 1953, pp. 419-445.
— *Le lega tessala fino ad Alessandro Magno*, Rome, 1958.

THOMSEN (R.), *Eisphora : a Study of Direct Taxation in Ancient Athens*, Copenhague, 1964.

VIAN (F.), *Les origines de Thèbes, Cadmos et les Spartes*, Paris, 1963.
WILL (Ed.), *Korinthiaka. Recherches sur l'histoire et la civilisation de Corinthe, des origines aux guerres médiques*, Paris, 1955.

III. ÉTUDES DIVERSES

ADKINS (A. W. H.), *Merit and Responsability, a Study in Greek Values*, Oxford, 1960.
AMIT (M.), *Athens and the Sea, a Study in Athenian Sea Power*, Bruxelles, 1965.
ANDREWES (A.), *Probouleusis, Sparta's Contribution to the Technique of Government*, Oxford, 1954.
ASHERI (D.), Laws of Inheritance, Distribution of Land and Political Constitutions in Ancient Greece, *Historia*, XII, 1963, pp. 1-21.
BENGTSON (H.), *Griechen und Perser*, Fischer Weltgeschichte, Francforts.-M., 1965.
BÉRARD (J.), *Expansion et colonies grecques jusqu'aux guerres médiques*, Paris, 1960.
BUCHANAN (J. J.), *Theorika. A Study of Military Distributions to the Athenian Citizenry during the 5th and 4th centuries B. C.*, New York, 1962.
BOARDMAN (J.), Early Euboean Pottery and History, *BSA*, LII, 1957, pp. 1-29.
— *The Greeks over Seas*, Londres, 1964.
BROMMER (F.), Attische Könige, *Charites* (*Mél. Langlotz*), 1957, pp. 152-164.
BURN (A. R.), *The Lyric of Greece*, Londres, 1960.
CASSOLA (F.), Solone, la terra e gli ectemori, *Parola del Passato*, XIX, 1964, pp. 26-68.
CAWKWELL (G. L.), Eubulus, *JHS*, 1963, pp. 47-67.
CHANTRAINE (P.), A propos de Thersite, *Antiquité classique*, XXXII, 1963, pp. 18-27.
CHATELET (F.), *Periclès*, Paris, 1960.
CLOCHÉ (P.), *Un fondateur d'empire : Philippe II, roi de Macédoine*, Saint-Étienne, 1955.
— *Isocrate et son temps*, Paris, 1963.
DAY (J.) et CHAMBERS (H.), *Aristotle's History of Athenian Democracy*, University of California Publ. in History, 73, 1962.
DEMARGNE (P.), *Naissance de l'art grec*, Paris, 1964.
DÉTIENNE (M.), *Crise agraire et attitude religieuse chez Hésiode*, Bruxelles, 1963.
DODDS (E. R.), *The Greeks and the Irrational*, 2e éd., Berkeley, 1963.
EHRENBERG (V.), *Sophokles und Perikles*, Munich, 1956.
— *Society and Civilization in Greece and Rome*, Martin Classical Lectures, XVIII, Cambridge, Mass., 1964.
FERRARA (G.), *La politica di Solone*, Naples, 1964.
FLACELIÈRE (R.), *La vie quotidienne en Grèce au siècle de Périclès*, Paris, 1959.
FORTINA (M.), *Epaminonda*, Turin, 1958.
GERNET (L.), Droit et ville dans l'antiquité grecque, *in* Société Jean Bodin, *La Ville*, III, Bruxelles, 1957.
GIGANTI (M.), *Nomos Basileos*, Naples, 1956.
GIULIANO (A.), *Urbanistica delle città greche*, Milan, 1966.
GOOSSENS (R.), *Euripide et Athènes*, Bruxelles, 1962.

GREENE (D.), *Greek Political Theory. The Image of Man in Thucydides and Plato*, Chicago, 1965.

HOMO (L.), *Périclès, une expérience de démocratie dirigée*, Paris, 1954.

JAEGER (W.), *Paideia. La formation de l'homme grec*, trad., Paris, 1964.

JEFFERY (L. H.), The Pact of the First Settlers at Cyrene, *Historia*, X, 1961, pp. 139-147.

JONES (A. H. M.) *et al.*, *Slavery in Classical Antiquity*, Cambridge, 1960.

KAGAN (D.), *The Great Dialogue. History of Greek Political Thought from Homer to Polybius*, New York, 1965.

JONES (W.), *The Law and Legal Theory of the Greeks*, Oxford, 1956.

KELLY (T.), The Calaurian Amphictiony, *AJA*, LXX, 1966 pp. 113-122.

LABARBE (J.), *La loi navale de Thémistocle*, Liège, 1957.

LACROIX (L.), *Monnaies et colonisation dans l'occident grec*, Bruxelles, 1965.

LÉVÊQUE (P.) et VIDAL-NAQUET (P.), *Clisthène l'Athénien*, Paris, 1965.

LEVI (M. A.), I Politeumata e la evoluzione della società ellenica nel 4to secolo a. C., *Parola del Passato*, XVIII, 1963, pp. 321-336.
— *La Grecia antica*, Turin, 1966.

LUCCIONI (J.), *La pensée politique de Platon*, Paris, 1958.
— *Démosthène et le panhellénisme*, Paris, 1961.

MARTIN (R.), *Recherches sur l'agora grecque*, Paris, 1951.
— *Histoire de l'urbanisme dans la Grèce antique*, Paris 1956.

MASARACCHIA (A.), *Solone*, Florence, 1958.

MATTINGLY (H. B.), The Growth of the Athenian Imperialism, *Historia*, XII, 1963, pp. 257-273.

MÉAUTIS (G.), *Le crépuscule d'Athènes et Ménandre*, Paris, 1954.
— *Thucydide et l'impérialisme athénien*, Paris, 1964.

MOSSÉ (C.), Armée et Cité grecque, *REA*, LXV, 1963, pp. 290-297.
— Un aspect de la crise de la cité grecque au IV⁰ siècle : la recrudescence de la tyrannie, *Revue Philosophique*, LXXXVII, 1962, pp. 1-20.

NILSSON (M. P.), Das frühe Griechenland von innen gesehen, *Historia*, III, 1955, pp. 257-282.

OLIVER (J. H.), *Democratia, the Gods and the Free World*, Baltimore, 1960.

PAOLI (U. E.), *La donna greca nell'antichità*, Florence, 1953.
— Les pouvoirs du magistrat en droit attique, résumé dans *Revue historique de droit français et étranger*, XXXII, 1954, pp. 463-465.

PEARSON (L.), The Pseudo-History of Messenia and its Authors, *Historia*, XI, 1962, pp. 397 sq.
— *Popular Ethics in Ancient Greece*, Stanford, 1962.

PICARD (Ch.), *Manuel d'Archéologie grecque. La Sculpture*, T. IV, 1 et 2, Paris, 1954-1963.

RIZZO (F. P.), La costituzione di Draconte nel capit. IVto dell' 'Αθηναίων πολιτεία di Aristotele, *Memorie Ist. Lomb.*, XXVII, 1963, pp. 271-308.

RUSCHENBUSCH (E.), Πάτριος πολιτεία. Theseus, Drakon, Solon, und Kleisthenes in Publistik und Geschichtschreibung des 5. und 4. Jahrhunderts, *Historia*, VII, 1958, pp. 398-424.

SAINTE-CROIX (G. E. M. de), The Character of the Athenian Empire, *Historia*, III, 1954, pp. 1-41.

SARTORI (F.), La crisi del 411 nel 'Αθηναίων πολιτεία di Aristotele, Padoue, 1951.

SCHAEFER (H.), *Probleme der alten Geschichte. Gesammelte Abhandlungen und Vorträge*, Göttingen, 1963.

SÉCHAN (L.) et LÉVÊQUE (P.), *Les grandes divinités de la Grèce*, Paris, 1966.

SINCLAIR (T. A.), *Histoire de la pensée politique grecque*, trad., Paris, 1953.
SNODGRASS (A. M.), The Hoplite Reform and History, *JHS*, LXXXV, 1965, pp. 110-122.
SORDI (M.), *Timoleonte*, Sikelika, II, Palerme, 1961.
VERNANT (J.-P.), *Origines de la pensée grecque*, Paris, 1962.
— *Mythe et pensée chez les Grecs*, Paris, 1965.
WADE-GERY (H. T.), *Essays in Greek History*, nouvelle éd., Oxford, 1958.
WARNER (R.), *Periclès l'Athénien*, trad., Paris, 1964.
WEBSTER (T. B. L.), *Art and Literature in Fourth Century Athens*, Londres, 1956.
WHITMAN (C. H.), *Aristophanes and the Comic Hero*, Cambridge, Mass., 1964.
WILL (Ern.), Hésiode : crise agraire ou recul de l'aristocratie? *REG*, 1965, pp. 542-556.
WÜST (F. R.), Amphiktionie, Eidgenossenschaft, Symmachie, *Historia* III, 1954, pp. 129-153.
WYCHERLEY (R. E.), *How the Greek built Cities*, 2e éd., Londres, 1962.

Madeleine MORET.

Index

Table des matières

« *L'Évolution de l'Humanité* »
au format de poche

Achevé d'imprimer en avril 1988
sur les presses de l'Imprimerie Bussière
à Saint-Amand (Cher)

— N° d'édit. 10222. — N° d'imp. 3802. —
Dépôt légal : avril 1988.

Imprimé en France